7240

CATALOGUE

DE LA

BIBLIOTHÈQUE COMMUNALE

DE LA VILLE DE LIMOGES

Le Catalogue HISTOIRE a paru en 1858 ;
Le Catalogue POLYGRAPHIE — BELLES-LETTRES, en 1860.
En préparation, le Catalogue RELIGION.

CATALOGUE MÉTHODIQUE

DE LA

BIBLIOTHÈQUE

COMMUNALE

DE LA VILLE DE LIMOGES

DRESSÉ

PAR

ÉMILE RUBEN

Bibliothécaire de la Ville
Secrétaire général de la Société Archéologique et Historique
du Limousin

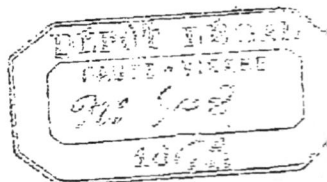

———✦———

SCIENCES. — ARTS

———✦———

LIMOGES

IMPRIMERIE DE CHAPOULAUD FRÈRES
Rue Montant-Manigne, 7
Août 1863

TABLE DES MATIÈRES.

POLYGRAPHIE

LIMITÉE AUX SCIENCES ET AUX ARTS.

Iʳᵉ CLASSE.

SCIENCES PHILOSOPHIQUES ET SOCIALES.

Polygraphie limitée à ces Sciences

PREMIÈRE SECTION.

PHILOSOPHIE.

Iʳᵉ PARTIE.

Préliminaires, Généralités et Mélanges.

IIᵉ PARTIE.

Traités particuliers.

IIᵉ SECTION.

SCIENCES SOCIALES.

Iʳᵉ PARTIE.

Pédagogie.

IIᵉ PARTIE.

Politique.

IIIᵉ PARTIE.

Économie politique.

IIe CLASSE.

SCIENCES MATHÉMATIQUES, PHYSIQUES ET NATURELLES.

Polygraphie limitée à ces Sciences.

PREMIÈRE SECTION.

MATHÉMATIQUES.

IIᵉ SECTION.

PHYSIQUE.

IIIᵉ SECTION.

CHIMIE.

IVᵉ SECTION.

MÉCANIQUE.

**⁂

VIIᵉ SECTION.

AGRICULTURE.

VIIIᵉ SECTION.

SCIENCES MÉDICALES.

Iʳᵉ PARTIE.

Préliminaires, Généralités et Mélanges.

IIᵉ PARTIE.

Traités particuliers.

_____

(1) Les chapitres VI, VII et VIII ont été portés par erreur (pages 504, 522 et 524) comme étant les chapitres VII, VIII et IX.

IXᵉ SECTION.

SCIENCES OCCULTES.

—

IIIᵉ CLASSE.

ARTS.

—

PREMIÈRE SECTION.

ARTS ET MÉTIERS.

—

Polygraphie limitée aux Arts et Métiers.

Irᵉ PARTIE.

Économie domestique. — Arts alimentaires

IIᵉ PARTIE.

Art des constructions.

IIIᵉ PARTIE.

Arts et industries relatifs aux voies de communication
et aux moyens de transport.

VIᵉ PARTIE.

Art gymnastique. — Jeux divers.

VIIᵉ PARTIE.

Art militaire.

IIᵉ SECTION.

BEAUX-ARTS.

—

Polygraphie limitée aux beaux-arts.

Iʳᵉ PARTIE.

IIᵉ PARTIE (*et non pas* CHAPITRE XI).

Musique.

RÈGLES

—

1º Pour les ouvrages imprimés antérieurement à 1610, nous avons cru devoir conserver scrupuleusement l'orthographe et la ponctuation des frontispices. Sauf de rares exceptions, toujours indiquées, l'orthographe et la ponctuation modernes ont été adoptées pour les ouvrages postérieurs à cette date. — Nous avons laissé aux noms propres l'orthographe du frontispice, à quelque époque que le livre ait été imprimé.

2º Toutes les fois qu'une partie du frontispice est supprimée comme jugée peu utile, elle est remplacée par trois points (...); lorsque la partie supprimée n'est autre que la mention des titres et qualités des auteurs, les trois points sont précédés d'une virgule (,...).

3º Tout ce qui dans le Catalogue n'appartient pas au frontispice du livre est mis entre parenthèses : cette observation est d'autant plus importante que, pour ne pas augmenter le nombre des notes, ces parenthèses sont employées très-fréquemment. — Lorsque le texte du frontispice porte lui-même une parenthèse, ce signe est remplacé par des crochets [ ] pour éviter toute confusion.

4º Les rappels d'ouvrages classés dans d'autres sections sont précédés d'un astérisque (*).

FAUTES RELEVÉES PENDANT L'IMPRESSION.

Le lecteur corrigera de lui-même certaines erreurs qui se sont glissées dans l'indication des divisions d'un catalogue qu'on a été obligé d'imprimer feuille à feuille. La Table des matières a déjà fait justice de ces erreurs : ainsi la géométrie forme le § 3 des mathématiques, et non pas le § 2. De même, page 352, la subdivision « *J. — Pétrifications* » est réellement la subdivision « *K* » ; enfin je rappellerai : 1º la note qui se trouve au bas de la page xxii de ladite Table des matières, et où il est expliqué que les chapitres « VI, VII et VIII » de la division MÉDECINE ont été par erreur indiqués comme étant les chapitres « VII, VIII et IX » ; 2º la parenthèse qui, page xxix, suit les mots IIe PARTIE, et relève la faute commise page 696.

D'autres fautes plus difficiles à reconnaître, et qui certainement ne sont pas les seules, m'ont frappé les yeux pendant l'impression : quelques-unes portent sur l'orthographe de certains noms propres ; telles sont les suivantes :

Page 16, ligne 15, au lieu de « Simplicieus », il faut lire « Simplicius ».

Page 258, ligne 10 en remontant, au lieu de « Marinas CURÆUS », il faut lire « Marinus ».

Nº 609, les prénoms de l'auteur sont « G.-Abel », et non pas « J.-Abel » ; de même, nº 1592, le prénom de M. Grenier est « Ch. » et non pas « Th. ».

Enfin nº 1544, au lieu de « DRONOT », *lisez :* « DROUOT » ; et, nº 1927-1º, au lieu de « H. RIFF », *lisez :* « H. RYFF ».

Je dois aussi réparer une omission que j'ai faite au nº 339, parce que je ne possédais pas encore le Dictionnaire des anonymes de DE MANNE. D'après ce bibliographe, le véritable auteur de l'ouvrage est « TARGET ».

Il est d'autres omissions pour lesquelles je ne puis faire valoir d'excuses. Voici celles que j'ai découvertes jusqu'à présent :

Au nº 692 j'ai oublié de mentionner le format du volume, qui est in-fol. Même oubli pour le format du nº 779, qui est in-12, et pour celui du nº 893, qui est in-fol.

Une dernière rectification relative au nº 2312 : le second *l* des mots « pillarū (pilularum) » et « ellarior) (electuariorum) » est coupé dans le haut d'un trait qui se termine à droite par un crochet. A défaut d'un caractère spécial *l avec l'apostrophe* (l') eût à peu près représenté le signe : « pill'arū, ell'arior) ». Le trait placé sur l'*a* qui suit (ā) peut donc être considéré comme une faute.
— Quant au mot « solutiior) », on verra facilement qu'il faut lire « Solutiuor) ».

E. R.

CATALOGUE

DE LA

BIBLIOTHÈQUE COMMUNALE

DE LIMOGES (HAUTE-VIENNE).

POLYGRAPHIE

LIMITÉE AUX SCIENCES ET AUX ARTS.

CHAPITRE Ier. — *Introduction.*

* Des rapports que les belles-lettres et les sciences ont entre elles. Par M. DE LA NAUZE. — (V. BELLES-LETTRES, n° 163, *Mém. de l'Acad. des Inscript.*, T. XIII.)

1. — Francisci baronis de Verulamio, vice-comitis Sancti Albani, De dignitate et augmentis scientiarum libri IX... — *Juxta exemplar Londini impressum. Parisiis, typis Petri Mettayer,* 1624, in-4.

2. — Francisci baronis de Verulamio,... De dignitate et augmentis scientiarum... libri IX. Nunc denuo editi, cum Indice rerum ac verborum locupletissimo. — *Argentorati, sumptibus hæredum Lazari Zetzneri,* 1635, in-8.

3. — Neuf livres de la dignité et de l'accroissement des sciences, composés par François BACON, baron de Verulam et vicomte de Saint-Aubin, et traduits de latin en français par le sieur DE GOLEFER,... — *Paris, Jacques Dugast,* 1632, in-4.

4. — Discours de la méthode pour bien conduire sa

1

raison et chercher la vérité dans les sciences. Plus la dioptrique et les météores qui sont des essais de cette méthode. Par René DESCARTES. Revue et corrigée en cette dernière édition. — *Paris, Michel Bobin et Nicolas Le Gras,* 1668, in-4.

5. — Même ouvrage. = *Paris, Guillaume Saugrain,* 1724, 2 vol. in-12.

(Le frontispice du T. II est ainsi modifié : « Discours.... plus la dioptrique, les météores, la mécanique et la musique... Nouvelle édition... augmentée des Remarques du P. POISSON P. D. L (prêtre de l'Oratoire). — *Paris, par la compagnie des libraires,* 1724.)

* Renati DES CARTES Specimina philosophiæ, seu Dissertatio de methodo recte regendæ rationis, et veritatis in scientiis investigandæ; Dioptrice et Meteora, ex gallico translata (a Stephano DE COURCELLES), et ab auctore perlecta, variisque in locis emendata. — *Amstelodami, apud Ludovicum Elzevirium,* 1644, in-4. — (V. ci-après, *division* PHILOSOPHIE, *Renati* DES CARTES *Principia philosophiæ.*)

CHAPITRE II. — *Histoire des Sciences et des Arts.*

* Polydori VERGILII,... De inventoribus rerum. = *Basileae, ex aedibvs Ioan. Frobenii... Anno* M. D. XXIIII, in-fol. — (V. BELLES-LETTRES, *n°* 415.)

6. — Polydori VERGILII Vrbinatis De rervm inventoribvs libri octo. Eiusdem in Dominicam precem Commentariolus. — *Lvgdvni apvd Seb. Gryphivm,* 1546, in-8.

7. — Les memoires et histoire De l'origine, invention & autheurs des choses. Faicte en Latin, & diuisee en huict liures, par Polydore VERGILE natif d'Vrbin : & traduicte par François DE BELLEFOREST Comingeois. Auec vne table tres-ample des noms, matieres, & choses memorables y contenuës (et le Commentaire sur l'oraison dominicale). — *Paris, Robert Le Mangnier,* M. D. LXXXII, in-8.

* De l'origine des lois, des arts et des sciences, et de leurs progrès chez les anciens peuples. (Par Ant. GOGUET.)

— *Paris, Desaint et Saillant*, 1759, 6 vol. in-12. — (V. HIS-
TOIRE, n° 229.)

8. — Lettres sur l'origine des sciences et sur celle des
peuples de l'Asie, adressées à M. de Voltaire par M. BAIL-
LY, et précédées de quelques lettres de M. DE VOLTAIRE à
l'auteur. — *Londres, Elmesly, et Paris, frères Debure*,
1777, in-8.

* Esquisse d'un tableau historique des progrès de l'esprit
humain. Par CONDORCET. — (V. POLYGRAPHIE, n° 69,
OEuvres de CONDORCET, T. VI.)

* Histoire de l'origine, des progrès et de la décadence
des sciences dans la Grèce, traduite de l'allemand de
Christophe MEINERS,... Par J.-Ch. LAVEAUX. — *Paris,
J.-Ch. Laveaux et Cie*, an VII, 5 vol. in-8. — (V. HISTOIRE,
n° 1786.)

9. — Recherches sur l'origine des découvertes attribuées
aux modernes, où l'on démontre que nos plus célèbres
philosophes ont puisé la plupart de leurs connaissances
dans les ouvrages des anciens ; et que plusieurs vérités
importantes sur la religion ont été connues des sages du
paganisme. (Par DUTENS.) — *Paris, veuve Duchesne*, 1766,
2 tomes en 1 vol. in-8.

10. — Exposition et histoire des principales découvertes
scientifiques modernes. Par Louis FIGUIER. Cinquième
édition. — *Paris, Victor Masson et fils, et Langlois et Leclercq*,
1858, 4 vol. grand in-18.

(T. I : machines à vapeur ; bateaux à vapeur ; chemins de fer. —
T. II : machine électrique ; paratonnerre ; pile de Volta. — T. III :
photographie ; télégraphie aérienne et électrique ; galvanoplastie
et dorure chimique ; poudres de guerre et poudre-coton. — T. IV :
aérostats ; éclairage au gaz ; éthérisation ; planète Le Verrier.)

11. — L'année scientifique et industrielle, ou Exposé
annuel des travaux scientifiques, des inventions et des
principales applications de la science à l'industrie et aux
arts, qui ont attiré l'attention publique en France et à
l'étranger. Par Louis FIGUIER. — *Paris, L. Hachette et Cie*,
1857-64, 5 vol. grand in-18.

* (Pour ce qui concerne la biographie des hommes célèbres dans les sciences et les arts, V. le *Catalogue*
HISTOIRE.)

CHAPITRE III. — *Encyclopédies, Dictionnaires, Cours.*

12. — Le spectacle de la nature, ou Entretiens sur les particularités de l'histoire naturelle qui ont paru les plus propres à rendre les jeunes gens curieux et à leur former l'esprit. (Par l'abbé PLUCHE.) — *Amsterdam, aux dépens de la Compagnie,* 1743, (*Paris, Vᵉ Estienne,* 1747, et *La Haye, Benjamin Gibert,* 1753), 8 tomes en 9 vol. in-12.

(T. I–III, « contenant ce qui regarde les dehors et l'intérieur de la terre ». — T. IV, « contenant ce qui regarde le ciel et les liaisons des différentes parties de l'univers avec les besoins de l'homme ». — T. V, « contenant ce qui regarde l'homme considéré en lui-même ». — T. VI-VII, « contenant ce qui regarde l'homme en société ». — T. VIII (en 2 vol.), contenant ce qui regarde l'homme en société avec Dieu ».)

* (V. aussi, pour le même ouvrage et pour d'autres de même nature, la *division* POLYGRAPHIE , nᵒˢ 1-21.)

13. — Manuel philosophique, ou Précis universel des sciences. (Par PANCKOUCKE.) — *Lille, André-Joseph Panckoucke,* et *Paris, Etienne Savoye,* 1748, in-12.

* Grammaire des sciences philosophiques.... Traduit de l'anglais de Benjamin MARTIN (par DE PUISIEUX). — (V. ci-après : PHILOSOPHIE.)

CHAPITRE IV. — *Mélanges scientifiques.*

* (V. la *division* POLYGRAPHIE.)

* ΘΕΟΦΡΆΣΤΟΥ,... τὰ μέχρι νῦν σωζόμενα, ἅπαντα. THEO-PHRASTI,... Opera, quæ quidem à tot sæculis adhuc restant, omnia... (Græcè). — *Basileæ* (1541), in-fol. — (V. HISTOIRE, *nᵒ* 264-2ᵒ,)

14. — Hieronymi CARDANI,... de rervm varietate libri XVII. Adiectus est capitvm, rerum & sententiarum notatu dignissimarum Index... — *Basileæ, anno* M. D. LVII, in-fol. — (V. aussi CARDANI *Opera,* POLYGRAPHIE, *nᵒ* 57)

15. — Petri GASSENDI Diniensis,... opera omnia in sex tomos divisa... Hactenus edita auctor ante obitum recensuit, auxit, illustravit. Posthuma vero totius naturæ explicationem complectentia, in lucem nunc primum prodeunt, ex bibliotheca... Henrici Ludovici Haberti Mon-Morii,... Cum indicibus necessariis. — *Lugduni, sumptibus Laurentii Anisson, et Joan. Bapt. Devenet,* 1658, 6 vol. in-fol.

(Portrait de Gassendi, gravé par Nanteuil.)

* Œuvres de M. DE MAUPERTUIS... — *Lyon,* 1756, 4 vol. in-8. — (V. POLYGRAPHIE, *n°* 77.)

16. — Œuvres de M. FRANKLIN, docteur ès-lois,... Traduites de l'anglais sur la quatrième édition (par l'abbé L'ÉCUY, et publiées) par M. BARBEU DUBOURG. Avec des additions nouvelles et des figures en taille douce. — *Paris, Quillau l'aîné* (et autres), 1773, 2 tomes en 1 vol. in-4.

(Physique et politique. — Portrait de Franklin.)

17. — Lettres à une princesse d'Allemagne sur divers sujets de physique et de philosophie. (Par EULER.) — *Berne, Société typographique,* 1775, 3 vol. in-8.

18. — Lettres sur différents sujets, écrites pendant le cours d'un voyage par l'Allemagne, la Suisse, la France méridionale et l'Italie en 1774 et 1775. Avec des additions et des notes plus nouvelles, concernant l'histoire naturelle, les beaux-arts, l'astronomie et d'autres matières. Par M. Jean BERNOULLI,... — *Berlin, G.-J. Decker,* 1777-79, 3 vol. in-8.

19. — Cosmos. Essai d'une description physique du monde. Par Alexandre DE HUMBOLDT. Traduit par H. FAYE,... (pour les T. I et III et par Ch. GALUSKY pour les T. II et IV). — *Paris, Gide et C*^{ie}, 1847-59, 4 vol. in-8.

* Mémoires de l'Institut. — (V., pour ces mémoires et ceux de diverses sociétés savantes, le *Catalogue des* BELLES-LETTRES, p. 57 et suiv.)

* L'écho du monde savant. Revue encyclopédique la plus complète des découvertes et des perfectionnements de

chaque jour dans les sciences et les arts, l'agriculture et l'industrie... Sous la direction de M. le vicomte A. DE LAVALETTE, avec le concours... de MM... DE BLAINVILLE, BECQUEREL, BORY DE SAINT-VINCENT, CHAMPOLLION, DUMAS, Bon DUPIN, DE MIRBEL, Elie DE BEAUMONT, GEOFFROY SAINT-HILAIRE, JOMARD, DE JUSSIEU (Adrien), LETRONE, Raoul ROCHETTE, D'HOMBRES FIRMAS (etc.). Rédacteurs en chef MM. le vicomte A. DE LAVALETTE et Victor MEUNIER. — *Paris*, 1836-44, 8 vol. in-fol. = (V. POLYGRAPHIE, *Supplément*.)

I^{RE} CLASSE.

SCIENCES PHILOSOPHIQUES ET SOCIALES.

POLYGRAPHIE LIMITÉE A CES SCIENCES.

CHAPITRE Ier. — *Polygraphes anciens.*

* (V., pour les œuvres de PLATON et d'ARISTOTE, ci-après, *division* PHILOSOPHIE.)

20. — La morale et la politique d'ARISTOTE, traduites du grec par M. THUROT,... = *Paris, Firmin Didot père et fils*, 1823-24, 2 vol. in-8.

21. — Platon, Aristote. Exposé substantiel de leur doctrine morale et politique. Par P.-L. LEZAUD. Deuxième édition, revue et augmentée. — *Paris, Joubert*, 1845, grand in-18.

(V., sur M. Lezaud, BELLES-LETTRES, *n*° 917.)

22. — Même ouvrage. Troisième édition... — *Paris, Firmin Didot frères*, 1846, in-8.

* (V. la *division* PHILOSOPHIE pour les œuvres de CICÉRON et de SENÈQUE.)

23. — Cicéron. Morale et politique. Par P.-L. Lezaud. Deuxième édition. — *Paris, Firmin Didot frères,* 1854, grand in-18.

Chapitre II. — *Polygraphes modernes.*

* Mémoires de l'Institut... Sciences morales et politiques. — *Paris,* an vi-an xii, 5 vol. in-4. (V. Belles-Lettres, n° 164-*B.*) — Mémoires de l'Académie des Sciences morales et politiques. 2e série, T. I-VIII. — *Paris,* 1837-52, 8 vol. in-4. — (V. *ibid.,* n° 166-*C.*)

24. — Œuvres d'Omer et de Denis Talon, avocats généraux au parlement de Paris, publiées sur les manuscrits autographes par D.-B. Rives,... — *Paris, A. Egron,* 1821, 6 vol. in-8.

(T. I : Discours politiques d'Omer Talon. — T. II : Discours et mercuriales de Denis Talon. — T. III-IV : Plaidoyers d'Omer Talon. — T. V-VI : Plaidoyers de Denis Talon.)

ⁱʳᵉ SECTION.

PHILOSOPHIE.

ⁱʳᵉ PARTIE.

PRÉLIMINAIRES, GÉNÉRALITÉS ET MÉLANGES.

Chapitre Ier. — *Introduction.*

25. — Sancti thome de aquino super libris Boetij de consolatione philosophie cōmentū cū expositione feliciter incipit. — Prohemium Indiui (*sic, sed* in Diui) Seuerini Boetij de scolarium disciplina commentarium feliciter incipit. — (A la fin :) *Finit Boetius de disciplina scolariā cum commento. Anno* m. cccc. *lxxxxv.,* in-fol.

26. — Proemium cōmentarij sancti thome. sancti
Thome de aquino super libris Boetij de cōsolatione philosophie commenti cuȝ expositione proemiū feliciter incipit.
(A la fin) : *Finitur Boetius de ꝯsolatu philosophico cum duplici
comento sancti Thome : videlicet et Ascensij.* — Prohemium.
In diui Seuerini Boetij de scholarium disciplina cōmen-
tarium feliciter incipit. (A la fin) : *Finitur Boetius de disciplina scholarium cum commento. Impressus Lugduni opera
magistri Iohannis de vingle. Anno Domini.* M. CCCC. xcix.
die x. *Aprilis,* in-4.

27. — Commentuȝ duplex in Boetium de consolatione
philosophie cuȝ vtriusꝗ tabula. Iteȝ in eundē cōmmētū
de disciplina scholarium. cum commento in Quintilianum
de officio discipulorum diligenter annotata. — (A la fin :)
*Finitur Boetius de disciplina scholarium cum commēto. Impressus
Lugduni. opera Iacobi mailleti. Anno dñi* M. ccccci. *die xvij.
Augusti,* in-4.

* (V. aussi Polygraphie, *n°* 46, *Opera* Boethi.)

* Boèce. Consolations de la philosophie (traduction de
Léon Colesse). — (V. *division* Religion : *Choix d'ouvrages
mystiques... par J.-A.-C. Buchon.*)

* Ioannis Francisci Pici Mirandulæ de Studio Diuinæ et
Humanæ philosophiæ libri duo. — (V. Polygraphie,
n° 52, *Opera.*)

* Réflexions sur la philosophie ancienne et moderne, et
sur l'usage qu'on doit en faire pour la religion. (Par le
P. Rapin.) — *Paris, François Muguet, et Claude Barbin,*
1676, in-12. — (V. Belles-Lettres, *n°* 822.)

28. — La méthode d'étudier et d'enseigner chrétienne-
ment et solidement la philosophie, par rapport à la
religion chrétienne et aux Ecritures. Par le père L. Tho-
massin,... — *Paris, François Muguet,* 1685, in-8.

(Le faux-titre porte : « Traités historiques et dogmatiques sur
divers points de la discipline de l'Eglise et de la morale chrétienne ».)

29. — Essais sur les philosophes, ou Les égarements
de la raison sans la foi. (Par And.-Joseph Panckoucke.)
— *Amsterdam, aux dépens de la compagnie,* 1743, in-12.

50. — La vraie philosophie. Par M. l'abbé M*** (Monestier). — *Bruxelles* et *Paris, Valade,* 1774, in-8.

* Traité des systèmes, par Condillac. — (V. Polygra= phie, *n*° 68, *OEuvres,* T. II.)

Chapitre II. — *Histoire de la Philosophie.*

31. — Uranie, ou Les tableaux des philosophes. Par M. Le Noble, baron de S. George. — *Paris, Guillaume de Luynes* (et autres), 1694, 2 vol. in-12.

(Portrait de l'auteur.)

52. — Histoire critique de la philosophie, où l'on traite de son origine, de ses progrès, et des diverses révolutions qui lui sont arrivées jusqu'à notre temps. Nouvelle édition. Par M. Deslandes. — *Amsterdam, François Changuion* (*Paris*), 1756, 4 vol. in-12.

* De l'état de la philosophie ancienne. Par Thomas Sprat. — (V. Belles-Lettres, *n*° 179, *Histoire... de la Société royale de Londres,* 1ʳᵉ partie.)

53. — Histoire de la philosophie païenne, ou Senti= ments des philosophes et des peuples païens les plus célèbres sur Dieu, sur l'âme et sur les devoirs de l'homme. (Par Lévesque de Burigny.) — *La Haye, Pierre Gosse* et *Pierre de Hondt,* 1724, 2 vol. in-12.

54. — Manuel de philosophie ancienne. Par Ch. Re- nouvier. — *Paris, Paulin,* 1844, 2 vol. grand in-18.

* Diogenis Laertii de clarorum philosophorum vitis, dogmatibus et apophthegmatibus libri decem. Ex italicis codicibus nunc primum excussis recensuit C.-Gabr. Cobet. Accedunt Olympiodori, Ammonii, Iamblichi, Porphyrii et aliorum vitæ Platonis, Aristotelis, Pythagoræ, Plotini et Isidori, Ant. Westermanno et Marini vita Procli J.-F. Boissonadio edentibus. Græce et latine. Cum indicibus. — *Parisiis, A.-F. Didot,* 1850, grand in-8. — (V. Histoire, *Supplément.*)

* (V. aussi *ibid.,* nᵒˢ 1687, 1688, 1689.)

* Essai historique sur l'étude de la philosophie chez les anciens Chinois, par M. DE GUIGNES. — (V. BELLES-LETTRES, nº 163, Mém. de l'Acad. des Inscript., T. XXXVIII.)

* Mémoires sur les anciens philosophes de l'Inde. Par M. l'abbé MIGNOT. — (V. ibid., T. XXXI.)

55. — Histoire de l'école d'Alexandrie. Par M. Jules SIMON,... — Paris, Joubert, 1845, 2 vol. in-8.

*Histoire de l'école d'Alexandrie... Par M. J. MATTER,... 2ᵉ édition... = Paris, 1840-48, 3 vol. in-8. — (V. BELLES-LETTRES, nº 141.)

* Histoire... des sciences dans la Grèce, traduite de l'allemand de Christophe MEINERS,... par J.-Ch. LAVEAUX. — (V. HISTOIRE, nº 1786.)

* Histoire des sept sages, par M. DE LARREY,... — Rotterdam, 1714, in-12. — (V. HISTOIRE, nº 1697.)

56. — Entwickelungsgeschichte der neuesten deutechen Philosophie mit besonderer Rücksicht auf den gegenwärtigen Kampf Schellings mit der Hegelschen Schule. Dargestellt, in Vorlesungen an der Friedrich-Wilhelms-Universität zu Berlin im Sommerhalbjahre 1842, von Dr. C.-L MICHELET. — Berlin, verlag von Duncker und Humblot, 1843, in-8.

57. — Histoire de la philosophie allemande depuis Kant jusqu'à Hegel, par J. WILLM,... — Paris, Ladrange, 1846-49, 4 vol. in-8.

* (Consultez la table de la Revue des Deux-Mondes pour divers articles de MM. V. COUSIN, LÈBRE, Ch. LOUANDRE, Ch. DE RÉMUSAT, E. SAISSET, J. SIMON, etc.)

CHAPITRE III. — *Polygraphie et Traités généraux.*

§ 1er. — DICTIONNAIRES PHILOSOPHIQUES. — MÉLANGES DE PHILOSOPHIE ANCIENNE ET MODERNE.

38. — Ioan. Baptistae BERNARDI patritii veneti Seminarium totius Philosophiæ : Opus nouum, & admirabile, & omni hominum generi perquam vtile : Quod omnium Philosophorum, eoruudemꝗ interpretum tam Græcorum, quàm Latinorum, ac etiam Arabum Quæstiones, Conclusiones, Sententiasꝗ omnes integras, & absolutas miro ordine digestas complectitur... — *Venetiis, Apud Damianum Zenarium,* MDLXXXII, 2 vol. in-fol.

— Ioan. Baptistae BERNARDI,... Seminarij totius Philosophiæ Tomus Tertius. In quo, quemadmodum in duobus superioribus omnis Aristotelis, Aristotelicorumꝗ omnium philosophorum doctrina continebatur, ita omnis Platonis, Platonicorumꝗ omnium tàm Græcorum quàm Latinorum, & Arabum, & eorum quidem tàm veterum, quàm iuniorum philosophorum doctrina facillimo ordine digesta continetur. — *Venetiis, Apud Damianum Zenarium,* MDLXXXV, in-fol., en tout 3 vol. in-fol.

39. — Lexicon philosophicum, sive Index latinorum verborum descriptionumque ad philosophos et dialecticos maxime pertinentium, in duas partes distributus. In prima parte materia philosophica, ut a Cicerone tractata est, servato rerum ordine, continetur. In altera vero, quæ vocabula a scholasticis, ut aiunt, novata sunt, aut barbare et horride usurpata, ab usitatis et latinis vocibus, ordine litterarum A. B. C. diligentissime secernuntur. Auctore PLEXIACO. — *Hagæ-Comitis, apud Henricum Du Sauzet,* 1716, in-4.

40. — Résumés philosophiques. Par P.-L. LEZAUD. — Locke. Helvétius. J.-J. Rousseau. Fragments. Platon. Aristote. Cicéron. Méditations. — *Paris, Firmin Didot frères,* 1853, grand in-18.

§ 2. — PHILOSOPHES ANCIENS.

A. — Philosophes grecs.

* (V. ci-après, *n°* 69, la traduction, par MARSILE FICIN, d'IAMBLIQUE, de PROCLUS, de PORPHYRE, etc., etc.)

41. — Le Pimandre de MERCURE TRISMEGISTE de la philosophie chrestienne, cognoissance du verbe divin, et de l'excellence des œuvres de Dieu, traduit de l'exemplaire grec, avec collation de tres amples commentaires, par François DE FOIX, de la famille de Candalle. — *Bourdeaux, Millanges,* 1579, in-fol.

(A défaut du frontispice, le titre ci-dessus a été copié sur le n° 27 du catalogue d'Amiens. La dédicace de l'auteur est datée du 21 décembre 1578.)

* PYTHAGORÆ carmina aurea. — (V. BELLES-LETTRES, *n°s* 497-2°, 829.)

* Platon. Aristote. Exposé substantiel de leur doctrine morale et politique. Par P.-L. LÉZAUD. — (V. *n°s* 21, 22.)

42. — ΠΛΆΤΩΝ. PLATONIS opera (MARSILIO FICINO trad.) ex recensione R.-B. Hirschigii. Græce et latine. Cum indicibus. — *Parisiis, editore Ambrosio Firmin Didot,* 1856, T. I et II, grand in-8.

(Bibliothèque grecque-latine. — Le T. II, dont la première livraison a paru en 1846, porte au frontispice : « ΠΛΆΤΩΝ. PLATONIS opera ex recensione C.-E.-Ch. Schneideri. Græce et latine. Cum scholiis et indicibus ». — Il manque les *Index*, qui n'ont pas encore paru.)

43. — Divini PLATONIS opera omnia MARSILIO FICINO interprete. Noua editio, adhibita Græci codicis collatione à duobus doctissimis viris castigata : cuius collationis ratio ex epistola operi præfixa facile constabit. His accesserunt sex Platonis dialogi, nuper à Sebastiano CONRADO tralati, neque vnquam adhuc in hoc volumen recepti. — *Lvgdvni, apvd Antonivm Vincentivm,* M. D. LVII., in-fol.

(La traduction latine sans le texte.)

44. — Œuvres de PLATON, traduites par Victor COUSIN. — *Paris, Bossange* (et autres), 1822-46, 13 vol. in-8.

(Le frontispice du T. I porte la date de 1846 ; T. II, 1824 ; T. III,

1826; T. IV, 1827; T. V, 1851; T. VI, 1849; T. VII, 1831; T. VIII,
1832; T. IX, 1833; T. X, 1834; T. XI, 1837; T. XII, 1839; T. XIII,
appendice, 1840.)

45. — Œuvres de PLATON, Dialogues biographiques et
moraux... Précédés d'arguments et d'une Esquisse de la
philosophie de Platon, par M. SCHWALBÉ. — *Paris,
Lefèvre, et Garnier frères, 1842*, 2 vol. grand in-18.

(Le T. II porte au frontispice : « Dialogues biographiques et
moraux de PLATON, traduction nouvelle avec des arguments et
une Esquisse sur la philosophie platonicienne, par M. SCHWALBÉ.
Deuxième série...)

— Œuvres de PLATON, Dialogues métaphysiques...
Précédés d'arguments et d'une Esquisse de la philosophie
de Platon, par M. SCHWALBÉ. — *Paris, Lefèvre, et Garnier,
1843*, grand in-18.

(Dernier volume des œuvres de Platon.)

46. — Sebastiani Foxij MORZILLI Hispalensis, in PLA-
TONIS Timæum Commentarij... Accessit locuplés rerum &
uerborum in ijsdem memorabilium Index. — *Basileae, per
Ioannem Oporinum* (s. d.). — In PLATONIS dialogum, qui
Phædo, seu de animorum immortalitate inscribitur,
Sebastiani Foxii MORZILLI Hispalensis Commentarij. Ac-
cessit locuples rerum ac uerborum memorabilium Index.
— *Basileae, per Ioannem Oporinum;* (à la fin :) M. D. LVI.
Le tout en 1 vol. in-fol.

47. — Du commentaire de Proclus sur le Timée de
Platon. Par Jules SIMON-SUISSE,... — *Paris, impr. de
Moquet et Comp., 1839*, in-8.

* Ἐκ ΠΛΑΤΩΝΟΣ Τιμαίου Τμῆμα... EX PLATONIS Timaeo par-
ticula, Ciceronis de Vniuersitate libro respondens. Qui duo
libri inter se coniuncti et respondentes, nunc primùm
opera Ioachimi PERIONIJ,... proferuntur in lucem. —
Parisiis, apud Ioannem Lodoicum Tiletanum, M. D. XL., in-4.
— (V. BELLES-LETTRES, n° 312-3°.)

* Du banquet de Platon et de l'amour platonique jusqu'à
la fin du XVᵉ siècle, par M. SAINT-MARC-GIRARDIN. —
(V. BELLES-LETTRES, n° 107, *Revue des Deux-Mondes,*
15 octobre 1847.)

* ARISTOTELIS opera. — (V. POLYGRAPHIE, n°ˢ 22, 23. 24.)

48. — ΑΡΙΣΤΟΤΕΛΟΥΣ Φυσικῆς ἀκροάσεως, βιβλία Θ. Περὶ οὐρανοῦ, Δ. Περὶ γενέσεως καὶ φθορᾶς, B. Μετεωρολογικῶν, Δ. Περὶ ψυχῆς, Γ... ARISTOTELIS Commentationum de Natura lib. VIII. De cœlo IIII. De ortu & interitu II. Meteorologicorum IIII. De anima III. Parua quæ dicuntur Naturalia. — *Parisiis*, M. D. LXI, *Apud Guil. Morelium*, in–4.

(Tout grec. — Chacun des traités indiqués au frontispice porte une pagination séparée.)

49. — ARISTOTELIS de Natura, aut de rerum Principiis. Libri VIII. Ioachimo PERIONIO interprete : per Nicolaum Grouchium correcti et emendati. Accessit compendiosissimum argumentum in vniuersam tractationem scientiæ naturalis, & in primum caput illius partis, quæ est de principiis rerum naturalium, studio Matthæi Frigillani Bellouaci. — *Parisiis, Ex officina Gabrielis Buon*, 1577. — ARISTOTELIS de Cœlo Libri IV, Ioachimo PERIONIO interprete... — *Parisiis*, 1573. — ARISTOTELIS Liber de Mundo, ad Alexandrvm Macedoniae regem. Gulielmo BUDÆO interprete. — *Parisiis*, 1577. — ARISTOTELIS de Ortu et Interitu libri dvo. Ioachimo PERIONIO interprete... — *Parisiis*, 1577. — ARISTOTELIS de Animo, Libri III. Ioachimo PERIONIO interprete... — *Parisiis*, 1577. — ARISTOTELIS Meteorologicorum libri qvatvor. Ioachimo PERIONIO interprete... — *Parisiis*, 1571. — ARISTOTELIS Libelli, qui Parua naturalia vvlgo appellantvr. Ioachimo PERIONIO interprete... — *Parisiis*, 1577. Le tout en 1 vol. in–4.

(Traduction latine sans le texte.)

50. — La philosophie de saint Thomas d'Aquin. Par Charles JOURDAIN,... — *Paris, L. Hachette et Cᵢᵉ*, 1858, 2 vol. in–8.

* Joannis LAUNOII constantiensis,... de varia Aristotelis in Academia parisiensi fortuna, extraneis hinc inde adornata præsidiis, liber... Tertia editio, auctior et correctior. — *Luletiæ Parisiorum, apud Edmundum Martinum*, 1662, in–8. — (Relié à la suite de l'ouvrage du même auteur : *De auctoritate negantis argumenti*. — V. ci–après.)

* Recherches critiques sur l'âge et l'origine des traductions latines d'Aristote, et sur des commentaires grecs ou arabes employés par les docteurs scolastiques... Par M. JOURDAIN,... — *Paris, Fantin et Cᵢ*, 1819, in–8. — (V. BELLES-LETTRES, nᵒ 325.)

51. — Petri GASSENDI Animadversiones in decimum librum Diogenis Laertii, qui est De vita, moribus, placitisque Epicuri... — *Lugduni, apud Guillelmum Barbier,* 1649, 3 vol. in-fol.

* De vita et moribus Epicuri libri octo, authore Petro GASSENDO,... — *Lugduni, apud Guillelmum Barbier,* 1647, in-4. — (V. HISTOIRE, 1699.)

52. — SEXTI EMPIRICI,... adversus mathematicos, Hoc est, aduersus eos qui profitentur disciplinas, Opvs eruditissimum, complectens vniuersam Pyrrhoniorum acutissimorum Philosophorum disputandi de quibuslibet disciplinis & artibus rationem, Græcè nunquam, Latinè nunc primùm editum, Gentiano HERVETO Aurelio interprete. Eivsdem SEXTI Pyrrhoniarvm hypotyposeon libri tres : Qvibvs in tres Philosophiæ partes seuerissimè inquiritur... Græcè nunquam, Latinè nunc primùm editi, Interprete Henrico STEPHANO. Accessit & Pyrrhonis vita, ex Diogene Laërtio : ex vulgata interpretatione... Item, Claudij GALENI Pergameni contra Academicos & Pyrrhonios, D. ERASMO Roterodamo interprete. — *Parisiis, Apud Martinum Iuuenem,* M. D. LXIX, in-fol.

(La traduction latine sans le texte.)

53. — ΜΑΞΙΜΟΥ ΤΥΡΙΟΥ φιλοσόφου Πλατωνικοῦ λόγοι μ.ά. MAXIMI TYRII philosophi Platonici Sermones siue Disputationes XLI. Græcè nunc primùm editæ. — *Ex officina Henrici Stephani,* M. D. LVII. — MAXIMI TYRII,... Sermones siue Disputationes XLI. Ex Cosmi PACCII archiepiscopi Florentini interpretatione, Ab Henrico Stephano quamplurimis in locis emendata. — *Ex officina Henrici Stephani,* M. D. LVII. Les deux parties en 1 vol. petit in-8.

(Première édition.)

54. — Traités de MAXIME DE TYR philosophe platonicien, auteur grec. Qui sont quarante et un discours profondément doctes et grandement éloquents, de nouveau mis en français (par GUILLEBERT). Première édition. — *Rouen, Jean Osmont,* 1617, in-4.

55. — PLOTINI Platonicorum facile coryphæi opervm philosophicorvm omnivm libri LIV. in sex enneades distribvti. Ex antiquiss. Codicum fide nunc primùm Græcè editi, cum Latina MARSILII FICINI interpretatione & commentatione. — *Basileae, ad Perneam Lecythum*, M D XXC (1580), in-fol.

56. — Les Ennéades de PLOTIN,... traduites pour la première fois en français, accompagnées de sommaires, de notes et d'éclaircissements, et précédées de la vie de Plotin et des principes de la théorie des intelligibles de PORPHYRE. Par M.-N. BOUILLET,... — *Paris, L. Hachette et Cie*, 1857-61, 3 vol. in-8.

(Le frontispice du T. II est modifié. Après les mots : *Précédées de la vie de Plotin*, on lit : « Avec des fragments de Porphyre, de Jamblique et autres philosophes néoplatoniciens ». Ces fragments, placés à la fin du T. II, sont précédés du faux-titre suivant : « Fragments de psychologie néoplatonicienne, traduits pour la première fois en français par Eug. LÉVÊQUE ». Le frontispice du T. III porte : «... Avec des fragments de Porphyre, de Simplicieus, d'Olympiodore, de Saint-Basile, etc. »)

57. — PROCLI, philosophi platonici, opera e codd. mss. biblioth. reg. parisiensis, tum primum edidit, lectionis varietate, versione latina, commentariis, illustravit Victor COUSIN,... — *Parisiis, excudebat J.-M. Eberhart, 1820-23*, et *Firmin Didot*, 1827, 6 vol. in-8.

* ΘΕΟΦΡΆΣΤΟΥ τὰ μέχρι νῦν σωζόμενα ἅπαντα. — *Basileae* (s. d.), in-fol. — (V. HISTOIRE, n° 264-2°.)

B. – Philosophes latins.

* Examen de la philosophie de Cicéron. Par GAUTIER DE SIBERT. — (V. BELLES-LETTRES, n° 163, *Mém. de l'Acad. des Inscript.*, T. XLI, XLIII, XLVI.)

* Tomvs qvartvs opervm M. Tvllii CICERONIS philosophicos eius libros a Dionys. Lambino Monstroliensi... emendatos, complectens... — *Lvtetiæ, apud Iacobum du Puis*, M. D. LXV., in-fol. — (V. POLYGRAPHIE, n° 38.)

* (V. aussi *ibidem*, n°s 35, 36, 41, T. III; 43, T. III; 44, vol. XIII, XIV, XV.)

58. — M. T. CICERONIS philosophicorvm librorvm pars prima, id est, Academicarum quæstionum editionis secundæ, liber primus, Ad Varronem. Academ. quæst. editionis primæ, lib. 2. qui à Nonio quartus numeratur simpliciter : à nonnullis inscribitur, Lucullus : & rectè De Finibus bonorum & malorum libri V. Tusculanarum quæstionum libri V. Ex Dionys. Lambini Monstroliensis emendatione. — *Lvtetiae, Ex officina Iaçobi Dupuys,* CIƆ. IƆ. LXXIII. (1573), in-8.

(Volume détaché d'une édition des œuvres complètes. Ce volume est paginé de 4135 à 4655.)

* M. T. CICERONIS pars tertia, sive opera philosophica... curante et emendante M.-N. BOUILLET,... — *Parisiis,* 1828-1831. — (V. POLYGRAPHIE, *n*° 35, *Biblioth. Lemaire.*)

* Œuvres philosophiques de CICÉRON. — Académiques, traduction nouvelle par M. DELCASSO,... — Des biens et des maux, traduction nouvelle par M. STIÉVENART,... Questions tusculanes, traduction nouvelle par M. MAT-TER. — De la nature des dieux, traduction nouvelle par M. MATTER,... — De la divination, traduction nouvelle par M. DE GOLBÉRY. — Du destin, traduction nouvelle par M. J. MANGEART. — Traité des devoirs, traduction nouvelle par M. STIÉVENART, suivi du Dialogue sur la vieillesse, traduction nouvelle par PIERROT et A. POMMIER. — Dialogue sur l'amitié, par M. J. PIERROT,... — Para-doxes, Demande du consulat, par MM. PÉRICAUD,... et L. CHEVALIER. — Consolation, par M. J. MANGEART,... — Des lois, traduction nouvelle, par M. J.-P. CHARPENTIER,... — *Paris,* 1832-37, 9 vol. in-8. — (V. POLYGRAPHIE, *n*° 36, *Biblioth. Panckoucke, Œuvres de Cicéron,* T. XXVII à XXXV.)

59. — Marci Tvllii CICERONIS tvscvlanarvm qvaest. libri qvinqve, cvm Philippi Beroaldi Bononiensis, et Georgii Vallae Placentini commentariis. — *Parisiis apvd Michaelem Vascosanvm,* M. D. XXXIII, in-fol.

(Les Commentaires de Valla, rejetés à la fin du volume, ont une pagination séparée.)

60. — M. T. CICERONIS Tusculanarum Quæstionvm libri V, Ad uetustiss. exemplar manu scriptum summa diligentia correcti & emendati : ac commentarijs clariss. uirorum Georgij VALLÆ, Philippi BEROALDI, & Ioachimi CAMERARIJ : deinde ERASMI Roterodami, Iani PAGNINI, & Pauli MANUTIJ uarijs lectionibus & scholijs illustrati. Cum indice rerum ac uerborum locupletiss. — *Parisiis, Apud Vascosanum,* M. D. XLIX, in-4.

(A la suite :)

— M. T. Ciceronis de Diuinatione libri dvo, Petri Marsi uiri doctissimi Commentarijs illustrati. — *Parisiis Ex officina Michaëlis Vascosani, m. d. xlii, in-4.*

(A la fin :)

— Ivlii Obseqventis ab anno vrbis conditæ quingentesimo quinto, Prodigiorum liber imperfectus. — (A la fin :) *Parisiis, apud Michaëlem Vascosanum* (s. d.), in-4 de 6 feuillets.

61. — M. T. Ciceronis Tusculanarum qvæstionvm lib. V, Ad vetustiss. exēplaria manu scripta... correcti & emēdati : ac commentariis... Philippi Beroaldi, & Ioachimi Camerarij : deinde Erasmi,... Pauli Manutij, & Petri Victorij variis lectionibus & annotationibus illustrati. Quibus nunc primūm accessit doctissimi cuiusdam viri commentarius, cum annotationibus Leodegarij a Quercu. Cum indice... — *Parisiis, Ex typographia Thomæ Richardi,* 1558, in-4.

62. — L. Annæi Senecæ philosophi et M. Annæi Senecæ rhetoris quæ extant opera. Ad veterum exemplarium fidem nunc recens castigata; græcis lacunis, quibus superiores editiones scatebant, expletis; ac illustrata commentariis selectioribus, aliisque recentiorum autorum et fide digniorum notis quorum auctores citantur pagina sequenti. Accessere loci communes ex utraque Seneca facti, auctore D. Gothofredo J. C. — *Lutetiæ Parisiorum, apud Michaelem Sonnium,* 1627, 2 parties en 1 vol. in-fol.

(A la fin de la première partie, après les tables, se trouvent les « Lieux communs de Godefroy », portant une pagination séparée. — La seconde partie a pour titre : « M. Annæi rhetoris suasoriæ, controversiæ, declamationumque excerpta... Cum uberioribus notis et conjecturis Nic. Fabri, Andr. Schotti, J. Gruteri, Fr. Jureti, J. Lipsii, Jo. Petrei, Fer. Pinciani, J. Obsopœi. Adjectus libellus Andreæ Schotti De claris apud Senecam Rhetoribus, quem ipse recognovit, notasque suas prius editas auxit. — *Parisiis,* 1626 ». L'opuscule d'André Schott a une pagination séparée. Il en est de même des notes de Fr. Morel et d'autres commentateurs, lesquelles terminent l'ouvrage.)

* L. Annæi Senecæ... opera philosophica quæ recognovit et selectis tum J. Lipsii, Gronovii, Gruteri, B. Rhenani, Ruhkopfii, aliorumque commentariis, tum suis illustravit notis M. N. Bouillet,... — *Parisiis,* 1827-

30, 5 vol. in-8, — (V. POLYGRAPHIE, *n*° 35, *Biblioth. Lemaire.*)

63. — Le devxiesme (-troisiesme) volvme des oevvres morales et meslees de SENECQVE... Cinqviesme & derniere edition, reueuë. (Par Simon GOULART, Senlisien.) — *A Lyon, Chez Simon Rigavd*, M. DCX, 2 vol. in-8.

(Il manque le T. I. — On trouve à la suite du T. III : « Fragmens de plvsievrs philosophes stoyqves. Recueillis en vn corps, auec un ample discours sur leur doctrine, par S. G. S. (Simon GOULART, Senlisien) ».)

64. — Les œuvres de SÉNÈQUE, de la traduction de messire François de MALHERBE, gentilhomme ordinaire de la chambre du roi, continuées par Pierre DU-RYER,... — *Paris, Antoine de Sommaville*, 1659, 2 vol. in-fol.

(Portrait de Malherbe. — Le T. II porte la date de 1658.)

* Œuvres complètes de SÉNÈQUE le Philosophe, traduction nouvelle par MM. AJASSON DE GRANDSAGNE, BAILLARD, CHARPENTIER, CABARET-DUPATY, DU ROZOIR, HÉRON DE VILLEFOSSE, NAUDET, C.-L.-F. PANCKOUCKE, Ernest PANCKOUCKE, DE VATIMESNIL, Alfred DE WAILLY, Gustave DE WAILLY, Alphonse TROGNON; publiées par M. Charles DU ROZOIR,... — *Paris*, 1833-34, 8 vol. in-8. — (V. POLYGRAPHIE, *n*° 36, *Biblioth. Panckoucke.*)

65. — Senèque, des questions naturelles (trad. de MALHERBE et de DURYER). — *Lyon, Christofle Fourmy,* 1663, 2 vol. in-12.

66. — L'esprit de SÉNÈQUE, ou Les plus belles pensées de ce grand philosophe, enseignant l'art de bien vivre, pour servir de guide à conduire nos passions, pratiquer la vertu et fuir les vices. (Par PUGET DE LA SERRE.) — *Paris, veuve F. Mauger*, 1701, 2 vol. in-12.

67. — Pensées de SÉNÈQUE, recueillies par M. ANGLIVIEL DE LA BEAUMELLE,... et traduites en français, pour servir à l'intelligence de la jeunesse. Nouvelle édition, revue avec soin. — *Paris, frères Barbou*, an III, in-12.

(Le texte est à la suite de la traduction.)

* Anitii Manlii Severini BOETHI,... opera omnia... per

doctos viros recognita... (Cum commentariis.) — *Basileae*,
ex officina Henricpetrina. (A la fin :) *Anno* M. D. LXX,
in-fol. — (V. POLYGRAPHIE, *n°* 46.)

§ 3. — PHILOSOPHES MODERNES.

* Ouvrages inédits d'ABEILARD, pour servir à l'histoire
de la philosophie scolastique en France, publiés par
M. Victor COUSIN. — *Paris*, 1836, in-4. — (V. HISTOIRE,
n° 565-*Gg*.)

68. — Abélard, par Charles DE RÉMUSAT. — *Paris*,
Ladrange, 1845, 2 vol. in-8.

* Œuvres philosophiques de DANTE. — (V. POLYGRAPHIE,
n° 101.)

* Œuvres philosophiques de N. MACCHIAVELLI. —
(V. *ibid.*, *n°* 102.)

* Angeli POLITIANI opuscula philosophica. — (V. *ibid.*,
n° 51.)

* Ioannis Francisci PICI MIRANDULÆ opuscula philosophica. — (V. *ibid.*, *n°* 52.)

69. — Index eorvm, qvae hoc in libro habentvr. IAM-
BLICHUS de mysteriis Ægyptiorum, Chaldæorum, Assy-
riorum. PROCLUS in Platonicum Alcibiadem de anima,
atꝗ demone. PROCLUS de sacrificio, & magia. PORPHYRIUS
de diuinis, atꝗ dæmonibus. SYNESIUS Platonicus de
somniis. PSELLUS de dæmonibus. Expositio PRISCIANI, &
MARSILII in Theophrastum de sensu, phantasia, & intellectu. ALCINOI Platonici philosophi, liber de doctrina
Platonis. SPEUSIPPI Platonis discipuli, liber de Platonis
definitionibus. PYTHAGORÆ philosophi aurea uerba. Sym-
bola PITHAGORÆ philosophi. XENOCRATIS philosophi platoni-
nici, liber de morte. MERCURII TRISMEGISTI Pimander.
Eiusdem Asclepius. (Hæc omnia latine, MARSILIO FICINO
interprete.) MARSILII FICINI de triplici uita Lib. II. Eiusdem
liber de uoluptate. Eiusdem de Sole & lumine libri II.
Apologia eiusdem in librum suum de lumine. Eiusdem
libellus de magis. Quod necessaria sit securitas, & tran-
quillitas animi. Præclarissimarum sententiarum huius

operis breuis annotatio. — (A la fin :) *Venetiis in aedibvs Aldi , et Andreae ꞩoceri mense novembri* M. D. XVI., in–fol.

(A la suite :)

— Federici CHRISOGONI,... de modo Collegiādi : Pronosticandi : ꞇ Curandi Febres : Necnō de humana Felicitate : ac deniꞯ de Fluxu ꞇ Refluxu Maris : Lucubrationes nuperrime in Lucem edite. — (A la fin :) *Explicit Aureum opus... Venetijs impressum a Ioan. Anto. de Sabbio ꞇ fratribus. Anno... M. D. xxviij...*, in–fol. de 27 feuillets.

70. — Que hoc volumine continētur. Liber de intellectu. Liber de sensu. Liber de nichilo. Ars oppositorum. Liber de generatione. Liber de sapiente. Liber de duodecim numeris Epistole complures. Insup mathematicū opus quadripartitū. De Numeris Perfectis. De Mathematicis Rosis. De Geometricis Corporibus. De Geometricis Supplementis. (Auct. Carolo BOVILLO Samarobrino.) — (A la fin :)... *Emissum ex officina Henrici Stephani... Anno...* 1510 , in–4.

* Hieronymi CARDANI,... Opera. — (V. POLYGRAPHIE, *n*° 57.)

* JUSTI LIPSII manuductionis ad stoicam philosophiam libri tres : L. Annæo Senecæ, aliisque scriptoribus illustrandis. — *Ejusdem* physiologiæ stoïcorum libri tres; L. Annæo Senecæ, aliisque scriptoribus illustrandis. — (V. POLYGRAPHIE , *n*° 59, *Opera,* T. I.)

71. — Œuvres philosophiques, morales et politiques de François BACON , baron de Verulam, vicomte de Saint-Alban, lord chancelier d'Angleterre ; avec une Notice biographique par J.-A.-C. BUCHON. — *Paris, A. Desrez,* 1836 , grand in–8.

(De la collection du Panthéon littéraire. — Les traductions sont d'Antoine DE LA SALLE, de DUFEY fils, de GUY, de COLLET et de BUCHON.)

72. — Les œuvres morales et politiques de messire François BACON, grand-chancelier d'Angleterre, de la version de J. BAUDOIN. — *1636. A Paris, chez Pierre Rocolet, et François Targa,* in–8.

73. — Essais du chevalier BACON, chancelier d'Angle-

terre, sur divers sujets de politique et de morale (publiés
en français par l'abbé GOUJET). — *Paris, Emery,* 1734,
in-12.

74. — Examen de la philosophie de Bacon, où l'on traite
différentes questions de philosophie rationnelle. Ouvrage
posthume du comte Joseph DE MAISTRE,... — *Lyon,
J.-B. Pélagaud et Cⁱᵉ*, 1845, 2 vol. in-8.

*La vie du chancelier François Bacon, traduite de
l'anglais (de David MALLET, par POUILLOT). — *Paris,*
1755, in-12. — (V. HISTOIRE, *nⁱ* 1759.)

75. — Œuvres philosophiques de DESCARTES, publiées,
d'après les textes originaux, par L. AIMÉ-MARTIN. —
Paris, Auguste Desrez, 1838, grand in-8.

(De la collection du Panthéon littéraire. Ce volume contient :
René Descartes, sa vie et ses ouvrages, par Amédée PRÉVOST;
Éloge de Descartes, par THOMAS; le Traité de la méthode; les
Méditations, traduites par le duc DE LUYNES; les réponses aux
diverses objections faites à cet ouvrage, traduction de CLERSELIER,
revue par Descartes; les Principes de la philosophie, traduction
de l'abbé PICOT, revue par CLERSELIER; le Traité des passions de
l'âme; les Règles pour la direction de l'esprit, traduction de
Ch. BENOIT; la Recherche de la vérité par les lumières naturelles,
traduction de M. TRIANON; la correspondance.)

76. — Renati DES-CARTES Principia philosophiæ. —
Amstelodami, apud Ludovicum Elzevirium, anno 1644, in-4.

(A la suite :)

— Renati DES CARTES Specimina philosophiæ, seu Dissertatio de methodo recte regendæ rationis, et veritatis in
scientiis investigandæ : Dioptrice et Meteora. Ex gallico
translata, et ab auctore perlecta, variisque in locis
emendata. — *Amstelodami, apud Ludovicum Elzevirium,*
1644, in-4.

77. — Les principes de la philosophie, écrits en latin
par René DESCARTES, et traduits en français par un de ses
amis (Claude PICOT). — *Paris, impr. de Pierre Des-Hayes,
et chez Henry Le Gras,* 1647, in-4.

78. — Les méditations métaphysiques de René DES-
CARTES touchant la première philosophie. Seconde édition,
revue et corrigée par le traducteur (le duc DE LUYNES), et

augmentée de la version d'une Lettre de Mr Des-Cartes au R. P. Dinet ; et de celle des septièmes objections, et de leurs réponses. = *Paris, Henry Le Gras*, 1661, in-4.

79. — Les méditations métaphysiques de René Dés-Cartes, touchant la première philosophie... Nouvellement divisées par articles avec des sommaires à côté, et avec des renvois des articles aux objections et des objections aux réponses, pour en faciliter la lecture et l'intelligence. Par R. F. (René Fédé). Troisième édition, revue et corrigée. — *Paris, Michel Bobin et Nicolas Le Gras*, 1673, in-4.

80. — De nova Renati Cartesii philosophia dissertationes. Auctore P. Petito, Parisiensi. — *Parisiis, e typographia viduæ Edmundi Martini*, 1670, 2 parties en 1 vol. in-8.

81. — Réflexions critiques sur le système cartésien de la philosophie de Mr Regis. Par maître Jean du Hamel,... = *Paris, Edme Couterot*, 1692, in-12.

82. — L'usage de la raison et de la foi, ou L'accord de la foi et de la raison. Par Pierre-Sylvain Regis. — *Paris, Jean Cusson, impr.*, 1704, in-4.

(Ouvrage tiré principalement des manuscrits de dom Desgabets. — V. *Biogr. univ.*)

* Petri Gassendi,... Opera philosophica. — (V. n° 15.)

* Œuvres de Leibniz, publiées pour la première fois d'après les manuscrits originaux avec notes et introductions, par A. Foucher de Careil. — *Paris, F. Didot*, 1859-18..., vol. in-8. — (V. Polygraphie, *supplément*.)

(En publication.)

83. — Œuvres de Leibniz, nouvelle édition, collationnée sur les meilleurs textes, et précédée d'une Introduction. Par M. A. Jacques,... — Première série : Nouveaux essais sur l'entendement, opuscules divers. — Deuxième série : Essais de théodicée, Monadologie, Lettres entre Leibniz et Clarke. — *Paris, Charpentier*, 1842, 2 vol. grand in-18.

84. — Œuvres philosophiques de Fénelon, comprenant le Traité de l'existence de Dieu, les Lettres sur la métaphysique, la Réfutation du système de Mallebranche;

précédées d'un Essai sur Fénelon par M. VILLEMAIN, et publiées avec un Avertissement et des notes. — *Paris, L. Hachette*, 1843, grand in-18.

* Œuvres choisies de VICO, contenant ses mémoires... la science nouvelle, les opuscules, lettres, etc., précédées d'une Introduction sur sa vie et ses ouvrages par M. MICHELET,... = *Paris*, 1835, 2 vol. in-8. — (V. HISTOIRE, n° 3.)

85. — La philosophie du bon sens, ou Réflexions philosophiques sur l'incertitude des connaissances humaines, à l'usage des cavaliers et du beau sexe. Par monsieur le marquis D'ARGENS. — *Londres, aux dépens de la compagnie*, 1737, in-12.

86. — Même ouvrage. — Nouvelle édition, revue, corrigée et augmentée d'un Examen critique des « Remarques de Mr l'abbé d'Olivet,... sur la théologie des philosophes grecs ». Par monsieur le marquis D'ARGENS. — *La Haye, Pierre Paupie*, 1747, 2 vol. in-12.

87. — Recueil de dissertations sur quelques principes de philosophie et de religion. Par le R. P. GERDIL,... — *Paris, Hugues-Daniel Chaubert, et Hérissant*, 1760, in-12.

* Pensées philosophiques, morales, critiques, littéraires et politiques de M. HUME (trad. par DESBOULMIERS). — *Londres*, 1767, in-12. = (V. BELLES-LETTRES, n° 433.)

88. — Le génie de M. Hume, ou Analyse de ses ouvrages, dans laquelle on pourra prendre une idée exacte des mœurs, des usages, des coutumes, des lois et du gouvernement du peuple anglais. — *Londres, et Paris, Vincent*, 1770, in-12.

89. — Leçons sur la philosophie de Kant. Par V. COUSIN. — *Paris, Ladrange*, 1844, in-8.

90. — Recueil in-8, contenant :

1° — Le philosophe ignorant. (Par VOLTAIRE.) — (S. l. n. n.), 1766.

2° — La défense de mon oncle contre ses infâmes persé-cuteurs. Par A....T DE V**** (Arouet DE VOLTAIRE). — *A Genève*, 1767.

3° — L'Homme aux quarante écus. (Par le même.) — (S. l. n. n.), 1768.

91. — Œuvres complètes de Thomas REID, chef de l'école écossaise, publiées par M. Th. JOUFFROY, avec des frag-ments de M. ROYER-COLLARD, et une Introduction de l'é-diteur. = *Paris, A. Sautelet et C*ⁱᵉ, 1828-29, 6 vol. in-8.

(Le T. 1 est de *Paris, Victor Masson*, 1836.)

* Rapports du physique et du moral de l'homme. Par P.-J.-G. CABANIS. — (V. ci-après, MÉDECINE.)

92. — Du vrai, du beau et du bien. Par M. Victor COUSIN. — *Paris, Didier*, 1853, in-8.

(1° Du vrai : De l'existence, de l'origine et de la valeur des prin-cipes universels et nécessaires. Dieu principe des principes. Du mysticisme. — 2° Du beau : Du beau dans l'esprit de l'homme et dans les objets. De l'art. Des différents arts. De l'art français. = 3° Du bien : Réfutation de la morale de l'intérêt. Vrais fondements de la morale. Morale privée et publique. Dieu principe du bien. Théodicée. — Résumé de la doctrine.)

93. — Mélanges philosophiques. Par Théodore JOUF-FROY. Seconde édition. — *Paris, Ladrange*, 1838, in-8.

94. — Nouveaux mélanges philosophiques. Par Théodore JOUFFROY,... précédés d'une Notice et publiés par Ph. DAMIRON. — *Paris, Joubert*, 1842, in-8.

95. — Fragments de philosophie. Par M. William HAMILTON,... Traduits de l'anglais par M. Louis PEISSE, avec une Préface, des notes et un Appendice du traduc-teur. — *Paris, Ladrange*, 1840, in-8.

* Félix RAVAISSON. — Fragments de philosophie d'HA-MILTON. — (V. POLYGRAPHIE, n° 107, *Revue des Deux-Mondes*, 1ᵉʳ novembre 1840.)

* Pensées, essais, maximes et correspondance de J. JOU-BERT, recueillis et mis en ordre par M. Paul RAYNAL, et précédés d'une Notice sur sa vie, son caractère et ses

travaux... — *Paris,* 1850, 2 vol. in-8. — (V. BELLES-
LETTRES, n° 431.)

96. — De l'immortalité, de la sagesse et du bonheur,
ou La vie présente et la vie future. Traité de philosophie
pratique. Par D. L. C. D. — B. (DE LA CODRE). — *Paris,*
Jules Renouard et Cie, 1853, 2 vol. in-8.

* (V. *division* POLYGRAPHIE, n° 60, *Mélanges de* D'ALEM-
BERT; n° 68, *OEuvres de* CONDILLAC; n° 69, *OEuvres de*
CONDORCET; n° 70, *Recueil de divers ouvrages philosophiques,*
etc., par le P. DANIEL; n° 71, *OEuvres de* DIDEROT; n° 74,
OEuvres de FONTENELLE; n° 77, *OEuvres de* MAUPERTUIS;
n° 84, *OEuvres de* J.-J. ROUSSEAU; n° 91, *OEuvres de* SAINT-
RÉAL; n°s 98-99, *OEuvres de* VOLTAIRE.)

§ 4. — COURS DE PHILOSOPHIE.

A. — Cours en latin.

97. — Avgvstini STEVCHI, Evgvbini, episcopi Kisami,
sedis apostolicæ bibliothecarii, De Perenni philosophia,
libri decem. De Mundi exitio. De Eugubij, vrbis suæ
nomine, Tractatus. Cum Indice rerum & verborum locupletissimo. — *Parisiis, Apud Michaëlem Sonnium, via*
Iacobœa, M. D. LXXVIII, in-fol.

98. — D. N. Chrysostomi JAVELLI Canapicii, ord. prædicatorum,... in universam moralem Aristotelis, Platonis,
et christianam philosophiam, Epitomes in certas partes
distinctæ... Postremæ huic et accuratissimæ editioni
accessit Index locupletissimus. — *Lugduni, sumptibus Hie-*
ronymi de La Garde, 1646, in-fol.

99. — Philosophia, juxta inconcussa tutissimaque divi
Thomæ dogmata, logicam, physicam, moralem et meta-
physicam quatuor tomis complectens. Authore P. F. Antonio GOUDIN Lemovicensi, ordinis Prædicatorum, sacræ
theologiæ doctore, philosophiæ professore in schola divi
Thomæ ab illustrissimo D. Dominico de Marinis, ex
eodem ordine, archiepiscopo avenionensi, in ejusdem
urbis Academia erecta. Tomus primus, Logica. —
Lugduni, apud Antonium Jullieron, 1670, in-12.

(Le T. I seulement. — Antoine Goudin, né à Limoges en 1639,

y enseigna quelque temps la philosophie au couvent des frères prê-
cheurs. Mis par l'archevêque d'Avignon à la tête de la chaire de
philosophie de cette ville, il y fut reçu docteur en théologie et
nommé examinateur synodal, c'est-à-dire des ordinands. A partir
de l'année 1669, il fut successivement prieur à Brivas (Moréri)
pendant trois ans, lecteur au noviciat général de Paris, et prieur du
grand-couvent de Saint-Jacques. Il fut reçu docteur de Sorbonne le
9 mars 1685, et mourut à Paris le 25 octobre 1695. On a de lui,
outre l'ouvrage ci-dessus : 1o L'oraison funèbre de Mgr de Marinis,
archevêque de Lyon, son bienfaiteur, prononcée en latin et traduite,
dit-on, en français; 2o Un cours de théologie qui, du temps de
Moréri, était conservé en manuscrit au collége de Saint-Jacques;
3o Monitum sur les cinq propositions de Jansenius, et divers autres
opuscules qui ont rendu son nom célèbre. — (V. Echard, *Script.
ordin. prædicat.*, T. II, p. 739; Dupin, *Tabl. des aut. ecclésiast.*,
T. II, col. 2554; Moréri, édit. de 1759; Simon, *Biblioth. critiq.*,
T. II, p. 371; d'Argentré, *Collect. judic.*; Nadaud, manuscr. déposés
au séminaire de Limoges.)

100. — Philosophia vetus et nova, ad usum scholæ
accommodata, in regia Burgundia olim pertractata
(auct. J. B. Duhamel). Editio tertia, multo emendatior.
— *Parisiis, apud Stephanum Michallet, 1684, 2 vol. in-4.*

101. — Institutiones philosophicæ ad faciliorem veterum et recentiorum philosophorum intelligentiam
comparatæ; opera et studio V. Cl. Edmundi Purchotii
Senonensis,... Editio quarta, prioribus locupletior. —
Parisiis, apud Jacobum Vincent, 1733, in-12.

(Le T. I seulement, comprenant la logique et la métaphysique.)

102. — Compendium institutionum philosophiæ, in quo
de rhetorica et philosophia tractatur, ad usum candidatorum baccalaureatus artiumque magisterii. Autore
D. Caron,... — *Parisiis, apud N.-M. Tilliard, 1770, in-8.*)

(Le T. I seulement.)

103. — Institutiones philosophicæ, auctoritate D. D. archiepiscopi lugdunensis, ad usum scholarum suæ diœcesis
editæ. (Auct. Josepho Valla.) — *Lugduni, ex typis fratrum
Perisse, 1788, 3 vol. in-12.*

(Les trois premiers volumes, comprenant la logique, la métaphysique et la morale.)

B. — Cours en français.

104. — Corps de toute la philosophie, divisé en deux

parties. La première contient tout ce qui appartient à la sapience ; à savoir : la logique, la physique et la métaphysique. La seconde contient tout ce qui appartient à la prudence ; à savoir : la morale, l'économique et la politique. Le tout par démonstration et autorité d'Aristote, avec éclaircissement de sa doctrine par lui-même. Par maître Théophraste BOUJU, sieur DE BEAULIEU,... — *Paris, Denys de La Noue, 1614*, 2 tomes en 1 vol. in-fol.

105. — Le prince instruit en la philosophie, en français, contenant ses quatre parties : avec une métaphysique historique, rapportant les choses extraordinaires de l'ancien et nouveau monde, du ciel, des terres et des mers, monstres et caprices, pierres, métaux, plantes et bêtes, mœurs, religions des hommes ; le tout suivi d'importantes réflexions et raisons de leur être extraordinaire. Par messire Besian ARROY,... Première édition. — *Lyon, Pierre Guillimin, 1671*, in-fol.

106. — La philosophie des gens de cour... Par M. l'abbé DE GÉRARD. — *Paris, Estienne Loyson, 1680*, in-12.

107. — Eléments de métaphysique à l'usage des gens du monde. (Par l'abbé SAURI.) — *Paris, 1773*, in-12.

(T. III du *Cours complet de philosophie*, et T. II des *Eléments de métaphysique*. — Les T. I et II manquent.)

108. — Eléments de philosophie. Par Patrice LARROQUE, professeur de philosophie au collége royal de Grenoble, agrégé aux chaires de philosophie de l'Académie de Paris, docteur ès-lettres. — *Lyon, Périsse frères, 1830*, in-8.

109. — Cours de philosophie. Par M. Ph. DAMIRON,... Seconde édition, revue, corrigée et augmentée. — *Paris, L. Hachette, 1837*, 4 vol. in-8.

(Première partie : Psychologie, 2 vol. — Deuxième partie : Morale. — *Paris, 1842*, 1 vol. — Troisième partie : Logique. — *Paris, 1836*, 1 vol.)

110. — Philosophie. — Logique. Par A. GRATRY,... — *Paris, Ch. Douniol, et J. Lecoffre, 1855*, 2 vol. in-8.

— Philosophie. — De la connaissance de l'âme. Par

A. GRATRY,... — *Paris, Ch. Douniol, et J. Lecoffre*, 1857, 2 vol. in-8.

(La logique forme les T. I et II du cours de philosophie ; Le traité de la connaissance de l'âme, les T. V et VI du même cours.)

———————

111. — Grammaire des sciences philosophiques, ou Analyse abrégée de la philosophie moderne, appuyée sur les expériences. Traduit de l'anglais de Benj. MARTIN (par DE PUISIEUX). Nouvelle édition, corrigée et augmentée. — *Paris, Briasson*, 1764 in-8.

———

IIᵉ PARTIE.

TRAITÉS PARTICULIERS.

———

CHAPITRE Iᵉʳ. — *Logique.*

112. — Logica ARISTOTELIS ex tertia recognitione. Libri Logicorum ad archetypos recogniti, cum nouis ad literam commentarijs... (BOETIO Severino interprete, cum paraphrasibus et annotationibus; ordinatore Jacobo FABRO Stapulensi.) — *Parisiis, Ex officina Simonis Colinæi*, 1543, in-fol.

113. — ARISTOTELIS logica, ab ervditissimis hominibus conuersa, Clavd. FRVGERET argvmentis et annotationibus illustrata & adaucta. PORPHYRIJ institutiones ad Chrysaorium (Joachimo PERIONIO interprete, per Nic. Gruchium correctæ et emendatæ). ARISTOTELIS Categoriæ seu prædicamenta (ab iisdem interpret. et correctæ). Περὶ ἑρμηνείας, id est, de interpretatione Liber (iisdem interpret. et emendat.). Priorum analyticorum Libri II (Firmino DURIO interpr., Nicol. GRUCHIO emend.). Posteriorum analyticorum Libri II. (N. GRUCHIO interpr., Claud. FRUGERET annot.) Topicorum Libri VIII (Joach. PERIONIO interp., N. GRUCHIO emend.). De reprehensionibus sophistarum Liber (N. GRUCHIO interpr.). — *Parisiis, Ex officina Thomæ Brumenij*, 1569, in-4.

114. — Aristotelis Logica ab Ioachimo Perionio magna ex parte conuersa, & per Nicolaum Gruchium correcta & emendata. Firminus verò Durius suæ interpretationi manum extremam nuper addidit. Doctissimorum quorundam virorum scholiis, argumentis, & annotationibus illustrata & adaucta, & melius quàm antea in capita distincta. Accessit rerum & verborum, quæ in hoc volumine continentur, Index copiosissimus. — *Parisiis, Apud Iacobvm Dv-pvys,* 1586, in-4.

115. — Questiones supra logicam nouam aristotelis : secundum doctrinam doctoris Sancti Thome de aquino : nouiter correcte emendateq et īpresse. — (A la fin :) *Finem sūpsit logica vetus duodecima die septembris Anno dñi millīo quadrīgēlesimo nonagesīo prīo (1491) pictauis īpressa p magistrū Ioannem bouyer. et magistrum Guillermum bouchet,* in-fol.

* Seuerini Boetii de differentiis topicis libri quatuor. — *Parisiis, Ex officina Roberti Stephani,* M. D. XXXVII, in-8 de 79 pages. — (V. Belles-Lettres, *n*° 721.)

116. — Rodolphi Agricolæ Phrisii, de inuentione dialectica libri tres, cum scholiis Ioannis Matthæi Phrissemii. Loca item aliquot restituta. — *Parisiis, Apud Fran. Gryphium,* 1538, in-4.

* Compendivm in vniversam Dialecticam, ex Rivio aliisqve recentioribus collectum. Cui accessit breuissima et vtilissima de Demonstratione et Locis tractatio. — *Parisiis, ex typographia Thomæ Richardi,* 1558, in-4 de 10 feuillets. — (V. Belles-Lettres, *n*° 444-2°.)

117. — Joannis Launoii Constantiensis,... De auctoritate negantis argumenti dissertatio... Editio secunda, auctior et correctior. — *Lutetiæ Parisiorum, apud Edmundum Martinum,* 1662, in-8.

(A la suite se trouve l'ouvrage du même auteur : *De varia Aristotelis fortuna,* etc., mentionné ci-dessus, page 14.)

118. — Jacobus Capreolus de Syllogismo. — *Lutetiæ, apud Hervetum du Mesnil,* 1633, in-4.

(A la fin se trouvent en manuscrit, d'une très-belle écriture, quelques petites pièces de vers latins sous ce titre : « Carmina quædam notanda ».)

119. — La logique, ou L'art de penser, contenant toutes les règles communes, plusieurs observations nouvelles, propres à former le jugement. (Par Ant. ARNAULD et P. NICOLE, sous le nom du Sʳ LE BON.) Cinquième édition, revue et augmentée. — *Lyon, Mathieu Libéral*, 1684, in-12.

(Ouvrage connu sous le nom de Logique de Port-Royal.)

120. — Les principes du raisonnement exposés en deux logiques nouvelles; avec des remarques sur les logiques qui ont le plus de réputation de notre temps. Par le P. BUFFIER,... — *Paris, Pierre Witte*, 1714, in-12.

121. — Logique, ou Système abrégé de réflexions qui peuvent contribuer à la netteté et à l'étendue de nos connaissances. Par M. DE CROUSAZ,... Seconde édition, revue et corrigée par l'auteur. — *Amsterdam, Z. Chatelain*, 1737, petit in-8.

122. — Œuvres de CONDILLAC... La logique ou les premiers développements de l'art de penser. — *Paris, impr. de Ch. Houel*, an VI=1798, in-8.

(T. XXII des *Œuvres*, détaché de la collection. — V. aussi *Œuvres* DE CONDILLAC: POLYGRAPHIE, *n*° 68.)

* Philosophie. — La logique. Par A. GRATRY,... — (V. ci-dessus, *n*° 110.)

CHAPITRE II. — *Métaphysique.*

§ 1ᵉʳ. — GÉNÉRALITÉS ET MÉLANGES.

* ARISTOTELIS Metaphysice. — (V. *Opera*, POLYGRAPHIE, *n*ᵒˢ 22-24.)

* Θεοφράστου τὰ μετὰ τὰ φυσικὰ. — (V. HISTOIRE, *n*° 264-2°.)

123. — Ἰωάννου Βαπτιστοῦ τοῦ ΚΑΜΩΤΊΟΥ φιλοσόφου ὑπομνημάτων εἰς τό Ἀ. τῶν μετὰ τὰ φυσικὰ τοῦ Θεοφράστου βιβλία τρία... Ioannis Baptistæ CAMOTII philosophi commentariorvm in

primvm metaphysices Theophrasti libri tres... — Aldvs.
— *Venetiis , apvd Federicvm Tvrrisanvm , M. D. LI , in-fol.*

(Tout grec.)

§ 2. — TRAITÉS PARTICULIERS.

A. — Des causes premières, de la nature, de l'être

124. — OCELLUS LUCANUS, De la nature de l'univers,
avec la traduction française et des remarques, par
M. l'abbé BATTEUX ,... — *Paris , Saillant , 1768.* — TIMÉE
de Locres, De l'âme du monde, avec la traduction française et des remarques, par M. l'abbé BATTEUX ,... —
Paris , Saillant , 1768. — Lettre d'ARISTOTE à Alexandre
sur le système du monde, avec la traduction française et
des remarques, par M. l'abbé BATTEUX ,... — *Paris ,
Saillant , 1768.* Le tout en 1 vol. in-8.

(Il manquerait, d'après Brunet, pour compléter cet ouvrage,
l'*Histoire des causes premières de l'abbé* BATTEUX. — *Paris , 1769,*
in-8. Cependant notre volume ne porte pas d'indication de tomaison.)

* Mémoires (dix) sur le principe actif de l'univers. Par
l'abbé BATTEUX. — (V. BELLES-LETTRES, n° 163, *Mém. de
l'Acad. des Inscript.,* T. XXVII, XXIX, XXXII.)

125. — De la nature. (Par J.-B.-R. ROBINET.) — *Amsterdam , E. Van Harrevelt , 1764,* in-8.

126. — Examen du matérialisme, ou Réfutation du
Système de la nature (du baron d'Holbach). Par
M. BERGIER ,... — *Paris, Humblot , 1771,* 2 vol. in-12.

127. — Réflexions philosophiques sur le Système de la
nature. Par M HOLLAND. — *Paris , Valade , 1773,* 2 parties
en 1 vol. in-12.

128. — Philosophie de l'univers, ou Théorie philosophique de la nature. Par M. VIALLON. — *Bruxelles , Emmanuel Flon , et Paris , Belin , 1784,* T. I, in-8.

129. — De la nature et de ses lois. Par PEYRARD, V. O.
N. S. P. — *Paris, Louis , 1793,* in-8.

(Précédé d'un Discours sur les opinions des philosophes concernant cette matière.)

130. — La grande période, ou Le retour de l'âge d'or.
Ouvrage où l'on démontre la diminution imperceptible des
écarts annuels du soleil, de la disparité des saisons, les
causes périodiques du déluge et de l'âge d'or, des désastres
passés et du bonheur à venir au physique ainsi qu'au
moral, et où l'on donne le germe du plan de gouvernement le plus analogue et le mieux assorti au caractère de
l'homme. Par M. DELORMEL,... Troisième édition, revue
et corrigée. — *Paris, l'auteur, Desenne* (et autres) (1805),
in-8.

(A la suite :)

— Réfutation du système imaginé par les savants du
dernier siècle contre la théorie de la grande période. Par
M. DELORMEL,... — *Paris, l'auteur* (s. d.), in-8 de 28 p.

— Explication des prophéties de Daniel sous le rapport
de la grande période. Par Mʳ DELORMEL,... — *Paris,
l'auteur,* an 1806, in-8 de 40 pages.

— Les six jours de la création selon Moyse, ou Développement de cet article de la Grande Période, 3ᵉ édition,
page 108. Par Mʳ DELORMEL,... — *Paris, l'auteur,* 1806,
in-8 de 23 pages.

(Portrait de l'auteur.)

* Mercurii TRISMEGISTI Pimander. — (V. *n*ᵒˢ 69 et 41.)

* L.-A. SENECÆ de Providencia Dei. — (V. SENECÆ
*Opera, n*ᵒˢ 62-67.)

* M.-T. CICERONIS de fato liber. — (V. ci-dessus, pages 16
et suiv.)

131. — Examen du fatalisme, ou Exposition et réfutation des différents systèmes de fatalisme qui ont partagé
les philosophes sur l'origine du monde, sur la nature de
l'âme et sur le principe des actions humaines. (Par l'abbé
PLUQUET.) — *Paris, Didot,* et *Barrois,* 1757, 3 vol. in-12.

* Théologie païenne... Par DE BURIGNY. — (V. *n*ᵒ 33,
Histoire de la philosophie païenne.)

132. — Etudes sur la théodicée de Platon et d'Aristote.
Par Jules SIMON. — *Paris, Joubert,* 1840, in-8.

133. — Lettres sur divers sujets concernant la religion et la métaphysique. Par feu messire François DE SALIGNAC DE LA MOTTE FÉNELON,... — *Paris, Jacques Estienne,* 1718, in-12.

134. — Essais de théodicée sur la bonté de Dieu, la liberté de l'homme et l'origine du mal. Par Mr LEIBNITZ. Seconde édition. — *Amsterdam, Isaac Troyel,* 1714, 2 vol. in-12.

135. — De la connaissance de Dieu et de soi-même; ouvrage posthume de messire Jacques-Bénigne BOSSUET,... — *Paris, veuve Alix,* 1741, in-12.

136. — L'existence de Dieu démontrée par les merveilles de la nature... où l'on traite de la structure du corps de l'homme, des éléments, des astres et de leurs divers effets. Avec des figures en taille douce. — *Paris, impr. de Jacques Vincent,* 1725, in-4.

(Ouvrage composé en hollandais par NIEUWENTYT, et traduit en français par NOGUEZ sur la cinquième édition de la version anglaise.)

137. — Dissertations sur l'existence de Dieu. Par M. JAQUELOT. Nouvelle édition, augmentée de la Vie de l'auteur (par l'abbé PÉRAU) et de quelques lettres concernant la même matière. — *Paris, François Didot, et Jacq. Barrois,* 1744, 3 vol. in-12.

138. — Traité historique et critique de la nature de Dieu. Par M. l'abbé PICHON,... — *Paris, J.-B. Garnier,* 1758, in-12.

139. — Du panthéisme, thèse de philosophie présentée à la faculté des lettres de Strasbourg, et soutenue publiquement le jeudi 25 juillet 1839... pour obtenir le grade de docteur ès-lettres. Par l'abbé Isidore GOSCHLER,... — *Strasbourg, impr. de G. Silbermann,* 1839, in-8.

140. — Les soirées de Saint-Pétersbourg, ou Entretiens sur le gouvernement temporel de la Providence; suivies d'un Traité sur les sacrifices. Par le comte J. DE MAISTRE. Cinquième édition. — *Lyon, J.-B. Pélagaud et Cie,* 1845, 2 vol. in-8.

141. — Essai sur la Providence. Par Ernest BERSOT,...
— *Paris, Auguste Durand*, 1853, grand in-18.

142. — De l'action de Dieu sur les créatures ; traité dans
lequel on prouve la prémotion physique par le raisonnement, et où l'on examine plusieurs questions qui ont
rapport à la nature des esprits et à la grâce. (Par l'abbé
Laurent-Fr. BOURSIER.) — *Paris, François Babuty*, 1713,
2 vol. in-4.

143. — Le philosophe extravagant dans le Traité de
l'action de Dieu sur les créatures. (Par le P. DU TERTRE.)
— *Bruxelles, Eugène-Henry Fricx*, 1716, in-12.

B. — De l'humanité et de son avenir.

144. — Tableau naturel des rapports qui existent entre
Dieu, l'homme et l'univers. (Par L.-Cl. DE SAINT-MARTIN.)
— *Edimbourg*, 1782, 2 vol. in-8.

145. — L'éducation de l'humanité. Par Gotto-Ephraïm
LEISSING ; traduite pour la première fois, et précédée d'une
Introduction, par P. J.-B.-E. — *Paris, Pagnerre*, 1841,
in-18.

* (V. aussi ci-après : *Lettre sur la religion et la politique*,
par Eugène RODRIGUES, et, pour le texte, LESSING's
Werke; BELLES-LETTRES; n° 403.)

* Essais de palingénésie sociale. Par BALLANCHE. —
(V. POLYGRAPHIE, n° 64, *OEuvres*, T. II-III.)

146. — Essai sur le principe et les limites de la philosophie de l'histoire. Par J. FERRARI. — *Paris, Joubert*,
1843, in-8.

147. — De l'humanité, de son principe et de son avenir ;
où se trouve exposée la vraie définition de la religion, et
où l'on explique le sens, la suite et l'enchaînement du
mosaïsme et du christianisme. Par Pierre LEROUX.
Deuxième édition. — *Paris, Perrotin*, 1845, 2 vol. in-8.

148. — Homme, univers et Dieu, ou Religion et gouvernement universels. Par L.-V.-F. AMARD. — *Paris , Ladrange ,* 1844, 2 vol. in-8.

149. — La cité humaine. Par M. B. DE B. (BOYER DE BRESLE). Discours sur les révolutions universelles de l'humanité. — *Lyon , J.-B. Pélagaud et Cie, et Paris, Dentu ,* 1858, grand in-18.

C. — De l'âme humaine.

* PLATON. Le premier Alcibiade. — (V. n°s 42-45.)

* PLATONIS Phædo. — (V. *ibid.*)

* In Platonis dialogum qui Phædo, seu De animorum immortalitate inscribitur, Sebastiani Foxii MORZILLI,... Commentarii. — (V. 46.)

* ARISTOTELIS de anima libri III. — (V. *Opera,* POLY-GRAPHIE , n°s 22-24.)

150. — Psychologie d'ARISTOTE. Traité de l'âme, traduit en français pour la première fois, et accompagné de notes perpétuelles. Par J. BARTHÉLEMY-SAINT-HILAIRE,... — *Paris, Ladrange,* 1846 , in-8.

* L'homme de René DESCARTES, et la formation du fœtus, avec les remarques de Louis DE LA FORGE. — (V. ci-après, SCIENCES MÉDICALES.)

151. — Traité de l'esprit de l'homme, de ses facultés et fonctions, et de son union avec le corps, suivant les principes de René Descartes. Par Louis DE LA FORGE,... — *Paris, Michel Bobin et Nicolas Le Gras,* 1666, in-4.

152. — De la nature humaine, ou Exposition des facultés, des actions et des passions de l'âme, et de leurs causes déduites d'après des principes philosophiques qui ne sont communément ni reçus ni connus. Par Thomas HOBBES. Ouvrage traduit de l'anglais (par le baron D'HOLBACH). — *Londres (Amsterdam, Marc-Michel Rey),* 1772, petit in-8.

155. — De mente humana libri quatuor, in quibus functiones animi, vires, natura, immortalitas, simul et logica universa, variis illustrata experimentis, pertractantur. Autore J.-B. DU HAMEL P. S. L. — *Parisiis, apud Michaelem Le Petit,* 1672, in-12.

154. — Les œuvres de feu monsieur DE CORDEMOY,... contenant six discours sur la distinction du corps et de l'âme; divisées en trois parties... — *Paris, Christophe Rémy,* 1704; les 3 parties en 1 vol. in-4.

(La 2e partie contient : 1o Discours physique de la parole; 2o Lettre sur la conformité du système de Descartes avec le 1er chapitre de la Genèse; 3o Traités de métaphysique. — La 3e partie contient « Divers petits traités sur l'histoire et la politique ».)

155. — Phédon, ou Entretiens sur la spiritualité et l'immortalité de l'âme. Par M. Mosès MENDELS-SOHN,... Traduit de l'allemand par M. JUNKER,... (Avec une Vie de Socrate.) — *Paris, Saillant,* et *Bayeux, Lepelley,* 1772, in-8.

* Rapports du physique et du moral de l'homme. Par P.-J.-G. CABANIS. — (V. ci-après, SCIENCES MÉDICALES.)

* De la connaissance de l'âme. Par A. GRATRY. — (V. *no* 110.)

D. — De l'intelligence.

156. — Essai philosophique concernant l'entendement humain, où l'on montre quelle est l'étendue de nos connaissances certaines, et la manière dont nous y parvenons; traduit de l'anglais de Mr LOCKE, par Pierre COSTE, sur la quatrième édition, revue, corrigée et augmentée par l'auteur. — *Amsterdam, Henri Schelle,* 1700, in-4.

(Portrait de Locke.)

* Essai sur l'origine des connaissances humaines. Par CONDILLAC. — (V. POLYGRAPHIE, *no* 68, *OEuvres,* T. I.)

* Traité des sensations, par le même. — (V. *ibid.,* T. III.)

157. — De l'esprit. (Par Cl.-A. HELVÉTIUS.) — *Paris, Durand,* 1758, in-4.

158. — Eléments d'idéologie. Par M. Destutt, comte de Tracy,... Troisième édition. — *Paris, Ve Courcier, impr.*, 1817, 4 vol. in-8.

(1re partie : Idéologie proprement dite. 2e partie : Grammaire. 3e partie : Logique. 4e et 5e parties (formant le T. IV) : Traité de la volonté et de ses effets. — Les T. II-IV portent au frontispice : « Seconde édition », et les T. III-IV sont de 1818.)

* Destutt de Tracy, sa vie et ses travaux. Par Mignet. — (V. *Revue des Deux Mondes*, 1er juin 1842.)

159. — Leçons de philosophie sur les principes de l'intelligence ou sur les causes et sur les origines des idées. Par P. Laromiguière,... Sixième édition, augmentée par l'auteur [1re édition posthume]... — *Paris, H. Fournier*, 1844, 2 vol. grand in-18.

(Portrait de l'auteur.)

* J.-Fr. Pici Mirandulæ de imaginatione liber. — (V. *Opera*, Polygraphie, n° 52.)

* Discours de la méthode... Par Descartes. — (V. n°s 4, 5.)

160. — De la recherche de la vérité, où l'on traite de la nature de l'esprit de l'homme, et de l'usage qu'il doit en faire pour éviter l'erreur dans les sciences. Septième édition, revue et augmentée de plusieurs éclaircissements. Par N. Malebranche,... — *Paris, Christophe David*, 1721, 2 tomes en 1 vol. in-4.

161. — De la recherche de la vérité. Par N. Malebranche,... — *Paris, chez les libraires associés*, 1772, 4 vol. in-12.

162. — Des vraies et des fausses idées, contre ce qu'enseigne l'auteur de « La recherche de la vérité ». Par M. Antoine Arnauld,... — *Rouen, Abraham Viret*, 1724, in-8.

* (V., pour les lettres d'Antoine Arnauld à Malebranche, *division* Religion : *Lettres de M. Antoine Arnauld,...* — *Nancy*, 1727.)

163. — Recueil de toutes les réponses du P. Male-

BRANCHE,... à monsieur Arnaud,... — *Paris, Michel David,* 1709-1711, 4 vol. in-12.

(Le T. II porte au frontispice : « Quatre lettres du P. Malebranche touchant celles de M. Arnaud », et se termine par la « Réponse à une dissertation de M. Arnaud contre un éclaircissement du Traité de la nature et de la grâce... ». — Le T. III a pour titre : « Lettres du P. Malebranche,... dans lesquelles il répond aux Réflexions philosophiques et théologiques de M. Arnaud touchant le Traité de la nature et de la grâce ». — Le T. IV a pour titre : « Réponse du P. Malebranche,... à la troisième lettre de M. Arnaud,... touchant les idées et les plaisirs », et contient « l'Écrit contre la » prévention ».)

164. — Méditations chrétiennes et métaphysiques. Par le P. MALEBRANCHE,... Nouvelle édition, revue, corrigée et augmentée. — *Lyon, Léonard Plaignard,* 1707, in-12.

165. — Entretiens sur la métaphysique et sur la religion. Par le P. MALEBRANCHE,... — *Rotterdam, Reinier Leers,* 1688, in-12.

166. — Critique du jugement, suivie des observations sur le sentiment du beau et du sublime. Par Emm. KANT. Traduit de l'allemand par J. BARNI,... Avec une Introduction du traducteur. — *Paris, Ladrange,* 1846, 2 vol. in-8.

167. — Critique de la raison pure. Par Emm. KANT. Seconde édition en français, retraduite sur la première édition allemande; contenant tous les changements faits par l'auteur dans la seconde édition, des notes et une Biographie de Kant. Par J. TISSOT,... — *Paris, Ladrange,* 1845, 2 vol. in-8.

* De la métaphysique de Kant, ou Observations sur un ouvrage intitulé : « Essai d'une exposition succincte de la *Critique de la raison pure,* par J. Kinker,... » Par le citoyen DESTUTT-TRACY. — (V. BELLES-LETTRES, nº 164-B, *Mém. de l'Instit., Sciences morales et polit.,* T. IV, p. 544.)

168. — Doctrine de la science. — Principes fondamentaux de la science de la connaissance. Par J.-G. FICHTE. Traduit de l'allemand par P. GRIMBLOT. — *Paris, Ladrange,* 1843, in-8.

(Le faux-titre porte : « Œuvres choisies de Fichte, T. I, Doctrine de la science ».)

169. — Système de l'idéalisme transcendantal. Par M. DE SCHELLING,... suivi 1° d'un jugement sur la philosophie de M. Vict. Cousin, et sur l'état de la philosophie française et de la philosophie allemande, par le même auteur; 2° du Discours prononcé par M. de Schelling à l'ouverture de son cours de philosophie à Berlin le 15 novembre 1841. Traduit de l'allemand par Paul GRIMBLOT. — *Paris, Ladrange*, 1842, in-8.

(Le faux-titre porte : !« Œuvres choisies de M. de Schelling, T. I... ».)

170. — Des erreurs et des préjugés répandus dans la société. Par J.-B. SALGUES. — *Paris, F. Buisson*, 1810, in-8.

* Traité historique et critique de l'opinion. Par M. Gilbert-Charles LE GENDRE,... — *Paris*, 1741, 7 vol. in-12. — (V. POLYGRAPHIE, *n°* 7.)

171. — Discours sur la liberté de penser. Par Mr A. COLLINS. Traduit de l'anglais (par H. SCHEURLÉER et J. ROUSSET), et augmenté d'une Lettre d'un médecin arabe; avec l'Examen de ces deux ouvrages par M^r DE CROUZAS. Nouvelle édition, corrigée. — *Londres*, 1766, 2 tomes en 1 vol. petit in-8.

172. — Théorie de la pensée; de son activité primitive indépendante des sens et de sa continuité prouvée par les songes. Ouvrage élémentaire, où le jeune homme peut apprendre à se connaître et à s'estimer. Par M. J.-J. JUGE-SAINT-MARTIN, ancien professeur d'histoire naturelle, membre ou correspondant de plusieurs sociétés savantes. — *Paris, Lenormant*, 1806, in-8.

* (V. BELLES-LETTRES, *n°* 1115, la Notice consacrée à M. Juge-Saint-Martin, né à Limoges.)

* Mémoire sur la faculté de penser. Par DESTUTT [TRACY]. — (V. BELLES-LETTRES, *n°* 164-*B*, *Mém. de l'Instit., Sciences morales et polit.*, T. I.)

E. — Esthétique.

* Hippias, ou Du beau. — (V. n°ˢ 42-45, *OEuvres de* PLATON.)

173. — Cours d'esthétique. Par W.-Fr. HEGEL. Analysé et traduit en partie par M. Ch. BÉNARD,... — *Paris, Aimé André,* et *Nancy, Grimblot, Raybois et Cⁱᵉ,* 1840, 2 vol. in-8.

(La seconde partie porte au frontispice : « *Paris, Joubert,* 1843 ».)

174. — Cours d'esthétique. Par JOUFFROY. Suivi de la Thèse du même auteur sur le sentiment du beau et de deux fragments inédits; et précédé d'une Préface par M. Ph. DAMIRON. — *Paris, L. Hachette,* 1843, in-8.

F. — De l'âme des bêtes.

175. — De l'âme des bêtes, où, après avoir démontré la spiritualité de l'âme de l'homme, l'on explique par la seule machine les actions les plus surprenantes des animaux. Par A. D***** (DILLY). — *Lyon, Anisson et Posuel,* 1676, petit in-12.

176. — Amusement philosophique sur le langage des bêtes. (Par le P. BOUGEANT.) — *Paris, Gissey* (et autres), 1739, in-12.

177. — Même ouvrage. — Augmenté d'un Discours préliminaire et d'une Critique, avec des notes, le tout revu et corrigé de nouveau. — *Amsterdam, aux dépens de la compagnie,* 1747, in-12.

* Traité des animaux. Par CONDILLAC. — (V. POLY-GRAPHIE, n° 68, *OEuvres,* T. III.)

* Histoire des mœurs et de l'instinct des animaux... Par J.-J. VIREY,... — (V. ci-après ZOOLOGIE.)

178. — L'esprit des bêtes. — Le monde des oiseaux, ornithologie passionnelle. Par A. TOUSSENEL,... — *Paris, librairie phalanstérienne,* 1853, in-8.

(Il manque la 2ᵉ partie.)

CHAPITRE III. — *Morale.*

§ 1er. — GÉNÉRALITÉS ET MÉLANGES.

A. — Moralistes anciens.

* De la sagesse des anciens. Par BACON. — (V. *n°* 71,
OEuvres.)

1° Moralistes grecs.

179. — Divers traités de LUCIEN, XÉNOPHON, PLATON et
PLUTARQUE, accompagnés de sommaires français et de
notes sur le texte; publiés par l'abbé GAIL,... Faisant
partie de la Collection des auteurs grecs classiques, imprimés par ordre du gouvernement. — *Paris, P.-Fr. Didot,*
1788, in-12.

(LUCIEN : Des gens de lettres à la solde des grands; De la manière d'écrire l'histoire. — XÉNOPHON : Entretiens mémorables de
Socrate. — PLATON : Le Criton; l'Ion. — PLUTARQUE : Sur l'éducation des enfants; De la manière de lire les poètes; De la manière
de discerner le flatteur du véritable ami; De l'utilité à retirer des
ennemis; De la fortune; De la fortune des Romains; Sur le vice et
la vertu.)

180. — THEOPHRASTI Characteres, MARCI ANTONINI
Commentarii, EPICTETI Dissertationes ab ARRIANO litteris
mandatæ, Fragmenta et Enchiridion cum commentario
SIMPLICII, CEBETIS tabula, MAXIMI TYRII Dissertationes.
Græce et latine cum indicibus. THEOPHRASTI Characteres xv
et MAXIMUM TYRIUM ex antiquissimis codicibus accurate
excussis emendavit Fred. DÜBNER. — *Parisiis, editore*
Ambrosio Firmin Didot, 1842, grand in-8.

(Bibliothèque grecque-latine de Firmin Didot.)

* XENOPHONTIS De factis et dictis Socratis memoratu
dignis, BESSARIONE interprete. — XENOPHONTIS Sym-
posium, Joan. RIBITTO, interprete. — (V. HISTOIRE,
n°s 271, 272.)

* In Xenophontis Ἀπομνημονεύματα Francisci PORTI cretensis
Commentarij. — (V. *ibid.,* n° 273.)

* Les choses mémorables de Socrate; ouvrage de XÉNO-
PHON, traduit en français par M. CHARPENTIER,... Avec la
Vie de Socrate du même académicien. — *Amsterdam,*
1758, in-12. = (V. HISTOIRE, n° 274.)

* (V. aussi *ibid.*, n° 263, *Œuvres de* THUCYDIDE et de
XÉNOPHON, collection Buchon.)

* ARISTOTELIS De moribus. — (V. *Opera*, POLYGRAPHIE,
n°s 22-24.)

181. — (Sans frontispice. Œuvres morales d'ARISTOTE,
deux parties en un vol. in-fol. On lit à la fin de la seconde
partie :)

« Hæc opera hic continentur... Primo. Decem libri
Ethicorum ARISTOTELIS ex traductione ARGYROPYLI Byzan-
tini. Commentarius in eundem (Jacobi FABRI Stapulensis).
Secundo, Magna Moralia ARISTOTELIS Interprete Georgio
VALLA Placentino. Tertio. Dialogus ARETINI ad Galleotum.
Quarto. Artificialis introductio per modum Epitomatis In
decem libros Ethicorum ARISTOTELIS. Quinto. Decem
Ethicorum ARISTOTELIS ex traductione Leonardi ARETINI.
Sexto. Itidem Ethicorum libri decem ex Antiqua traduc-
tione. Omnia vno volumine comprehensa & accuratissime
recognita... Et absoluta sunt impensis, sumptibus & diligentia Simonis Colinæi... Anno... 1528. »

(A la suite :)

— Moralis Iacobi FABRI Stapulensis in Ethicen introductio, Ivdoci CLICHTOUEI Neoportuensis familiari commentario elucidata. — *Parisiis In œdibus Simonis Colinæi,*
1533, 56 feuillets in-fol.

(Le frontispice manque.)

182. — Moralis Iacobi FABRI Stapvlensis in Eticen introductio, Iudoci Clichtouei Neoportuensis familiari commentario elucidata. — *Parisiis In œdibus Simonis Colinæi.*
1537, in-fol.

(A la suite :)

— Contenta Decem librorum Moraliū ARISTOTELIS, tres
conuersiones : Prima ARGYROPYLI Byzātij, secunda Leonardi
ARETINI, tertia vero Antiqua, per capita & numeros conci-
liātæ : communi, familiarique commētario ad Argyropylum
adiecto. I. FAB. introductio in Ethicen. Magna moralia

ARISTOT. Georgio VALLA interprete. Leonardi ARETINI dialogus de Moribus. Index in Ethicen. Item in Magna moralia. — *Parisiis Ex officina Simonis Colinæi*, 1535, in-fol.

* Introdvctio Iacobi FABRI Stapulensis in Ethicen ARISTOTELIS, ad Germanum Ganay. Dialogus Leonardi ARETINI de moribus, ad Galeotum, Dialogo paruorum Moralium Aristotelis ad Eudemium respondens : paucis ex posterioribus à Leonardo adiectis. — *Parisiis, Apud Thomam Richardum*, 1555, 2 parties en 1 vol. in-4. — (V. BELLES-LETTRES, *n*° 444-5°.)

* ARISTOTELIS ad Nicomachum filium de moribus, quæ Ethica nominantur, libri decem. Joachimo PERIONIO interprete. Commentarii ejusdem in eosdem libros, in quibus de convertendis conjungendisque græcis cum latinis præcepta traduntur. Accessit liber CICERONIS de Universitate, conjunctus cum ea parte Timæi PLATONIS cui respondet. Itemque ARATI phænomena quæcunque extant à CICERONE conversa. — *Parisiis*, M. D. XL., in-4. — (V. BELLES-LETTRES, *n*° 312. — Le titre ci-dessus est reproduit d'après le *n*° 450 du Catalogue des SCIENCES de la bibliothèque d'Amiens.)

185. — ARISTOTELIS Stagiritæ Moralivm Nicomachiorum libri decem, ab Iacobo Lodoico STREBÆO & Io. Bernardo FELICIANO à græco in latinum conuersi. Eiusdem STREBÆI in tres priores ARISTOTELIS libros Ηθικῶν Νικομαχείων Commentaria. — *Parisiis Apud Vascosanum*. M. D. L., 2 parties en 1 vol. in-4.

(La seconde partie, qui, à la reliure, a été placée la première dans le volume, porte pour titre : « Iacobi Lodoici STREBAEI in tres priores libros Aristotelis Ηθικῶν Νικομαχείων Commentaria. — *Parisiis, Apud Vascosanum*, M. D. XLIX. »)

184. — Tarquinii GALLUTII Sabini, e societate Jesu, in ARISTOTELIS libros quinque priores Moralium ad Nicomachum nova intèrpretatio, commentarii, questiones. — ... 1632. — *Parisiis, sumptibus Sebastiani Cramoisy*, in-fol.

* D. N. Chrysostomi JAVELLI Canaplici,... in universam moralem ARISTOTELIS... philosophiam Epitomes. — (V. cidessus, *n*° 98.)

* La morale et la politique d'ARISTOTE, traduites du grec par M. THUROT,... — (V. n° 20.)

* ΘΕΟΦΡΑΣΤΟΥ Ηθικοὶ χαρακτῆρες. — (V. THEOPHRASTI Opera, HISTOIRE, n° 264, et ci-dessus, n° 180.)

185. — Les caractères de THÉOPHRASTE, et la suite, traduits du grec ; avec les caractères, ou les mœurs de ce siècle. Quatorzième édition, revue, corrigée et augmentée par l'auteur (LA BRUYÈRE). — Lyon, veuve Delaroche et fils, 1747, 2 vol. in-12.

(Portrait de La Bruyère.)

* (V. encore ci-après : Choix de moralistes français.)

* EPICTETI Dissertationes, fragmenta et enchiridion. — (V. ci-dessus, n° 180.)

* EPICTETI Stoici Enchiridion e græco ab Angelo POLITIANO interpretatum. — (V. BELLES-LETTRES, n° 51, POLITIANI Opera.)

186. — Les propos d'EPICTÈTE, recueillis par Arrian, auteur grec, son disciple, translatés du grec en françois par F. Jean DE S. FRANÇOIS, dit le P. GOULU, religieux feuillantin. Dernière édition. — 1630. — Paris, chez Jean de Heuqueville, in-8.

187. — Plvtarchi Chaeronensis Moralia, quæ vsurpantur. Sunt autem omnis elegantis doctrinæ Penvs : Id est, varij libri : morales, historici, physici, mathematici, deniq; ad politiorem litteraturam pertinentes & humanitatem : Omnes de graeca in latinam linguam transscripti summo labore, cura ac fide : Gvilielmo XYLANDRO Avgvstano interprete. Accesserunt his Indices locupletissimi. — Basileæ, per Thomam Gvarinvm, M. D. LXX, in-fol.

* (V. aussi POLYGRAPHIE, n° 25, PLUTARCHI Opera, T. III–IV.)

* Opuscula PLUTARCHI nup traducta. ERASMO Roterodamo Interprete. De tuenda bona valitudine (sic) præcepta. In principe requiri doctrinam. Cum principibus maxime philosophum debere disputare. Vtrum grauiores sint

animi morbi ῷ corporis. Num recte dictum sit λάθε βιώσας :
id est Sic viue vt nemo te sentiat vixisse. De Cupiditate
diuitiarum. — *Venundantur... in œdibus Ascensianis* (s. d.),
24 feuillets in-4. — (V. POLYGRAPHIE, *n°* 123=3°.)

* Les oevvres morales et meslees de PLUTARQUE, Trans-
latees de Grec en François, reueuës et corrigees en ceste
troisiéme edition en plusieurs passages par le Translateur
(Jacques AMYOT). — *A Paris, par Michel de Vascosan*,
M. D. LXXV, in-fol. — (V. *ibid., n°* 26.)

188. — Sur les délais de la justice divine dans la punition des coupables, ouvrage de PLUTARQUE, nouvellement
traduit, avec des additions et des notes, par le comte
Joseph DE MAISTRE; suivi de la traduction du même traité,
par AMYOT, sous ce titre : « Pourquoi la justice divine
diffère de la punition des maléfices? ». — *Lyon, J.-B. Pélagaud et C*ᵉ, 1845, in-8.

(A la suite :)

— Lettres à un gentilhomme russe sur l'inquisition
espagnole. Par le comte J. DE MAISTRE. — *Lyon, J.-B. Pélagaud et C*ᵉ, 1846, in-8.

* MARCI ANTONINI commentarii. — (V. *n°* 180.)

189. — Réflexions morales de l'empereur MARC
ANTONIN, avec des Remarques. (Trad. par M. et Mᵐᵉ André
DACIER.) — *Paris, Claude Barbin*, 1691, 2 vol. in-12.

(Le T. II est de 1690.)

* Libro di Marco Avrelio con l'horologio de' prencipi...
Composto per... Don Antonio DI GUEUARA... già tradotto
di lingua Spagnuola in Italiana (da Franç. PORTONARIS).
— *In Venetia*, M. D. LXXXI, in-4. — (V. HISTOIRE, *n°* 1700.)

2° Moralistes latins anciens.

190. — M. Tul. CICERONIS de officiis lib. III. cvm copio-
sissimis viri longè doctissimi commentariis, & cum Viti
AMERBACHIJ commentariolis, Annotationibus ERASMI
Roter. Philippi MELANCH. & Disquisitionibus aliquot Cælij
CALCAGNINI. Eivsdem, De Senectute, de Amicitia, dialogi

singuli cum commentariis longè vtilissimis, Paradoxa cum triplici commentario, & Somnium Scipionis cum annotationibus ERASMI, Bartholomæi LATOMI, & prælectionibus Petri RAMI. Hæc omnia, summa fide ac diligentia ex collatione vetustissimorum codicum sunt à Petro Balduino Sampolino integritati restituta, quod ex eius in aliquot loca annotationibus lector deprehendet, in calce libri additis. — *Parisiis, Apud Odoënum Paruum*, 1556, in-4.

* M. T. CICERONIS Officiorum libri III, argumentis doctissimis & annotationibus illustrati. Liber primus. — *Parisiis. Ex Typographia Thomæ Richardi*, 1557, 35 feuillets in-4. — (V. BELLES-LETTRES, n° 442-2°).

* Graeca Theodori GAZÆ tradvctio in CICERONIS de Senectvte dialogvm. Eiusdem versio in somnium Scipionis. — *Parisiis Apud Simonem Colinæum*, 1528, petit in-8. — (V. BELLES-LETTRES, n° 1359.)

191. — Les offices de CICÉRON, ou Les devoirs de la vie civile, de la traduction de P. DU RYER. — *Paris, Antoine de Sommaville*, 1640, in-4.

(Le frontispice manque.)

192. — Les offices de CICÉRON, traduits en français sur l'édition latine de Grævius, avec des notes et des sommaires des chapitres. Par M. DU BOIS, de l'Académie française. Troisième édition, avec le latin à côté. — *Paris, Jean-Baptiste Coignard*, 1698, in-12.

193. — Les livres de CICÉRON de la vieillesse, de l'amitié, les paradoxes, le songe de Scipion. Traduction nouvelle, avec le latin revu sur les textes les plus corrects. Troisième édition, retouchée avec soin, par M. DE-BARRETT,... — *Paris, Barbou*, 1768, in-12.

* CICÉRON. Morale et politique. Par P.-L. LEZAUD. Deuxième édition. — (V. n° 23.)

* Historiæ ex libris CICERONIS et Senecæ philosophi depromptæ. — *Parisiis*, 1689, in-32. = (V. HISTOIRE, n° 1878.)

* Opera moralia SENECÆ. = (V. *Opera*, POLYGRAPHIE,

n°s 35, 36, et ci-dessus, n°s 62-64.) — Traité des Bienfaits, traduit par MALHERBE. — (V. BELLES-LETTRES,
$n°$ 375.)

* Mémoires sur la morale de Cicéron et de Sénèque. Par
BOUCHAUD. — (V. BELLES-LETTRES, $n°$ 164-B, *Mémoires de
l'Instit., Sciences morales et polit.*, T. IV.)

* CATO. — (V. BELLES-LETTRES, n°s 96, 97.)

194. — CHATO cū glosa et moralisatione. — (A la fin :)
*Expliciunt glosule Cathonis valde vtiles volentibus instrui in
bonorum morum acceptatōne. malon fuga. optime correcte Impresse. Anno salutis.* M. CCCC. *xcvi. p Henricum Quentell in
Colonia*, in-4.

(A la suite :)

— L. A. SENECE libellvs de quattuor virtutibus cardina-
libus cum familiari explanatione. Epistolę Senecę ad
Paulum. et PAULI ad Senecam... — (A la fin :) *Impressum
Colonię per prouidum uirum Henricum Quentell Anno salutis.*
M. CCCC. *xcix...* in-4.

* BOETIUS, de consolatione philosophiæ et de disciplina
scolarium. — (V. n°s 25-27.)

B. — Moralistes modernes.

1° Moralistes latins modernes.

* VINCENTII Burgundi Speculum morale. — (V. POLY-
GRAPHIE, $n°$ 1, *Bibliotheca mundi*, T. III.)

* Francisci PETRARCHÆ opera moralia. — (V. *ibid.*,
n°s 47, 48.)

* Catalogvs Gloriæ mundi... a Spectabili viro Bartholomæo A CHASSENEO,... — *Lugduni*, 1529, in-fol. —
(V. HISTOIRE, $n°$ 1049.)

* Des. ERASMI Rot. quæ ad morum institutionem
pertinent. — (V. POLYGRAPHIE, $n°$ 54, *Opera*, T. IV.)

* Hieronymi CARDANI moralia. — (V. *ibid.*, $n°$ 57,
Opera, T. I, II.)

195. — Les songes du sage de P. FIRMIAN (le R. P. ZACHARIE, de Lizieux), traduits (du latin) par le P. ANTOINE, de Paris, prédicateur capucin. — *Paris, veuve Denis Thierry,* 1664, in-12.

2° Moralistes français.

A. = Recueils, Tables, Dictionnaires.

196. — Choix de moralistes français, avec notices biographiques. Par J.-A.-C. BUCHON. = Pierre CHARRON. De la sagesse. — Blaise PASCAL. Pensées. — LA ROCHEFOUCAULD. Sentences et maximes. — LA BRUYÈRE. Des caractères de ce siècle. — VAUVENARGUES. Œuvres. = *Paris, A. Desrez,* 1836, grand in-8.

(De la collection du Panthéon littéraire.)

* Mémoires de l'Institut... Sciences morales et politiques. — (V. BELLES-LETTRES, n°ˢ 164-*B* et 166-*C*.)

197. — La philosophie morale expliquée en tables. Par Louis DE LESCLACHE. — *Paris,* 1651 (ou 1656), in-4.

(Sans frontispice. = Livre gravé en taille-douce par Richer.)

198. — Réflexions, sentences et maximes morales, mises en nouvel ordre, avec des notes politiques et historiques. Par M. AMELOT DE LA HOUSSAYE. Nouvelle édition, corrigée et augmentée de Maximes chrétiennes. — *Paris, veuve Ganeau,* 1743, in-12.

199. — Dictionnaire de morale philosophique. — 2 tomes en 1 vol. petit in-8.

(Sans frontispice. — La fin du T. II manque.)

200. — Code moral, pour servir à l'instruction de la jeunesse et des différentes classes de la société, depuis le simple citoyen jusqu'à l'homme d'Etat... Publié par J.-H. VALANT. — *Paris, Rousseau, an* VIII, in-12.

201. — Les souhaits d'un bonhomme à ses concitoyens. Par Dvitiya Durmanas, Vasiya de Bénarès (Antoine-Gaspar BELLIN). Nouvelle édition. — *Lyon, Ballay et Conchon,* et *Paris,* 1857-58, T. I, II, in-18.

B. — Ouvrages généraux et Mélanges.

202. — Essais de MONTAIGNE, avec les notes de M. Coste, suivis de son Eloge. Nouvelle édition. — *Genève, Du Villard fils et Nouffer,* 1780, 10 vol. petit in-12.

* (V. aussi POLYGRAPHIE, n°s 78, 79.)

* L'esprit de Montaigne... (Par PESSELIER.) — (V. BELLES-LETTRES, n° 441.)

203. — L'art de se connaître soi-même, ou La recherche des sources de la morale. Par ABBADIE. — *Rotterdam, Pierre Reinier Leers,* 1693, in-12.

204. — Même ouvrage. — *La Haye, Jean Neaulme,* 1771, in-12.

205. — Le courtisan désabusé, ou Les pensées d'un gentilhomme qui a passé la plus grande partie de sa vie à la cour et dans la guerre. Nouvelle édition. (Par DE BOURDONNÉ.) — *Paris, Nicolas Le Gras,* 1692, in-12.

206. — De la connaissance de soi-même... (Par Dom François LAMY.) — *Paris, André Pralard,* 1694, in-12.

* Essais de morale contenus en divers traités sur plusieurs points importants. Par NICOLE. — (V. la *division* RELIGION.)

207. — Traité du vrai mérite de l'homme considéré dans tous les âges et dans toutes les conditions, avec des principes d'éducation propres à former les jeunes gens à la vertu. Par M. LE MAITRE DE CLAVILLE,... Seconde édition, revue, corrigée et augmentée par l'auteur. — *A Londres,* 1736, 2 vol. in-12.

208. — Même ouvrage. — *Amsterdam, aux dépens de la compagnie des imprimeurs-libraires,* 1764, 2 tomes en 1 vol. in-12.

209. — Les mœurs. (Par PANAGE, mot tiré du grec,

répondant à celui de Toussaint.) — (*Amsterdam*), 1748, petit in-8.

(A la suite :)

— Les Mœurs appréciées, ou Lettre écrite à un bel esprit du Marais à l'occasion de cet ouvrage. — 1748, petit in-8 de 45 pages.

210. — Éclaircissement sur les Mœurs. Par l'auteur des Mœurs (Toussaint). — *Amsterdam, Marc-Michel Rey*, 1762, in-12.

* Essai de philosophie morale. Par DE Maupertuis. — (V. Polygraphie, *n° 77, Œuvres de* Maupertuis, T. I.)

211. — Le philosophe chrétien. Par Mr Formey. Troisième édition, revue et augmentée. — *Leyde, impr. d'Élie Luzac fils, et Lyon, Jean-Marie Bruyset*, 1755, 3 vol. in-12.

212. — Des hommes tels qu'ils sont et doivent être... (Par Blondel, avocat.) — *Londres, et Paris, Duchesne*, 1758, in-12.

213. — La jouissance de soi-même. Par M. le marquis Caraccioli,... Dernière édition, corrigée et augmentée par l'auteur. — *Liége, Jean-François Bassompierre*, 1767, in-12.

* Le comte de Valmont, ou Les égarements de la raison... (Par l'abbé Gérard.) — *Paris*, 1776, 3 vol. in-12. — (V. Belles-Lettres, *n°* 1482.)

214. — Principes et questions de morale naturelle. Par M. le comte DE Fortia (D'Urban). — *Yverdon*, 1783, in-12.

215. — Du gouvernement des mœurs. (Par DE Polier DE S. Germain.) — *Lausanne, Jules-Henri Pott*, 1784, in-12.

216. — Cours de morale. Par C.-A. Demoustier,... — *Paris, Antoine-Augustin Renouard*, 1809, 1re et 2e partie en 2 vol. in-18.

(Le faux-titre porte : « Œuvres de C.-A. Demoustier ». Ce cours de morale semble être détaché de l'ouvrage indiqué par Quérard sous le titre de « Cours de morale et Consolations ». V., pour les Consolations, édition de 1804, le catalogue des BELLES-LETTRES, *n*º 362.)

217. — Du perfectionnement moral, ou De l'éducation de soi-même. Par M. DEGÉRANDO,... Seconde édition, revue et corrigée. — *Paris, Jules Renouard*, 1826, 2 vol. in-8.

218. — Méditations et pensées philosophiques et religieuses. Par P.-Emile VERGNIAUD. — *Paris, Ladvocat*, 1827, in-8.

(Pierre-Emile Vergniaud, docteur en droit, né à Limoges en 1806, mort le 10 août 1833.)

219. — Cours de droit naturel professé à la Faculté des Lettres de Paris. Par Th. JOUFFROY. (Publié par Ph. DAMIRON.) Deuxième édition. — *Paris, L. Hachette*, 1843-42, 3 vol. in-8.

(C'est le T. III qui est de 1842.)

220. — Devoirs, droits, assistance, par le christianisme, la liberté, l'éducation... Par DE BAUSSET-ROQUEFORT,... — *Paris, Garnier frères*, 1849, grand in-18.

221. — Méditations et études morales. Par M. GUIZOT. — *Paris, Didier*, 1852, in-8.

222. — Le devoir. Par Jules SIMON. — Deuxième édition. — *Paris, L. Hachette et Cⁱᵉ*, 1854, grand in-18.

3º Moralistes étrangers.

223. — Principes métaphysiques de la morale; traduit de l'allemand de E. KANT, par C.-J. TISSOT,... Seconde édition, augmentée 1º de la traduction de l'Analyse de l'ouvrage par MELLIN; 2º de la traduction de l'Analyse des Fondements de la métaphysique des mœurs et de celle de la Critique de la raison pratique, par le même; 3º de la traduction de la Morale élémentaire de Fr.-W. SNELL. — *Paris, Ladrange*, 1837, in-8.

224. — Méthode pour arriver à la vie bienheureuse. Par FICHTE. Traduit de l'allemand par M. BOUILLIER,...

Avec une Introduction par M. FICHTE le fils. — *Paris, Ladrange,* 1845, in-8.

* Essais de morale et de politique. Par BACON. — (V. ci-dessus, *n*os 71-73.)

* Essai sur le mérite et la vertu, traduit de l'anglais de milord SHAFTESBURY. Par DIDEROT. — (V. POLYGRAPHIE, *n*° 71, *OEuvres de* DIDEROT, T. I.)

225. — Le spectateur, ou Le Socrate moderne, où l'on voit un portrait naïf des mœurs de ce siècle. (Par STEELE, ADDISSON, HUGUES, BUDGEL, POPE, PEARCE, BYRON, GROVE, TICKELL, HEUSDEN.) Traduit de l'anglais. Nouvelle édition, corrigée et augmentée d'un nouveau volume. — *Paris, Hochereau l'aîné,* 1754-55, 4 vol. in-12.

(Figures. — Il manque les T. III, IV, VII-IX.)

226. — Même ouvrage. — *Paris, Mérigot* (et autres), 1755, 3 vol. in-4.

227. — La fable des abeilles, ou Les fripons devenus honnêtes gens. Avec le commentaire, où l'on prouve que les vices des particuliers tendent à l'avantage du public. (Par Bernard DE MANDEVILLE.) Traduit de l'anglais sur la sixième édition (par J. BERTRAND). — *Londres, Jean Nourse,* 1750, 3 vol. in-12.

(Le T. I manque.)

228. — Méditations d'HERVEY, traduites de l'anglais par M. LE TOURNEUR. — *Paris, Le Jay,* 1771, 2 parties en 1 vol. in-8.

(Portrait d'Hervey.)

229. — Traité de la connaissance de soi-même. Par Jean MASON,... Traduit de l'anglais par Jaques-Abel BRUNIER,... — *Amsterdam, Marc-Michel Rey,* 1765, in-8.

230. — Mes prisons. Mémoires de Silvio PELLICO.

traduits en français par P.-L. LEZAUD. — *Paris, J. Re-nouard et Cie, 1844, grand in-18.*

231. — Silvio PELLICO. Mes prisons et Des devoirs, traduits par P.-L. LEZAUD, avec les notes de MARONCELLI, la Vie de Silvio Pellico par le même, et une Notice par M. SAINT-MARC-GIRARDIN. — *Paris, Firmin Didot, 1856, grand in-18.*

232. — Même ouvrage. — *Paris, Firmin Didot, 1861, grand in-18.*

C. — Sentences, Maximes, Proverbes et Pensées diverses.

* (V. catalogue des BELLES-LETTRES, n°s 407 à 442.)

233. — Flores omnium doctorum illustrium, qui cum in theologia, tum in philosophia, hactenus claruerunt, sedulo collecti per THOMAM HIBERNICUM, et alphabetico ordine digesti. Exactiore vero jam fide et animadversione, quam usquam antea, castigati... — *Parisiis, apud Petrum Variquet, 1664, in-12.*

234. — Morale des sages de tous les pays et de tous les siècles, ou Collection épurée des moralistes anciens et modernes. Par J.-B. CHEMIN. Ouvrage dédié aux familles vertueuses, et à toutes les institutions qui ont pour objet l'enseignement de la morale. — *Paris, an VI, in-12.*

* L. Annæi SÉNÉCÆ et Publii SYRI sententiæ. — (V. PO-LYGRAPHIE. — BELLES-LETTRES, n°s 36, 934, et ci-dessus n°s 62-67.)

235. — Sentences de SEXTIUS, philosophe pythago-ricien, traduites en français pour la première fois, accom-pagnées de notes, précédées de la Doctrine de Pythagore, de celle de Sextius, et suivies de la Vie d'Hypathie, femme célèbre et professeur à l'école d'Alexandrie. Par le Cie C.-P. DE LASTEYRIE. — *Paris, Pagnerre, 1843, grand in-18.*

(Charles-Philibert de Lasteyrie du Saillant, né à Brive-la-Gaillarde, département de la Corrèze, le 4 novembre 1759, mort à Paris le 3 novembre 1849. On trouvera au catalogue d'HISTOIRE (*Supplément*) le Discours de M. Jomard sur la vie et les travaux de notre compatriote, ainsi qu'une notice bibliographique sur ses ouvrages.)

* Pensées de Mʳ PASCAL sur la religion et quelques autres sujets. — (V. la *division* RELIGION.)

* Pensées du Père BOURDALOUE sur divers sujets de religion et de morale. — (V. *ibid*.)

D. — Critique des mœurs.

256. — Tableav de l'inconstance et instabilité de tovtes choses. Où il est monstré, qu'en Dieu seul gist la vraye Constance, à laquelle l'homme sage doit viser. Reueu, corrigé, & augmenté, auec vn Liure nouueau de l'Inconstance de toutes les Nations principales de l'Europe. Quelle nation est la plus inconstante. Et la comparaison entre elles. Traicté singulier & notable, vtile à tous Rois, Princes & Estats, pour cognoistre tant la valeur & les perfections, que les défauts des peuples; & principalement de leurs suiects. Par Pierre DE LANCRE,... Seconde édition. — *A Paris, Chez la vefue Abel L'Angelier,* M. DC. X, in-4.

* Les caractères de Théophraste, et la suite, traduits du grec; avec Les caractères ou les mœurs de ce siècle... (Par LA BRUYÈRE.) — (V. ci-dessus, *nᵒ* 185.)

257. — Sentiments critiques sur Les caractères de monsieur de La Bruyère. — *Paris, Michel Brunet, 1701,* in-12.

(Une note manuscrite porte : « Par le S. BRILLON, substitut de M. le procureur général ». Le catalogue des sciences de la biblothèque de Dole mentionne, *nᵒ* 1434, un exemplaire de notre ouvrage ayant appartenu à l'abbé Papillon, et portant une note manuscrite prouvant que le livre est bien de Brillon. Cependant comment concilier ces affirmations avec les critiques véhémentes que l'auteur du livre adresse à l'ouvrage intitulé *Le Théophraste moderne*, et qui est précisément signé de Brillon? (V. *nᵒ* 200 du catal. de la biblioth. de Lille.) D'un autre côté, il n'est pas probable que les *Sentiments critiques* soient de l'abbé DE VILLIERS, ainsi que l'avancent Quérard et Barbier (1ʳᵉ édit.); car, dans ce cas, il serait difficile d'expliquer les éloges exagérés que l'auteur donne,

page 13, à deux ouvrages de ce même abbé de Villiers? Il est vrai
que Barbier, dans la seconde édition de son *Dictionnaire*, attribue
notre ouvrage à VIGNEUL-MARVILLE (Bonaventure D'ARGONNE).
C'est aussi le sentiment de l'abbé de Saint-Léger.)

238. — Les hommes. (Par Jacques-Philippe DE
VARENNES.) Troisième édition, revue et corrigée par
l'auteur. — *Paris, les frères Barbou*, 1728, in-12.

239. — L'école de l'homme, ou Parallèle des portraits
du siècle et des tableaux de l'Ecriture sainte. Ouvrage
moral, critique et anecdotique. (Par GÉNARD.) — *Londres*,
1752, 3 vol. in-12.

240. — Considérations sur les mœurs de ce siècle. Par
M. DU CLOS,... Quatrième édition. — *Paris, Prault*, et
Durand, 1764, in-12.

* Discours sur l'origine et les fondements de l'inégalité
parmi les hommes. Par J.-J. ROUSSEAU. — (V. POLY-
GRAPHIE, *n°* 84, *OEuvres*, T. I.)

241. — Essai sur les mœurs. (Par SORET.) — *Bruxelles*,
1756, in-12.

242. — Caractères, ou Religion de ce siècle. —
Bordeaux, Jean Chappuis, 1768, in-12.

243. — Les loisirs d'un ministre, ou Essais dans le goût
de ceux de Montagne, composés en 1736 (par le Mis D'AR-
GENSON, ouvrage refait et publié par le Mis DE PAULMY,
son fils). — *Liége, C. Plomteux*, 1787, 2 vol. in-8.

244. — Considérations sur l'esprit et les mœurs. (Par
SENAC DE MEILHAN.) — *Londres* et *Paris*, 1787, in-8.

245. — Des mœurs, des lois et des abus. Tableaux du
jour, précédés de la Vie de M. de Montyon; avec un fac-
simile de son écriture. Par M. ALISSAN DE CHAZET,... —
Paris, Charles Gosselin (et autres), 1829, in-8.

E. — Application de la morale : Règles de conduite,
Morale en action.

246. — Le caractère de l'honnête homme, morale.
Dédié au roi. Par M. l'abbé DE GÉRARD. — *Paris, veuve de
Sébastien Huré*, 1682, in-12.

247. — Dicours sur la bienséance, avec des maximes et
des réflexions très-importantes et très-nécessaires pour
réduire cette vertu en usage. (Par Jean PIC.) — *Paris,
veuve de Sébastien Mabre-Cramoisy*, 1688, in-12.

248. — Nouveau traité de la civilité qui se pratique en
France parmi les honnêtes gens. (Par Antoine DE COURTIN.)
Nouvelle édition, revue, corrigée et de beaucoup aug-
mentée par le même auteur. — *Paris, Louis Josse* et
Charles Robustel, 1719, in-12.

249. — Les règles de la vie civile, avec des traits
d'histoire pour former l'esprit d'un jeune prince. Par
M. l'abbé DE BELLEGARDE. — *Paris, Claude Robustel*, 1723,
in-12.

* Discours du comte de BUSSY-RABUTIN à ses enfants sur
le bon usage des adversités et les évènements de sa vie.
— *Paris*, 1694, in-12. — (V. HISTOIRE, *n*° 1678.)

* Histoires choisies des auteurs profanes. (Par Jean
HEUZET.) Traduites en français (par Charles SIMON) avec
le latin à côté. Où l'on a mêlé divers préceptes de morale
tirés des mêmes auteurs. — (V. *ibid.*, *n*° 1877.)

* École du gentilhomme, ou Entretiens de feu M^r le
chevalier de B... avec le comte son neveu sur l'héroïsme
et le héros, publiés par Mr M. B. DE G. (MAUBERT DE
GOUVEST). — (V. BELLES-LETTRES, *n*° 1369.)

250. — L'école du bonheur, ou Tableau des vertus
sociales, dans lequel le précepte, mis à côté de l'exemple,
présente la route la plus sûre pour parvenir à la félicité;
ouvrage utile à l'éducation des jeunes gens de l'un et de

l'autre sexe, et fait pour intéresser toute espèce de lecteurs.
(Par SIGAUD DE LA FOND.) — *Paris, rue et hôtel Serpente,*
1782, in-12.

* Théâtre du monde, où, par des exemples tirés des
auteurs anciens et modernes, les vertus et les vices sont
mis en opposition. Par M. RICHER, Adrien. — (V. HISTOIRE,
n° 224.)

* Les prix de vertu fondés par M. de Montyon. Discours
prononcés à l'Académie Française par MM. DARU, LAYA,
DE LA PLACE, DE SÉGUR, l'évêque d'Hermopolis, DE SÈZE,
DE CESSAC, PICARD, LEMERCIER, CUVIER, PARSEVAL-
GRANDMAISON, LEBRUN, BRIFAUT, DE JOUY, VILLEMAIN,
TISSOT, NODIER, DE SALVANDY, ETIENNE, MOLÉ, FLOU-
RENS, SCRIBE, DUPIN, VIENNET, DE TOCQUEVILLE, SAINT-
MARC-GIRARDIN, DE SAINTE-AULAIRE, VITET, DE NOAILLES,
DE BARANTE; réunis et publiés avec une Notice sur M. de
Montyon. Par MM. Frédéric LOCK et J. COULY D'ARAGON.
— *Paris,* 1858, 2 vol. grand in-18. — (V. BELLES-
LETTRES, *n° 805.*)

§ 2. — TRAITÉS PARTICULIERS.

A. — Des Vertus, des Vices, des Défauts, des Ridicules.

* PLUTARCHUS, de Vitio et virtute. — (V. POLYGRAPHIE,
n°s 25, 26, PLUTARCHIE *Opera,* et ci-dessus, *n°* 187.)

* ARISTOTELIS de virtutibus. — (V. *ibid., n°s* 22-24,
ARISTOTELIS *Opera,* et ci-dessus, *n°s* 181-184.)

* L.-A SENECE libellvs de quattuor virtutibus cardina-
libus cum familiari explanatione... — (V. ci-dessus, *n°* 194.
— V. aussi POLYGRAPHIE, *n°s* 35, 36, et ci-dessus, *n°s* 62-
67.)

* Traité des bienfaits de SÉNÈQUE. — (V. BELLES-
LETTRES, *n°* 375, *Œuvres de* MALHERBE.)

* Essai sur le mérite et la vertu. Par DIDEROT. —
(V. POLYGRAPHIE, *n°* 71, *Œuvres de* DIDEROT, T. I.)

* JUSTI LIPSI de constantia. — (V. POLYGRAPHIE, *n°* 59,
Opera, T. II.)

* Ivste Lipsivs de la constance... (trad. par Charles Le B'er, sieur de Malassis de Mante?). Qvatriesme édition. — *Paris, Matthiev Gvillemot,* M. DC. VI, in-12. — (V. ci-après la traduction des Politiques, par le même auteur.)

* Luciani Toxaris, sive de amicitia. — (V. Luciani *Opera,* et *Dialogi,* Belles-Lettres, n°s 27-33, 1358, 1359.)

251. — Jonathas, ou Le vrai ami. Par le sieur de Ceriziers, aumônier du roi. — *Paris, Pierre Le Petit,* 1656, in-4.

(Portrait de l'auteur.)

252. — Traité de l'amitié. (Par de Sacy.) — *Paris, Jean Moreau,* 1703, in-12.

253. — De l'amitié. (Par madame d'Arconville.) Seconde édition, revue. — *Amsterdam,* et *Paris, Desaint et Saillant,* 1764, in-8.

254. — Les caractères de l'amitié. Par le marquis Caraccioli,... Nouvelle édition, corrigée et augmentée. — *Paris, Nyon,* 1766, in-12.

255. — Les leçons de la sagesse sur les défauts des hommes. (Par l'abbé Debonnaire.) Nouvelle édition, corrigée. — *Paris, Briasson,* 1747, 2 vol. in-12.

(Il manque la 3e partie.)

256. — De la prévention de l'esprit et du cœur. Divisé en deux entretiens. (Par Mouflette.) — *Paris, Martin Jouvenel,* 1689, in-12.

B. — Des Passions.

257. — Les passions de l'âme. Par René Des Cartes. — (*Amsterdam, Louis Elsevir,* et) *Paris, Henri Le Gras,* 1649, petit in-8.

258. — Les passions de l'âme. Le monde, ou Traité de la lumière, et la géométrie. Par René Descartes. Nouvelle édition, enrichie de figures en taille-douce; augmentée d'un Discours sur le mouvement local, et sur la fièvre, suivant les principes du même auteur. — *Paris, par la Cie des libraires,* 1726, in-12.

259. — De l'usage des passions. Par le R. P. J.-François SENAULT,... Seconde édition. — *Paris, veuve Jean Camusat,* 1642, in-4.

260. — Même ouvrage. Dernière édition. — *Amsterdam, Jean de Ravesteyn,* 1668, petit in-12.

261. — Histoire de l'esprit et du cœur, par monsieur le marquis D'ARG*** (D'ARGENS),... et par mademoiselle COCHOIS. — *La Haye, Pierre de Hondt,* 1755, in-12.

262. — Physiologie des passions, ou Nouvelle doctrine des sentiments moraux. Par M. le baron ALIBERT. Troisième édition, revue et considérablement augmentée. — *Paris, Béchet jeune,* 1837, 2 vol. in-8.

263. — La médecine des passions, ou Les passions considérées dans leurs rapports avec les maladies, les lois et la religion. Par J.-B. F. DESCURET,... Deuxième édition, revue, corrigée et augmentée. — *Paris, Labé,* 1844, in-8.

264. — Recueil de divers écrits sur l'amour et l'amitié (par SAINT-HYACINTHE et madame DE LAMBERT), la politesse (par madame DE ROCHÉCHOUART, abbesse de Fontevrault), la volupté (par RÉMOND dit le Grec), les sentiments agréables (par LÉVESQUE DE POUILLY), l'esprit et le cœur (par le Mis DE CHAROST). — *Bruxelles, François Foppens,* 1736, in-12.

* L. Annæi SENECÆ de ira. — (V. POLYGRAPHIE, n°s 35, 36, *OEuvres de* SÉNÈQUE, et ci-dessus, n°s 62-67.)

265. — SÉNÈQUE. De la colère. — *Lyon, Christofle Fourmy,* 1663, in-12.

266. — Traité de la paresse, ou L'art de bien employer le temps. (Par Ant. DE COURTIN.) — *Paris, Hélie Josset,* 1673, in-12.

(Le frontispice manque.)

267. — La genealogie de l'amovr, divisée en devx livres. Par Iean DE VEYRIES Docteur en Médecine... — *A Paris, Chez Abel L'Angelier*, M. DC. X, petit in-8.

268. — Traité du jeu, où l'on examine les principales questions de droit naturel et de morale qui ont du rapport à cette matière. Par Jean BARBEYRAC,... Seconde édition, revue et augmentée; à laquelle on a joint un Discours sur la nature du sort, et quelques autres écrits de l'auteur, qui servent principalement à défendre ce qu'il avait dit de l'innocence du jeu considéré en lui-même. — *Amsterdam, Pierre Humbert*, 1737, 3 vol. in-12.

(Portrait d'Anne, princesse d'Orange, et frontispices allégoriques.)

269. — Traité du suicide ou du meurtre volontaire de soi-même. Par Jean DUMAS. — *Amsterdam, D.-J. Changuion*, 1773, in-8.

* Discours sur les duels. Par BRANTOME. — (V. POLYGRAPHIE, *n°* 65, *OEuvres de* BRANTOME, T. XII, et HISTOIRE, *n°* 563.)

C. — Des Femmes.

270. — L'honnête femme. Divisée en trois parties... Par le R. P. DU BOSC,... — *Lyon, Jean Balam*, 1665, in-12.

* Portrait de la femme forte et vertueuse, tiré de l'Ecriture sainte. — *Paris*, 1729, in-12. — (V. la *division* RELIGION.)

* Les femmes fortes de l'Evangile... Par le R. P. VENTURA DE RAULICA,... — *Paris*, 1854, in-8. — (V. *ibid.*)

* Les femmes de la révolution. Par J. MICHELET. — *Paris*, 1854, grand in-18. — (V. HISTOIRE, *n°* 918.)

* (V. enfin la *division* BELLES-LETTRES pour les ouvrages suivants :) — Les dames illustres... Par damoiselle J. GUILLAUME (*n°* 1616). — Essai sur le caractère, les mœurs et l'esprit des femmes... Par M. THOMAS,... (*n°* 1617). — Le dictionnaire des précieuses, par le sieur

DE SOMAIZE... (n° 1618). — Physiologie du mariage... Par
M. H. DE BALZAC (n° 1619).

**D. — Traités divers sur la bonne et la mauvaise fortune, sur
le plaisir, etc.**

271. — Messire François PÉTRACQUE (sic) des remedes
De lune et lautre Fortune, prospere et aduerse Nouuelle-
ment imprime a Paris. (Trad. de Nic. ORESME, revue par
GALLIOT DUPRÉ.) — *Il se vend en la grant salle du Palais au
premier pillier en la boutique de Galliot du pré... (A la fin :)
... Et fut acheue le xv° iour de Mars Mil cinq cens vingt ɛ trois
auant Pasques,* in-fol.

272. — Le sage résolu contre la fortune, ou Le PÉ-
TRARQUE, mis en français par Mᵣ DE GRÉNAILLE, écuyer,
sieur de Châteaunières. Cinquième édition, revue et corrigée par l'auteur. — *Imprimé à Rouen, aux dépens de
Cardin Besongne,* 1662, 2 vol. in-12.

273. — Des compensations dans les destinées humaines.
Par H. AZAÏS. Augmenté du Précis de l'explication uni-
verselle. Quatrième édition, ornée du portrait de l'auteur.
— *Paris, Alexis Eymery,* 1825, 3 vol. in-8.

274. — Du plaisir, ou Du moyen de se rendre heureux.
Par M. l'abbé H. C. A. H. (HENNEBERT). — *Lille, J.-B.
Henry,* 1764, 2 parties en 1 vol. in-12.

275. — Nouvelle théorie des plaisirs. Par Mᵣ SULZER,...
Avec des Réflexions sur l'origine du plaisir, par M. KAEST-
NER,... — (S. l. n. n.), 1767, in-12.

IIᵉ SECTION.

SCIENCES SOCIALES.

— * Discours sur la science sociale. Par le citoyen CAMBA-
CÉRÈS. — (V. BELLES-LETTRES, n° 164-B, *Mém. de l'Instit.,
Sciences mor. et polit.*, T. III, p. 1.)

Iʳᵉ PARTIE.

PÉDAGOGIE (1).

CHAPITRE I. — *Traités généraux et Mélanges.*

276. — Examen critique et impartial de la théorie de
M. de Frarière sur l'éducation antérieure. Par A. R. DE
LIESVILLE. — *Paris, Alphonse Taride,* 1857, grand in-18 de
78 pages.

* ΞΕΝΟΦῶΝΤΟΣ Κύρου παιδείας βιβλία ὀκτώ. — XENOPHONTIS
Cyri Pædiæ libri octo. — *Lovanii,* MDXXXII, in-4. — (V.
HISTOIRE, n° 275.)

* La Cyropédie, ou L'histoire de Cyrus, traduite du grec
de XÉNOPHON par M. CHARPENTIER. — *Paris,* 1749, 2 vol.
in-12. — (V. *ibid., n°* 276.)

* PLUTARCHI de educatione puerorum libellus. — (V.
POLYGRAPHIE, n° 25, PLUTARCHI *Opera,* T. III, et, pour la
traduction d'AMYOT, *ibid., n°* 26.)

(1) Pour ce qui concerne l'éducation physique des enfants, V. ci-après, *division* MÉDECINE.

* Sancti JOANNIS CHRYSOSTOMI de educandis liberis liber aureus... R. P. Francisco COMBEFIS,... interprete. — *Parisiis, sumptibus Antonii Bertier,* 1656, in-8. — (V. la division RELIGION.)

* MAPHEI VEGII Laudensis, datarii quondam Pii II,... De liberorum educatione et claris moribus libri VI. — (V. *ibid., Maxima bibliotheca veterum patrum,* T. XXVI, p. 633.)

* AENEÆ SYLVII PICOLOMINI,... De liberorum educatione tractatus. — (V. POLYGRAPHIE, *n*os 49, 50, EN. SYLVII *Opera.*)

* Pveros ad virtvtem ac literas liberaliter institvendos, idqve protinvs a nativitate, declamatio contracti thematis exemplum per Des. ERASMUM Roterodamum. — (V. *ibid., n*o 54, ERASMI *Opera,* T. I, p. 420.)

277. — De l'éducation des enfants; traduit de l'anglais de Mr LOCKE, par Pierre COSTE, sur la dernière édition, revue, corrigée et augmentée de plus d'un tiers par l'auteur. — *Paris, Jean Musier,* 1711, in-12.

* Instruction contenant un plan général d'études, et en particulier celle de la religion et celle du droit, envoyée par M. DAGUESSEAU,... à son fils aîné. — (V. ci-après, *OEuvres de* D'AGUESSEAU, T. I, p. 257.)

* Émile, ou De l'éducation. — (V. POLYGRAPHIE, *n*o 84, *OEuvres de* J.-J. ROUSSEAU, T. VII-X.)

278. — Dialogues entre lord Shaftesbury et M. Locke sur quelques points essentiels à l'éducation de la jeunesse, pour servir de suite au Traité du dernier sur l'éducation des enfants. Traduits de l'anglais. — *Yverdon,* 1765, in-8.

279. — L'éducation mise à la portée de tout le monde. Par M. Henri-Abraham CHATELAIN. — *Lausanne, Jules-Henri-Pott et C*ie, 1781, in-8.

280. — Un mot aux familles. Par l'abbé H. DELOR. — *Paris, Debécourt,* 1839, in-8.

(V. BELLES-LETTRES, *n*o 1033, la Notice relative à l'abbé Delor.)

281. — Notice historique sur le sauvage de l'Aveyron, et sur quelques autres individus qu'on a trouvés dans les forêts à différentes époques. Par P.-J. BONNATERRE,... — *Paris, veuve Panckoucke, an* VIII, in-8 de 50 pages.

282. — Rapport fait à Son Excellence le ministre de l'intérieur sur les nouveaux développements et l'état actuel du sauvage de l'Aveyron. Par E.-M. ITARD,... — *Paris, impr. impér.*, 1807, in-8 de 85 pages.

CHAPITRE II. — *De l'Éducation publique.*

283. — Plan d'éducation publique. (Par l'abbé COYER.) — *Paris, veuve Duchesne,* 1770, in-12.

284. — Nouveau plan d'éducation publique. Par M. THIÉBAULT,... — *Amsterdam, et Rouen, Laurent Dumesnil,* 1778, in-12.

285. — Recueil de plusieurs des ouvrages de monsieur le président ROLLAND, imprimé en exécution des délibérations du bureau d'administration du collége de Louis-le-Grand, des 17 janvier et 18 avril 1782. — *Paris, P.-G. Simon et N.-H. Nyon,* 1783, in-4.

(Plan d'éducation et de correspondance des universités et des colléges. — Dissertation sur la question de savoir si les inscriptions doivent être rédigées en latin ou en français. — Mémoire sur l'administration du collége Louis-le-Grand et colléges y réunis depuis le moment de la réunion jusqu'au 1er janvier 1771. — Comptes relatifs au remplacement des jésuites dans les colléges de province et à l'installation de l'Université, du collége de Lisieux et ensuite de celui de Beauvais, ainsi qu'à la réunion des boursiers des colléges de non-plein exercice dans le collége de Louis-le-Grand. Remplacement des jésuites dans les colléges de province. Compte-rendu sur la situation des divers colléges de France dirigés par les jésuites.)

286. — Mémoire à consulter sur les fonctions et les droits respectifs des trois classes d'instituteurs établis en France pour les trois ordres de l'État. Par M. VERDIER, instituteur à Paris. — (*Paris,* 1779?), in-12.

287. — Vues patriotiques sur l'éducation du peuple tant des villes que de la campagne; avec beaucoup de

5

notes intéressantes... (Par PHILIPON DE LA MADELAINE.) — *Lyon, P. Bruyset-Ponthus,* 1783, in-12.

288. — De l'éducation publique et des moyens d'en réaliser la réforme projetée dans la dernière assemblée générale du clergé de France. Par M. l'abbé PROYART,... — *Paris, veuve Hérissant,* et *Th. Barrois,* 1785, in-12.

289. — Observations sur l'éducation publique, pour servir de réponse aux questions proposées par MM. les agents généraux du clergé de France à nosseigneurs les archevêques et évêques de l'Eglise gallicane. Par M. EYRARD,... — *Paris, Berton,* et *Morin,* 1786, in-12.

* Sur l'instruction publique. Par CONDORCET. — (V. POLYGRAPHIE, n° 69, *Œuvres de* CONDORCET, T. VII.)

* Annuaire de l'instruction publique pour l'an XII. — (V. BELLES-LETTRES, n° 180.)

290. — Direction pour les fondateurs et les fondatrices, pour les maîtres et maîtresses des écoles d'enseignement perfectionné, conforme à l'ordonnance du roi du 28 février 1816 sur l'instruction primaire, et au règlement de M. le préfet de la Seine du 19 septembre sur l'école normale élémentaire des élèves-maîtres, approuvé par MM. les vicaires généraux. Par M. BASSET,... — *Paris, Louis Colas* (1817), in-12 de 44 pages.

291. — Instruction primaire. — Extrait du *Moniteur* du 13 janvier 1818. — (A la fin :) *Impr. de Fain* (s. d.), in-12 de 23 pages.

292. — Homélie sur l'instruction du peuple, par un président de comité cantonnal, à messieurs les ecclésiastiques ses confrères et collègues. Nouvelle édition, revue et corrigée. — *Paris, L. Colas,* 1818, in-8 de 47 pages.

293. — Mémoire sur l'instruction publique, adressé aux chambres. Par M. Patrice LARROQUE, inspecteur de l'académie de Toulouse. — *Paris, Lyon,* et *Toulouse, Laurent Douladoure,* 1831, in-8 de 83 pages.

294. — Discussion du rapport de M. Thiers sur la

question de l'enseignement, suivie de deux Discours sur la même question. Par M. l'abbé H. DELOR. — *Paris*, et *Limoges, Barbou frères,* 1845, in-8.

295. — Au pays et aux chambres. La vérité sur la question de l'enseignement. Par M. THEIL,... — *Paris, Paul Masgana,* 1847, in-8 de 48 pages.

* De l'instruction publique en France à propos de la loi sur l'enseignement. Par M. Albert DE BROGLIE. — (V. BELLES-LETTRES, n° 107, *Revue des Deux Mondes,* novembre 1849.)

296. — Programme des conditions exigées pour l'examen d'aptitude aux fonctions d'inspecteur de l'enseignement primaire. — *Paris, Jules Delalain* (1850), brochure in-18.

* Le budget de l'instruction publique et des établissements scientifiques et littéraires, depuis la fondation de l'Université impériale jusqu'à nos jours. Par Charles JOURDAIN,... — (V. ci-après, NOMOLOGIE.)

* Histoire de la maison royale de Saint-Cyr. Par Théophile LAVALLÉE. — *Paris,* 1853, in-8. — (V. HISTOIRE, n° 766.)

297. — Sur l'éducation nationale dans les Etats-Unis d'Amérique. (Par P.-S. DUPONT, de Nemours.) Seconde édition. — *Paris, Le Normant,* et *F. Didot,* 1812, in-8.

CHAPITRE III. — *Méthodes d'enseignement.*

* Nouvelle méthode pour apprendre la langue latine... Par M. DE LAUNAY. — *Paris,* 1756-61, 4 vol. in-8. — (V. BELLES-LETTRES, n° 539.)

* Les vrais principes de la lecture, de l'orthographe et de la prononciation française... Par M. VIARD,... — *Paris,* 1764, in-8. — (V. *ibid.,* n° 616.)

* Le mécanisme des mots de la langue française... Par P.-H.-A. PAIN. — *Paris, an* x, in-8. — (V. *ibid.,* n° 617.)

* Nouveau système de lecture applicable à toutes les langues. Par Jean-Baptiste MAUDRU. — *Paris, an* VIII, 2 vol. in-8 et atlas in-fol. — (V. *ibid., n°* 618.)

298. — Enseignement universel. Langue étrangère. Par J. JACOTOT,... Quatrième édition. — *Paris, au bureau du journal* L'Émancipation intellectuelle, 1829, in-8.

CHAPITRE IV. — *Ouvrages élémentaires destinés à l'enfance et à la jeunesse.*

* (Les encyclopédies pour la jeunesse ont été mentionnées au catalogue de POLYGRAPHIE, *n°s* 6, 16 à 21.)

299. — Les règles de la bienséance et de la civilité chrétienne. Divisé en deux parties, à l'usage des écoles chrétiennes.. (Par J.=B. DE LA SALLE.) — *Troyes, Pierre Bourcoing*, 1711, in-12.

(Caractères *civilité*.)

300. — Le mentor moderne, ou Instructions pour les garçons et pour ceux qui les élèvent... Par madame LE PRINCE DE BEAUMONT. — *Paris, Claude Hérissant*, 1772-73, 11 vol. in-12.

* Les veillées du château, ou Cours de morale à l'usage des enfants. (Par Mme DE GENLIS.) — *Paris*, 1784, 3 vol. in-12. — (V. BELLES—LETTRES, *n°* 1553.)

* (V. également catalogue des BELLES-LETTRES, *passim,* pour plusieurs ouvrages que nous avons cru devoir envisager au point de vue littéraire.)

CHAPITRE V. — *De l'Éducation des femmes.*

301. — Quelques avis aux institutrices de jeunes demoiselles sur les différents objets qui influent essentiellement sur leur bonheur et leurs succès, et sur les études auxquelles elles doivent se livrer; suivis de quelques idées générales sur l'éducation, l'instruction des jeunes filles, et d'un Dictionnaire de plusieurs mots employés dans les belles-lettres et en littérature. Par J. LANTEIRES. — *Lausanne, Jean Mourer*, 1788, in-8.

* Les études convenables aux demoiselles... (Par And.-Jos. PANCKOUCKE.) — *Paris*, an XI, 2 vol. in-12. = (V. POLYGRAPHIE, *n°* 21.)

* Der Mädchenfreund... — *Berlin*, 1755, petit in-8. — (V. BELLES-LETTRES, *n°* 404.)

502. — Magasin des adolescentes, ou Dialogues d'une sage gouvernante avec ses élèves de la première distinction. Pour servir de suite au Magasin des enfants. Par madame LEPRINCE DE BEAUMONT. Seconde édition. — *Lyon, Jean-Baptiste Reguilliat*, 1761, 4 parties en 2 vol. in-12.

503. — Instructions pour les jeunes dames qui entrent dans le monde et se marient; leurs devoirs dans cet état et envers leurs enfants. Pour servir de suite au Magasin des adolescentes. Par Mad. LE PRINCE DE BEAUMONT. Édition faite sous les yeux de l'auteur... — *Lyon, Jean=Baptiste Reguilliat* et *P. Bruyset*, 1764, 3 tomes en 2 vol. in-12.

(Le T. III a deux parties.)

504. — Essai sur l'éducation des femmes. Par madame la comtesse DE RÉMUSAT. Nouvelle édition. — *Paris, Charpentier*, 1842, grand in-18.

505. — Education des mères de famille, ou De la civilisation du genre humain par les femmes. Par L.-Aimé MARTIN. Ouvrage couronné par l'Académie française. Cinquième édition, revue, corrigée et augmentée de chapitres posthumes. — *Paris, Charpentier*, 1850, 2 vol. grand in-18.

506. — Bibliothèque des dames, contenant des règles générales pour leur conduite dans toutes les circonstances de la vie; écrite par une dame, et publiée par M^r le chev. R. STEELE; traduite de l'anglais (par JANIÇON). Troisième édition. — *Amsterdam, François Changuion*, 1727, 3 vol. in-12.

(Le T. III est de l'édition de 1724.)

CHAPITRE VI. — *Éducation des aveugles.*

* Lettre sur les aveugles, à l'usage de ceux qui voient. Par D. DIDEROT. — (V. POLYGRAPHIE *n° 71, OEuvres de* DIDEROT, T. I.)

CHAPITRE VII. — *Éducation des sourds-muets.*

* Lettre sur les sourds et muets, à l'usage de ceux qui entendent et qui parlent. Par D. DIDEROT. — (V. POLYGRAPHIE, *n° 71, OEuvres de* DIDEROT, T. I.)

307. — Institution des sourds et muets par la voie des signes méthodiques. Ouvrage qui contient le projet d'une langue universelle, par l'entremise des signes naturels assujettis à une méthode. (Par l'abbé DE L'EPÉE.) — *Paris, Nyon l'aîné,* 1776, in-12.

308. — La véritable manière d'instruire les sourds et muets, confirmée par une longue expérience. Par M. l'abbé *** (DE L'EPÉE),... — *Paris, Nyon l'aîné,* 1784, in-12.

(Réédition de l'ouvrage précédent.)

309. — Essai sur les sourds-muets et sur le langage naturel, ou Introduction à une classification naturelle des idées avec leurs signes propres. Par A. BÉBIAN. — *Paris, J.-G. Dentu,* 1817, in-8.

IIᵉ PARTIE.

POLITIQUE.

—

CHAPITRE I. — *Préliminaires, Généralités et Mélanges.*

§ 1ᵉʳ. — INTRODUCTION, DICTIONNAIRES.

* Réflexions extraites d'un ouvrage du citoyen GRÉGOIRE sur les moyens de perfectionner les sciences politiques. — (V. BELLES-LETTRES, n° 164-*B*, *Mém. de l'Instit., Sciences mor. et polit.*, T. I, p. 552.)

* Mémoire sur la concilation progressive de la morale et de la politique. Par BIGNON. — (V. *ibid.*, n° 166-*C*, *Mém. de l'Acad. des Sciences mor. et polit.*, T. I, p. 365.)

510. — L'ordre naturel et essentiel des sociétés poli= tiques. (Par LE MERCIER DE LA RIVIÈRE.) — *Londres*, et *Paris, Desaint*, 1767, 2 vol. in-12.

511. — Même ouvrage. — *Paris, Desaint*, 1767, in-4.

(Le frontispice manque.)

* Encyclopédie méthodique. Economie politique et diplo= matique. (Par M. DÉMEUNIER.) — (V. POLYGRAPHIE, n° 12.)

§ 2. — TRAITÉS GÉNÉRAUX.

* PLATO. De rebus publicis. — (V. ci-dessus, nᵒˢ 42-45, PLATONIS *Opera*.)

* ARISTOTELIS de Republica. — (V. POLYGRAPHIE, nᵘˢ 22-24, ARISTOTELIS *Opera*.)

512. — Les politiqves d'ARISTOTE, Esquelles est monstree la science de gouuerner le genre humain en toutes especes d'estats publiques. Traduictes de Grec en François, Par Loys LE ROY dict REGIVS. Auec expositions prises des meilleurs Autheurs, specialement d'Aristote

mesme & de Platon... Augmenteés du ix. & x. liures,
composez en Grec au nom d'Aristote, Par KYRIAC STROSSE,
Patrice Florentin : Traduicts & annotez par Federic MOREL
Interprete du Roy. — *A Paris. Chez Ambroise Drouart,*
M. D. XCIX, in-fol.

(Dans le même volume :)

— La Repvblique de PLATON, Diuisee en dix liures, ou
Dialogues, Traduicte de Grec en François, & enrichie de
commentaires par Loys LE ROY. Plus, quelques autres
traictez Platoniques de la traduction du mesme interprete,
touchant l'immortalité de l'Ame, pour l'esclaircissement
du x. liure de ladicte Rep. Le tout reueu & conferé auec
l'original Grec, par Fed. Morel Lecteur & interprete du
Roy... Avec Table suffisante des choses les plus remarquables. — *A Paris, Chez Ambroise Droüart,* M. DC., in-fol.

313. — La politique d'ARISTOTE, ou La science des
gouvernements. Ouvrage traduit du grec, avec des notes
historiques et critiques. Par le citoyen CHAMPAGNE,... —
Paris, impr. d'Antoine Bailleul, an v [1797], 2 vol. in-8.

* Platon, Aristote... Par P. LEZAUD. — (V. *n*° 21.)

* La morale et la politique d'ARISTOTE, traduites du grec
par M. THUROT. — (V. *n*° 20.)

314. — La politica di ARISTOTILE ridotta in modo di
parafrasi Dal Reuerendo M. Antonio SCAINO DA SALO. Con
alcune Annotationi e dubbi. E sei Discorsi sopra diuerse
materie ciuili... — *In Roma, Nelle case del Popolo Romano,*
M D LXXVIII, in-4.

* Observations de M. BITAUBÉ sur les deux premiers
livres de la politique d'Aristote. — (V. BELLES-LETTRES,
n° 164-C, *Mém. de l'Instit., Littérat.,* T. II, p. 295.)

* CICÉRON. Du gouvernement. — (V. POLYGRAPHIE,
*n*os 36-45, *OEuvres de* CICÉRON.)

* CICÉRON. Morale et politique, par P.-L. LEZAUD. —
(V. *n*° 23.)

315. — Scipionis AMIRATI, celeberrimi inter neotericos
scriptoris, Dissertationes politicæ sive Discvrsvs in
C. Cornelivm Tacitvm ; Nuper ex Italico in Latinum versi,

& cum toto rei politicæ studiosorum orbe communicati. Quibus præmissæ sunt ex eodem Tacito excerptæ Digressiones politicæ à Christophoro Pelvgio eqvite Misnico,... Accessere seorsim ob argumenti similitudinem, summamq operis elegantiam De regis, ac regni institvtione libri III (auct. Sebastiano Foxo Mozzillo). Cum elenchis Capitum, & accuratis Indicibus vnicuique operi adiunctis... — *Helenopoli, Impensis Ioannis Theobaldi Schonwetter...* M. DC. IX., in-4.

(Le traité intitulé : «.De regis ac regni institutione » a une pagination particulière.)

(Dans le même volume :)

— Dissertationes politicæ, ac Discursus varii in C. Cornelii Taciti Annalivm libros, de monarchia pontificia et imperiali, nec non de Statibvs imperii, Regibus, Principibus, & Rebuspublicis, eorum omnium ac singulorum immunitatibus, officiis, debitis, & administrandi modis, aliisque multiuariis rebus ad Rempublicam pertinentibus. Avthore Petro Andrea Canonherio,... — *Francofvrti, Typis Matthiæ Beckeri...* M. DC. X., in-4.

* Tibère. Discours politiques sur Tacite, du sieur DE LA MOTHE-JOSSEVAL D'ARONSEL (AMELOT DE LA HOUSSAIE). — *Amsterdam, chez les héritiers de Daniel Elzevier,* 1683, in-4. — V. HISTOIRE, n° 339. — V. aussi *ibid., n°* 340.)

* Discours historiques, critiques et politiques sur Tacite, traduits de l'anglais, de M. Th. GORDON, par M. D. S. L. (Pierre DAUDÉ). — *Amsterdam, François Changuion,* 1751, 3 vol. in-12. — (V. *ibid., n°* 342.)

516. — Francisci PATRICII Senensis pontificis caietani de Institutione Reipub. Libri nouem, historiarum sententiarumque varietate refertissimi, cū annotationibus margineis, Indiceque vocabulorum, factorum, dictorumque memorabilium copiosissimo, literarum serię phyluratim digesto.—*Parisiis Apud Galliotum Pratensem...* M. D. XXXIIII., in-fol.

* (V., *division* MANUSCRITS, une traduction française de l'ouvrage ci-dessus.)

517. — Andreae FRICII MODREUIJ Commentariorum de Republica emendanda Libri quinque : Quorum Primvs, de moribvs. Secvndvs, de legibvs. Tertivs, de bello. Qvartvs, de ecclesia. Qvintvs, de schola... — *Basileae, per Ioannem Oporinum* (M. D. LIIII), in-fol.

(A la suite du livre V se trouvent deux dialogues du même auteur, intitulés : « De utraque specie coenae Domini ».)

318. — Les six livres de la repvbliqve de I. BODIN angevin... Reueuë, corrigée & augmentée de nouueau. — *Paris, Jacques Du Puys,* 1580 (?), in-fol.

319. — Des corps politiques et de leurs gouvernements. (Par le président DE LAVIE.) Quatrième édition, revue et corrigée. — *Lyon, Pierre Duplain l'aîné,* 1767, 3 vol. in-12.

(Cet ouvrage, d'après Barbier, est la reproduction, avec de grands changements, de l'ouvrage du même auteur intitulé : « Abrégé de la République de Bodin », paru en 1755.)

320. — Politique tirée des propres paroles de l'Ecriture sainte, à monseigneur le dauphin. Ouvrage posthume de messire Jacques-Bénigne BOSSUET,... — *Paris, Pierre Cot,* 1709, in-4.

(Portrait de Bossuet gravé par Edelinck.)

321. — Même ouvrage. — *Paris, Jean Mariette,* 1714, 2 vol. in-12.

322. — Institutions politiques, ouvrage où l'on traite de la société civile, des lois, de la police, des finances, du commerce, des forces d'un état, et en général de tout ce qui a rapport au gouvernement. Par M. le baron DE BIELFELD. — *Paris, Duchesne,* 1762, 4 vol. in-12.

(Portrait du baron de Bielfeld.)

323. — Principes de tout gouvernement, ou Examen des causes de la splendeur ou de la faiblesse de tout Etat considéré en lui-même et indépendamment des mœurs. (Par D'AUXIRON.) — *Paris, J.-Th. Hérissant fils,* 1766, 2 vol. in-12.

324. — La politique naturelle, ou Discours sur les vrais principes du gouvernement. Par un ancien magistrat. (Par le baron D'HOLBACH.) — *Londres,* 1773, 2 vol. in-8.

* Les ruines, ou Méditations sur les révolutions des

empirés. Par Volney. — (V. Polygraphie, *OEuvres de* Volney, *n°* 96, T. I, et *n°* 97.·

§ 3. — Mélanges de politique.

* Mémoires de l'Institut. Sciences morales et politiques. — (V. Belles-Lettres, *n°⁵* 164-*B* et 166-*C*.)

* (Consultez aussi les tables de la *Revue des Deux Mondes*, de la *Revue contemporaine*, de la *Revue européenne*.)

* Ouvrages philosophiques et politiques de N. Macchiavelli. — (V. Polygraphie, *n°* 102, *OEuvres*, T. I.)

325. — Discours de l'état de paix et de guerre de Nicolas Macchiavel,... Traduits d'italien en français (par Jacques Gohory). Ensemble un traité du même auteur, intitulé : « Le prince ». Illustrés de maximes politiques. Dernière édition... — *Paris, Robert Bertaut,* 1646. — L'art de la guerre de Mᵉ N. Macchiavel,... (trad. par J. Charrier). — *Paris,* 1646. — Le prince de N. Macchiavel,... traduit d'italien en français (par Gohory). — *Paris,* 1646. — Le tout en 1 vol. in-4.

326. — Discovrs politiqves et Militaires du Seigneur de la Nouë. Novvellement récueillis & mis en lumiere. — *A Basle, De l'Imprimerie de François Forest,* m. d. lxxxvii, in-4.

327. — Aurelii Alexandri Severi imperatoris romani axiomata politica et ethica. Ejusdem rescripta universa Alexandri Chassanæi (Alex. de La Chassaigne) commentariis illustrata... — *Parisiis, apud Antonium Bourriquant,* 1622, in-4.

328. — Discours politiques de messire Daniel de Priezac,... — *Paris, P. Rocolet,* 1652-54, 2 parties en 1 vol. in-4.

* Politique et législation. Par Voltaire. — (V. Polygraphie, *n°* 99, *OEuvres*, T. XXIX, XXX.)

* Economie politique et Politique. Par Condorcet. — (V. *ibid., n°* 69, *OEuvres*, T. VII-XII.)

* Mélanges politiques. Par CHATEAUBRIAND. — (V. *ibid.*, *n°* 67, *OEuvres*, T. XXIII à XXVII.)

CHAPITRE II. — *Traités particuliers.*

§ 1er. — TRAITÉS SUR DIFFÉRENTES FORMES DE GOUVERNEMENT.

* Recherches sur l'origine du despotisme oriental. Par BOULLANGER. — (V. POLYGRAPHIE, *n°* 64, *OEuvres*, T. III.)

329. — Principes de messieurs Bossuet et Fénelon sur la souveraineté ; tirés du 5e Avertissement sur les Lettres de M. Jurieu et d'un Essai sur le gouvernement civil. (Abrégés par l'abbé DE QUERBEUF, et publiés par l'abbé EMERY.) — *Paris, Laillet* (et autres), 1791, in-8.

* Des jugements de quelques philosophes et écrivains célèbres de l'antiquité sur les républiques anciennes. Par BITAUBÉ. — (V. BELLES-LETTRES, *n°* 164-C, *Mém. de l'Instit., Littérat.*, T. II et III.)

330. — Réflexions d'un citoyen (GOSSELIN) adressées aux notables sur la question proposée par un grand roi (Frédéric II : « En quoi consiste le bonheur des peuples, et quels sont les moyens de le procurer? » ou sur cette autre : « D'où vient la misère des peuples, et quels sont les moyens d'y remédier? » — (*Paris*), 1787, in-8 de 76 pages.

331. — Doctrine de Saint-Simon. Exposition. Première année. 1829. Seconde édition. — *Paris, au bureau de l'Organisateur*, 1830, in-8.

332. — Lettres sur la religion et la politique, 1829. (Par Eugène RODRIGUES.) Suivies de l'Éducation du genre humain, traduit de l'allemand de LESSING (par le même.) — *Paris, au bureau de l'Organisateur*, 1831, in-8.

(Le faux-titre porte : « Doctrine de Saint-Simon ».)

333. — Revue sociale, ou Solution pacifique du problème du prolétariat, publiée par Pierre LEROUX. — *Boussac, impr. de Pierre Leroux*, 1846-50, 3 vol. in-fol.

(Il manque les pages 37-44 de la 2e année.)

334. — Etudes sur les réformateurs ou socialistes modernes... Par Louis REYBAUD... Quatrième édition, précédée du Rapport de M. JAY,... et de celui de M. VILLEMAIN,... — *Paris, Guillaumin,* 1844, 2 vol. in-8.

(Le T. II « *Paris, Guillaumin,* 1848 », porte au frontispice : « Deuxième édition ».

§ 2. — POLITIQUE DE DIVERS ÉTATS (1).

* Discours de XÉNOPHON sur les revenus d'Athènes et sur la république de Lacédémone. Par l'abbé DE SAINT-RÉAL. — (V. POLYGRAPHIE, *n°* 91, *OEuvres de* S. RÉAL, T. III, et, pour le texte, XENOPHONTIS *Opera,* HISTOIRE, *n°s* 271-273.)

* Instituts politiques et militaires de TAMERLAN, proprement appelé TIMOUR... traduits en français... avec la Vie de ce conquérant... Par L. LANGLÈS,... — *Paris,* 1787, in-8. — (V. HISTOIRE, *n°* 1566.)

* Mémoire sur le gouvernement de la France sous les deux premières dynasties. Par le citoyen Pierre-Charles LÉVESQUE. — (V. BELLES-LETTRES, *n°* 164-B, *Mém. de l'Instit., Sciences mor. et polit.,* T. V, p. 224.)

335. — Les causes du bonheur public, ouvrage dédié à monseigneur le dauphin. Par M. l'abbé GROS DE BESPLAS,... Seconde édition... — *Paris, Debure frères,* 1774, 2 vol. in-12.

* Testament politique de messire Jean-Baptiste Colbert... (Par SANDRAS DE COURTILZ.)... — *La Haye,* 1694, in-12. — (V. HISTOIRE, *n°* 849.)

* Testament politique du marquis de Louvois... (Par SANDRAS DE COURTILZ.)... — *Cologne,* 1695, in-12. — (V. *ibid., n°* 824.)

(1) Nous ne rappelons dans ce paragraphe que quelques-uns des ouvrages mentionnés à la partie Historique de notre catalogue. C'est à cette division qu'il faudra recourir pour certains autres ouvrages, notamment pour les pamphlets politiques concernant l'histoire de France.

* Testament politique du maréchal duc de Belle-Isle,...
(Par DE CHEVRIER.) — *Amsterdam,* 1761, in-12. — (V.
ibid., n° 866.)

556. — Le tout, dédié à la sagesse personnifiée. Par
M. DE BONNAVENTURE. — *Paris,* 1784, in-8.

* Le citoyen conciliateur, contenant des idées sommaires, politiques et morales sur le gouvernement monarchique de la France... Par M. l'abbé DE LUBERSAC,
ancien vicaire général de Narbonne, abbé de Noirlac et
prieur de Brive. — *Paris,* 1788, in-4. — (V. HISTOIRE,
n° 904.)

* Considérations sur la France. Par M. le comte Joseph
DE MAISTRE. — *Lyon,* 1847, in-8. — (V. HISTOIRE, *n°* 974.)

* Vues politiques historiques... Par le Cte Alfred DE LA
GUÉRONNIÈRE. — *Limoges,* 1840, in-8. — (V. HISTOIRE,
n° 1024.)

* Miroir politique de la France. Par un homme du
peuple. — *Paris,* 1841, in-8. — (V. *ibid., n°* 1026.)

* Considérations politiques au point de vue du vrai
absolu et des concessions possibles... Par M. le vicomte DE
LA TOUR-DU-PIN-CHAMBLY. — *Paris,* 1851, in-8. — (V.
ibid., n° 1033.)

---

* Monarchia sancti romani imperii, sive Tractatus de
juridictione imperiali, seu regia et pontificia, seu sacerdo-
tali... Studio atque industria Melchioris GOLDASTI hai-
minsfeldii,... — *Hanoviæ,* et *Francofordiæ,* 1611-13, 3 vol.
in-fol. — (V. HISTOIRE, *n°* 1400.)

* Tractatus de republica romano-germanica, auctore
Jacobo LAMPADIO,... — (S. l. n. d.), in-24. — (V. *ibid.,*
n° 1401-2°.)

* Abrégé chronologique de l'histoire et du droit public
d'Allemagne... (Par PFEFFEL.) — *Paris,* 1754, in-8. —
(V. *ibid., n°* 1402.)

* Discours historique de l'élection de l'empereur et des électeurs de l'empire... (Par A. DE WICQUEFORT.) — *Paris,* 1658, in-4. — (V. HISTOIRE, *n*° 1403.)

* De l'association des princes du corps germanique, ouvrage traduit de l'allemand de M. MULLER; publié par les soins de M. MERCIER. — *Mayenne,* 1789, in-8. — (V. *ibid., n*° 1404.)

* La politique de la maison d'Autriche. Par monsieur VARILLAS. — *Paris,* 1688, in-12. — (V. *ibid., n*° 1421.)

---

557. — Le free-holder, ou L'Anglais jaloux de sa liberté. Essais politiques. (Par ADDISSON et STEELE.) Traduction de l'anglais. — *Amsterdam, Herman Uylwerf,* 1727, in-12.

558. — Lettres sur l'esprit de patriotisme, sur l'idée d'un roi patriote, et sur l'état des partis qui divisaient l'Angleterre lors de l'avènement de Georges I. Ouvrage traduit de l'anglais (de BOLINGBROKE, par DE BISSY). — *Londres,* 1750, in-8.

---

559. — Considérations sur l'ordre de Cincinnatus, ou Imitation d'un pamphlet anglo-américain. Par le comte DE MIRABEAU; suivies de plusieurs pièces relatives à cette institution, d'une Lettre signée du général WASHINGTON, accompagnée de remarques par l'auteur français, et d'une Lettre de feu monsieur TURGOT, ministre d'état en France, au docteur Price, sur les législations américaines. — *Londres, J. Johnson,* 1784, in-8.

§ 3. — DU PRINCE.

* ΞΕΝΟΦΩΝΤΟΣ Κύρου παιδείας βιβλία ὀκτώ. — XENOPHONTIS Cyri Pædiæ libri octo. — *Lovanii,* M D XXVII, in-4. — (V. HISTOIRE, *n*° 275.)

* La Cyropédie... traduite... par M. CHARPENTIER,... — *Paris,* 1749, 2 vol. in-12. — (V. *ibid., n*° 276.)

* (V. aussi XENOPHONTIS *Opera*, HISTOIRE, n°s 263, 271, 272, 273.)

* ΞΕΝΟΦῶΝΤΟΣ Ἱέρων, ἢ Τυραννικός... — *Parisiis*, M. D. XLVII, in-4. — XENOPHONTIS Atheniensis Hieron Io. FRAXINEO interprete. — *Parisiis*, M. D. L, in-4. — (V. BELLES-LETTRES, n° 1628. — V. aussi HISTOIRE, XENOPHONTIS *Opera*.)

* Hiéron, ou Portrait de la condition des rois, par XÉNOPHON, en grec et en français, de la traduction de Pierre COSTE. — *Amsterdam*, 1711, in-12. — (V. POLYGRAPHIE, n° 125-1°. — V. aussi HISTOIRE, n° 274.)

* ΙΣΟΚΡΑΤΗΣ πρὸς Νικόκλεα. — (V. BELLES - LETTRES, n°s 762-765, ISOCRATIS *Opera*.)

* Des. ERASMI institutio principis christiani per aphorismos digesta. — (V. POLYGRAPHIE, n° 54, *Opera*, T. IV.)

540. — Le prince de Nicollas MACCHIAVELLI secretaire & citoien de Florence, tourné d'Italien en Francois par Gaspard d'AUVERGNE. — *A Poictiers chez Ian de Marnef*, 1553, très-petit in-4.

(Le frontispice manquant, le titre a été pris au privilége. On trouve à la suite :)

— De l'office d'un cappitaine et chef d'exercite, dialogue huittiesme de Antoine BRUCCIOLI : Traduit d'Italian en Francois : par Traian PARADIN,... — *A Poictiers chez Ian de Marnef*, 1551, 20 feuillets non chiffrés.

* (V. aussi BELLES-LETTRES, n° 102, *OEuvres de* MACCHIAVELLI, et ci-dessus, n° 325.)

541. — Anti-Machiavel, ou Essai de critique sur le Prince de Machiavel. (Par FRÉDÉRIC II.) Publié par M^r DE VOLTAIRE. — *La Haye, Pierre Paupie*, 1740, in-8.

542. — Ivsti LIPSI monita et exempla politica. Libri dvo, Qui Virtvtes et Vitia Principum spectant. — *Antverpiæ, ex officina plantiniana, Apud Ioannem Moretum.* M. DC. V., in-4.

(A la suite :)

— Ivsti LipsI de Vesta et vestalibvs syntagma. — *Antverpiæ*... cIɔ. IɔcIII (1603), in-4 de 30 feuillets.

— Ivsti LipsI Diva Sichemiensis siue Aspriçolis : Nóua eius Beneficia & Admiranda. — *Antverpiæ*... M. DC. V., in-4 de 43 feuillets.

* (V. aussi POLYGRAPHIE, *n*° 59, LipsI *Opera*, T. II.)

343. — Les politiqves, ov Doctrine civile de Ivste LIPSIVS. Ov est principalement discovrv de ce qvi appar-tient à la principauté. Auec le traicté de la Constance, pour se résoudre à supporter les afflictions publiques. (Par Charles LE B'ER, sieur DE MALASSIS DE MANTE?) Qvatriesme edition. — *A Paris, Chez Matthiev Gvillemot*, M. DC. VI, in-12.

(Le traité de la Constance a un frontispice et une pagination séparée.)

344. — Le prince. (Par BALZAC.) — *Paris, Toussainct du Bray, Pierre Roccolet, et Claude Sonnius*, 1631, in-4.

(Frontispice gravé. Première et belle édition, au dire de Brunet. On trouve à la suite du Prince les deux lettres au cardinal de Richelieu dont parle ce bibliographe. Elles ont une pagination sé-parée, de la page 1 à la page 56.)

345. — Le monarque, ou Les devoirs du souverain. Par le R. P. Jean-François SENAULT,... — *Paris, Pierre Le Petit*, 1661, in-4.

346. — De l'art de régner. Au roi. Par le père LE MOYNE,... — *Paris, Sébastien Cramoisy*, 1665, in-fol.

347. — L'idée parfaite du véritable héros, formée sur les maximes des anciens et des modernes; ornée d'une infinité de belles curiosités, d'exemples de politique, de sentences, de secrets, de conseils, de stratagèmes, et d'actions surprenantes des grands héros... Par Mre J.-B. DELLA FAILLE,... — *Amsterdam, Estienne Roger*, 1700, in-12.

* Les aventures de Télémaque... Par... FÉNELON. — (V. BELLES-LETTRES, *n*os 1389-1392.)

* Dialogues des morts... Par le même. — (V. *ibid.,*
n° 1368.)

548. — Directions pour la conscience d'un roi, com-
posées pour l'instruction de Louis de France, duc de
Bourgogne. Par feu messire François DE SALIGNAC DE LA
MOTHE-FÉNELON,... == *Paris, frères Estienne,* 1765, in-12.

* Les voyages de Cyrus... Par M. RAMSAY...— *Paris,*
1728, 2 vol. in-12. — (V. BELLES-LETTRES, *n°* 1393, 1394.)

* Séthos...(Par l'abbé TERRASSON.) == *Paris,* 1731, 2 vol.
in-12. — (V. *ibid., n°* 1395.)

* Le repos de Cyrus... (Par l'abbé PERNETTI.) — *Paris,*
1732, 3 tomes en 1 vol. in-8. — (V. *ibid., n°* 1448.)

549. — Institution d'un prince, ou Traité des qualités,
des vertus et des devoirs d'un souverain, soit par rapport
au gouvernement temporel de ses états, ou comme chef
d'une société chrétienne qui est nécessairement liée avec
la religion... (Par l'abbé DUGUET.) — *Londres, Jean*
Nourse, 1739, in-4.

550. — Même ouvrage. — *Leide, Jean et Herman Verbeek,*
1739, 4 vol. in-12.

* DIDEROT. Principes de politique des souverains. —
(V. POLYGRAPHIE, *n°* 71, *OEuvres,* T. I.)

551. == Les devoirs du prince réduits à un seul prin-
cipe, ou Discours sur la justice. Dédié au roi. Par
M. MOREAU,... Nouvelle édition. — *Paris, imprimerie de*
Monsieur, 1782, in-8.

* Réflexions sur mes entretiens avec M. le duc de La
Vauguyon. Par Louis-Auguste, dauphin [LOUIS XVI].
Précédées d'une Introduction, par M. DE FALLOUX,... —
Paris, 1851, grand in-8. — (V. HISTOIRE, *n°* 882.)

§ 4. — DE LA COUR.

552. — Aristippe, ou De la cour. Par monsieur DE BALZAC. — *Paris, Augustin Courbé,* 1658, petit in-12.

* Maximes politiques de WALSINGHAM. — (V. HISTOIRE, *n°* 1525, *Mémoires... de* WALSINGHAM.)

§ 5. — DES MINISTRES ET DES AMBASSADEURS.

553. — Le ministre d'État, avec le véritable usage de la politique moderne. Par le Sr DE SILHON. — *Paris, Toussainct du Bray,* 1631, in-4.

* Excerpta de legationibus ex DEXIPPO Atheniense, EUNAPIO Sardiano, PETRO patr. et magist., PRISCO Sophista, MALCHO Philadelph., MENANDRO protect., THEOPHYLACTO SIMOCATTA. Omnia e cod. Mss. a Davide Hoeschelio Augustano edita, interprete Carolo CANTOCLARO,..., cum ejusdem notis. Accedunt notæ et animadversiones Henrici VALESII. — *Parisiis, e typ. regia,* 1648, in-fol. — (V. HISTOIRE, *n°* 385, *De Byzantinæ historiæ scriptoribus.*)

554. — Mémoires touchant les ambassadeurs et les ministres publics. Par L. M. P. (le ministre prisonnier, DE WICQUEFORT). — *Cologne, Pierre du Marteau,* 1677, petit in-12.

555. — L'ambassadeur et ses fonctions. Par monsieur DE WICQUEFORT,... Dernière édition, augmentée des Réflexions sur les Mémoires pour les ambassadeurs (par GALARDI), de la Réponse à l'auteur, et du Discours historique de l'élection de l'Empereur, et des électeurs, par le même auteur. — *Cologne, Pierre du Marteau,* 1690, 2 vol. in-4.

* (V. aussi HISTOIRE, *n°s* 440-464 : Histoire diplomatique de l'Europe ; et ci-après NOMOLOGIE : Droit des gens entre les nations.)

§ 6. — TRAITÉS DIVERS.

* De l'esprit de faction considéré par rapport à son

influence sur les différents gouvernements. Par Baudin. — Des clubs et de leurs rapports avec l'organisation sociale. Par le même. — (V. Belles-Lettres, n° 164-B, Mém. de l'Instit., Sciences mor. et polit., T. I.)

* De l'influence du régime diététique d'une nation sur son état politique, par le citoyen Toulongeon. — (V. ibid., T. III, p. 102.)

—

IIIᵉ PARTIE.

ÉCONOMIE POLITIQUE.

—

CHAPITRE I. — *Préliminaires, Généralités et Mélanges.*

§ 1ᵉʳ. — INTRODUCTION.

* Discours sur l'économie politique. Par J.-J. Rousseau. — (V. Polygraphie, n° 84, *OEuvres*, T. I.)

* Mémoire sur le genre des questions dont la science de l'économie politique comporte la solution exacte. Par le citoyen Véron-Fortbonnais. — (V. Belles-Lettres, n° 164-B, Mém. de l'Instit., Sciences mor. et polit., T. III, p. 481.)

* Tendances de l'économie politique en Angleterre et en France. Par Ch. Gouraud. — (V. Belles-Lettres, n° 107, *Revue des Deux Mondes*, 15 avril 1852.)

§ 2. — TRAITÉS GÉNÉRAUX.

* ΑΡΙΣΤΟΤΕΛΟΥΣ οἰκονομικά. — (V. Polygraphie, n°ˢ 22-24, Aristotelis *Opera*.)

* ΞΕΝΟΦΩΝΤΟΣ οἰκονομικός. — (V. Histoire, n°s 271-273, Xenophontis *Opera.*

356. — Principes d'économie politique considérés sous le rapport de leur application pratique, seconde édition, revue, corrigée et considérablement augmentée; suivis des définitions en économie politique. Par Malthus. Avec des remarques inédites de J.-B. Say. Précédés d'une Introduction, et accompagnés de notes explicatives et critiques, par M. Maurice Monjean. = *Paris, Guillaumin et Cie,* 1846, in-8.

357. — Traité d'économie politique, ou Simple exposition de la manière dont se forment, se distribuent et se consomment les richesses. Par Jean-Baptiste Say. Sixième édition, entièrement revue par l'auteur, et publiée, sur les manuscrits qu'il a laissés, par Horace Say, son fils. — *Paris, Guillaumin,* 1841, in-8.

358. — Cours complet d'économie politique pratique. Ouvrage destiné à mettre sous les yeux des hommes d'état, des propriétaires fonciers et des capitalistes, des savants, des agriculteurs, des manufacturiers, des négociants, et en général de tous les citoyens, l'économie des sociétés. Par Jean-Baptiste Say. Seconde édition, entièrement revue par l'auteur, publiée sur les manuscrits qu'il a laissés, et augmentée de notes, par Horace Say, son fils. — *Paris, Guillaumin,* 1840, 2 vol. in-8.

359. — Œuvres diverses de J.-B. Say, contenant : Catéchisme d'économie politique ; Fragments et opuscules inédits ; Correspondance générale ; Olbie ; Petit volume ; Mélanges de morale et de littérature. Précédées d'une Notice historique sur la vie et les travaux de l'auteur, avec des notes, par Ch. Comte, E. Daire et Horace Say. — *Paris, Guillaumin et Cie,* 1848, in-8.

(Portrait de J.-B. Say.)

360. — Cours d'économie politique. Par M. P. Rossi,... Deuxième édition, revue et corrigée. — *Paris, G. Thorel,* et *Joubert,* 1843, 2 vol. in-8. — Cours d'économie politique. Par P. Rossi. T. III, publié par ses fils. De la distribution de la richesse. — *Paris, G. Thorel,* 1851, in-8 ; en tout 3 vol. in-8.

* Économistes contemporains. M. Rossi. Par L. RÉYBAUD. — (V. BELLES-LETTRES, n° 107, *Revue des Deux Mondes*, 15 août 1844.)

§ 3. — MÉLANGES.

561. — Les intérêts de la France mal entendus dans les branches de l'agriculture, de la population, des finances, du commerce, de la marine et de l'industrie. Par un citoyen (le chevalier GOUDAR). — *Amsterdam, Jacques Cœur,* 1756, 3 vol. in-12.

* Tableau économique avec ses explications. (Par le docteur QUESNAY.) — (V. ci-après, n° 367, l'*Ami des hommes,* T. VI.)

562. — Principes et observations économiques. (Par VÉRON DE FORBONNAIS.) — *Amsterdam, Marc-Michel Rey,* 1767, 2 vol. petit in-8.

(Le T. II porte au frontispice : « Observations économiques sur divers points du système de l'auteur du Tableau économique (Quesnay) ».)

* Économie politique. Par CONDORCET. — (V. POLYGRA-PHIE, n° 69, *Œuvres,* T. VII-X.)

563. — Œuvres de TURGOT. Nouvelle édition, classée par ordre de matières, avec les notes de DUPONT DE NEMOURS ; augmentée de Lettres inédites, des Questions sur le commerce, et d'observations et de notes nouvelles, par MM. Eugène DAIRE et Hippolyte DUSSARD ; et précédée d'une Notice sur la vie et les ouvrages de Turgot, par M. Eugène DAIRE. — *Paris, Guillaumin,* 1844, 2 vol. in-8.

(Portrait de Turgot.)

* Essai sur l'administration de Turgot dans la généralité de Limoges. Par Gustave D'HUGUES, ancien élève de l'école normale, professeur agrégé d'histoire au lycée impérial de Limoges, docteur ès-lettres. — *Paris, Guillaumin et Cie,* 1859, in-8. — (V. HISTOIRE, *Supplément.*)

* (V. également *division* HISTOIRE, n°s 1203-1206, pour ce qui concerne la biographie de Turgot.)

564. — Observations sur divers objets importants. (Par le comte D'ESSUILE.) — *Berlin , aux dépens de la Société Typographique*, 1787, in-8.

(Diminution du nombre des matelots et moyen de les multiplier; Salines de la Lorraine; Forêts; Partage des communes; Droits de chasse; Caisse nationale.)

* Œuvres de Louis-Napoléon BONAPARTE, publiées par M. Charles-Edouard TREMBLAIRE. — *Paris,* 1848, 3 vol. in-8. — (V. HISTOIRE , *n°* 1036.)

* Œuvres de NAPOLÉON III. — *Paris*, 1854-56, 4 vol. in-8. — (V. *ibid., n°* 1837.)

565. — Mélanges d'économie politique et de finances. Par M. Léon FAUCHER, membre de l'Institut, ancien ministre de l'intérieur. — *Paris, Guillaumin et Cie*, 1856, 2 vol. in-8.

(Léon Faucher, né, à Limoges, le 8 septembre 1803, mort, à Marseille, de la fièvre typhoïde, le 14 décembre 1854. V. *Revue des Deux Mondes*, 1er janvier 1855, la biographie de Léon Faucher, par Léonce DE LAVERGNE; et *ibid.*, 15 mai 1861, l'article de M. Louis REYBAUD intitulé *Économistes contemporains : Léon Faucher*.)

* Études sur l'Angleterre. Par M. Léon FAUCHER,... — *Paris,* 1856 , 2 vol. in-8. — (V. HISTOIRE, *n°* 1504.)

* Léon FAUCHER. — Économie politique, commerce et finances. — V. la table de la *Revue des Deux Mondes*, BELLES-LETTRES, *n°* 108.)

566. — Annuaire de l'économie politique et de la statistique pour 1849. — Par MM. Joseph GARNIER et GUILLAUMIN. Avec des articles de MM. ALLARD, Frédéric BASTIAT,... A. BERNARD, Michel CHEVALIER, DE COLMONT, Cl.-Ad. DA COSTA, Charles DUPIN,... COURTOIS, Alcide FONTEYRAUD, Joseph GARNIER, Alfred LEGOYT, DE MOLINARI, MOREAU DE JONNÈS,... PASSY [H^{te}],... QUÉTELET, DE RIPERT-MONCLAR, RODET, Nat. RONDOT, Horace SAY, DE WATTEVILLE, etc. — *Paris, Guillaumin et Cie*, 1849, in-18.

CHAPITRE II. — *Traités particuliers.*

§ 1er. — POPULATION.

567. — L'ami des hommes, ou Traité de la population.
(Par le Mis DE MIRABEAU et QUESNAY.) Cinquième édition.
— *Hambourg, Chrétien Hérold,* 1760-62, 6 vol. in-12.

(Le T. IV, en deux parties, comprend le « Précis de l'organisation,
ou Mémoire sur les états provinciaux, sixième édition », avec la
Réponse aux objections contre ledit mémoire, et des « Questions
intéressantes sur la population, l'agriculture et le commerce,
proposées aux académies et autres sociétés savantes des provinces ».
Le frontispice de la cinquième partie porte : « Mémoire sur l'agriculture, envoyé à la très-louable Société d'Agriculture de Berne ;
avec l'Extrait des six premiers livres du Corps complet d'économie
rustique de feu M. Thomas HALE. — *Hambourg,* 1762 ». — Le frontispice de la sixième partie, jointe à la cinquième dans le T. V, porte :
« Réponse à l'Essai sur les ponts et chaussées, la voirie et les
corvées (de Duclos). — *Hambourg,* 1762 ». — La septième partie est
le « Tableau économique avec ses explications (de QUESNAY) ». —
Enfin la huitième, reliée avec la septième dans le sixième volume,
est intitulée : « Lettres pour servir de suite à l'Ami des hommes.
(Par BOURGELAT.) — *Hambourg,* 1762 ».)

568. — Essai sur le principe de population. Par
MALTHUS. Traduit de l'anglais par MM. P. et G. PRÉVOST
[de Genève] ; précédé d'une Introduction par M. ROSSI,...
et d'une Notice sur la vie et les ouvrages de l'auteur, par
Charles COMTE,... avec les notes des traducteurs et de
nouvelles notes par M. Joseph GARNIER. — *Paris, Guillaumin,* 1845, in-8.

(Portrait de Malthus.)

* (Pour le mouvement de la population en France, V.
HISTOIRE, n°s 494-498, *Statistique générale.*)

§ 2. — DE LA RICHESSE PUBLIQUE.

A. — Traités généraux.

569. — Réflexions sur la formation et la distribution des
richesses. (Par TURGOT.) — (S. l. n. d.; à la fin : novembre
1766), in-12.

(Tiré des *Ephémérides du citoyen.*)

370. — Recherches sur la nature et les causes de la richesse des nations, traduites de l'anglais de M. Smith, sur la quatrième édition, par M. Roucher. — *Neuchatel,* 1792, 5 vol. in-12.

371. — Recherches sur la nature et les causes de la richesse des nations. Par Adam Smith. Traduction du comte Germain Garnier, entièrement revue et corrigée, et précédée d'une Notice biographique par M. Blanqui,... Avec les commentaires de Buchanan, G. Garnier, Mac Culloch, Malthus, J. Mill, Ricardo, Sismondi. Augmentée de notes inédites de Jean-Baptiste Say, et d'éclaircissements historiques, par M. Blanqui. — *Paris, Guillaumin,* 1843, 2 vol. in-8.

(Portrait de Smith.)

372. — Forces productives et commerciales de la France. Par le baron Charles Dupin,... — *Paris, Bachelier,* 1827, 2 vol. in-4.

B. — Du Travail.

373. — Histoire des classes laborieuses, précédée d'un Essai sur l'économie industrielle et sociale. Par A. Jaume, instituteur primaire à Toulon. — *Toulon, impr. d'Eugène Aurel,* 1852, in-8.

374. — Histoire des classes ouvrières en France, depuis la conquête de Jules César jusqu'à la révolution... Par E. Levasseur,... — *Paris, Guillaumin et Cie,* 1859, 2 vol. in-8.

* Du travail et des classes laborieuses dans l'ancienne France. Par Ch. Louandre. — (V. Belles-Lettres, *n°* 107, *Revue des Deux Mondes,* 1er décembre 1850.)

* Histoire des paysans en France. Par M. A. Leymarie, correspondant du ministère de l'instruction publique, secrétaire général de la Société Archéologique et Historique du Limousin. — *Paris,* 1849, 2 vol. in-8. — (V. Histoire, *n°* 1051.)

* Doctrine de Saint-Simon. — (V. ci-dessus, *n°* 334.)

375. — Extrait des rapports faits à la Société académique des sciences, belles-lettres et arts de Besançon, dans sa séance publique du 24 août 1825. (Rapport de M. Genisset sur l'ouvrage de M. Just Muiron, intitulé : « Sur les vices de nos procédés industriels; aperçu démontrant l'urgence d'introduire le procédé sociétaire ».) — (A la fin :) *Besançon, V⁰ Daclin* (s. d.), in-8 de 28 pages.

* Revue sociale. Par Pierre Leroux. — (V. ci-dessus, n° 333.)

376. — L'organisation du travail et l'association. Par Math. Briancourt. — *Paris, librairie sociétaire,* 1846, in-18.

377. — La liberté du travail. Discours d'ouverture du Cours d'économie politique au Collége de France pour l'année scolaire 1847-48. Prononcé le 22 décembre 1847, par M. Michel Chevalier. Réimprimé par l'association pour la liberté des échanges. [Extrait du *Journal des économistes,* n° 74. — 15 janvier 1848.] — *Paris, aux bureaux de l'association* (s. d.), in-8 de 16 pages.

(M. Michel Chevalier, aujourd'hui sénateur, est né à Limoges le 13 janvier 1806. — V. sa biographie dans la *Galerie de portraits des personnages célèbres du Limousin,* Histoire, n° 1189.)

* Questions des travailleurs. L'amélioration du sort des ouvriers; l'organisation du travail. Par Michel Chevalier. — (V. Belles-Lettres, n° 107, *Revue des Deux Mondes,* 15 mars 1848.)

* Du mouvement intellectuel parmi les populations ouvrières en France. Par Audiganne. — (V. *ibid.,* années 1851, 1852, 1853.)

378. — Tout par le travail. Manuel de morale et d'économie politique. Par M. A. Leymarie. Ouvrage auquel l'Académie des sciences morales et politiques a décerné une mention honorable [prix du concours F. de Beaujour]. — *Paris, Guillaumin et Cⁱᵉ,* 1857, grand in-18.

(M. A. Leymarie est né à Saint-Yrieix (Haute-Vienne) en octobre 1809, et mort à Paris le 27 mars 1861. Rédacteur du journal *l'Ordre,* imprimé à Limoges, et plus tard du *Courrier du dimanche,* imprimé à Paris, collaborateur au *Journal d'économie politique* et au *Diction-*

naire du commerce et de la navigation, M. Leymarie a publié, en dehors de ses travaux de journaliste, un assez grand nombre d'ouvrages dont voici les principaux : 1º le *Limousin historique.* — Limoges, 1837, 1 vol. in-8. — 2º *Histoire du Limousin.* — Limoges, 1845, 2 vol. in-8. — 3º *Histoire des paysans.* — Limoges, 1849, 2 vol. in-8. — 4º *Histoire d'une demande en autorisation de journal.* — Paris, 1860, in-8.)

579. — Code des ouvriers, ou Recueil méthodique des lois et règlements concernant les ouvriers, chefs d'atelier, contre-maîtres, compagnons et apprentis, avec des notes explicatives; publié par la Société Nationale, rédigé et mis en ordre par Mᵉ MALEPEYRE,... — *Paris,* 1833, in-16 de 32 pages.

C. — De la Propriété.

580. — De la propriété. Par M. A. THIERS. Édition populaire... publiée sous les auspices du Comité central de l'Association pour la défense du travail national. — *Paris, Paulin, Lheureux et Ciᵉ,* 1848, in-18.

D. — Du Luxe.

581. — Traité philosophique et politique sur le luxe. Par M. l'abbé PLUQUET. — *Paris, Barrois,* 1786, 2 vol. in-12.

582. — Considérations sur les richesses et le luxe. (Par SÉNAC DE MEILHAN.) — *Amsterdam,* et *Paris, veuve Valade,* 1787, in-8.

§ 3. — FINANCES, IMPÔTS.

* Dictionnaire des finances. Par ROUSSELOT DE SURGY. — (V. POLYGRAPHIE, nº 12, *Encyclopédie méthodique.*)

* Mémoires concernant les impositions et droits en Europe. Par Mʳ MOREAU DE BEAUMONT,... — (V. ci-après, NOMOLOGIE.)

583. — Projet d'une dixme royale qui, supprimant la taille, les aides, les douanes d'une province à l'autre, les décimes du clergé, les affaires extraordinaires et tous autres impôts onéreux et non volontaires; et, diminuant le prix du sel de moitié et plus, produirait au roi un revenu certain et suffisant, sans frais, et, sans être à charge à l'un de ses sujets plus qu'à l'autre, qui s'augmenterait considérablement par la meilleure culture des terres. (Par VAUBAN.) — (S. l. n. n.), 1707, in-4.

384. — Même ouvrage, même édition. — In-4.

(A la suite :)

— Histoire des démêlés de la cour de France avec la cour de Rome au sujet de l'affaire des Corses. Par M. l'abbé REGNIER DESMARAIS. — (S. l. n. n.), 1707, in-4.

385. — Projet d'une dixme royale... Par Mr le maréchal DE VAUBAN,... Nouvelle édition, corrigée et notablement augmentée. — A Brusselles, chez George de Backer, 1709, in-12.

* Mémoires présentés à Mgr le duc d'Orléans, régent de France, contenant les moyens de rendre ce royaume très-puissant, et d'augmenter considérablement les revenus du roi et du peuple. Par le C. DE BOULAINVILLIERS. — La Haye, 1727, 2 vol. in-12. — (V. HISTOIRE, n° 851.)

386. — Théorie de l'impôt. (Par le marquis DE MIRA-BEAU.) — (S. l. n. n.), 1760, in-4.

387. — Doutes proposés à l'auteur de la Théorie de l'impôt. (Par PESSELIER.) — (S. l. n. n.), 1761, in-12.

388. — Mémoires politiques sur la conduite des finances et sur d'autres objets intéressants; ouvrage où, réunissant les intérêts du roi et ceux des sujets, on propose des moyens pour fournir aux besoins de l'Etat et pour procurer une aisance générale. (Par FAIGUET DE VILLENEUVE.) — Amsterdam, Marc-Michel Rey, 1720 (1770), in-12.

* Compte rendu au roi par M. NECKER, directeur général des finances, au mois de janvier 1781... — Paris, 1781, in-4. — (V. HISTOIRE, nos 884, 885.)

589. — Vues d'un solitaire patriote. (Par Férou, bernardin.) — *La Haye*, et *Paris, Clousier*, 1784, 2 vol. in-12.

* De l'administration des finances de la France. Par M. Necker. — 1784, 3 vol. in-8. — (Pour cet ouvrage et pour tous ceux qui concernent l'administration financière de la France, V. ci-après, Nomologie.)

* De l'administration provinciale et de la réforme de l'impôt. Par feu M. Le Trône,... — (V. *ibid.*)

590. — De l'impôt territorial, combiné avec les principes de l'administration de Sully et de Colbert adaptés à la situation actuelle de la France. Par M. le comté de Lamerville. — *Strasbourg, impr. de Rolland et Jacob*, 1788, in-4.

(Le faux-titre porte : « Plan d'une restauration générale dans les finances ».)

591. — L'impôt. Par Emile de Girardin. Nouvelle édition. — *Paris, librairie nouvelle*, 1853, in-8.

(Portrait de l'auteur.)

§ 4. — Banques, Crédit.

592. — De la caisse d'escompte. Par le comte de Mirabeau. — (S. l. n. n.), 1785, in-8.

* Modèle d'un nouveau ressort d'économie politique, ou Projet d'une nouvelle espèce de banque qu'on pourra nommer Banque rurale, offerte aux observations du public. Par P.-A. Vte D*** (Pierre-Arnaud, vicomte d'Aubusson), membre de la Société royale d'Agriculture de la généralité de Limoges, au bureau de Brive-la-Gaillarde. — *Paris*, 1789, in-8. — Profession de foi politique d'un bon français. (Par le même.) — *Paris*, 1789, in-8 de 75 pages. — Considérations sur la dette du gouvernement et sur les moyens de la payer. — (A la fin :) *Paris* (s. d.); in-8 de 32 pages. — Adresse à messieurs de l'ordre de la noblesse. — In-8 de 12 pages. — (V. Histoire, n° 945.)

593. — Des institutions de crédit foncier et agricole

dans les divers états de l'Europe. Nouveaux documents recueillis par ordre de M. Dumas, ministre de l'agriculture et du commerce, et publiés par M. J.-B. Josseau,... avec la collaboration de MM. H. DE CHONSKI et DELAROY. — *Paris, impr. nationale,* 1851, in-8.

394. — Des institutions de crédit foncier en Allemagne et en Belgique. Par M. ROYER;... Publié par ordre de M. le ministre de l'agriculture et du commerce. — *Paris, impr. royale,* 1845, in-8.

§ 5. — ASSURANCES, CAISSES D'ÉPARGNE, SECOURS MUTUELS.

* Plan d'une association de prévoyance. Par M. DU VILLARD. — (V. ci-après, *Recherches sur les rentes,* du même auteur.)

395. — Lettre à M. Outrequin, banquier, sur les assurances qui ont pour base les probabilités de la durée de la vie humaine. Par J.-N. NICOLLET;... Seconde édition, revue et corrigée. — *Paris, Antoine-Augustin Renouard,* 1848, in-8 de 63 pages.

* Les caisses d'épargne, leur histoire et leur avenir. Par Alp. ESQUIROS. — (V. BELLES-LETTRES, n° 107, *Revue des Deux Mondes,* 1er septembre 1844.)

396. — Rapport au roi sur les caisses d'épargne. Année 1837. — *Paris, impr. royale,* 1839, in-4.

397. — Ministère de l'agriculture et du commerce. Rapport au roi sur les caisses d'épargne. [Année 1844.] — *Paris, impr. royale,* 1846, in-4.

* Caisse d'épargne de Limoges. — (V. HISTOIRE, *Supplément.*)

398. — Guide du déposant à la caisse des retraites pour la vieillesse, précédé de la loi du 18 juin 1850 et du décret règlementaire du 27 mars 1851, et suivi de tarifs et calculs détaillés pour tous les âges. Par E. BEAUVISAGE,... Deuxième édition. — *Paris, impr. de Paul Dupont,* 1851, in-8 de 31 pages.

§ 6. — SUBSISTANCES.

* De la situation dans ses rapports avec les subsistances et la banque de France. Par Michel CHEVALIER. — (V. BELLES-LETTRES, n° 107, *Revue des Deux Mondes*, 1ᵉʳ et 15 février 1847.) — Des forces alimentaires des états et de la crise actuelle. Par le même. — (V. *ibid.*, 1ᵉʳ juin 1847.)

499. — Mémoire sur la question des subsistances mise au concours par la Société d'Agriculture, Belles-Lettres, Sciences et Arts de Poitiers. Par M. DE LONGUEMAR,... — *Poitiers, impr. de Henri Oudin,* 1856, in-8 de 16 pages.

400. — Dialogues sur le commerce des blés. (Par l'abbé GALIANI, revus par GRIMM et DIDEROT.) — *Londres (Paris, Merlin),* 1770, in-8.

* De l'alimentation publique. Par PAYEN. — (V. BELLES-LETTRES, n° 107, *Revue des Deux Mondes,* 15 octobre et 15 novembre 1855.)

401. — Du prix des grains, du libre échange et des réserves. Par M. BRIAUNE, cultivateur. — *Paris, F. Didot frères, fils et Cⁱᵉ,* 1857, in-8.

402. — Société départementale d'agriculture et d'industrie d'Ille-et-Vilaine... Rapport fait au nom de la commission nommée à la séance du 2 avril 1859 pour l'examen de la question des céréales. MM. BARBIER aîné, président; LE BESCHU DE CHAMPSAVIN, rapporteur (etc.). — *Rennes, typ. Oberthur,* 1859, in-8 de 10 pages.

(La couverture imprimée sert de titre.)

* Question des subsistances : du tarif des bestiaux. Par Charles LAVOLLÉE. — (V. BELLES-LETTRES, n° 107, *Revue des Deux Mondes,* 1ᵉʳ octobre 1853.) — La viande de boucherie et les conserves alimentaires. Par le même. — (V. *ibid.*, 15 novembre 1855.) — Réformes à introduire dans la taxe et dans la production. Par le même. — (V. *ibid.*, 1ᵉʳ février 1856.)

403. — Les consommations de Paris. Par M. Armand Husson,... — *Paris, Guillaumin et Cie, 1856, in-8.*

404. — Mémoire sur le commerce de la boucherie de Paris et de la banlieue. Economie de 75 p. % sur les frais de boucherie. Réduction de 15 centimes par kilogramme de viande. (Par M. GILLOT.) — *Paris, impr. de Paul Dupont, 1856, in-4 de 44 pages.*

§ 7. — PAUPÉRISME.

* Histoire critique de la pauvreté. Par M. MORIN. — (V. BELLES-LETTRES, n° 163, *Mém. de l'Acad. des inscript.,* T. IV, p. 296.)

* Revue sociale. Par Pierre LEROUX. — (V. ci-dessus, n° 333.)

* Études sur les questions politiques et sociales. Par Michel CHEVALIER. — (V. BELLES-LETTRES, n° 107, *Revue des Deux Mondes,* 1850, 15 mars, 15 avril, 15 juin, 15 juillet, et 1851, 15 mars.)

405. — Société des établissements charitables. — *Paris, Treuttel et Würtz,* 1830, in-8 de 32 pages.

(La couverture imprimée sert de titre. — Statuts; Discours de M. le duc DE DOUDEAUVILLE, président; Rapport de M. le baron DE GÉRANDO; Liste des membres.)

406. — De l'assistance charitable à tous les les points de vue, et de l'extinction de la mendicité vagabonde. (Par le comte E. DE COETLOGON, préfet de la Haute-Vienne.) — *Limoges, typ. J.-B. Chatras,* 1858, in-8 de 44 pages.

407. — Abrégé historique des hôpitaux, contenant leur origine, les différentes espèces d'hôpitaux, d'hospitaliers et hospitalières, et les suppressions et changements faits dans les hôpitaux, en France, par les édits et règlements de nos rois. Par M. l'abbé de RECALDE,... — *Paris, Guillot,* 1784, in-12.

408. — Vues d'un citoyen. (Par PIARRON DE CHAMOUSSET.) — *Paris, Lambert,* 1757, 2 parties en 1 vol. in-12.

(1re partie : « Plan d'une maison d'association, dans laquelle, au moyen d'une somme très-modique, chaque associé s'assure dans l'état de maladie toutes les sortes de secours qu'on peut désirer ». — « Lettre à l'auteur d'une brochure intitulée : *Plan d'une maison* (etc.) ». — Réponse à la lettre précédente. — « Exposition d'un plan proposé pour les malades de l'Hôtel-Dieu ». — 2e partie : « Deux mémoires : le premier, sur la conservation des enfants, et une destination avantageuse des enfants trouvés ; le second, sur les biens de l'hôpital S.-Jacques, leur état actuel et leur véritable destination. — 1756 ».)

409. — Sur les fourneaux à la Rumford et les soupes économiques. (Par B. DELESSERT et A.-P. DECANDOLLE. — *Paris, Laloi,* et *Magimel, an* VIII, in-8 de 40 pages et une planche.

410. — Association alimentaire de la ville de Grenoble, fondée le 5 janvier 1851. Documents complets relatifs à sa fondation, à son organisation et à ses résultats, publiés le 31 mars 1854. — *Grenoble, impr. Maisonville,* 1854, in-8.

411. — Des habitations des classes ouvrières. Par Henry ROBERTS F. S. A.,... Traduit et publié par ordre du président de la république. — *Paris, Gide et J. Baudry,* 1850, in-4 avec 16 planches.

412. — Bains et lavoirs publics. Commission instituée par ordre de M. le président de la république. — *Ministère de l'agriculture et du commerce,* 1850, in-4 avec planches.

* Les enfants trouvés. Par Alph. ESQUIROS. — (V. BELLES-LETTRES, n° 107, *Revue des Deux Mondes,* 15 janvier et 15 mars 1846.)

* Cours d'assises de la Haute-Vienne. Session du 1er trimestre 1847. Infanticide. — Aveux de l'accusée. — Acquittement. — Question de la suppression des tours dans les hospices. (Plaidoirie de Me VOUZELLAUD.) — (V. HISTOIRE, n° 1165.)

* Rapport présenté au conseil général du département de l'Eure, dans sa session de 1839, au nom de la commission des aliénés. Par M. LEFEBVRE-DURUFLÉ. — (V. HISTOIRE, n° 1282.)

§ 8. — PROSTITUTION.

413. — Le pornographe, ou Idées d'un honnête homme sur un projet de règlement pour les prostituées, propre à prévenir les malheurs qu'occasionne le publicisme des femmes; avec des notes historiques et justificatives. (Par RÉTIF DE LA BRETONNE.) — *Londres, et La Haye, Gosse,* 1769, in-8.

414. — De la prostitution dans la ville de Paris, considérée sous le rapport de l'hygiène publique, de la morale et de l'administration. Ouvrage appuyé de documents statistiques puisés dans les archives de la préfecture de police; avec cartes et tableaux. Par A.-J.-B. PARENT-DUCHATELET,... Précédé d'une Notice sur la vie et les ouvrages de l'auteur, par Fr. LEURET,... Deuxième édition, revue et corrigée. — *Paris, J.-B. Baillière,* 1837, 2 vol. in-8.

(Portrait de l'auteur.)

§ 9. — RÉGIME PÉNITENTIAIRE.

* Pour ce qui concerne l'administration des prisons, V. ci-après, NOMOLOGIE.)

415. — Histoire de la colonisation pénale et des établissements de l'Angleterre en Australie. Par le marquis DE BLOSSEVILLE,... — *Evreux, impr. de Auguste Hérissey,* 1859, in-8.

§ 10. — TRAVAUX PUBLICS. — VOIES DE COMMUNICATION (1).

A. — Généralités et Mélanges.

416. — Vues politiques et pratiques sur les travaux publics de France. Par LAMÉ et CLAPEYRON,... et Stéphane

(1) Pour tout ce qui concerne la construction des routes, canaux, chemins de fer, V. ci-après la *division* ARTS ET MÉTIERS. — Sur l'administration des travaux publics en France, V. ci-après, NOMOLOGIE.

et Eugène FLACHAT,... — *Paris, impr. d'Éverat*, 1832, in-8.

* Lettres sur l'Amérique du nord. Par Michel CHEVALIER. — *Paris*, 1837, 2 vol. in-8. — (V. HISTOIRE, n° 1600.)

417. — Histoire et description des voies de communication aux États-Unis et des travaux d'art qui en dépendent. Par Michel CHEVALIER. — *Paris, Charles Gosselin*, 1840-43, 2 vol. in-4 avec atlas in-fol.

(Il manque la 1re partie du T. II et les sept dernières planches de l'atlas.)

* (V. un autre exemplaire du même ouvrage, HISTOIRE, n° 1609.)

* Essai sur la construction des routes, des canaux, et la législation des travaux publics. Par M. J. CORDIER. — (V. ci-après.)

418. — Projet de canal et de chemin de fer pour le transport des pavés à Paris; précédé d'un Tableau des progrès de la dépense du pavé de Paris pendant les deux derniers siècles. Par Ch.-Jos. MINARD,... — *Paris, A. Pihan Delaforest*, 1826, in-4 de 24 pages et 2 planches.

419. — In-8 contenant :

1° — Rapport fait à l'assemblée générale des actionnaires du chemin de fer de la Loire le 8 janvier 1832. Par MM. le comte DE VILLENEUVE et le marquis DE BOURDEILLE, commissaires. — *Paris, impr. de Guiraudet*, 1832, in-8 de 35 pages.

2° — Inspection du chemin de fer de la Loire. Par le baron Charles DUPIN,... — (Sans frontispice. A la fin :) Paris, 20 octobre 1830. — *Impr. de Huzard-Courcier*, in-8 de 27 pages et une planche.

3° — Lettre à un actionnaire du canal de Roanne sur les divers écrits publiés au nom de la compagnie soumissionnaire du chemin de fer de Roanne à Digoin, contre l'entreprise du canal de Roanne; ou Réponse à ces écrits. Par un actionnaire de ce canal. — *Paris, impr. de Carpentier-Méricourt*, 1831, in-8 de 108 pages.

4° — Des ponts en fil de fer. Par SEGUIN aîné, d'Annonay. — *Paris, Bachelier,* 1824, in-8 avec planches.

B. — Routes, Roulage (1)

C. — Canaux.

420. — Observations sur quelques objets d'utilité publique, pour servir de Prospectus à la seconde partie de la Physique du Monde, ou à la Carte hydrographique de la France, et au Traité général de la navigation intérieure de ce royaume... (Par DE MARIVETZ.) — *Paris, Visse,* 1786, in-8.

* Discours prononcé à la séance publique de l'Académie des Sciences, Belles-Lettres et Arts d'Amiens, le 25 août 1782, par M. D'AGAY, intendant de la province, sur les avantages de la navigation intérieure; auquel on a joint la carte de communication de la mer Méditerranée avec la mer du Nord par le canal projeté en Bourgogne et par les canaux de Picardie. — *Amiens* (s. d.), in-8 de 91 pages. — (V. BELLES-LETTRES, n° 452-5°.)

421. — Des canaux de navigation dans l'état actuel de la France. Par Jean-Baptiste SAY,... — *Paris, Déterville,* 1818, in-8 de 35 pages.

422. — Délibération du Conseil de la Compagnie des canaux, en réponse au Mémoire publié par M. l'ingénieur Polonçeau contre le canal de dérivation de la rivière d'Ourcq. (Séance du 2 janvier 1823.) — (S. l. n. d., à la fin :) *Impr. de Firmin Didot,* in-4 de 14 pages.

423. — De l'état actuel de la navigation de la Seine entre Rouen et Paris, et des moyens de la perfectionner. Par M. MONIER,... — *Paris, Delaunay,* 1832, in-4 de 59 pages.

424. — Mémoire sur le canal latéral à la Garonne, établissant la jonction définitive des deux mers. Par

(1) V. ci-après, NOMOLOGIE.

Alexandre Doin. 2ᵉ édition. — *Paris, impr. de Guiraudet et Jouaust,* 1835, in-4 avec 2 planches.

* Théorie générale de la canalisation appliquée aux provinces d'entre Loire et Garonne et à la jonction de la Charente et de la Gironde à la Loire, à la Seine et au Rhin. Par A. PICHAULT DE LA MARTINIÈRE. — *Impr. de Barbou, à Limoges,* 1837, in-4 de 56 pages et une carte. — (V. HISTOIRE, *n°* 1159.)

425. — Du Rhône et du lac de Genève, ou Des grands travaux à exécuter pour la navigation du Léman à la mer. Par L.-L. VALLÉE,... — *Paris, L. Mathias,* 1843, in-8 avec une planche.

426. — Du concours des canaux et des chemins de fer; et de l'achèvement du canal de la Marne au Rhin. Par Ch. COLLIGNON,... — Deuxième édition. — *Paris, Carilian-Gœury et V. Dalmont,* 1845, in-8 avec une planche.

---

427. — Travaux d'améliorations intérieures projetés ou exécutés par le gouvernement général des États-Unis d'Amérique de 1824 à 1831. Par Gᵐᵉ-Tell POUSSIN,... — *Paris, Anselin,* et *Carilian-Gœury,* 1834, in-4 avec atlas in-fol.

* (V. un autre exemplaire, HISTOIRE, *n°* 1610.)

428. — Projet d'un canal de jonction de l'océan Pacifique et de l'océan Atlantique à travers l'isthme de Panama. Par Napoléon GARELLA,... — *Paris, Carilian-Gœury et Vᵒʳ Dalmont,* 1845, in-8 avec 2 planches.

D. — Chemins de fer.

429. — Des chemins de fer en Angleterre, notamment à Newcastle, dans le Northumberland. Par M. DE GALLOIS,... — *Paris, impr. de madame Huzard,* 1848, in-8 de 18 pages.

430. — Considérations sur l'essor à donner en France aux chemins de fer, avantages qu'ils présentent. Suivies des détails des dépenses et produits du chemin de fer de Liverpool à Manchester depuis son ouverture. Avec un Devis estimatif et détaillé du prix de construction d'un chemin de fer dans une localité ordinaire, et aussi un compte de l'évaluation de l'entretien et des frais, donnant en résultat la dépense pour le transport de chaque voyageur et aussi pour chaque tonneau de marchandise. Par A. ANDELLE,... — *Paris, impr. de David* (1833), in-4 de 40 pages.

* Du réseau des chemins de fer tel qu'il pourrait être établi en France. Par Michel CHEVALIER. — (V. BELLES-LETTRES, *n° 107, Revue des Deux Mondes, avril 1838.*)

431. — In-8 contenant :

1° — Du meilleur système à adopter pour l'exécution des travaux publics en France, et notamment des grandes lignes de chemins de fer. Par F^ois BARTHOLONY. — *Paris, impr. A. Belin,* 1838, in-8 de 243 pages.

2° — (Même ouvrage que le *n° 432.*)

3° — Notice sur les chemins de fer anglais, ou Résumé analytique des principaux renseignements contenus dans les publications officielles du parlement en 1839, et traitant : De l'organisation financière des compagnies ; De la construction des railways ; De leur prix d'établissement ; De leur administration ; Des moyens et des dépenses d'exploitation ; Du mouvement et des revenus ; Des voyageurs ; Du montant de la taxe prélevée par l'Etat. Par le major G.-T. POUSSIN. — *Paris, L. Mathias,* 1840, in-8 de 280 pages.

(Deuxième partie de l'ouvrage intitulé : « Examen comparatif de la question des chemins de fer en 1839, etc. ».)

4° — Nouveau système de chemins de fer automoteurs. (Par Alphonse PEYRET-LALLIER.) — *Paris, impr. de Guiraudet et Ch. Jouaust,* 1840, in-8 de 29 pages.

5° — Chambre de commerce de Boulogne-sur-Mer. Chemins de fer. Ligne du Nord. De la nécessité de l'intervention absolue du gouvernement dans le tracé des grandes lignes. De la supériorité du tracé d'Amiens sur celui de St-Quentin. De la préférence à donner, pour l'union de Paris à Londres, à la ligne directe d'Amiens à

Boulogne, Calais et Dunkerque, sur toute autre qui ne réunirait pas au même degré les deux conditions essentielles d'assurer le parcours d'une capitale à l'autre en un seul jour, et de servir l'intérêt maritime. Lettre à M. le ministre des travaux publics. — *Boulogne-sur-Mer, impr. de Le Roy-Mabille,* 1841, in-8 de 36 pages avec une carte.

6° — Lettre à un député sur le nouveau système de travaux publics adopté par le gouvernement pour la construction des grandes lignes de chemins de fer. Par M. François BARTHOLONY. — *Paris, Carilian-Gœury,* et *Mathias,* 1842, in-8 de 117 pages.

7° — Chemins de fer. Courbes à très-petit rayon [système Laignel], pour lequel un brevet d'importation a été accordé au sieur Lagoutte - Delacroix, négociant à Jemmapes. — *Mons* (s. d.), in-8 de 50 pages avec planches.

452. — Recherches et considérations relatives aux intérêts matériels de la France. Des chemins de fer et des dispositions propres à assurer, avec le plus de convenance, leur exécution et leur usage. Par M. DE MARIVAULT,... — *Paris, Renard,* et *L. Mathias,* 1839, in-8.

* De l'influence des chemins de fer et de l'art de les tracer et de les conduire. Par SEGUIN aîné. — (V. ci-après.)

453. — De la législation et du mode d'exécution des chemins de fer. Par C. PECQUEUR. Lettres adressées à M. le ministre des travaux publics. — *Paris, Desessart,* 1840, in-8.

454. — Rapport adressé à M. le ministre des travaux publics sur les chemins de fer. Par M. Edmond TEISSERENC. — *Paris, impr. roy.,* 1843, in-4 avec une carte.

* Chemin de fer de la Loire. — (V. n° 419.)

455. — Mémoire sur un projet de chemin de fer de Marseille à Lyon, et Considérations générales sur ce nouveau mode de transport. Par M. DELAVAU,... — *Paris, Carilian-Gœury,* 1835, in-8 de 71 pages avec un tableau.

456. — Ministère des travaux publics, de l'agriculture et du commerce. Direction générale des ponts et chaussées et des mines. Mémoire sur le projet d'un chemin de fer de Lyon à Marseille. Par M. F. KERMAINGANT.... — *Paris, impr. roy., 1837,* in-4 avec planches.

457. — Ministère des travaux publics. Rapport fait à la commission sur le tracé des embranchements dirigés du chemin de fer de Paris à Lille sur le littoral de la Manche. Par M. le comte DARU,... au nom d'une sous-commission composée de MM. Prévost de Vernois,... Kermaingant,... comte Daru. — *Paris, impr. roy., 1844,* in-4 avec planches.

* (Pour ce qui concerne les lignes projetées de Rochefort, de Poitiers, etc., à Limoges, V. la *division* HISTOIRE, *Supplément.*)

E — Monuments publics.

458. — Des concours pour les monuments publics dans le passé, le présent et l'avenir. Par M. César DALY.... — *Paris, aux bureaux de la Revue de l'architecture,* 1861, in-8 de 57 pages.

——

IVᵉ PARTIE.

COMMERCE.

——

CHAPITRE I. — *Généralités et Mélanges.*

§ 1ᵉʳ. — DICTIONNAIRES.

459. — Dictionnaire universel de commerce, contenant tout ce qui concerne le commerce qui se fait dans les quatre parties du monde... L'explication de tous les termes qui ont rapport au négoce, les monnaies de compte... Les monnaies réelles... Les poids et mesures... Les productions... Les étoffes, ouvrages et manufactures d'or et d'argent, de soie... Les compagnies de commerce tant françaises qu'étrangères... Les banques... Les consuls... Les chambres d'assurances. Le détail du commerce de la France en général et de la ville de Paris en particulier. Le Conseil royal de commerce... Les juridictions consulaires de Paris et des autres villes du royaume... Enfin toutes les foires tant franches qu'autres qui se tiennent en France et dans les lieux les plus célèbres de l'Europe et des autres parties du monde. Les édits, déclarations, ordonnances, arrêts et règlements donnés en matière de commerce. Ouvrage posthume du sieur Jacques SAVARY DES BRUSLONS,... Continué sur les mémoires de l'auteur, et donné au public par M. Philémon-Louis SAVARY,... — *Paris, Jacques Estienne*, 1723, 2 vol. in-fol.

* Encyclopédie méthodique. — Commerce. (Par BAUDEAU, SAVARY, etc.) — (V. POLYGRAPHIE, *n*° 12.)

440. — Dictionnaire universel théorique et pratique du commerce et de la navigation... — *Paris, Guillaumin et C*ⁱᵉ, 1859-61, 2 vol. grand in-8.

* Dictionnaire universel de la géographie commerçante, contenant tout ce qui a rapport à la situation et à l'étendue de chaque état commerçant; aux productions de l'agriculture et au commerce qui s'en fait; aux manufactures, pêches, mines... aux lois, usages, tribunaux... au roulage, à la navigation; aux banques, compagnies de commerce, poids, mesures et monnaies... Par J. PEUCHET,... — *Paris, an* VII-*an* VIII, 5 vol. in-4. — (V. HISTOIRE, *n*° 22.)

441. — Vocabulaire des termes de commerce, banque, manufactures, navigation marchande, finance mercantile et statistique. Par J. PEUCHET. — *Paris, Testu, an* IX [1801], in-4.

§ 2. — HISTOIRE, STATISTIQUE, DOUANES.

* De la politique et du commerce des peuples de l'antiquité. Par A.-H.-L. HEEREN,... Traduit de l'allemand sur la quatrième et dernière édition, enrichie de cartes, de plans et de notes inédites de l'auteur, par W. SUCKAU. —

Paris, Firmin Didot, 1830-44, 7 vol. in-8. — (V. Histoire, *Supplément.*)

442. — Histoire philosophique et politique des établissements et du commerce des Européens dans les deux Indes. (Par l'abbé Raynal, avec le concours de Diderot, Pechméja, d'Holbach, Paulze, Dutasta, d'Aranda, de Souza, Martin et Deleyre.) — *Amsterdam*, 1773-74, 7 vol. in-8.

443. — Histoire philosophique et politique des établissements et du commerce des Européens dans les deux Indes. Par Guillaume-Thomas Raynal. — *Genève, Jean-Léonard Pellet*, 1780, 10 vol. in-12.

— Atlas de toutes les parties connues du globe terrestre, dressé pour l'Histoire philosophique et politique des établissements et du commerce des Européens dans les deux Indes. (Par Bonne.) — (Sans frontispice), in-4.

444. — Réponse à la censure de la Faculté de théologie de Paris contre l'Histoire philosophique et politique des établissements et du commerce des Européens dans les deux Indes. Par l'abbé Raynal. — *Londres*, 1782, in-8.

* Mémoire sur les révolutions du commerce des îles Britanniques... jusqu'à l'expédition de J. César. Par M. Mélot. — (V. Belles-Lettres, *n° 163, Mém. de l'Acad. des Inscript.,* T. XVI, XVIII, XXIII.)

445. — Le grand trésor historique et politique du florissant commerce des Hollandais dans tous les états et empires du monde. Quelle est leur manière de le faire, son origine, leur grand progrès, leurs possessions et gouvernement dans les Indes. Comment ils se sont rendus maîtres de tout le commerce de l'Europe. Quelles sont les marchandises convenables au trafic maritime, d'où ils les tirent et les gains qu'ils y font. Ouvrage aussi curieux que nécessaire à tous les négociants. Très-propre à rétablir le commerce de la France. — *Rouen, Ruault*, 1712, in-12.

* Négociations commerciales de la France avec la Belgique depuis 1830. Par Charles Lavollée. — (V. Belles-Lettres, *n° 107, Revue des Deux Mondes*, 15 juin 1854.)

* Mémoire dans lequel on examine quel fut l'état du commerce dans le Levant, c'est-à-dire en Egypte et en Syrie, avant les croisades ; s'il influa sur ces croisades, et l'influence de celles-ci sur notre commerce et sur celui des Européens en général. Par M. DE GUIGNES. — (V. BELLES-LETTRES, *n*° 163, *Mém. de l'Acad. des Inscript.*, T. XXXVII, p. 467.)

* Sur les progrès du commerce à Limoges depuis le XVe siècle et l'établissement de sa juridiction consulaire. Par le chevalier J. GUINEAU, de l'ordre royal de la Légion-d'Honneur, maire de la commune du Châtenet en Doignon. — *Limoges, J.-B. Bargeas*, 1822, in-12. — (V. HISTOIRE, *Supplément.*)

(M. Jean Guineau, connu aussi sous le nom de Guineau-Dupré, né à Limoges le 26 octobre 1747, mort le 16 avril 1835, avocat, magistrat, membre de nos assemblées législatives sous la république et l'empire, dirigea, de 1784 à 1790, la *Feuille hebdomadaire de la généralité de Limoges*, dont la rédaction lui fut ôtée par ordre du gouvernement. Il rédigea en outre, de 1800 à 1811, le *Journal officiel du département de la Haute-Vienne*, qui prit en 1810 le titre d'*Annales de la Haute-Vienne*. Il fit paraître en 1806 le *Calendrier de la sénatorerie de Limoges*, qu'il continua jusqu'en 1814. Jean Guineau est encore auteur de plusieurs opuscules, notamment de l'opuscule ci-dessus, que son fils a donné à la bibliothèque en même temps que la collection du journal de 1800 à 1829 et la collection complète des calendriers du Limousin de 1762 à 1814.)

446. — Almanach général des marchands, négociants et commerçants de la France et de l'Europe... pour l'année 1773. (Par SEMENTERY.) — *Paris, Valade* (s. d.), in-8.

* Statistique de la France. — Commerce extérieur, 1838. — (V. HISTOIRE, *n*° 498.)

* (Pour les tableaux sur le commerce fournis par l'administration des douanes, V. ci-après, NOMOLOGIE.)

447. — Le commerce et la navigation de l'Algérie avant la conquête française. Par M. F.-Élie DE LA PRIMAUDAIE... — *Paris, impr. de Ch. Lahure et C*ⁱᵉ, 1861, in-8.

§ 3. — CONSIDÉRATIONS SUR LE COMMERCE.

448. — Le commerce et le gouvernement considérés

relativement l'un à l'autre. Ouvrage élémentaire. Par M. l'abbé DE CONDILLAC,... — *Amsterdam, et Paris, Jombert et Cellot, 1776, in-12.*

* (V. aussi POLYGRAPHIE, *n° 68, Œuvres de* CONDILLAC, T. IV.)

449. — Discours de M. THIERS sur le régime commercial de la France, prononcés à l'assemblée nationale les 27 et 28 juin 1851. — *Paris, Paulin, Lheureux et Cⁱᵉ, 1851, in-8.*

450. — Du commerce maritime, de son influence sur la richesse et la force des états, démontrée par l'histoire des nations anciennes et modernes. Situation actuelle des puissances de l'Europe, considérées dans leurs rapports avec la France et l'Angleterre. Réflexions sur l'armement en course, sur sa législation et ses avantages. Par Xavier AUDOUIN. — *Paris, Baudouin, an IX, 2 vol. in-8.*

(François-Xavier Audouin, né, à Limoges, le 18 avril 1766, devint secrétaire de Pache, dont il épousa la fille en 1793, et fut ensuite nommé directeur du personnel à l'administration de la guerre. Il mourut à Paris le 24 juillet 1834. Il a publié entre autres ouvrages : *le Publiciste philanthrope,* recueil périodique, et l'*Histoire de l'administration de la guerre.* = *Paris,* 1811, 4 vol. in-4.)

451. — Chambre de commerce de Bordeaux. Des intérêts maritimes et de la protection. Réponse aux membres du Comité central pour la défense du travail national. — *Bordeaux, typ. de Suwerinck,* 1847, grand in-8 de 38 pages.

452. — Développement et défense du système de la Noblesse commerçante. Par M. l'abbé COYER. — *Amsterdam, et Paris, Duchesne,* 1757, 2 parties en 1 vol. in-12.

CHAPITRE II. — *Étude et pratique du commerce.*

§ 1ᵉʳ. — OUVRAGES GÉNÉRAUX.

453. — Traité général du commerce, plus ample et plus exact que ceux qui ont paru jusques à présent ; fait sur les mémoires de divers auteurs tant anciens que modernes : contenant les réductions des mesures, poids et monnaies de la Hollande ou d'Amsterdam, réduites aux mesures, poids et monnaies des principales places de l'Europe; comme aussi pour les escomptes ou rabais, avec diverses tables à ce sujet... Seconde édition, revue, corrigée et augmentée... Par Samuel RICARD. — *Amsterdam, Paul Marret, 1706, in-4.*

454. — La parfaite intelligence du commerce, où se trouvent les connaissances et les renseignements les plus utiles à diverses classes de citoyens, et particulièrement aux armateurs, négociants, navigateurs, commissionnaires, agents, courtiers de commerce, fabricants, artisans, commis, gens d'affaires, etc... Par M. MT. D'H*** (MALISSET). — *Paris, Lami, et l'auteur, 1785,* 2 vol. in-8.

§ 2. — BANQUES, CHANGES, RENTES.

455. — Le banquier français, ou La pratique des lettres de change suivant l'usage des principales places de France, prouvée par les ordonnances et par les règlements rendus sur cette matière. Ensemble les divers établissements des agents de change depuis Charles IX jusqu'à Louis XV... — *Paris, Jean Musier, 1724, in-8.*

* Cours théorique et pratique des opérations de banque, et des nouveaux poids et mesures, titres et monnaies, conformément à la loi du 18 germinal an III... Suivi du Tarif des droits d'octroi pour la commune de Paris du 27 vendémiaire an VII. — Par J.-J.-C.-J. NEVEU,... — (V. ci-après, ARITHMÉTIQUE.)

* Traité des changes étrangers réciproquement pratiqués dans les principales places de l'Europe... Par F. LE GENDRE,... — (V. *ibid.*)

* Recherches sur les rentes, les emprunts et les remboursements... Par M. DU VILLARD. — (V. *ibid.*)

* Manuel des créanciers et des débiteurs de rentes... — (V. *ibid.*)

§ 3. — MONNAIES.

* (Pour ce qui concerne les poids et les mesures, V. ci-après, MÉTROLOGIE.)

* Considérations sur les monnaies, et Mémoires sur la Compagnie des Indes. Par D'AGUESSEAU. — (V. *OEuvres*, T. X.)

* De l'usage du numéraire dans un grand état. Par le citoyen TOULONGEON. — (V. BELLES-LETTRES, *n° 164-C*, *Mém. de l'Instit., Sciences mor. et polit.*, T. V, p. 420.)

* Jo. Casp. EISENSCHMIDII de ponderibus et mensuris veterum... Necnon de valore pecuniæ veteris disquisitio... — *Argentorati*, 1737, petit in-8. — (V. HISTOIRE, *Supplément.*)

* Considérations générales sur l'évaluation des monnaies grecques et romaines, et sur la valeur de l'or et de l'argent avant la découverte de l'Amérique. Par M. LETRONNE. — *Paris*, 1817, in-4. — (V. *ibid., n°* 1826.)

* Gulielmi BUDÆI,... de asse... — *Lugduni*, 1542, in-8. — (V. *ibid., n°* 1827.)

* Traité des monnaies, de leurs circonstances et dépendances. Par Jean BOIZARD,... — (V. ci-après, NOMOLOGIE.)

* Traités des monnaies. Par M. Henry POULLAIN,... — (V. *ibid.*)

456. — Renseignements sur la fabrication des monnaies françaises, donnés par Mʳ DURAND, commissaire général des monnaies et médailles, pour faire suite au Rapport de Mʳ Silbermann sur les poids et mesures métriques. (Lettre autographiée en date du 23 février 1853.) — In-fol. de 9 pages.

* (V., dans la *Revue des Deux Mondes*, les articles de M. COQUELIN sur la réforme du régime monétaire français (15 octobre 1844); de M. COCHUT, sur la refonte des monnaies de cuivre (1ᵉʳ mai 1852), et sur l'influence des mines d'or de l'Australie et de la Californie sur le marché européen (15 février 1854); de Léon Faucher, sur la production et la démonétisation de l'or (15 août 1852).

§ 4. — Tenue des livres.

457. — La tenue des livres, ou Nouveau traité de comptabilité générale. Par Edmond Degranges,... Vingt-troisième édition... — *Paris, Langlois et Leclercq* (s. d.), in-8.

458. — Cours complet de tenue des livres et d'opérations commerciales... Par MM. Goujon et Sardou,... Deuxième édition, augmentée d'exercices sur toutes les parties de l'ouvrage. — *Paris, L. Hachette et Cie*, 1852, in-8.

— Solutions des exercices contenus dans le Cours complet de tenue des livres et d'opérations commerciales de MM. Goujon et Sardou. Par les mêmes auteurs. — *Paris, L. Hachette et Cie*, 1852, in-8.

IIIe SECTION.

NOMOLOGIE.

Chapitre I. — *Introduction à l'étude du droit. (Bibliographie, Histoire, Philosophie du droit, Ouvrages généraux.)*

459. — M. Martini Lipenii bibliotheca realis juridica, omnium materiarum, rerum et titulorum, in universo universi juris ambitu occurrentium, ordine alphabetico sic disposita ut primo aspectu tituli, et sub titulis autores justa serie collocati in oculos statim incurrant. Cui accedit autorum, etc., passim allegatorum copiosissimus index... — *Francofurti ad Mœnum, cura et sumptibus Johannis Friderici, literis Johannis Nicolai Hummii et Johannis Goerlini*, 1679, in-fol.

460. — Répertoire des ouvrages de législation, de droit et de jurisprudence en matière civile, administrative, commerciale et criminelle, publiés spécialement en France depuis 1789 jusqu'à la fin de décembre 1858. Avec table analytique et raisonnée des matières. Précédé d'un Tableau de l'enseignement et des études dans les facultés de droit, et d'une Analyse chronologique des lois, statuts, décrets, règlements et circulaires relatifs à cet enseignement, de 1791 à 1857. Par M. DE FONTAINE DE RESBECQ,... — *Paris, A. Durand*, 1859, in-8.

---

* Méditations philosophiques sur l'origine de la justice. Par D'AGUESSEAU. — (V. ci-après, *OEuvres*, T. XI.)

* De l'origine de la loi, de sa définition, de ses différentes espèces, et du style qui lui convient. Par le citoyen BAUDIN [des Ardennes]. — (V. BELLES-LETTRES, *n° 164-B, Mém. de l'Inst., Sciences mor. et polit.*, T. II, p. 376.)

* PLATONIS Minos, sive de lege. — (V. *n*os 42-45, PLATONIS *Opera*.)

* CICERONIS de legibus. — (V. POLYGRAPHIE, *n*os 37-45, CICERONIS *Opera*.)

461. — De l'esprit des lois, ou Du rapport que les lois doivent avoir avec la constitution de chaque gouvernement, les mœurs, le climat, la religion, le commerce, etc., à quoi l'auteur a ajouté des recherches nouvelles sur les lois romaines touchant les successions, sur les lois françaises et sur les lois féodales. (Par MONTESQUIEU.) — *Genève, Barillot et fils* (1748), 2 vol. in-4.

(Première édition, publiée par J.-J. Vernet.)

462. — Même ouvrage. Nouvelle édition, corrigée par l'auteur, et augmentée d'une Table des matières et d'une carte géographique, pour servir à l'intelligence des articles qui concernent le commerce. — *Genève, Barillot et fils*, 1749, 2 vol. in-4.

463. — Défense de l'Esprit des lois, à laquelle on a

joint quelques éclaircissements. (Par MONTESQUIEU.) — *Genève, Barillot et fils*, 1750, in-12.

464. — Observations sur l'Esprit des lois, ou L'art de lire ce livre, de l'entendre et d'en juger. Par M. l'abbé D. L. P. (DE LA PORTE). Seconde édition. — *Amsterdam, Pierre Mortier,* 1751, in-12.

* Éloge de Montesquieu. Par VILLEMAIN. — (V. BELLES-LETTRES, *n° 398, Discours et Mélanges littéraires.*)

* De institvtione historiæ vniversæ, et eivs cvm ivrisprv-dentia coniunctione, προλεγομένων libri II. Fr. BALDVINI. — *Parisiis, Apud Andream Wechelum,* 1561, in-4. = (V. HIS-TOIRE, *Supplément.*)

* Instructions sur les études propres à former un magistrat, et autres ouvrages sur quelques-uns des objets de ces études. Par D'AGUESSEAU. — (V. ci-après, *OEuvres,* T. I.)

465. — De advocato libri quatuor. Authore Martino HUSSON,... — *Parisiis, apud Joannem Guignard filium,* et *Renatum Guignard,* 1666, in-4.

466. — Lettres sur la profession d'avocat, sur les études relatives à cette profession et sur la manière de l'exercer; avec un Catalogue raisonné des livres de droit qu'il est le plus utile d'acquérir et de connaître. Par M. CAMUS,... — *Paris, Méquignon le jeune,* 1777, in-12.

467. — Syntagma ivris vniversi, atqve legvm pene omnivm gentivm, et rervmpvblicarvm præcipvarvm, in tres partes digestvm : In quo diuini, & humani Iuris totius, naturali, ac noua methodo per gradus, ordinéque, materia vniuersalium, & singularium rerum, simulque iudicia explicantur : Auctore Petro GREGORIO Tholosano,... Hæc editio post Auctoris ipsius recognitionem, auctionem, & emendationem; nunc denuò ab innumeris mendis... repurgata... nouis subinde notis, Argumentis aucta, & alijs insuper ornamentis illustrata. Cvm indice... —

Lvgdvni, svmptibvs Ioannis Pillehotte, M. D. CVI, 3 parties en 1 vol. in-fol.

468. — Science du publiciste, ou Traité des principes élémentaires du droit considéré dans ses principales divisions; ouvrage à l'usage de tous les peuples et de tous les temps; avec des notes et des citations nombreuses tirées des naturalistes, des moralistes, des publicistes, des historiens et des jurisconsultes les plus célèbres; comme aussi des discours prononcés en France dans l'Assemblée constituante, à la Convention, au Sénat, au Corps législatif et dans les deux chambres. Par M. Alb. FRITOT,... — *Paris, impr. de Feugueray* (et *Bossange*), 1819-23, 11 vol. in-8.

469. — Traité des délits et des peines, traduit de l'italien (de César-Bone-Sana BÉCCARIA), d'après la sixième édition, revue, corrigée et augmentée de plusieurs chapitres par l'auteur. Auquel on a joint plusieurs pièces très-intéressantes pour l'intelligence du texte. Par M. C. D. L. B. (CHAILLOU DE LISY, bibliothécaire.) — *Paris, J.-Fr. Bastien,* 1773, in-12.

(Les pièces jointes à l'ouvrage sont : 1o Jugement d'un célèbre professeur sur le livre des délits et des peines ; 2o Réponse à un écrit intitulé : Notes et observations sur le livre des délits et des peines; 3o Commentaire sur le livre des délits et des peines (par VOLTAIRE). Cette dernière pièce a une pagination séparée.)

470. — Traité de la peine de mort, traduit de l'italien de M. Paolo VERGANI, sur la seconde édition qui parut à Milan en 1780, et suivi d'un Discours sur la justice criminelle... Par M. COUSIN,... — *Paris, Guillot; Rouen, Labbey; Dieppe, J.-B.-Joseph Dubuc,* 1782, in-12.

CHAPITRE II. — *Droit de la nature et des gens.*

§ 1er. — OUVRAGES GÉNÉRAUX.

* Cours de droit naturel... Par Th. JOUFFROY. — (V. *no* 219.)

471. — Hugonis GROTII de jure belli ac pacis libri tres, in quibus jus naturæ et gentium, item juris publici præcipua explicantur. Editio secunda, emendatior et multis locis auctior. — *Amsterdami, apud Guilielmum Blaeuw,* 1631, petit in-fol.

472. — Le droit de la guerre et de la paix. Par M. GROTIUS. Divisé en trois livres, où il explique le droit de la nature, le droit des gens et les principaux points du droit public, ou qui concerne le gouvernement public d'un état. Traduit du latin en français par monsieur DE COURTIN. — *Paris, Arnould Seneuze,* 1687, 2 vol. in-4.

473. — Observationes maximam partem theologicæ, in libros tres De jure belli et pacis Hugonis Grotii. Publicatæ a Johanne Adamo OSIANDRO,... — *Tubingæ, impensis Joh.-Georgii Cottæ, typis Joh.-Henrici Reisii,* 1671, in-8.

(Le volume commence à la page 833 (liv. II, chap. VII de Grotius). Le reste manque.)

474. — Les lois de la nature expliquées par le docteur Richard CUMBERLAND, depuis évêque de Péterborough; où l'on recherche et l'on établit, par la nature des choses, la forme de ces lois, leurs principaux chefs, leur ordre, leur publication et leur obligation. On y réfute aussi les éléments de la morale et de la politique de Thomas Hobbes. Traduits du latin par monsieur BARBEYRAC,... Avec des notes du traducteur, qui y a joint celles de la traduction anglaise. — *Leyde, Theodore Haak,* 1757, in-4.

475. — Le droit des gens, ou Principes de la loi naturelle appliqués à la conduite et aux affaires des nations et des souverains. Par M. DE VATTEL. — *Londres,* 1758, in-4.

(Il manque le T. II.)

476. — Joannis Francisci FINETTI de principiis juris naturæ et gentium, adversus Hobbesium, Pufendorfium, Thomasium, Wolfium et alios, libri XII. — *Venetiis,* 1764, *apud Thomam Bettinelli,* 2 vol. in-4.

477. — Législation primitive considérée dans les derniers temps par les seules lumières de la raison; suivie de plusieurs traités et discours politiques. Par L.=G.-A. DE BONALD. — *Paris, Le Clère*, an XI-1802, 2 vol. in-8.

(Il manque le T. I.)

§ 2. — DROIT INTERNATIONAL.

478. — Du principe des nationalités. Par Maximin DELOCHE, membre de la Société de géographie et de la Société impériale des antiquaires de France. — *Paris, Guillaumin et Cⁱᵉ*, 1860, in-8.

(M. Deloche, chef de bureau au ministère de l'agriculture, du commerce et des travaux publics (1ᵉʳ bureau du personnel), est né à Tulle le 27 octobre 1817. Les ouvrages qu'il a publiés jusqu'à ce jour sont : I. Etienne Baluze, in-8. (V. *Bullet. de la Soc. Arch. du Limousin*, an. 1856.) — II. Histoire des travaux publics en Algérie depuis la conquête jusqu'en 1850 ; Notice sur l'organisation administrative de l'Algérie (art. insérés dans le *Tableau de la situation des établissements français en Algérie*, années 1846-1849, in-fol.). — III. Questions de géographie antique concernant les Lémovices, ouvrage couronné, en 1856, par l'Académie des Inscriptions et Belles-Lettres, et comprenant, avec une Introduction, les deux mémoires suivants : 1° Les Lémovices de l'Armorique mentionnés par César (publié dans le T. XXIII des *Mémoires de la Société des Antiquaires de France*, année 1857) ; 2° De l'emplacement du quartier d'hiver assigné par César à deux de ses légions chez les Lémovices de l'intérieur, travail destiné à être publié dans le *Recueil des Mémoires de l'Académie des Inscript.* : savants étrangers. — IV. De la forêt royale de Ligurium, mentionnée dans le Capitulaire de Kiersi en 877, in-8, avec carte, publié dans le T. XXIV des *Mémoires de la Société des Antiquaires de France*, année 1859. — V. Études sur la géographie historique de la Gaule et spécialement sur les divisions territoriales du Limousin au moyen âge, avec carte, ouvrage couronné, en 1857, par l'Académie des Inscript., et en cours de publication dans son *Recueil de mémoires des savants étrangers*. — VI. Cartulaire de l'abbaye de Beaulieu, in-4 avec carte, faisant partie de la *Collection des documents inédits sur l'histoire de France*, ouvrage qui a obtenu le 2ᵉ prix Gobert au concours de 1860 et au concours de 1861. — VII. Description des monnaies mérovingiennes du Limousin ; en cours de publication dans la *Revue Numismatique* (1857-58-59-60), in-8 avec sept planches gravées. — VIII. Du monnayage mérovingien, inséré au compte-rendu des séances du *Congrès scientifique* de 1859. — IX. De la géographie du Limousin au moyen âge, inséré dans le même compte-rendu. — X. Du principe des nationalités. — XI. Gheel, ou Une colonie d'aliénés, article bibliographique inséré dans la *Revue du Limousin*, année 1861, in-8. — XII. Des divisions territoriales du Quercy aux IXᵉ, Xᵉ et XIᵉ siècles, à propos d'observations sur le Cartulaire de Beaulieu, in-8, inséré dans les *Nouvelles Annales de la géographie et de l'histoire*, année 1861. En 1857, sur la proposition de S. Exc. le ministre de l'instruction publique, M. Deloche a été nommé chevalier de la Légion-d'Honneur, comme lauréat de l'Institut.)

* (V. au catalogue d'HISTOIRE les ouvrages suivants :)
— Corps universel diplomatique du droit des gens...
Par J. DUMONT,... (n°s 440-441). — Recueil des traités de
paix, etc... Par Fréd. LÉONARD,... (n° 442). — Négocia-
tions diplomatiques entre la France et l'Autriche...
Publiées par LE GLAY (n° 565-X). — Négociations de la
France dans le Levant... Publiées par E. CHARRIÈRE
(n° 565-Z). — Négociations de la France avec la Toscane...
Publiées par Abel DESJARDINS (n° 565, Supplément). —
Négociations... relatives au règne de François II (n° 565-T).
— Recueil des traités... entre les couronnes d'Espagne et de
France (1526-1659) (n° 443). — Lettres et négociations du
marquis DE FEUQUIÈRES (n° 444). — Lettres de MM. D'A-
VAUX et SERVIEN, ambassadeurs... en Allemagne (n° 445).
— Mémoires et négociations secrètes... touchant la paix
de Munster (n° 446). — Histoire du traité de Westphalie...
Par le P. BOUGEANT (n°s 437 et 438). — Recueil de divers
traités... faits depuis soixante ans entre les états souverains de l'Europe. (Par J. DUMONT.) — La Haye, 1707
(n° 447). — Le droit public de l'Europe fondé sur les
traités. Par l'abbé DE MABLY (n° 448). — Histoire des négociations de Nimègue. (Par DE SAINT-DISDIER) (n° 449).
— Actes et mémoires des négociations de la paix de
Nimègue (mis en ordre par MOETJENS) (n° 450). — Négociations de M. le comte D'AVAUX en Hollande (publiées par
l'abbé Edme MALLET) (n° 451). — Mémoires pour servir à...
l'histoire de la paix de Ryswick. Par DUMONT (n° 452). —
Mémoires pour servir à l'histoire du xviiie siècle... Par
DE LAMBERTY (n° 453). — Négociations relatives à la succession d'Espagne (n° 565-B). — Actes... concernant la paix
d'Utrecht... (Recueillis par Casimir FRESCHOT) (n° 455). —
Traité d'Utrecht (n° 456). — Recueil historique d'actes...
depuis la paix d'Utrecht jusqu'au second traité de
Cambrai... Par ROUSSET (n° 457). — Les intérêts présents
des puissances de l'Europe fondés sur les traités conclus
depuis la paix d'Utrecht... Par ROUSSET (n° 458). —
Histoire des négociations pour la paix conclue à Belgrade
en 1739... Par l'abbé LAUGIER (n° 459). — Parallèle de la
conduite du roi d'Angleterre,... relativement aux affaires
de l'empire (1556-57) (n° 460). — Mémoires des commissaires du roi et de ceux de Sa Majesté britannique sur
les droits respectifs des deux couronnes en Amérique
(n° 1599). — Mémoire historique sur la négociation de la
France et de l'Angleterre depuis le 26 mars 1764 jusqu'au
20 septembre de la même année... (Par DE BASTIDE)

(*n*° 461). — Histoire des négociations diplomatiques relatives aux traités de Mortfontaine, de Lunéville et
d'Amiens... Publiée par A. DUCASSE (*n*° 983). — Congrès
de Vérone. Par M. DE CHATEAUBRIAND (*n*° 474).

* (V. aussi HISTOIRE, *passim.*)

CHAPITRE III. — *Droit positif (public, administratif,
civil, criminel).*

§ 1er. — INTRODUCTION.

479. — Du contrat social, ou Principes du droit
politique. (Par J.-J. ROUSSEAU.) — *Paris, Le Prieur,*
1794, in-18.

* (V. Aussi POLYGRAPHIE, *n*° 84, *OEuvres*, T. II.)

* Essai sur le principe générateur des constitutions politiques et des autres institutions humaines. Par le comte
J. DE MAISTRE. — (V. HISTOIRE, *n*° 974-2°.)

§ 2. — DROIT DES ANCIENS PEUPLES AUTRES QUE LES ROMAINS.

* XENOPHONTIS de republica Lacedæmoniorum et Athe-
niensium. — (V. HISTOIRE, *n*ºˢ 271-276, XENOPHONTIS
Opera.)

* Caroli SIGONII de rep. Atheniensivm libri IIII. Eiusdem
de Athenien. Lacedaemoniorvmq. temporibvs liber Prope
diem edetvr. — *Bononiae*, MDLXIIII, in-4. — (V. HISTOIRE,
n° 287.)

* Recherches sur l'Aréopage. Par l'abbé DE CANAYE. —
(V. BELLES-LETTRES, *n*° 163, *Mém. de l'Acad. des Inscript.*,
T. VII.)

* Mémoire sur les constitutions des républiques de
Sparte et d'Athènes. Par LÉVESQUE. — (V. BELLES=

LETTRES, *n° 164-B*, *Mém. de l'Instit., Sciences mor. et polit.,* T. III et IV.)

* Recherches sur les lois militaires des Grecs. Par M. GARNIER. — (V. BELLES-LETTRES, *n° 163*, *Mém. de l'Acad. des Inscript.*, T. XLV.)

§ 3. — DROIT ROMAIN.

A = Introduction et Généralités.

480. — Symphonia ivris vtrivsqve chronologica : in qvā non modo omnivm pontificvm, imperatorvm, consvlvm romanorvm, ivrisperitorvm item tam veterum quàm recentium nomina, successiones, ætates temporaq; concurrentia, ex diuersis hincinde, iisq; approbatis authoribus, in vnum corpus & consonantiam redacta, cupidis historiarum Lectoribus velut in tabula spectanda proponuntur : sed et qvid ab vnoqvoqve, vel pontifice, vel imperatore in vtroqve ivre constitutum sancitumue sit : quæ quoque tam Codicis quàm Nouellarum Constitutiones, quibus Consulibus, quo anno, quo mense, quóue die mensis, datæ vel acceptæ sint : quæ item ex Responsis Prudentum in singulas Pandectarum Leges translata, quæ ex iisdem in Codice, Nouellis & Institutionibus citata à Labitto recensentur, obseruata vbiq; temporum & annorum Symphonia... ostenditur. Avthore Ioan. VVolfgango FREYMONIO,... — M. D. LXXIIII. *Francofvrti, Ex Officina Typographica Nicolai Bassœi, Impensis Sigismundi Feyerabend*, in-fol.

481. — Abrégé de la jurisprudence romaine. Par Claude COLOMBET. — *Paris, Le Gras, 1684*, in-4.

(Le frontispice manque.)

* Histoire du droit romain... Par M. Claude–Joseph DE FERRIÈRE,... — (V. ci-après, *n° 491*, T. VII.)

482. — Histoire de la jurisprudence romaine, contenant son origine et ses progrès depuis la fondation de Rome jusqu'à présent; le Code Papyrien et les lois des Douze Tables, avec des commentaires; l'histoire de chaque loi en particulier, avec les antiquités qui y ont rapport; l'histoire des diverses compilations qui ont été faites des lois romaines; comment les mêmes lois se sont introduites et de quelle manière elles s'observent chez les différents peuples de l'Europe; l'énumération des éditions du Corps de droit civil; les vies et le catalogue des ouvrages des jurisconsultes tant anciens que modernes; avec un Recueil de ce qui nous reste de contrats, testaments et autres actes judiciaires des anciens Romains... Par Me Antoine TERRASSON,... — *Paris, Jean de Nully,* 1750, in-fol.

483. — De l'usage et de l'autorité du droit civil dans les états des princes chrétiens. Traduit du latin d'Arthurus DUCK,... — *Paris, Jean Guignard,* 1689, in-12.

B. — Droit romain avant Justinien.

* Caroli SIGONII de antiquo jure civium romanorum, Italiæ, provinciarum, ac romanæ jurisprudentiæ judiciis, Libri XI... — *Francofurti,* 1593 (et *Venetiis,* 1563), in-fol. — (V. HISTOIRE, n°s 1795-1796.)

* Eclaircissements et conjectures sur quelques anciennes lois romaines. — (V. BELLES-LETTRES, n° 163, *Mém. de l'Acad. des Inscript.,* T. XL.)

* Aurelii ALEXANDRI SEVERI,... axiomata politica et ethica. Ejusdem rescripta universa Alexandri CHASSANÆI commentariis illustrata. — (V. n° 327.)

484. — Codex THEODOSIANUS cum perpetuis commentariis Jacobi GOTHOFREDI,... Præmittuntur Chronologia accuratior, cum chronico historico, et Prolegomena. Subjiciuntur Notitia dignitatum, Prosopographia, Topographia, Index rerum, et Glossarium nomicum. Opus posthumum... recognitum et ordinatum ad usum codicis Justinianei. Opera et studio Antonii MARVILLII,... — *Lugduni, sumptibus Joannis-Antonii Huguetan, et Marci Antonii Ravaud,* 1665, 2 vol. in-fol.

G. = Droit de Justinien, avec ses commentateurs et abréviateurs.

485. — (Corpus juris civilis, comprenant :)

— Digestum Nouum, sev Pandectarvm ivris civilis tomus primvs (=tertivs). Ex Pandectis Florentinis, quæ olim Pisanæ dicebantur, quoad eius fieri potuit, repræsentatus. Commentariis ACCVRSIJ ac aliorum insuper tam veterum quàm neotericorum Iureconsultorum scholiis atque obseruationibus illustratus. — *Lugduni*, M. D. LXXII, *apvd Hvgonem a Porta*, 3 vol. in-fol.

— Codicis pars prima. — (Sans frontispice), in-fol.

486. — Corpus juris civilis JUSTINIANEI, cum commentariis ACCURSII, scholiis CONTII, et Dionysii GOTHOFREDI,... lucubrationibus ad Accursium, in quibus glossæ obscuriores explicantur, similes et contrariæ afferuntur... Quibus novissima hac editione accessere Jacobi CUJACII,... notæ, observationes et emendationes... Ad hæc variæ legum lectiones... Præterea ejusdem celeberrimi Cujacii paratitla in Pandectas et Codicem... Ad rubricas legum et titulorum, indicem distinctum, fastos consulares prioribus emendatiores, Canones chronicos Antonii Contii successit repertorii loco Juris Civilis index... Authore Stephano DAOŸS,... — *Lugduni, sumptibus Horatii Cardon,* 1618, 6 vol. in-fol.

487. — Corpus juris civilis, quorjus universum JUSTINIANEUM comprehenditur, pandectis ad florentinum archetypum expressis; Codice cum optimis quibusque editionibus collato; cum notis repetitæ quintum prælectionis Dionysii GOTHOFREDI,... Additæ et Institutionum, Novellarum JUSTINIANI, LEONIS, et feudorum epitomæ, Edictum perpetuum; græcæ leges et constitutiones in Pandectis et Codice, Leges XII Tabul. suo ordini restitutæ, eodem auctore. Accesserunt Authenticæ seu Novellæ constitutiones græcæ JUSTINIANI, LEONIS, ZENONIS, TIBERII, HERACLII, et aliorum imperatorum cum latino sermone collatæ... Item Canones apostolorum, et græce et latine... — *Lutetiæ Parisiorum, ex typographia Antonii Vitray,* 1628, in-fol.

488. — Les titres du droit civil et du droit canonique, rapportés sous les noms français des matières, suivant l'ordre alphabétique. Avec une brève explication des titres dont la seule lecture ne donne pas une connaissance suffisante. — *Lyon, Antoine Boudet, 1705, in-4.*

489. — ΘΕΟΦΙΛΟΥ τοῦ Ἀντικήνσωρος Ἰνστιτούτων βιϐλία Δ. THEOPHILI Antecessoris Institutionum libri IV. Carolus Annibal FABROTUS Antecessor Aquisextiensis ex tribus mss. codd. Biblioth. Regiæ recensuit, et scholiis græcis auxit. Idemque Jacobi CURTII latinam interpretationem emendavit, et notas adjecit. Huic editioni accessere græca titulorum de Verbor. significatione, et de Reg. juris fragmenta e regiis codd. mss. eruta, ejusdem studio et cura. = *Parisiis, sumptibus Mathurini Du Puis, 1638, in-4.*

490. — Paraphrase de THÉOPHILE sur les Institutes de l'empereur JUSTINIEN, traduite de grec en français, et à côté le texte latin du même empereur. Par Me F. C., avocat au parlement. — *Paris, Nicolas Le Gras, 1689, 2 vol. in-12.*

491. — Les Institutes de l'empereur JUSTINIEN, traduites en français, avec le texte latin à côté, enrichies d'observations pour l'intelligence du texte, de l'application du droit français au droit romain, et de la conférence de l'un avec l'autre. Par M. Claude-Joseph DE FERRIÈRE,... Nouvelle édition, revue, corrigée et augmentée. — *Paris, P.-E.-G. Durand, 1773, 7 vol. in-12.*

(Le T. VII porte au frontispice : « Histoire du droit romain contenant, (etc.). Par M. Claude-Joseph DE FERRIÈRE,... — *Paris,* 1783 ».)

492. — Dn. Ioachimi MYNSINGERI A FRVNDECK,... Apotelesma, sive Corpus perfectum Scholiorum ad quatuor libros Institutionum Iuris ciuilis : nunquam antehac excusum. = *Basileae apvd Nicolaum Episcopium iuniorem, M D LV, in-fol.*

493. — Ioannis SCHNEIDEWINI,... in qvatvor Institvtionvm Imperialium D. IUSTINIANI libros, Commentarij. Nunc post mortem eius... cum multis Libellorum & Actuum iudicialium formis, atque iuris Saxonici consensu

& antinomia, editi. Primùm à Matthaeo Wesenbecio, deinde à P. Brederodio, postremò omnium à Dionysio Gothofredo,... recogniti, illustrati, & singularibus nouisque annotationibus adaucti... Additus est item Index... — *Lvgdvni, in officina Hvgonis à Porta, CIƆ. IƆ. XCV,* in=fol.

494. — Arnoldi Vinnii,... in quatuor libros Institutionum imperialium commentarius academicus et forensis. Editio novissima et emendatissima, authoris notis antea seorsim impressis aucta et adornata, duobus distincta tomis. — *Lugduni, sumptibus Laurentii Anisson,* 1666, 2 tomes en 1 vol. in=4.

495. — Arnoldi Vinnii... Commentarius... Jo. Gottl. Heineccius, JC. recensuit et Præfationem notulasque adjecit. Editio novissima, cui accedunt ejusdem Vinnii Quæstiones juris selectæ, cum indicibus locupletissimis. — *Lugduni, typis Petri Bruyset,* 1761, 2 vol. in=4.

496. — Henrici Jacobi Zoezii Amersfortii,... commentarius ad Institutionum juris civilis libros IV, brevis, analyticus, methodicus, questionibus controversiis passim insertis; cum additionibus perpetuis, ex jure potissimum consuetudinario harum vicinarumque provinciarum, auctore Valerio Andrea Desselio,... Editio tertia. — *Coloniæ Agrippinæ, sumptibus Joannis=Wilhelmi Friessem Junioris,* 1671, in=4.

497. — Theophilus renovatus, sive levis ac simplex via ad Institutiones juris civilis. Cum duplici indice... Auctore Daniele Galtier,... = *Tolosæ, apud Bernardum Dupuy,* 1677, in-4.

498. — Paraphrase des Institvtions de l'emperevr Ivstinian. Contenant vne claire explication du Texte Latin, auec beaucoup de Reflexions Morales & Politiques. Par M. Pelisson. — *A Paris, Par la Compagnie des Libraires du Palais,* M. D. LXIV, petit in-12.

499. — Tabvlæ sive Introductiones in quatuor libros Iustiniani imperatoris, Institvtionvm civilivm, qvae praeter ea quæ in Institutionibus scripta reperiuntur, multa tàm ex Pandectis, Codice, quàm aliis iuris libris selecta, côplectuntur. Clavdio MORON,... avtore... — *Lvtetiæ Parisiorvm, E typographia Ioannis Gueullart*, 1553, in-fol.

(Dans le même volume :)

— Orontij FINEI Delphinatis,... De Mundi sphæra, siue Cosmographia, primáve Astronomiæ parte, Lib. V : Inaudita methodo ab authore renovati, proprijsque tum commentarijs & figuris, tum demonstrationibus & tabulis recens illustrati. Eivsdem ORONTII, rectarum in circuli quadrante subtensarum [quos sinus vocant] demonstratio, supputatióq; facillima, nunc primùm edita : vnà cum eorūdē sinuū tabula, fideli admodū calculo restituta. Eivsdem ORONTII, Organum vniuersale, ex supradicta sinuū ratione contextū, quo tū Geometrici, tū omnes astronomici canones, ex quatuor sinuū proportione pendentes, mira facilitate practicantur. — *Parisiis Ex officina Simonis Colinæi*, 1542, in-fol.

500. — Andreae ALCIATI,... De verborvm significatione, libri qvatvor. Eivsdem in tractatum eius argumenti ueterum Iureconsultorum Commentaria. Ex vltima recognitione avtoris. — *Lvgdvni apvd Sebastianvm Gryphivm,* M. D. XLVIII. — D. N. Andreae ALCIATI,... In Digestorum, siue Pandectarum lib. XII. qui de Rebus creditis, primus est, Rub. Si certum petatur. Commentarius longè doctissimus, atque utilissimus. Eiusdem interpretatio in L. Bona fides. Digestis Depositi. His accessit index rervm ac vocvm hvivs operis copiosissimvs. — *Lvgdvni apvd Sebastianvm Gryphivm,* M. D. XLVIII. — D. Andreae ALCIATI,... Paradoxorum ad Pratum, libri Sex. Dispunctionum, lib. IIII. In tres libros Codicis, lib. III. Praetermissorum, lib. II. De eo quod interest, liber Vnus. De Stipulationum diuisionibus. Declamatio una. Ex novissima recognitione avtoris. — *Lvgdvni apvd Sebastianvm Gryphivm,* M. D. XLVIII. — D. Andreae ALCIATI,... De summa Trinitate. Sacrosanct. Eccl. Edendo. In ivs vocando. Pactis Transactionibvs. His accessit eivsdem, De qvinqve pedvm praescriptione. — *Lvgdvni, apvd Sebastianvm Gryphivm,* M. D. XLVII, le tout en 1 vol. in-fol.

501. — AEmylii FERRETTI,... in titvlos, ff. De Legatis primo & tertio, Prælectiones, Quas, dum Auenioni profiteretur, Auditoribus suis dictauit. Ad hæc accessère permulta eiusdem, quæ sequens pagina indicabit. — *Lugduni, Apud Mathiam Bonhomme,* M. D. LIII, in-fol.

(On lit en effet au verso du frontispice : « Hvic operi annexa : L. si is, qui pro emptore, ff. de Vsucapio. — Titul. De rebus creditis. ff. — Ad Senatuscon. Trebel. ff. — De mandatis principum. C. — De edendo. C. — De Pactis. C. — Familiæ erciscundæ. C. — Responsa LIX ». — Chacun de ces commentaires a un frontispice spécial et une pagination particulière.)

502. — Annotationes Gvlielmi BVDÆI Parisiensis,... in qvattvor et vigenti Pandectarvm libros... Accuratius nitidiusq ab Iodoco Badio Ascensio nuper impressæ. — *Anno* 1527, in-fol.

503. — Ioannis BRECHAEI Tvroni,... Ad titvlvm Pandectarvm De verborum & rervm significatione, Commentarii. Cum Indicibus Legum ac sententiarum Insignium. — *Lvgdvni, apvd Ioannem Temporalem,* 1556, in-fol.

504. — In tit. Dig. De verborvm et rervm significatione commentaria amplissima... Auctore D. Petro REBVFFO de Montepessulano,... — *Lvgdvni, apvd Guilelmvm Rovillvm,* M D LXXVI, in-fol.

(La moitié du frontispice a été enlevée.)

505. — Les lois civiles dans leur ordre naturel. (Par DOMAT.) Seconde édition. — *Paris, veuve de Jean-Baptiste Coignard,* 1695-99, 5 vol. in-4.

(Le T. V contient en outre les « Harangues prononcées par l'auteur,... du temps qu'il exerçait la charge d'avocat du roi au siége présidial de Clermont ».)

506. — Les lois civiles dans leur ordre naturel, le droit public, et Legum delectus. Par M. DOMAT,... Nouvelle édition, revue, corrigée et augmentée des troisième et quatrième livres du Droit public, par M. DE HÉRICOURT,... des notes de feu M. DE BOUCHEVRET,... sur le Legum delectus, de celles de MM. BERROYER et CHEVALIER,... et du Supplément aux Lois civiles, de M. DE JOUY,... — *Paris, veuve Savoye,* 1776, in-fol.

507. — Legum delectus, ex libris Digestorum et Codicis. Ad usum scholæ et fori. Accedunt singulis legibus suæ summæ earum sententiam brevi complexæ. Opera

D. Joannis DOMAT, qui easdem leges methodo genuina disposuit. Editio secunda, a mendis purgata. — *Amstelœdami, ex officina Wetsteniana*, 1703, in-4.

508. — Nova et methodica juris civilis tractatio, seu nova et methodica paratitla in quinquaginta libros Digestorum. Authore Claudio-Josepho DE FERRIÈRE,... Secunda editio. — *Parisiis, apud C.-M. Saugrain,* 1734, 2 vol. in-12.

509. — IVSTINIANI imperatoris edicta : item IVSTINI, TIBERII ac LEONIS Augustorum Nouellæ Constitutiones. (Græce et latine.) Henrico AGYLAEO Interprete. — *Lvgdvni, Apud Gulielmum Rouillium,* M. D. LXXXI, in-16.

D. — Jurisconsultes qui ont écrit pour l'intelligence du droit romain.

510. — (Recueil in-fol. contenant :)

1° — CLXXXVIII communes opiniones, sive sententiæ jurisconsul. per Franciscum TURZANUM ab incisa jurisconsultum collectæ ac diligenter examinatæ. Quibus adjunctæ sunt CXI juris regulæ.

2° — Opiniones in jure communes in ordinem alphabeticum digestæ, per... D. Joannem Baptistam A VILLALOBOS Toletanum, unà cum additionibus quæ illis antea subjunctæ fuere : nec non summariis... Insuper accessione novarum additionum, et aliquot centuriarum communium opinionum, per... Joannem FICHARDUM, Francofurtensem... collectarum, nunc primum locupletatæ.

3° — Communium opinionum doctorum utriusque censuræ; cum multis declarationibus necessariis; authore D. Francisco VIVIO AB AQUILA,...

4° — Communium opinionum in jure loci communes; authore Matthæo GRIBALDO Mopha Cheriano,... In fine, ejusdem authoris regulæ causarum criminalium adjectæ sunt.

5° — Communes opiniones doctorum utriusque juris, ex... D. N. Julii CLARI Alexandrini sententiarum lib. 3 et 4 [qui soli adhuc extant] collectæ, atque in ordinem

alphabeticum redactæ, per Raimundum Pium Fi-
CHARDUM ,...

6° — Jacobi Philippi Portii,... conclusionum utriusque
juris, et regularum... libri quinque.

(Le frontispice de ce volume a été enlevé. On lit à la fin :
« *Expressvm Francofvrti ad Moenvm, per Martinum Lechlerum, Impensis Hieronymi Feyrabend. Anno* M. D. LXVIII ».)

511. — (Bartoli Saxoferratei opera :)

— Bartoli Saxoferratei, in primam (-secvndam) Digesti
veteris partem prælectiones ad immensum auctæ... —
Lvgdvni ad candentis Salamandræ insigne... anno 1546, 2 part.
en 1 vol. in-fol.

— Bartoli,... in primam (-secvndam) Digesti- novi
partem prælectiones... — *Lvgdvni,... anno* 1546, 2 part.
en 1 vol. in-fol.

— Bartoli,... in primam (-secvndam) Codicis partem
prælectiones... — *Lvgdvni... anno* 1546. — Bartoli,... in
treis Codic. libros, Prælectiones... — *Lvgdvni,* 1546. —
Bartoli,... in Avthentic. opvs, prælectiones... — *Lvgdvni,*
1546; le tout en 1 vol. in-fol.

— Consilia Bartoli,... ad omne genvs cavsarvm nodos
dissoluendos, & forenses commodè lites deuitandas...
Quibus Quæstionum, Tractatuum, Sermonum, & id genus
molem integram substruximus... — *Lvgdvni,* 1546, in-fol.

(Ce volume contient les tables des œuvres de Bartole.)

512. — Jacobi Cujacii,... opera omnia in decem tomos
distributa... Editio nova, emendatior et auctior... Opera et
cura Caroli Annibalis Fabroti JC. — *Lutetiæ Parisiorum,
impensis Societatis Typographicæ,* 1658, 10 vol. in-fol.

513. — Petri Fabri San-ioriani,... Liber Semestrivm
primvs (-tertivs). Editio tertia, cui nunc primùm accessit
Græcorum verborum interpretatio Latina... Cum Indice
Capitum, rerumque & verborum... — *Lvgdvni, apvd
Franciscvm Fabrvm,* M. D. XCVIII, 2 vol. in-4.

(Le T. II est de 1595.)

514. — Jani Langlæi,... Semestria, senatusconsultis et
observationibus iterum illustrata in hac editione tertia.

A. Bernardo AUTUMNO,... — *Parisiis, apud Nicolaum Buon*, 1616, in-4.

515. — Julii CLARI,... receptarum sententiarum opera omnia... His novissime accesserunt doctissimæ additiones D. Hieronymi GIACHARII,... Item ejusdem consilia, responsave duo : primum de syndicatu; alterum de moneta marchisiana... Additæ sunt denuo notæ ac animadversiones... D. Manfredi GOVEANI, et D. Joannis GUIOTII; nec non... additiones et annotationes Joannis Baptistæ Baiardi,... — *Genevæ, excudebat Alexander Pernetus*, 1625, in-fol.

* M. Antonii MURETI observationum juris liber singularis. — (V. BELLES-LETTRES, n° 343, *Opera*, T. II.) — Ejusdem commentarius de origine juris, de legibus, etc., et in Titt. de jurisdict.; Notæ in Justiniani institutiones. — (V. *ibid.*, T. IV.)

516. — Antonii MORNACII,... Observationes in XXIV libros Digestorum et in IV libros Codicis, ad usum fori gallici; correctiores et in meliorem ordinem quam antea dispositæ; omissa quippe proprio loco reposita. — *Parisiis, ex typographia viduæ Jacobi Poullard*, 1647, 2 parties en 1 vol. in-fol.

517. — Berengarii FERNANDI,... Lvcvbrationvm. Libri quinque antehac in lucem editi : recens vero ab eodem emendati et mvlto locvpletiores redditi : Quibus sextum de futura conuentionali successione pacta complexum adiūxit... — *Tolosae. Apud Lodoicum Yuernage, Io. Iagourt & Ia. Colomies*. M. D. LII, in-4.

518. — Codex Fabrianvs definitionvm forensivm et rervm in sacro Sabavdiæ Senatv tractatarvm. Ex ordine titvlorvm Codicis Ivstinianei, quantùm fieri potuit, accommodatè ad vsum Forensem, in novem libros distribvtvs. Authore & compositore Antonio FABRO,... Editio tertia... — *Lvgdvni, Sumptibus Horatij Cardon*, M. D. CX, 2 parties en 1 vol. in-fol.

519. — Tractatvs de remediis contra præivdiciales sententias, vel damnosas Executiones, Quæ ab Aduocatis,

càusarúmque Patronis iuxta praxim opponi solent.
Vincentio CAROCCIO Tvdertino,... Authore. Nunc primum
in lucem editus, & ab Angelo Catalvtio,... Summariis, &
multiplici Indice illustratus... — *Genevæ, Apud Philippvm
Albert,* M. D. XXI , in-4.

520. — Repetitio Gvlielmi BENEDICTI,... In capit.
Raynutius de Testamentis... Adiectæ sunt in initio
cuiusque Sectionis summæ rerum ac sententiarum, quæ
lectorem velut manu ducant ad id, quod desiderauerit. —
Lvgdvni, Apud Antonium Vincentium, M. D. L., 3 part. en
1 vol. in-fol.

521. — Extricatio labyrinthi De eo, qvod interest,
cvm nova & analytica explicatione, & conciliatione legum
omnium eius materiæ, multis iam sæculis densissimis
errorum, & perplexitatum tenebris implicatissimæ,
præcipuè l. vnicæ. C. de senten. quæ *Pro eo quod interest.*
Authore Carolo MOLINAEO,... — *Lvgdvni, Apud Antonium
Vincentium,* M. D. LV., petit in-8.

E. — Droit romain après Justinien.

522. — LX librorvm Βασιλικῶν, id est vniversi ivris
romani, avctoritate principum Rom. Græcam in linguam
tradũcti, Ecloga siue Synopsis, hactenus desiderata, nunc
edita, per Ioan. LEVNCLAIVM,... Item Novellarvm antehac
non pvblicatarvm liber. Adiunctæ sunt & Adnotationes
interpretis, quibus multæ leges multaque loca iuris
ciuilis restituuntur et emendantur. — *Basileae, per
Evsebivm Episcopivm & Nicolai Fr. Heredes,* M D LXXV,
in-fol.

F. — Droit romain appliqué au droit français.

* Li livres de jostice et de plet; publié pour la première
fois d'après le manuscrit unique de la bibliothèque nationale, par RAPETTI. Avec un glossaire des mots hors
d'usage, par P. CHABAILLE. — *Paris,* 1850, in-4. — (V.
HISTOIRE, *n°* 565-*Bb.*)

523. — La conférence du droit français avec le droit
romain... Troisième édition... Par M. Bernard AUTOMNE,...

— *Paris, veuve de Nicolas Buon*, 1629, 2 tomes en 1 vol. in-fol.

524. — Même ouvrage. — *Paris, Charles Chastellain*, 1644, 2 vol. in-fol.

(Les frontispices manquent.)

* Œuvres de... Despeisses,... — (V. ci-après, § 4, Droit français.)

525. — Remarques du droit français sur les Instituts de l'empereur Justinien... ou La porte et l'abrégé de la jurisprudence française... Le tout tiré des arrêts, des coutumes et des ordonnances. Par Mᵉ H. M. (Hiérome Mercier),... — *Paris, veuve Gervais Alliot*, 1663, in-4.

526. — La jurisprudence française conférée avec le droit romain sur les Instituts de l'empereur Justinien, où les commentaires du droit civil et français sont exposés chacun dans son titre séparé... Avec trois Traités des juridictions romaines, françaises, séculières et ecclésiastiques, leurs différences et leurs rapports en général et en particulier, et l'origine de la nature des fiefs de France anciens et nouveaux. Augmentée des Instituts de l'empereur Justinien, nouvellement traduits en français, avec le latin à côté. Par M. F. Helo ,... Divisée en trois tomes. — *Paris, Estienne Loyson*, 1665, 2 vol. in-4.

(Il manque le T. III.)

* Les Institutes de... Justinien, traduites... par M. Claude-Joseph de Ferrière. — (V. nᵒ 491.)

527. — Institutiones Justiniani singulari methodo illustratæ et cum jure gallico collatæ. Authore Claudio de Ferriere ,... — *Parisiis, apud Joannem Cochart,* 1676, in-12.

528. — Les Institutes de l'empereur Justinien, conférées avec le droit français. Par noble François de Boutaric,... — *Toulouse, Gaspard Henault, et Jean-François Forest,* 1754, in-4.

529. — Traicté des loix abrogees et invsitees en tovtes

les coVrs, terres, ivrisdictions et seignevries dv royaVme de France. Redvict en cinq livres, par M. Philebert BVGNYON,... Derniere edition, reveve et avgmentee d'vn sixiesme livre avec plvsievrs Indices necessaires pour trouuer les Loix, Ordonnances & Opinions des Docteurs abrogees. Par Pierre GVENOIS,... — *A Paris, Chez la vefue Guillaume Chaudiere*, M. DC. V, in-4.

§ 4. — DROIT FRANÇAIS.

A. — Droit public et Histoire constitutionnelle.

1° Généralités.

530. — Des états généraux et autres assemblées nationales. (Collection publiée par DE MAYER.) — *La Haye, et Paris, Buisson*, 1788-89, 10 vol. in-8.

(Il manque les T. I, II, VII, XIV-XVIII.)

531. — Chronologie des états généraux, où le tiers-état est compris, depuis l'an MDCXV jusques à CCCC XXII... Par M. Jean SAVARON,... — *Paris, Pierre Chevalier*, 1615, in-8.

532. — Recueil général des états tenus en France sous les rois Charles VI, Charles VIII, Charles IX, Henri III et Louis XIII... — *Paris, au Palais*, 1651, in-4.

533. — (Mémoires historiques du gouvernement de France dès le commencement de la monarchie. Par M. le comte DE BOULAINVILLIERS,...) — 1 vol. in-12.

(T. I de l'Etat de la France. — *Londres, T. Wood et S. Palmer*, 1737.)

* Examen critique d'une opinion de M. le comte de Boulainvilliers sur l'ancien gouvernement de la France. Par M. DE FONCEMAGNE. — (V. BELLES-LETTRES, n° 163, *Mém. de l'Acad. des Inscript.*, T. X, p. 525.)

534. — Lettres historiques sur les fonctions essentielles du parlement ; sur le droit des pairs, et sur les lois fondamentales du royaume. (Par Le Paige.) — *Amsterdam, aux dépens de la compagnie*, 1753-54, 2 vol. in-12.

* Variations de la monarchie française dans son gouvernement politique, civil et militaire, avec l'examen des causes qui les ont produites, ou Histoire du gouvernement de France depuis Clovis jusqu'à la mort de Louis XIV... Par M. Gautier de Sibert. — *Paris, Saillant,* 1765, 4 vol. in-8. — (V. Histoire, *n*° 505.)

* Considérations sur le gouvernement ancien et présent de la France... Par M. le Mis d'Argenson. — (V. *ibid.*, n°s 868-869.)

555. — Instruction sur les assemblées nationales, tant générales que particulières, depuis le commencement de la monarchie jusqu'à nos jours; avec le détail du cérémonial observé dans celle d'aujourd'hui. — *Paris, Royez,* 1787, in-8.

* Mémoire sur les états généraux, leurs droits et la manière de les convoquer. (Par le comte d'Entraigues.) — (S. l.), 1788, in-8. — (V. Histoire, *n*° 903.)

* Le citoyen conciliateur... Par M. l'abbé de Lubersac. — *Paris,* 1788, in-4. — (V. *ibid., n*° 904.)

* Mémoire sur les états généraux, où l'on a réuni tous les détails relatifs à la convocation aux assemblées de bailliages, de villes et de paroisses... On y a joint des fragments considérables du procès-verbal des états de 1356 et plusieurs autres pièces originales. (Par l'abbé Despretz.) — *Lausanne,* et *Paris,* 1788, in-8. = (V. *ibid., n*° 905.)

* Choix de rapports, opinions et discours prononcés à la tribune nationale depuis 1789 jusqu'à ce jour; recueillis dans un ordre chronologique et historique (par Guillaume Lallement, de Metz.) — *Paris,* 1848-25, 23 vol. in-8. — Choix de rapports... Table générale... — In-8. — Choix de rapports... Année 1815. T. I, 2e série. — In-8. — Choix de rapports... Session de 1819. — In-8. — V. Belles-Lettres, *n*° 800.)

2° Constitutions.

536. — La constitution française, décrétée par l'Assemblée Nationale Constituante aux années 1789, 1790 et 1791; acceptée par le roi le 14 septembre 1791. — *Paris, impr. de Didot jeune,* 1792, in-32.

* Plan de constitution présenté à l'Assemblée Nationale les 15 et 16 février 1793, l'an II de la république. — *Paris,* 1793, in-8. — (V. HISTOIRE, *n*° 966.)

537. — Constitution de la république française et lois y relatives. — *Paris, impr. de la république, an* IV, in-18.

538. — Constitution de la république française. — *Limoges, François Dalesme, an* IV, in-8 de 62 pages.

* Manuel des autorités constituées de la république française... — *Paris, an* V, in-18. — (V. HISTOIRE, *n*° 975.)

3° Traités de la Constitution.

* Les antiqvitez et recherches de la grandevr et maiesté des Roys de France... (Par André DUCHESNE.) — *Paris,* M. D. C. IX, in-8. = (V. HISTOIRE, *n*° 572.)

* Traité de l'origine, progrès et excellence du royaume et monarchie des Français et couronne de France; composé par messire Charles DU MOLIN,... = Caroli MOLINÆI,... De origine, progressu et præstantia monarchiæ regnique Francorum. — (V. ci-après, *OEuvres,* T. II.)

539. — Parallèle des Romains et des Français par rapport au gouvernement. (Par l'abbé DE MABLY.) — *Paris, Didot,* 1740, 2 vol. in-12.

540. — Le droit public de France, éclairci par les monuments de l'antiquité; ouvrage dans lequel on traite de l'origine et de la nature des justices, du fisc ou domaine royal, des seigneuries allodiales, de la législation royale, de la souveraineté, du dernier ressort, de la régale, des immunités ecclésiastiques, des fiefs, des droits de voirie, de chasse et de grurie, de la noblesse et de la servitude, des affranchissements, des censives seigneuriales, des communes, des bourgeoisies royales et seigneuriales, du franc-alleu, de l'esprit de nos coutumes anciennes et nouvelles, de leur analogie avec le droit français ou avec le romain, des causes de leur contrariété, etc. Par M. Bouquet,... — *Paris, Desaint et Saillant,* 1756, in-4.

(T. I, seul paru.)

541. — Catéchisme du citoyen, ou Eléments du droit public français par demandes et réponses, suivi de fragments politiques par le même auteur. (Par Saige.) — *En France,* 1788, in-8.

* Exposition et défense de notre constitution monarchique française, précédée de l'historique de toutes nos assemblées nationales... Par M. Moreau,... — *Paris,* 1789, 2 vol. in-8. — (V. Histoire, *n°* 946.)

542. — Mémoire de M. de Savoisy,... Théorie de l'égalité politique des Français. — *Paris* (an-XII), in-8 de 79 pages.

543. — Lettres à un membre du parlement d'Angleterre sur la constitution de 1852 [les ministres, le conseil d'état, le corps législatif, le sénat]. Par C. Latour du Moulin,... — *Paris, Amyot,* 1861, in-8.

* Traité de la majorité de nos rois et des régences du royaume... Par M. Dupuy,... — *Paris,* 1655, in-4. — (V. Histoire, *n°* 459.)

4° **Régime électoral, États généraux et Assemblées.**

* Journal des états généraux de France tenus à Tours en 1484 sous le règne de Charles VIII, rédigé en latin par Jehan Masselin,... publié et traduit pour la première fois par A. Bernier. — *Paris,* 1835, in-4. — (V. Histoire, *n°* 565-C.)

544. — Sommaire exposition des ordonnances dv roy
CHARLES IX. Sur les plaintes des trois Estats de son
Royaume, tenuz à Orleans, l'an M. D. LX. Par Ioachim
DV CHALARD, Aduocat au grand conseil, natif de la Sou-
terraine, en Limosin... — *A Paris, Pour Lucas Brayer,*
M. D. LXII, in-4.

(Joullietton (*Hist. de la Marche*) et l'abbé Arbellot (*Biogr. lim.*)
font mourir cet auteur limousin en 1562.)

* Procès-verbaux des états généraux de 1593, recueillis
et publiés par M. Aug. BERNARD,... — *Paris,* 1842, in-4.
— (V. HISTOIRE, *n°* 565-*U.*)

545. — Recueil très-exact et curieux de tout ce qui
s'est fait et passé de singulier et mémorable en l'assemblée
générale des états tenus à Paris en l'année 1614, et particulièrement en chacune séance du tiers-ordre. Avec le
cahier dudit ordre, et autres pièces concernant le même
sujet. Par M° Florimond RAPINE,... — *Paris, au Palais,*
1651, in-4.

* Observations présentées au roi par les bureaux de
l'assemblée des notables sur les mémoires remis à l'assemblée ouverte par le roi à Versailles le 23 février
1787. — *Versailles,* 1787, in-4. — (V. HISTOIRE, *n°* 891.)

* Procès-verbal de l'assemblée de notables tenue à
Versailles en l'année 1787. — *Paris,* 1788, in-4. = (V.
ibid., n° 892.)

* Résumé général, ou Extrait des cahiers de pouvoirs,
instructions, demandes et doléances, remis par les divers
bailliages, sénéchaussées et pays d'états du royaume à
leurs députés à l'assemblée des états généraux ouverts à
Versailles le 4 mai 1789; avec une Table raisonnée des
matières. Par une société de gens de lettres (PRUDHOMME,
LAURENT DE MÉZIÈRES et Jean ROUSSEAU). — 1789, 3 vol.
in-8. — (V. *ibid., n°* 944.)

* Droits de l'homme, en réponse à l'attaque de M. Burke
sur la révolution française. Par Thomas PAINE,... Traduit
de l'anglais... (par SOULÈS). — *Paris,* 1791, in-8. — (V.
ibid., n° 953.)

* Histoire de la convention nationale. Par DURAND DE MAILLANE... — *Paris*, 1825, in-8. — (V. *ibid.*, n° 959.)

* Histoire de la convention nationale. Par M. DE BARANTE,... — *Paris*, 1851-53, 6 vol. in-8. — (V. *ibid.*, n° 961.)

* Débats de la convention nationale, ou Analyse complète des séances, avec les noms de tous les membres, pétitionnaires ou personnages qui ont figuré dans cette assemblée, précédée d'une Introduction. — *Paris*, 1828, 5 vol. in-8. — (V. *ibid.*, n° 962.)

* Procès-verbal de la convention nationale, imprimé par son ordre. Tome sixième, contenant les séances depuis et y compris le 1er février 1793... jusques et y compris la séance du 28 du même mois. — *Paris*, 1793, in-8. — (V. *ibid.*, n° 965.)

* Journal des décrets de la Convention nationale pour les habitants des campagnes. Par M. DE S. M. — T. IV. = *Paris*, 1793, in-8. — (V. *ibid.*, n° 967.)

* An IVe de la république française. — Costume des représentants du peuple, membres des deux conseils, du directoire exécutif, des ministres, des tribunaux, des messagers d'état, huissiers et autres fonctionnaires publics, etc., dont les dessins originaux ont été confiés... au citoyen GRASSET-SAINT-SAUVEUR; gravés par le citoyen LABROUSSE, artiste de Bordeaux,... et coloriés d'après nature et avec le plus grand soin. Chaque figure est accompagnée d'une Notice historique. — *Paris* (s. d.), in-8. — (V. *ibid.*, n° 973.)

* Communication du gouvernement au sujet des évènements de Lyon, présentée à la chambre des députés, dans la séance du 17 décembre 1831, par M. le président du conseil des ministres. — In-8. — (V. *ibid.*, n° 1021.)

* Discours prononcés à la chambre des députés par M. le président du conseil des ministres dans la discussion sur les troubles de Lyon et les embrigadements d'ouvriers. — In-8. — (V. *ibid.*, n° 1022.)

* Biographie nouvelle et complète des pairs de France, comprenant les 76 pairs de la promotion du 5 novembre 1827. Publié par A. R. — *Paris, 1828, in-18.* — (V. *ibid., n° 1016.*)

* Discussion complète de l'adresse dans les deux chambres, comprenant le discours du roi à l'ouverture des deux chambres, le projet d'adresse des deux chambres, les discours de MM. les ministres... Extraite des Annales du parlement français. — Session de 1841, 3ᵉ vol. — *Paris, 1841, grand in-8.* — (V. *ibid., n° 1025.*)

546. — Liste de MM. les membres de la chambre des députés et de MM. les pairs de France, avec l'indication de leurs adresses... [Première édition.] — *Paris, impr. de A. Henry, 1842, in-18.*

547. — Liste de MM. les membres de la chambre des députés et de MM. les pairs de France, avec l'indication de leurs adresses... — *Paris, impr. de A. Henry, 1844, in-18.*

* Message du président de la république... adressé à l'assemblée législative dans la séance du 6 juin 1849. — In-4. — (V. HISTOIRE, *n° 1030.*)

B. — Droit administratif et Administration.

1° Administration française sous l'ancien régime.

a. — *Histoire, Généralités et Mélanges.*

548. — Histoire de l'administration monarchique en France depuis l'avènement de Philippe-Auguste jusqu'à la mort de Louis XIV. Par A. CHÉRUEL,... — *Paris, Dezobry, E. Magdeleine et Cⁱᵉ (1855), 2 vol. in-8.*

549. — De l'administration en France sous le ministère du cardinal de Richelieu. Par J. CAILLET,... — *Paris, Firmin Didot frères, fils et Cⁱᵉ, 1857, in-8.*

* Correspondance administrative sous le règne de Louis XIV... recueillie et mise en ordre par G.-B. DEPPING.

Paris (1850), T. I-IV, in-4. — (V. HISTOIRE, n° 565-Cc.)

---

550. — Recueil général des édits, arrêts et règlements notables concernant les ecclésiastiques, universités, baillis, sénéchaux, leurs lieutenants civils et criminels de longue et courte robe, siéges présidiaux et royaux, chancelleries, prévôts châtelains, prévôts des maréchaux, élections, greniers à sel, eaux et forêts, juges, consuls, maires, échevins, avocats et procureurs... et généralement tous les officiers de France, tant royaux que subalternes, pour les droits, exercice et fonctions de leurs charges, rangs et séances. Par M. Jean FILLEAU,... lesdits arrêts par lui tirés en partie et réduits en ordre, tant des règlements et offices de M. Chenu, que continués depuis l'année 1620 jusques à présent, et augmentés de ceux qui manquaient des années précédentes... — *Paris, Gervais Alliot,* 1631, 2 parties en 1 vol. in-fol.

551. — Recueil général des édits, déclarations, arrêts et règlements notables entre les baillis, sénéchaux, magistrats présidiaux, viguiers, châtelains et juges royaux pour les droits, rang, séance, exercice, fonctions, prérogatives, attributions de leurs charges, avec plusieurs édits de leur établissement. Edits de création de la cour de parlement de Metz et des bureaux des présidents et trésoriers généraux de France, établis à Montauban et à Alençon... et de tous les autres trésoriers généraux du royaume. Des chancelleries de France, et de l'augmentation des droits du sceau. Du rétablissement du droit annuel. Edits d'union de la Navarre et pays de Béarn à la couronne de France, et les règlements sur ce donnés... Par Mr Maître Samuel DESCORBIAC,... — *Paris, Robert Foüet,* 1638, in-fol.

552. — Traité des droits, fonctions, franchises, exemptions, prérogatives et priviléges, annexés en France à chaque dignité, à chaque office et à chaque état, soit civil, soit militaire, soit ecclésiastique. Ouvrage de plusieurs jurisconsultes et gens de lettres, et publié par M. GUYOT,... — *Paris, Visse,* 1786, 2 vol. in-4.

(Il manque les T. III et IV.)

553. — Recueil, par ordre de dates, des édits, déclarations, lettres-patentes du roi, arrêts de son conseil et du parlement, chambre des comptes, cour des aides, grand-conseil, etc., concernant le clergé, les finances, le commerce, les règlements généraux, les établissements publics, emprunts royaux, rentes et remboursements, impositions quelconques, modifications ou suppressions d'icelles. Avec une table alphabétique et une table des matières. Année 1767. — *Paris, P.-G. Simon*, 1767, in-4.

— Abonnement des édits et arrêts pour la ville de Paris et toutes les provinces et villes du royaume... Année 1768 (-1782). — *Paris, P.-G. Simon* (et *N.-H. Nyon*), 1769-83, 24 vol. in-4.

554. — Dictionnaire universel, chronologique et historique de justice, police et finances, distribué par ordre de matières; contenant tous les édits, déclarations du roi, lettres-patentes et arrêts du conseil d'Etat rendus depuis l'année 600 jusques et y compris 1720... Par Me François-Jacques CHASLES,... — *Paris, Claude Robustel*, 1725, 3 vol. in-fol.

555. — Table chronologique contenant un recueil abrégé des ordonnances, édits, déclarations et lettres-patentes des rois de France, qui concernent la justice, la police et les finances. Avec la date de leur enregistrement dans les greffes des compagnies souveraines, depuis l'année 1115 jusqu'à présent. Par Me Guillaume BLANCHARD,... — *Paris, Charles de Sercy*, 1688, in-4.

556. — Recueil des principaux édits, déclations, ordonnances, arrêts, sentences et règlements, concernant la justice, police et finances, depuis le 29 septembre 1722... (jusques et compris le mois d'octobre 1740). Avec les Tables chronologiques et alphabétiques des matières... — *Paris, Claude Girard*, 1758-60, 12 vol. in-12.

(Le faux-titre porte : « Code Louis XV ».)

b. — Grands-Officiers de la Couronne.

* Catalogvs Gloriæ mundi, Laudes, honores, excellentias, ac præeminentias omnium fere statuum... continens, a... Bartholomæo A CHASSENEO,... — (*Lugduni*, 1529), in-fol. — (V. HISTOIRE, *n*° 1049.)

* Histoire des connétables, chanceliers et gardes des sceaux, maréchaux, amiraux, surintendants de la navigation et généraux des galères de France; des grands-maîtres de la maison du roi et des prévôts de Paris depuis leur origine; avec leurs armes et blasons. Ouvrage commencé et mis au jour par Jean LE FERON, l'an 1555; revu et continué jusques à présent... Par Denys GODE-FROY,... — *Paris,* 1658, in-fol. — (V. HISTOIRE, *n*° 1652.)

557. — De ducibus et comitibus provincialibus Galliæ, libri tres, in quibus eorum origines, incrementa, et cum his regalium usurpatio et casus illustrantur. Accessit de origine et statu feudorum, pro moribus Galliæ, liber singularis. Autore Ant. DADINO ALTESERRA. — *Tolosæ, apud Arnaldum Colomerium,* 1643, in-4.

558. — Les quatre âges de la pairie de France, ou Histoire générale et politique de la pairie de France dans ses quatre âges, dont le premier contient la pairie de naissance; le second, la pairie de dignité; le troisième, la pairie d'apanage; le quatrième, la pairie moderne, ou pairie de gentilhomme. Par L.-V. ZEMGANNO (GOEZMANN). — *Maestricht, Jean-Edme Dufour, et Philippe Roux,* 1775, 2 vol. in-8.

c. — Maison du Roi et des Princes.

559. — L'histoire ecclésiastique de la cour, ou Les antiquités et recherches de la chapelle et oratoire du roi de France, depuis Clovis I jusques à notre temps... Par Guillaume DU PEYRAT,... Avec deux Tables très-amples, l'une des chapitres, et l'autre des matières. — *Paris, Henry Sara,* 1645, in-fol.

* Histoire des grands panetiers de Normandie et du franc-fief de la grande paneterie. Par le Mis DE BELBEUF,.. — *Paris,* 1856, in-8. — (V. HISTOIRE, *Supplément.*)

560. — Code des commensaux, ou Recueil général des

édits, déclarations, ordonnances, lettres-patentes; arrêts et règlements portant établissement et confirmation des priviléges, franchises, libertés, immunités, exemptions, rangs, préséances et droits honorifiques des officiers domestiques et commensaux de la maison du roi, des maisons royales, et de leurs veuves... — *Paris, veuve Saugrain, et Pierre Prault, 1720, in-12.*

561. — Comptes de l'argenterie des rois de France au XIVe siècle, publiés, pour la Société de l'Histoire de France, d'après des manuscrits originaux, par L. Douet-d'Arcq. — *Paris, Jules Renouard et Cie, 1861, in-8.*

d. — Conseils du Roi.

* Histoire des secrétaires d'Etat, contenant l'origine, le progrès et l'établissement de leurs charges; avec les éloges, les armes, blasons et généalogies de tous ceux qui les ont possédées jusqu'à présent. Par le sieur Fauvelet-du-Toc,... — *Paris, 1668, in-4.* — (V. Histoire, n° 1653.)

562. — Mémoire sur l'affaire du grand-conseil, ou Analyse raisonnée des prétentions élevées par le grand-conseil et des principes et monuments qui démontrent leur illégitimité, avec un Recueil des principales pièces indiquées dans ce mémoire. — (S. l. n. n.), 1755, in-4.

e. — Justice.

563. — Les édits, ordonnances et règlements des rois très-chrétiens François Ier, Henri II, François II, Charles IX, Henri III, Henri IV, Louis XIII et Louis XIV. Par Pierre Néron et Etienne Girard. — *Paris, 1665, in-fol.*

(Le frontispice manque.)

564. — Les édits et ordonnances des très-chrétiens rois François Ier, Henri II, François II, Charles IX, Henri III, Henri IV, Louis XIII et Louis XIV sur le fait de la justice et abréviation des procès. Avec annota-

tions, apostilles et conférences sous chaque article. Par
Mes Pierre Néron et Etienne Girard,... Divisés en trois
livres. Corrigés et augmentés de plusieurs édits, ordonnances, arrêts et règlements, par M. F. P. A. Et, en cette
dernière édition, du Traité de la juridiction de la conné-
tablie et maréchaussée de France, à la table de marbre du
Palais à Paris. Avec la Table des chapitres et celle des
matières. — *Imprimé à Rouen, et se vend à Paris, chez*
Guillaume de Luyne, 1685, in-fol.

565. — Nouveaux règlements pour l'administration de
la justice, avec les tarifs des droits dus aux officiers de
justice pour leurs frais et salaires; et la taxe des dépens
de tous les procès. Troisième édition, augmentée jusqu'à
présent. — *Paris, Claude Cellier,* et *Claude Saugrain,* 1705,
in-12.

566. = Même ouvrage. Troisième édition... — *Paris,*
Saugrain, 1737, 2 vol. in-12.

567. — Recueil des édits, déclarations, arrêts et règlements concernant les qualités nécessaires pour être
pourvu d'offices de judicature, les études de droit, l'administration de la justice et l'ordre public. — *Paris,*
Charles et Joseph Saugrain, 1712, 2 vol. in-4.

568. — Histoire chronologique de la grande chancellerie de France... Par Abraham Tessereau,... Revue et
augmentée de plusieurs pièces. — *Paris, Pierre Emery,*
1710, 2 vol. in-fol.

* (Recueil de pièces concernant différents parlements
en 1787 et 1788.) — (V. Histoire, n° 896.)

* Histoire du parlement de Paris. Par Voltaire. —
(V. Polygraphie, n° 99, *OEuvres,* T. XXVI.)

569. — Histoire du parlement de Paris. Par J.-A.
Aubénas. — *Paris, l'auteur,* 1847, in-8.

(T. I, 1re partie.)

570. — Les ouvertures des parlements faites par les rois de France tenant leur lit de justice; auxquelles sont ajoutées cinq remontrances autrefois faites en icelles au parlement de Paris. Revues et augmentées de beaucoup sur chacun chapitre. Par LOUIS D'ORLÉANS. Ensemble d'une Table des matières fort ample. — *Paris, Guillaume Des Rues*, 1612, in-4.

(Portrait de l'auteur après la page 512. — A la suite de l'ouvrage se trouvent : 1° une copie manuscrite du second livre des Ouvertures des parlements, portant en marge la mention suivante : » Ledict Sr Dorleans na peu acheuer ce second liure des Ouuertures du parlement, comme il en auoit la volonté, pour nauoir peu auoir les régistres du parlement »; 2° plusieurs harangues du même auteur, également manuscrites; le tout comprend 99 feuillets. L'écriture est de la main de Georges Froger, docteur théologal, et porte la date de 1633.)

* Les éloges de tous les premiers présidents du parlement de Paris depuis qu'il a été rendu sédentaire jusques à présent. Ensemble leurs généalogies, épitaphes, armes et blasons en taille-douce... Par Jean-Baptiste DE L'HERMITE-SOULIERS,... et François BLANCHARD, écuyer, sieur DE LA BORDE. — *Paris, Cardin Besongne*, 1645. — Les présidents au mortier du parlement de Paris, leurs emplois, charges, qualités, armes, blasons et généalogies, depuis l'an 1331 jusques à présent. Ensemble un Catalogue de tous les conseillers selon l'ordre des temps et de leurs réceptions; enrichi du blason de leurs armes et de plusieurs remarques concernant leurs familles... Par François BLANCHARD,... — *Paris*, 1647, in-fol. — (V. HISTOIRE, *n*° 1651.)

* Recueil de toutes les pièces qui constatent ce qui s'est passé au parlement de Toulouse et dans les sénéchaussées... depuis le 3 mai jusqu'au 20 octobre 1788. — (S. l. n. n.), 1788, in-8. — (V. *ibid., n*° 902.)

571. — Remontrances et ouvertures de palais, et arrêts prononcés en robes rouges. Par messire André DE NESMOND, seigneur DE CHÉZAC, premier président au parlement de Bordeaux. Troisième édition. — *Imprimé à Lyon, et se vend, à Châlons-sur-Saône, chez Pierre Cusset*, 1656, in-4.

572. — Dissertation historique et critique sur la chambre des comptes en général et sur l'origine, l'état et les fonctions de ses différents officiers; servant de réfutation d'une opinion de Pasquier, adoptée par plusieurs auteurs. (Par Michel LE CHANTEUR.) — *Paris, impr. de Michel Lambert,* 1765, in-4.

* Recueil général des titres concernant les fonctions, rangs, dignités, séances et priviléges des charges des présidents-trésoriers de France, généraux des finances et grands-voyers des généralités du royaume. Tiré des ordonnances royaux, édits, déclarations... Par Simon FOURNIVAL,... = *Paris,* 1655, in-fol. — (V. HISTOIRE, n° 1644.)

573. — Recueil des édits, déclarations, arrêts et règlements concernant les créations, établissements, fonctions et droits de commissaires-receveurs, contrôleurs et premiers commis des deniers des saisies réelles dans toutes les cours et juridictions du royaume. Vérifiés en parlement, chambre des comptes et cour des aides. — *Paris, Guillaume Saugrain,* 1705, in-8.

f. — Police.

574. — Dictionnaire universel de police, contenant l'origine et les progrès de cette partie importante de l'administration civile en France; les lois, règlements et arrêts qui y ont rapport, les droits, priviléges et fonctions des magistrats et officiers qui exercent la police; enfin un Tableau historique de la manière dont elle se fait chez les principales nations de l'Europe. Par M. DES ESSARTS,... — *Paris, Moutard,* 1786-87, 4 vol. in-4.

(Ne va que jusqu'à la lettre *H* inclusivement. Il manque les T. V–VIII. Cet ouvrage du reste n'a pas été terminé, et ne va que jusqu'au mot POLICE.)

575. — Traité de la police, où l'on trouvera l'histoire de son établissement, les fonctions et les prérogatives de ses magistrats, toutes les lois et tous les règlements qui la concernent. On y a joint une Description historique et topographique de Paris et huit plans gravés qui représentent son ancien état et ses divers accroissements. Avec un Recueil de tous les statuts et règlements des six corps des marchands et de toutes les communautés des arts et

métiers. Seconde édition, augmentée. Par M. DELAMARE,...
— *Paris, Michel Brunet,* 1722-38, 4 vol. in-fol.

(Le T. III est de l'édition de 1719. Le T. IV porte au frontispice :
« Continuation du Traité de la police... Tome quatrième. De la
voirie... — *Paris, Jean-François Hérissant,* 1738 ».)

g. — *Armée.*

576. — Code militaire, ou Compilation des ordonnances
des rois de France concernant les gens de guerre. Par le
S^r DE BRIQUET,... — *Paris, impr. royale,* 1728, 3 vol.
in-12.

577. — Même ouvrage.—*Paris, Pierre Gandouin, (Durand,
et Savoye),* 1741-61, 6 vol. in-12.

(Les six premiers volumes.)

578. — Code militaire, ou Compilation des règlements
et ordonnances de Louis XIV,... faites pour les gens de
guerre depuis 1651 jusqu'à présent. Augmenté de l'édit
de Sa Majesté portant création et institution de l'ordre
militaire de Saint-Louis, et de celui concernant les droits
honorifiques des grand'croix, commandeurs et chevaliers
de cet ordre. Par M. le baron DE SPARRE,... — *Paris, Denys
Mariette, et Jean-Baptiste Delespine,* 1709, in-12.

579. — (Recueil d'ordonnances concernant l'armée, du
12 décembre 1775 au 30 janvier 1778), in-4.

580. — Ordonnance du roi pour régler le service dans
les places et dans les quartiers, du premier mars 1768.
— *Strasbourg, Christmann et Levrault,* 1768, petit in-8.

* Le service ordinaire et journalier de la cavalerie...
Par M. LECOQ MADELEINE,... — (V. ci-après, ART
MILITAIRE.)

* Essai historique sur l'organisation de la cavalerie
légère et principalement sur l'arme des chasseurs à
cheval ; suivi d'une Notice historique sur le 8e de chasseurs.
Publié par Jules GAY DE VERNON,... — *Paris,* 1853, in-8.
(V. HISTOIRE, *n° 1046.*)

581. — Règlement provisoire sur le service de l'infanterie en campagne, du 12 août 1788. — *Metz, Collignon*, 1788, in-12.

(A la suite :)

— Ecole du peloton, détachée des manœuvres de l'infanterie, et rédigée d'après les points définitivement arrêtés par le conseil de guerre. — *Metz, Collignon*, 1789, in-12.

h. — Marine.

582. — Ordonnance de Louis XIV,... donnée à Fontainebleau au mois d'août 1681 touchant la marine. — *Paris, Denys Thierry, et Christophle Ballard*, 1681, in-4.

583. — Ordonnances et règlements concernant la marine. — *Paris, impr. royale*, 1786, in-8.

i. — Finances (1).

(Monnaies, Impôts, Eaux et Forêts, Ponts et Chaussées.)

* De l'administration des finances de la France. Par M. NECKER. — (S. l. n. n.), 1784, 3 vol. in-8. — (V. HISTOIRE, *n*° 887.)

* Introduction à l'ouvrage intitulé : « De l'administration des finances de la France, par M. Necker ». (Par LOISEAU DE BÉRENGER ou BOURBOULON). Nouvelle édition, avec de petites notes (par BLONDEL). — (S. l. n. n.), 1785, in-8. — (V. *ibid.*, *n*° 888.)

* Les Francs. — (S. l. n. n.), 1785, in-8. — (V. *ibid.*, *n*° 889.)

584. — Le trésor des trésors de France, volé à la couronne, par les inconnues faussetés, artifices et suppositions commises par les principaux officiers de finance. Découvert et présenté au roi Louis XIII, en l'assemblée de ses états généraux tenus à Paris l'an 1615. Par Jean DE BEAUFORT, parisien. Avec les moyens d'en retirer

(1) Pour ce qui concerne les théories financières, V. ci-dessus n°° 585-591.

plusieurs millions d'or, et soulager son peuple à l'avenir. — (S. l. n. n.), 1615, in-8.

* Second mémoire sur l'administration des finances. Par M. le marquis DE CREST. — (S. l.), 1787, in-8. — (V. HISTOIRE, *n*° 894.)

* Requête au roi adressée à Sa Majesté par M. DE CALONNE,... — (S. l. n. n.), 1787, in-8. — (V. *ibid.*, *n*° 895.)

* Réponse de M. DE CALONNE à l'écrit de M. Necker, publié en avril 1787, contenant l'examen des comptes de la situation des finances rendus en 1774, 1776, 1781, 1783 et 1787... — *Londres*, 1788, in-8. — (V. *ibid.*, *n*° 897.)

* Sur le compte rendu au roi en 1781. Nouveaux éclaircissements. Par M. NECKER. — *Paris*, 1788, in-4. — (V. *ibid.*, *n*ᵒˢ 899-900.)

* Compte rendu au roi, au mois de mars 1788. (Par DE LOMÉNIE DE BRIENNE, rédigé par SOUFFLOT DE MEREY.) — *Paris*, 1788, in-4. — (V. HISTOIRE, *n*° 901.)

585. — Collection de comptes-rendus, pièces authentiques, états et tableaux, concernant les finances de France, depuis 1758 jusqu'en 1787. — *Lausanne*, et *Paris*, *Cuchet*, et *Gattey*, 1788, in-4.

---

586. — Traité des monnaies, de leurs circonstances et dépendances. Par Jean BOIZARD,... — *Paris*, 1692, in-12.

587. — Traités des monnaies. Par M. Henry POULLAIN,... — *Paris*, *Frédéric Léonard*, 1709, in-12.

* Recherches sur le système monétaire de saint Louis. Par M. Natalis DE WAILLY. — Mémoire sur les variations de la livre tournois depuis le règne de saint Louis jusqu'à l'établissement de la monnaie décimale. Par le même. — (V. BELLES-LETTRES, *n*° 166-A, *Mém. de l'Acad. des Inscript.*, T. XXI.)

---

588. — Mémoires concernant les impositions et droits en Europe. Par Mʳ Moreau de Beaumont,... Nouvelle édition, conforme à celle de l'imprimerie royale, avec des suppléments et des tables alphabétiques et chronologiques, par Mᵉ Poullain de Viéville,... — *Paris, J.-Ch. Desaint,* 1787, 4 vol. in-4.

(Il manque le T. V, contenant les suppléments et les tables.)

589. — Règlements rendus sur le fait des tailles, octrois, tarifs, etc., et personnes privilégiées, et sur les autres espèces d'exemptions, et les officiers commis à la recette de ces impositions; augmentés des édits, déclarations, arrêts et règlements, tant du conseil que de la cour des comptes, aides et finances de Normandie, donnés jusqu'à présent. — *Rouen, Jean-Baptiste Besongne le fils,* 1728, in-12.

590. — (Recueil de 4 vol. in-4 contenant :)

— T. I (étiqueté T. IV) : Table(s) des édits, déclarations, arrêts et règlements concernant les fermes royales-unies, rendus pendant la sixième année du bail de Louis Bourgeois, commencée le 1ᵉʳ octobre 1725, et finie le dernier septembre 1726. — *Paris,* 1728. — Table(s) des édits, déclarations (etc.) concernant les fermes royales-unies, rendus pendant la première (-troisième) année du bail de Mᵉ Pierre Carlier, commencée le premier octobre 1726, et finie le (dernier septembre 1729). — *Paris,* 1729-31.

— T. II : Table(s) des édits, déclarations, arrêts et règlements concernant les fermes royales-unies, rendus pendant la quatrième (-sixième) année du bail de Pierre Carlier, commencée le 1ᵉʳ octobre 1729, et finie le (dernier septembre 1732. — *Paris,* 1733-34. — Table(s) des édits (etc.) concernant les fermes royales-unies, rendus pendant la première (-troisième) année du bail de Mᵉ Nicolas Desboves, commencée le premier octobre 1732, et finie le (dernier septembre 1735). — *Paris,* 1735-37.

= T. III : Table(s) des édits (etc.) concernant les fermes royales-unies, rendus pendant la quatrième (-sixième) année du bail de Mᵉ Nicolas Desboves, commencée le premier octobre 1735, et finie (le dernier septembre 1738). — *Paris,* 1738-43. — Table(s) des édits (etc.) concernant les fermes royales-unies, rendus pendant la première (-troisième) année du bail de Mᵉ Jacques Forceville, commencée le premier octobre 1738, et finie le (dernier septembre 1741). — *Paris,* 1745-47.

— T. IV (étiqueté T. VII): Table(s) des édits (etc.) rendus pendant la quatrième (-sixième) année du bail de M⁰ Jacques Forceville, commencée le premier octobre 1741, et finie le (dernier septembre 1744), concernant les cinq grosses fermes. — *Paris,* 1748-49. — Table(s) des édits (etc.) concernant les fermes royales-unies, rendus pendant la première année du bail de M⁰ Thibault Larue, commencée le premier octobre 1744, et finie le dernier septembre 1745. — *Paris,* 1750.

591. — Edit du roi concernant les registres-journaux qui doivent être tenus par tous les officiers comptables et autres, chargés de la perception, maniement et distribution des finances du roi et des deniers publics, donné à Paris au mois de juin 1716... — *Paris, impr. royale,* 1725. — Déclaration du roi concernant la tenue des registres-journaux, donné à Versailles le 4 octobre 1723. — Déclaration du roi pour prévenir les abus qui pourraient se commettre par les comptables à l'occasion des variations d'espèces, donnée à Versailles le 7 décembre 1723... — *Paris, impr. royale,* 1725. — Modèles des registres-journaux que le roi, en son conseil, veut et ordonne être tenus par tous les comptables, en exécution des édit et déclaration du mois de juin 1716 et de la déclaration du 4 octobre 1723. — Règlements et modèles pour la tenue des registres-journaux de tous les comptables dépendant des fermes-unies. — *Paris, impr. royale,* 1724. — Le tout en 1 vol. in-fol.

592. — Mémorial alphabétique des choses concernant la justice, la police et les finances de France sur le fait des tailles... Avec une Instruction pour tous les officiers qui se font recevoir à la cour des aides. Cinquième édition, revue, corrigée et augmentée d'une Préface historique sur la cour des aides; ensemble de la disposition des règlements rendus depuis 1723 jusqu'à présent sur le même fait; et de deux Tables, l'une des articles de ce mémorial, et l'autre chronologique des règlements qui s'y trouvent en entier, et dans le nouveau Code des tailles. — *Paris, de Nully,* 1742, in-4.

593. — Traité sur les tailles et les tribunaux qui con-

naissent de cette imposition. Par M. Auger,... — *Paris,
Barrois l'aîné, 1788, 3 vol. in-4.*

(La première partie, contenant l'introduction et les règlements
sur les tailles. — Il manque le T. IV.)

594. — Ordonnances de Louis XIV,... sur le fait des
gabelles et des aides, données à S.-Germain-en-Laye au
mois de mai et juin 1680... — *Paris, impr. de François
Muguet,* 1680. — Ordonnance de Louis XIV,... sur le fait
des entrées, aides et autres droits, donnée à Fontainebleau au mois de juin 1680... — *Paris, impr. de François
Muguet,* 1680. — Ordonnance de Louis XIV,... pour servir
de règlement sur plusieurs droits de ses fermes, et sur
tous en général, donnée à Versailles, le 22 juillet 1681.—
Paris, F. Muguet, 1681. Le tout en 1 vol. in-12.

595. — Recueil des ordonnances, édits, déclarations et
arrêts de Sa Majesté sur le fait des aides de Normandie,
registrés en la cour des comptes, aides et finances de cette
province. Avec les arrêts et règlements de ladite cour
rendus en conséquence jusqu'à présent... Troisième édition
encore augmentée. — *Rouen, Jean-B. Besongne,* 1733,
2 vol. in-12.

596. — Ordonnance de Louis XIV,... sur le fait des
eaux et forêts, donnée à S.-Germain-en-Laye au mois
d'août 1669; avec les règlements rendus en interprétation
jusqu'à présent. Nouvelle édition... — *Paris, veuve Savoye,*
1765, in-12.

597. — Même ouvrage. — *Paris, par la compagnie des
libraires,* 1776, in-12.

598. — Conférence de l'ordonnance de Louis XIV, du
mois d'août 1669, sur le fait des eaux et forêts, avec celles
des rois prédécesseurs de Sa Majesté, les édits, déclarations, coutumes, arrêts, règlements et autres jugements,
tant anciens que modernes, rendus avant et en interprétation de ladite ordonnance, depuis l'an 1115 jusqu'à
présent; contenant les lois forestières de France, enrichies d'explications historiques et curieuses, d'anno-

tations et de décisions importantes. (Par GALLON.) —
Paris, Nicolas Gosselin, 1725, 2 vol. in-4.

---

599. — Mémoire sur les corvées. (Par DE LA GALAISIÈRE.)
— (S. l. n. n.), 1785, in-8 de 52 pages.

---

600. — Recueil d'édits, déclarations et arrêts concernant le droit de serment des offices, ou Marc d'or, et
les quittances de finances. — *Paris, impr. de Pierre-Jean
Mariette*, 1729, in-4.

601. — Histoire du tarif de mil six cent soixante-quatre,
contenant l'origine de ce tarif, avec ses fixations et celles
qui ont eu lieu, avant et depuis 1664, sur chaque marchandise à la sortie ; dressée sur les pièces authentiques
par M. DU FRESNE DE FRANCHEVILLE. — *Paris, de Bure
l'aîné*, 1746, 2 vol. in-4.

j. — Administration provinciale.

602. — Histoire du droit municipal en France, sous la
domination romaine et sous les trois dynasties. Par
M. RAYNOUARD,... — *Paris, Sautelet et Cie, et Alexandre
Mesnier*, 1829, 2 vol. in-8.

* Sur les causes de l'abolition de la servitude en France,
et sur l'origine du gouvernement municipal. — (V.
BELLES-LETTRES, n° 165, *Hist. de l'Acad. des Inscript.,*
T. XXXVIII, p. 196.)

* Observations sur les villes municipales, et en particulier sur le nom de consul donné à leurs magistrats. Par
M. BONAMY. — (V. *ibid.,* T. XVII, p. 18.)

* Traité général du gouvernement des biens et affaires
des communautés d'habitants... Par Me Edme DE LA POIX
DE FRÉMINVILLE,... — (V. ci-après.)

603. — Code municipal, ou Analyse des règlements concernant les officiers municipaux. — *Paris, Prault père*,
1761, in-12.

604. — De l'administration provinciale et de la réforme de l'impôt. Par feu M. Le Trône,... — *Basle,* et *Paris, Pierre-J. Duplain,* 1788, 2 vol. in-8.

605. — Fueros francos. — Les communes françaises en Espagne et en Portugal pendant le moyen âge. Etude historique sur leur formation et leur développement, accompagnée d'un grand nombre de textes inédits tirés de manuscrits espagnols et portugais. Par MM. A. Helf-ferich et G. de Clermont. — *Berlin,* et *Paris, Auguste Durand,* 1860, in-8 de 80 pages.

2° Administration française depuis la Révolution.

* Statistique de la France. — Administration publique. — (V. Histoire, *n*° 498.)

Justice.

606. — Compte général de l'administration de la justice civile et commerciale en France... (Années 1837-59.) — *Paris, impr. roy.* (*-imp.*), 1841-61, 24 vol. in-4.

(Il manque les années 1820-1836.)

607. — Compte général de l'administration de la justice criminelle en France... (Années 1837-59.) — *Paris, impr. roy.* (*-imp.*), 1839-60, 23 vol. in-4.

(Il manque les années 1825-1838.)

* Mémoire qui a remporté le prix, en l'an x, sur cette question proposée par l'Institut national : « Quels sont les moyens de perfectionner en France l'institution du jury? ». Par le citoyen Bourguignon,...— *Paris, an* x, in-8. — (V. Polygraphie, *n*° 127-5°.)

608. — Traités des diverses institutions complémentaires du régime pénitentiaire. Par M. Bonneville,... — *Paris, Joubert,* 1847, in-8.

609. — Projet de prison cellulaire pour 585 condamnés, précédé d'Observations sur le système pénitentiaire. Par

J.-Abel Blouet,... — *Paris, impr. Firmin Didot frères,* 1843, in-fol. de 40 pages et 6 planches.

610. — Colonie agricole et pénitentiaire de Mettray. Rapport annuel, adressé à MM. les membres de la Société paternelle. — *Paris, au bureau de l'agence générale (Tours, impr. Ladevèze),* 1859, in-8 de 23 pages.

Intérieur.

611. — Analyse des votes des conseils généraux de département sur divers objets d'administration et d'utilité publique, soit locale, soit générale. Session de 1825. — *Paris, impr. royale,* 1826, in-4.

612. — Analyse des vœux des conseils généraux de département sur divers objets d'administration et d'utilité publique. Session de 1860. [Supplément au Bulletin officiel du ministère de l'intérieur.] — *Paris, impr. Paul Dupont,* 1861, in-8.

* Conseil général de la Haute-Vienne. — (V. HISTOIRE, *n*os 1216-1217.)

* Compte rendu au roi sur les élections municipales de 1834. — *Paris,* 1836, in-4 de 50 pages. — (V. *ibid., n*o 1023.)

* De la propriété communale en France et de sa mise en valeur. Par M. Joseph FERRAND. — (V. BELLES-LETTRES, *n*o 114, *Revue européenne,* 1859, T. III, p. 81.)

613. — Des droits de propriété des communes et des sections de communes sur les biens communaux; de la mise en valeur de ces biens; de l'emploi de leurs prix de locations et de ventes. Par CAFFIN, sous-préfet (de l'arrondissement de Rochechouart, Haute-Vienne), chevalier de la Légion-d'Honneur. — *Limoges, typ. J.-B. Chatras,* 1860, in-8.

614. — Des droits de propriété des communes (etc.)... Par M. CAFFIN,... — *Paris, Durand, et Châteauroux, M. Salviac,* 1861, in-18 de 45 pages.

(Suite de l'ouvrage précédent.)

Finances.

615. — Le budget mis à la portée de tout le monde. Par C. F., laboureur et vigneron dans la Côte-d'Or. — *Dijon, Décailly,* 1849, in-16.

616. — Session de 1838. Propositions de lois concernant la fixation des budgets de dépenses et de recettes de l'exercice 1839. Discours du ministre des finances à la chambre des députés. — *Paris, impr. roy., janvier* 1838, 2 vol. in-4.

617. — Observations sur le cadastre général, la conservation géométrique-état-civil de la propriété, la péréquation des quatre parties de contributions directes... considérées comme impôt de répartition, l'administration des contributions directes considérée sous le point de vue de l'insuffisance et de l'abus de ses fonctions, et sur les améliorations à y introduire... Par L.-J.-P. JOMARD,... Deuxième édition... — 1846, in-8 de 16 pages.

(La couverture imprimée sert de titre.)

618. — Examen du projet de loi sur la contribution des patentes présenté à la chambre des députés par M. le ministre des finances dans la séance du 3 février 1834. Par M. ALLUAUD aîné, chevalier de la Légion-d'Honneur, membre du conseil général des manufactures et de plusieurs sociétés savantes, ancien maire de Limoges. — *Limoges, impr. de M. Darde,* 1836, in-8 de 80 pages.

(M. François Alluaud est né à Limoges le 21 septembre 1778. Il est auteur de plusieurs Mémoires ou Notices insérés au Bulletin de la Société Géologique de France, aux Annales de la Société d'Histoire naturelle de Paris, aux Mémoires de la Société Philomatique et au Journal de Chimie et de Physique. On a encore de lui le Mémoire sur le reboisement rappelé ci-dessous, page 155. et une brochure sur le drainage dans la Hte-Vienne. — *Limoges, Chapoulaud,* 1851. — M. Alluaud est depuis long-temps président de la Société Archéologique du Limousin et de la Société d'Agriculture de la Haute-Vienne. Il a été promu au grade d'officier de la Légion-d'Honneur lors de l'exposition centrale de 1858.)

* Les forêts de la France... suivi de quelques considérations sur leur aliénation par le domaine. Par le baron

ROUGIER DE LA BERGERIE,... — (V. ci-après, AGRI-
CULTURE.)

* Mémoire sur le reboisement... Par M. ALLUAUD aîné,...
— *Limoges, Chapoulaud frères*, 1845, in-8. — (V. HISTOIRE,
n° 1155.)

619. — Etude économique sur les tarifs de douanes.
Par M. AMÉ,... Deuxième édition, revue et augmentée.
— *Paris, Guillaumin et Cie*, 1860, in-8.

620. — Administration des douanes. Tableau général
du commerce de la France avec ses colonies et les puissances étrangères... — *Paris, impr. roy.*, 1834-39, 4 vol.
in-4.

(Années 1833, 1836, 1837, 1838.)

621. — Administration des douanes. Tableau général
des mouvements du cabotage.... — *Paris, impr. roy.*,
1838-44, 4 vol. in-4.

(Années 1837, 1841, 1842, 1843.)

622. — Manuel des franchises, indiquant les exemptions de taxe accordées à la correspondance des fonctionnaires, tant par l'ordonnance du 14 décembre 1825 que
par les ordonnances et décisions subséquentes. Par
A. MONTANDON,... — *Paris, Cosse et J. Dumaine*, 1843,
in-8.

Instruction publique et Cultes.

625. — Le budget de l'instruction publique et des établissements scientifiques et littéraires, depuis la fondation
de l'université impériale jusqu'à nos jours. Par Charles
JOURDAIN,... — *Paris, L. Hachette et Cie*, 1857, in-8.

Agriculture, Commerce et Travaux publics.

* Essai sur la construction des routes, des canaux, et la
législation des travaux publics. Par M. J. CORDIER. —
(V. ci-après.)

624. — Rapport à M. le conseiller d'Etat, directeur général des ponts et chaussées et des mines, sur la police du roulage. Par une commission composée de MM. Tarbé, inspecteur général des ponts et chaussées; Dutens, Bérigny, Lamandé, Cavenne, inspecteurs divisionnaires, et Brisson, inspecteur divisionnaire, rapporteur. — (Sans frontispice. — A la fin :) *Imprimerie royale, décembre* 1828, in-4 de 72 pages.

625. — Considérations sur les principes de la police du roulage et sur les travaux d'entretien des routes; suivies d'un Appendix contenant un extrait de diverses enquêtes parlementaires anglaises, ainsi que du nouveau Traité des routes de sir Henry Parnell, et l'Instruction officielle pour la direction des travaux de la route de Londres à Holyhead. Par M. Navier,... — *Paris, Carilian-Gœury,* 1835, in-8, planches.

626. — Police du roulage. Recherches sur les principes qui paraissent devoir former la base d'une nouvelle législation. Commission spéciale. Contrôle des expériences de MM. Morin et Dupuit. Rapport et avis sur les tarifs et conditions à substituer à la règlementation du 15 février 1837. — Février 1839. — Décembre 1844. — *Paris, Carilian-Gœury et V^or Dalmont,* 1842, in-4.

* De la législation et du mode d'exécution des chemins de fer. Par C. Pecqueur. — (V. n° 433.)

* (V. aussi ci-dessus, n°s 430-437, pour tout ce qui concerne les projets de chemins de fer, et ci-après, Arts et Métiers pour tout ce qui a rapport à leur construction.)

627. — De la propriété du cours et du lit des rivières non navigables et non flottables. Par M. Rives,... — *Paris, Firmin Didot frères,* 1844, in-8.

628. — Notice historique sur le service des travaux des bâtiments civils à Paris et dans les départements, depuis la création de ce service en l'an iv [1795]... Par M. Gourlier,... — *Paris, Louis Colas,* 1848, in-8.

629. — Extrait du Moniteur universel du 16 janvier 1848. Rapport à M. le ministre des travaux publics sur les opérations du conseil général des bâtiments civils pendant l'exercice 1846. (Par J. VATOUT et GOURLIER.) — *Pàris, typ. Panckoucke,* 1848, in-8 de 16 pages.

(La couverture imprimée sert de titre.)

C. — Droit civil, commercial, criminel.

1° Droit ancien (avant 1789).

a. — *Histoire et organisation de l'ancien Droit français.*

* Histoire du droit français. Par l'abbé FLEURY. — (V. ses *OEuvres,* POLYGRAPHIE, *n*° 73. — V. aussi *n*° 630.)

* Origines du droit français cherchées dans les symboles et formules du droit universel. Par M. MICHELET,... — *Paris,* 1837, in-8. — (V. HISTOIRE, *n*° 1802.)

* Mémoire sur l'ancienne législation de la France, comprenant la loi salique, la loi des Visigoths, la loi des Bourguignons. Par le citoyen LEGRAND-D'AUSSY. — (V. BELLES-LETTRES, *n*° 164-*B*, *Mém. de l'Instit., Sciences morales et polit.,* T. III, p. 382.)

* (Pour l'organisation de la justice en France, V. ci-dessus, *n*ᵒˢ 563-573.)

b. — *Introduction et Dictionnaires.*

630. — Institution au droit français. Par M. ARGOU,... (Précédée de l'Histoire du droit français, par l'abbé FLEURY.) Nouvelle édition, revue et augmentée considérablement. Avec une Table des matières. — *Paris, Saugrain père,* 1739, 2 vol. in-12.

631. — La Bibliothèque ou Trésor du droit français, auquel sont traitées les matières civiles, criminelles et bénéficiales... Le tout recueilli et mis en ordre... par

Mᵉ Laurens BOUCHEL,... — *Paris, veuve Nicolas Buon*, 1629, 3 vol. in-fol.

652. — La bibliothèque, ou Trésor du droit français... Par Mᵉ Laurent BOUCHEL,... augmenté en cette nouvelle édition par maître Jean BÉCHEFER,... — *Paris, et Lyon, Jean Girin, et Barthélemy Rivière*, 1671, 3 vol. in-fol.

653. — Nouvelle introduction à la pratique, ou Dictionnaire des termes de pratique, de droit, d'ordonnances et de coutumes, avec les juridictions de France. Par M. Claude-Joseph DE FERRIÈRE,... — *Paris, Claude Prudhomme*, 1734, 2 vol. in-4.

654. — Maximes journalières du droit français, rangées par ordre alphabétique pour l'usage et la commodité des commerçants. Par M. A. L*** (LAPLACE, avec des notes de BOUCHER D'ARGIS). — *Paris, Durand, et Pissot*, 1749, in-4.

(Au frontispice, une note manuscrite porte : « Les notes sont de Toussaint ».)

655. — Recueil de jurisprudence civile du pays de droit écrit et coutumier, par ordre alphabétique. Troisième édition, considérablement augmentée. Par Mᵉ Guy DU ROUSSEAU DE LA COMBE,... — *Paris, Nyon fils*, 1756, in-4.

656. — Collection de décisions nouvelles et de notions relatives à la jurisprudence actuelle. Par Mᵉ J.-B. DÉNISART,... Septième édition, revue et considérablement augmentée (avec des additions de VARICOURT). — *Paris, veuve Desaint*, 1771, 4 vol. in-4.

657. — Dictionnaire portatif de jurisprudence et de pratique... contenant les dispositions des ordonnances, édits et déclarations du roi, les statuts particuliers des coutumes, la jurisprudence des arrêts, les usages observés dans les différents tribunaux et la définition des termes de droit et de pratique. On y a joint ce qui regarde les chambres des comptes, un abrégé des prérogatives et priviléges des juridictions, des offices de judicature et autres, et une Notice des plus célèbres jurisconsultes anciens et modernes, français et étrangers. Par M. D. P. D. C.,... (LACOMBE DE PRÉZEL, Honoré). — *Paris, Leclerc* (et autres), 1763, 3 vol. petit in-8.

638. — Questions de droit, de jurisprudence et d'usage des provinces de droit écrit du ressort du parlement de Paris; mises en ordre alphabétique à la portée de tout le monde. Par M. MALLEBAY DE LA MOTHE, conseiller du roi et procureur honoraire au siége royal de Bellac. Cinquième édition, revue, corrigée, augmentée, et suivie du Tableau ou arrondissement de la sénéchaussée de Bellac. — *Limoges, François Dalesme,* 1787, in-4.

(Mallebay de La Mothe, né le 1er mars 1726 à Bellac (Haute-Vienne), mort en 1788. On a de lui, outre l'ouvrage ci-dessus, un « Plan pour servir à l'histoire du comté de la Marche », 1767, in-12, mentionné au T. III de la *Bibliothèque historique* du P. Lelong, n° 37488. — (V. ROY-PIERREFITTE, *Histoire de Bellac,* p. 139.)

639. — Répertoire universel et raisonné de jurisprudence civile, criminelle, canonique et bénéficiale. Ouvrage de plusieurs jurisconsultes, publié et mis en ordre par M. G*** (GUYOT),... — *Paris, J.-D. Dorez (Panckoucke, Dupuis, et Visse),* 1775-83, 63 vol. in-8.

— Supplément au Répertoire universel et raisonné de jurisprudence civile, criminelle, canonique et bénéficiale. Ouvrage de plusieurs jurisconsultes. Mis en ordre et publié par M. GUYOT,... — *Paris, Visse,* 1785-86, 17 vol. in-8.

* Encyclopédie méthodique. Jurisprudence. (Par LERASLE.) — (V. BELLES-LETTRES, n° 12.)

    c. — Droit romain appliqué au Droit français.

* (V. ci-dessus n°ˢ 523-529.)

    d. — Recueils d'Ordonnances.

* Notice des diplômes, des chartes et des actes relatifs à l'histoire de France... depuis l'an 23 de l'ère vulgaire jusqu'en 844. Par M. l'abbé DE FOY,... — *Paris,* 1765, in-fol. — (V. HISTOIRE, n° 553.)

* Diplomata, chartæ, epistolæ, leges aliaque instrumenta ad res gallo-francicas pertinentia... Edidit J. M. PARDESSUS. — *Lutetiæ,* 1843, in-fol. — (V. *ibid.,* n° 555.)

* Table chronologique des diplômes, chartes, titres et actes imprimés concernant l'histoire de France. Par MM. DE BRÉQUIGNY, MOUCHET et PARDESSUS. — (V. *ibid.*, *n° 554.*)

640. — Capitularia regum francorum. Additæ sunt MARCULFI monachi et aliorum formulæ veteres, et notæ doctissimorum virorum. Stephanus BALUZIUS Tutelensis in unum collegit, ad vetustissimos codices manuscriptos emendavit, magnam partem nunc primum edidit, notis illustravit. — *Parisiis, excudebat Franciscus Muguet,* 1677, 2 vol. in-fol.

(Etienne Baluze, né à Tulle (Corrèze) le 24 décembre 1630, mort à Paris le 28 juillet 1718. — V. tous les Dictionnaires biographiques.)

641. — Table chronologique des ordonnances faites par les rois de France de la troisième race, depuis Hugues Capet jusqu'en 1400. (Par DE LAURIÈRE, BERROYER et LOGER.) — *Paris, impr. roy.,* 1706, in-4.

642. — Ordonnances des rois de France de la troisième race, recueillies par ordre chronologique, avec des renvois des unes aux autres, des sommaires, des observations sur le texte, et cinq tables, la 1re des pâques, la 2e des ordonnances par ordre de date, la 3e des matières, la 4e des noms des personnes, et la 5e des noms des lieux. Par M. DE LAURIÈRE (SECOUSSE, DE VILLEVAULT, DE BRÉQUIGNY, ANQUETIL, BIGOT DE PRÉAMENEU, DE PASTORET, PARDESSUS.) — *Paris, impr. roy.,* 1723-18..., 21 vol. in-fol.

(Se continue.)

643. — Table chronologique des ordonnances des rois de France de la troisième race, jusqu'au règne de Louis XII inclusivement, suivie d'une table alphabétique pour en faciliter l'usage. Par J.-M. PARDESSUS,... — *Paris, impr. roy.,* 1847, in-fol.

644. — Ordonnances, loix, edictz, et statvtz royavx de France. Entierement augmentées, & vniuersellement acomplies, depuis le regne de S. Loys IX. en l'An 1226. iusques au Roy Francoys II. à l'An 1559. En ceste derniere edition amplifiées des posterieures Constitutions Royalles, signées à telle marque... En oultre illustrées & confirmées des conformes Arretz des Cours souueraines du Royaume, de propres poinctz de Droict : & de doctes Annotations pertinentes à la matiere. Auec deux Tables repertoires, l'une des Rubricques, l'aultre des sommaires matieres & dependances. Par M. PIERRE REBVFFI,... = *A Lyon, A la Salemandre, rué merciere,* M. D. LIX, 3 tomes en 1 vol. in-fol.

645. = Les édicts et ordonnances des roys de France... Par Antoine FONTANON,... Seconde édition. = *Paris, Michel Sonius,* M. D. LXXXV, 4 tomes en 2 vol. in-fol.

(Il manque les frontispices des T. I et II.)

646. = La conference des ordonnances royavx distribvee en XII. livres a l'imitation dv code, avec plvsievrs annotations & obseruations seruans pour l'intelligence d'icelles : Ensemble V. Indices fort amples... Par Pierre GVENOYS, Lieutenant particulier au Siege & Ressort d'Yssoudun en Berry. Derniere et novvelle edition... = *A Paris, Chez Gvillavme Chavdiere,* M. D. XCIX, in-fol.

647. = La conference des ordonnances royavx : distribvee en XII. livres, et annotee de diuerses Obseruations pour l'intelligence d'icelles. Ensemble vne chronologie rapportant les Edicts & Ordonnances à chacun Roy, & continuée iusques en l'Année 1606. Auec IIII indices fort amples. Nouuelle Edition... Par Pierre GVENOYS, et L. CHARONDAS LE CARON,... = *A Paris, Chez Pierre Chevalier,* M. DC. VII, in-fol.

648. = Même ouvrage, nouvelle édition, augmentée par N. FRÉROT, DE LA FAYE, Gabriel MICHEL et Laurent BOUCHEL. = In-fol.

(Le frontispice manque.)

649. = Le code du roi Henri III. = *Imprimé à Lyon par Pierre Chastain dit Dauphin,* 1593, in-4.

(Le frontispice manque.)

650. = Le code dv roy Henry III. roy de France et de Pologne. Redigé en ordre par messire Barnabé BRISSON,... Depuis augmenté des Edicts du Roy Henry IIII. à present regnant, auec la Conference des Ordonnances, & rapporté

aux anciens Codes de Theodose & de Iustinian, & aux
Basiliques. Et illustré des Conciles de l'Eglise, Loix des
Romains, & autres peuples... Seconde Edition, reueuë &
augmentée de plusieurs Edicts & Ordonnances qui defail-
loient en la precedente Edition, & enrichie de nouuelles &
singulieres Annotations. Par L. CHARONDAS LE CARON,...
Auec amples indices des Tiltres, & des choses plus memorables. — *A Paris, Chez Pierre L'Hvillier,* M. DCV, in-fol.

651. — Le code dv tres-chrestien et tres-victorievx roy
de France et de Navarre, HENRY IIII. Du droit ciuil iadis
descrit, & à nous delaissé confusement par l'Empereur
Iustinian : & maintenant reduit & composé en bon &
certain ordre, auec le Droit ciuil de la France. Par
M. Thomas CORMIER,... Auec les Indices, tant des Tiltres
que Chapitres, à la fin du liure. — *Pour Iean Arnavd,*
M. DCVIII, *A Cologne,* in-4.

652. — Conférences des nouvelles ordonnances de
LOUIS XIV,... avec celles des rois prédécesseurs de Sa
Majesté, le droit écrit et les arrêts; enrichies d'annotations et décisions importantes. Par M. Philippe BORNIER,...
Et par lui revues, corrigées et augmentées en cette nouvelle édition des Règlements du conseil, des arrêts donnés
en interprétation des nouvelles ordonnances de Sa Majesté
pour la réformation de la justice, et autres édits et déclarations du roi. Nouvelle édition, revue, corrigée et augmentée. — *Paris, chez les associés,* 1686, 2 vol. in-4.

653. — Recueil général des édits, déclarations, arrêts,
ordonnances et règlements qui ont été donnés depuis
l'année 1664 jusques à présent. Divisé en quatre parties.
La première contient les édits, déclarations, arrêts, ordonnances et règlements qui ont été donnés sur diverses
occurrences, concernant la justice. La seconde contient les
règlements des gens de guerre, la chasse et des tailles. La
troisième contient ce qui s'est fait pour et contre les protestants. La quatrième contient les édits, déclarations et
arrêts, rendus en faveur des curés et des chanoines. —
Bordeaux, par la Société, 1690, in-4.

— Suite du Recueil général des édits, déclarations (etc.)
qui ont été donnés sur diverses occurrences concernant la
justice, depuis l'année 1689 jusques à présent. — *Pau,
Jérôme Dupoux,* 1699, in-4.

— (Suite du même Recueil, du 7 janvier 1700 au 23 août 1704. — In-4.

(Sans frontispice.)

654. — L'esprit des ordonnances et des principaux édits et déclarations de Louis XV, en matière civile, criminelle et bénéficiale. Par M. Sallé,... Nouvelle édition, revue, corrigée et augmentée. — *Paris, Bailly,* 1771, in-4.

655. — Commentaires sur les ordonnances contenant les difficultés mues entre les docteurs du droit canon et civil, et décidées par icelles ordonnances, tant en matière bénéficiale que civile et criminelle, instruction des procès, jugements et exécutions d'iceux. Ensemble l'usage introduit et confirmé par les arrêts, avec les remarques sur ce qui a été ajouté ou diminué à aucunes desdites ordonnances es compilations ci-devant faites. Le tout divisé en six livres. Par M. Adam Theveneau,... — *Lyon, Rolin Glaize,* 1666, in-4.

e. — Coutumes.

Généralités.

656. — Les coutumes générales et particulières de France et des Gaules, corrigées et annotées de plusieurs décisions, arrêts et autres choses notables, diligemment et fidèlement, par M. Charles du Moulin,... et autres jurisconsultes; augmentées et revues par Gabriel Michel,... Avec des Tables fort amples des matières, dictions et choses mémorables y contenues, l'une desquelles pourra servir de conférence desdites coutumes, en ce que les unes sont pareilles ou dissemblables aux autres. — *Paris, Jean Houzé,* 1615, 2 vol. in-fol.

657. — Nouveau coutumier général, ou Corps des coutumes générales et particulières de France, et des provinces connues sous le nom des Gaules; exactement vérifiées sur les originaux conservés au greffe du parlement de Paris et des autres cours du royaume; avec les notes de MM. Toussaint Chauvelin, Julien Brodeau et Jean-Marie Ricard,... Jointes aux annotations de MM. Charles du Molin, François Ragueau et Gabriel-Michel de La Rochemaillet. Mis en ordre et accompagné de sommaires en marge des articles; d'interprétation des

dictions obscures employées dans les textes, de listes
alphabétiques des lieux régis par chaque coutume; et
enrichi de nouvelles notes tirées des principales observations des commentateurs, et des jugements qui ont
éclairci, interprété ou corrigé quelques points et articles
de coutumes. Par M. Charles-A. BOURDOT DE RICHE-
BOURG,... — *Paris, Théodore Le Gras, 1724, 4 tomes en
8 vol. in-fol.*

658. — Les notes de maître Charles DU MOULIN sur les
coutumes de France, mises par matières. — *Paris, au
Palais, chez Denis Mouchet, 1715, in-4.*

Particularités (ordre alphabétique).

* Coutumes du bailliage d'Amiens tant générales que
locales et particulières, avec les notes de Mᵉ Charles DU
MOLIN, et autres remarques particulières de M. Jean-
Marie RICARD,... — V. ci-après, RICARD, *Traité des donations*, T. I.)

* Recueil des documents inédits de l'histoire du tiers-
état. Première série : chartes, coutumes, actes municipaux, statuts des corporations d'arts et métiers des villes
et communes de France. Région du nord : Amiens. Par
M. Augustin THIERRY,... — *Paris, 1850-56, 3 vol. in-4.*
— (V. HISTOIRE, *n° 565-Aa*.)

* Commentaires sur la coutume d'Anjou. Par René
CHOPPIN. — (V. ci-après, *OEuvres*, T. III.)

659. — Conférence de toutes les questions traitées par
Mʳ DE FERRON, conseiller du roi au parlement de
Guienne, dans son Commentaire sur la coutume de
Bordeaux ; par ordre alphabétique. Avec le commentaire
de M. Bernard AUTOMNE,... sur la même coutume ; et avec
la jurisprudence du même parlement, qui a été fixée par
les arrêts intervenus depuis ces deux commentaires.
Contenant en outre plusieurs observations nouvelles sur
diverses questions importantes et difficiles ; et un Abrégé
alphabétique de tous les textes de lad. coutume. Par feu
Mᵉ Pierre DUPIN,... — *Bordeaux, J.-B. Lacornée, 1746, in-4.*

660. — Arrêts notables du parlement de Bordeaux sur
la coutume du pays bordelais, tirés des plus anciens

cabinets de la robe, et mis en abrégé par M⁰ Antoine Boé,... — *Bordeaux, Jacques Mongiron Millanges, 1666,* in-4.

661. — (Consuetudines ducatus Burgundiæ; cum com. Barth. A CHASSENÆO.) — (A la fin :) ... *Lugduni à Ioanne Crispino... Anno... tertio et quadrāgesimo vllra sesquimille-simum* (1543), in-fol.

(Le frontispice manque.)

662. — Consvetvdines dvcatvs Bvrgvndiæ, fereqvé totivs Galliæ : commentariis D. Bartholomaei A CHASSE-NAÉO, vt amplissimis, ita doctissimis illustratæ, summæ diligentia & labore recognitæ. Ex vltima avctoris recognitione. Accessit Index locupletissimus, summa fide pristino nitori restitutus. — *Francofvrti, Ex Officina Nicolai Bassæi,* M. D. LXXIIII, in-fol.

663. — Exposition abrégée des lois, avec des observations sur les usages des provinces de Bresse et autres régies par le droit écrit. (Par L. DAMOURS.) — *Paris, Huart,* (et autres), 1751, 2 parties en 1 vol. in-8.

664. — Les loables coustumes du pays ꞇ Duche de Bretaigne Uisitees et corrigees par Plusieurs discretz et Uenerables iuristes. Auec les coustūes de la mer. Et auec les côstitutiôs ꞇ establissemēs faitz et ordōnez en parlemēt general tenu a vēnes. nouuellemēt corrigees ꞇ amēdees. Pour Jehā mace libraire demourāt a Rēnes.., Pour Michel angier demourāt a Caen... Et pour Richard mace demourāt a rouē... — (A la fin :) *Et furent acheuees le. xv. iour de Nouembre. Mil. v. centz et quatorze.* Petit in-8.

(Lettres gothiques.)

665. — V. C. Bertrandi D'ARGENTRÉ,... Commentarii In patrias Britonvm leges : sev [vt vvlgo loquuntur] Consuetudines Antiquissimi Ducatus Britanniæ. Ad calcem adiectæ svnt consvltationes seu definitiones variarum quæstionum quæ quotidie occurrunt in successionum diuisionibus inter nobiles. De Laudimiis tractatus singularis. Itēm Responsa seu Consilia quæ supersunt, è multis celebrioribus temporis iniuria amissis. Editio noüa post authoris excessum ab αὐτόγραφω descripta. — *Parisiis, Apud Nicolaum Buon,* M. DC. VIII, in-fol.

* Les coutumes de Limoges, textes roman et latin, recueillis sur un manuscrit de 1212, et traduits par Achille LEYMARIE. — *Limoges*, 1839, in-8. — (V. HISTOIRE, *n*° 1228. V. aussi, pour le texte roman, la *division* MANUSCRITS.)

666. — Coutumes de la province et comté pairie de la Marche, ressort du parlement de Paris, avec des observations essentiellement utiles, pour les entendre dans le sens et l'énergie où elles doivent l'être selon les usages à présent reçus en ladite province, et l'autorité des sentences du présidial et sénéchaussée royale de la ville de Guéret, capitale de la même province, et des arrêts de ladite cour de parlement qui sont intervenus en conséquence. Où on a joint toutes les ordonnances, édits, déclarations et arrêts de Louis XV concernant la jurisprudence nouvelle. Par M. COUTURIER DE FOURNOUE, écuyer, conseiller, secrétaire du roi, maison-couronne de France, et ancien conseiller et procureur du roi au présidial et sénéchaussée de la Marche. — *Clermont-Ferrand, Pierre Viallanes*, 1744, in-4.

(Abdon-René Couturier de Fournoue, né à Guéret, mort dans la même ville en janvier 1752. — V. Joullietton, *Hist. de la Marche*.)

* Questions de droit, de jurisprudence et d'usage des pays de droit écrit du ressort du parlement de Paris... par M. MALLEBAY DE LA MOTHE,... — (V. *n*° 638.)

* Les coutumes du pays et comté de Nivernois, enclaves et exemptions d'icelui; avec les annotations de Mᵉ Guy COQUILLE,... — (V. ci-après, *OEuvres*, T. II.)

667. — La coutume réformée du pays et duché de Normandie, anciens ressorts et enclaves d'icelui. Commenté par M. Josias BÉRAULT, Jacques GODEFROY, et D'AVIRON, et expliquée par diverses remarques, annotations et arrêts recueillis par les mêmes auteurs, unis en un corps. Où sont ajoutés quantité d'arrêts nouveaux donnés sur les principaux articles et sur diverses matières; comme aussi les règlements de la cour et les articles placités... Avec deux tables pour chaque volume... — *Rouen, veuve d'Antoine Maurry*, 1684, 2 vol. in-fol.

668. — Mémoires concernant l'observation du sénatus-

consulte Velléien dans le duché de Normandie, et diverses
questions mixtes qui en dépendent ; avec les arrêts qui les
ont décidées. Par M. Louis FROLAND,... — *Paris, Michel
Brunet*, 1722, in-4.

669. — Commentarii in parisienses totivs Galliae
svpremi parlamenti consvetvdines, avthore D. Carolo
MOLINAEO,... et in eodem svpremo senatv causarum
patrono praxeos peritissimo. Ad novam consuetudinem
nunc recens relati & restituti opera D. Dionysii GOTHO-
FREDI,... Adiectis plurimis eiusdem Iurisc. non minus
vtilibus ad marginem annotationibus. Novis quoque
Authorum siue locorum citatorum, Rerum etiam & verborum Indicibus. — *Bernæ Helvetiorvm. Excudebat Ioannes
Le Prevx*, cIɔ Iɔ CIII (1603), 2 parties en 1 vol. in-fol.

* Les commentaires sur la coutume de Paris. Par René
CHOPPIN. — (V. ci-après, *OEuvres*, T. II.)

670. — Nouveau commentaire sur la coutume de la
prévôté et vicomté de Paris. Par Mᶜ Claude DE FERRIÈRE,...
Nouvelle édition, revue, corrigée et augmentée par
M. SAUVAN D'ARAMON,... — *Paris, les libraires associés*,
1770, 2 vol. in-12.

* Règlements sur les arts et métiers de Paris, rédigés
au XIIIᵉ siècle, et connus sous le nom du « Livre des
métiers d'Etienne BOILEAU »; publiés pour la première
fois en entier... avec des notes et une Introduction, par
G.-B. DEPPING,... — *Paris*, 1837, in-4. — (V. HISTOIRE,
n° 565-F.)

671. — Les lois des bâtiments suivant la coutume de
Paris, traitant de ce qui concerne les servitudes réelles,
les rapports des jurés-experts, les réparations locatives,
douairières, usufruitières, bénéficiales, etc. Enseignées
par M. DESGODETS,... Avec les notes de M. GOUPY,... —
(S. l. n. n.), 1748, in-8.

672. — Coutumier général, ou Corps et compilation de
tous les commentateurs sur la coutume du comté et pays
de Poitou ; avec les conférences des autres coutumes, les
notes de M. Charles DU MOULIN, et de nouvelles observa-

tions sur le tout, tant de coutume que de droit écrit. Par M. Joseph BOUCHEUL, avocat au siége royal du Dorat. — *Poitiers, Jacques Faulcon*, 1727, 2 vol. in-fol.

(Au T. I, portrait de Guy André, comte de Laval, gravé par Duflos. — Jean-Joseph Boucheul, né au Dorat (Haute-Vienne), mort en 1720. On a de lui, outre l'ouvrage ci-dessus, un *Traité des conventions de succéder*, in-4. — V. Joullietton, *Hist. de la Marche*, T. II.)

673. — Andreæ TIRAQUELLI de legibus connubialibus et de opera maritali. (Sans frontispice.) — Andreæ TIRAQUELLI,... tractatus varii... Postrema hac editione fœlicius quam antea, renati, accuratissimeque repurgati. Cum Indice rerum ac verborum copiosissimo. — *Lugduni, apud Hæredes Gulielmi Rouillii*, 1615, les 2 parties en 1 vol. in-fol.

— Andreæ TIRAQUELLI,... de utroque retractu municipali et conventionali, commentarii duo, quarta hac; eademque postrema editione ab auctore ipso diligentissime recogniti et locupletati... — *Lugduni, apud Hæredes Gulielmi Rouillii*, 1618, in-fol.

* Archives législatives de la ville de Reims. Collection de pièces inédites pouvant servir à l'histoire des institutions dans l'intérieur de la cité. Par Pierre VARIN,... — *Paris*, 1840-52, 4 vol. in-4. — (V. HISTOIRE, n° 565-M.)

674. — L'usance de Saintonge entre mer et Charente, colligée des anciens manuscrits, illustrée de notes, et confirmée par quantité d'enquêtes par turbes et notoriétés. Avec deux Traités des secondes noces, et du droit de reversion, des parages, des affiliations, et autres matières communes en la province de Saintonge. Troisième édition, augmentée de nouvelles notes... Par Me Cosme BECHET,... — *Bordeaux, Simon Boé*, 1701, in-4.

675. — Coutume du siége royal de St-Jean-d'Angely en Saintonge, interprétée et commentée par Me Cosme BECHET,... Ensemble la conférence de l'usance de Saintes avec ladite coutume, un Traité des successions et quelques observations sur les mesures des terres en la province de Saintonge. Augmentée de la table des matières. — *Saintes, Théodore Delpech*, 1715, in-4.

676. — Coutumes locales, tant anciennes que nouvelles, des bailliages, ville et échevinage de Saint-Omer, d'Audruic et pays de Bredenarde, de la châtellenie de Tournehem, et des bailliage, ville et échevinage d'Aire; ensemble les procès-verbaux de vérification et rédaction de ces mêmes coutumes et les lettres-patentes portant décret d'icelles. On y a joint la déclaration du roi du 14 mars 1772, pour l'exécution des articles LXXIV, LXXV et LXXVI de la coutume générale d'Artois. — *Paris, Pierre-Guillaume Simon, 1744, in-4.*

* Commentaire sur la coutume de Senlis. Par RICARD. — (V. ci-après, *Traité des donations*, T. II.)

* Lois et constitutions des colonies françaises de l'Amérique sous le vent... Par M. MOREAU DE SAINT-MÉRY,... T. I. — *Paris* (1784), in-4. — (V. HISTOIRE, nº 1644.)

(Il manque les cinq derniers volumes.)

f. — *Arrêts, Plaidoyers, Mémoires.*

Généralités.

677. — Dictionnaire des arrêts, ou Jurisprudence universelle des parlements de France et autres tribunaux; contenant, par ordre alphabétique, les matières bénéficiales, civiles et criminelles; les maximes du droit ecclésiastique, du droit romain, du droit public, des coutumes, ordonnances, édits et déclarations. Par Pierre-Jacques BRILLON,... Nouvelle édition, revue, corrigée et augmentée. — *Paris, Guillaume Cavelier père* (et autres), 1727, 6 vol. in-fol.

678. — Novvelle et cinqvieme edition dv recveil d'arrests notables des covrs sovveraines de France. Par Iean PAPON,... — *A Lyon, par Iean de Tovrnes,* M. D. LXVIII, in-fol.

679. — Réponses et décisions du droit français, confirmées par arrêts des cours souveraines de ce royaume et autres, comme aussi des conseils d'Etat et Privé du roi, et Grand-conseil ; enrichies de singulières observations du droit romain. Revues, corrigées et augmentées en cette présente édition de plusieurs notables décisions, questions, recherches et arrêts, ajoutés en diverses réponses... Par Louis CHARONDAS LE CARON,... — *Paris, P. Mettayer,* 1612, in-fol.

680. — Notables et singulières questions de droit décidées par arrêts mémorables des cours souveraines de France ; partie d'iceux prononcés en robes rouges. Contenant les moyens et raisons décisives. Recueillies par Jean CHENU,... Centurie seconde. — *Paris, Nicolas Buon,* 1620, in-4.

(Il manque le 1er vol.)

681. — Journal du palais, ou Recueil des principales décisions de tous les parlements et cours souveraines de France sur les questions les plus importantes de droit civil, de coutume, de matières criminelles et bénéficiales et de droit public. Par feus maîtres Claude BLONDEAU, et Gabriel GUÉRET,... Quatrième édition, revue, corrigée et augmentée... — *Paris, David père,* 1755, 2 vol. in-fol.

Parlement de Paris.

* Les olim, ou Registre des arrêts rendus par la cour du roi, sous les règnes de saint Louis, de Philippe le Hardi, de Philippe le Bel, de Louis le Hutin et de Philippe le Long ; publiés par le comte BEUGNOT,... — *Paris,* 1839-48, 3 tomes en 4 vol. in-4. — (V. HISTOIRE, n° 565-P.)

682. — Arrêts de la cour décisifs de diverses questions tant de droit que de coutume, prononcés en robes rouges, ou donnés sur procès partis, et autres. Revus, corrigés et augmentés en cette nouvelle édition de plusieurs arrêts, avec un Discours sur la vérification du contrat concernant le commerce et trafic général sur la mer, que l'on veut établir en France. Réduits selon les matières par l'ordre de l'alphabet. Par monsieur Me Jean BOUGUIER, sieur DESCHARCON,... Avec deux tables, l'une des chapitres, l'autre des matières... — *Paris, Edme Pepingué,* 1647, in-4.

683. — Arrêts de règlement, recueillis et mis en ordre (alphabétique). Par M⁰ Louis-François DE JOUY,... — *Paris, Durand, et Pissot,* 1752, in-4.

684. — Recueil d'aucuns notables arrêts donnés en la cour de parlement de Paris. Pris des Mémoires de feu monsieur M⁰ Georges LOUET,... Dernière édition, revue, corrigée et augmentée de plusieurs arrêts et autres notables décisions, par Julien BRODEAU,... Avec deux tables très-amples des chapitres et des matières. — *Genève, Étienne Gamonet,* 1618, in-4.

685. — Même ouvrage. Nouvelle et dernière édition, revue, corrigée de quantité de fautes notables qui s'étaient glissées dans les premières éditions, et augmentée de plusieurs arrêts intervenus depuis les impressions précédentes, et d'autres notables décisions. Par feu M⁰ Julien BRODEAU,... Enrichie d'annotations ajoutées en marge... Avec deux tables : l'une des titres ou chapitres ; l'autre des matières plus remarquables : celle-ci est plus ample de beaucoup que celle des précédentes impressions. — *Paris, P. Rocolet,* et *Jean Guignard le père,* 1661, 2 tomes en 1 vol. in-fol.

686. — Arrêts de la cour prononcés en robes rouges; colligés et recueillis par M. Jacques DE MONTHOLON,... Dernière édition. Avec deux Tables, l'une des arrêts, et l'autre des matières. — *Paris, Pierre David,* 1634, in-4.

687. — Recueil d'arrêts remarquables donnés en la cour de parlement de Paris pour la décision des plus notables et singulières questions qui puissent concerner les bénéfices, dîmes, règlements d'officiers, fiefs, censives, droits seigneuriaux, et autres controverses du droit civil, tant pour les contrats que pour les testaments, substitutions et successions ab intestat... Par M⁰ Claude HENRYS,... revue, corrigé et augmenté en cette troisième édition. — *Paris, Jacques d'Allin,* 1662, 2 vol. in-fol.

688. — Journal des principales audiences du parlement depuis l'année mil six cent vingt-trois jusques en mil six cent cinquante-sept, avec les arrêts intervenus en icelles. Revu et augmenté en cette dernière édition de plusieurs arrêts et règlements sur procès par écrit, placés selon l'ordre des temps. Par Me Jean DU FRESNE,... (F^{ois} JAMET DE LA GUESSIÈRE, Nicolas NUPIED, Michel DU CHEMIN). — *Paris, 1678-1751,* 6 vol. in=fol.

(Le T. IV est de 1700, et le T. V de 1707. Un nouveau T. V, de 1736, et le T. VI, de 1751, forment les T. VI et VII de l'ancienne édition. — Il manque le T. III.)

689. — Nouveau recueil d'arrêts notables du parlement de Paris, donnés sur diverses questions, depuis 1657, jusques à présent. Recueillis par maître J. R. ═ *Paris, Michel Bobin et Nicolas Le Gras,* 1665, in-4.

690. — Actes de notoriété donnés au Châtelet de Paris sur la jurisprudence et les usages qui s'y observent; avec des notes. Par Me J.-B. DENISART,... Troisième édition, corrigée et augmentée. — *Paris, Desaint,* 1769, in-4.

691. — Actions notables et plaidoyers de messire Louis SERVIN,... Avec les plaidoyers de M. A. Robert ARNAULT et autres, à la fin desquels sont les arrêts intervenus sur iceux. Dernière édition, corrigée et augmentée de plusieurs plaidoyers de l'auteur. — *Rouen, Louis Loudet,* 1629, 2 tomes en 1 vol. in-4.

(Au nombre de ces plaidoyers s'en trouve un concernant une des grandes familles du Limousin au commencement du XVIIe siècle.)

692. — Même ouvrage. Dernière édition, revue, corrigée et augmentée de plusieurs plaidoyers dudit auteur, et d'une Table alphabétique des matières. — *Paris, Etienne Richer,* 1639.

693. — Les œuvres de Me Julien PELEUS, avocat en parlement. — (*Paris,* 1631?) in-fol.

(Le frontispice manque. Ce vol. a 2 parties : la 1re contient les « Questions illustres décidées par arrêts »; la 2e, les « Actions forenses singulières et remarquables ».)

694. — Les plaidoyers et harangues de monsieur LE MAISTRE,... Donnés au public par monsieur ISSALI,... Seconde édition. — *Paris, Pierre Le Petit,* 1657, in-4.

* De l'éloquence judiciaire au dix-septième siècle. Antoine Lemaistre et ses contemporains. Par Oscar

DE VALLÉE,... — *Paris*, 1856, in-8. — (V. HISTOIRE, *n° 1737.*)

* Plaidoyers d'Omer et de Denis TALON. — (V. *n° 24, Œuvres.*)

695. — Plaidoyers, arrêts et harangues de Me Claude HENRYS,... — *Paris, veuve Edme Pepingué,* 1658, in-4.

696. — Nouveau recueil des plaidoyers de Henry DAUDIGUIER, sieur DU MAZET... — *Paris, Robert Denain,* 1660, in-4.

697. — Plaidoyers et autres œuvres d'Olivier PATRU,... — *Paris, Sébastien Mabre-Cramoisy,* 1670, in-4.

698. — Œuvres diverses de Mr PATRU,... contenant ses plaidoyers, harangues, lettres et vies de quelques-uns de ses amis. Quatrième édition, considérablement augmentée. — *Paris, Nicolas Gosselin,* 1732, 2 vol. in-4.

699. — Œuvres de M. le chancelier D'AGUESSEAU (publiées par les soins de l'abbé André, son bibliothécaire). — *Paris, les libraires associés,* 1759-90, 12 vol. in-4.

(Le T. XIII manque. — T. I : Discours pour l'ouverture des audiences; Mercuriales; Réquisitoires; Instructions sur les études propres à former un magistrat, etc. — T. II-IV : Plaidoyers, de 1691 à 1699. — T. V : Plaidoyers, mémoires, dissertations et autres ouvrages. — T. VI-VII : Requêtes et mémoires sur les matières domaniales, avec différentes pièces sur la pairie. — T. VIII-IX : Lettres sur les matières criminelles et sur les matières civiles. — T. X : Suite des lettres sur les matières civiles et criminelles; Considérations sur les monnaies; Mémoires sur les actions de la compagnie des Indes, etc. — T. XI : Méditations philosophiques sur l'origine de la justice, etc. — T. XII : Lettres philosophiques et littéraires; Mémoires sur plusieurs objets de jurisprudence; Fragments divers. — Henri-François d'Aguesseau, chancelier de France, né à Limoges le 7 novembre 1668, mort le 9 février 1751.)

* Histoire de la vie et des ouvrages du chancelier d'Aguesseau. Par A. BOULLÉE. — *Paris,* 1835, 2 vol. in-8. — (V. HISTOIRE, *n° 1496.*)

700. — Œuvres de feu Mr COCHIN,... contenant le recueil de ses mémoires et consultations (publiées avec une Préface historique de BERNARD). — *Paris, de Nully,* 1751-57, 6 vol. in-4.

(Au T. I, portrait de Cochin.)

701. — Œuvres posthumes de maître Louis D'HÉRICOURT,... — *Paris, Desaint et Saillant* (et autres), 1759, 4 vol. in-4.

Parlement de Toulouse, créé en 1303.

702. — Notables et singulières questions du droit écrit décidées et jugées par arrêts mémorables de la cour souveraine du parlement de Toulouse. Avec la conférence des jugements et arrêts intervenus sur mêmes sujets tant es pays de droit écrit que des autres parlements et cours souveraines de ce royaume de France. Par Me Gérauld DE MAYNARD,... — *Paris, Robert Foüet,* 1617-18, 2 vol. in-4.

(C'est le T. I qui est de 1618.)

703. — Notables et singulières questions de droit écrit (etc.)... Nouvelle édition, revue, corrigée et augmentée de la quatrième partie. — *Paris, Robert Foüet,* 1638, in-fol.

(Le faux-titre porte : « La bibliothèque tholosane, contenant les arrêts de monsieur de Maynard, divisés en trois parties, revus et corrigés en cette nouvelle édition; avec la quatrième partie, composée de divers arrêts prononcés en robes rouges, et de plaidoyers et autres arrêts intervenus sur iceux en la cour de parlement de Tholose. Tome premier ». — Le T. II manque.)

704. — Les œuvres de Simon D'OLIVE, sieur DU MESNIL, conseiller du roi en sa cour de parlement de Toulouse, divisées en deux volumes : le premier contenant les questions notables du droit, décidées par divers arrêts de la cour de parlement de Toulouse; le deuxième contenant les actions forenses, les lettres et notes sur lesdites actions forenses. Edition dernière, revue et corrigée... — *Lyon, Alexandre Fumeux,* 1656, 2 tomes en 1 vol. in-4.

705. — Arrêts de la cour du parlement de Toulouse, recueillis par feu Me Jean ALBERT,... Nouvelle édition, revue, corrigée et augmentée. — *Toulouse, Gaspard Henault,* 1734, in-4.

Parlement de Bordeaux, créé en 1451.

* Arrêts notables du parlement de Bordeaux... Par M⁰ Antoine Boé,... — (V. n⁰ 660.)

706. — Décisions sommaires du palais, par ordre alphabétique, illustrées de notes et de plusieurs arrêts de la cour de parlement de Bordeaux. Par feu M⁰ Abraham LAPEYRÈRE,... Nouvelle édition, revue, corrigée et augmentée d'un grand nombre de décisions et d'arrêts recueillis des Mémoires de plusieurs illustres sénateurs de ce parlement. — *Bordeaux, Guillaume Boudé,* 1706, in-fol.

* Remontrances et ouvertures du palais, et arrêts prononcés en robes rouges. Par ... DE NESMOND. — (V. n⁰ 571.)

Parlement de Grenoble, créé en 1455.

707. — Plaidoyers de M⁰ Claude EXPILLY, chevalier, conseiller du roi en son conseil d'Etat, et président au parlement de Grenoble ; ensemble plusieurs arrêts et règlements notables dudit parlement; le tout divisé en deux parties. Cinquième édition, revue et augmentée, outre les précédentes impressions, de plus d'un tiers tant d'arrêts, que de plaidoyers et règlements, ajoutés par l'auteur. Avec trois Tables : l'une des titres et chapitres; l'autre des auteurs allégués, et la dernière des matières principales. — *Lyon, Laurent Durand,* 1636, in-4.

Parlement de Metz , créé en 1633.

708. — Plaidoyers de messire Nicolas DE CORBERON, chevalier, seigneur de Torvilliers, conseiller du roi en ses conseils, avocat général au parlement de Metz, et ensuite maître des requêtes ordinaires de l'hôtel de Sa Majesté. Avec les arrêts intervenus sur ces plaidoyers. Ensemble les plaidoyers de M. Abel DE SAINTE-MARTHE,... Donnés au public par messire Abel DE SAINTE-MARTHE,... — *Paris, Charles de Sercy,* (et autres), 1693, in-4.

Causes célèbres.

709. — Causes célèbres et intéressantes, avec les jugements qui les ont décidées. (Par GAYOT DE PITAVAL.) Nouvelle édition, revue, corrigée et augmentée de plusieurs pièces importantes qu'on a recouvrées. = *Paris, Théodore Le Gras,* 1738-43, 17 vol. in-12.

(Il manque les T. II, VI, X, et la continuation par DE LA VILLE, *Paris*, 1769, 4 vol. in-12.)

710. — Abrégé des Causes célèbres et intéressantes, avec les jugements qui les ont décidées. Par le sieur P.-F. BESDEL. — *Toulouse, D. Desclassan,* 1785, 3 vol. in-12.

711. — Causes célèbres et intéressantes, avec les jugements qui les ont décidées. Rédigées de nouveau par M. RICHER,... = *Amsterdam, Michel Rhey,* 1772-88, 17 vol. in-12.

(Il manque les T. IX, XIX, XX, XXI et XXII.)

712. — Choix de nouvelles causes célèbres, avec les jugements qui les ont décidées. Extraites du Journal des causes célèbres, depuis son origine jusques et compris l'année 1782. Par M. DES ESSARTS,... — *Paris, Moutard,* 1785-87, 15 vol. in-12.

715. — Procès fameux extraits de l'Essai sur l'histoire générale des tribunaux des peuples tant anciens que modernes; contenant les anecdotes piquantes et les jugements fameux des tribunaux de tous les temps et de toutes les nations. Par M. DES ESSARTS,... = *Paris, l'auteur,* 1786, 8 vol. in-12.

714. — (Recueil factice, 2 vol. in-4, contenant :)

— T. I :

1°. — Réponses servant de justification pour messire Jacques-Joseph de Ménard de Lestang, prêtre, doyen et chanoine de l'église cathédrale d'Aleth, et François Rives, aussi prêtre et chanoine de la même église, et syndic du chapitre, defendeurs et demandeurs. Contre les calomnies et les impostures publiées dans l'avertissement de messire Vincent Ragot, prêtre et promoteur des juridictions ecclésiastiques d'Aleth, demandeur et défendeur. Où l'on traite plus particulièrement de l'effet et du pouvoir des absolutions *ad cautelam*. Par maître François PINSSON,... — *Paris, Veuve Antoine Chrestien*, 1665, 79 pages.

2°. — Factum pour maître Louis-Emmanuel Reydellet, clerc tonsuré du diocèse de Lyon,... prieur commendataire du prieuré simple de Saint-Martin d'Anglefort, dépendant de l'abbaye de Notre-Dame d'Ambronay, ordre de Saint-Benoît, pays de Bugey, demandeur et défendeur; contre maître Jacques Michon, diacre du même diocèse,... pourvu par le roi dudit prieuré, défendeur et demandeur. — (Sans frontispice), 75 pages.

3°. — Mémoire instructif, contenant l'extrait des principales pièces produites en l'instance du conseil; pour Messieurs les exécuteurs de la fondation du collège Mazarin, défendeurs; contre Monsieur Pelisson Fontanier,... administrateur de la manse abbatiale de Saint-Germain-des-Prés, les religieux de l'abbaye dudit Saint-Germain et les héritiers Lesturgeon, ancien receveur du temporel de ladite abbaye, demandeurs. — (Sans frontispice), 18 pages.

4° — Mémoire de ce que les sieurs députés de leurs hautes puissances les seigneurs États-généraux des Provinces-Unies des Pays-Bas ont proposé de la part de leurs hautes puissances au sieur comte d'Avaux, ambassadeur extraordinaire de Sa Majesté Très-Chrétienne (signé Alexandre STANHOPE). — 15 pages.

5°. — Mémoire pour servir au jugement de l'instance en règlement de juges pendante au conseil; pour Bertrand Nuguet, écuyer seigneur de Villars, demandeur; contre messire Gabriel de Roquette, évêque d'Autun, et en cette qualité baron de Lucenay, défendeur. — 8 pages.

6°. — Abrégé du Mémoire de Mme la duchesse de Longueville, contre Mme la duchesse de Nemours, touchant la compétence des trois Etats de Neuf-Chastel. — 12 pages.

7°. — Réponse à un écrit intitulé : « Défense des droits de Mme de Nemours pour les souverainetés de Neuf-Chastel et de Vallengin ». — (Mémoire en 7 parties.)

8°. — Répliques de Mme de Longueville aux réponses de Mme de Nemours. — 29 pages.

9°. — Mémoire pour M. le marquis de Gesvres, défendeur et demandeur; contre Mme la marquise de Gesvres, son épouse, demanderesse et défenderesse. — 48 pages.

10°. — Factum du procès criminel pendant en la cour, en la chambre de la Tournelle; entre messire Jean de Grasse;... défendeur et accusé; contre Véronique de Grasse,... sa nièce, et le S. de Greoux, son petit-neveu, demandeurs et accusateurs. (Subornation du nommé Jacques Court, et fausse accusation formée en conséquence.) — 16 pages.

11°. — Sommaire de la requête contenant les reproches des témoins ouïs en l'enquête faite à Montmédy; pour la dame veuve du sieur de Riencourt, accusatrice; contre Charles de Riencourt dit Duplessis et Georges Besnard, son laquais, accusés. — 20 pages.

12°. — Copies de pièces et extraits d'interrogatoires employés dans la production faite au parlement le 15 janvier 1672. Par maîtres Philippes de Roqueleyne et Pierre Durand, procureurs syndics des états de Bourgogne ; et Antoine Bossuet, écuyer, trésorier général des mêmes états, appelants, intimés et accusateurs ; contre Jean-Baptiste Savary et Charles, Regnault dit du Petit-Coursan, intimés, appelants et accusés. — 32 pages.

13°. — Requête au roi sur le secret de la vraie et parfaite porcelaine de France (présentée par la veuve et les enfants Chicaneau, entrepreneurs de la manufacture de Saint-Cloud). = 8 pages.

14°. = Au roi. Sire, le cardinal de Gesvres, abbé commendataire de l'abbaye de Notre-Dame de Bernay, et les prieurs et religieux de la même abbaye, remontrent très-humblement à Votre Majesté que Guillaume Laugeois, ci-devant vicaire perpétuel de l'église paroissiale de Sainte-Croix de Bernay, les prêtres habitués en la même église, Jean Le Prévost, l'un d'eux, et Anne Lochet du Carpont,... etc. (Requête du mois de juillet 1722). — 14 pages.

15°. — Factum servant d'addition, de salvations et de réponse sommaire aux nouvelles objections. Pour dame Françoise Le Marié, veuve en premières noces de Christophe Cupif, vivant écuyer, sr d'Aussigné, et à présent femme de Me Etienne du Mesnil, ci-devant avocat du roi au siége présidial et sénéchaussée d'Anjou... Contre maître Etienne du Mesnil, son mari, et damoiselle Claude du Mesnil, fille du premier lit du sieur du Mesnil, intimés. (Affaire d'empoisonnement. 1672). — 13 pages.

16°. — Plaidoyer prononcé au grand conseil pour Monsieur le duc Mazarin ; contre Madame la duchesse Mazarin, son épouse ; avec la réplique au plaidoyer de l'avocat de Madame Mazarin, et l'arrêt intervenu sur ces plaidoyers le 29 de décembre 1689. = 40 pages.

17°. — Pour maîtres Philippes de Roqueleyne et Pierre Durand, procureurs syndics des Etats de Bourgogne, et Antoine Bossuet, écuyer, trésorier général des mêmes Etats, appelants, intimés et accusateurs ; contre Jean-Baptiste Savary et Charles Regnault dit du Petit-Coursan, intimés, appelants et accusés. = 50 pages. = (V., pour la même affaire, ci-dessus, 12°.)

18°. — Factum. Pour messire Jacques Bossuet, chevalier, seigneur d'Ayserey, ci-devant conseiller au parlement de Bourgogne, intimé ; contre Damoiselle Reyne Roussel, appelante d'une sentence rendue au Châtelet le 28 août 1677. — 6 pages.

19°. — A Messieurs Messieurs les conseillers du roi, notaires garde-note de Sa Majesté en son Chastelet de Paris. (Plaintes de Marguerite Cagnié contre Simon Mouffle.) — 7 pages.

20°. — A Messieurs les prévôt des marchands et échevins de la ville de Paris. (Requête des propriétaires des anciennes rentes sur le clergé.) = 3 pages.

21°. = Requête au roi pour les curés et les marguilliers des œuvres et fabriques de toutes les paroisses de la ville et faubourgs de Paris ; contre les jurés crieurs de corps et de vins de ladite ville. = *Paris, imp. de Christophe Journel*, 1700, 40 pages.

22°. — Factum. Pour frère Pierre de La Croix, prêtre religieux de l'ordre de Saint-Benoît, prieur, et ancien paisible possesseur du prieuré simple de N.=D. de Prix, dépendant de l'abbaye de La Couture du Mans... intimé, demandeur en lettres *de pacificis possessoribus*, et défendeur; contre François Le Jarriel, prétendant droit par dévolut audit prieuré, appelant; Maurice Chevreau, soi-disant religieux dudit ordre, aussi prétendant droit au même prieuré, appelant; messire Louis-Henry, légitimé de Bourbon, chevalier de Soissons, abbé de l'abbaye de La Couture du Mans, aussi appelant; et encore contre Antoine Favereau, dernier dévolutaire, intervenant, demandeur en complainte et défendeur en lettres *de pacificis*. — 7 pages.

23°. — Factum pour Jacques Bardin, écuyer, sieur du Parc, demeurant en la ville d'Angers, petit-fils de feu Louis Bardin, écuyer, sieur de Bouzannes, secrétaire du roi en son grand conseil, défendeur; contre Me Jean Laspeyre, chargé par S. M. de la recherche des usurpateurs du titre de noblesse, demandeur. — 9 pages.

24°. — Pour Samuel du Meulle, sieur de La Rigaudière, intimé; contre Mathieu Courbart, appelant de la sentence du bailli du Perche à Bellesme, du 30 mai 1672. — 16 pages.

25°. — Au roi. Sire, les maîtres et gardes et toute la compagnie des marchands orfèvres de la ville de Paris viennent se jeter aux pieds de V. M. pour lui faire de très-humbles et très-soumises remontrances sur l'arrêt du Conseil d'État du 17 janvier dernier (1688). — 28 pages.

— T. II :

1°. — Liste des nouveaux édits et déclarations du roi (suivie du texte de ces édits et de ces déclarations). — *Paris, Sébastien Mabre-Cramoisy*, 1674.

(Création de huit maîtres des requêtes; Création et attribution à tous les officiers des cours et autres, de la somme de cinq cent mille livres d'augmentation de gages héréditaires; Augmentation du droit de marque sur l'or et sur l'argent; Marque de la vaisselle d'étain; Réglement de l'hypothèque du roi sur les biens des comptables; Exemption de tailles et autres impositions aux juges royaux et rétablissement de la fonction d'adjoint aux enquêtes; Edit pour faire payer aux contrats d'échange les mêmes droits qui se paient aux contrats de vente; Création d'offices de jaugeurs et courtiers de boissons et liqueurs; Arrêt du Conseil d'État concernant les offices de jurés mouleurs, aides à mouleurs, chargeurs, commissaires et contrôleurs de toutes sortes de bois, etc.; Création de six cent mille livres de rente sur les gabelles et de deux receveurs payeurs et deux contrôleurs desdites rentes; Création d'un nouveau Châtelet.)

2°. — Mémoire pour faire connaître l'esprit et la conduite de la compagnie établie en la ville de Caen, appelée l'Hermitage. — 1660, 37 pages.

3°. — Justification des colonels et des capitaines du pays des Grisons qui servent le roi de France, contenue dans une lettre écrite aux chefs des trois ligues des Grisons. Par J.=B. STOPPA. — *Paris*, 1690, 28 pages.

4°. — Second factum, pour les curés de l'archidiaconé de Josas, demandeurs; contre Monsieur Cocquard de La Motte, archidiacre dudit Josas, intimé et défendeur. — 59 pages.

5°. — Factum, pour frère Paul Portail, chanoine régulier de l'ordre de Saint-Augustin, prieur-curé de Notre-Dame de Faye du même ordre... au diocèse d'Angers, demandeur et défendeur; contre messire Henri de Béthune, archevêque de Bordeaux, abbé...

de la Trinité de Mauléon ; maître Jean Hotman, et frère Robert Chapelain, prétendant droit audit prieuré-cure de Faye, défendeurs et demandeurs. — 12 pages.

6°. — Factum, pour messire Jean Hotman... (même affaire). — 8 pages et 4 pages d'addition.

7°. — Factum, pour messire Noel Brulart, chevalier, comte du Rouvre sur Aube,... appelant des sentences rendues aux requêtes de l'hôtel les 14e juillet 1671 et 13e juin 1672, et demandeur ; contre les sieurs abbé et religieux de l'abbaye d'Auberive, intimés et défendeurs. — 8 pages.

8°. — Sollicitation raccourcie envers MM. les commissaires nommés par le roi pour juger le différend qui est entre les prémontrés réformés, complaignants, et M. l'abbé de Prémontré, général de l'ordre, qui a fait le trouble. — 7 pages.

9°. — Mémoire instructif, pour messire André Le Picart, chevalier seigneur d'Aubercourt, héritier en partie de défunt messire François Le Picart,... président des trésoriers de France en la généralité de Picardie, et de dame Anne Benard, ses père et mère ; comme aussi de feues damoiselles Anne-Catherine et Marie-Anne Le Picart, ses sœurs, et Jean-Baptiste Le Picart, son frère, défendeur et appelant d'une sentence surprise par défaut faute de comparoir, au Châtelet de Paris, du 27 novembre 1697 ; contre Noël Benard, sieur du Verger, au nom et comme se prétendant curateur à l'interdiction de François-Gabriel Le Picart, intimé et demandeur. (Et diverses pièces concernant la même affaire. Question de savoir si un jésuite rentré dans la vie civile avant l'âge de 33 ans accomplis peut être réintégré dans ses droits échus ou à écheoir avant ou depuis ses vœux simples.)

10°. — Factum pour les curés de Paris ; contre messire Claude Joly, chantre et chanoine de Notre-Dame de Paris, touchant les écoles de charité, présenté à Mgr l'archevêque de Paris. — 38 pages.

11°. — Éclaircissement à Mgr l'archevêque de Paris, pour MM. les doyen et chapitre, et le sieur Joly, chantre et chanoine de l'église de Paris, sur un factum en apostilles intitulé : « Réponse des curés de Paris au second factum de messire Claude Joly,... touchant les écoles de charité... » — 71 pages.

12°. — Factum, pour les doyen, chanoines et chapitre de l'église cathédrale de Bourges, intimés et défendeurs ; contre les prieur, chanoines et chapitre de l'église séculière et collégiale du Château-lez-Bourges, appelants et demandeurs, et M. Michel Colbert de S. Pouanges, trésorier de la Sainte-Chapelle, partie intervenante. — 14 pages.

13°. — Factum, pour les prieur séculier, procureur, receveur et boursiers théologiens du collége du cardinal Le Moine, appelants intimés, demandeurs et défendeurs ; et Me Charles Ternois, prêtre, bachelier en théologie, boursier théologien, nommé principal... intervenant ; contre Me Philippes Pourcel, soi-disant grand-maître et prétendant droit à la principauté dudit collége, intimé, appelant, défendeur et demandeur. — 10 pages.

14°. — Factum, pour Me Nicolas Mathieu, prêtre, bachelier en théologie de la faculté de Paris, curé de Saint-André des Arcs; contre M. Jean Robert, docteur en théologie, grand archidiacre et chanoine de Chartres, prétendant droit à la même cure. — 52 pages et 42 pages de pièces justificatives.

15o. — Réflexions sommaires sur le fait du procès d'entre Me Barnabé Pinsson, clerc tonsuré du diocèse de Paris, maître ès-arts en l'université de Bourges, pourvu du prieuré simple de Saint-Laurent de Manzay, ordre de Saint-Augustin, diocèse de Bourges, demandeur en complainte pour raison du possessoire d'icelui, et défendeur en opposition; contre Jacques Desfriches, soi-disant clerc tonsuré du diocèse de Bourges, et pourvu en commende dudit prieuré, défendeur en complainte, et demandeur en opposition. — 16 pages.

16o. — Factum, pour Me Nicolas Gosset, prêtre;... curé et chefcier de l'église de Sainte-Opportune de Paris, ayant repris l'instance pendante au parlement; entre défunt maître Jean Le Moyne, curé et chefcier de ladite église, complaignant et défendeur, et les chanoines et chapitre de ladite église, défendeurs et demandeurs. — 11 pages.

17o. — Factum, pour Me Claude Coqueley, prêtre, prieur de Saint-Beroing et de Chenevanes, demandeur aux fins de l'exploit du dernier décembre 1671, et en requête par lui présentée à la cour le 20 février, lettres obtenues en chancellerie le 17 mars, et en une autre requête du 26 du même mois 1672, et défendeur... Contre Me Charles Le Febvre, chanoine en l'église de Paris, défendeur et demandeur en requête du 30 dudit mois de mars 1672... (Restitution de dépôt). — 16 pages.

18o. — Déclaration de Mgr l'illustrissime et révérendissime évêque de Troyes sur la conduite de Catherine Charpy. — 8 pages.

19o. — Factum, pour les doyen, chanoines et chapitre de l'église de Luçon, appelants comme d'abus; contre Monsieur l'évêque et baron de Luçon, intimé. — 8 pages.

20o. — Défense de messire Pierre-Florent Fromentel, prêtre du diocèse de Paris, docteur en théologie de la faculté de Bourges, ci-devant chanoine et théologal de l'église cathédrale de Senlis, demandeur en cassation de l'arrêt du parlement de Paris rendu l'onze du mois de février de la présente année 1726, qui juge qu'un degré de docteur obtenu dans une université sans le temps d'étude prescrit par la pragmatique et par le concordat est insuffisant pour posséder une prébende théologale, et pour acquérir un titre coloré à l'effet de s'autoriser de la possession triennale. — *Paris, Alexis Mesnier*, 1726, 40 pages.

715. — (Recueil factice, 3 vol. in-4 :)

T. I :

1o. — Mémoire pour dame Magdeleine Regnaudin, veuve de messire Joseph Limousin, écuyer, seigneur de Neuvic, Masléon et autres lieux; contre messire Joseph Dugarreau de La Seinie, écuyer, seigneur de Puy-de-Bette. — 94 pages.

2o. — Mémoire pour le comte O Rourke, mestre de camp de cavalerie, ci-devant chambellan du feu roi de Pologne,... contre Madame la duchesse d'Olonne. — 48 pages et 20 pages de pièces justificatives.

3°. — Mémoire pour Mᵐᵉ la duchesse d'Olonne, contre le s. O'Rourke. — *Paris, imp. Louis Cellot*, 1771, 31 pages.

4°. — Mémoire à consulter, pour Mᵉ Deligny, ancien avocat au parlement et ministre du prince évêque de Fulde; contre l'abbé Odinet de Godran, ci-devant chanoine de Toul; en présence de M. le procureur-général. — 48 pages.

5°. — Testamens de feu M. le duc de Bouillon, et Observations dans la cause d'entre M. le duc de Bouillon et le comte de La Tour d'Auvergne. — 36 pages. — Extrait des faits du procès d'entre M. le duc de Bouillon et le Sʳ de La Bellangerie, tuteur aux substitutions de la maison de Bouillon. — 16 pages.

6°. — Précis pour la marquise de Gouy; contre le marquis de Gouy. — 24 pages.

7°. — Réponse pour le comte de La Tour-du-Roch; contre le marquis de Lupé. — 93 pages.

8°. — Éclaircissements préparés pour le conseil du roi et pour Messieurs les agents généraux du clergé. (Justification des administrateurs du bureau diocésain de Rodez en date du 31 janvier 1777.) — 83 pages.

T. II :

1°. — Plaidoyer pour le comte de Morangiès (et autres pièces concernant la même affaire). — *Paris, imp. Louis Cellot*, 1772, in-4.

2°. — Mémoire à consulter pour Pierre-Augustin Caron de Beaumarchais,... accusé (et autres pièces concernant l'affaire Goëzmann). — *Paris*, 1772), in-4.

T. III :

1°. — Requête présentée au roi et à nosseigneurs de son conseil par les sieurs Noüel, père et fils; négociants à Angoulême et associés, contenant de plus amples moyens sur l'opposition qu'ils ont formée à l'arrêt du conseil surpris le 16 janvier 1776 par les héritiers de feu Chéneusac, et de respectueuses représentations au roi sur l'arrêt du conseil du premier avril suivant, qui casse les plaintes rendues en usure par les sieurs Noüel contre les sieurs Marot, Robin et des Essarts, tant par devant Mᵉ Michel, commissaire au Châtelet de Paris, qu'en la sénéchaussée d'Angoulême et en la Tournelle du parlement de Paris, ensemble l'arrêt intervenu en ladite Tournelle le 23 mars précédent (et autres pièces concernant la même affaire). — *Paris, imp. de d'Houry*, 1776, in-4.

2°. — Procès de M. le comte de Guines, ambassadeur du roi, des sieurs Tort et Roger,... et du sieur Delpech; discuté d'après les plaintes respectives. (*Paris*, 1775.) — In-4.

* Premier (-quatrième) factum, ou Défenses de messire Philippe DE LA MOTHE-HOUDANCOURT, duc DE CARDONNE et maréchal de France, ci-devant vice-roi et capitaine général en Catalogne; avec plusieurs requêtes, arrêts et autres actes... — *Paris*, 1649, in-4. — (V. Histoire; n° 803.)

716. — Arrêt de la cour de parlement intervenu dans la cause des Daubriots de Courfrauт; par lequel on leur a adjugé la succession de Christophe Daubriot, leur père, qui avait fait ses vœux par force. Avec les plaidoyers de monsieur Talon, avocat général, et de monsieur Pousset, sieur de Montauban, et quelques autres plaidoyers dudit sieur de Montauban. — *Paris, Pierre Lamy*, 1660, in-4.

(Ces plaidoyers sont : 1° Pour un impuissant; 2° Pour la duchesse d'Aiguillon; 3° Pour la demoiselle de Beaulieu; 4° Pour les enfants de Guy de Veré.)

717. — Divers plaidoyers touchant la cause du gueux de Vernon, avec le plaidoyer de monsieur Bignon, avocat général, et quelques autres plaidoyers et arrêts sur différentes matières (par de Montauban, Billard, de Fourcroy, etc.). —*Paris, Louis Billaine*, 1665, in-4.

(Ce volume semble faire suite au précédent. La pagination suit d'un recueil à l'autre.)

718. — Factum pour dame Marie de Roquetun-La-Tour, veuve de messire Pierre Thibault, chevalier, seigneur de La Boessière, intimée et accusatrice; contre Jacqueline Maillard, se disant sœur du se-disant Jean Maillard; messire Jérome Thibault, sieur de Beaurains; dame Magdeleine Thibault, veuve du sieur de Rantilly; Simon Darréau et Jean Hurbal; appelans comme d'abus, demandeurs et accusés d'imposture... — *Imprimé à Paris*, 1673, in-4.

* Recueils de pièces concernant le procès de Fouquet. — 2 vol. in-4. — (V. Histoire, n°s 807 et 808.) — Les œuvres de M. Fouquet,... contenant son accusation, son procès et ses défenses contre Louis XIV. — *Paris*, 1696, 12 vol. in-12. — (V. *ibid.*, n° 809.)

719. — Recueil général des pièces contenues au procès de monsieur le marquis de Gesvres et de mademoiselle de Mascranni, son épouse. (Par Bégon.) Nouvelle édition, augmentée de diverses pièces, et mises dans leur ordre. — *Rotterdam, Reinier Leers,* 1714, 2 vol. in-12.

720. — Mémoire pour monsieur le marquis de Gesvres, défendeur et demandeur; contre madame la marquise de Gesvres, son épouse, demanderesse et défenderesse. — In-12.

(Sans frontispice. — V. aussi *n*° 714, T. I-9°.)

721. — Lettre justificative de M^r le chevalier DE BELLE-ISLE, colonel réformé de dragons, à M. L. C. D. F. M. D. C. — 30 pages. — Défense de M. LE BLANC. — 77 feuillets manuscrits. — Mémoire du comte DE BELLE-ISLE sur l'échange du marquisat de Belle-Isle avec le roi. — 66 pages. Le tout en 1 vol. in-4.

722. — Mémoire pour le sieur de La Bourdonnais, avec les pièces justificatives. (Par DE GENNES.) — *Paris, impr. de Delaguette,* 1750, in-4.

723. — Mémoire(s) à consulter pour la famille du Sr Dupleix (avec les pièces justificatives). — *Paris, impr. d'Antoine Boudet,* 1751. — Observations sur les deux mémoires à consulter distribués par la famille du sieur Dupleix. — *Paris, impr. de Delaguette,* 1751. Le tout en 1 vol. in-4.

724. — Mémoire pour le sieur Dupleix, contre la compagnie des Indes, avec les pièces justificatives. — *Paris, impr. de P.-Al. Le Prieur,* 1759. — Lettre de M. GODEHEU à M. Dupleix. Mémoire à consulter et consultation. Pièces justificatives et extraits de quelques lettres de M. Godeheu à M. Saunders. — *Paris, impr. de Michel Lambert,* 1760. — Réfutation des faits imputés au sieur Godeheu par le sieur Dupleix (avec les pièces justificatives). — *Paris, impr. de Ch.-Est. Chenault,* 1764. Le tout en 1 vol. in-4.

725. — Mémoire pour le sieur Dupleix contre la Compagnie des Indes, avec les pièces justificatives. — *Paris, impr. P.-Al. Le Prieur,* 1759, in-4.

726. — Réfutation des faits imputés au sieur Godeheu par le sieur Dupleix (avec les pièces justificatives). — *Paris, impr. de Ch.-Est. Chenault,* 1764. — Lettre de M. GODEHEU à M. Dupleix. Mémoire à consulter et consultation. Pièces justificatives et extraits de quelques lettres de M. Godeheu à M. Saunders. = *Paris, impr. de Michel Lambert,* 1760. Le tout en 1 vol. in-4.

* Pièces originales et procédures du procès fait à Robert-François Damiens, tant en la prévôté de l'hôtel qu'en la cour de parlement (recueillies et publiées par LE BRETON). = *Paris,* 1757, in-4. — (V. HISTOIRE, *n*° 864.)

727. — Mémoire et consultation sur une question du droit des gens : Mémoire à consulter pour les tuteurs de M. le duc d'Hamilton et du lord Douglas Hamilton, et le chevalier Dalrymple. — Observations servant de réponse à un écrit anonyme portant le titre de « Mémoire abrégé pour M. de Douglas », avec l'articulation des faits de supposition de part et les quatre lettres du prétendu accoucheur Pierr Lamarr. — *Paris,* 1763. — Recueil des pièces présentées à Sa Majesté Très-Chrétienne, à la Tournelle du parlement de Paris, et à M. de Sartine, lieutenant général de police ; en conséquence de deux jugements portés par la cour de session en Écosse ; le premier daté du 27 juillet, et le second du 11 août présente année 1763, au sujet de la contestation entre le duc d'Hamilton, marquis de Douglas, etc., le lord Douglas Hamilton, et le chevalier Dalrymple, d'une part ; et, de l'autre part, Archibald Stewart Douglas, qui prétend être fils de milady Jeanne Douglas et du chevalier Jean Stewart. = *Paris, impr. de Michel Lambert,* 1763. — Le tout en 1 vol in-4.

728. — Mémoire pour messire François Bigot, ci-devant intendant de justice, police, finances et marine en Canada, accusé ; contre monsieur le procureur-général du roi en la commission, accusateur... — *Paris, impr. de P.-Al. Le Prieur,* 1763, 2 vol. in-4.

729. — Mémoire pour le comte de Lally,... commissaire du roi et commandant en chef dans l'Inde ; contre monsieur le procureur-général. (Avec les pièces justificatives.) — *Paris, impr. de Guillaume Despretz,* 1766, in-4.

730. — Mémoire à consulter et consultation pour le sieur Duval Dumanoir et M. Duval d'Espremenil,... héritiers de feu sieur Duval de Leyrit, gouverneur de Pondichéry; avec les lettres que les sieurs DUVAL DE LEYRIT et DE LALLY se sont écrites dans l'Inde, pour servir de pièces justificatives. — *Paris, impr. de Michel Lambert,* 1766, in-4.

731. — Requête présentée au roi et à nosseigneurs de son conseil par Geneviève-Françoise Gaillard, femme séparée de biens du sieur Nicolas Romain, officier invalide, fille et héritière légitimaire de Marie-Anne Regnault, veuve du sieur Marie-François Veron, banquier à Paris; et François Liégart Dujonquay, docteur ès-lois, petit-fils de ladite dame Veron et son légataire universel;—en cassation d'un arrêt du parlement de Paris, rendu, le 3 septembre 1773, contre ladite dame Romain et ledit sieur Dujonquay, en faveur du sieur comte de Morangiés et autres. — *Paris, impr. de Pierre-Guillaume Simon,* 1774, in-4.

* (V., pour la même affaire, ci-dessus, *n°* 745, T. II-1°.)

732. — Mémoires de M. CARON DE BEAUMARCHAIS,... accusé de corruption de juge; contre M. Goëzman,... accusé de subornation et de faux; Mme Goëzman et le sieur Bertrand, accusés; le sieur Marin, gazetier de France, et le sieur Darnaud-Baculard,... assignés comme témoins. — *Paris,* 1775, in-12.

733. — Même ouvrage et pièces concernant la même affaire. — In-4.

(A la suite :)

— Mémoire sur les priviléges des avocats, dans lequel on traite du tableau et de la discipline de l'ordre. (Pour Me Morizot, avocat au parlement, contre M. le procureur-général.) — *Paris, impr. de Quillau* (s. d.), in-4 de 82 pages.

* (V. aussi, sur l'affaire Goëzman, ci-dessus, *n°* 745, T. II-2°.)

734. — Mémoire sur une question d'adultère, de

séduction et de diffamation, pour le sieur Kornman ; contre la dame Kornman, son épouse, le Sr Daudet de Jossan, le Sr Pierre-Augustin Caron de Beaumarchais et M. Le Noir,... — (S. l. n. n.), 1787, in-8.

* Mémoire pour Louis-René-Edouard de Rohan,... contre monsieur le procureur-général, en présence de la dame de La Motte, du sieur de Villette, de la demoiselle d'Oliva, et du sieur comte de Cagliostro, co-accusés (et autres pièces, concernant l'affaire du collier). — *Paris*, 1786, in-4. — (V. Histoire, n° 890, et *Supplément.*)

755. — Mémoire au roi. (Par Linguet.) — 1786, in-8.

(Le frontispice et la fin manquent.)

756. — Arrêt de la cour de parlement qui ordonne qu'un imprimé in-4 intitulé : « Mémoire justificatif pour trois hommes condamnés à la roue ; *à Paris, de l'imprimerie de Philippe-Denys Pierres,* 1786 »... et la consultation étant à la suite dudit imprimé... seront lacérés et brûlés en la cour du palais... par l'exécuteur de la haute justice... Du 11 août 1786. — *Paris, impr. de P.-G. Simon et N.-H. Nyon,* 1786, in-4.

757. — Procès instruit extraordinairement contre messieurs de Caradeuc de La Chalotais et de Caradeuc, procureurs-généraux, Charette de La Gacherie, Picquet de Montreuil, Euzenou de Kersalaun, du Bourgblanc, Charette de La Colinière, conseillers au parlement de Bretagne ; le marquis de Poulpry, lieutenant général des armées du roi ; de Bégasson, chevalier, seigneur de La Lardais, Robert de La Bélangerais, etc., etc. (Publié par Manoury, libraire de Caen.) — (S. l. n. n.), 1768 ; 2 vol. in-12.

(Il manque le T. III.)

758. — Mémoire à consulter pour le sieur Clémenceau, prêtre, supérieur de l'hôpital Saint-Meen de Rennes, contre la dame Moreau et son fils. — (A la fin :) *impr. de Le Breton,* 1769, in-4.

(Accusation de tentative d'empoisonnement contre La Chalotais.)

739. — Factum de l'instance d'entre monsieur le procureur général, demandeur en requête du 29 jour de janvier 1647 ; les officiers de la sénéchaussée et siège présidial de Lyon, aussi demandeurs en requête du 26 janvier 1647 ; et les prévôts des marchands et échevins de ladite ville, intervenants et joints ; contre les doyen, chanoines et chapitre de l'église S.=Jean de Lyon, qui sont défendeurs. — *Paris, Antoine Vitré, 1648*, in-4.

(A la suite :)

— Apologie francoise povr la ville de Lyon, & autres villes franches de la France, Prononcee le iour de S. Thomas 21. de Decembre, 1577. à la nomination des Escheuins de ladicte ville. (Par Olivier DE LA PORTE.) = *A Lyon, Par Michel Ioue, & Iean Pillehotte, 1578*, in=4 de 14 feuillets.

(Cette dernière pièce a appartenu à Etienne Baluze.)

---

740. — (Recueil de pièces concernant le procès du P. Girard et de Catherine Cadière, 1731.) — In=fol.

(Après le 25ᵉ feuillet se trouve une pièce de 19 pages in-4 intitulée : « Anatomie de l'arrêt rendu par le parlement de Provence le dix octobre 1731 sur l'affaire de la demoiselle Cadière et du R. P. J.-B. Girard, jésuite. Adressée à M. L. B. par un magistrat d'un autre parlement ».)

741. — Plaidoyer de M. DE RIPERT DE MONCLAR, procureur général du roi au parlement de Provence, dans l'affaire des soi-disans jésuites (audience du 4 janvier 1763). — (S. l. n. d.), in-12.

* Observations sur l'arrêt du parlement de Provence du 5 juin 1762 concernant l'institut des Jésuites, imprimé à Prague en 1757. (Par le P. FREY DE NEUVILLE?) — (S. l. n. n.), 1762, in=12. = (.V. la *division* RELIGION.)

---

742. — Mémoire à consulter et consultation pour le clergé du diocèse de Rhodès, contre les sieurs Guirbaldi et Cassan. Validité de cautionnements d'une recette de décimes. — *Paris, impr. de Michel Lambert, 1784*, in=4.

g. — *Traités sur toutes les matières, et collections d'œuvres de juriconsultes.*

743. — Caroli MOLINÆI,... Opera quæ extant omnia... editio quarta, IV tomis distincta... — *Parisiis, apud Viduam Mathurini Du Puis,* 1658, T. I, in-fol. — Caroli MOLINÆI,... Opera... Editio novissima quinque tomis distincta... — *Parisiis, sumptibus Caroli Osmont,* 1681, T. II-V; en tout 5 vol. in-fol.

744. — Les œuvres de maître Guy COQUILLE;... contenant plusieurs traités touchant les libertés de l'Eglise gallicane, l'histoire de France et le droit français, entre lesquels plusieurs n'ont point encore été imprimés, et les autres ont été exactement corrigés. Et dans cette nouvelle édition, revue, corrigée et augmentée. — *Bordeaux, Claude Labottière,* 1703, 2 vol. in-fol.

745. — Les œuvres de Me René CHOPPIN,... Divisées en trois tomes. — *Paris, Etienne Richer,* 1635, 3 vol. in-fol.

746. — Divers opuscules tirés des Mémoires de M. Antoine LOÏSEL,... auxquels sont joints quelques ouvrages de MM. Baptiste DU MESNIL,... de M. Pierre PITHOU,... et de plusieurs autres célèbres personnages de leur temps. Le tout recueilli et mis nouvellement en lumière par M. Claude JOLY,... — *Paris, impr. de veuve J. Guillemot, et chez J. Grignard,* 1652, in-4.

747. — (Œuvres de Charles LOYSEAU. — *Imp. par Jacob Stoër,* 1636), 2 vol. in-4.

(Les frontispices manquent.)

748. — Les œuvres de maître Charles LOYSEAU,... contenant les cinq livres du droit des offices, avec autres livres, tant des seigneuries, des ordres, du déguerpissement et délaissement par hypothèque, que de la garantie des rentes, et des abus des justices de village. Nouvelle édition suivant la correction et augmentation de l'auteur. — *Paris, Charles du Mesnil,* 1660, in-fol.

749. — Œuvres de M. Antoine d'Espeisses,... où toutes les plus importantes matières du droit romain sont méthodiquement expliquées et accommodées au droit français. Confirmées par les arrêts des cours souveraines et enrichies des plus utiles doctrines des auteurs anciens et modernes. Nouvelle édition, revue, corrigée, et très-considérablement augmentée, par Mᵉ Guy du Rousseaud de La Combe,... — *Lyon, frères Bruyset,* 1750, 3 vol. in-fol.

(T. I : Des contrats propres et impropres. — T. II : Des successions testamentaires et ab intestat ; Pratique civile ; Pratique criminelle. — T. III : Des droits seigneuriaux ; Des tailles et autres impositions ; Des bénéfices ecclésiastiques.)

750. — Questions notables du droit. Par feu noble Scipion du Périer,... — *Toulouse, Guillaume-Louis Colomiez et Jérome Posuel,* 1684, in-4.

751. — Diverses observations du droit divisées en cinq livres : le premier desquels contient plusieurs notables recherches des offices des notaires et tabellions royaux, protonotaires, secrétaires du roi, greffiers et autres semblables. Les quatre livres suivants traitent des matières contractuelles et testamentaires, enrichies de l'histoire et des antiquités romaines... Par M. Maurice Bernard,... Nouvelle édition, revue, corrigée et augmentée des Notes de feu M. Faulte, avocat au parlement de Bordeaux, et de plusieurs remarques de la jurisprudence de ce parlement. — *Bordeaux, N. De La Court,* et *G. Boudé-Boé,* 1717, in-4.

752. — Essais de jurisprudence sur toutes sortes de sujets, questions de droit civil et canonique, points de coutume et matières ecclésiastiques. Par Mᵉ H. D. L. M. (Huerne de La Mothe),... — *Paris, Desaint et Saillant, et Durand,* 1758, 2 vol. in-12.

(Il manque les trois derniers volumes.)

753. — Traités sur différentes matières de droit civil, appliquées à l'usage du barreau, et de jurisprudence française. Par M. Pothier,... Seconde édition, revue. — *Paris, Debure l'ainé,* et *Orléans, J.-M. Rouzeau-Montaut,* 1781, 4 vol. in-4.

(Portrait de Pothier. — T. I : Obligations ; Contrat de vente ;

Retraits. — T. II : Constitution de rente; Contrat de change;
Louage; Bail à rente; Louage maritime; Contrat de société;
Cheptels; Contrats de bienfaisance; Prêt à usage; Précaire; Prêt de
consomption; Dépôt; Mandat; Quasi-contrat *negotiorum gestorum;*
Nantissement. — T. III : Contrats aléatoires; Contrats d'assu-
rance; Prêt à la grosse aventure; Traité du jeu; Contrat de
mariage; Communauté. — T. IV : Douaire; Droit d'habitation;
Donations entre mari et femme; Interprétation de l'art. LXVIII de
la coutume de Dunois; Droit de domaine de propriété; Possession;
Prescription; Table.)

754. — Œuvres posthumes de M. POTHIER,... —
*Orléans, Julien-Jean Massot, et Paris, Pierre-Théophile
Barrois le jeune, 1777-78, 3 vol. in-4.*

(T. I : Fiefs; Cens; Relevoisons et Champarts; Garde-noble et
bourgeoise; Préciput légal des nobles; Hypothèque; Substitutions.
— T. II : Successions; Propres; Donations testamentaires; Donations entre vifs; Personnes; Choses. — T. III : Procédure civile et
criminelle.)

h. — Lois et traités particuliers sur diverses matières du droit civil.

755. — Recueil des édits, déclarations, ordonnances et
règlements des rois HENRI II, FRANÇOIS II, CHARLES IX,
HENRI III, HENRI IV, LOUIS XIII et LOUIS XIV, concernant
les mariages. Augmenté des tarifs des droits des contrôles
des actes des notaires, et insinuations laïques. Avec
plusieurs arrêts notables intervenus sur ce sujet. — *Paris,
Charles Saugrain, 1707, in-8.*

756. — Code matrimonial, ou Recueil des édits, ordonnances et déclarations sur le mariage; avec un Dictionnaire des décisions les plus importantes sur cette matière.
Par Mᵉ LE RIDANT,... — *Paris, Hérissant fils, 1766,
2 parties en 1 vol. in-12.*

757. — Traité du contrat de mariage. Par l'auteur du
Traité des obligations (POTHIER). — *Orléans, veuve Rouzeau-
Montaut, et Paris, Debure père, 1772, 2 vol. in-12.*

758. — Contrat conjugal, ou Lois du mariage, de la
répudiation et du divorce. (Par LE SCÈNE DES MAISONS.)
— *Neuchatel, impr. de la Société Typographique, 1783, in-8.*

759. — Traité des peines des secondes noces, dans lequel on voit de quelle manière les peines des secondes noces sont observées, tant dans les provinces du droit écrit que dans la France coutumière, selon les édits et ordonnances de nos rois, et suivant les différentes coutumes du royaume, avec la jurisprudence de tous les parlements sur la même matière. Avec une Table alphabétique... Par M⁰ Pierre DUPIN,... = *Paris, Denis Mouchet, et Durand,* 1743, in-4.

760. — Traité des peines des secondes noces. Par feu Noble Louis ASTRUC,... = *Galembrun, Henri Waugeth,* 1750, in-12.

761. = Nouveau traité des tutelles et curatelles; avec le commentaire de l'édit des secondes noces, et celui des mariages clandestins... Avec une Table des chapitres et une très-ample des matières. Par Jean GILLET,... = *Paris, Michel Bobin,* 1656, in-4.

762. — Traité des minorités, des tutelles et des curatelles; des gardes, des gardiens, de la puissance paternelle, de la garde et patronage féodaux, de la continuation de communauté à l'égard des mineurs, et des droits des enfants mineurs et majeurs. Avec les règlements et arrêts intervenus sur ce sujet, conformément aux différentes coutumes et aux divers usages du royaume. Par M⁰ ***** (Jean MESLÉ, ou plutôt PRÉVOT d'après Barbier). — *Paris, Denis Mouchet,* 1735, in-4.

763. — Traité des successions, divisé en quatre livres... Par M⁰ Denis LE BRUN,... — *Paris, Jean Guignard,* 1692, in-fol.

764. — Ordonnance de LOUIS XV,... pour fixer la jurisprudence sur la nature, la forme, les charges et les conditions des donations; donnée à Versailles au mois de février 1731; avec des observations, autorisées par les ordonnances, le droit romain et les arrêts des parlements. Par maître Jean-Baptiste FURGOLE,... — *Toulouse, Jean-François Forest,* 1733, 3 parties en 1 vol. in-fol.

(La seconde et la troisième partie, portant chacune leur pagina-

tion, sont réunies sous le frontispice suivant : « Questions remarquables sur la matière des donations, avec plusieurs arrêts du
parlement de Toulouse; pour servir de supplément aux Observations sur l'ordonnance du mois de février 1731. Par maître Jean=
Baptiste FURGOLE,... ».)

765. — Traité des donations entre vifs et testamentaires.
Par Mᵉ Jean-Marie RICARD,... Avec la coutume d'Amiens,
commentée par le même auteur, le Traité de la révocation
des donations par la naissance et survenance des enfants,
par Mᵉ *** (A. D. L. R.), et les nouvelles additions aux
œuvres ou traités de Mᵉ Jean=Marie Ricard, par Mᵉ Michel
DU CHEMIN,... Avec une collection chronologique des nouvelles ordonnances, édit, déclarations, etc., concernant
les insinuations, donations, testaments, substitutions,
établissements et acquisitions des gens de main=morte,
droits d'amortissements et de francs-fiefs. — *Paris, David
père,* 1754, 2 vol. in-fol.

(Le T. II contient aussi le Commentaire sur la coutume de
Senlis.)

766. — Traité des conventions de succéder, ou successions contractuelles. Par M. Joseph BOUCHEUL, avocat
au siége royal du Dorat. — *Imprimé à Poitiers, et se vend,
à Paris, chez Claude-Jean=Baptiste Hérissant,* 1727, in-4.

767. — Traité des testaments, codicilles, donations à
cause de mort et autres dispositions de dernière volonté,
suivant les principes et les décisions du droit romain, les
ordonnances, les coutumes et maximes du royaume,
tant des pays du droit écrit, que coutumiers, et la jurisprudence des arrêts. Par Mᵉ Jean-Baptiste FURGOLE,... —
Paris, Jean de Nully, 1745-48, 4 vol. in-4.

768. — Traité des deux espèces de substitutions, directe
et fidéicommissaire. Par M. Jean-Marie RICARD,... —
Paris, Louis Billaine, 1664, in-4.

769. — Traité des obligations, selon les règles tant du
for de la conscience que du for extérieur. (Par POTHIER.)
Nouvelle édition, revue, corrigée et considérablement
augmentée par l'auteur. — *Paris, Debure l'aîné,* et
Orléans, J. Rouzeau-Montaut, 1770, 2 vol. in-12.

770. — Instruction facile sur les conventions, ou Notions simples sur les divers engagements qu'on peut prendre dans la société et sur leurs suites... (Par JUSSIEU DE MONTLUEL.) Nouvelle édition... — *Rouen, veuve de Pierre Dumesnil, et Labbey,* 1781, in-12.

771. — Traité de la subrogation de ceux qui succèdent au lieu et place des créanciers... Par M. Philippes DERNUSSON,... (ou plutôt DE RENUSSON). Quatrième édition... — *Paris, par la Compagnie des libraires,* 1743, in-4.

772. — Traité de la vente des immeubles par décret, avec un recueil des édits, des déclarations et des règlements des cours souveraines sur ce sujet. Par Me Louis DEHÉRICOURT,... — *Paris, Guillaume Cavelier,* 1727, 2 tomes en 1 vol. in-4.

773. — Traité de la preuve par témoins en matière civile, contenant le Commentaire latin et français de M. Jean BOICEAU, sieur DE LA BORDERIE,... sur l'article LIV de l'Ordonnance de Moulins; avec plusieurs nouvelles questions tirées des plus célèbres jurisconsultes, et décidées par les arrêts des cours souveraines; et des observations sur l'article LV de l'ordonnance de Moulins, et sur le titre XX de l'ordonnance de 1667. Le tout conféré avec l'édit perpétuel des archiducs, les ordonnances, statuts et coutumes de Milan, de Bologne-la-Grasse, de Naples, de Portugal, et des autres pays qui ont rapport à l'usage du droit français sur cette matière; avec le Traité de la preuve par comparaison d'écritures de M. LE VAYER. Par M. DANTY,... Sixième édition, considérablement augmentée par M. ***,... — *Paris, Delalain,* 1769, in-4.

774. — Traité des propres réels, réputés réels et conventionnels, où sont traités les notables questions du droit français. Nouvelle édition, augmentée. Par Mr DE RENUSSON,... — *Paris, Médard-Michel Brunet,* 1700, in-4.

775. — Traités du douaire et de la garde-noble et bourgeoise qu'on appelle bail en plusieurs coutumes. Par Me Philippe DE RENUSSON,... — *Paris, par la Compagnie des libraires,* 1724, in-4.

776. — Traité du douaire. Par l'auteur du Traité des obligations (POTHIER). — *Paris, Debure père, et Orléans, veuve Rouzeau-Montaut,* 1770, in-12.

777. — Traité du droit d'habitation, pour servir d'appendice au Traité du douaire. Traité des donations entre mari et femme, et du don mutuel. Par l'auteur du Traité des obligations (POTHIER). — *Paris, Debure père, et Orléans, veuve Rouzeau-Montaut,* 1775, in-12.

778. — Traité du contrat de vente, selon les règles tant du for de la conscience que du for extérieur. Par l'auteur du Traité des obligations (POTHIER). Nouvelle édition... — *Paris, Debure père, et Orléans, veuve Rouzeau-Montaut,* 1768, 2 tomes en 1 vol. in-12.

— Traité des retraits, pour servir d'appendice au Traité du contrat de vente. Par l'auteur du Traité des obligations. — *Paris, Debure père, et Orléans, veuve Rouzeau-Montaut,* 1768, in-12.

(Forme le T. III du Traité du contrat de vente.)

779. — Traité du contrat de constitution de rente. Par l'auteur du Traité des obligations (POTHIER). — *Paris, Debure père, et Orléans, veuve Rouzeau-Montaut,* 1773.

(A la suite :)

— Traité du contrat de change, de la négociation qui se fait par lettre de change et autres billets de commerce. — *Paris, Debure père, et Orléans, veuve Rouzeau-Montaut,* 1773, in-12.

780. — Traité du contrat de louage, selon les règles tant du for de la conscience que du for extérieur. Par l'auteur du Traité des obligations (POTHIER). Nouvelle édition... — *Paris, Debure père, et Orléans, veuve Rouzeau-Montaut,* 1771, in-12.

(A la suite :)

— Traité du contrat de bail à rente. Par l'auteur du Traité des obligations. Nouvelle édition... — *Paris, Debure père, et Orléans, veuve Rouzeau-Montaut,* 1771, in-12.

i. — Matières domaniales.

781. — Recueil des anciens édits et ordonnances du roi concernant les domaines et droits de la couronne; avec les commentaires de Louis CARONDAS LE CARON; et plusieurs édits, déclarations, arrêts et règlements concernant le domaine de Sa Majesté; et autres droits y joints jusques à présent; et deux tables, l'une chronologique... et l'autre par sujets et matières. — *Paris, Thomas Charpentier* (et autres), 1690, in-4.

782. — Dictionnaire raisonné des domaines et droits domaniaux; des droits d'échange et de ceux de contrôle des actes des notaires et sous-signatures privées, insinuations laïques, centième denier, petit-scel, contrôle des exploits, formule, greffes, droits réservés, francs-fiefs, amortissement et nouvel acquêt... (Par BOSQUET.) Nouvelle édition... — *Paris, Dutillet*, 1775, 2 vol. in-4.

783. — Renati CHOPPINI,... De domanio Franciæ, lib. III... — *Parisiis, Apud Martinum Iuuenem,* M. D. LXXIIII, in-4.

(A la suite :)

— Renati CHOPPINI,... De Priuilegiis Rusticorum : lib. III... — *Parisiis, Apud Nicolaum Chesneau,* M. D. LXXV, in-4.

784. — Les œuvres de Jean BACQUET,... Des droits du domaine de la couronne de France. Augmentées, en cette dernière édition, du Traité des rentes par le même auteur... — *Rouen, Etienne Vereul*, 1616, 4 tomes en 1 vol. in-4.

785. — Les œuvres de Me Jean BACQUET,... augmentées de plusieurs questions, décisions et arrêts des cours souveraines de France, par M. Claude DE FERRIÈRE,... et augmentées considérablement dans cette nouvelle et dernière édition, par M. Claude-Joseph DE FERRIÈRE,... — — *Lyon, frères Duplain*, 1744, 2 vol. in-fol.

786. — Traité historique des droits du souverain en France, et principalement des droits utiles et domaniaux, à commencer à l'établissement de la monarchie. (Par

François-de-Paule DE LA GARDE.) — *Paris, Rozet,* 1767, 2 vol. in-4.

787. — Traité de la perfection et confection des papiers terriers généraux du roi, des apanages des princes, seigneurs patrimoniaux, engagistes domaniaux, seigneurs ecclésiastiques, gens de main-morte, et autres particuliers, qui ont des terres titrées ou de simples fiefs sans justice, dans toute l'étendue du royaume…. Avec un Recueil des anciens édits, déclarations du roi, lettres-patentes, arrêts et règlements du conseil et des cours supérieures du royaume, rendus au sujet desdits terriers. Par Mᵉ BEL-LAMI,… — *Paris, Paulus-du-Mesnil,* et *de Nully,* 1746, in-4.

j. — *Traités sur les Fiefs et Droits seigneuriaux.*

788. — (Andreæ TIRAQUELLI,… de nobilitate et jure primigeniorum. — *Lugduni, apud Ludovicum Prost,* 1622), in-fol.

(Le frontispice manque. — A la suite :)

— Andreæ TIRAQUELLI,… Commentarii in L. Si unquam. C. De revocandis donationib. Postrema hac editione felicius quam antea renati, accuratissimeque repurgati… — *Lugduni, apud Ludovicum Prost,* 1622, in-fol.

789. — Franc. HOTOMANI,… de fevdis commentatio tripertita. Hoc est, Disputatio de iure Feudali. Commentarius in vsus Feudorum. Dictionarium verborum Feudalium. — *Lvgdvni, Apvd Iohannem Lertolivm,* M. D. LXXIII, in-fol.

(A la suite :)

— Iac. CVIACII I. C. ad Africanvm reliqvi tractatvs VI, VII, VIII, VIIII, Qvibus difficillimæ Iuris quæstiones enodantur. Eiusdem Observationvm libri tres, XII, XIII, XIV, quibus multa in iure corrupta & non intellecta restituuntur. His omnibus accesserunt Indices locupletissimi. — *Lvgdvni, Ex typis & officina Salamandræ,* M. D. LXXIII, in-fol.

790. — Nouvel examen de l'usage général des fiefs en France pendant le XIᵉ, le XIIᵉ, le XIIIᵉ et le XIVᵉ siècle, pour servir à l'intelligence des plus anciens titres du domaine de la couronne. Par M. Brussel,... — *Paris, Claude Prud'homme, et Claude Robustel*, 1727, 2 vol. in-4.

791. — Traité des fiefs. Par M. Claude Pocquet de Livonière,... Quatrième édition. — *Paris, P.-G. Le Mercier*, 1756, in-4.

792. — Traité des fiefs, tant pour le pays coutumier que pour les pays de droit écrit... Par Me Germain-Antoine Guyot,... — *Paris, Saugrain fils*, 1746-53, 6 tomes en 7 vol. in-4.

(Le T. V a deux parties.)

793. — Traité des droits seigneuriaux et des matières féodales. Par M. Noble François de Boutaric,... Nouvelle édition, revue, corrigée et considérablement augmentée par M... (Sudre), avocat au parlement de Toulouse. — *Toulouse, Jean-François Forest*, 1767, in-4.

794. — Traité des fiefs. Par Jacquet,... — *Paris, Samson*, 1763, in-12.

795. — Traité des fiefs de Dumoulin, analysé et conféré avec les autres feudistes. Par M. Henrion de Pensey,... — *Paris, Valade*, 1773, in-4.

796. — La pratique universelle pour la rénovation des terriers et des droits seigneuriaux, contenant les questions les plus importantes sur cette matière, et leurs décisions, tant pour les pays coutumiers que ceux régis par le droit écrit... Seconde édition, en laquelle on trouvera une augmentation de plus de moitié,... auquel l'on a joint un petit Traité pour se servir de l'instrument de la planchette pour lever toutes sortes de plans géométriques. Par M. Edme de La Poix de Fréminville,... — *Paris, Gissey*, 1748-57, 5 vol. in-4.

797. — Traité général du gouvernement des biens et affaires des communautés d'habitants des villes, bourgs, villages et paroisses du royaume... Par Me Edme de La Poix de Fréminville,... Cet ouvrage peut servir de suite à la Pratique universelle pour la rénovation des terriers... — *Paris, Gissey*, 1760, in-4.

798. — Code des terriers, ou Principes sur les matières féodales, avec un recueil des règlements sur cette matière... — *Paris, Prault père,* 1769, in-12.

799. — De l'origine du droit d'amortissement. Par Mᵉ Eusèbe DE L**** (LAURIÈRE),... — *Paris, Jérôme Bobin,* 1692, in-12.

800. — Recueil des règlements rendus jusqu'à présent concernant les droits d'amortissements, francs-fiefs, nouveaux acquêts et usages; avec les décisions du conseil de l'année 1689 et autres rendus depuis. Ensemble les instructions faites pendant le bail de Pillavoine et les régies de Cordier et Basset; et deux Tables, l'une chronologique, et l'autre par matières... — *Paris, veuve Saugrain et Pierre Prault,* 1729, 3 vol. in-4.

801. — Traité du retrait féodal et du retrait lignager. Par Mᵉ François-Xavier BREYÉ,... — *Nancy, Leseure,* 1736, 2 parties en 1 vol. in-4.

802. — Traité du droit de chasse. Par F. DE LAUNAY. — *Paris, G. Quinet,* 1684, in-12.

(Le frontispice manque.)

803. — Code des chasses, ou Nouveau traité du droit des chasses, suivant la jurisprudence de l'ordonnance de Louis XIV du mois d'août 1669, mise en conférence avec les anciennes et les nouvelles ordonnances, édits, déclarations, arrêts, règlements et autres jugements rendus sur le fait desdites chasses; où l'on a joint les notes des meilleurs auteurs et de nouvelles remarques pour l'intelligence de cette jurisprudence. (Par Cl.-M. SAUGRAIN.) Quatrième édition... — *Paris, par la Compagnie des libraires,* 1765, 2 vol. in-12.

(Le T. II porte au frontispice la date de 1764.)

804. — Traité des droits honorifiques des seigneurs dans les églises. Par feu M. MARESCHAL,... Avec un Traité du droit de patronage, de la présentation aux bénéfices, etc., arrêtés servant de décisions pour les droits honorifiques, et un traité des dîmes, par M. SIMON. Augmenté, en cette dernière édition, de nouvelles observations... par

M. DANTY,... — *Paris, Jean et Michel Guignard*, 1700, 2 vol. in-12.

805. — Instructions pour les seigneurs et leurs gens d'affaires. Par M. R**, avocat au parlement de Toulouse. — *Paris, Lottin*, et *La Combe*, 1770, in-12.

k. — Droit commercial.

* Dictionnaire universel de commerce... Par SAVARY DES BRUSLONS. — (V. n° 439.)

* Ordonnance de Louis XIV,... touchant la marine. — (V. n° 582.)

* Ordonnances et règlements concernant la marine. — (V. n° 583.)

806. — Instruction générale sur la juridiction consulaire, avec un recueil des édits, déclarations, lettres-patentes du roi, et arrêts des parlements donnés en faveur de messieurs les juges et consuls de la bourse commune des marchands de la ville de Bordeaux. Ensemble l'établissement des deux foires franches, et le nom de tous les bourgeois qui ont été juges et consuls, depuis l'installation de la cour de la bourse jusques à présent. Nouvelle édition, imprimée par ordre de messieurs Jean Ribail, citoyen juge, François Billatte, premier consul, Jean Peirounet, second consul. — *Bordeaux, Matthieu Chappuis*, 1703, in-4.

l. — Procédure et ouvrages relatifs à certaines fonctions de l'ordre judiciaire.

807. — Nouvelle introduction à la pratique, contenant l'explication des principaux termes de pratique, de droit et de coutume; avec les juridictions de France. Par M. Claude-Joseph DE FERRIÈRE,... Seconde édition... — *Paris, Michel Brunet*, 1724, 2 vol. in-12.

(Dictionnaire.)

808. — Stilvs svpræmæ cvrie parlamenti parisiensis atque Tholosani : cum arrestis quã plurimis, & regijs ordinationibus. Scholijs præterea clarissimi viri domini

Stephani AUFRERIJ præsidis- Tholosani. Parlamenti etiā Parisiensis decisiones, ad vnguem omnia nunc demum castigata ac reuisa, vtilissimis, vt res esset dilucidior appositis margini annotatiōibus (per Johan. GALLI : ac iuris allegationibus. Quibus adiūximus duos tractatus, vnum de iuribus & priuilegijs specialibus christianissimi Regis francorū, Alterū de auctoritate & præeminētia magni concilij, & Parlamētorū... — *Apud Galiotum a prato,* 1530, in-4.

809. — Procès-verbal des conférences tenues, par ordre du roi, pour l'examen des articles de l'ordonnance civile du mois d'avril 1667, et de l'ordonnance criminelle du mois d'août 1670. Nouvelle édition, revue et corrigée sur l'original, et augmentée d'une instruction sur la procédure civile et criminelle. (Par FOUCAULT.) — *Paris, chez les associés,* 1709, in-4.

810. — Ordonnance de LOUIS XIV,... donnée à Saint-Germain-en-Laye au mois d'avril 1667. — *Paris, chez les associés,* 1667. — Ordonnance de LOUIS XIV,... ensemble les édits et déclarations touchant la réformation de la justice du mois d'août 1669. —*Paris,* 1669. — Ordonnance de LOUIS XIV,... donnée à Saint-Germain-en-Laye au mois d'août 1670, pour les matières criminelles. — *Paris,* 1670. — Ordonnance de LOUIS XIV,... sur le fait des eaux et forêts, vérifiée en parlement et chambre des comptes le treizième août 1669. — *Paris,* 1669. Le tout en 1 vol. in-4.

811. — Ordonnance de LOUIS XIV,... donnée... au mois d'avril 1667. — *Paris,* 1667, in-4.

812. — Formules d'actes et de procédures pour l'exécution de l'ordonnance de Louis XIV,... donnée à Saint-Germain-en-Laye... Dressées par ordre de Sa Majesté et vues par nosseigneurs les commissaires de la réformation. — *Paris, Jean Hénault* (et autres), 1668, in-4.

813. — Le nouveau praticien français, contenant une facile instruction de toutes les matières civiles, criminelles et bénéficiales, pour ceux qui se veulent faire recevoir officiers des parlements, chambre des comptes, cour des aides, grand conseil, trésoriers de France, présidiaux, élections, et des autres justices et juridictions de ce

royaume. Revu, corrigé et augmenté de beaucoup de traités non encore imprimés et de maximes jugées par les arrêts... Par Mᵉ René GASTIER,... Quatrième édition, revue, corrigée et augmentée par un avocat de Paris. — *Paris, Michel Bobin, et Nicolas Le Gras,* 1675, in-4.

(Portrait.)

814. — L'art de procéder en justice, ou La science des moyens judiciels, nécessaires pour découvrir la vérité ; tant en matière civile que criminelle. Par Mʳ Mᵉ L. LASSERÉ,... — *Paris, Michel Bobin, et Nicolas Le Gras,* 1677, in-4.

(Portrait de l'auteur.)

815. — La nouvelle pratique civile, criminelle et bénéficiale, ou Le nouveau praticien français, réformé suivant les nouvelles ordonnances. Par feu Mʳ LANGE,... Avec un Traité du droit d'indult, et un Traité de la juridiction ecclésiastique, trouvés dans les manuscrits de l'auteur ; et un Nouveau style des lettres de la chancellerie, suivant l'usage qui se pratique à présent, par M. PIMONT,... Onzième édition, augmentée de modèles d'écritures d'avocat, et de plusieurs beaux factums. — *Paris, Michel Guignard et Claude Robustel,* 1712, 2 vol. in-4.

816. — Style universel de toutes les cours et juridictions du royaume pour l'instruction des matières civiles, suivant l'ordonnance de Louis XIV,... du mois d'avril 1667. Par Mʳ GAURET,... — *Paris, chez les associés,* 1686-87, 2 vol. in-4.

817. — Même ouvrage. — *Paris, chez les associés,* 1693-95, 3 vol. in-12.

818. — Nouveau style du Châtelet de Paris et de toutes les juridictions ordinaires du royaume, tant en matière civile, criminelle que de police. Avec un recueil des principaux règlements rendus, tant pour la juridiction du Châtelet que pour les officiers dudit siége, et les différents tarifs des droits qui leur sont attribués. — (Par Ch. DESMARQUETS.) Nouvelle édition... — *Paris, Saugrain fils,* 1746, in-4.

819. — Nouveau commentaire sur l'ordonnance civile

du mois d'avril 1667. Nouvelle édition, augmentée de l'Idée de la justice civile. Par M. JOUSSE,... — *Paris, Debure père*, 1767, 2 vol. in-12.

820. — Traité de la procédure civile. Par M. POTHIER,... — *Orléans, veuve Rouzeau-Montaut*, 1774, 2 vol. in-12.

821. — Traité de l'apposition et levée des scellés, avec les formalités nécessaires pour y parvenir... (Par DE LA CROIX.) — *Paris, Henri Charpentier*, 1720, in-12.

822. — Règlements sur les scellés et inventaires en matières civile et criminelle; avec les principes qui ont donné lieu à ces règlements et qui en expliquent la pratique; des observations sur les droits qu'ont les parties de requérir les appositions, levées de scellés et confections d'inventaires; la capacité des juges et officiers... On y trouve aussi plusieurs décisions sur les compétences des siéges et des juges; les règles prescrites aux notaires... (Par Cl.-Jos. PRÉVOST.) — *Paris, Jacques-Nicolas Le Clerc fils*, 1734, in-4.

------

823. — Premier tome des trois notaires de Iean PAPON,... — *A Lyon, par Iean de Tovrnes*, M. D. LXVIII, in-fol. — Trias ivdiciel dv second notaire de Iean PAPON,... Quatriesme édition reueuë & augmentee. — *A Lyon, par Iaqves Rovssin*, 1600, in-fol. — Secrets dv troisieme et dernier notaire de Iean PAPON,... — *A Lyon, par Iean de Tovrnes*, M. D. LXXVIII, en tout 3 vol. in-fol.

824. — La science parfaite des notaires, ou Le parfait notaire, contenant les ordonnances, arrêts et règlements rendus touchant la fonction des notaires tant royaux qu'apostoliques... Nouvelle édition, revue, corrigée et augmentée par Me Cl.-Joseph DE FERRIÈRE,... — *Paris, Paulus du Mesnil*, 1741, 2 vol. in-4.

------

825. — Commentaire sur l'édit portant création de conservateurs des hypothèques sur les immeubles réels et fictifs, et abrogation des décrets volontaires; avec la

Déclaration du roi du mois de septembre 1783, interprétative de cet édit; et Observations sur la déclaration du roi qui accorde des encouragements à ceux qui défrichent des terres incultes. Par M. R****. — *Avignon, Clermont-Ferrand et Dijon, Bidault, 1785, in-12.*

m. — *Matières criminelles.*

826. — Code pénal, ou Recueil des principales ordonnances, édits et déclarations sur les crimes et délits. (Recueilli par DE LAVERDY.) Seconde édition, augmentée d'un Essai sur l'esprit et les motifs de la procédure criminelle (par François LORRY). — *Paris, Desaint et Saillant,* 1755, in-12.

827. — Même ouvrage. Troisième édition. — *Paris, Saillant et Desaint,* 1765, in-12.

828. — De la manière de poursuivre les crimes dans les différents tribunaux du royaume; avec les lois criminelles depuis 1256 jusqu'à présent... Le tout suivant la jurisprudence française civile et canonique et l'ordonnance de 1670. (Par PRÉVOT, avocat au parlement.) — *Paris, Mouchet,* et *Prault père,* 1739, 2 vol. in-4.

829. — Traité des matières criminelles suivant l'ordonnance du mois d'août 1670 et les édits, déclarations du roi, arrêts et règlements intervenus jusqu'à présent... Par Me Guy DU ROUSSEAUD DE LA COMBE,... Cinquième édition, revue et augmentée considérablement. — *Paris, Théodore Le Gras,* 1757, in-4.

830. — Nouveau commentaire sur l'ordonnance criminelle du mois d'août 1670; avec un Abrégé de la justice criminelle. Par M. *** (JOUSSE), conseiller au présidial d'Orléans. Nouvelle édition... — *Paris, Debure père,* 1763, in-12.

831. — Même ouvrage. Nouvelle édition... — *Paris, Debure père,* 1766, in-12.

(T. Ier seulement.)

832. — Institutes au droit criminel, ou Principes généraux sur ces matières, suivant le droit civil, canonique, et la jurisprudence du royaume. Avec un Traité particulier des crimes. Par Mᵉ Pierre-François MUYART DE VOUGLANS,... — *Paris, Le Breton,* 1757, in-4.

833. — Les lois criminelles de France dans leur ordre naturel... Par M. MUYART DE VOUGLANS,... — *Paris, Mérigot le jeune* (et autres), 1780, in-fol.

834. — Recueil des édits, déclarations, arrêts et autres pièces concernant les duels et rencontres. — *Paris, Frédéric Léonard,* 1689, in-12.

835. — Recueil tiré des procédures criminelles faites par plusieurs officiaux et autres juges du royaume; contenant la manière d'instruire les procès par les officiaux seuls sur le délit commun; par les officiaux conjointement avec les juges royaux, sur les délits communs et cas privilégié... celles commencées par les officiaux seuls et continuées, les juges royaux appelés pour le cas privilégié des procédures des cours souveraines... Par Pierre DE COMBES,... — *Paris, Nicolas Le Gras,* 1700, in-4.

836. — Instruction criminelle suivant les lois et ordonnances du royaume... Par M. MUYART DE VOUGLANS,... Pour servir de suite aux Institutes au droit criminel et au Traité des crimes du même auteur. — *Paris, Desaint et Saillant* (et autres), 1762, 2 parties en 1 vol. in-4.

2°. — Droit nouveau (depuis 1789).

Collection de lois, Ouvrages généraux, Mélanges.

837. — Les codes français collationnés sur les éditions officielles, contenant : 1° la conférence des articles entre eux ; 2° sous chaque article, les textes tant anciens que nouveaux qui les expliquent, les complètent ou les modifient ; 3° un supplément par ordre alphabétique et chronologique renfermant, outre les lois les plus usuelles, celles exigées pour les thèses et les textes anciens qui sont encore en vigueur ; 4° une table alphabétique renvoyant

aux lois et aux pages où ces lois sont reproduites ; et les
seuls où sont rapportés les textes du droit ancien et intermédiaire nécessaires à l'intelligence des articles. Par
Louis TRIPIER,... — *Paris, Cotillon,* 1848, in-8.

858. — Code civil, contenant la série des lois qui le
composent, et un Extrait des rapports faits au tribunat et
des discours prononcés au corps législatif; suivi d'une
table raisonnée des matières, par l'auteur du Dictionnaire
forestier. — *Paris, Garnery, an* XI(-XII) 1803(-1804),
6 vol. in-8.

* Recueil d'arrêts de la cour royale de Limoges... Publié
par un magistrat de cette ville. — *Limoges, impr. de
P. Ardillier,* 1822-23, 2 vol. in-8. — (V. HISTOIRE,
Supplément.)

(Le T. II porte au frontispice : « Publié par M. F. TALANDIER,
substitut de M. le procureur général près la cour royale de Limoges ». M. Firmin Talandier, né à Limoges, le 15 octobre 1787, et
mort dans cette ville le 25 avril 1844. On a de lui, outre le recueil
ci-dessus, un Traité de l'absence. — *Limoges, Th. Marmignon,* 1831,
in-8, et l'ouvrage mentionné au n° 839.)

* Album judiciaire. Bulletin des décisions notables de la
cour royale de Limoges et des tribunaux du ressort,
publié par A. Coralli, A. Jouhanneaud et E. Vouzellaud,
avocats à la cour royale. T. Ier. — *Limoges, impr. de F.
Chapoulaud,* 1837. — Album judiciaire... publié par
E. Vouzellaud, A. Barny et J. Francez,... T. V. —
Limoges, impr. de F. Chapoulaud, 1841, 2 vol. in-8. —
(V. HISTOIRE, n° 1161.)

(M. Jean-Baptiste-Martial-Emile Vouzellaud, aujourd'hui vice-
président du tribunal civil de Bordeaux, est né à Limoges le
11 avril 1810. — M. Jean-Pierre-Jules Francez, avocat, né à Limoges
le 22 janvier 1819, mort dans la même ville le 4 mars 1851.)

* Recueil judiciaire, contenant les arrêts de la cour
d'appel de Limoges et les décisions notables des tribunaux
du ressort, faisant suite à l'Album judiciaire. Par plusieurs avocats du barreau de Limoges. T. I-II. — *Limoges,
Ardillier fils,* 1850-52, 2 vol. in-8. — (V. *ibid.,* n° 1162.)

Lois et Traités sur diverses matières.

839. — Des principes judiciaires. Par M. TALANDIER, président de chambre à la cour royale de Limoges. Publié par M. Ardillier. — *Paris, Videcoq (Limoges, impr. d'Ardillier)*, 1839, in-8.

(Ce volume, le seul paru, traite de l'appel en matière civile.)

840. — De la liberté de la presse illimitée, considérée sous le rapport de la responsabilité légale des écrits après leur publication, et sous celui de la non-responsabilité légale dans certains cas, mais seulement avec une responsabilité morale... Par M. C.-P. DE LASTEYRIE. — *Paris, impr. Amb.-Firmin Didot*, 1830, in-8.

841. — Commentaire des lois de la presse et de tous les autres moyens de publicité. Par Ad. DE GRATTIER,... — *Paris, Alphonse Delhomme*, 1847, 2 vol. in-8.

842. — Corps législatif. Séance du 18 juin (1861). Discussion de la loi sur la presse. Discours de Son Exc. M. BILLAULT,... — *Paris, impr. impér.*, 1861, in-8 de 43 pages.

843. — De la propriété et de la contrefaçon des œuvres de l'intelligence, comprenant les productions littéraires, dramatiques, musicales; les œuvres artistiques de la peinture, du dessin, de la gravure et de la sculpture; les titres d'ouvrages; les dessins, modèles, secrets et marques de fabrique, les noms, raisons commerciales et les enseignes; les inventions brevetées; les droits des étrangers. Avec le texte des lois et décrets sur la matière. Par Édouard CALMELS,... — *Paris, Cosse*, 1856, in-8.

844. — Des noms et marques de fabrique et de commerce; de la concurrence déloyale. Comprenant les noms et raisons commerciales, les désignations des lieux de fabrication, des produits; les enseignes, etc., la jurisprudence, le texte des lois françaises, avec les exposés des motifs, rapports, etc., les législations étrangères et les traités internationaux. Par Édouard CALMELS,... — *Paris, Auguste Durand*, 1858, in-8.

* (Sur la législation rurale, V. ci-après, AGRICULTURE.)

845. — Agenda du juré. Notes de quelques lois et de quelques usages dont la connaissance est utile aux jurés. Par M. DESISLES, conseiller à la cour royale de Limoges. Deuxième édition. — *Limoges, impr. de F. Chapoulaud, mai* 1840, in-18.

(M. Sudraud-Desisles est né à Aixe (Haute-Vienne), le 26 septembre 1786. On a de lui, outre l'ouvrage ci-dessus, un Manuel du juge taxateur. — 1829, in-8; et des Notes d'un juge d'instruction sur la taxe en matière criminelle. — 1832, in-8.)

Causes célèbres, Plaidoyers, Mémoires.

846. — Notice des séances de la cour d'assises de l'Aveyron pour le jugement des prévenus de l'assassinat de M. Fualdès, etc. Août 1817. — *Rodez, Carrère,* in-8.

847. — Mémoires de madame MANSON, explicatifs de sa conduite dans le procès de l'assassinat de M. Fualdès; écrits par elle-même, et adressés à madame Enjalran, sa mère. Avec portrait, vignettes et fac-simile. Seconde édition. — *Paris, Pillet,* 1818, in-8.

848. — Notice historique sur le crime commis par Mingrat, ex-curé de Saint-Quentin [Isère], convaincu d'avoir assassiné Marie Gérin; suivie de pièces justificatives et du jugement qui le condamne par contumace à la peine de mort. Par Mᵉ Pauline RAYNAUD. Publiée par M. Gérin, frère de la victime. Avec portrait lithographié d'après le tableau original de M. Raynaud. Deuxième édition. — *Paris,* 1824, in-8.

* Liberté de la presse. Procès de M. Bourdeau, pair de France, ancien garde des sceaux, contre la *Gazette du centre* et le *Progressif.* — *Limoges,* 1842, in-8. — (V. HISTOIRE, nᵒˢ 1163-1164.)

* Cour d'assises de la Haute-Vienne, session du 1ᵉʳ trimestre 1847. Infanticide. Aveux de l'accusée. Acquittement. Question de la suppression des tours dans les

hospices. (Plaidoirie de M° Émile VOUZELLAUD.) —
Limoges, 1847, in-8. — (V. *ibid.*, n° 1165.)

Ouvrages relatifs à l'exercice de certaines fonctions judiciaires.

849. — Manuel du notaire, ou Instruction, par demandes et réponses, sur les contrats, donations, testaments, etc... Seconde édition, revue et augmentée. Par
A. GOUX,... — *Toulouse, Bellegarrigue, 1808, in-8.*

§ 5. — DROIT ÉTRANGER.

Allemagne.

* Monarchia sancti romani imperii, sive Tractatus de
jurisdictione imperiali, seu regia et pontificia, seu sacer-
dotali... Studio atque industria Melchioris GOLDASTI,... —
Hanoviæ, 1611. — Monarchiæ... tomus secundus... Accesserunt opera omnia, de postestate ecclesiastica et politica,
magistri Guilhelmi OCKAM,... — *Francofordiæ*, 1614. —
Monarchiæ... tomus tertius... — *Francofordiæ*, 1613, 3 vol.
in-fol. — (V. HISTOIRE, n° 1400.)

* Epitome jurisprudentiæ publicæ universæ... conscripta
et præmissa a Georgio BRAUDLACHT,... — *Arnstadiæ*, 1666.
— Tractatus de republica romano-germanica, auctore
Jacobo LAMPADIO,... — (S. l. n. d.), in-24. — (V. *ibid.*,
n° 1401.)

* Abrégé chronologique de l'histoire et du droit public
d'Allemagne... (Par PFEFFEL.) — *Paris*, 1754, in-8. — (V.
ibid., n° 1402.)

* Discours historique de l'élection de l'empereur... (Par
DE VICQUEFORT.) — *Paris*, 1658, in-4. — (V. *ibid.*,
n° 1403.)

* De l'association des princes du corps germanique,
ouvrage traduit de l'allemand de M. MULLER, publié par
les soins de M. MERCIER. — *Mayenne*, 1789, in-8. — (V.
ibid., n° 1404.)

* Le miroir de Souabe, d'après le manuscrit français de la bibliothèque de... Berne, publié par G.-A. MATILE,... — *Neuchatel*, 1843, in-fol. — (V. *ibid.*, n° 1405.)

850. — Code criminel de l'empereur CHARLES V, vulgairement appelé La Caroline, contenant les lois qui sont suivies dans les juridictions criminelles de l'empire; et à l'usage des conseils de guerre des troupes suisses. (Par VOGEL.) — *Paris, impr. de Claude Simon*, 1734, in-4.

* Observations sur la constitution militaire et politique des armées de S. M. prussienne... (Par DE GUIBERT.) — (V. HISTOIRE, n°ˢ 1438, 1439.)

Belgique et Hollande.

851. — Mémoire sur l'organisation de l'enseignement du droit en Hollande et sur les garanties d'instruction juridique exigées dans ce pays des aspirants à certaines fonctions ou professions. Par M. BLONDEAU,... — *Paris, Videcoq père et fils*, 1846, in-8.

* Procès criminels des comtes d'Egmont, du prince de Horn et autres seigneurs flamands, faits par le duc d'Albe... (Publié par Jean GODEFROY, ou par Jean DU BOIS.) — *Amsterdam*, 1753, 2 vol. in-12. — (V. HISTOIRE, n° 1456.)

Peuples septentrionaux.

* Histoire des diètes de Pologne pour les élections des rois. Par M. DE LA BIZARDIÈRE. — *Paris*, 1697, in-12. — (V. HISTOIRE, n° 1471.)

Angleterre, Ecosse, Irlande.

852. — Constitution de l'Angleterre, ou Etat du gouvernement anglais, comparé avec la forme républicaine et avec les autres monarchies de l'Europe. Par M. DELOLME,... Nouvelle édition, corrigée sur la quatrième édition anglaise dédiée au roi d'Angleterre, et ornée du portrait de l'auteur. — *Paris, Volland*, 1792, 2 vol. in-8.

853. — Tableau de la constitution du royaume d'Angleterre. Par Georges CUSTANCE. Traduit de l'anglais sur la troisième édition (par Ch. LOYSON et J.-J. GUIZOT). — *Paris, Maradan,* 1817, in-12.

Amérique.

* Observations sur le gouvernement et les lois des Etats-Unis d'Amérique. Par M. l'abbé DE MABLY. — *Amsterdam,* 1784, in-12. — (V. HISTOIRE, *n°* 1607.)

* Lois et constitutions des colonies françaises de l'Amérique sous le vent... Par M. MOREAU DE SAINT-MÉRY,... — *Paris* (1784). — (V. *ibid., n°* 1614.)

IIᴱ CLASSE.

SCIENCES MATHÉMATIQUES, PHYSIQUES ET NATURELLES.

POLYGRAPHIE LIMITÉE A CES SCIENCES.

CHAPITRE Iᵉʳ. — *Préliminaires, généralités et mélanges.*

854. — Histoire des progrès de l'esprit humain dans les sciences exactes et dans les arts qui en dépendent; savoir : l'arithmétique, l'algèbre, la géométrie, l'astronomie, la gnomonique, la chronologie, la navigation, l'optique, la mécanique, l'hydraulique, l'acoustique et la musique, la géographie, l'architecture civile, l'architecture militaire, l'architecture navale. Avec un Abrégé de la vie des auteurs les plus célèbres dans ces sciences. Par monsieur SAVÉRIEN. — *Paris, Lacombe,* 1766, in-8.

855. — Rapport historique sur les progrès des sciences naturelles depuis 1789, et sur leur état actuel; présenté au gouvernement, le 6 février 1808, par la classe des sciences philosophiques et mathématiques de l'Institut, conformément à l'arrêté du 13 ventôse an x; rédigé par M. CUVIER,... Nouvelle édition. — *Paris, Verdière et Ladrange,* 1828, in-8.

(Chimie, histoire naturelle, médecine, agriculture, technologie.)

---

856. — Université de France. Programme des examens dans les facultés des sciences. Édition officielle. — *Paris, impr. Jules Delalain,* 1848, in-4 de 88 pages.

857. — Questions de mathématiques, de cosmographie, de physique, de chimie et d'histoire naturelle, pour l'examen du baccalauréat ès-lettres, développées conformément à l'arrêté du 17 mars 1848. Par J. SAIGEY,... — *Paris, L. Hachette et C*^{ie}*,* 1848, grand in-18.

858. — Connaissances les plus nécessaires tirées de l'étude de la nature et des arts et métiers, distinées à la jeunesse du moyen-âge (*sic*). Par MM. SCHWEIGHÆUSER et SIMON,... — *Basle, Jean-Jacques Thurneissen fils,* 1781, petit in-8.

859. — Entretiens sur les éléments de l'astronomie, de l'histoire naturelle, de la physique, de la chimie, et sur divers autres sujets; à l'usage des écoles populaires. Par M. Patrice LARROQUE, recteur de l'académie de Limoges. Ouvrage auquel la société d'instruction élémentaire a décerné, en 1835, le prix extraordinaire proposé pour la composition d'un bon livre destiné aux écoles élémentaires. — *Paris, Hachette; Limoges, F. Chapoulaud, et T. Marmignon; Toulouse, Devers,* 1837, in-12.

---

860. — Œuvres complètes de François ARAGO,... publiées, d'après son ordre, sous la direction de M. J.-A. BARRAL,... — *Paris, Gide et J. Baudry, et Leipzig, T.-O. Weigel,* 1854-6..., 16 vol. in-8.

(T. I-III, Notices biographiques. — T. IV-VIII, Notices scienti-

fiques. — T. IX, Voyages scientifiques. — T. X-XI, Mémoires
scientifiques. — T. XII, Mélanges. — Œuvre posthume : Astronomie populaire, 4 vol. — Le dernier volume, qui n'a pas encore
paru, contiendra les tables et une notice chronologique des travaux
de F. Arago.)

* Journal des observations physiques, mathématiques
et botaniques, faites... sur les côtes orientales de l'Amérique méridionale et dans les Indes-Occidentales... Par le
R. P. Louis Feuillée,... — (V. ci-après, Histoire
naturelle.)

861. — Bulletin des sciences, par la Société philomathique de Paris. — *Paris, Fuchs* (et *J. Klostermann fils*),
1791-1811, 3 vol. in-4. — Nouveau bulletin des sciences,
par la Société philomatique de Paris. — *Paris, Bernard* (et
J. Klostermann fils), 1807-1812, 3 vol., en tout 6 vol. in-4.

* Bulletin universel des sciences... publié sous la direction de M. le baron DE Férussac. — Sciences mathématiques, astronomiques, physiques et chimiques. (Rédacteurs principaux MM. Deflers, Bulos, Saigey,
Chevillot, Sturm et Gaultier de Claubry.) — *Paris,*
1824-31, 15 vol. in-8. — (V. Belles-Lettres, *n°* 239.)

862. — L'Institut, journal des académies et sociétés
scientifiques de la France et de l'étranger. (Par Eugène
Arnoult.) Première section : sciences mathématiques,
physiques et naturelles. — *Paris,* 1833-56, 24 vol. in-4.

* Revue des sociétés savantes... Sciences mathématiques,
physiques et naturelles. — *Paris,* 1862-18..., in-8. — (V.
Belles-Lettres, *Supplément.*)

* Histoire de l'Académie des sciences... avec les mémoires de mathématiques et de physique... — (V. Belles-
Lettres, *n°s* 155-162. — Mémoires de l'Institut. Sciences
mathématiques et physiques. — (V. *ibid., n°s* 164-A,
166-B, 166-Bb, 166-Bc.)

863. — Journal polytechnique, ou Bulletin du travail
fait à l'école centrale des travaux publics, publié par le
conseil d'instruction et administration de cette école. —
Paris, impr. de la République, an III-1809, T. I à VIII, en

10 vol. in-4, moins le 9ᵉ cahier formant la 1ʳᵉ partie du T. IV.

— Rapport sur la situation de l'école polytechnique, présenté au ministre de l'intérieur par le conseil de perfectionnement établi en exécution de la loi du 25 frimaire an VIII. — (A la fin :) *Paris, impr. de la République, floréal an* IX, in-4.

CHAPITRE II. — *Mélanges de Mathématiques et de Physique.* — *Récréations mathématiques et physiques.*

864. — Dictionnaire universel de mathématique et de physique, où l'on traite de l'origine, du progrès de ces deux sciences et des arts qui en dépendent, et des diverses révolutions qui leur sont arrivées jusqu'à notre temps ; avec l'exposition de leurs principes, et l'analyse des sentiments des plus célèbres auteurs sur chaque matière. Par monsieur SAVÉRIEN,... — *Paris, Jacques Rollin, et Charles-Antoine Jombert*, 1753, 2 vol. in-4 avec planches.

865. — F. Marini MERSENNI, minimi, cogitata physico-mathematica, in quibus tam naturæ quam artis effectus admirandi certissimis demonstrationibus explicantur. — *Parisiis, sumptibus Antonii Bertier,* 1644, in-4.

(Après la préface se trouve le second frontispice suivant : « Hydraulica, pneumatica, arsque navigandi, harmonia theorica, practica et mechanica phænomena. Autore M. Mersenno M. — *Parisiis, sumptibus Antonii Bertier*, 1644 ». Les traités sur la navigation et sur l'harmonie ont un frontispice particulier ainsi conçu : « Ars navigandi super et sub aquis, cum Tractatu de magnete, et Harmoniæ theoricæ, practicæ et instrumentalis. Libri quatuor. — *Parisiis...* 1644 ». La pagination suit d'une partie à l'autre. A la suite : « F. Marini MERSENNI, minimi, tractatus mechanicus theoricus et practicus. — *Parisiis...* 1644 ». A la fin : « F. Marini MERSENNI, minimi, Ballistica et acontismologia, in qua sagittarum, jaculorum et aliorum missilium jactus, et robur arcuum explicantur. — *Parisiis...* 1644 ». — Ce volume porte à l'étiquette : « Opera Mersenni, T. I ».)

866. — Universæ geometriæ, mixtæque mathematicæ synopsis, et bini refractionum demonstratarum tractatus. Studio et opera F. M. MERSENNI M. — *Parisiis, apud Antonium Bertier,* 1644, in-4.

(Ce volume, qui fait suite au précédent, et qui porte à l'éti-

quette : « Opera Mersenni, T. II, » contient : EUCLIDIS Elémenta;
Petri RAMI Geometria; ARCHIMEDIS Opera; THEODOSII, MENELAI et
MAUROLYCI Sphærica; AUTOLYCI De sphæra mobili, ex traditione
Maurolyci; EUCLYDIS Phænomena; Cosmographia astronomica,
auctore MERSENNO; APOLLONII Pergæi Conica; SERENI De sectione
cylindri; Claudii MYDORGII Conica; PAPPI Collectiones; Mechanica
et Optica, auctore MERSENNO.)

(A la suite :)

— Novarum observationum physico-mathematicarum
F. Marini MERSENNI, minimi, tomus III; Quibus accessit
ARISTARCHUS Samius de mundi systemate. — *Parisiis,
sumptibus Antonii Bertier,* 1647, in-4.

* R. P. Andræ TACQUET,... opera mathematica. — (V.
ci-après, MATHÉMATIQUES.)

* R. P. Claudii Francisci MILLIET DÉCHALES... Cursus
seu Mundus mathematicus. — (V. *ibid.*)

867. — Mémoires de mathématique et de physique,
contenant : un traité des épicycloïdes et de leurs usages
dans les mécaniques; l'explication des principaux effets
de la glace et du froid; une Dissertation des différences
des sons de la corde de la trompette marine; un Traité des
différents accidents de la vue, divisé en deux parties. Par
M. DE LA HIRE,... — *Paris, impr. roy.,* 1694, in-4.

* (Consultez aussi les tables des Mémoires de l'Académie
des sciences.)

868. — Mémoires de mathématique et de physique
présentés à l'Académie royale des sciences par divers
savants, et lus dans ses assemblées. — *Paris, impr. roy.,*
1750-76, et *Paris, Moutard,* et *Panckoucke,* 1780, 9 vol.
in-4.

(Ouvrage détaché des Mémoires de l'Académie des Sciences.
V. aussi BELLES-LETTRES, *n°* 161, les Mémoires de cette Académie.
— Il manque les T. X et XI.)

869. — Récréations mathématiques et physiques, qui
contiennent plusieurs problèmes d'arithmétique, de géométrie, de musique, d'optique, de gnomonique, de
cosmographie, de mécanique, de pyrotechnie et de

physique. Avec un Traité des horloges élémentaires. Par
feu M. OZANAM,... Nouvelle édition, revue, corrigée et
augmentée. — *Paris, Charles-Antoine Jombert, 1741, 4 vol.
in-8.*

(Le T. IV porte au frontispice : « Récréations mathématiques et
physiques, où l'on traite des phosphores naturels et artificiels et
des lampes perpétuelles. Dissertation physique et chimique, avec
l'explication des tours de gibecière, de gobelets et autres récréatifs
et divertissants... ».)

870. — Amusements philosophiques sur diverses parties
des sciences et principalement de la physique et des mathématiques. Par le père Bonaventure ABAT,... — *Amsterdam, et Marseille, Jean Mossy, 1763,* in-8 avec planches.

871. — Nouvelles récréations physiques et mathématiques, contenant ce qui a été imaginé de plus curieux
dans ce genre et qui se découvre journellement; auxquelles on a joint leurs causes, leurs effets, la manière de
les construire et l'amusement qu'on en peut tirer pour
étonner et surprendre agréablement. Nouvelle édition,
corrigée et considérablement augmentée. Par M. GUYOT,...
— *Paris, l'auteur,* et *Gueffier, 1772-75,* 4 vol. in-8, avec
planches coloriées.

CHAPITRE III. — *Mélanges concernant les Sciences naturelles.*

* Fontenelle, ou De la philosophie moderne relativement aux sciences physiques. Par P. FLOURENS,... —
Paris, Paulin, 1847, grand in-18. — (V. HISTOIRE,
n° 1736.)

872. — Roberti BOYLE,... opera varia... Cum indicibus
necessariis et multis figuris æneis. — *Genevæ, apud
Samuelem de Tournes, 1677-96,* 3 vol. in-4.

(Portrait de l'auteur.)

875. — Dissertationes physicæ in quibus principia pro-
prietatum in mistis; œconomia corporum in plantis et
animalibus; causæ et signa propensionum in homine;
nec non alia quædam ad lucem et refractionem spectantia
demonstrantur. Cum figuris in fine appositis. Opera et

studio Francisci BAYLE,... — *Hagœ Comitis, apud Petrum Hagium,* 1678. — Dissertationes medicæ tres. I. De causis fluxus menstrui mulierum. II. De sympathia variarum corporis partium cum utero. III. De usu lactis ad tabidos reficiendos, et de immediato corporis alimento... Auctore Francisco BAYLE,... — *Hagœ Comitis, apud Petrum Hagium,* 1678. Le tout en 1 vol. in-12.

874. — Œuvres diverses de physique et de mécanique de Mrs C. et P. PERRAULT,... — *Leyde, Pierre Van der Aa,* 1721, 2 vol. in-4.

875. — Observations curieuses sur toutes les parties de la physique, extraites et recueillies des meilleurs mémoires. (Par le P. BOUGEANT et le P. GROZELIER.) — *Paris, André Cailleau,* 1730, 3 vol. in-12.

(Le T. II est de 1726.)

876. — Recueil de différents traités de physique et d'histoire naturelle, propres à perfectionner ces deux sciences. Par M. DESLANDES. Troisième édition, corrigée et augmentée de plusieurs nouveaux traités. — *Paris, J.-F. Quillau fils,* 1750, 2 vol. in-12.

(Il manque le T. III, paru en 1753.)

* Résumé d'un cours élémentaire de sciences physiques et naturelles. (Par A. FARGEAUD.)

(Ce cours, dont chaque partie sera décrite en son lieu, comprend la physique et l'histoire naturelle.)

877. — Mélanges de physique et de médecine. Par M. LE ROI,... — *Paris, P.-G. Cavelier,* 1771, in-8.

878. — Recueil de mémoires, ou Collection de pièces académiques concernant la médecine, l'anatomie et la chirurgie, la chimie, la physique expérimentale, la botanique et l'histoire naturelle, tirées des meilleures sources. Et mis en ordre par feu M. J. BERRYAT,... (LAVIROTTE, BARBERET, PAUL, ROBINET, etc.). Partie française. — *Dijon, François Desventes,* 1754-69; *Auxerre, François Fournier,* 1754, et *Paris, Panckoucke* (et autres), 1769-87, 16 vol. in-4.

(Les T. IV et suivants, sauf le T. V, portent au frontispice :

« Collection académique, composée des mémoires, actes ou journaux des plus célèbres académies... concernant l'histoire naturelle et la botanique; la physique expérimentale et la chimie; la médecine et l'anatomie ». Le frontispice du T. V porte : « Abrégé de l'histoire et des mémoires de l'Académie Royale des sciences. Par M. PAUL,... — *Paris, hôtel de Thou*, 1774 ».)

— Collection académique, composée des mémoires, actes ou journaux des plus célèbres académies et sociétés littéraires étrangères, des extraits des meilleurs ouvrages périodiques, des traités particuliers, et des pièces fugitives les plus rares, concernant l'histoire naturelle et la botanique, la physique expérimentale et la chimie, la médecine et l'anatomie; traduits en français, et mis en ordre par une société de gens de lettres (PAUL, KERALIO, ROBINET, VIDAL, etc.). — *Dijon*, et *Paris*, 1755-79, 13 vol. in-4.

879. — Annales générales des sciences physiques. Par MM. BORY-DE-ST-VINCENT,... DRAPIEZ,... et VAN MONS,... — *Bruxelles, impr. de Weissenbruch*, 1819-21, 8 vol. in-8.

(Portraits et planches.)

880. — Revue scientifique et industrielle des faits les plus utiles et les plus curieux observés dans la médecine, l'hygiène, la physique, la chimie, la pharmacie, l'économie rurale et domestique, l'industrie nationale et étrangère; sous la direction du docteur QUESNEVILLE,... — *Paris*, 1840-48, 33 vol. in-8.

(Cet ouvrage comprend 3 séries. Les T. I-XV forment la 1re série; les T. XVII-XXXI, la 2e. La bibliothèque ne possède de la 3e série que les T. I et II (T. XXXII et XXXIII de la collection complète.)

881. — Assemblée publique (et mémoires) de la Société Royale des sciences, tenue dans la grande salle de l'hôtel de cette Société, en présence des Etats de la province de Languedoc, le 27 décembre 1780. — *Montpellier, impr. de Jean Martel aîné*, 1781. — Assemblée publique (et mémoires) de la Société Royale des sciences, tenue... le 27 décembre 1781. — *Montpellier*, 1782. Le tout en 1 vol. in-4.

(Eloges de M. Danyzy et de M. Lamorier; Mémoires sur l'utilité de l'exploitation des mines, par M. DE JOUBERT; sur les loupes osseuses, par M. VIGAROUS; sur quelques établissements utiles à la province de Languedoc, par M. CHAPTAL; sur les conducteurs électriques destinés à préserver les vaisseaux de la foudre, par

M. Pouget; sur une grande dose de poudre de cantharides prise
intérieurement, par M. Amoreux; sur le moyen de déterminer le
moment auquel le vin en fermentation dans la cuve a acquis toute
la force et toute la qualité dont il est susceptible, par M. Bertholon; sur la vinification, par dom Le Gentil; Eloge de M. de
Joubert; Mémoire sur la fabrication du flint-glass, par M. Allut;
Expériences sur l'utilité qu'on peut tirer du gas vineux, par
M. Mourgue; Nouvelles preuves de l'efficacité des paratonnerres,
par M. l'abbé Bertholon; Remarques sur le ténia, par M. Cusson
fils; Extrait du rapport des commissaires nommés pour l'examen
de la jauge des tonneaux, par M. Pouget.)

882. — (Recueil factice en 6 vol. in-4 :)

T. I :

1º. — Thèse de physique soutenue devant la faculté des sciences
de l'Académie de Paris, le 20 mars 1833, par M. J. Persoz... (De la
polarisation circulaire comme moyen de distinguer des matières
organiques, identiques en apparence, et de la possibilité, à l'aide
de ce même caractère, d'apprécier les changements que certaines
substances végétales peuvent éprouver de la part des agents
chimiques.)

2º. — Mémoire sur les modifications que la fécule et la gomme
subissent sous l'influence des acides. Par MM. Biot et Persoz. Lu
à l'Académie royale des sciences le 14 janvier 1833. — Note supplémentaire au précédent mémoire. (Par Biot.)

3º. — Instructions pratiques sur l'observation et la mesure des
propriétés optiques appelées rotatoires, avec l'exposé succinct de
leur application à la chimie médicale, scientifique et industrielle,
Par M. Biot,... — *Paris, Bachelier*, 1845.

4º. — Rapport fait à l'Académie des sciences sur les expériences
de M. Melloni relatives à la chaleur rayonnante. Par M. Biot.

5º. — Mémoire sur la chaleur solaire, sur les pouvoirs rayonnants
et absorbants de l'air atmosphérique, et sur la température de
l'espace. Par M. Pouillet,... — *Paris, Bachelier*, 1838.

6º. — Thèses (sur les températures du globe terrestre et sur les
principaux phénomènes géologiques qui paraissent être en rapport
avec la chaleur propre de la terre) présentées à la faculté des
sciences de Paris pour obtenir le grade de docteur ès-sciences. Par
Auguste Daubrée,... — *Paris, impr. de Fain*, 1838.

7º. — Essai sur l'origine des eaux thermales. Thèse de physique
présentée à la faculté des sciences de Strasbourg... Par H.-M.-
E. Taufflieb,... — *Strasbourg, imp. Vᶜ Silbermann*, 1831.

T. II :

1º. — Éloge historique de François Péron, rédacteur du « Voyage
de découvertes aux terres australes », lu à la Société médicale
d'émulation de Paris... dans la séance de 6 mars 1811. Par
M. Alard, secrétaire général. — *Paris, L.-P. Dubray*, 1811.

2º. — Notice historique sur M. Péron. Par J.-P.-F. Deleuze;

extraite des Annales du Muséum d'Histoire naturelle, T. XVII. — *Paris, impr. de A. Belin*, 1811.

3º. — Analyse des travaux de l'Académie royale des sciences pendant l'année 1822. Partie physique, par M. le baron CUVIER,... — Partie mathématique, par M. le baron FOURIER...

4º. — Analyse des travaux de l'Académie royale des sciences de l'Institut de France, pendant l'année 1817. Partie physique, par M. le Cher CUVIER,... — Partie mathématique, par M. le Cher DELAMBRE,...

T. III :

1º. — Dissertation sur l'analyse comparative d'os appartenant à diverses classes d'animaux. Thèse de chimie, présentée à la faculté des sciences de Strasbourg... Par Manoel-Joaquim-Fernandes DE BARROS,... — *Strasbourg, impr. de F.-G. Levrault*, 1828.

2º. — Recherches sur les résines, et sur la térébenthine de Strasbourg en particulier. Dissertation soutenue à la faculté de médecine de Strasbourg... Par Amédée CAILLIOT,... — *Strasbourg, impr. de F.-G. Levrault*, 1828.

3º. — Concours pour l'agrégation [section des sciences préliminaires et accessoires], ouvert à la faculté de médecine de Strasbourg... — De l'influence de l'air atmosphérique sur les phénomènes de la vie. Thèse... Par Amédée CAILLIOT,... — *Strasbourg, impr. de F.-G. Levrault*, 1834.

4º. — Concours pour la chaire de chimie et de toxicologie, ouvert à la faculté de médecine de Strasbourg... — Histoire et appréciation des progrès de la chimie au dix-neuvième siècle. Thèse... Par Amédée CAILLIOT,... — *Strasbourg, impr. de G. Silbermann*, 1838.

5º. — Exposé des propriétés médico-chimiques de l'acide hydrocyanique, dissertation présentée et soutenue à la faculté de médecine de Strasbourg... Par L.-F.-Émile RENAUDIN,... — *Strasbourg, impr de Ve Silbermann*, 1832.

6º. — Dissertation sur la digestion, considérée dans les quatre classes d'animaux vertébrés, présentée et soutenue à la faculté de médecine de Strasbourg... Par Adolphe MAIGNIEN,... — *Strasbourg, impr. de F.-G. Levrault*, 1835.

7º. — Concours pour la place de préparateur en chef de chimie, pharmacie et physique, ouvert à la faculté de médecine de Strasbourg... — Histoire chimique de la bile à l'état sain et à l'état pathologique. Thèse... Par Charles-Adolphe WURTZ,... — *Strasbourg, impr. de G. Silbermann*, 1839.

8º. — Études sur l'albumine et sur la fibrine. Thèse présentée à la faculté de médecine de Strasbourg... Par Adolphe WURTZ,... — *Strasbourg, impr. de G. Silbermann*, 1843.

9º. — De l'action des corps oxydants sur l'alcool. Thèse de chimie présentée à la faculté des sciences de Strasbourg... Par E. KOPP,... — *Strasbourg, impr. de G. Silbermann*, 1842.

10º. — Sur la génération de l'éther. Thèse présentée à l'école spéciale de pharmacie de Strasbourg... Par M. Charles GERHARDT,... — *Strasbourg, impr. de G. Silbermann*, 1844.

11º. — De l'analyse chymique des poisons, considérée dans ses rapports avec la médecine légale. Thèse présentée à la faculté de médecine de Strasbourg... Par H.-M.-Ed. TAUFFLIEB,... = *Strasbourg, impr. de G. Silbermann, 1834.*

T. IV :

1º. — Du mouvement elliptique des planètes. Thèse d'astronomie, présentée à la faculté des sciences de Strasbourg... Par Charles-Franç.-Jos. DELCAMBRE,... = *Strasbourg, impr. de F.-G. Levrault, 1827.*

2º. — De la force d'attraction, considérée particulièrement comme force motrice des planètes. Thèse de mécanique, présentée à la faculté des sciences de Strasbourg... Par Charles-Franç.-Jos. DELCAMBRE,... — *Strasbourg, impr. de F.-G. Levrault, 1827.*

3º. — Scholie sur la nature du principe des vitesses virtuelles, suivie de quelques réflexions sur la métaphysique des calculs différentiel et intégral. Thèse de mécanique, présentée à la faculté des sciences de Strasbourg... Par Émile-Emmanuel REGNAULT,... = *Strasbourg, impr. de Ve Silbermann, 1828.*

4º. — Discussion sur les mouvements propres des étoiles. Thèse d'astronomie, présentée à la faculté des sciences de Strasbourg... Par Émile-Emmanuel REGNAULT,... = *Strasbourg, impr. de Ve Silbermann, 1828.*

5º. — Université de France. Faculté des sciences de Strasbourg. — Considérations sur les machines en mouvement. Thèse de mécanique... P.-J.-E. FINCK,... — *Strasbourg, impr. de F.-G. Levrault, 1829.*

6º. — Université de France. Faculté des sciences de Strasbourg. — Essai sur les formules du mouvement de l'équateur terrestre. Thèse d'astronomie... Par P.-J.-E. FINCK,... — *Strasbourg, impr. de F.-G. Levrault, 1829.*

7º. — Mémoire sur le mouvement d'un corps rigide soutenu par un plan fixe... Par A.-A. COURNOT,... — *Paris, L. Hachette, 1829.*

8º. — Université de France. Faculté des sciences de Strasbourg. — Applications de la théorie générale des petites oscillations. Thèse de mécanique... Par Ch.-Th. KRAMP,... — *Strasbourg, impr. de F.-G. Levrault, 1829.*

9º. — Université de France. Faculté des sciences de Strasbourg. — Libration de la lune. Thèse d'astronomie... Par Ch.-Th. KRAMP,... — *Strasbourg, impr. de F.-G. Levrault, 1830.*

10º. — Université de France. Faculté des sciences de Strasbourg. — Du mouvement des aérolithes, considérés comme des masses disséminées dans l'espace par l'impulsion des volcans lunaires. Thèse d'astronomie... Par J.-F.-L.-Armand DE QUATREFAGES,... — *Strasbourg, impr. de Ve Silbermann, 1830.*

11º. — Université de France. Faculté des sciences de Strasbourg. — Théorie d'un coup de canon. Thèse de mécanique... Par J.-F.-L.-Armand DE QUATREFAGES,... = *Strasbourg, impr. de Ve Silbermann, 1829.*

12º. — Des oscillations du pendule simple dans le vide. Thèse de mécanique, présentée à la faculté des sciences de Strasbourg... Par L.-F.-Emile RENAUDIN,... — *Strasbourg, impr. de V⁰ Silbermann,* 1830.

13⁰. — Lois de Képler. Thèse d'astronomie présentée à la faculté des sciences de Strasbourg... Par L.-F.-Emile RENAUDIN,... — *Strasbourg, impr. de V⁰ Silbermann,* 1830.

14⁰. — Des occultations et des éclipses. Thèse d'astronomie, présentée à la faculté des sciences de Strasbourg... Par J.-F. RAMEAUX,... — *Strasbourg, impr. de G. Silbermann,* 1833.

15⁰. — Théorie du mouvement des corps dans un milieu résistant, Thèse de mécanique... Par J.-F. RAMEAUX,... — *Strasbourg, impr. de G. Silbermann,* 1833.

16⁰. — Université de France. Faculté des sciences de Strasbourg. — Du mouvement des planètes. Thèse d'astronomie... Par G.-Ch. REUSS,... — *Strasbourg, impr. de V⁰ Berger-Levrault,* 1843.

17⁰. — Université de France. Faculté des sciences de Strasbourg. — Sur l'équilibre d'un fil flexible et inextensible. Thèse de mécanique... Par G.-Ch. REUSS,... — *Strasbourg, impr. de V⁰ Berger-Levrault,* 1843.

18⁰. — Université de France. Académie de Strasbourg. — Du mouvement de rotation d'un corps solide autour d'un point fixe. Thèse de mécanique... Par J.-G. DOSTOR,... — *Strasbourg, impr. de V⁰ Berger-Levrault,* 1844.

19⁰. — Université de France. Faculté des sciences de Strasbourg. — Du mouvement des comètes. Thèse d'astronomie... Par J.-G. DOSTOR,... — *Strasbourg, impr. de V⁰ Berger-Levrault,* 1844.

T. V :

1⁰. — Instruction sur le thermomètre métallique de MM. Breguet père et fils,... et sur les moyens d'établir sa correspondance avec d'autres instruments thermométriques. Par M. DE PRÓNY,...

2⁰. — Sur les expériences électro-magnétiques de MM. Œersted et Ampère. Par M. HACHETTE. [Extrait du Journal de Physique, septembre 1820.]

3⁰. — Note sur un mémoire lu à l'Académie royale des sciences, dans la séance du 4 décembre 1820, par M. Ampère.

4⁰. — Recherches sur la compressibilité des liquides et du calorique qu'ils émettent sous des forces connues. Thèse présentée... à la faculté des sciences de Paris... Par A. GALY-CAZALAT,... — *Paris, L. Hachette,* 1827.

5⁰. — Dissertation sur la météorologie. Thèse de physique, présentée à la faculté des sciences de Strasbourg... Par Manoel-Joachim-Fernandes DE BARROS,... — *Strasbourg, impr. de F.-G. Levrault,* 1828.

6⁰. — Thèses de physique et de chimie, soutenues devant la faculté des sciences de Strasbourg, le 2 et le 4 juillet 1829, par A. PENOT. (De la manière de déterminer les dimensions d'une cheminée. — De l'acidimétrie et de l'alcalimétrie.)

7⁰. — (Même que le n⁰ 7 du T. I.)

8º. — Considérations sur les états d'agrégation des corps. Thèse de physique présentée à la faculté des sciences de Strasbourg... Par Théophile ROTH,... — *Strasbourg, impr. de F.-G. Levrault*, 1834.

9º. — Considérations sur les muscles. Thèse présentée... à la faculté de médecine de Paris... Par J.-F. RAMEAUX,... — *Paris, impr. de Didot le jeune*, 1834.

10º. — Concours pour l'agrégation [section des sciences accessoires], ouvert à la faculté de médecine de Strasbourg... — De la chaleur animale. Thèse... Par J.-F. RAMEAUX,... — *Strasbourg, impr. de G. Silbermann*, 1839.

11º. — Essai sur les causes des variations de l'intensité des courants galvaniques. Thèse de physique, présentée à la faculté des sciences de Strasbourg... Par E. KOPP,... — *Strasbourg, impr. de G. Silbermann*, 1842.

12º. — Thèse de chimie sur les combinaisons du soufre avec le chlore, présentée à la faculté des sciences de Paris. Par A. LEBOUCHER,... — *Paris, impr. de Fain et Thunot*, 1845.

T. VI :

1º. — De l'hybridité dans les végétaux. Thèse de physiologie végétale, présentée à la faculté des sciences de Strasbourg... Par D.-A. GODRON,... — *Nancy, impr. Vᵉ Raybois et Cⁱᵉ*, 1844.

2º. — De l'origine de la tempèratrue des eaux thermales. Thèse de géologie présentée à la faculté des sciences de Strasbourg... Par D.-A. GODRON,... — *Nancy, impr. Vᵉ Raybois et Cⁱᵉ*, 1844.

3º. — Mémoire sur la famille des rhamnées... Par Adolphe BRONGNIART,... — *Paris, impr. de Didot le jeune*, 1826.

4º. — Tableau des quadrumanes... Par M. GEOFFROY-SAINT-HILAIRE.

5º. — Concours pour la chaire de botanique, vacante à la faculté de médecine de Strasbourg. — De la reproduction des végétaux... Par A.-L.-A. FÉE,... — *Strasbourg, impr. de F.-G. Levrault* (1833).

6º. — Essai sur la formation des substances végétales. Thèse présentée à l'Ecole spéciale de pharmacie de Strasbourg... Par F.-F. GODEFROY,... — *Strasbourg, impr. de F.-G. Levrault*, 1818.

7º. — Essai botanico-médical sur les altérations des céréales et leur influence sur l'économie. Dissertation présentée... à la faculté de médecine de Strasbourg... Par Henri-Hyacinthe CURÉ,... — *Strasbourg, impr. de Vᵉ Silbermann*, 1830.

8º. — Mémoire sur les dipsacées. Par Thomas COULTER,... — *Genève, J.-J. Paschoud*, 1823.

9º. — Examen de la théorie des rapports botanico-chimiques. Dissertation présentée... à la faculté de médecine de Strasbourg... Par Antoine-Laurent-Appollinaire FÉE,... — *Strasbourg, impr. de F.-G. Levrault*, 1833.

10º. — Observations sur l'enseignement de l'histoire naturelle dans les colléges. Par M. F. CUVIER,...

11º. — Concours pour l'agrégation [section des sciences physiques, pharmaceutiques et naturelles], ouvert à la faculté de médecine de Strasbourg.... — Essai historique de la thératologie végétale. Thèse... Par Frédéric KIRSCHLEGER,... — *Strasbourg, impr. de G. Silbermann*, 1845.

CHAPITRE IV. — *Mélanges de Physique et de Chimie.*

883. — Nouveau système de l'univers, ou Abrégé philosophique de la physique et de la chimie. Avec de nouvelles découvertes de l'auteur, un coup d'œil sur les rapports de ces deux sciences aux autres et leurs applications aux arts en grand. Par Charles-Léopold MATHIEU, de Nancy, professeur de physique et de chimie à l'école centrale du département de la Corrèze,... — *Paris, Janet, et Croulebois, an* VII, in-8.

* Opuscules physiques et chimiques. Par M. LAVOISIER. — (V. la *division* CHIMIE.)

884. — Torberni BERGMAN,... opuscula physica et chemica, pleraque antea seorsim edita, jam ab auctore collecta, revisa et aucta. Cum tabulis æneis. — *Holmiæ, Upsaliæ et Aboæ, in officinis librariis Magni Swederi*, 1779-80, 2 vol. in-8.

(Il manque les T. III-VI.)

885. — Opuscules physiques et chimiques de M. F. FONTANA,... traduits de l'italien par M. GIBELIN,... — *Paris, Nyon l'aîné*, 1784, in-8.

* Annales de chimie. — (V. ci-après, *division* CHIMIE.)

886. — Annales de chimie et de physique. Par M. GAY-LUSSAC et ARAGO (et autres). — *Paris, Crochard*, 1824-59, 43 vol. in-8.

(T. XXV-XXVI, XXXI-XXXIII (année 1826), LIV-LXXV (années 1833-40, moins les T. LXVII et LXXII compris dans les années 1838 et 1839). Ces volumes font partie de la seconde série des Annales; la première série sera enregistrée à la division CHIMIE. La bibliothèque possède de la troisième série les T. I-III (année 1841), XIII-XVIII (années 1845-46), et XLIX-LXII (années 1857-59).

887. — Mémoires de physique et de chimie de la Société

d'Arcueil. (Par GAY-LUSSAC, A. DE HUMBOLDT, THENARD, BERTHOLLET, DESCOSTILS, BIOT, DÉCANDOLLE, MALUS, PROVENÇAL, BÉRARD, DULONG, ARAGO.) — *Paris, J.-J. Bernard* (*Ve Bernard*, et *Ve H. Perronneau*), 1807-17, 3 vol. in-8.

888. — De l'influence du temps sur les actions chimiques, et Des changements qui peuvent en résulter dans certains fossiles. Thèse de chimie présentée à la Faculté des sciences de Strasbourg... Par A. FARGEAUD,... — *Strasbourg, imprimerie de Mme Ve Silbermann*, 1828. — De la formation de la glace dans la nature. Thèse de physique présentée à la Faculté des sciences de Strasbourg... Par A. FARGEAUD,... — *Strasbourg, impr. de Mme Ve Silbermann*, 1829, les 2 brochures en 1 vol. in-4.

889. — Thèses de physique et de chimie soutenues devant la Faculté des sciences de Strasbourg le 2 et le 4 juillet 1829. Par A. PENOT. = In-4 de 32 pages.

(1° De la manière de déterminer les dimensions d'une cheminée. — 2° De l'acidimétrie et de l'alcalimétrie.)

890. — Thèses de physique et de chimie présentées à la Faculté des sciences de Paris... Par A. LALLEMAND, ancien élève de l'école Normale, professeur de physique au lycée de Limoges. — *Paris, impr. Bailly, Divry et Cie*, 1851, in-4 de 54 pages.

(1° Étude des lois de l'induction à l'aide de la balance électrodynamique. = 2° Isomérie des composés organiques. Préparation d'une nouvelle combinaison isomère de l'essence de térébenthine.)

Ire SECTION.

MATHÉMATIQUES.

—

CHAPITRE Ier. — *Préliminaires, Généralités et Mélanges.*

§ 1er. — INTRODUCTION. — DICTIONNAIRES. — RECUEILS.

* Discours sur les sciences mathématiques, prononcé au lycée, le 15 février 1786, par M. DE CONDORCET. — (V. POLYGRAPHIE; n° 69, *OEuvres*, T. I, p. 453.)

891. — Dictionnaire mathématique, ou Idée générale des mathématiques; dans lequel l'on trouve, outre les termes de cette science, plusieurs termes des arts et des autres sciences; avec des raisonnements qui conduisent peu à peu l'esprit à une connaissance universelle des mathématiques. Par M. OZANAM,... — *Paris, Estienne Michallet,* 1691, in-4.

* Dictionnaire universel de mathématique et de physique. Par SAVÉRIEN. — (V. n° 864.)

* Encyclopédie méthodique. Mathématiques. Par MM. D'ALEMBERT, l'abbé BOSSUT, DE LA LANDE, CONDORCET, etc. — (V. POLYGRAPHIE, n° 12.)

* Journal de l'école Polytechnique. — (V. n° 863.)

892. — Nouvelles annales de mathématiques. Journal des candidats aux écoles Polytechnique et Normale, rédigé par MM. TERQUEM,... et GERONO,... — *Paris, Carilian-Gœury et V^{or} Dalmont,* 1842-49, 8 vol. in-8.

(Les huit premières années. — Le T. VIII est édité par Bachelier.)

§ 2. — ŒUVRES DE MATHÉMATICIENS ANCIENS ET MODERNES.

893. — ἈΡΧΙΜΗΔΟΥΣ τοῦ Συρακουσίου, τὰ μέχρι νῦν σωζόμενα, ἅπαντα. ARCHIMEDIS Syracvsani philosophi ac geometrae excellentissimi Opera, quæ quidem extant, omnia, multis iam seculis desiderata, atꝗ à quàm paucissimis hactenus uisa, nuncꝗ primùm & Græcè & Latinè in lucem edita... Adiecta quoꝗ sunt Ἐντοcιι Ascalonitae in eosdem Archimedis libros Commentaria, item Græcè & Latinè, nunquam antea excusa... (Ex recensione Th. Gechauff Venatorii.) — *Basileae, Ioannes Heruagius excudi fecit. An.* MDXLIIII.

(Ce volume est composé de quatre parties ayant chacune leur pagination, et les trois premières leur frontispice : 1º texte grec d'Archimède; 2º texte grec des Commentaires; 3º traduction latine d'Archimède; 4º traduction latine des Commentaires.)

* F. Marini MERSENNI,... cogitata physico-mathematica... — (V. *n*º 865.)

* Universæ geometriæ, mixtæque mathematicæ synopsis et bini refractionum demonstratarum tractatus. Studio et opera F.-M. MERSENNI. — (V. *n*º 866.)

894. — Apiaria universæ philosophiæ mathematicæ, in quibus paradoxa et nova pleraque machinamenta ad usus eximios traducta, et facillimis demonstrationibus confirmata. Opus non modo philosophis, mathematicis, sed et physicis, anatomicis, militaribus viris, machinariæ, musicæ, poeticæ, agrariæ, architecturæ, mercaturæ professoribus, etc., utilissimum... Accessit ad finem secundi tomi EUCLIDES applicatus, et conditus ex Apiariis, indicatis usibus eximiis præcipuarum propositionum in prioribus sex libris euclideorum Elementorum. Accessere et Analecta, etc. Authore Mario BETTINO,... — *Bononiæ, typis Jo.-Baptistæ Ferronii,* 1645, 2 tomes en 1 vol. in-fol.

895. — R. P. Marii BETTINI,... Recreationum mathematicarum Apiaria novissima duodecim; quæ continent militaria, stereometrica, conica, et novas alias jucundas praxes ac theorias, in omni mathematicarum scientiarum genere. Accessit coronidis loco Appendix hujus operis pars præcipua, in qua sunt defensiones contra oppositiones

Novalmagesti. Ope ac opera Aquilonaris Academiæ. —
Bononiæ, 1659, sumptibus Joannis Baptistæ Ferronii, in-fol.

896. — R. P. Andreæ TACQUET,... opera mathematica.
— *Antverpiæ, typ. Joannis Meursii, 1668 (?)*, in-fol.

(Le frontispice a été enlevé. — Ce volume contient : Astronomiæ
lib. VIII; Geometriæ practicæ lib. III; Opticæ lib. III; Catoptriæ
lib. III; Architecturæ militaris lib. I, etc.)

897. — R. P. Claudii Francisci MILLIET DECHALES
Camberiensis,... Cursus seu mundus mathematicus...
Editio altera ex manuscriptis authoris aucta et emendata,
opera et studio R. P. Amati Varcin,... — *Lugduni, apud
Anissonios, Joan. Posuel et Claud. Rigaud, 1690, 3 vol.
in-fol.*

(Il manque le T. II. — On lit au verso du faux-titre du T. I :
« Index tractatuum qui in toto opere continentur : In tomo primo :
Tractatus procœm. de progressu matheseos, et de illustribus mathematicis. Tractatus I, EUCLIDIS libri XIV; II, THEODOSII sphærica; III, De sectionibus conicis; IV, Arithmetica; V, Trigono-
metria; VI, Algebra; Hypotheseon cartesianarum refutatio. — In
tomo secundo : VII, Geometria practica; VIII, Mechanices; IX,
Statica; X, Geographia; XI, De magnete; XII, Architectonica
civilis; XIII, Ars tignaria; XIV, De lapidum sectione. — In tomo
tertio : XV, Architectura militaris; XVI, Hydrostatica; XVII, De
fontibus et fluviis; XVIII, De machinis hydraulicis; XIX, De
navigatione; XX, Optica; XXI, Perspectiva; XXII, Catoptrica;
XXIII, Dioptrica. — In tomo quarto : XXIV, Musica; XXV, Pyro-
technia; XXVI, Astrolabium; XXVII, Gnomonica; XXVIII, Astronomia; XXIX, Astrologia; XXX, Appendix ad Astronomiam, seu
Tractatus de meteoris; XXXI, Kalendarium ».)

898. — Guilhelmi OUGHTRED Ætonensis,... Opuscula
mathematica hactenus inedita. = *Oxonii, e theatro Sheldoniano, anno 1677,* in-8.

(Ce volume comprend : Institutiones mechanicæ; De variis corporum generibus gravitate et magnitudine comparatis; Automata;
Questiones Diophanti Alexandrini; De triangulis planis rectan-
gulis; De divisione superficierum; Musicæ elementa; De propugna-
culorum munitionibus; Sectiones angulares. — A la suite se
trouve l'ouvrage suivant :)

— Astronomia geometrica, ubi methodus proponitur
qua primariorum planetarum astronomia, sive elliptica,
sive circularis possit geometrice absolvi. Opus astronomis
hactenus desideratum. Authore Setho WARDO, S. T. D,...
— *Londini, typis Jacobi Flesher, 1656,* in-8.

*·Mémoires de mathématique et de physique. Par M. DE LA HIRE. — (V, n° 867.)

* Mémoires sur différents sujets de mathématiques. Par D. DIDEROT. — (V. POLYGRAPHIE, n° 71, Œuvres, T. I.)

899. — Œuvres de LAPLACE. — *Paris, impr. roy.,* 1843-47, 7 vol. in-4.

(T. I-V : Traité de mécanique céleste. = T. VI : Exposition du système du monde. = T. VII : Théorie analytique des probabilités.)

* (V. n°s 864-871, *Mélanges de mathématiques et de physique.)*

§ 3. — COURS OU TRAITÉS ÉLÉMENTAIRES.

900. — Œuvres posthumes de Mr ROHAULT (publ. par Clerselier, son beau-père). — *Paris, Guillaume Desprez,* 1682, in-4.

901. — Cours de mathématiques, contenant divers traités composés et enseignés à monseigneur le Dauphin par F. BLONDEL,... — Suite du cours de mathématiques... — *Paris, l'auteur, et Nicolas Langlois,* 1683, les 2 parties en 1 vol. in-4.

902. — Eléments des mathématiques, ou Traité de la grandeur en général, qui comprend l'arithmétique, l'algèbre, l'analyse et les principes de toutes les sciences qui ont la grandeur pour objet. Par le R. P. Bernard LAMY,... Quatrième édition, revue et augmentée. — *Paris, André Pralard,* 1715, in-12.

903. — Eléments de géométrie, avec un Abrégé d'arithmétique et d'algèbre. Par M. RIVARD,... Troisième édition... — *Paris, Jean Desaint,* 1739, in-4.

904. — Eléments de mathématiques. Par M. RIVARD,... Cinquième édition... — *Paris, Jean Desaint, et Le Prieur,* 1752, in-4.

905. — Abrégé des Eléments de mathématiques. Par

M. Rivard,... Seconde édition... — *Paris, Ph.-N. Lottin, et Jean Desaint et Charles Saillant*, 1744, in-8.

906. — Leçons élémentaires de mathématiques, ou Eléments d'algèbre et de géométrie. Par M. l'abbé de La Caille,... Nouvelle édition... — *Paris, H.-L. Guerin et L.-F. Delatour*, 1756, in-8.

907. — Cours élémentaire et complet de mathématiques pures, rédigé par La Caille, augmenté par Marie et éclairci par Théveneau,... — *Paris, Courcier, an* IIIe, in-8.

908. — Entretiens mathématiques sur les nombres, l'algèbre, la géométrie, la trigonométrie rectiligne, l'optique, la propagation de la lumière, les télescopes, les microscopes, les miroirs, l'ombre et la perspective. Par le R. P. Regnault... — *Paris, Clousier* (et autres), 1743, 3 vol. in-12.

909. — Le guide des jeunes mathématiciens, ou Abrégé des mathématiques, à la portée des commençants. Traduit de l'anglais de Jean Ward,... par le R. P. Pezenas,... = *Paris, Ch.-An. Jombert*, 1756, in-8.

910. — Eléments de mathématiques, à l'usage des écoles de philosophie du collége royal de Toulouse, ouvrage servant d'introduction à l'étude des sciences physico-mathématiques. Par M. l'abbé Martin,... — *Toulouse, impr. de J.-J. Robert*, et *Paris, Laporte*, 1781, in-8.

911. — Eléments d'arithmétique, de géométrie et d'algèbre, suivis d'un Traité élémentaire de trigonométrie rectiligne et sphérique, et d'une Introduction au calcul infinitésimal. Avec des applications à l'acoustique, l'architecture, l'arpentage, la balistique, la chronologie, la cosmographie, la fortification, la géographie, la gnomonique, le jaugeage, la musique, la navigation, le nivellement, l'optique, la perspective, la topographie, etc., qui, disposées suivant un ordre indiqué, forment divers traités élémentaires. A l'usage de l'Ecole de mathématiques de la province de la Haute-Guienne. Troisième édition... (Par le P. Chalret.) — *Montauban, impr. de Vincent Teulières*, 1787, in-8.

912. — Cours de mathématiques, à l'usage des gardes du pavillon et de la marine. Par M. Bézout,... Nouvelle édition, revue et corrigée. — *Paris, Richard, et Caille,* 1798-an VII, 6 vol. in-8.

(1re partie : Eléments d'arithmétique. — 2e partie : Eléments de géométrie ; trigonométrie rectiligne et trigonométrie sphérique. — 3e partie : Algèbre et applications de l'algèbre à l'arithmétique et à la géométrie. — 4e partie : Principes généraux de mécanique. — 5e partie : Application des principes généraux de la mécanique à différents cas de mouvement et d'équilibre. — 6e partie : Traité de navigation.)

913. — Cours complet de mathématiques pures... Par L.-B. Francœur,... ouvrage destiné aux élèves des écoles Normale et Polytechnique et aux candidats qui se préparent à y être admis. — *Paris, Ve Bernard, et Firmin Didot,* 1809, 2 vol. in-8.

* La langue des calculs. Par Condillac. — (V. Polygraphie, *n°* 68, *Œuvres,* T. XXIII.)

* Géométrie et mécanique des arts et métiers et des beaux-arts... Par le baron Charles Dupin. — (V. ci-après, Mécanique.)

CHAPITRE II. — *Traités particuliers.*

§ 1er. — ARITHMÉTIQUE.

A. — Traités généraux.

* Anitii Manlii Severini Boethii, arithmetica, discreta libris dvobvs. — (V. Polygraphie, *n°* 46, *Opera* Boethi.)

914. — Arithmetica Ioannis Martini Silicei, theoricen praxinque luculenter complexa, innumeris mendarum offucijs à Thoma Rhæto, haud ita pridem, accuratissime vindicata. quod te collatio huius æditionis cum priore palàm doctura est. — *Parisiis, Apud Simonem Colinæum,* 1526, in-fol. de 64 feuillets.

(A la suite :)

— In hoc libro contenta Epitome, compendiosaqve

introdvctio (Jac. FABRI) in libros Arithmeticos diui Seuerini BOETIJ : adiecto familiari commentario dilucidata. Praxis numerandi, certis quibusdam regulis constricta. Editio secvnda. — *Parisiis Vœnalis apud Simonem Colinœum*... 1522, in-fol. de 48 feuillets.

* Hieronymi CARDANI,... Arithmetica. — (V. POLYGRAPHIE, *n° 57, Opera*, T. IV.)

915. — L'arithmétique en sa perfection, mise en pratique selon l'usage des financiers, banquiers et marchands. Contenant une ample et familière explication de ses principes, tant en nombres entiers qu'en fractions. Avec un Traité de géométrie pratique appliquée à l'arpentage et au toisé tant des superficies que des corps solides, et un Abrégé d'algèbre. Le tout exactement revu, corrigé et augmenté dans cette quatrième édition de quantité de questions non moins curieuses que nécessaires. Par F. LE GENDRE,... — *Paris, l'auteur,* 1663, in-4.

916. — Même ouvrage. — Dernière édition, corrigée et augmentée d'une nouvelle règle d'alliage. — *Avignon, Bonnet frères,* 1792, in-12.

(Cette édition contient encore, en plus de l'édition mentionnée au n° précédent, un « Traité d'arithmétique aux jetons ».)

917. — Traité élémentaire d'arithmétique suivant le nouveau et l'ancien système... Par L. PARELON aîné, instituteur et greffier de la justice de paix du canton de Saint-Léonard. Nouvelle édition. — *Limoges, M^l Ardant,* 1849, in-12.

(L. Parelon, né à Saint-Léonard (Haute-Vienne) le 15 février 1764; mort dans la même ville le 11 février 1848.)

918. — Éléments d'arithmétique. Par M. BOURDON,... — *Paris, Mme Ve Courcier,* 1821, in-8.

919. — Traité élémentaire d'arithmétique à l'usage des candidats aux écoles spéciales. Par P.-J.-E. FINCK,... — *Strasbourg,* et *Paris, Mathias,* 1841, in-8.

920. — Cours élémentaire d'arithmétique rédigé suivant le programme du baccalauréat ès-lettres. Par R. DE CESSAC, professeur de mathématiques et de physique au collége de Felletin. — *Limoges, de l'impr. de Barbou frères,* 1848, in-12.

921. — Traité d'arithmétique. Par Joseph BERTRAND,... — *Paris, L. Hachette et C*ie, 1849, in-8.

---

922. — Nouvelle arithmétique, ou Moyen d'opérer toute espèce de calculs par une simple addition de quelques parties aliquotes, sans jamais recourir à la multiplication ni à la division ordinaires. Par Isaac GOMÈS, négociant à Bayonne. — *Bayonne, impr. de M*l *Cluzeau,* 1817. — Supplément à l'ouvrage intitulé : Nouvelle arithmétique... Par I. GOMÈS,... — *Paris, Sétier, et Bayonne, l'auteur,* 1820. Le tout en 1 vol. in-8.

B. — Applications de l'arithmétique.

923. — Traité des changes étrangers réciproquement pratiqués dans les principales places de l'Europe... Par F. LE GENDRE,... — *Paris, l'auteur,* 1668, in-4.

924. — Recherches sur les rentes, les emprunts et les remboursements... Par M. DU VILLARD. — *Paris, l'auteur, et Genève, Franç. Dufart,* 1787, in-4.

925. — Manuel des créanciers et des débiteurs de rentes... — *Mirecourt, Christophe Gauthier,* 1771, in-4.

926. — Cours théorique et pratique des opérations de banque et des nouveaux poids et mesures, titres et monnaies, conformément à la loi du 18 germinal an III... Suivi du Tarif des droits d'octroi, pour la commune de Paris, du 27 vendémiaire an VII. Par J.-J.-C.-J. NEVEU,... — *Paris, Maradan, an* VII, in-8.

927. — Tarif du produit des revenus. A l'usage des administrations publiques. Par Etienne BONNEAU. — (Au bas :) *Paris, impr. de la République, floréal an* IX, in-fol. plano.

928. — Tableau servant à convertir exactement les

toises courantes et parties de toise en mètres courants et partie de mètre, et à déterminer, proportionnellement au prix des mesures anciennes de longueur, celui des mesures nouvelles... A l'usage des administrations publiques... Par Etienne BONNEAU. — (Au bas :) *Paris, impr. de la République, floréal an* IX, in-fol. plano.

929. — Cours pratique d'opérations de calcul décimal, applicables à la conversion réciproque des mesures anciennes et nouvelles, et à la détermination des prix proportionnels des unes et des autres. A l'usage de ceux qui possèdent les premiers éléments de l'arithmétique décimale... Par Etienne BONNEAU. — (Au bas :) *Paris, impr. de la République, messidor an* IX, in-fol. plano.

930. — Calculs-faits sur la conversion des poids anciens en nouveaux. A l'usage des administrations publiques, des entrepreneurs, des commerçants et détaillants. Par E. BONNEAU. — *Paris, Artaud, vendémiaire an* X, in-8 de 15 pages.

931. — Tables très-utiles pour établir les intérêts d'un capital quelconque à divers taux... Par PARELON aîné, instituteur et greffier de la justice de paix du canton de Saint-Léonard. — *Limoges, impr. de J.-B. et H. Dalesme,* 1818, in-4.

§ 2. — ALGÈBRE.

A. — Algèbre élémentaire.

* Hieronymi CARDANI, artis magnæ, sive de regulis algebraicis liber unus. — (V. POLYGRAPHIE, *n°* 57, *Opera,* T. IV, p. 221.)

* Traité d'algèbre de monsieur DE MONCONYS. — (V. HISTOIRE, *n°* 100, *Voyages de Monconys,* 3e partie.)

932. — Nouveaux éléments d'arithmétique et d'algèbre, ou Introduction aux mathématiques. Par M. DE LAGNY,... — *Paris, Jean Jombert,* 1697, in-12.

953. — Eléments d'algèbre. Par Léonard EULER. Traduits de l'allemand (par J. BERNOÜILLI), avec des notes et des additions (par LAGRANGE)... — *Lyon, Bruyset aîné et Cie, an* III, 2 vol. in-8.

954. — Eléments d'algèbre, à l'usage de l'Ecole centrale des Quatre-Nations. Par S.-F. LACROIX. Cinquième édition... — *Paris, Courcier, an* XIII=1804, in-8.

955. — Complément des Eléments d'algèbre, à l'usage de l'Ecole centrale des Quatre-Nations. Par S.-F. LACROIX. Deuxième édition... — *Impr. de Crapelet. Paris, Duprat, an* IX=1801, in-8.

956. — Leçons d'algèbre. Par LEFÉBURE DE FOURCY,... Troisième édition. — *Paris, Bachelier,* 1838, in-8.

957. — Leçons d'algèbre. Par P.-L. CIRODDE,... — *Paris, L. Hachette et Cie,* 1847, in-8.

958. — Traité élémentaire d'algèbre. Par Joseph BERTRAND,... — *Paris, L. Hachette et Cie,* 1851, in-8.

---

959. — Théorie du plus grand commun diviseur et de l'élimination; précédée de la règle des signes de DESCARTES. Par le baron REYNAUD,... — *Paris, Bachelier,* 1833, in-8 de 92 pages.

B. — Algèbre supérieure et applications diverses de l'algèbre.

940. — Cours d'algèbre supérieure professé à la faculté des sciences de Paris. Par J.-A. SERRET,... — *Paris, Bachelier,* 1849, in-8.

941. — Théorie générale des équations algébriques. Par M. BÉZOUT,... — *Paris, Ph.-D. Pierres,* 1779, in-4.

942. — Théorie des nombres. Troisième édition. Par Adrien-Marie LEGENDRE. — *Paris, Firmin Didot frères,* 1830, 2 vol. in-4.

943. — Commentaire sur l'analyse des infiniment petits (de G.-F.-A. DE L'HOSPITAL). Par M. CROUZAS,... — *Paris, Montalant*, 1721, in-4.

944 — Introduction à l'analyse infinitésimale. Par Léonard EULER. Traduite du latin en français, avec des notes et des éclaircissements, par J.-B. LABEY,... — *Paris, Barrois aîné, an* IV [1796]-an V [1797], 2 vol. in-4.

945. — Leçons analytiques du calcul des fluxions et des fluentes, ou Calcul différentiel et intégral. Par M. l'abbé GIRAULT DE KOUDOU,... — *Paris, impr. de Ph.-D. Pierres*, 1777, in-8.

946. — Mémoire sur les intégrales définies, prises entre des limites imaginaires. Par M. Augustin-Louis CAUCHY,... — *Paris, De Bure frères*, 1825, in-4 de 69 pages.

947. — Exercices de mathématiques. Par M. Augustin-Louis CAUCHY,... — *Paris, De Bure frères*, années 1826, 27, 28, 29, 30, en 4 vol. in-4.

(Les trois numéros parus de la 5e année ont été reliés à la suite du T. IV.)

948. — Mémoire sur l'application du calcul des résidus à la solution des problèmes de physique mathématique. Par M. Augustin-Louis CAUCHY,... — *Paris, De Bure frères*, 1827, in-4 de 56 pages.

949. — Mémoire sur la théorie de la lumière. Par M. Augustin-Louis CAUCHY,... — *Paris, De Bure frères*, 1830, in-8 de 24 pages.

950. — Mémoire sur la dispersion de la lumière (par le même). — (*Paris*, 1830), in-4 de 24 pages.

(Sans frontispice.)

951. — Mémoire sur la rectification des courbes et la quadrature des surfaces courbes. Par M. Augustin CAUCHY,... — *Paris, le* 19 *octobre* 1832, in-4 de 11 pages.

(Mémoire autographié.)

952. — Résumés analytiques. Par M. Augustin-Louis-CAUCHY,... — *Turin, impr. roy.,* 1833, in-4.

(Livraisons I à V, seules parues.)

953. — Nouveaux exercices de mathématiques. Par M. Augustin-Louis CAUCHY,... — *Prague,* 1835-36, in-4.

(Livraisons I à VIII, seules parues.)

954. — Recueil de mémoires sur divers points de physique mathématique. Par M. Augustin CAUCHY,... [Extraits des comptes-rendus des séances de l'Académie royale des sciences]. — *Paris, Bachelier,* 1839, in-4.

955. — Exercices d'analyse et de physique mathématique. Par le baron Augustin CAUCHY,... — *Paris, Bachelier,* 1840-44, 3 vol. in-4.

956. — Académie de Strasbourg. Faculté des sciences de Strasbourg... Thèse d'analyse présentée par M. BACH, professeur de mathématiques spéciales... — *Paris, Mallet-Bachelier,* 1857, in-4 de 66 pages.

(Recherches sur quelques formules d'analyse, et en particulier sur les formules d'Euler et de Stirling.)

957. — Traité élémentaire de calcul différentiel et de calcul intégral. Par S.-F. LACROIX. Deuxième édition... — *Paris, Courcier,* 1806, in-8.

958. — Notes sur le calcul différentiel et sur le calcul intégral. Par J.-G. GARNIER,... — *Paris, Courcier, an* IX, in-8.

959. — Théorie des fonctions analytiques, contenant les principes du calcul différentiel, dégagés de toute considération d'infiniment petits ou d'évanouissants, de limites ou de fluxions, et réduits à l'analyse algébrique des quantités finies. Par J.-L. LAGRANGE,... — *Paris, impr. de la République, an* V, in-4.

* Recherches sur la série de Lagrange. Par M. Félix CHIO. — (V. BELLES-LETTRES, *n° 166-Bb, Mém. présentés à l'Instit.,* T. XII, page 340.)

960. — Recherches sur l'analyse des sections angulaires. Par M. Poinsot,... — *Paris, Bachelier,* 1825, in-4 de 80 pages.

* Mémoire sur la probabilité des erreurs, d'après la méthode des moindres carrés. Par M. I.-J. Bienaymé. — (V. Belles-Lettres, n° 166-*Bb*, *Mém. présent. à l'Instit.*, T. XV, page 615.)

C. — *Application de l'algèbre à la géométrie.*

*(V. ci-après, Géométrie.)

§ 2. — Géométrie.

A. — *Géométrie élémentaire.*

961. — Contenta. Evclidis Megariensis Geometricorum elemētorum libri XV. Campani Galli trāsalpini in eosdem cõmentariorum libri XV. Theonis Alexandrini Barthola-mæo Zamberto Veneto interprete, in tredecim priores, commentariorum libri XIII. Hypsiclis Alexādrini in duos posteriores, eodē Bartholamæo Zamberto Veneto inter-prete, commētariorum librī II... — *Parisiis in officina Henrici Stephani...* (1516?), in-fol.

(Cette édition a été donnée par les soins de Michel Pontan, sous la direction de Jacques Le Febvre.)

962. — Euclidis Megariensis mathematici clarissimi Elementorum geometricorum libri XV. Cum expositione Theonis in priores XIII à Bartholomæo Veneto Latinitate donata, Campani in omnes, & Hypsiclis Alexandrini in duos postremos. His adiecta sunt Phænomena, Catoptrica & Optica, deinde Protheoria Marini & Data. Postremùm uerò, Opusculum de Leui & Ponderoso, hactenus non uisum, eiusdem autoris. — *Basileae, per Iohannem Herva-givm, mense avgvsto, anno* M. D. XLVI, in-fol.

963. — Evclidis elementorvm lib. XV. Accessit XVI. de solidorū Regularium cuiuslibet intra quodlibet com-paratione. Omnes perspicvis demonstrationibus, accuratisq·scholijs illustrati : nunc iterum editi, ac multar̃. rerum accessione locupletati : avctore Christophoro CLAVIO Bambergensi è societatè Iesv. — *Romæ apvd Bartholomaevm Grassium*, M. D. LXXXIX, in-8.

964. — EVCLIDIS elementorvm libri XV. Accessit XVI. de Solidorvm Regularivm cuiuslibet intra quodlibet comparatione. Omnes perspicuis Demonstrationibvs, accuratisque Scholiis illustrati, ac multarum rerum accessione locupletati : Nunc tertiò editi, summaq diligentia recogniti atque emendati. Auctore Christophoro CLAVIO Bambergensi,... — *Coloniae, Expensis Ioh. Baptistae Ciotti*, cIɔ Iɔ XCI, 2 parties en 1 vol. in-fol.

965. — Commentarius in priores sex libros Elementorum EUCLIDIS... Caroli MALAPERTII, e societate Jesu. — *Duaci*, 1619, in-12.

(A la suite :)

— Caroli MALAPERTII Montensis,... Oratio habita Duaci dum lectionem mathematicam auspicaretur : in qua de novis belgici telescopii phænomenis non injucunda quædam academice disputantur. — *Duaci, typis Balthazaris Belleri* (s. d.), le tout en 1 vol. in-12.

(Le frontispice du Commentaire ayant été enlevé, le titre ci-dessus est reproduit d'après l'approbation en tête du volume.)

966. — Les œuvres d'EUCLIDE, traduites littéralement d'après un manuscrit grec très-ancien, resté inconnu jusqu'à nos jours. Par F. PEYRARD,... — *Paris, C.-F. Patris*, 1819, in-4.

(Cet ouvrage contient ¦aussi la traduction des Cinq corps d'HYPSICLE.)

967. — Les éléments d'EUCLIDE, expliqués d'une manière nouvelle et très-facile, avec l'usage de chaque proposition pour toutes les parties des mathématiques. Par le P. DECHALLES,... Nouvelle édition, revue, corrigée et augmentée par M. OZANAM,... — *Paris, Claude Jombert*, 1709, in-12.

968. — Même ouvrage. — *Paris, Claude Jombert*, 1730, in-12.

969. — Éléments de géométrie, où, par une méthode courte et aisée, l'on peut apprendre ce qu'il faut savoir d'Euclide, d'Archimède, d'Appollonius, et les plus belles inventions des anciens et des nouveaux géomètres. Par le P. Ignace-Gaston PARDIES,... Quatrième édition. — *Paris, Sébastien Mabre-Cramoisy,* 1683, in-12.

*(V. ci-dessus, *n°* 70, pour quelques opuscules géométriques de Ch. DE BOUVELLES.)

970. — Nouveaux éléments de géométrie, contenant, outre un ordre tout nouveau et de nouvelles démonstrations des propositions les plus communes, de nouveaux moyens de faire voir quelles lignes sont incommensurables; de nouvelles mesures des angles, dont on ne s'était point encore avisé; et de nouvelles manières de trouver et de démontrer la proportion des lignes. (Par DE BEAUBOURG et Antoine ARNAULD.) Seconde édition, où il y a un Traité tout nouveau des proportions et beaucoup d'autres changements considérables. — *Paris, Guillaume Desprez,* 1683, in-4.

971. — Les éléments de géométrie ou de la mesure de l'étendue, qui comprennent les éléments d'Euclide, les plus belles propositions d'Archimède touchant le cercle, la sphère, le cylindre et le cône; avec une idée de l'analyse, et une Introduction aux sections coniques. Par le R. P. Bernard LAMY,... Sixième édition... — *Paris, veuve Delaulne,* 1740, in-12.

972. — Éléments de géométrie de monseigneur le duc DE BOURGOGNE. Troisième édition, revue, corrigée et augmentée d'un Traité des logarithmes, par M. DE MALEZIEU. Avec l'Introduction à l'application de l'algèbre à la géométrie. — *Paris, Bordelet,* 1735, in-8.

973. — Éléments de géométrie avec des notes. Par A.-M. LEGENDRE,... Onzième édition. — *Paris, Firmin Didot,* 1817, in-8.

974. — Éléments de géométrie. Par A.-M. LEGENDRE. Avec additions et modifications, par M. A. BLANCHET,... Deuxième édition, suivie de la quinzième édition donnée par A.-M. Legendre,... — *Paris, Firmin Didot frères*, 1850, in-8.

975. — Eléments de géométrie, précédés de Réflexions sur l'ordre à suivre dans ces éléments, sur la manière de les écrire, et sur la méthode en mathématiques. Par S.-F. LACROIX. — *Paris, Duprat, an* VII, in-8.

976. — Essais de géométrie sur les plans et les surfaces courbes. [Éléments de géométrie descriptive.] Par S.-F. LACROIX. Seconde édition... — *Impr. de Crapelet, Paris, Duprat, an* X=1802, in-8.

977. — Eléments de géométrie. Par E. LIONNET,... Deuxième édition... — *Paris, Dezobry, E. Magdeleine et Cie*, 1844, in-8.

978. — Géométrie élémentaire, basée sur la théorie des infiniment-petits. Seconde édition, revue, corrigée et augmentée de la Trigonométrie rectiligne et sphérique. Par P.-J.-E. FINCK,... — *Strasbourg, Derivaux, et Paris, Mathias*, 1841, in-8.

* Géométrie et mécanique des arts et métiers. Par le baron Charles DUPIN. — (V. ci-après, MÉCANIQUE.)

B. — Géométrie supérieure. — Application de l'algèbre à la géométrie. — Trigonométrie. — Surfaces courbes. — Sections coniques, etc.

979. — La géométrie de M. DESCARTES, divisée en trois livres. Le premier, des problèmes qu'on peut construire n'y employant que des cercles et des lignes droites; le second, de la nature des lignes courbes; le troisième, de la construction des problèmes qui sont solides ou plus que solides. — *Paris, Christophe David*, 1705, in-12.

980. — Feuilles d'analyse appliquée à la géométrie, à l'usage de l'école Polytechnique, publiées la première année de cette école [an III de la république]. par Gaspard MONGE,... (2e édition). — *Paris, Baudouin, an* IX, in-4.

981. — Essai de géométrie analytique appliqué aux

16

courbes et aux surfaces du second ordre. Par J.-B. Biot,...
Quatrième édition. — *Paris, J. Klostermann fils*, 1840,
in-8.

***

982. — Traité d'application de l'algèbre à la géométrie
et de trigonométrie, à l'usage des élèves qui se destinent
à l'école royale Polytechnique. Par A.-A.-L. Reynaud,...
— *Paris, Mᵐᵉ Vᵉ Courcier*, 1819, in-8.

983. — Application de l'algèbre à la géométrie. Par
M. Bourdon,... Seconde édition. — *Paris, Bachelier*, et
Bruxelles, Librairie parisienne, 1828, in-8.

***

984. — Leçons de géométrie analytique, dans lesquelles
on traite des problèmes déterminés, de la ligne droite et
des courbes du second ordre. Par M. Léfébure de
Fourcy,... — *Paris, Bachelier*, 1827, in-8.

985. — Leçons de géométrie analytique, précédées des
éléments de la trigonométrie rectiligne et sphérique. Par
P.-L. Cirodde,... Deuxième édition. — *L. Hachette et Cⁱᵉ,
Paris*, 1848, in-8.

***

986. — La trigonométrie rectiligne et sphérique, où il
est traité de la construction des tables de sinus, tangentes,
sécantes et logarithmes; de l'usage de ces tables pour la
résolution des triangles avec des questions astronomiques,
et ces mêmes tables très-exactement calculées sur un
rayon de 10000000 parties. Par Wlac; corrigée et augmentée par M. Ozanam,... tirée de son Cours de mathématiques. — *Paris, Claude Jombert*, 1720, in-8.

987. — La trigonométrie rectiligne et sphérique; avec
les tables des sinus, tangentes et sécantes pour un rayon
de 10000000 parties, et les tables des logarithmes, des
sinus et des tangentes pour un rayon de 10000000000
parties. Par M. Ozanam,... tirés de son Cours de mathématiques. Nouvelle édition... — *Paris, Ch.-Ant. Jomberl*,
1765, in-8.

988. — Traité complet de trigonométrie, contenant les
principes, la construction et l'usage des tables des sinus, des

tangentes et des logarithmes; la trigonométrie rectiligne avec son application au mesurage des distances inacces-sibles, au toisé, à l'arpentage et aux fortifications; et la trigonométrie sphérique, avec la manière de s'en servir pour résoudre tous les problèmes de l'astronomie et de la géographie qui en dépendent... Par M. AUDIERNE. — *Paris, Claude Hérissant,* 1756, in-8.

989. — Traité de trigonométrie rectiligne et sphérique, avec la nature et l'application des logarithmes, la cons-truction des tables des sinus, des tangentes, des sécantes, et l'analogie des triangles. Traduit de l'anglais de Thomas SIMPSON,... (Par DARQUIER DE BELLEPOIX?) — *Paris, Bleuet fils,* 1790, in-8.

990. — Traité élémentaire de trigonométrie rectiligne et sphérique, et d'application de l'algèbre à la géométrie. Par S.-F. LACROIX. Troisième édition... — *Paris, Courcier,* an XII=1803, in-8.

991. — Eléments de trigonométrie rectiligne et sphé-rique. Par DELISLE,... et GÉRONO,... Troisième édition. — *Paris, Bachelier,* 1851, in-8.

992. — Nouveaux éléments des sections coniques, les lieux géométriques, la construction ou effection des équations. Par M. DE LA HIRE,... — *Paris, André Pralard,* 1679, in-12.

993. — De sectionibus conicis. Tractatus geometricus, in quo, ex natura ipsius coni, sectionum affectiones facillime deducuntur, methodo nova. Auctore Hugone HAMILTON,... — *Londini, impensis Gul. Johnston,* 1758, in-4.

994. — Traité des sections coniques et autres courbes anciennes, appliquées ou applicables à la pratique de dif-férents arts, tels que l'artillerie, l'architecture, la cons-truction des miroirs ardents, des télescopes, des lunettes, des porte-voix, des échos, des cornets acoustiques, ou des instruments qui servent à corriger les défauts de l'ouïe, etc. Avec un petit Traité de la cycloïde, où l'on fait voir comment cette courbe a contribué à perfectionner les horloges à pendule... Par M. DE LA CHAPELLE,... — *Paris, Debure père,* 1765, in-8.

995. — Veterum geometria promota in septem de cycloide libris, et in duabus adjectis appendicibus. Autore Antonio LALOVERA,... — *Tolosæ, apud Arnaldum Colomerium*, 1660, in-4.

(A la suite :)

— De linearum curvarum cum lineis rectis comparatione, dissertatio geometrica. Autore M. P. E. A. S. — *Tolosæ, apud Arnaldum Colomerium*, 1660, in-4 de 39 pages et planches.

Ç. — Applications de la géométrie. — Arpentage. — Instruments de géométrie.

996. — Christophori CLAVII Bambergensis, e societate Iesv. Geometria practica. — *Mogvntiæ, Ex Typographeo Ioannis Albini. Anno* M. DC. VI, in-4.

* Géométrie et mécanique des arts et métiers et des beaux-arts... Par le baron Charles DUPIN... — (V. ci-après, MÉCANIQUE.)

* Traité des sections coniques... Par M. DE LA CHAPELLE. — (V. n° 994.)

997. — L'école des arpenteurs, où l'on enseigne toutes les pratiques de géométrie qui sont nécessaires à un arpenteur. On y a ajouté un Abrégé du nivellement, avec les propriétés des eaux, et les manières de les jauger ou mesurer. On y trouvera aussi une méthode fort courte pour faire des toisés, pour toiser la solidité des terres et jauger les tonneaux; enfin l'on y rapporte les ordonnances des rois sur l'arpentage. (Par DE LA HIRE.) Troisième édition... — *Paris, François Montalant*, 1728, in-12.

998. — Méthode facile pour arpenter ou mesurer toutes sortes de superficies, et pour toiser exactement la maçonnerie, les vidanges des terres, et tous les autres corps dont on peut avoir besoin dans la pratique. Avec le toisé du bois de charpente selon la coutume de Paris, et un Traité de la séparation des terres. Par M. OZANAM,... — *Paris, Claude Jombert*, 1725, in-12.

999. — Traité de topographie, d'arpentage et de nivellement. Par L. Puissant,... — *Paris, Courcier,* 1807. — Supplément au second livre du Traité de topographie, contenant la théorie des projections des cartes. Par L. Puissant,... — *Paris, Courcier,* 1810, le tout en 4 vol. in-4.

1000. — Traité élémentaire d'arpentage et de lavis des plans, suivi de la mesure des bois et des solides... Par M. Lamotte,... Septième édition. — *Paris, L. Hachette,* 1845, in-12.

1001. — Problèmes pour les arpenteurs, avec différentes solutions. Par L. Mascheroni. Ouvrage traduit de l'italien. — *Paris, Courcier, an* xi=1803, in-8.

* Nouveau traité du nivellement, qui enseigne les pré-cautions qu'il faut prendre pour se servir utilement du niveau d'eau. Rédigé par M. de H. — *Berlin,* 1750, in-12 de 40 pages et 2 planches. — (V. l'ouvrage intitulé : *Règles des cinq ordres d'architecture.* Par Mr Jacques Barozio de Vignole...)

1002. — Mémoire sur un niveau à bulle d'air et à lunettes, de nouvelle construction. Mémoire sur les per-fectionnements à apporter au cercle répétiteur, et sur deux méthodes de niveler à l'aide de cet instrument, avec une extrême précision et sans employer aucune mesure exacte de longueur. Notes sur la trigonométrie. Par I. P. Gt I. O. A. C. R. D. P. E. C. — *Paris, impr. de Firmin Didot,* 1824, in-8 de 76 pages et une planche.

1003. — L'usage du compas de proportion de D. Henrion. Nouvellement revu, corrigé et augmenté en toutes ses parties de plusieurs propositions nouvelles et utiles. Par le sieur Deshayes,... — *Paris, l'auteur,* et *R.-J.-B. de La Caille,* 1681, in-8.

1004. — Mémoire sur quelques changements faits à la boussole et au rapporteur, suivi de la description d'un nouvel instrument nommé grammomètre, servant à dis-poser, sur les plans et cartes, les hauteurs et l'inclinaison des écritures, et à diviser sans compas les lignes droites. Avec huit planches... Par M. Maissiat,... — *Paris, L.-G. Michaud,* 1717, in-8.

§ 4. — LOGARITHMES ET TABLES.

1005. — Tables de sinus, tangentes et sécantes, pour un rayon de 10000000 parties, et des logarithmes des sinus et des tangentes, pour un rayon de 10000000000 parties. Par M. OZANAM,... — *Paris, Jean Jombert, 1697,* in-8.

1006. — Tables des sinus, tangentes, sécantes, et de leurs logarithmes; avec la construction de ces tables, et les problèmes de la trigonométrie rectiligne et sphérique. Par M. RIVARD,... — *Paris, Jean Desaint et Charles Saillant,* 1743, in-8.

1007. — Tables trigonométriques décimales, ou Table des logarithmes des sinus, sécantes et tangentes, suivant la division du quart de cercle en 100 degrés, du degré en 100 minutes, et de la minute en 100 secondes. Précédées de la Table des logarithmes des nombres depuis dix mille jusqu'à cent mille, et de plusieurs Tables subsidiaires. Calculées par Ch. BORDA, revues, augmentées et publiées par J.-B.-J. DELAMBRE,... — *Paris, impr. de la République, an IX,* in-4.

1008. — Tables portatives de logarithmes, contenant les logarithmes des nombres depuis 1 jusqu'à 108,000; les logarithmes des sinus et tangentes, de seconde en seconde pour les cinq premiers degrés, de dix en dix secondes pour tous les degrés du quart de cercle; et suivant la nouvelle division centésimale, de dix-millième en dix-millième; précédées d'un Discours préliminaire sur l'explication, l'usage et la sommation des logarithmes, et sur leur application à l'astronomie, à la navigation, à la géométrie-pratique, et aux calculs d'intérêts; suivies de nouvelles tables plus approchées, et de plusieurs autres utiles à la recherche de longitudes en mer, etc. Par François CALLET... — *Paris, Firmin Didot,* 1795 [tirage 1853], in-8.

* (V. aussi, *n^os* 986 et suiv., les ouvrages de trigonométrie.)

1009. — Abaque ou compteur universel, donnant à

vue, à moins de $\frac{1}{100}$ près, les résultats de tous les calculs
d'arithmétique, de géométrie et de mécanique pratique,
etc. Par Léon LALANNE,... — (Au bas :) *Paris, chez J.-J.
Dubochet, Le Chevalier et Cie,* (s. d.), in-4 plano.

§ 5. — MÉTROLOGIE.

* (Pour ce qui concerne les monnaies, V. ci-dessus,
page 110.)

1010. — Traité de métrologie ancienne et moderne,
suivi d'un Précis de chronologie, et des signes numériques.
Ouvrage indispensable pour la lecture de l'histoire et l'explication des auteurs, destiné à l'enseignement public, et
rédigé d'après les documents les plus récents. Par
M. SAIGEY. — *Paris, L. Hachette,* 1834, in-12.

* Excerpta ex HERONE geometra de mensuris, interprete
Bernardo DE MONTFAUCON. — Antiquum rationarium
Augusti CŒSARIS, et novum rationarium Alexii COMNENI,
imperatoris, eodem interprete. — De mensuris et ponde-
ribus, et notis ea significantibus, eodem interprete. —
(V. *division* RELIGION, *Analecta græca.*)

* Epitome in omnes Georgii Agricolae de mensvris et
ponderibvs libros, per Gulielmum PHILANDRUM Castilio-
nium. — (V. ci-après, VITRUVII,... *De architectura.*)

*Cœli secundi CURIONIS libellus de mensuris, ponderibus
reque nummaria Romanorum atque Græcorum. —
(V. HISTOIRE, *n°* 298, T. LIVII,... *Historia,* T. II.)

* Jo. Casp. EISENSCHMIDII de ponderibus et mensuris
veterum Romanorum, Græcorum, Hebræorum; nec non
de valore pecuniæ veteris, disquisitio. Accesserunt hac
editione Tabulæ SCIOPPII nummariæ et ex variis auctoribus
de pecunia Romanorum excerpta. Editio altera auctior. —
Argentorati, impensis Henr.-Leon. Steinii, 1737, in-12. —
(V. HISTOIRE, *Supplément.*)

* Essai sur les mesures longues des anciens. Par
M. FRÉRET. — (V. BELLES-LETTRES, *n°* 163, *Mém. de
l'Acad. des Inscript.,* T. XXIV, page 432.)

* Observations préliminaires et générales sur la manière de considérer et d'évaluer les anciens stades itinéraires; sur les erreurs que le faux emploi de ces mesures a répandues dans le système géographique des Grecs, et sur les moyens de ramener ce système à son exactitude primitive. Par GOSSELIN. — (V. HISTOIRE, n° 34, *Géographie de Strabon*, T. I.) — Recherches sur le principe, les bases et l'évaluation des différents systèmes métriques linéaires de l'antiquité. Par LETRONNE. — (V. *ibid.*, T. V.)

1011. — Tariffe et concordance des poids de plusieurs prouinces les plus pratiquez au temps present par les Marchās Françoys, Allemans & plusieurs autres. Auec les comtes & rencontres qui enseignent à cōbien reuient toute quantité de chacune marchandise, soit en poids ou en nombre, & autres choses vtiles à tous marchans... — *A Lyon, par Charles Pesnot*, M. D. LXXI, petit in-8.

1012. — Instruction sur les mesures déduites de la grandeur de la terre, uniformes pour toute la république, et sur les calculs relatifs à leur division décimale. Par la Commission temporaire des poids et mesures républicaines, en exécution des décrets de la Convention Nationale. (Par l'abbé HAÜY.) — *Limoges, de l'impr. de L. Barbou, an* II, in-8.

1013. — Même ouvrage. — *Besançon, impr. de Briot,* 3e *année républicaine,* in-8.

1014. — Instruction sur les nouvelles mesures, publiée par ordre du ministre de l'intérieur, en exécution de l'arrêté des consuls du 13 brumaire an 9. — *Paris, de l'impr. de la République, an* IX, in-8 de 82 pages.

1015. — Métrologie terrestre, ou Table des nouveaux poids, mesures et monnaies de France; les rapports qu'ils ont avec les poids, mesures et monnaies les plus connus de l'Europe et ceux-ci réciproquement comparés avec eux et avec ceux de Paris... Par Louis-E. POUCHET,... Nouvelle édition, considérablement augmentée, surtout quant aux principes du calcul décimal comparé au calcul ordinaire, et terminée par l'annonce des principales foires de l'Europe. — *Rouen, impr. de Vt. Guilbert et Herment, an* v [1797], in-8.

1016. — Métrologie française, ou Manuel théorique et pratique du système métrique... Par J.-B. SOUQUET,... — *Toulouse, Martegoule,* 1840, grand in-8.

1017. — De la vérification des poids et mesures, et des moyens de l'appliquer. Par Louis PÉRIER, vérificateur à Limoges. — *Limoges, impr. de Chapoulaud frères,* 1842, in-8.

1018. — Extrait du Rapport sur l'état du système métrique pendant l'année 1843 dans le département de la Haute-Vienne... Par M. Louis PÉRIER,... — *Limoges, impr. de Chapoulaud frères,* 1854, in-8.

1019. — Memoria su le misure e pesi d'Italia, il confronto col sistema metrico francese, presentata a Sua Eccellenza il signor di Cretet,... Di Saverio SCROFANI Siciliano,.. — *Parigi, dalla Stamperia di Gratiot,* 1808, petit in-8 de 82 pages.

1020. — Travaux de la commission pour fixer les mesures et les poids de l'empire de Russie. Rédigés par A.-Th. KUPFFER,... — *St-Pétersbourg,* 1841, 2 vol. in-4 et atlas in-fol.

1021. — Rapport sur les poids et mesures métriques envoyés au gouvernement des Etats-Unis d'Amérique. (Par SILBERMANN.) — *Paris, lith. Dupont,* 1852, in-fol. de 52 pages.

IIe SECTION.

PHYSIQUE.

—

CHAPITRE Ier. — *Préliminaires, Généralités et Mélanges.*

§ 1er. — HISTOIRE DE LA PHYSIQUE.

1022. — L'origine ancienne de la physique nouvelle...
Par le P. REGNAULT,... — *Paris, Jacques Clousier,* 1734,
in-12.

(Il manque les T. II et III.)

1023. — Abrégé chronologique pour servir à l'histoire
de la physique jusqu'à nos jours. Par M. DE LOYS,... —
Strasbourg, l'auteur, 1786–89, 4 vol. in–8.

(Ne va que jusqu'en 1698.)

§ 2. — DICTIONNAIRES DE PHYSIQUE.

* Dictionnaire universel de mathématique et de physique... Par SAVÉRIEN. — (V. n° 864.)

1024. — Dictionnaire de physique... Par le P. Aimé-
Henri PAULIAN,... — *Avignon, Louis Chambeau,* 1761,
3 vol. in–4.

1025. — Dictionnaire de physique portatif... Nouvelle
édition, avec figures. Par l'auteur du grand Dictionnaire
de physique (le P. PAULIAN). — *Avignon, veuve Girard et
François Seguin,* 1769, 2 vol. in–8.

1026. — Dictionnaire de physique. Par M. SIGAUD DE
LA FOND,... — *Paris, rue et hôtel Serpente,* 1781, 4 vol.
in–8.

1027. — Dictionnaire des merveilles de la nature. Par M. A. J. S. D. (SIGAUD DE LA FOND). — *Paris, rue et hôtel Serpente,* 1781, 2 vol. in-8.

1028. — Dictionnaire des merveilles de la nature... Par M. SIGAUD DE LA FOND. Nouvelle édition. — *Paris, Desray,* 1790, 2 vol. in-8.

1029. — Dictionnaire raisonné de physique. Par M. J. BRISSON,... Seconde édition, revue, corrigée et augmentée par l'auteur. — *Paris, Librairie Economique, an* VIII, 6 vol. in-8.

1030. — Nouveau dictionnaire de physique, rédigé d'après les découvertes les plus modernes. Par A. LIBES,... — *Paris, Giguet et Michaud,* 1806, 3 vol. in-8.

§ 3. — TRAITÉS DE PHYSIQUE.

1031. — Traité de physique. Par Jacques ROHAULT. — *Paris, veuve de Charles Savreux,* 1671, in-4.

1032. — Même ouvrage. Seconde édition. — *Paris, veuve de Charles Savreux,* et *G. Desprez,* 1672, 2 vol. in-12.

1033. — Même ouvrage. Sixième édition... — *Paris, Guillaume Desprez,* 1692, in-12.

(Le T. Ier seulement.)

1034. — Jacobi ROHAULTI physica. Latine vertit, recensuit et adnotationibus ex illustrissimi Isaaci Newtoni philosophia maximam partem haustis, amplicavit et ornavit Samuel CLARKE,... Editio tertia, in qua annotationes sunt dimidia parte auctiores, additæque octo tabulæ æri incisæ. — *Londini, impensis Jacobi Knapton,* 1710, in-8.

1035. — Cours de physique, accompagné de plusieurs pièces concernant la physique qui ont déjà paru, et d'un Extrait critique des lettres de M. Leeuwenhoek. Par feu M. HARTSOEKER. — *La Haye, Jean Swart,* 1730, in-4.

1036. — Joh. Jacobi Zvingeri Philalethæ Basil., Specimen physicæ eclectico-experimentalis e Compendio physico Joh. Henrici Sviceri aliisque probatis auctoribus conquisitum, inque usum studiosæ juventutis methodo perspicua adornatum. Præmittitur succinctum theoreticæ philosophiæ theatrum (J.-H. Sviceri). — *Basileæ, impensis J. Philippi Richteri hær., typis Jacobi Bertschii, Anno 1707,* 2 parties en 1 vol. in-12.

1037. — Éléments de physique. Par Jean Locke. Avec les Pensées du même auteur sur la lecture et les études qui conviennent à un gentilhomme. Ouvrages nouvellement traduits de l'anglais (par J. Salvemini de Castillon). — *Amsterdam et Leipzig, J. Schreuder, et Pierre Mortier,* 1757, in-12.

1038. — Physices elementa mathematica, experimentis confirmata, sive Introductio ad philosophiam newtonianam. Auctore Gulielmo Jacobo 'sGravesande. Editio quarta, auctior et correctior. — *Leidæ, apud Johannem Arnoldum Langerak, et Johannem et Hermannum Verbeek,* 1748, 2 vol. in-4.

1039. — G. J. 'sGravesande philosophiæ newtonianæ institutiones, in usus academicos. Editio prima italica auctior. — *Venetiis, 1749, ex typographia Remondini,* 2 vol. in-8.

1040. — Cours de physique expérimentale. Par le docteur J.-T. Desaguliers,... Traduit de l'anglais par le R. P. Pezenas,... Enrichi de figures. — *Paris, Jacques Rollin, et Charles-Antoine Jombert,* 1754, 2 vol. in-4.

(Quérard donne 8 vol. à cet ouvrage. Cependant la *Biographie Michaud* n'en indique que 2.)

1041. — Essai de physique. Par Mr Pierre van Musschenbroek,... Avec une description de nouvelles sortes de machines pneumatiques; et un recueil d'expériences par Mr J. V. M. Traduit du hollandais par Mr Pierre Massuet,... — *Leyde, Samuel Luchtmans,* 1751, 2 vol. in-4.

(Portrait de Musschenbroek.)

1042. — P. V. Musschenbroek compendium physicæ

experimentalis conscriptum in usus academicos. — *Lugduni Balavorum, apud S. et J. Luchtmans,* 1762, in-8.

1043. — Jo. Melchioris VERDRIES,... Physica, sive in naturæ scientiam introductio, in usum auditorii sui adornata. Editio tertia, denuo recognita et aucta, cum indice necessario. — *Gissæ, sumptu Joannis Mulleri,* 1735, in-4.

(Portrait de Verdries.)

1044. — Leçons de physique expérimentale. Par M. l'abbé NOLLET,... Troisième édition. — *Paris, frères Guerin,* 1753-64, 4 vol. in-12.

(Il manque les T. I et II.)

1045. — Même ouvrage. Cinquième édition. — *Paris, Hippolyte-Louis Guerin,* 1759-64, 6 vol. in-12.

(Le T. III est de la quatrième édition (1759); le T. IV, de la troisième (1757); le T. V, de la seconde (1758), et le T. VI, de 1764.)

1046. — Manuel physique, ou Manière courte et facile d'expliquer les phénomènes de la nature. Par M. Jean FERAPIÉ-DUFIEU. Seconde édition... — *Lyon, Geofroy Regnault,* 1760, in-8.

1047. — Journées physiques. (Par VILLERS.) — *Lyon, Jean De Ville,* 1761, 2 vol. in-8.

1048. — Traité abrégé de physique à l'usage des colléges. Par M. DE SAINTIGNON,... — *Paris, Durand,* 1763, 6 vol. in-12.

1049. — Cours de physique expérimentale et théorique; formant la dernière partie d'un Cours complet de philosophie; précédé d'un Précis de mathématiques qui lui sert comme d'introduction. Par M. l'abbé SAURI,... — *Paris, Froullé,* 1777, 4 vol. in-12.

1050. — Éléments de physique théorique et expérimentale, pour servir de suite à la Description et l'usage d'un cabinet de physique expérimentale... Par M. SIGAUD DE LA FOND,... — *Paris, P.-Fr. Gueffier, impr.,* 1777, 4 vol. in-8.

1051. — Bibliothèque universelle des dames. Physique générale (et physique particulière). Par M. SIGAUD DE LAFOND. = *Paris, rue et hôtel Serpente*, 1788-92, 5 vol. in-18.

(Les T. III-V sont consacrés à la Physique particulière. — Il manque le T. VI.)

1052. — Nouveaux principes de physique, ornés de planches... Par M. CARRA. = *Paris, Esprit,* et *l'auteur,* 1781 (et *Morin, Esprit,* et autres, 1781-83), 4 vol. in-8.

1053. — Traité élémentaire, ou Principes de physique... Par Mathurin-Jacques BRISSON,... Troisième édition... = *Paris, Bossange, Masson et Besson,* an VIII, 3 vol. in-8.

1054. — Même ouvrage. Quatrième édition... = *Paris, Bossange, Masson et Besson,* an XI=1803, 3 vol. in-8.

1055. — Eléments, ou Principes physico-chimiques destinés à servir de suite aux Principes de physique... Par Mathurin-Jacques BRISSON,... Seconde édition... = *Paris, Bossange, Masson et Besson,* an XI=1803, in-8.

1056. — Exercice public de physique sur les propriétés générales des corps, la dynamique, l'hydrostatique, l'aérométrie, l'acoustique, et la théorie du calorique (et l'électricité)... = *Strasbourg, an* IX, in-8.

(A la suite :)
= Exercice public sur les éléments de chimie et l'optique... = *Strasbourg, an* X. — Exercice public de physique... = *Strasbourg, an* XI. — Exercice public d'idéologie et de logique... = *Strasbourg, an* XI [1803]. — Exercice public d'histoire naturelle sur la zoologie et la botanique... = *Strasbourg, an* X. — Exercice public d'histoire naturelle sur une partie de la zoologie, la botanique et la minéralogie... = *Strasbourg, an* XI, in-8.

1057. — Traité élémentaire de physique... Par A. LIBES,... = *Impr. de Crapelet, Paris, Deterville, an* X=1801, 3 vol. in-8.

1058. — Traité complet et élémentaire de physique...

Par Antoine LIBES. Deuxième édition... — *Paris, M*ᵐᵉ *V*ᵉ *Courcier,* 1813, 3 vol. in-8.

1059. — Traité élémentaire de physique. Par M. l'abbé HAÜY,... Troisième édition... — *Paris, M*ᵐᵉ *V*ᵉ *Courcier,* 1824, 2 vol. in-8.

1060. — Introduction à la physique et particulièrement à la mécanique. Par C.-J. LE PRIOL,... — *Strasbourg, impr. de Levrault,* 1806, in-8.

1061. — Précis élémentaire de physique expérimentale. Par J.-B. BIOT,... — Troisième édition. — *Paris, Deterville,* 1824, 2 vol. in-8.

1062. — Traité de physique expérimentale et mathématique. Par J.-B. BIOT,... — *Paris, Deterville,* 1816, 4 vol. in-8.

1063. = Physique mécanique. Par E.-G. FISCHER,... Traduite de l'allemand avec des notes et un Appendice sur les anneaux colorés, sur la double réfraction et sur la polarisation de la lumière, par M. BIOT,... Troisième édition... — *Paris, M*ᵐᵉ *V*ᵉ *Courcier,* 1819, in-8.

1064. — Cours élémentaire de physique expérimentale... Par Jh. MOLLET,... — *Lyon,* et *Paris, Bachelier et Huzard,* 1822, 2 vol. in-8.

1065. = Essai d'un cours élémentaire et général des sciences physiques. Par BEUDANT. Partie physique. — *Paris, Verdière,* 1824, in-8.

(Le frontispice manque.)

1066. = Traité de physique. Par A. LEGRAND. -- *Paris, Raymond,* 1825, in-12.

1067. — Éléments de physique expérimentale et de météorologie. Par M. POUILLET,... Cinquième édition. — *Paris, Béchet jeune,* 1847, 2 vol. in-8, et 1 vol. de planches pour le T. I.

1068. — Cours de physique de l'école Polytechnique. (Par LAMÉ.) — *Paris.*, 1832, 2 vol. in-4.

(Ouvrage lithographié.)

1069. — Cours de physique de l'école Polytechnique. Par G. LAMÉ,... — *Paris, Bachelier,* 1836-37, 2 tomes en 3 vol. in-8.

(Le T. II a deux parties.)

1070. — Même ouvrage. Deuxième édition. — *Paris, Bachelier,* 1840, 3 vol. in-8.

1071. — Résumé d'un cours de physique à l'usage des colléges et des pensionnats. Par A. FARGEAUD, professeur de physique au collége royal et à la Faculté des sciences de Strasbourg. — *Strasbourg, l'auteur (impr. de Silbermann,* 1834), 2 vol. in-8.

(Ouvrage inachevé, dont il n'a été imprimé que les préliminaires, la pesanteur et le calorique. — M. Antoine Fargeaud est né à Saint-Léonard (Haute-Vienne) le 24 septembre 1792. Après avoir occupé différentes chaires dans l'enseignement, il fut nommé, le 24 avril 1830, professeur titulaire de physique à la Faculté des sciences de Strasbourg. A part le cours de physique ci-dessus et le cours d'histoire naturelle qui sera décrit en son lieu, M. Fargeaud n'a publié que des opuscules, qui se trouvent disséminés dans divers recueils. Voici la bibliographie de ces opuscules : 1o Réponse à ces questions posées par M. le préfet du département du Gers : « Est-il possible de préserver une contrée de la grêle par le moyen des paratonnerres? Quel serait le mode de leur emploi? quelle en serait la dépense? » (*Mémorial d'agriculture du département du Gers,* 1819, page 169.) — 2o Lettre au rédacteur du *Mémorial du Gers* sur le même sujet. Analyse et réfutation des théories de M. Lapostolle. (*Mémorial,* 1820.) — 3o Rapport sur les paragrêles perfectionnés et réduits à l'état de paratonnerres, fait à la Société d'Agriculture du Doubs le 21 mai 1825 (imprimé dans ses Mémoires et tiré à part). — 4o De la grotte d'Osselles près de Besançon, et de l'état des ossements d'ours qu'on y a trouvés en grande quantité. (*Annales des sciences naturelles. — Paris,* 1827.) — 5o Un certain nombre d'articles de météorologie, d'histoire naturelle et de physique, insérés dans les *Tablettes Franc-Comtoises* en 1827. — 6o. De l'influence du temps sur les actions chimiques. — *Strasbourg,* 1828, in-4, thèse dans laquelle l'auteur rend compte de la découverte qu'il a faite d'un terrain d'eau douce à l'abbaye de La Charité (Haute-Saône) et des produits qu'il en rapportés. — 7o De la formation de la glace en général, et particulièrement dans les rivières rapides. — *Strasbourg,* 1829, thèse in-4. (V. pour ces deux thèses, no 888.) — 8o Discours sur l'enseignement universitaire, prononcé à la distribution des prix du lycée de Strasbourg, 1833. — 9o Sur les carrières d'Oberschaffhausen en Kaïsertuhl, note adressée à l'Académie des sciences, avec des échantillons de gneiss incorporé dans la roche trachytique. (V. *Comptes-rendus*, et *Echo du monde savant*, 24 octobre 1837.) — 10° Note présentée à la commission de surveillance du gaz à l'occasion de la mort de la famille Béringer ; *Strasbourg*, 1841. (*Gazette médicale de Strasbourg*, n° 11, page 195.) — 11° L'ancienne et la nouvelle cathédrale de Strasbourg. Rapport fait à la 2e section du Congrès scientifique. — 12° Note sur les anciennes températures terrestres. (V., pour ces deux articles, les *Mémoires du Congrès scientifique tenu à Strasbourg* en 1842.) — 13° Note sur les coups de tonnerre qui ont frappé la cathédrale de Strasbourg le 10 juillet 1843. (V. *Compte-rendu des séances de l'Académie des sciences*, et *Annales de physique et de chimie*.) — 14° Biographie de Gay-Lussac, insérée dans le T. XVI de la nouvelle édition de la *Biographie Michaud*. — 15° La prise de Mâcon ; *Limoges*, H. *Ducourtieux*, 1858, brochure in-8. — 16° La pluie sans nuages; *Limoges*, H. *Ducourtieux*, 1861, brochure in-8.)

1072. — Notions élémentaires de physique. Par Alexandre MEISSAS,... — *Paris, L. Hachette,* 1836, in-18.

1073. — Cours élémentaire de physique à l'usage des collèges et des autres établissements d'instruction publique. Par M. DEGUIN,... Troisième édition... — *Paris, Belin-Mandar,* 1841, 2 vol. in-8.

(Le frontispice manque.)

1074. — Même ouvrage. Quatrième édition... — *Paris, Belin-Mandar,* 1844, 2 vol. in-8.

1075. — Éléments de physique à l'usage des collèges, des écoles normales primaires et des écoles primaires supérieures... Par Charles ROGUET. — *Paris, impr. de Paul Dupont,* 1838, in-18.

1076. — Programme d'un cours élémentaire de physique, à l'usage des établissements d'instruction publique et des aspirants aux grades universitaires et aux écoles spéciales du Gouvernement. Par Aug. PINAUD,... Quatrième édition... — *Toulouse,* et *Paris, L. Hachette,* 1846, in-8.

1077. — Traité élémentaire de physique. Par E. PÉCLET,... Quatrième édition... — *L. Hachette et Cie, à Paris,* 1847, 2 vol. in-8 et atlas in-4.

1078. — Traité élémentaire de physique expérimentale et appliquée et de météorologie... A l'usage des établissements d'instruction, des aspirants aux grades des facultés et des candidats aux diverses écoles du Gouvernement. Par A. GANOT,... Troisième édition... — *Paris, l'auteur,* 1854, grand in-18.

1079. — Traité élémentaire de physique théorique et expérimentale, avec les applications à la météorologie et aux arts industriels; à l'usage des facultés, des établissements d'enseignement secondaire et des écoles spéciales du Gouvernement. Par P.-A. DAGUIN,... — *Toulouse,* et *Paris, Dezobry et E. Magdeleine,* 1855-60, 3 vol. in-8.

1080. — Nouveaux problèmes de physique, suivis des questions proposées au concours général, depuis 1805 jusqu'à ce jour, dans les classes de physique et de chimie. Par M. E. BARRY,... — *Paris, L. Hachette,* 1838, in-8.

1081. — Exercices sur la physique, ou Recueil de questions, de problèmes et d'éclaircissements sur les différentes parties de cette science, avec les solutions. Par J.-I. PIERRE,... — *Paris, Bachelier,* 1838, in-8.

§ 4. — MÉLANGES DE PHYSIQUE.

(Auteurs anciens et modernes.)

* ARISTOTELIS,... physicorum libri VIII, Joanne ARGYROPYLO interprete. — (V. *Opera,* POLYGRAPHIE, n° 22.)

* Novæ methodi pro explicandis HIPPOCRATE et ARISTOTELE... Marinas CURÆUS DE LA CHAMBRE... — La physique d'ARISTOTE mise en français (par le même. Livre Ier). — (V. ci-après, MÉDECINE.)

1082. — Circulus pisanus Claudii BERIGARDI Molinensis, olim in pisano, jam in lyceo patavino philosophi prim. De veteri et peripatetica philosophia in Aristotelis libros octo physicorum, quatuor de cœlo, duos de ortu et interitu, quatuor de meteoris et tres de anima... opus in hac secunda editione auctius et retractatius. — *Patavii,* 1661, *typis Pauli Frambotti,* in-4.

* Hieronymi CARDANI,... de rerum varietate libri XVII. De subtilitate libri XXI. — (V. *Opera,* T. III, POLYGRA-PHIE, *n°* 57, et ci-dessus *n°* 14.)

* Mémoires de mathématique et de physique. Par M. DE LA HIRE. — (V. *n°* 867.)

1083. — Petri VAN MUSSCHENBROEK,... Physicæ experimentales, et geometricæ, de magnete, tuborum capillarium vitreorumque speculorum attractione, magnitudine terræ, cohærentia corporum firmorum, dissertationes; ut et Ephemerides meteorologicæ ultrajectinæ. — *Lugduni Batavorum, apud Samuelem Luchtmans,* 1729, in-4.

* Observations curieuses sur toutes les parties de la physique, extraites et recueillies des meilleurs mémoires. (Par le P. BOUGEANT et le P. GROZELIER.) — (V. *n°* 875.)

1084. — Les entretiens physiques d'Ariste et d'Eudoxe, ou Physique nouvelle en dialogues, qui renferme précisément ce qui s'est découvert de plus curieux et de plus utile dans la nature. Septième édition... Par le P. REGNAULT,... — *Paris, David l'aîné, et Durand,* 1745, 4 vol. in-12.

* Mélanges de physique. Par VOLTAIRE. — (V. POLYGRAPHIE, *n°* 99, *OEuvres,* T. XXXI.)

1085. — Eléments de la philosophie de NEUTON, donnés par M^r DE VOLTAIRE. Nouvelle édition. — *Londres,* 1738, in-8.

(Portrait de Newton.)

* Recueil de différents traités de physique... Par M. DESLANDES. — (V. *n°* 876.)

1086. — Institutions physiques de madame la marquise DU CHASTELLET, adressées à M^r son fils. Nouvelle édition... — *Amsterdam, aux dépens de la compagnie,* 1742, in-8.

(Portrait de l'auteur.)

* Mélanges de physique et de médecine. Par M. LE ROI. — (V. *n°* 877.)

* Lettres à une princesse d'Allemagne... (Par Euler.) —
(V. n° 17.)

1087. — Des éléments, ou Essai sur la nature, les propriétés, les effets et l'utilité de l'air, de l'eau, du feu et de la terre. Par Jules-Henri Pott, libraire. — *Lausanne, Jules-Henri Pott et comp.*, 1782, 2 vol. in-8.

1088. — Physique du monde, dédiée au roi. Par M. le baron de Marivetz et par M. Goussier. — *Paris, impr. de Quillau*, 1780-87, 2 tomes en 4 vol. in-4.

(Il manque les T. I-III. — Le T. V est en 3 vol.)

* Observations sur quelques objets d'utilité publique pour servir de Prospectus à la seconde partie de la Physique du monde...(Par de Marivetz.) — (V. n° 420.)

1089. — In-8 contenant :

1°. — Nouvelles considérations sur les agents généraux moteurs de l'action universelle [électricité, magnétisme, calorique], admis comme éléments de la lumière. Par C.-A. Hugueny. Théorie nouvelle. — *Strasbourg, impr. de G. Silbermann*, 1834, 73 pages et une planche.

2°. — Considérations générales sur l'électricité, le magnétisme et le calorique, ou Etude physique et philosophique présentant les premiers éléments d'une définition générale de la vie. — Par C.-A. Hugueny. Deuxième étude. — *Strasbourg, impr. de Silbermann*, 1841, 56 pages.

3°. — Considérations générales sur l'électricité, le calorique et le magnétisme, ou Essai élémentaire des phénomènes de l'existence physique et morale. Par C.-A. Hugueny. 3e étude. — *Strasbourg, impr. de G. Silbermann*, 1842, 52 pages.

1090. — Tableau historique des propriétés et des phénomènes de l'air considéré dans ses différents états et sous ses divers rapports. Par M. Rouland,... — *Paris, Gueffier*, 1784, in-8.

§ 5. — EXPÉRIENCES ET INSTRUMENTS DE PHYSIQUE.

1091. — L'art des expériences, ou Avis aux amateurs de la physique sur le choix, la construction et l'usage des instruments; sur la préparation et l'emploi des drogues qui servent aux expériences. Par M. l'abbé NOLLET,... — *Paris, P.-E.-G. Durand*, 1770, 3 vol. in-12.

1092. — Même ouvrage. Seconde édition. — *Paris, Durand neveu*, 1784, 3 vol. in-12.

1093. — Même ouvrage. Troisième édition. — *Paris, Durand neveu*, 1784, 3 vol. in-12.

1094. — Essai sur l'art d'observer et de faire des expériences. Seconde édition, considérablement changée et augmentée. Par Jean SENEBIER,... — *Genève, J.-J. Paschoud, an* x [1802], 3 vol. in-8.

1095. — Description et usage d'un cabinet de physique expérimentale. Par M. SIGAUD DE LA FOND,... Seconde édition, revue, corrigée et augmentée par M. ROULAND,... — *Paris, Gueffier*, 1784, 2 vol. in-8.

1096. — Remarques et expériences physiques sur la construction d'une nouvelle clepsydre, sur les baromètres, thermomètres et hygromètres. Par Mr AMONTONS. — *Paris, Jean Jombert*, 1695, in-12.

1097. — Nouveau traité sur la construction et invention des nouveaux baromètres, thermomètres, hygromètres, aréomètres et autres découvertes de physique expérimentale. Par ASSIER-PERRICAT père,... Suivi des observations météorologiques faites sur les montagnes par divers savants et par l'auteur lui-même; avec des tables de comparaison. — *Paris, l'auteur,* et *veuve Tilliard et fils, an* x=1802, in-8.

1098. — Tentamina experimentorum naturalium captorum in Academia del Cimento, sub auspiciis serenissimi principis Leopoldi I,... et ab ejus academiæ secretario (Lorenzo MAGALOTTI) conscriptorum, ex italico in latinum sermonem conversa. Quibus commentarios, nova experimenta, et orationem De methodo instituendi experimenta physica addidit Petrus VAN MUSSCHENBROEK,... — *Lugduni Batavorum, apud Joan. et Herm. Verbeek,* 1731, in-4.

1099. — Expériences de physique. Par M. Pierre POLINIÈRE,... Quatrième édition... — *Paris, Gissey* (et autres), 1734, 2 vol. in-12.

1100. — Expériences physico-mécaniques sur différents sujets et principalement sur la lumière et l'électricité produites par le frottement des corps. Traduites de l'anglais de M. HAUKSBÉE, par feu M. DE BRÉMOND,... Revues et mises au jour, avec un Discours préliminaire, des remarques et des notes, par M. DESMAREST. Avec des figures en taille-douce. — *Paris, veuve Cavelier et fils,* 1754, 2 vol. in-12.

1101. — Expériences et observations sur différentes branches de la physique, avec une continuation des observations sur l'air. Ouvrage traduit de l'anglais de M. J. PRIESTLEY,... par M. GIBELIN,... — *Paris, Nyon l'aîné,* 1782-87, 4 vol. in-12.

1102. — Nouvelles expériences et observations sur différents objets de physique. Par Jean INGEN=HOUSZ,... — *Paris, Théophile Barrois,* 1785, in-8.

CHAPITRE II. — *Particularités.*

§ 1er. — ATOMES. — ATTRACTION. — PESANTEUR.

1103. — Description des atomes. (Par le baron BOISSEL DE MONVILLE.) — *Paris, Desray,* 1813, in-8.

1104. — Considérations sur les états d'agrégation des corps. Thèse de physique présentée à la Faculté des

Sciences de Strasbourg, et soutenue publiquement le jeudi
29 mai 1834... Par Théophile ROTH,... — *Strasbourg, impr.*
de F.-G. Levrault, 1834, in-4 de 44 pages.

1105. — Société philomatique de Paris. [Séance du
20 janvier 1844.] — Mémoire sur la question de savoir s'il
existe des masses continues, et sur la nature probable des
dernières particules des corps. Par M. DE SAINT-VENANT,...
— *Paris, Carilian-Gœury et Victor Dalmont, 1844, in-8 de*
15 pages.

1106. — Dissertations sur l'incompatibilité de l'attraction et de ses différentes lois, avec les phénomènes; et sur
les tuyaux capillaires. Par le P. GERDIL,... — *Paris,*
Desaint et Saillant, 1754, in-12.

1107. — Pesanteur spécifique des corps. Ouvrage utile
à l'histoire naturelle, à la physique, aux arts et au commerce. Par M. BRISSON,... — *Paris, impr. roy., 1787, in-4.*

* Voyage autour du monde... Par M. Louis DE FREY-
CINET,... Observations du pendule. — *Paris, Pillet aîné,*
1826, in-4. — (V. HISTOIRE, n° 86, *Supplément.*)

1108. — Traités de l'équilibre des liqueurs, et de la
pesanteur de la masse de l'air; contenant l'explication des
causes de divers effets de la nature qui n'avaient point
été bien connus jusques ici, et particulièrement de ceux
que l'on avait attribués à l'horreur du vide. Par
monsieur PASCAL. — *Paris, Guillaume Desprez, 1663,*
in-12.

1109. — Même ouvrage. — *Paris, Guillaume Desprez,*
1698, in-12.

1110. — Leçons de physique expérimentale sur l'équilibre des liqueurs, et sur la nature et les propriétés de l'air.
Traduites de l'anglais de M. R. CÔTES,... (Recueillies et
publiées par Rob. SMITH, et trad. par LE MONNIER.) —
Paris, David fils, 1742, in-8.

1111. — Histoire et pratique de l'aérostation. Par M. Tibère CAVALLO, traduit de l'anglais (par l'abbé DE SILVESTRE). — *Paris, Guillot,* 1786, in-8.

1112. — Description des expériences de la machine aérostatique de MM. de Montgolfier, et de celles auxquelles cette découverte a donné lieu. Suivie de Recherches sur la hauteur à laquelle est parvenu le ballon du Champ-de-Mars ; sur la route qu'il a tenue ; sur les différents degrés de pesanteur de l'air dans les couches de l'atmosphère ; d'un Mémoire sur le gaz inflammable et sur celui qu'ont employé MM. de Montgolfier ; sur l'art de faire les machines aérostatiques... d'une Lettre sur les moyens de diriger ces machines... Ouvrage orné de neuf planches... Par M. FAUJAS DE SAINT-FOND. — *Paris, Cuchet,* 1783, in-8. — Première suite de la Description des expériences aérostatiques de MM. de Montgolfier et de celles auxquelles cette découverte a donné lieu ; contenant les voyages aériens de La Muette, des Tuilleries, de Lyon, de Milan, du Champ-de-Mars, etc., etc. Plusieurs Mémoires de MM. DE MONTGOLFIER et de M. le comte DE MILLY... Différentes manières d'obtenir l'air inflammable... Un Mémoire sur la gomme élastique ou caoutchouc... Ouvrage orné de cinq planches en taille-douce. Par M. FAUJAS DE SAINT-FOND. Tome second. — *Paris, Cuchet,* 1784, en tout 2 vol. in-8.

1113. — L'art de naviguer dans l'air, exposé par C.-G. KRATZENSTEIN,... Avec figures. — *Copenhaven et Leipzig, Faber et Nitschke,* 1784, in-8 de 100 pages.

(On lit à la fin du volume : « Fin de la première partie » ; mais Quérard n'indique pas de suite à ce volume.)

1114. — Histoire du ballon de Lyon, suivie d'une autre pièce non moins piquante. — (S. l. n. n.) ; 1784, in-8 de 64 pages.

1115. — L'art de voler à la manière des oiseaux. Par Charles-Frédéric MEERWEIN,... Avec figures. — *Basle, J.-J. Thourneisen fils,* 1785, in-12 de 44 pages et 2 planches.

1116. — Dissertatio physica et mathematica de montium altitudine barometro metienda. Accedit refractionis astronomicæ theoria. Auctore Christiano Henrico DAMEN, A. L. M. et Philos. D. — *Hagæ Comitum, typis Joh. de Groot,* 1783, in-8.

§ 2. — ACOUSTIQUE.

1117. — Traité d'acoustique. Par E.-F.-F. CHLADNI,... Avec huit planches. — *Paris, Courcier,* 1809, in-8.

§ 3. — CHALEUR.

1118. — Découvertes de M. MARAT, docteur en médecine et médecin des gardes-du-corps de monseigneur le comte d'Artois, sur le feu, l'électricité et la lumière, constatées par une suite d'expériences nouvelles qui viennent d'être vérifiées par MM. les commissaires de l'Académie des sciences. Seconde édition. — *Paris, impr. de Clousier,* 1779, in-8 de 38 pages.

1119. — Recherches physiques sur le feu. Par M. MARAT,... — *Paris, Cl.-Ant. Jombert fils aîné,* 1780, in-8.

1120. — (In-8 contenant :)
— Du feu souterrain. Par M. DUCARLA,... — *Paris, Prault,* 1783, in-8 de 55 pages.
— Mémoires du musée de Paris. Sciences. (Du feu complet. Par M. DUCARLA.) — *Paris, Moutard,* 1784, in-8.

1121. — Du feu et de quelques-uns de ses principaux effets. Par M. REYNIER,... — *Lausanne, et Paris, La Grange,* 1787, in-8.

1122. — Mes conjectures sur le feu, considéré dans l'univers et dans l'homme physique et moral ; suivies de l'application de cette théorie aux travaux des forges. Par J.-B.-P. BAUDREVILLE,... — *Strasbourg, impr. de F.-G. Levrault,* 1808, 2 vol. in-8.

1123. — Traité de la chaleur considérée dans ses applications. Par E. PÉCLET,... Deuxième édition, entièrement refondue. = Paris, L. Hachette, 1843, 2 vol. in-4, et atlas in-fol.

1124. — Mémoire sur les foyers économiques et salubres de M. le docteur Franklin et du Sr Desarnod, architecte de Lyon... Par M. DESARNOD. = Lyon, et Paris, Desenne et Hardouin (et autres), 1788, in-8 de 58 pages.

1125. — Notice détaillée sur le caléfacteur-Lemare. = In-8 de 32 pages.

(Sans frontispice. = A la suite :)

— Note sur la nouvelle machine pneumatique à mouvement continu, inventée en 1844 par Charles Chevalier, ingénieur opticien,... — In-8 de 15 pages.

(Sans frontispice.)

* Règles pour construire des thermomètres dont les degrés soient comparables, et qui donnent des idées d'un chaud ou d'un froid qui puissent être rapportés à des mesures connues. Par M. DE RÉAUMUR. — (V. BELLES-LETTRES, no 155, Mém. de l'Acad. des sciences, année 1730, page 452.)

1126. — Explication des principes établis par M. de Réaumur pour la construction des thermomètres dont les degrés soient comparables. — In-12 de 24 pages.

(Sans frontispice. — Espèce d'extrait de la dissertation précédente.)

1127. — Dissertation sur la comparaison des thermomètres. Par J.-H. VAN SWINDEN,... — Amsterdam, Marc-Michel Rey, 1778, in-8.

1128. — Mémoires sur la réforme des thermomètres, avec des avis particuliers et des notes justificatives, critiques et instructives. Par M. L. A. B***. — Tours, Auguste Vauquer, impr., 1779, in-8.

1129. — Thermometri metallici ab inventione illustrissimi atque excellentissimi S. R. I. comitis Loeseri descriptio, autore Joanne Daniele TITIO,... — *Lipsiæ, prostat apud viduam Holle,* 1765, in-4 de 24 pages et une planche.

1150. — Dissertation sur la glace, ou Explication physique de la formation de la glace et de ses divers phénomènes. Par M. DORTOUS DE MAIRAN,... — *Paris, impr. roy.,* 1749, in-12.

§ 4. — MAGNÉTISME ET ÉLECTRICITÉ.

A. — Ouvrages généraux.

1151. — Tentamen theoriæ electricitatis et magnetismi. Accedunt Dissertationes duæ, quarum prior phænomenon quoddam electricum, altera magneticum explicat. Auctore F. U. T. ÆPINO,... — *Petropoli, typis Academiæ scientiarum* (1759), in-4.

1152. — Recueil de différents mémoires sur la tourmaline, publié par Mr Franç.-Ulr.-Théod. ÆPINUS,... — *Saint-Pétersbourg, impr. de l'Académie des sciences,* 1762, in-8.

1153. — Recueil de mémoires sur l'analogie de l'électricité et du magnétisme, couronnés et publiés par l'Académie de Bavière, traduits du latin et de l'allemand, augmenté de notes et de quelques dissertations nouvelles. Par J.-H. VAN SWINDEN,... — *La Haye, chez les libraires associés,* 1784, 3 vol. in-8.

1154. — Exposition raisonnée de la théorie de l'électricité et du magnétisme, d'après les principes de M. Æpinus,... Par M. l'abbé HAÜY,... — *Paris, veuve Desaint,* 1787, in-8.

B. — Magnétisme.

1155. — Description de l'aimant qui s'est formé à la pointe du clocher de N.-Dame de Chartres; avec plusieurs expériences très-curieuses sur l'aimant et sur d'autres matières de physique. Par M. L.-L. DE VALLEMONT,... — *Paris, Laurent d'Houry,* et *Edme Couterot,* 1692, in-12.

1136. — Traités sur les aimants artificiels... Traduits de deux ouvrages anglais de J. MICHELL et J. CANTON, par le P. RIVOIRE,... Avec une Préface historique du traducteur, où l'on expose les méthodes et les expériences de MM. Duhamel et Antheaume,... pour perfectionner ces aimants. Avec figures. — *Paris, Hippolyte-Louis Guérin l'aîné,* 1752, in-12.

1137. — Description des courants magnétiques dessinés et gravés d'après nature en xv planches; suivie de quelques observations sur l'aimant. Par Mr *** (Gil.-Aug. BAZIN), de l'Académie des belles-lettres de La Rochelle,... — *Strasbourg, Jean-François Le Roux, impr.,* 1753, in-4.

1138. — De magnete libri quatuor in duos tomos distributi... Auctore Joanne-Baptista SCARELLA,... — *Brixiœ, anno* 1759 *excudebat Joannes-Maria Rizzardi,* 2 vol. in-4.

1139. — Lois du magnétisme, comparées aux observations et aux expériences, dans les différentes parties du globe terrestre, pour perfectionner la théorie générale de l'aimant, et indiquer par là les courbes magnétiques qu'on cherche à la mer sur les cartes réduites. Par M. LE MONNIER. — *Paris, impr. roy.,* 1776, in-8.

1140. — Recherches sur la direction du fluide magnétique... Par M. DE BRUNO,... — *Amsterdam,* et *Paris, Gueffier,* 1785, in-8.

1141. — De l'origine des forces magnétiques. Par P. PRÉVOST,... — *Genève,* et *Paris, Buisson,* 1788, in-8.

1142. — Traité complet du magnétisme. Par M. BECQUEREL,... — *Paris, Firmin Didot frères,* 1846, in-8.

1143. — (In-8 contenant :)

1°. — Extrait du précis des travaux de la Société royale des sciences, lettres et arts de Nancy pendant les années

1829 à 1832, publiés en 1833. — Articles de M. le Dʳ DE HALDAT, secrétaire de cette académie. — In-8 de 18 pages.

(Sans frontispice. — Sur la force coercitive des aimants et les figures magnétiques; Notice sur les instruments connus sous le nom de Pianos éoliens., etc.; Cristallisation de l'oxyde de fer, etc.)

2°. — Mémoire sur quelques nouveaux appareils électro-magnétiques et leur emploi. Par M. GLOESENER,... — (Sans frontispice), in-8 de 10 pages.

3°. — Notice et description du nouvel appareil électro-dynamique complet, construit par MM. Breton frères,... — (Sans frontispice), in-8 de 16 pages et 2 planches.

4°. — Mémoire sur l'induction. Par MM. A. MASSON et BRÉGUET fils. [Mémoire présenté à l'Académie des sciences le 23 août 1841.] — (Sans frontispice), in-8 de 24 pages.

1144. — Démonstration de plusieurs formules de Gauss relatives à l'action mutuelle de deux aimants. Par M. ABRIA. — *Bordeaux, G. Gounouilhou*, 1861, in-8 de 16 pages.

(M. Jérémie-Joseph-Benoît Abria est né à Limoges le 19 mars 1811. Il a professé successivement la physique au collége de Limoges, les mathématiques au collége d'Henri IV et la physique à la Faculté des sciences de Bordeaux, dont il est aujourd'hui le doyen. Ses nombreux travaux, disséminés dans divers recueils, sont : 1° Sur la diffraction de la lumière (*Journal des mathématiques pures et appliquées*, T. IV). — 2° Sur les propriétés des rayons chimiques de la lumière solaire; 1839 (imprimé à part). — 3° Sur l'aimantation par les courants (*Annales de chimie et de physique*, 3ᵉ série, T. I). — 4° Sur quelques phénomènes mécaniques qui accompagnent les décharges électriques (*ibid.*, 2ᵉ série, T. LXXIV). — 5° Sur les lois de l'induction des courants par les courants (*ibid.*, 3ᵉ série, T. III et VII). — 6° Sur la chaleur développée dans l'hydratation de l'acide sulfurique (*ibid.*, 3ᵉ série, T. XLIV). — 7° Sur quelques propriétés physiologiques des courants d'induction (*Actes de l'Académie de Bordeaux*, 1842). — 8° De l'utilité des hypothèses dans les sciences d'observation (*ibid.*, 1857). — 9° De la vitesse de la lumière dans différents milieux : *Bordeaux*, 1860, in-8. — 10° Démonstration de plusieurs formules de Gauss, etc. — M. Abria a encore donné de nombreuses séries d'observations à l'*Académie de Bordeaux* et à la *Société Météorologique de France*.)

C. — Électricité.

1145. — Précis historique et expérimental des phénomènes électriques depuis l'origine de cette découverte jusqu'à ce jour. Par M. SIGAUD DE LA FOND,... — *Paris, rue et hôtel Serpente*, 1781, in-8.

* Examen des principaux systèmes sur la nature du fluide électrique et sur son action dans les corps organisés et vivants. Par M. LE BOUVIER DESMORTIERS,... — (V. la *division* MÉDECINE pour cet ouvrage et pour ceux qui concernent l'application de l'électricité à la thérapeutique.)

1146. — Essai sur l'électricité des corps. Par M. l'abbé NOLLET,... — *Paris, frères Guerin*, 1746, in-12.

1147. — Même ouvrage. Troisième édition. — *Paris, H.-L. Guerin et L.-F. Delatour*, 1754, in-12.

1148. — Même ouvrage. Seconde édition. — *Paris, frères Guerin*, 1765, in-12.

1149. — Lettres sur l'électricité, dans lesquelles on examine les dernières découvertes qui ont été faites sur cette matière, et les conséquences que l'on en peut tirer. Par M. l'abbé NOLLET,... — *Paris, Hippolyte-Louis Guerin, et Louis-François Delatour*, 1753. — Lettres sur l'électricité, dans lesquelles on soutient le principe des effluences et affluences simultanées contre la doctrine de M. Franklin, et contre les nouvelles prétentions de ses partisans. Avec figures en taille-douce. Par M. l'abbé NOLLET,... Seconde partie. — *Paris, H.-L. Guerin et L.-F. Delatour*, 1760, les 2 parties en 1 vol. in-12.

— Lettres sur l'électricité, dans lesquelles on trouvera les principaux phénomènes qui ont été découverts depuis 1760, avec des discussions sur les conséquences qu'on en peut tirer... Par M. l'abbé NOLLET,... Troisième partie. — *Paris, Durand neveu*, 1767, in-12.

(A la suite de ce 3e vol. :)

— Essai sur l'électricité des corps. Par M. l'abbé NOLLET,... Seconde édition. — *Paris, frères Guerin*, 1753, in-12.

1150. — Lettres sur l'électricité (etc.)... — *Paris*, 1853-60, les deux premières parties. — 2 vol. in-12.

1151. — Lettres sur l'électricité... Par M. l'abbé Nollet,... Nouvelle édition. — *Paris, H.-L. Guerin et L.-F. Delatour,* 1760, 2 vol. in-12.

1152. — Recherches sur les causes particulières des phénomènes électriques... Par M. l'abbé Nollet,... Troisième édition. — *Paris, frères Guerin,* 1753, in-12.

1153. — Même ouvrage. Nouvelle édition. — *Paris, H.-L. Guerin et L.-F. Delatour,* 1754, in-12.

1154. — Nouvelle dissertation sur l'électricité des corps... Par Mr Morin,... — *Chartres, veuve J. Roux,* 1748, in-12.

1155. — Principes d'électricité, contenant plusieurs théorèmes appuyés par des expériences nouvelles, avec une analyse des avantages supérieurs des conducteurs élevés et pointus... Par milord Mahon,... Ouvrage traduit de l'anglais par Mr l'abbé N..... (Needham),... — *Londres, et Bruxelles, Emmanuel Flon,* 1784, in-8.

1156. — Essai sur l'électricité naturelle et artificielle. Par M. le comte de La Cepède,... — *Paris, impr. de Monsieur,* 1781, 2 vol. in-8.

1157. — Essai sur le fluide électrique considéré comme agent universel. Par feu M. le comte de Tressan,... — *Paris, Buisson,* 1786, 2 vol. in-8.

1158. — Recherches expérimentales sur un nouveau mode de l'action électrique. Par Ant.-Cl. Gerboin,... Avec une planche en taille-douce. — *Strasbourg, F.-G. Levrault,* 1808, in-8.

* Mémoire sur l'influence de l'électricité dans la fécondation des plantes et des animaux, et Considérations rapides sur la prétendue génération spontanée. Par J.-P. Gasc,... — (V. ci-après, Histoire naturelle.)

1159. — Description de la machine électrique négative et positive de M. NAIRNE. Avec les détails de ses applications à la physique, et principalement à la médecine. Traduit de l'anglais, par M. CAULLET DE VEAUMOREL,... — *Paris, P.-Fr. Didot le jeune,* 1784, in-12.

1160. — Description des machines électriques à taffetas, de leurs effets et des divers avantages que présentent ces nouveaux appareils. Par M. ROULAND,... = *Amsterdam,* et *Paris, l'auteur,* et *Gueffier,* 1785, in-8 de 35 pages et une planche.

1161. — Éléments d'électricité et de galvanisme. Par George SINGER. Ouvrage traduit de l'anglais et augmenté de notes, par M. THILLAYE,... = *Paris, Bachelier,* 1847, in-8.

1162. — Essai de statique électrique d'après un nouveau point de vue sur l'électricité ; où l'on ne considère qu'une seule électricité, et de laquelle on déduit l'affinité chimique et la cohésion. Par Esprit TOCCHI,... — *Marseille, impr. d'Achard,* 1828, in-8.

1163. — Expériences sur le galvanisme, et en général sur l'irritation des fibres musculaires et nerveuses. Par Frédéric-Alexandre HUMBOLDT. Traduction de l'allemand, publiée, avec des additions, par J.-Fr.-N. JADELOT,... — *De l'impr. de Didot jeune, à Paris,* an VII=1799, in-8.

1164. — Essai sur les causes des variations de l'intensité des courants galvaniques. Thèse de physique présentée à la Faculté des sciences de Strasbourg... Par E. KOPP,... — *Strasbourg, impr. de G. Silbermann,* 1842, in-4 de 59 pages.

1165. — (In-8 contenant :)

1°. — Note sur l'action mutuelle d'un aimant et d'un conducteur voltaïque. Par M. AMPÈRE. — *Paris, Bachelier,* 1828, 29 pages et une planche.

2°. — Mémoires sur l'action mutuelle de deux courants électriques, sur celle qui existe entre un courant électrique et un aimant ou le globe terrestre, et celle de deux aimants l'un sur l'autre; lus à l'Académie royale des sciences par M. AMPÈRE. [Extrait des *Annales de chimie et de physique*.] — 68 pages et 5 planches.

3°. — Exposé méthodique des phénomènes électro-dynamiques et des lois de ces phénomènes. — 18 pages.

(Cet article est incomplet.)

4°. — Description d'un appareil électro-dynamique construit (inventé) par M. AMPÈRE (construit par Pixii). — *Paris, Crochard, et Bachelier*, 1824, 24 pages et une planche.

§ 5. — LUMIÈRE.

(Optique. Instruments.)

* Nouvelles considérations sur les agents généraux moteurs de l'action universelle [électricité, magnétisme, calorique], admis comme éléments de la lumière. Par C.-A. HUGUENY. — (V. n° 1089-1°.)

1166. — Réflexions sur la lumière, ou Conjectures sur la part qu'elle a au mouvement des corps célestes. Par M. LINGUET. — *Londres, Thomas Spilsbury*, 1784, in-8.

* Mémoire sur la théorie de la lumière. Par M. Augustin-Louis CAUCHY. — (V. n° 949.)

1167. — Opticae thesavrvs. ALHAZENI arabis libri septem, nunc primùm editi. Eivsdem liber de crepvscvlis & Nubium ascensionibus. Item VITELLIONIS thvringopoloni libri X. Omnes instaurati, figuris illustrati & aucti, adiectis etiam in Alhazenum commentarijs, a Federico RISNERO. — *Basileae, per Episcopios*, M. D. LXXII, 2 parties en 1 vol. in-fol.

1168. — Vitellionis mathematici doctissimi περί ὀπτικῆς, id est, de natvra, ratione, & proiectione radiorum uisus, luminum, colorum atq̃ formarum, quam uulgo Perspectiuam uocant, libri X... — *Norimbergœ, apud Ioann. Petreium, Anno* MDLI., in-fol.

1169. — Optice, sive De reflexionibus, refractionibus, inflexionibus et coloribus lucis, libri tres. Auctore Isaaco NEWTON,... Latine reddidit Samuel CLARKE,... Editio novissima. — *Lausannæ et Genevæ, sumpt. Marci-Michaelis Bousquet et sociorum*, 1740, in-4.

(Portrait de Newton gravé par Daudet.)

1170. — Cours complet d'optique, traduit de l'anglais de Robert SMITH, contenant la théorie, la pratique et les usages de cette science. Avec des additions considérables sur toutes les nouvelles découvertes qu'on a faites en cette matière depuis la publication de l'ouvrage anglais. Par L. P. P. (Le P. PEZENAS),... — *Avignon, veuve Girard et François Seguin, et Jean Aubert, et Paris, Charles-Antoine Jombert, et Charles Saillant*, 1767, 2 vol. in-4.

1171. — Leçons élémentaires d'optique. Par M. l'abbé DE LA CAILLE,... Avec figures. Nouvelle édition, revue, corrigée et augmentée sur l'exemplaire de l'auteur. — *Paris, Desaint*, 1766, in-8.

1172. — Traité d'optique. Par LACAILLE. Nouvelle édition, revue, corrigée et augmentée, particulièrement de la marche des images dans les instruments d'optique, des lunettes achromatiques et de l'iris. Par plusieurs élèves de l'école Polytechnique; ornée de toutes les planches de l'ancienne édition, auxquelles on en a joint plusieurs nouvelles. — *Paris, Librairie économique, an XI*= 1802, in-8.

1173. — Traité d'optique sur la gradation de la lumière. Ouvrage posthume de M. BOUGUER,... Et publié par M. l'abbé DE LA CAILLE,... Pour servir de suite aux Mémoires de l'Académie royale des sciences. — *Paris, impr. de H.-L. Guerin et L.-F. Delatour*, 1760, in-4.

* Dioptrique de DESCARTES. — (V. n°s 4-5.)

* Mémoire sur la dispersion de la lumière. (Par L.-A. CAUCHY.) — (V. ci-dessus, n° 950.) — Mémoire sur la réflexion et la réfraction de la lumière, par le même. = (V. ci-dessus, n° 954, *Recueil de mémoires sur divers points de physique mathématique*.)

1174. — De la vitesse de la lumière dans les différents

milieux. — Étude sur la constitution d'un rayon dans la théorie des ondes. Par M. ABRIA. [Extrait des Actes de l'Académie impériale des sciences, belles-lettres et arts de Bordeaux.) — *Bordeaux, G. Gounouilhou*, 1860, in-8 de 37 pages.

1175. — Quatrième essai. De la nature des couleurs. Par Mr MARIOTTE,... — *Paris, Estiennet Michallet*, 1681, in-12.

(Le faux-titre porte : « Essais de physique, ou Mémoires pour servir à la science des choses naturelles ».)

1176. — Recherches expérimentales sur le nombre et les propriétés des couleurs primitives et sur la nature du spectre solaire. Mémoire traduit de l'anglais de Walter GRUM,... et accompagné de notes, par Achille PENOT,... — *Mulhausen, impr. de Jean Risler et comp.*, 1831, in-8 de 52 pages et une planche.

* Recherches expérimentales sur le phénomène de la vision. Par M. DE HALDAT. — (V. ci-après, SCIENCES MÉDICALES.)

* Mémoires sur la vision. Par M. L.-L. VALLÉE. — (V. BELLES-LETTRES, n° 166 *Bb*, *Mém. présent. par div. sav. à l'Acad. des sciences*, T. XII, p. 204, et T. XV, p. 98 et 119.)

1177. — Thèse de physique soutenue devant la Faculté des sciences de l'Académie de Paris, le 20 mars 1833, par M. J. PERSOZ,... (De la polarisation circulaire, comme moyen de distinguer des matières organiques identiques en apparence ; et de la possibilité, à l'aide de ce même caractère, d'apprécier les changements que certaines substances végétales peuvent éprouver de la part des agents chimiques.) — In-4 de 18 pages.

1178. — Le microscope à la portée de tout le monde, ou Description, calcul et explication de la nature, de l'usage et de la force des meilleurs microscopes ; avec les méthodes nécessaires pour préparer, appliquer, considérer et conserver toutes sortes d'objets, et les précautions à prendre pour les examiner avec soin. Le détail des découvertes les plus surprenantes faites par le moyen du microscope, et un grand nombre d'expériences et d'observations nouvelles sur plusieurs sujets intéressants. Traduit de l'anglais de Henry BAKER,... Sur l'édition de 1743, où l'on a ajouté la figure du microscope solaire, et plusieurs observations nouvelles sur le polype. (Par le P. PEZENAS.) — *Paris, Ch.-A. Jombert*, 1754, in-8.

1179. — Galerie microscopique [traduction du « Microscopic cabinet » de M. PRITCHARD], augmentée de notes par N.-P. LEREBOURS,... Collection choisie d'objets microscopiques, de tests objects, etc., contenant en outre la description des microscopes en pierres précieuses, un Mémoire du docteur GORING sur la vérification des phénomènes microscopiques, et suivie d'une instruction pratique. Ouvrage enrichi de douze planches gravées à Londres et de gravures intercalées dans le texte. — *Paris, N.-P. Lerebours, et Fortin, Masson et Cie*, 1843, in-8.

(A la suite :)

— Conseils aux artistes et aux amateurs sur l'application de la chambre claire [camera lucida] à l'art du dessin, ou Instruction théorique et pratique sur cet instrument, ses différentes formes, et son utilité dans les arts et les sciences. Par Charles CHEVALIER [fils de Vincent Chevalier],... — *Paris, l'auteur*, 1838, in-8 de 48 pages et planches.

1180. — Description d'un microscope achromatique simplifié. Par N.-PAYMAL LEREBOURS,... Précédée d'un Aperçu sur les différents systèmes de microscopes; suivie d'une méthode succincte pour examiner les objets microscopiques et des divers moyens employés pour mesurer les grossissements. — (*Paris*), *Lerebours*, et *Bachelier*, 1839, in-8 de 23 pages et une planche.

(A la suite :)

— Description des microscopes achromatiques simplifiés. Par N.-P. LEREBOURS,... — Deuxième édition... — *Paris, N.-P. Lerebours* (s. d.), in-8 de 84 pages et une planche.

1181. — Dissertation sur les moyens de donner la plus grande perfection possible aux lunettes dont les objectifs sont composés de deux matières; qui a remporté le prix proposé par l'Académie royale des sciences et belles-lettres pour l'année 1771, adjugé en 1772. Par M. HENNERT,... — *Berlin, Chrétien-Fréderic Voss*, 1773, in-4 de 58 pages et une planche.

1182. — (In-8 contenant :)

1°. — Notice sur les lunettes polyaldes ou à grossissements variables, pour la marine et la campagne, inventées par M. CAUCHOIX,... [Extrait du *Moniteur*]. — 8 pages.

2°. — Notice sur les lunettes vitro-cristallines inventées en juillet 1828 par CAUCHOIX,... — 8 pages.

3°. — Réflexions sur les cadrans solaires en général et en particulier sur les cadrans horizontaux construits par M. CAUCHOIX,... = 8 pages.

4°. — Description des lunettes murales construites par M. CAUCHOIX,... avec l'indication des procédés pour s'en servir et des exemples de calculs d'observations. — *Paris, impr. de Mme Ve H. Perronneau*, 1818, 16 pages et une planche.

1183. — Historique et description des procédés du daguerréotype et du diorama, rédigés par DAGUERRE, ornés du portrait de l'auteur et augmentés de notes et d'observations par MM. LEREBOURS et SUSSE frères. — *Paris, Lerebours, et Susse frères,* 1839, in-8 de 88 pages.

(Le portrait manque.)

CHAPITRE III. — *Météorologie.*

§ 1er. — GÉNÉRALITÉS ET MÉLANGES.

* ARISTOTELIS meteorologicorum libri IIII. — (V. *Opera*, POLYGRAPHIE, nos 22, 23, et ci-dessus, nos 48, 49.)

* Les météores. Par DESCARTES. — (V. nos 4, 5.)

1184. — Histoire naturelle de l'air et des météores. Par M. l'abbé RICHARD. — *Paris, Saillant et Nyon*, 1770, 6 vol. in-12.

(Il manque la suite : *Paris*, 1771, 4 vol. in-12.)

1185. — Traité de météorologie contenant : 1° l'histoire des observations météorologiques; 2° un traité des météores; 3° l'histoire et la description du baromètre, du thermomètre et des autres instruments météorologiques; 4° les tables des observations météorologiques et botanico-météorologiques; 5° les résultats des tables et des observations; 6° la méthode pour faire les observations météorologiques. Par le P. COTTE,... — *Paris, impr. roy., 1774,* in-4.

1186. — Idées sur la météorologie. Par J. A. DE LUC,... — *Paris veuve Duchesne,* 1787, 2 vol. in-8.

1187. — Éléments de géographie physique et de météorologie, ou Résumé des notions acquises sur les grands phénomènes et les grandes lois de la nature, servant d'introduction à l'étude de la géologie. Par H. LECOQ,... Avec planches gravées. — *Paris, J.-B. Baillère,* 1836, in-8.

1188. — Traité de météorologie, ou Physique du globe. Par J.-G. GARNIER,... — *Paris, H. Cousin,* (1837), in-8.

1189. — Recherches sur les météores et sur les lois qui les régissent. Par M. COULVIER-GRAVIER. — *Paris, Mallet-Bachelier,* 1859, in-8.

1190. — Recherches sur les modifications de l'atmosphère, contenant l'histoire critique du baromètre et du thermomètre, un Traité sur la construction de ces instruments, des expériences relatives à leurs usages, et principalement à la mesure des hauteurs et à la correction des réfractions moyennes; avec figures... Par J.-A. DE LUC,... Nouvelle édition. — *Paris, veuve Duchesne,* 1784, 4 vol. in-8.

1191. — Système d'atmosphérologie. Par Pierre BÉRON. — *Paris, Bachelier,* 1846, in-8.

(Il manque le « Système de géologie, ou Très-court résumé du 2e vol. de l'atmosphérologie ».)

1192. — Mémoire sur cette question : « Peut-on arriver à prévoir le temps au moins un an à l'avance? Dans le cas de l'affirmative, quels sont les progrès faits en météorologie qui tendent à le faire croire, et quelle marche doit-on suivre pour y arriver? » Par M. P.-E. MORIN. Extrait du compte-rendu de la 8ᵉ session du Congrès scientifique, tenue à Besançon en septembre 1840. = In-8 de 36 pages.

§ 2. — PARTICULARITÉS.

1193. — Météorologie. Observations et recherches expérimentales sur les causes qui concourent à la formation des trombes. Par M. Ath. PELTIER,... — *Paris, H. Cousin,* 1840, in-8.

1194. — La pluie sans nuages. (Par A. FARGEAUD.) — (A la fin :) *Limoges, impr. H. Ducourtieux* (1861), in-8 de 23 pages.

* Dissertation sur la glace, ou Explication physique de la formation de la glace et de ses divers phénomènes. Par M. DORTOUS DE MAIRAN. — (V. *n°* 1130.)

* Œuvres de FRANKLIN. — (V. ci-dessus, *n°* 16.)

1195. — De l'électricité des météores, ouvrage dans lequel on traite de l'électricité naturelle en général et des météores en particulier; contenant l'exposition et l'explication des principaux phénomènes qui ont rapport à la météorologie électrique, d'après l'observation et l'expérience. Avec figures. Par M. l'abbé BERTHOLON,... — *Paris, Croullebois,* 1787, 2 vol. in-8.

1196. — Mémoire sur les moyens de se garantir de la foudre dans les maisons; suivi d'une Lettre sur l'invention du cerf-volant électrique, avec les pièces justificatives de cette même lettre. Par M. DE ROMAS,... — *Bordeaux, Bergeret,* et *Paris, Pissot,* 1776, in-12.

1197. — Mémoires sur les conducteurs pour préserver les édifices de la foudre. Par Mʳ l'abbé Joseph TOALDO,... Traduits de l'italien avec des notes et des additions, par Mʳ BARBIER DE TINAN,... Avec des planches. — *Strasbourg,* impr. *de J.-H. Heitz,* 1779, in-8.

1198. — (Recueil factice de pièces sur les parafoudres et les paragrêles :)

1°. — Des parafoudres et des paragrêles en paille, inventés par M. Lapostolle, professeur de chimie à Amiens. (Lettre de M. FARGEAUD, professeur de mathématiques au collége de Clermont-Ferrand, en date du 11 septembre 1820.) — In-8 de 5 feuillets et demi.

2°. — Moyens préservatifs de la foudre et de la grêle. Notice sur le seigle ergoté, sur la carie et le charbon du froment, et sur les moyens de prévenir ces maladies. Par M. Ch.-E. THOLLARD,... — *Tarbes, impr. de Raymond Lagarrigue*, 1822, in-8 de 44 pages.

3°. — Précis des effets produits par les paragrêles pendant l'année 1823. Suivi d'une Instruction sur la manière de construire des paratonnerres économiques à conducteur métallique; servant d'appendice à un opuscule intitulé : Moyens préservatifs de la foudre et de la grêle, année 1822. Par M. Ch.-E. THOLLARD,... — *Tarbes, Rd Lagarrigue*, 1824, in-8 de 31 pages.

4°. — Mémoires et rapports divers faits et publiés pendant le cours de 1824 et 1825. Rapport sur les paragrêles, fait à la Société d'agriculture et des arts du département du Doubs, et lu dans la séance publique du 9 mars 1826. Par A. FARGEAUD, professeur des sciences physiques au collége royal de Besançon. — In-8 de 21 pages.

5°. — Sciences physiques. Rapport sur les paragrêles, lu à la Société d'émulation du département des Vosges, séance du 8 mars 1826, par M. PARISOT, secrétaire perpétuel de ladite Société et régent de physique au collége d'Epinal. — In-8 de 50 pages.

6°. — Observations sur la grêle du 28 juillet (1835). Par M. H. LECOQ, professeur des sciences naturelles de la ville de Clermont. Notice lue à l'Académie des sciences de Paris en avril 1836. [Extrait des Annales scientifiques et littéraires de l'Auvergne.] — In-8 de 24 pages.

1199. — Traité physique et historique de l'aurore boréale. Par Mr DE MAIRAN. Suite des Mémoires de l'Académie royale des sciences, année M DCC XXXI. Seconde édition... — *Paris, impr. roy.*, 1754, in-4.

* (V. aussi BELLES-LETTRES , nᵒˢ 157-158.)

1200. — Nouvelles observations et conjectures sur l'Iris. Par le Sʳ DE LA CHAMBRE ,... — *Paris, Pierre Rocolet*, 1650, in-4.

* (Pour ce qui concerne les baromètres, les thermomètres et les hygromètres, V. ci-dessus, nᵒˢ 1096, 1097, 1116., 1126-1129.)

1201. — Essais sur l'hygrométrie... Par Horace-Bénédict DE SAUSSURE,... — *Neuchatel, Samuel Fauche père et fils*, 1783, in-8.

§ 3. — MÉTÉOROLOGIE LOCALE.

* Campagne dans les mers de l'Inde et de la Chine à bord de la frégate *l'Erigone*... Météorologie (et magnétisme). Par M. A. DELAMARCHE,... et M. J. DUPRÉ,... — *Paris*, 1847-50, 4 vol. in-8. — (V. HISTOIRE, *Supplément*.)

1202. — Traité sur le climat de l'Italie considéré sous ses rapports physiques, météorologiques et médicinaux... Par le Dʳ T*** (THOUVENEL),... — *A Vérone, de l'impr. Giuliari*, 1797-98, 4 vol. in-8.

1203. — Osservazioni meteorologiche fatte in Udine nel Friuli pel quarantennio, 1803-1842, da Girolamo VENERIO. — *Udine, tipografia Vendrame*, 1851, grand in-4.

1204. — Des changements dans le climat de la France. Histoire de ses révolutions météorologiques. Par le docteur FUSTER. — *Paris, Capelle*, 1845, in-8.

1205. — Régénération de la nature végétale; ou Recherches sur les moyens de recréer, dans tous les climats, les anciennes températures et l'ordre primitif des saisons par des plantations raisonnées; appuyées de quelques vues sur le ministère que la puissance végétale

semble avoir à remplir dans l'harmonie des éléments. Par
F.-A. RAUCH,... — *Paris, impr. de P. Didot l'aîné,* 1818,
2 vol. in-8.

1206. — Annuaire de la Société météorologique de
France. — *Paris,* 1853 et suiv., 6 vol. grand in-8.

(Années 1853 à 1858. — En publication.)

1207. — Résumé des observations météorologiques
faites à Bordeaux du 1er mai 1842 au 30 avril 1843. Par
M. ABRIA. Extrait du Recueil des actes de l'Académie
royale des sciences, belles-lettres et arts de Bordeaux. —
Bordeaux, Henry Faye (s. d.), in-8 de 28 feuillets.

* Observations météorologiques faites pendant l'hiver
de 1789 (et les années suivantes jusqu'à l'an VII) par
M. JUGE SAINT-MARTIN, correspondant de la Société d'a-
griculture de France, n° 1 (à n° 6). — *Limoges,* 1790 et
an. suiv., in-8. — (V. HISTOIRE, n° 1154, et, pour la
Notice sur M. Juge Saint-Martin, BELLES-LETTRES,
n° 1115.)

1208. — Climatologie de La Saulsaie [Ain]. Résumé de
neuf années d'observations. Par A.-F. POURIAU,... —
Paris, Leiber et Faraguet; 1859, in-8 de 31 pages.

1209. — (In-8 contenant :)

1°. — Observations météorologiques faites à Strasbourg,
de 1807 à 1820, par J.-L.-A. HERRENSCHNEIDER. Températures par M. COZE. — (Sans frontispice.)

2°. — Topographie physique et médicale de la ville de
Strasbourg, avec des tableaux statistiques, une vue et le
plan de la ville. Par J.-P. GRAFFENAUER,... — *Strasbourg,
impr. de F.-G. Levrault,* 1816.

1210. — (In-8 contenant :)

1°. — Discours prononcé le 23 février 1843 pour rendre
les derniers honneurs académiques à J.-L.-A. Herrenschneider,... Par M. J. WILLM,... Suivi des discours prononcés sur la tombe par M. SARRUS,... et par M. FAR-
GEAUD,... — *Strasbourg,* 1843.

2°. — Résumé des observations météorologiques faites à

Strasbourg, pendant l'an 1832, par M. le professeur HERRENSCHNEIDER.. — Résumé des observations météorologiques faites à Strasbourg pendant l'an 1831 (et les années 1830, 1829, 1828, 1827, 1826, 1825, 1824, 1821-23). — *Strasbourg,* 1833-24.

3°. — Reden bei der Beerdigung von Joh. Ludw. Alexand. HERRENSCHNEIDER,... gehalten den 1 Februar, 1843. — *Straszburg,* 1843.

1211. — Annuaire magnétique et météorologique du corps des ingénieurs des mines de Russie, ou Recueil d'observations magnétiques et météorologiques faites dans l'étendue de l'empire de Russie, et publiées par ordre de S. M. l'empereur Nicolas I... Par A.-T. KUPFFER,... — *Saint-Pétersbourg, impr. de la confect. des papiers de la couronne,* 1843-48, 10 vol. in-4.

(Années 1841 à 1845. Chaque année à deux volumes.)

1212. —Résumés des observations météorologiques faites dans l'étendue de l'empire de Russie... Par A.-T. KUPFFER,... 1ᵉʳ cahier. — *Saint-Pétersbourg, impr. de l'Académie des sciences,* 1846, in-4 de 49 pages.

1213. — Des observations magnétiques de la Russie; communication verbale faite à la deuxième section du Congrès scientifique de Strasbourg, dans la séance du 7 octobre 1843, par M. KUPFFER,... — In-8 de 5 pages.

(A la suite :)

— Note sur les anciennes températures terrestres: extrait d'une communication verbale faite, dans la séance du 7 octobre, par A. FARGEAUD,... — In-8 de 5 pages.

IIIᵉ SECTION.

CHIMIE.

—

CHAPITRE. I. — *Alchimie.*

1214. — Bibliothèque des philosophes [chimiques], ou
Recueil des œuvres des auteurs les plus approuvés qui ont
écrit de la pierre philosophale. Tome premier, contenant
sept traités qui sont énoncés dans la page suivante. Avec
un Discours, servant de préface, sur la vérité de la
science, et touchant les auteurs qui sont dans ce volume;
et une liste des termes de l'art, et des mots anciens qui se
trouvent dans ces traités, avec leur explication. Par le
sieur S. D. E. M. (Recueillie par Guillaume SALMON.) —
Paris, Charles Angot, 1692, in-12.

(Il manque le T. II. — Ce volume comprend : 1o La table d'éme-
raude de. HERMÈS TRISMÉGISTE, avec les commentaires de
HORTULAIN; 2o La tourbe des philosophes, ou L'assemblée des dis-
ciples de Pythagoras, appelée Le code de toute vérité; 3o Le livre
de Nicolas FLAMEL, contenant l'explication des figures hiérogly-
phiques qu'il a fait mettre au cimetière des SS. Innocents à Paris,
avec ces mêmes figures et celles du juif Abraham, en taille-douce;
4o Le livre de la philosophie naturelle des métaux de messire
BERNARD, comte de la Marche trévisane, dit LE TRÉVISAN;
5o L'opuscule de D. ZACHAIRE, gentilhomme de Guienne; 6o Traité
du ciel terrestre de Venceslas LAVINIUS de Moravie; 7o Philalèthe,
ou L'entrée ouverte du palais fermé du roi.)

1215. — Testamentvm Raymvndi LVLLI,... dvobvs
libris vniversam artem chymicam complectens. Item
eivsdem compendivm animae transmvtationis artis metallorum. Secvnda ædition, multorum exemplarium collatione
infinitis locis castigatior. — *Coloniae Agrippinae, Apud
Ioannem Birckmannum, anno* M. D. LXXIII, petit in-8.

* Histoire critique de Nicolas Flamel et de Pernelle, sa
femme, recueillie d'actes anciens qui justifient l'origine
et la médiocrité de leur fortune contre les imputations des
alchimistes. On y a joint le Testament de Pernelle et

plusieurs autres pièces intéressantes. Par M. L. V***
(l'abbé Étienne-François VILLAIN). — *Paris, G. Desprez*,
1761, in-12. — (V. HISTOIRE, *Supplément.*)

1216. — Petit in-8 contenant :

1°. — Avreoli Theophrasti PARACELSI De summis
Naturæ mysteriis Commentarij tres, à Gerardo DORN
conuersi, multòque quàm antea fideliter characterismis
& marginalibus exornati, auctique... — *Basileae, ex officina
Pernœa per Conr. Vvaldkirch*, CIƆ IƆ XXCIV (1584).

2°. — De ivre et præstantia chymicorvm medicamentorvm Dialogus apologeticus; Avthore Thoma MUFETTO
Londinate Anglo. Accesservnt etiam epistolæ quædam
medicinales ad medicos aliquot conscriptæ. — *Francofvrti,
Apud hœredes Andreœ Wecheli*, MDLXXXIIII.

3°. — De natvra rervm, IX *Bücher*. Ph. Theophrasti von
Hohenheim genant PARACELSI. Jetzunder ausz dem
Original corrigiert vnd mit zweyen Büchern gemehret,
so vorhin nie getruckt. Durch Lucam BATHODIUM Fürst-
lichen Pfaltzgräffischen Veldentzischen Medicum zu
Pfaltzburg. — ... *Getruckt zu Straszburg, bey Bernhart
Jobin. Anno* 1584.

1217. — Même ouvrage que le premier du *n°* précédent.
— In-8.

(A la suite :)

— Dictionarium Theophrasti PARACELSI, Continens
obscuriorum vocabulorum, quibus in suis Scriptis passim
vtitur, Definitiones : A Gerardo DORNEO collectum, & plus
dimidio auctum. — *Francoforti, Anno* M. D. LXXXIIII,
in-8 de 94 pages.

1218. — Abrégé de la doctrine de PARACELSE et de ses
archidoxes. Avec une Explication de la nature des principes de chimie. Pour servir d'éclaircissement aux
traités de cet auteur et des autres philosophes. Suivi d'un
Traité pratique de différentes manières d'opérer, soit par
la voie sèche, ou par la voie humide. (Par COLONNE.) —
Paris, D'Houry fils, 1724, in-12.

1219. — Alchemia Andreae LIBAVII,... operâ e disper-
sis passim optimorvm avtorum, veterum & recentium

exemplis potissimum, tum etiam præceptis quibusdam operosè collecta, adhibitisq; ratione & experientia, quanta potuit esse, methodo accuratâ explicata, & In integrum corpus redacta. Accesserunt Tractatus nonnulli Physici Chimici, item methodicè ab eodem autore explicati... Sunt etiam in Chymicis eiusdem LIBAVII epistolis, iam antè impressis, multa, huic operi lucem allatura. = *Francofvrtii Excudebat Iohannes Saurius*, M. D. XCVII, in-4.

(A la suite :)

— D. O. M. A. Commentationvm metallicarvm libri qvatvor de natvra metallorvm, mercvrio philosophorvm, azotho, et lapide sev tinctura physicorum conficienda. è rervm natvra, experientia, et avtorum præstantium fide Studio & labore Andreæ LIBAVII,... deprompti & expositi, more veteris philosophiæ cum perspicuitate euidente. = *Francofvrti ad Mœnvm, In Officina Typographica Iohannis Saurij, Anno* M. D. XCVII, in-4.

1220. — Johannis KUNKELII,... observationes chymicæ, in quibus agitur de principiis chymicis, salibus acidis et alcalibus, fixis et volatilibus, in tribus illis regnis, minerali, vegetabili et animali, itemque de odore et colore, etc. Una cum appendice perspicilli chymici contra nonentia chymica... Primum ab authore germanice conscriptæ, nunc vero latinitate donatæ a Carolo Aloisio RAMSAIO. = *Londini et Roterodami, apud Henricum Willemsonium et consortes, anno* cIɔ Iɔc LXXVIII (1678). — Johannis KUNKELII,... Utiles observationes sive animadversiones de salibus fixis et volatilibus, auro et argento potabili, spiritu mundi, et similibus. Item de colore et odore metallorum, mineralium, aliarumque rerum quæ a terra producuntur... Primum ab authore germanice conscripta, nunc vero latinitate donata a Carolo Aloisio RAMSAIO. = *Londini et Roterodami... Anno* cIɔ Iɔc LXXVIII (1678). Les 2 parties en 1 vol. in-12.

(A la suite :)

— Eröffnetes Grab der Armuth, darinnen klärlich von der Veränderung der Metallen, und dem Wege darzu zu gelangen, gehandelt wird. Durch einem unbekanten philosophum, für seine sonderbare Freund geschrieben. Aus dem Frantzösischen übersetzet durch einem Liebhaber der Weiszheit... — *Franckfurt am Mäyn, in Verlegüg Joh. Melchior Bencard, im Jahr 1702, in-12 de 96 pages.*

(Traduction allemande de l'ouvrage indiqué par Brunet sous le titre suivant : « Le tombeau de la pauvreté, dans lequel il est traité clairement de la transmutation des métaux et du moyen qu'on doit tenir pour y parvenir. Par un philosophe inconnu (D'ATRE-MONT) ». — *Francfort*, 1672, in-12 ».)

CHAPITRE II. — *Chimie.*

§ 1er. — PRÉLIMINAIRES, GÉNÉRALITÉS ET MÉLANGES.

A. — *Histoire de la Chimie.*

1221. — Histoire de la chimie depuis les temps les plus reculés jusqu'à notre époque, comprenant une Analyse détaillée des manuscrits alchimiques de la Bibliothèque royale de Paris; un Exposé des doctrines cabalistiques sur la pierre philosophale; l'Histoire de la pharmacologie, de la métallurgie et en général des sciences et des arts qui se rattachent à la chimie. Par le Dr Ferd. HOEFER. — *Paris, L. Hachette*, 1842-43, 2 vol. in-8.

(On trouve à la fin du T. I le texte du *Livre des feux de* MARCUS GRÆCUS et deux fragments grecs de ZOZIME et d'ISIS.)

1222. — Rapport annuel sur les progrès des sciences physiques et chimiques, présenté le 31 mars 1840 à l'Académie royale des sciences de Stockholm. Par J. BERZELIUS,... Traduit du suédois, sous les yeux de l'auteur, par M. PLANTAMOUR. — *Paris, Fortin, Masson et Cie*, 1841, in-8.

1223. — Rapport annuel sur les progrès de la chimie, présenté le 31 mars 1842... Par J. BERZELIUS,... Traduit du suédois par M. Ph. PLANTAMOUR. 3e année. — *Paris, Fortin, Masson et Cie*, 1843, in-8.

(Il manque les années 1841 et 1843 à 1848.)

B. — *Dictionnaires de Chimie.*

1224. — Dictionnaire de chimie, contenant la théorie et la pratique de cette science, son application à la physique, à l'histoire naturelle, à la médecine et à l'économie animale... (Par MACQUER.) — *Paris, Lacombe*, 1766, 2 vol. pétit in-8.

1225. — Dictionnaire de chimie... Par M. MACQUER,... Seconde édition... — *Paris, P.-Fr. Didot jeune*, 1778, 4 vol. petit in-8.

* Encyclopédie méthodique. — Chimie, pharmacie et métallurgie. Par MM. DE MORVEAU, MARET et DUHAMEL. — (V. POLYGRAPHIE, *n*° 12.)

1226. — Dictionnaire de chimie générale et médicale. Par P. PELLETAN fils,... — *Paris, Gabon* (et autres), 1824, 2 vol. in-8.

C. — Introduction à l'étude de la Chimie.

1227. — Philosophie chimique, ou Vérités fondamentales de la chimie moderne, disposées dans un nouvel ordre. Par A.-F. FOURCROY. Seconde édition. — *Paris, Dupont, an* III, in-8.

1228. — Même ouvrage... Nouvelle édition. — *Paris, Dupont, an* v, in-12.

1229. — Même ouvrage. Troisième édition. — *Paris, Levrault, Schœll et C*ie, 1806, in-8.

1230. — Introduction à l'étude de la chimie, contenant les principes généraux de cette science, les proportions chimiques, la théorie atomique, le rapport des poids atomiques avec le volume des corps, l'isomorphisme, les usages des poids atomiques et des formules chimiques, les combinaisons isomériques, les corps catalytiques, etc.; accompagnée de considérations détaillées sur les acides, les bases et les sels. Par M. J. LIEBIG. Traduite de l'allemand par Ch. GERHARDT. Augmentée d'une Table alphabétique des matières présentant les définitions techniques et les relations des corps. — *Paris, librairie scientifique et industrielle de L. Mathias*, 1837, in-12.

1231. — Essai de statique chimique. Par C.-L. BER-

THOLLET,... — *Paris, Firmin Didot, an* XI=1803, 2 vol. in-8.

1252. — Essai sur la théorie des proportions chimiques et sur l'influence chimique de l'électricité. Par J.-J. BER-ZÉLIUS,... Traduit du suédois, sous les yeux de l'auteur, et publié par lui-même. — *Paris, Méquignon - Marvis,* 1819, in-8.

1253. — Méthode de nomenclature chimique, proposée par MM. DE MORVEAU, LAVOISIER, BERTHOLET et DE FOUR-CROY. On y a joint un nouveau système de caractères chimiques, adaptés à cette nomenclature, par MM. HAS-SENFRATZ et ADET. — *Paris, Cuchet,* 1787, in-8.

D. — Ouvrages généraux.

1254. — Traité de la chimie. Par N. LE FEBURE. — *Leyde, Arnoud Doude,* 1669, in-12.

(Le T. Ier seulement.)

1255. — Leçons de chimie propres à perfectionner la physique, le commerce et les arts. Par M. Pierre SHAW,... Traduites de l'anglais (par Mme THIROUX D'ARCONVILLE). — *Paris, Jean-Thomas Hérissant,* 1759, in-4.

1256. — Manuel de chimie, ou Exposé des opérations et des produits d'un cours de chimie... Par M. BAUMÉ,... — *Paris, Didot le jeune* (et autres), 1763, in-12.

1257. — Éléments de chimie théorique et pratique, rédigés dans un nouvel ordre, d'après les découvertes modernes, pour servir aux cours publics de l'Académie de Dijon. (Par GUYTON DE MORVEAU, MARET et DURANDE.) — *Dijon, L.-N. Frantin,* 1777-78, 3 vol. in-12.

1258. — Éléments d'histoire naturelle et de chimie. Seconde édition des Leçons élémentaires sur ces deux sciences, publiées en 1782. Par M. DE FOURCROY,... — *Paris, Cuchet,* 1786, 4 vol. in-8 et 1 vol. de tableaux.

— Supplément à la seconde édition des Éléments d'Histoire naturelle et de chimie. Par M. DE FOURCROY,... — *Paris, Cuchet,* 1789, in-8.

1239. — Même ouvrage. Troisième édition. — *Paris, Cuchet,* 1789, 5 vol. in-8.

1240. — Système des connaissances chimiques et de leurs applications aux phénomènes de la nature et de l'art. Par A.-F. FOURCROY,... — *Paris, Baudouin, an* IX, 10 vol. in-8.

— Table alphabétique et analytique des matières contenues dans les dix tomes du Système des connaissances chimiques, rédigée par Mme DUPIERY, et revue par le C^n FOURCROY. — *Paris, Baudouin, an* X, in-8.

1241. — Tableaux synoptiques de chimie, pour servir de résumé aux leçons données sur cette science dans les écoles de Paris. Par A.-F. FOURCROY,... — *Paris, Baudouin, an* VIII, in-fol.

1242. — Traité élémentaire de chimie, présenté dans un ordre nouveau et d'après les découvertes modernes. Avec figures. Par M. LAVOISIER,... Seconde édition. — *Paris, Cuchet,* 1793, 2 vol. in-8.

1243. — Opuscules physiques et chimiques. Par M. LAVOISIER,... — *Paris, Durand neveu* (et autres), 1774, 2 parties en 1 vol. in-8.

(Cet ouvrage, au dire de Quérard, forme le 3e vol. du Traité de chimie.)

1244. — Eléments de chimie, de J.-A. CHAPTAL. Quatrième édition. — *Paris, Deterville, an* XI=1803, 2 vol. in-8.

(Le T. I manque.)

1245. — Cours élémentaire de chimie théorique et pratique, suivant la nouvelle nomenclature; ouvrage dans lequel on a rassemblé la plupart des procédés utiles et agréables qui dérivent de cette science. Par le citoyen ALYON,... — *Paris, l'auteur* (et autres), an VII, 2 vol. in-8.

* Eléments, ou Principes physico-chimiques destinés à servir de suite aux Principes de physique... Par Mathurin-Jacques BRISSON,... — (V. n° 1055.)

1246. — Manuel d'un cours de chimie, ou Principes élémentaires, théoriques et pratiques de cette science. Seconde édition... Par E.-J.-B. BOUILLON-LAGRANGE,... — *Paris , Bernard , an* XI=1801, 3 vol. in-8.

1247. — Même ouvrage. Troisième édition. — *Paris , Bernard, an* XI=1802, 3 vol. in-8.

1248. — Lettres élémentaires sur la chimie. Par Octave SÉGUR, ex-élève de l'école Polytechnique, d'après les cours dirigés par les professeurs de cette école [Berthollet, Fourcroy, Chaptal, Guyton, etc.]. Avec planches, par Sellier. — *Paris, Migneret, an* XI=1803, 2 vol. in-12.

1249. — Leçons élémentaires de chimie, à l'usage des lycées... Par Pierre-Auguste ADET,... — *Paris , Dentu, an* XIII [1804], in-8.

1250. — Système de chimie. Par Th. THOMSON,... Traduit de l'anglais sur la cinquième édition [de 1817], par Jean RIFFAULT,... — *Paris , Méquignon-Marvis, 1818*, 4 vol. in-8.

— Supplément à la traduction française de la cinquième édition du Système de chimie... Par Jⁿ RIFFAULT,... — *Paris , Méquignon-Marvis, 1822* , in-8.

1251. — Traité de chimie élémentaire, théorique et pratique, suivi d'un Essai sur la philosophie chimique et d'un Précis sur l'analyse. Par M. le baron L.-J. THÉNARD,... Sixième édition. — *Paris , Crochard , 1834-36*, 5 vol. in-8 et atlas in-4 oblong.

1252. — Précis des leçons de chimie données à la Faculté des sciences de l'Académie de Strasbourg... Par M. BRANTHOME,... Seconde édition... — *Strasbourg, Février, 1826*, in-12.

1253. — Cours de chimie. Par M. GAY-LUSSAC. Comprenant l'histoire des sels, la chimie végétale et animale. — *Paris , Pichon et Didier, 1828*, 2 vol. in-8.

(Joseph-Louis Gay-Lussac, né à Saint-Léonard (Haute-Vienne) le 6 décembre 1778, mort à Paris le 9 mai 1850. — (V. *Congrès scien-*

tifique de Limoges, T. Ier, p. 361, la Notice de M. Gay de Vernon, suivie de la liste chronologique des travaux de Gay-Lussac.)

1254. — Traité de chimie minérale, végétale et animale. Par J.-J. BERZELIUS. Seconde édition française, traduite, avec l'assentiment de l'auteur, par MM. ESSLINGER et HOEFER, sur la cinquième édition que publie M. Berzelius à Dresde et à Leipzig. — *Paris, Firmin Didot frères*, 1845-50, 6 vol. in-8.

1255. — Abrégé élémentaire de chimie, considérée comme science accessoire à l'étude de la médecine, de la pharmacie et de l'histoire naturelle. Par J.-L. LASSAIGNE,... — *Paris, Béchet jeune*, 1829, 2 vol. in-8 et atlas in-8.

1256. — Nouveaux éléments de chimie théorique et pratique, à l'usage des établissements de l'Université; précédés des notions de physique nécessaires à l'intelligence des phénomènes chimiques. Par R.-T. GUÉRIN-VARRY,... — *Paris, F.-G. Levrault*, 1833, in-8.

1257. — Leçons d'un frère à sa sœur sur la chimie, faisant suite aux Leçons sur l'histoire naturelle, la physique, l'astronomie, etc. Par M. DOUY,... Ornées de vignettes et planch. gravées. — *Paris, impr. de P. Baudouin*, 1836, in-12.

1258. — Nouveaux cahiers de chimie à l'usage des colléges royaux, des écoles primaires supérieures et autres maisons d'éducation. Par M. E. BURNOUF,... Ouvrage orné de figures. — *Paris, librairie encyclopédique de Roret*, 1840, 4 cahiers en 1 vol. in-12.

1259. — Cours des sciences physiques, à l'usage des élèves de philosophie; rédigé d'après le programme du baccalauréat ès-lettres du 14 juillet 1840. Par A. BOUCHARDAT,... — Chimie avec ses principales applications aux arts et à l'industrie; ornée de 52 figures gravées sur bois et intercalées dans le texte. — *Paris, Germer Baillière*, 1842, grand in-18.

1260. — Lettres sur la chimie et sur ses applications à l'industrie, à la physiologie et à l'agriculture. Par Justus

LIEBIG. Traduites de l'allemand par le Dr G.-W. BICHON,...
— *Paris, Charpentier,* et *Fortin, Masson et C*ie, 1845, grand
in=18.

(Portrait de Liebig.)

1261. — Cours élémentaire de chimie à l'usage des
colléges et des autres établissements d'instruction publique. Par M. DEGUIN,... Deuxième édition... — *Paris,
Eugène Belin,* 1847, in-8.

1262. — Cours de chimie générale. Par J. PELOUZE,...
et E. FRÉMY,... Ouvrage accompagné d'un Atlas de
46 planches gravées en taille-douce. — *Paris, Victor
Masson,* 1848-50, 4 vol. in-8, y compris l'atlas.

1263. — Cours élémentaire de chimie à l'usage des
facultés, des établissements d'enseignement secondaire,
des écoles normales et des écoles industrielles. Par M. V.
REGNAULT,... — *Paris, Langlois et Leclercq,* et *Victor Masson*
(1847-50), 4 vol. grand in-18.

1264. — Nouveau système de chimie organique, fondé
sur des méthodes nouvelles d'observations. Par F.-V.
RASPAIL. Accompagné de douze planches gravées, dont six
coloriées. — *Paris, J.-B. Baillère,* 1833, in-8.

1265. — Chimie organique fondée sur la synthèse. Par
Marcellin BERTHELOT,... — *Paris, Mallet-Bachelier,* 1860,
2 vol. in-8.

1266. — Manipulations chimiques. Par FARADAY,...
Traduit de l'anglais par M. MAISEAU,... et revu, pour la
partie technique, par M. BUSSY,... — *Paris, Sautelet et C*ie,
1827, 2 vol. in-8.

1267. — Précis d'analyse chimique qualitative, ou
Traité des opérations chimiques, des réactifs et de leur
action sur les corps les plus répandus; suivi d'un procédé
systématique d'analyse appliquée aux corps le plus fréquemment employés en pharmacie et dans les arts. Par le
docteur C.-Remigius FRESENIUS,... Edition française,
publiée, sur la troisième édition allemande, par le

docteur SACC fils. — *Paris, Fortin, Masson et Cie*, 1845, grand in-18.

1268. — Nouvelles manipulations chimiques simplifiées, ou Laboratoire économique de l'étudiant; ouvrage contenant la description d'appareils simples et nouveaux, suivie d'un Cours de chimie pratique à l'aide de ces instruments. Par H. VIOLETTE,... Seconde édition... avec 30 tableaux et 161 figures. — *Paris, L. Mathias*, 1847, in-8.

E. — Mélanges.

* Torberni BERGMAN,... opuscula physica et chemica. — (V. *n°* 884.)

* Opuscules physiques et chimiques de M. F. FONTANA,... — (V. *n°* 885.)

1269. — Opuscules chimiques de Pierre BAYEN,... (Publ. par PARMENTIER et MALATRET.) — *Paris, A.-J. Dugour et Durand, an* VI, 2 vol. in-8.

1270. — Annales de chimie, ou Recueil de mémoires concernant la chimie et les arts qui en dépendent. Par MM. DE MORVEAU, LAVOISIER, MONGE, BERTHOLLET, DE FOURCROY, le baron DE DIETRICH, HASSENFRATZ et ADET (et SÉGUIN, VAUQUELIN, PELLETIER, C.-A. PRIEUR, CHAPTAL, VAN MONS, GUYTON, DEYEUX, PARMENTIER, BOUILLON-LAGRANGE, COLLET-DESCOSTILS, A. LAUGIER, GAY-LUSSAC, THÉNARD). — *Paris, rue et hôtel Serpente*, et *Londres, Joseph de Boffe*, 1789-1810, 56 vol. in-8.

(Il manque à cette 1re série les T. LI à LXIV, LXVII à LXXII, et les années 1811 à 1816, formant les T. LXXVII à XCVI. — A partir du T. XIX, année 1797, le frontispice porte : « *Paris, Guillaume*, et *Fuchs* ». A partir du T. XXXII, le nom seul du libraire Fuchs figure au frontispice. A partir du T. XL, le nom du libraire est Bernard. Les T. LXXIII-LXXVI portent au frontispice le nom du libraire Klostermann fils.)

1271. — Table générale raisonnée des matières contenues dans les trente premiers volumes des Annales de chimie; suivie d'une Table alphabétique des auteurs qui y sont cités. — *Paris, J.-J. Fuchs, an* IX [1801], in-8.

(Il manque la table des années suivantes.)

* (V. pour la suite des *Annales*, ci-dessus, *n°* 886. —

Consultez aussi le *Bulletin Férussac*, BELLES-LETTRES, *n° 239.*)

* Mémoires de physique et de chimie de la Société d'Arcueil. — (V. *n° 887.*)

1272. — Chimie récréative. Par M. DESMAREST,... — *Paris, Audot*, 1829, in-8.

§ 2. — TRAITÉS PARTICULIERS.

1273. — Expériences et observations sur différentes espèces d'air; traduites de l'anglais de M. J. PRIESTLEY,... (par GIBELIN.) — *Berlin*, et *Paris*, *Saillant et Nyon*, 1775-80, 5 vol. in-12.

1274. — Essai sur différentes espèces d'air qu'on désigne sous le nom d'air fixe, pour servir de suite et de supplément aux Eléments de physique du même auteur. Par M. SIGAUD DE LA FOND,... — *Paris, P.-Fr. Gueffier*, 1779, in-8.

1275. — Essai sur différentes espèces d'air fixe ou de gaz, pour servir de suite et de supplément aux Eléments de physique du même auteur. Par M. SIGAUD DE LA FOND,... Nouvelle édition, revue et augmentée par M. ROULAND,... — *Paris, P.-Fr. Gueffier*, 1785, in-8.

1276. — Essai analytique sur l'air pur, et les différentes espèces d'air. Par M. DE LA MÉTHERIE,... — *Paris, rue et hôtel Serpente*, 1785, in-8.

1277. — Essai d'un art de fusion à l'aide de l'air du feu, ou air vital. Par Mr EHRMANN,... Avec une (trois) planche(s) gravée(s) en taille douce. Traduit de l'allemand par M. DE FONTALLARD, et revu par l'auteur. Suivi des Mémoires de Mr LAVOISIER,... sur le même sujet. — *Strasbourg*, 1787, *Jean-George Treuttel*, et *Paris, Cuchet*, in-8.

1278. — Lettere del signor Alessandro VOLTA,... sull' aria infiammabile nativa delle paludi. — *In Milano*, 1777, *nella Stamperia di Giuseppe Marelli*, in-8.

1279. — Lettres de Mr Alexandre VOLTA,... sur l'air inflammable des marais; auxquelles on a ajouté trois lettres du même auteur tirées du Journal de Milan. Traduites de l'italien. — *Strasbourg, impr. de J.-H. Heitz*, 1778, in-8.

1280. — Recherches analytiques sur la nature de l'air inflammable. Par Jean SENEBIER,... — *Genève, Barthélemy Chirol*, 1784, in-8.

1281. — Essai sur le phlogistique, et sur la constitution des acides, traduit de l'anglais de M. KIRWAN (par Mme LAVOISIER); avec des notes de MM. de Morveau, Lavoisier, de La Place, Monge, Berthollet et de Fourcroy. — *Paris, rue et hôtel Serpente*, 1788, in-8.

1282. — Traité de chimie hydrologique, comprenant des notions générales d'hydrologie, l'analyse chimique qualitative et quantitative des eaux douces et des eaux minérales, un Appendice concernant la préparation, la purification et l'essai des réactifs, et précédé d'un Essai historique et de considérations sur l'analyse des eaux. Par J. LEFORT,... Avec figures intercalées dans le texte. — *Paris, Victor Masson*, 1859, in-8.

* Mémoire sur les eaux de pluie recueillies à l'Observatoire de Paris. Par M. BARRAL. — (V. BELLES-LETTRES, n° 166-*Bb*, *Mém. présent. par div. sav. à l'Acad. des sciences*, T. XII, page 265.)

1283. — Note sur l'analyse de quelques eaux de Mulhouse. Par Achille PENOT,... [Extrait du Bulletin de la Société industrielle de Mulhouse.] — (A la fin :) *Strasbourg, impr. de Levrault* (s. d.), in-8 de 7 pages.

* (V. la *division* MÉDECINE pour tout ce qui concerne les eaux envisagées au point de vue thérapeutique.)

* Description d'un procédé pour l'épuration des eaux souillées par le lavage des minerais; précédée de quelques observations sur ce lavage. Par M. PARROT,... — (V. la *division* MINÉRALOGIE.)

1284. — Mémoire sur l'iode. Par M. GAY-LUSSAC. Lu à

l'Institut royal le 1er août 1814. [Extrait des *Annales de chimie.* — Juillet 1814.] — *Impr. de M*me *V*e *Perronneau*, in-8.

1285. — Nouveau composé d'iode d'hydrogène et de carbone, ou proto - hydriodure de carbone. Par G.-S. SERULLAS,... [Extrait des *Annales de chimie et de physique*, T. XXV.] — *Metz, impr. de Ch. Dosquet*, 1824, in-8 de 22 pages.

1286. — Recherches chimiques sur l'étain, faites et publiées par le gouvernement, ou Réponse à cette question : « Peut-on, sans aucun danger, employer les vaisseaux d'étain dans l'usage économique? ». Par MM. BAYEN,... et CHARLARD,... — *Paris, impr. de Philippe-Denys Pierrés*, 1781, in-8.

1287. — Recherches expérimentales sur la cause des changements de couleurs dans les corps opaques et naturellement colorés. Ouvrage traduit de l'anglais de M. EDWARD HUSSEY DELAVAL,... Par M. QUATREMÈRE DIJONVAL,... — *Paris, impr. de Monsieur*, 1778, in-8.

CHAPITRE III. — *Chimie appliquée* (1).

1288. — Eléments de chimie appliquée à la médecine et aux arts. Par M. ORFILA. Quatrième édition... — *Paris, Baillère, Gabon et C*ie*, Villeret et C*ie*, 1828, 2 vol. in-8.

1289. — Eléments de chimie pratique appliquée aux arts et aux manufactures. Par James MILLAR,... Traduits de l'anglais et augmentés de notes, par Ph.-J. COULIER. — *Paris, Ferra jeune, et Crevot*, 1822, in-8.

1290. — Traité de chimie appliquée aux arts. Par

(1) Nous renvoyons à leurs divisions respectives les ouvrages de chimie appliquée spécialement à certaines branches des sciences, des arts industriels ou des beaux-arts. C'est ainsi qu'on devra chercher à la division AGRICULTURE les traités de chimie agricole ; à la division MÉDECINE, les ouvrages de chimie pharmaceutique ; aux ARTS INDUSTRIELS, les traités de teinture, d'éclairage, de distillation, etc.

M. DUMAS,... — *Paris, Béchet jeune,* 1828-46, 8 vol. in-8, et atlas in-4.

* Leçons de chimie élémentaire appliquée aux arts industriels, et faites le dimanche à l'école municipale de Rouen. Par M. J. GIRARDIN,... Troisième édition... avec 200 figures et échantillons d'indienne intercalés dans le texte. — (V. ci-après : ARTS INDUSTRIELS.)

1291. — La chimie usuelle appliquée à l'agriculture et aux arts. Par le Dʳ STŒCKHARDT,... Traduit de l'allemand, sur la onzième édition, par F. BRUSTLEIN,... — *Paris, librairie agricole de la Maison rustique,* 1861, grand in-18.

1292. — Notices sur l'alcali-mètre, et autres tubes chimico-métriques, ou sur le polymètre chimique, et sur un petit alambic pour l'essai des vins; opuscule utile aux fabricants, commerçants et consommateurs de soude, de potasse, de savon, de vinaigre et d'alcool. Par F.-A.-H. DESCROIZILLES,... Seconde édition... — *Paris, l'auteur,* et *Chevallier,* 1818, in-8.

IV SECTION.

MÉCANIQUE.

CHAPITRE Iᵉʳ. — *Préliminaires, Généralités et Mélanges.*

* Dictionnaire de mécanique... Par BORGNIS. — (V. nº 1301-10º.)

1293. — La mécanique... Tirée du Cours de mathématiques de M. OZANAM,... — *Paris, Claude Jombert,* 1720, in-8.

1294. — Leçons élémentaires de mécanique, ou Traité abrégé du mouvement et de l'équilibre. Par M. l'abbé DE LA CAILLE,... Nouvelle édition... — *Paris, H.-L. Guerin et L.-F. Delatour,* 1764, in-8.

1295. — Traité élémentaire de mécanique et de dynamique, appliqué principalement au mouvement des machines. Par M. l'abbé BOSSUT,... — *Charleville, Pierre Thesin,* 1763, in-8.

1296. — Mécanique philosophique, ou Analyse raisonnée des diverses parties de la science de l'équilibre et du mouvement. Par R. PRONY,... — *Paris, impr. de la République,* an VIII, in-4.

(Ouvrage détaché du *Journal de l'école Polytechnique,* dont il forme le T. III. — V. aussi ce journal, ci-dessus, *n°* 863.)

1297. — Traité élémentaire de mécanique. Par L.-B. FRANCŒUR,... Troisième édition... — *Paris, Courcier,* an XII=1804, in-8.

1298. — Même ouvrage. Quatrième édition. — *Paris, Bernard,* 1807, in-8.

1299. — Traité de mécanique. Par S.-D. POISSON,... — *Paris, Mme veuve Courcier,* 1811, 2 vol. in-8.

1300. — Cours de mécanique de l'école Polytechnique. Par M. DUHAMEL,... — *Paris, Bachelier,* 1845-46, 2 vol. in-8.

1301. — Traité complet de mécanique appliquée aux arts, contenant l'exposition méthodique des théories et des expériences les plus utiles pour diriger le choix, l'invention, la construction et l'emploi de toutes les espèces de machines. Par M. J.-A. BORGNIS,... — *Paris, Bachelier,* 1818-23, 10 vol. in-4.

(Cet ouvrage est divisé en dix traités : 1° Composition des machines; 2° Mouvement des fardeaux ; 3° Des machines employées dans les constructions diverses; 4° Des machines hydrauliques; 5° Des machines d'agriculture; 6° Des machines employées dans diverses fabrications ; 7° Des machines qui servent à confectionner les étoffes; 8° Des machines imitatives et des machines théâtrales ; et :

9°. — Théorie de la mécanique usuelle, ou Introduction à l'étude de la mécanique appliquée aux arts... Par M. J.-A. BORGNIS,... — *Paris*, 1821.

10°. — Dictionnaire de mécanique appliquée aux arts, contenant la définition et la description sommaire des objets les plus importants ou les plus usités qui se rapportent à cette science, l'énoncé de leurs propriétés essentielles, et des indications qui facilitent la recherche des détails plus circonstanciés... Par M. J.-A. BORGNIS,... — *Paris*, 1823.

(Ces deux derniers traités ont un frontispice particulier.)

1502. — Géométrie et mécanique des arts et métiers et des beaux-arts. Cours normal à l'usage des artistes et des ouvriers, des sous-chefs et des chefs d'ateliers et de manufactures, professé au Conservatoire royal des arts et métiers. Par le baron Charles DUPIN,... — *Paris, Bachelier*, 1825-26, 2 vol. in-8.

(Il manque le T. II.)

1503. — Introduction à la mécanique industrielle, physique ou expérimentale. Par J.-V. PONCELET,... Deuxième édition... — *Metz, Mme Thiel*, et *Paris, L. Mathias*, 1839, in-8.

1504. — Aide-mémoire de mécanique pratique à l'usage des officiers d'artillerie et des ingénieurs civils et militaires... Deuxième édition... Par Arthur MORIN,... — *Metz, Mme Thiel; Mulhausen, Risler*, et *Paris, Carillan-Gœury* (et autres), 1838, in-8.

CHAPITRE II. — *Traités particuliers.*

§ 1er. — STATIQUE ET DYNAMIQUE.

1505. — Eléments de statique. Par Louis POINSOT. — *Paris, Calixte Volland, an* XII=1803, in-8.

1506. — Même ouvrage. Septième édition. — In-8.
(Le frontispice manque.)

1507. — Eléments de statique, suivis de quatre mémoires sur la composition des moments et des aires; sur le plan invariable du système du monde; sur la théorie générale de l'équilibre et du mouvement des systèmes; et sur une théorie nouvelle de la rotation des corps. Par L. POINSOT,... Neuvième édition... — *Paris, Bachelier,* 1848, in-8.

*Introduction à... la mécanique. Par C.-J. LE PRIOL. — (V. *n*° 1060.)

1508. — (In-12 contenant :)

1°. — Dissertation sur l'estimation et la mesure des forces motrices des corps. Par M. DE MAIRAN,... Nouvelle édition. — *Paris, Charles-Antoine Jombert,* 1741.

2°. — Lettre de M. DE MAIRAN,... à madame *** (du Chatelet) sur la question des forces vives, en réponse aux objections qu'elle lui fait sur ce sujet dans ses *Institutions de physique.* — *Paris, Charles-Antoine Jombert,* 1741.

3°. — Nouvelle réfutation de l'hypothèse des forces vives. Par M. l'abbé DEÏDIER. — *Paris, Charles-Antoine Jombert,* 1741.

1509. — Théorie mathématique des effets du jeu de billard. Par G. CORIOLIS. — *Paris, Carilian-Gœury,* 1835, in-8.

§ 2. — STÉRÉOSTATIQUE.

1510. — Mémoire sur les surfaces d'équilibre des fluides imparfaits, tels que les sables, les terres, etc. Par M. le chevalier ALLENT,... — *Paris, impr. de madame Huzard,* 1817, in-8 de 36 pages.

1511. — Nouvelles expériences sur la poussée des terres. Par M. AUDÉ,... Mémoire revu par M. le général PONCELET, avec des additions par M. DOMERGUE et une Notice sur l'auteur. — *Paris, madame Benoît, et Bachelier,* 1849, in-8, avec planches.

1512. — Recherches expérimentales sur les glissements spontanés des terrains argileux; accompagnées de considérations sur quelques principes de la mécanique terrestre. Par Alexandre COLLIN,... — *Paris, Carilian-Gœury*, 1846, texte et atlas en 1 vol. in-4.

§ 3. — HYDRAULIQUE, COMPRENANT L'HYDROSTATIQUE ET L'HYDRODYNAMIQUE (1).

1313. — Traité du mouvement des eaux et des autres corps fluides. Par feu M. MARIOTTE,... Mis en lumière par les soins de M. DE LA HIRE,... Nouvelle édition, corrigée et augmentée des règles pour les jets d'eau. — *Paris, Claude Jombert*, 1718, in-12.

1314. — Traité élémentaire d'hydrodynamique... Par M. l'abbé BOSSUT,... — *Paris, Claude-Antoine Jombert*, 1775, 2 vol. in-8.

(Le faux-titre porte : « Cours de mathématiques, cinquième partie... ».)

1315. — Même ouvrage. Nouvelle édition... — *Paris, Laran, an* IV, 2 vol. in-8.

* Essai sur la théorie des torrents et des rivières. Par le citoyen FABRE,... — (V. ci-après, GÉOLOGIE.)

1316. — Mémoires sur les quantités d'eau qu'exigent les canaux de navigation. Par J.-A. DUCROS,... Suivis du Rapport fait par R. PRONY,... — *Paris, Goujon, an* IX, in-8 de 78 pages et une planche.

1317. — Description du plan incliné souterrain exécuté par Francis Egerton, duc de Bridgewater, entre le bief supérieur et le bief inférieur de son canal souterrain, dans ses mines de charbon de terre de Walkden-Moor, dans le Lancashire. Par le très-honorable François-Henri EGERTON, etc., etc., etc. — *Paris, impr. de Chaignieau aîné*, 1812, in-8 de 47 pages et une planche.

1318. — Notice historique sur le projet d'une distribution générale d'eau à domicile dans Paris, et exposé de

(1) Pour les ouvrages d'hydraulique agricole , V. la *division* AGRICULTURE.

détails y relatifs, recueillis dans différentes villes du Royaume-Uni, notamment à Londres. Par C.-F. MALLET,... — *Paris, Carilian-Gœury,* 1830, in-4 de 82 pages, un Tableau et une planche.

§ 4. — TRAITÉS DIVERS.

1519. — Essai et expériences sur le tirage des voitures et sur le frottement de seconde espèce; suivis de Considérations sur les diverses espèces de routes, la police du roulage et la construction des roues. Par M. J. DUPUIT,... — *Paris, Carilian-Gœury,* 1837, in-8.

1520. — Expériences sur le tirage des voitures, faites, en 1837 et 1838. Par Arthur MORIN,... — *Metz, Mme Thiel,* et *Paris, Carilian-Gœury,* 1839, in-4.

§ 5. — MACHINES.

A. — Recueils.

* Machines et inventions approuvées par l'Académie royale des sciences depuis son établissement... (jusqu'en 1754), avec leur description; dessinées et publiées... par M. GALLON. — *Paris, Gabriel Martin,* 1735-77, 7 vol. in-4. — (V. BELLES-LETTRES, n° 162.)

* (V. aussi ci-après : Exposition des produits de l'industrie.)

* Recueil des machines, instruments et appareils qui servent à l'économie rurale... Par LE BLANC. — (V. ci-après, AGRICULTURE.)

B. — Machines hydrauliques.

1521. — Nouvelle invention de lever l'eau plus haut que sa source avec quelques machines mouvantes par le moyen de l'eau; et un Discours sur la conduite d'icelle. Par Isaac DE CAUS, ingénieur et architecte, natif de Dieppe. — *Imprimé à Londres, l'an* 1644, in-fol.

1522. — Expériences sur les roues hydrauliques à aubes

planes, et sur les roues hydrauliques à augets. Par Arthur MORIN,... — *Metz, Mme Thiel, et Paris, Carilian-Gœury,* 1836, in-4.

1525. — Théorie de la turbine-Fourneyron d'après M. Weisbach... Suivie d'expériences exécutées sur un moteur de ce genre établi à la poudrerie de Saint-Médard. Par M. ORDINAIRE DE LACOLONGE,... — *Bordeaux, G. Gounouilhou,* 1856. — Supplément à la théorie de la turbine-Fourneyron... — *Paris, Victor Dalmont,* et *Bordeaux, Chaumas-Gayet,* 1857, les 2 parties en 1 vol. in-8.

C. — Machines à vapeur.

* Notice historique sur les machines à vapeur. Par F. ARAGO. — (V. ci-après : *Annuaire du Bureau des longitudes,* années 1828, 1830 et 1837, et n° 860, *OEuvres,* T. V.)

1524. — La manière d'amollir les os et de faire cuire toutes sortes de viandes en fort peu de temps et à peu de frais ; avec une description de la machine dont il faut se servir pour cet effet, ses propriétés et ses usages, confirmés par plusieurs expériences. Par Mr PAPIN,... Nouvelle édition, revue et augmentée d'une seconde partie. — *Amsterdam, Henry Desbordes,* 1688, les 2 parties en 1 vol. in-12.

(La seconde partie a pour titre : « Continuation du digesteur, ou Manière d'amollir les eaux ; contenant les perfections qu'on y a ajoutées, et les nouveaux usages à quoi on l'a appliqué ; avec plusieurs nouvelles utilités de la machine du vide, éprouvées tant en Angleterre qu'en Italie... — *Amsterdam,* 1688 ».)

1525. — Rapport fait à MM. les président et conseillers de la cour royale séante à Paris, par M. DE PRONY,... sur la nouvelle et l'ancienne machines à vapeur établies à Paris, au Gros-Caillou, à l'occasion du procès pendant au tribunal de ladite cour royale entre M. Edwards, vendeur, et M. Lecour, acquéreur de la nouvelle machine. Avec deux notes ajoutées par l'auteur, l'une sur la théorie du parallélogramme du balancier de la machine à vapeur ; l'autre sur un moyen de mesurer l'effet dynamique des machines de rotation. — *Paris, impr. de Mme Huzard,* 1826, in-8 et 2 planches.

1326. — Relation des expériences entreprises par ordre de monsieur le ministre des travaux publics, et sur la proposition de la commission centrale des machines à vapeur, pour déterminer les principales lois et les données numériques qui entrent dans le calcul des machines à vapeur. Par M. V. REGNAULT,... — *Paris, Firmin Didot frères*, 1847, in-4 et atlas in-fol.

(La première partie, seule parue jusqu'à ce jour.)

1327. — Recherches sur l'écoulement de la vapeur, faites pour déterminer les dimensions à donner aux orifices des soupapes de sûreté des chaudières à vapeur. Par M. TRÉMERY,... — (A la fin :) *Paris, impr. de Fain et Thunot* (s. d.), in-8 de 15 pages et une planche.

(Extrait du T. XX des *Annales des mines*.)

D. — Machines diverses.

1328. — Système de voitures pour chemins de fer de toute courbure. Par Claude ARNOUX,... — *Paris, Bachelier,* 1840, in-4 et planches.

∗∗∗

Ve SECTION.

ASTRONOMIE.

CHAPITRE Ier. — *Préliminaires, Généralités et Mélanges.*

§ 1er. — BIBLIOGRAPHIE. — HISTOIRE.

1329. — Bibliographie astronomique; avec l'histoire de l'astronomie depuis 1781 jusqu'à 1802. Par Jérôme DE LA LANDE,... — *Paris, impr. de la République, an* XI=1803, in-4.

1330. — Histoire du ciel considéré selon les idées des

poètes, des philosophes et de Moïse; où l'on fait voir l'origine du ciel poétique; la méprise des philosophes sur la fabrique du ciel et de la terre; la conformité de l'expérience avec la seule physique de Moïse. (Par l'abbé Noël-Antoine PLUCHE.) — *Paris, veuve Estienne,* 1739, 2 vol. in-12.

1331. — Histoire du ciel, où l'on recherche l'origine de l'idolâtrie et les méprises de la philosophie sur la formation des corps célestes et de toute la nature. (Par l'abbé PLUCHE.) Nouvelle édition. — *Paris, les frères Estienne,* 1757, 2 vol. in-12.

1332. — Lettres astronomiques, où l'on donne une idée de l'état actuel de l'astronomie pratique dans plusieurs villes de l'Europe. Par M. Jean BERNOULLI. — *Berlin,* 1771, *chez l'auteur,* in-8.

* (V. aussi *n*° 18, *Lettres sur différents sujets.*)

§ 2. — ASTRONOMES ANCIENS.

* ΑΡΑΤΟΥ Σολέως Φαινόμενα. CICERONIS in ARATI Phænomena interpretatio... Accesservnt his VERGELII, Germanici CÆSARIS, et Rufi AVIENI carmina... Haec avtem latina omnia graecis ex altera parte respondent Ioachimi PERIONIJ opera, cuius obseruationes simul eduntur. — *Parisiis,* M. D. XL, in-4. — (V. BELLES-LETTRES, *n*° 312.)

* ΑΡΑΤΟΥ Σολέως φαινόμενα καὶ διοσημεία. ΘΕΩΝΟΣ σχόλια. ΛΕΟΝΤΙΟΥ Μηχανικοῦ περὶ ἀρατείας σφαίρας. — *Parisiis,* M. D. LIX. — ARATI Solensis phænomena et prognostica. Interpretibus, M. Tullio CICERONE, Rufo Festo AVIENO, Germanico CÆSARE, vna cum eius commentarijs. C. Ivlii Hygini Astronomicon. Omnia partim è vetustis codicibus, partim è locorum collatione emendata et emendatorum ratio exposita. — *Parisiis,* M. D. LIX, in-4. — (V. *ibid.,* *n*° 852. — V. aussi HYGINI Fabulæ, *division* MYTHOLOGIE.)

* Rufi Festi AVIENI Aratea phænomena et prognostica. — (V. POLYGRAPHIE, *n*° 35, *Bibl.* LEMAIRE, *Poetæ latini minores,* T. V.)

* De re astronomica CICERONIS et GERMANICI carmina ex ARATO translata. Item M. MANILII Astronomicon libri quinque ex recensione Jos. Scaligeri. — (V. *ibid.*, T. VI.)

1333. — Κλαυδίου ΠΤΟΛΕΜΑΙΟΥ μαθηματικὴ σύνταξις. Composition mathématique de Claude PTOLÉMÉE, ou Astronomie ancienne, traduite pour la première fois du grec en français sur les manuscrits de la bibliothèque du roi, par M. l'abbé HALMA, et suivie des notes de M. DELAMBRE,... — *Paris, impr. de J.-M. Eberhart,* 1816, in-4.

(Il manque le T. I.)

1334. — Epytoma Ioānis DE MŌTE REGIO in almagestū PTOLĒMĒI. — (S. l. n. d.), in-fol.

(Caractères gothiques. On lit en tête du premier feuillet : « Cl. Ptolemei alexandrini Astronomoꝝ principis ἰς μέγάλιν σίντάξιν id est in Magnam Constructionē : Georgij PURBACHIJ : eiusꝗ discipuli Johannis de Regio monte Astronomicon Epitoma »; et à la fin : « Explicit... curaꝗ ꝛ emendatiōnē... Casparis Grossch : ꝛ Stephani Roemer. Opera qūoꝗ ꝛ ārtē... viri solertis Iohannis hāman de Landoia... Anno salutis. 1496... ».)

* Mvhamedis ALFRAGANI, arabis, chronologica et astronomica elementa, e Palatinæ bibliothecæ veteribus libris versa, expleta, & scholiis expolita... Autore M. Iacobo CHRISTMANNO,... — *Francofvrdi,* MDXC; in-8. — (V. HISTOIRE, *n°* 154.)

§ 3. — TRAITÉS GÉNÉRAUX ET MÉLANGES.

* Theatro y descripcion universal del mundo... compuesto por Juan Paulo GALUCIO Soloense, traduzido de latin en romance por Miguel PEREZ,... y añadido por el mismo muchas cosas al proposito desta ciencia, que saltavan en el Latin. — (V. ci-après, ASTROLOGIE.)

* Cosmographie, ou Traité général des choses tant célestes qu'élémentaires, avec les accidents et propriétés plus remarquables d'icelles. Par D. HENRION,... Seconde édition... — *Paris,* 1626, in-8. — (V. HISTOIRE, *n°* 63.)

1335. — Traité de la sphère et de ses parties, où sont

déclarés les noms et offices des cercles, tant grands que petits, et leur signification et utilité. Plus le planisphère universel, ou Explication de la sphère plate, œuvre agréable aux curieux, profitable aux doctes, nécessaire aux navigateurs... (Par Jean BOULANGER?) — *Rouen, Jacques Cailloué,* 1631, petit in-4.

1336. — La science universelle de SOREL. — *Paris, Toussainct Quinet,* 1644, in-4.

1337. — Institutio astronomica juxta hypotheses tam veterum quam Copernici et Tychonis; dictata Parisiis à Petro GASSENDO,... Accedunt ejusdem varii tractatus astronomici... Editio ultima paulo ante mortem auctoris recognita; aucta et emendata. — *Amstelædami, apud Janssonio-Waesbergios,* 1680, in-4.

1338. — Andreæ ARGOLI,... Pandosion sphæricum. In quo singula in elementaribus regionibus, atque æthereа, mathematice pertractantur. Editio secunda... — *Patavii,* 1653, *typis Pauli Frambotti,* in-4.

* Astronomia geometrica, ubi methodus proponitur qua primariorum planetarum astronomia, sive elliptica, (sive) circularis, possit geometrice absolvi... Authore Setho WARDO,... — *Londini, typis Jacobi Flesher,* 1656, in-8. = (Relié à la suite du *n*° 898.)

1339. — Eléments d'astronomie. Par M. CASSINI,... = *Paris, impr. roy.,* 1740, in-4.

1340. — Leçons élémentaires d'astronomie géométrique et physique. Par M. l'abbé DE LA CAILLE,... Nouvelle édition... — *Paris, H.-L. Guerin, et L.-F. Delatour,* 1755, in-8.

1341. — Uranographie, ou Contemplation du ciel, à la portée de tout le monde. Nouvelle édition. — *Paris, Mérigot jeune,* 1780, in-12.

1342. — Cosmographie élémentaire, divisée en parties

astronomique et géographique... Avec des planches et des cartes... Par M. MENTELLE,... — *Paris, l'auteur,* 1781, in-8.

1543. — Traité élémentaire d'astronomie physique. Par J.-B. BIOT,... Avec des additions relatives à l'astronomie nautique, par M. DE ROSSEL,... Seconde édition... — *Paris, J. Klostermann fils,* 1810-11, 3 vol. in-8.

1544. — Uranographie, ou Traité élémentaire d'astronomie, à l'usage des personnes peu versées dans les mathématiques, des géographes, des marins, des ingénieurs, etc. Accompagné de planisphères. Par L.-B. FRANCŒUR,... Troisième édition... — *Paris, M*me *V*e *Courcier,* 1821, in-8.

1545. — Questions sur l'astronomie, suivies de la proposition d'un nouveau système; accompagné de deux planches gravées sur acier. Par J.-P. ANQUETIL. — *Paris, l'auteur,* et *Dondey-Dupré père et fils,* 1833, in-8.

1546. — Cours de cosmographie à l'usage des lycées, des colléges communaux et des écoles secondaires privées... Par MM. J. PLANCHE,... et S. CHRISTIAN,... Troisième édition. — *Paris, Bachelier,* et *Hachette,* 1849, in-8.

1547. — Éléments d'astronomie, ou Cosmographie à l'usage des écoles normales primaires et des écoles primaires supérieures. Par A. MUTEL,... Troisième édition. = *Paris, Jacques Lecoffre et C*ie, 1846, in-12.

1548. — Traité élémentaire de cosmographie, rédigé d'après le programme officiel, à l'usage des classes des lycées et colléges, des aspirants au baccalauréat ès-lettres, des candidats aux écoles spéciales du gouvernement. Par B. AMIOT,... Deuxième édition... — *Paris, Jules Delalain,* 1851, in-8.

*Astronomie populaire. Par François ARAGO,... publiée, d'après ses ordres, sous la direction de M. J.-A. Barral. — Œuvre posthume. — (V. n° 860, *Œuvres.*)

1349. — Astronomie nouvelle, ou Erreurs des astronomes. Par Charles EMMANUEL. Seconde édition, augmentée de documents nouveaux et d'une notice explicative. — *Paris, librairie nouvelle*, 1853, grand in-18.

1350. — Astronomie nautique, ou Eléments d'astronomie, tant pour un observatoire fixe que pour un observatoire mobile. Par M. DE MAUPERTUIS. — *Paris, impr. roy.*, 1743, in-8.

1351. — Recueil d'observations faites en plusieurs voyages, par ordre de Sa Majesté, pour perfectionner l'astronomie et la géographie. Avec divers traités astronomiques. Par messieurs de l'Académie royale des sciences. — *Paris, impr. roy.*, 1693, in-fol.

(Ce volume contient : De l'origine et du progrès de l'astronomie, par CASSINI; — Observations astronomiques et physiques faites en l'île de Cayenne, par RICHER; — Voyage d'Uranibourg, ou Observations astronomiques faites en Danemarck, par PICART; avec des observations sur les côtes de France, par PICART et DE LA HIRE; — Observations astronomiques faites en divers endroits du royaume, par CASSINI; — Les éléments d'astronomie vérifiés par CASSINI, par le rapport de ses tables aux Observations de Richer faites en l'île de Cayenne. Avec les Observations de MM. VARIN, DES HAYES et DE GLOS faites en Afrique et en Amérique. — Il manque la seconde partie du vol.)

CHAPITRE II. — *Traités particuliers.*

§ 1er. — SYSTÈMES DU MONDE, PHYSIQUE ET MÉCANIQUE CÉLESTES.

1352. — GALILÆI GALILÆI Lyncei,... Systema cosmicum; in quo dialogis IV de duobus maximis mundi systematibus, ptolemaico et copernicano, rationibus utrinque propositis, indefinite disseritur. Accessit locorum S. Scripturæ cum Terræ mobilitate conciliatio. — *Lugduni, sumptibus Joan.-Antonii Huguetan*, 1641, in-4.

1353. — Institutions newtoniennes, ou Introduction à la philosophie de M. Newton. Par M. SIGORGNE,..., — *Paris, Jacques-François Quillau fils*, 1747, 2 vol. in-8.

1354. — Astronomiæ physicæ juxta Newtoni principia breviarium, methodo scholastica, ad usum studiosæ juventutis. (Auct. SIGORGNE.) — *Parisiis, apud Jacobum-Franciscum Quillau,* 1749, in-12.

(A la suite :)

— Nouveau traité de la sphère, exposé en différentes méthodes, pour en faciliter la connaissance et l'usage aux commençants. Avec les réponses aux questions choisies sur l'histoire et la géographie universelle. Par le père BUFFIER,... — *Paris, Marc Bordelet,* 1752, in-12.

1355. — Théorie des tourbillons cartésiens; avec des réflexions sur l'attraction. (Par FONTENELLE, pub. avec une Préface par Camille FALCONNET.) — *Paris, Hippolyte-Louis Guerin,* 1752, in-12.

1356. — Entretiens sur la pluralité des mondes, augmentés des Dialogues des morts. Par M. DE FONTENELLE,... Nouvelle édition. — *Paris, Bossange et Masson,* 1811, in-12.

1357. — Mécanisme de la nature, ou Système du monde, fondé sur les forces du feu; précédé d'un Examen du Système de Newton. Par M. l'abbé JADELOT,... — *Londres,* 1787, in-8.

1358. — Exposition du système du monde. Par M. LAPLACE,... Troisième édition, revue et augmentée par l'auteur. — *Paris, Courcier,* 1808, in-4.

(Portrait de l'auteur.)

* (V. aussi n° 899, *OEuvres* de LAPLACE, T. VI.)

1359. — De l'impossibilité du système astronomique de Copernic et de Newton. Par L.-S. MERCIER,... — *Paris, Denlu,* 1806, in-8.

*Tableau de l'univers, ou causes du mouvement annuel et de la rotation des astres... Par J. SEITZ. — (Relié à la suite de la Géologie de DE LUC. V. ci-après, GÉOLOGIE.)

1360. — Sur la distance des étoiles, et sur un nouveau système astronomique. Par M. LE JOYAND. — *Paris, impr. de C.-F. Patris,* 1818, in-8 de 19 pages.

1561. — Physique du ciel, où l'on confronte sans partialité le vide avec l'éther, l'attraction avec l'impulsion; et où sont contenus les principes de toute la physique généralement. Par le P. BERTIER,... — *Paris, impr. roy.,* 1763, 3 vol. in-12.

* Traité élémentaire d'astronomie physique. Par J.-B. BIOT. — (V. *n*° 1343.)

1562. — Mémoire sur cette question : « Quelle est la nature de la matière éthérée ou répulsive remplissant l'univers? Comment déduire de ses propriétés l'équilibre de l'univers, la formation de la lumière, de la chaleur, de l'électricité, du magnétisme? La force de cohésion ne serait-elle pas le résultat de l'attraction des molécules attractives des corps sur leurs molécules répulsives? » Par P.-E. MORIN,... — *Paris, Carilian-Gœury et V. Dalmont* (s. d.), in-8 de 14 pages.

* Traité de mécanique céleste. Par LAPLACE. — (V. *n*° 899, *OEuvres*, T. I-V.)

§ 2. — DES ÉTOILES, DES PLANÈTES ET DES COMÈTES.

1563. — Theoricarum nouarum Textus Georgij PŪRBACHIJ cū vtili ac preclarissima expositione Domini Francisci Capuani de Manfredonia. Itē in eosdē Reuerendi patris fratris Syluestri de Prierio perfamiliaris commentatio. Insuper Iacobi FABRI Stapulēn. astronomicum. Omnia nuper summa diligentia emendata cū figuris ac cōmodatissimis longe castigatius insculptis q̄ prius suis in locis adiectis. — *Venundatur hoc opus Parrhisiis vbi nouiter impressū in vico diui Jacobi sub lilio aureo.* (A la fin :) *anno...* 1515, petit in-fol.

1564. — Organum Uranicum. Sebastianv̄s MV̄NSTĒRV̄S. Habes in hoc libro, amice lector, explicatas theoricas omnivm planetarū, atq̄ eorundē uarios, singulos & quotidianos ad annos usq̄ c & ultrà expressos motus, Lunæ quoq̄ in lumine crescentis, senescētis & per eclipsim deficientis, & item Solis deliquiū patientis, omnē uarietatē : quibus omnibus cōmodi adiecti sunt canones. — *Basileae, apvd Henricvm Petrvm...* anno M. D. XXXVI, in-fol.

(A la suite :)

— Elvcidatio fabricae vsvsqve astrolabii, Ioanne STO-
FLERINO IV. Ivstingēsi uiro Germano, atq̃ totius sphęricæ
doctissimo auctore : iam denuo ab eodem uix æstimãdis
sudoribus recognita diligēter locupletataq̃ : & tandem nō
minore diligentia Cöbelianis typis excusa... — *Oppenheim,*
anno M. D. XXIIII. *Ex secunda autoris recognitione,* in-fol.

1565. — Nouvelle théorie des planètes, conforme aux
observations de Ptolémée, Copernic, Tycho, Lausberge, et
autres excellents astronomes tant anciens que modernes.
Avec les tables richeliennes et parisiennes, exactement
calculées... PAR N. DURRET,... — *Paris, Gervais Alliot,*
1635, in-4.

1566. — Discours sur les différentes figures des astres;
d'où l'on tire des conjectures sur les étoiles qui paraissent
changer de grandeur; et sur l'anneau de Saturne. Avec
une Exposition abrégée des systèmes de M. Descartes et
de M. Newton. Par M. DE MAUPERTUIS,... — *Paris, impr.*
roy., 1732, in-8 de 83 pages.

* Voyage dans les mers de l'Inde, fait par ordre du roi,
à l'occasion du passage de Vénus sur le disque du soleil,
le 6 juin 1761, et le 3 du même mois 1769. Par M. LE
GENTIL,... = *En Suisse,* 1780-81, 5 tomes en 3 vol. in-8.
(V. HISTOIRE, *Supplément.*)

1567. — Rapport sur un Mémoire de M. Guitard intitulé : Du double mouvement de rotation et de translation
de la terre et des autres corps célestes. Par M. ABRIA. —
(A la fin :) *Bordeaux, typ. Gounouilhou* (s. d.), in-8 de
de 6 pages.

(Sans frontispice.)

1568. — Charles EMMANUEL. Notices astronomiques.
Deuxième notice. Les déviations du pendule, et le mouvement de la terre. — *Paris, A. Bourdilliat et Cie,* 1860,
in-18 de 35 pages.

* De la grandeur et de la figure de la terre. (Par
CASSINI.) — *Paris,* 1720, in-4. = (V. BELLES-LETTRES,
no 156.)

1369. — La figure de la terre déterminée par les observations de messieurs de Maupertuis, Clairaut, Camus, Le Monnier, de l'Académie royale des sciences, et de M. l'abbé Outhier, correspondant de la même Académie, accompagnés de M. Celsius, professeur d'astronomie à Upsal; faites par ordre du roi au cercle polaire. Par M. DE MAUPERTUIS. — *Paris, impr. roy.*, 1738, in-8.

1370. — Dissertation sur la figure de la terre, où l'on tâche de prouver, par des arguments simples et concluants, et d'après les expériences mêmes faites au Pérou et au cercle polaire, que cette planète est allongée par ses pôles. (Par DAVID.) — *La Haye, et Paris, Desaint junior*, 1769, in-8 de 58 pages et 5 planches.

* La méridienne de l'Observatoire royal de Paris vérifiée dans toute l'étendue du royaume par de nouvelles observations, pour en déduire la vraie grandeur des degrés de la terre, tant en longitude qu'en latitude, et pour y assujettir toutes les opérations géométriques faites par ordre du roi, pour lever une carte générale de la France. Par M. CASSINI DE THURY,... Suite des Mémoires de l'Académie royale des sciences, année 1740. — *Paris,* 1744, in-4. — (V. BELLES-LETTRES, n° 159.)

1371. — Mesure d'un arc du parallèle moyen entre le pôle et l'équateur. Par M. le colonel BROUSSEAUD, de l'ex-corps royal militaire des ingénieurs géographes. — *Limoges, F. Chapoulaud, impr.*, 1839, in-4.

(Jean–Baptiste–Mathurin Brousseaud né, le 9 novembre 1776, à Limoges, où il est mort le 16 novembre 1840. Engagé volontaire au 5e bataillon de la Haute-Vienne en 1793, il passa successivement par divers grades et emplois, devint colonel d'état-major en 1831, et fut admis à la retraite, en 1833, après 40 années de services effectifs, 8 campagnes aux armées et 24 campagnes topographiques. Le colonel Brousseaud a été attaché pendant 15 ans, de 1817 à 1831, à la carte de France; il fut l'un des officiers supérieurs chargés des premiers travaux de géodésie et de grande triangulation pour cette carte. C'est dans le cours de ces travaux qu'il publia, en 1826, avec M. Nicollet, astronome adjoint au Bureau des longitudes, un mémoire in-8 de 48 pages, qui a servi de base au travail beaucoup plus complet que nous mentionnons au présent Catalogue. Ce mémoire fut couronné en 1840 par l'Académie des sciences, et obtint le prix d'astronomie fondé par de Lalande. Le colonel Brousseaud avait été promu au grade de commandeur de la Légion-d'Honneur le 5 janvier 1834. — (V. *Biographie des hommes illustres du Limousin*, HISTOIRE, n° 1190.)

1372. — Discours sur la parallaxe de la lune, pour perfectionner la théorie de la lune et celle de la terre. Par M. DE MAUPERTUIS. — *Paris, impr. roy., 1741, in-8.*

1373. — Notice sur l'éclipse de lune du samedi 3 novembre 1827. Par A.-N.-J. SORLIN,... — *(Strasbourg, impr. F.-G. Levrault, s. d.), in-8 de 19 pages.*

1374. — Traité du flux et du reflux de la mer, d'après la théorie et les observations. Extrait du quatrième volume de l'Astronomie. Par M. DE LA LANDE,... — *Paris, veuve Desaint, 1781, in-4.*

1375. — Essai sur les marées, où l'on traite de leurs effets aux grèves du Mont-S.-Michel, avec des réflexions sur l'effort des marées équinoxiales contre les digues en général; suivies de quelques problèmes de la sphère applicables aux besoins actuels de la navigation. — *Paris, Saillant et Nyon, 1774, in-8 de 84 pages et une planche.*

1376. — Physique des comètes, dans le sentiment de l'impulsion et du plein. Par le P. BERTIER,... — *Paris, impr. roy., 1760, in-12.*

1377. — Pensées diverses, écrites à un docteur de Sorbonne à l'occasion de la comète qui parut au mois de décembre 1680. (Par BAYLE.) Quatrième édition. — *Rotterdam, Reinier Leers, 1704, 2 vol. in-12.* — Continuation des Pensées diverses... ou Réponse à plusieurs difficultés que monsieur *** a proposées à l'auteur. — *Rotterdam, Reinier Leers, 1705, 2 vol. in-12, en tout 4 vol. in-12.*

§ 3. — SPHÈRES, INSTRUMENTS, CARTES ASTRONOMIQUES.

1378. — Sphæra Johannis DE SACROBOSCO. — (A la fin :) *Parisiis excudebat Thomas Richardus, 1550, in-8.*

(Le frontispice manque.)

1379. — Uberrimum sphere mundi cometū intersertis etiā questionibus dñi Petri DE ALIACO. — (Marque de Jehan Petit. S. l. n. d.), in-fol.

(On lit au verso du 5ᵉ feuillet avant la fin de l'ouvrage : « Et sic est finis huius egregii tractatus de sphera mūdi Johannis de sacro busto anglici et doctoris parisiensis. Una cum textualibus optimisꝗ additionib' ac vberrimo omentario (commentario) Petri cirueli daroceñ,... Atꝗ insertis psubtilib' ꝗstionibus... Petri de aliaco,... Impressum est hoc opusculum anno dñice natiuitatis 1498. in mense februarii parisius iñ campo gallardo oppera atꝗ impensis magistri guidonis mercatoris ».)

* Orontii FINEI Delphinatis,... Qvadrañs astrolabicvs, omnibus Europæ regionibus inseruiēs : Ex recenti & emē-data ipsius Authoris recognitióne in ampliorē, ac lōngè fideliorem redactus descriptionem. — *Parisiis. Apud Si-monem Colinœum*, 1534, in-fol. de 18 feuillets. — Orontii FINEI,... De Mundi sphæra, siue Cosmographia, primave Astronomiæ parte, Lib. V : Inaudita methodo ab authore renouati, proprijsque tum commentarijs & figuris, tum demonstrationibus & tabulis recens illustrati. Eivsdem Orontii, rectarum in circuli quadrante subtensarum [quos sinus uocant] demonstratio, supputatioq; facillima, nunc primùm edita : vnà cum eōrūdē sinuū tabula, fideli admodū calculo restituta. Eivsdem Orontii, Organum vniuersale, ex supradicta sinuū ratione contextū, quo tū Geometrici, tū omnes astronomici canones, ex quatuor sinuū proportionē pendentes, mira facilitate practicantur. — *Parisiis, Ex officina Simonis Colinœi*, 1542, in-fol. — (V. HISTOIRE, n° 37.)

1380. — L'usage des globes céleste et terrestre, et des sphères, suivant les différents systèmes du monde; pré-cédé d'un Traité de cosmographie... accompagné des figures nécessaires... Cinquième édition... Par le sieur BION,... — *Paris, Michel Brunet* (et autres), 1728, in-8.

* Nouveau traité de la sphère... Par le P. BUFFIER. — (V. n° 1354.)

1381. — Les usages de la sphère et des globes céleste et terrestre, selon les hypothèses de Ptolémée et de Copernic, accompagnées de figures analogues; précédés d'un Abrégé sur leur origine, sur les différents systèmes du monde, de la description de la sphère armillaire ou de Ptolémée. Description de la sphère suivant le système de Copernic. Les constellations et le dénombrement tant des anciens que des modernes, avec l'ascension droite et la déclinaison des principales étoiles. Description et usages de la géo-cyclique. Suivis de l'Analyse historique et géographique des quatre parties du monde, et d'une Table alphabétique de la différence des méridiens ou longitudes entre l'Observatoire de Paris et les principaux lieux de la terre, avec leur latitude ou hauteur de pôle. Deuxième édition. Par DELAMARCHE,... — *Paris, an* VII, in-8.

* Elvcidatio fabricæ vsvsqve astrolabii, Ioanne STOFLERINO... — (V. *n°* 1364.)

*Ioannis FERNELII Ambianatis Monalosphærium, partibus constans quatuor. Prima generalis horarij & structuram, & vsum, in exquisitā monalosphærij cognitionem præmittit. Secunda, mobilium solennitatum, criticorumʠ dierū rationes, multa breuitate complectitur. Tertia, quascūʠ ex motu primi mobilis deprōptas vtilitates elargitur. Quartā, geómetricā praxin breuiusculis démōstrationibus dilucidat... — *Parisiis In œdibus Simonis Colinœi*, 1526, in-fol. de 36 feuillets. — (V. HISTOIRE, *n*os 37-4° et 157-2°.)

1382. — Description et usage du cercle de réflexion, avec différentes méthodes pour calculer les observations nautiques. Par le chevalier DE BORDA,... — *Impr. de Didot l'aîné, Paris*, 1787, in-4.

(A la suite se trouvent des Tables de logarithmes, comprenant 33 pages in-4.)

1383. — Abrégé d'astronomie pour l'usage des planisphères... Par le P. Chrysologue DE GY,... — *Paris, Mérigot l'aîné* (et autres), 1778, in-8.

1384. — Uranographie dressée sous l'inspection de monsieur Bouvard,... par Ch. DIEN. — *Paris, impr. de Louis Antoine* (s. d.), in-fol. max. plano.

— Description et usages de l'uranographie dressée sous l'inspection de M. Bouvard,... Par Ch. DIEN. La position des étoiles a été réduite par M. MARION,... Troisième édition. — *Paris, Ch. Dien,* et *Bachelier* (s. d.), in-8 de 55 pages.

1385. — Traité des instruments astronomiques des Arabes, composé au treizième siècle par ABOUL HHASSAN ALI, de Maroc, intitulé... [Collection des commencements et des fins]. Traduit de l'arabe sur le manuscrit 1147 de la Bibliothèque royale, par J.=J. SÉDILLOT,... et publié par L.=Am. SÉDILLOT,... — *Paris, impr. roy.,* 1834-35, 2 vol. in-4.

§ 4. — TABLES ET ÉPHÉMÉRIDES.

1586. — Diui ALPHONSI Romanorvm et Hispaniarvm regis, astronomicae tabvlae in propriam integritatem restitutæ, ad calcem adiectis tabulis quæ in postrema editione deerant, cum plurimorum locorum correctione, & accessione variarum tabellarum ex diuersis autoribus huic operi insertarum... Qua in re Paschasius Hammelius Mathematicus insignis idemq; Regius professor sedulam operam suam præstitit. — *Parisiis, Ex officina Christiani wecheli... Anno* 1553, in-4.

1587. — Novæ Motuum Cœlestium Ephemerides brandebvrgicæ, annorvm LX, incipientes ab anno 1595, et desinentes in annum 1655 (exclusive), calculo duplici luminarium, Tychonico & Copernicæo, reliquorum Planetarum posteriore elaboratæ, & varijs diversarum nationum Calendarijs accommodatæ, Cum Introductione hac pleniore, in qua Chronologica, Astronomica & Astrologica ex fundamentis ipsis tractantur, Authore Davide ORIGANO Glacense Silesio,... — *Francofurti cis Viadrum Anno* 1609 *typis Ioannis Eichornij...* in-4.

(A la suite :)

— Ephemerides novæ Motuum Cœlestium, ab anno vulgaris æræ MDCXVII. Ex Observationibus potissimùm Tychonis Brahei, Hypothesibus Physicis, & Tabulis Rvdolphinis; Ad Meridianum Vranopyrgicum in freto Cimbrico, quem proximé circumstant Pragensis, Lincensis, Venetus, Romanus... Authore Ioanne KEPPLERO,... — *Lincij Austriæ, sumptibus Authoris, Excudebat Iohannes Plancvs* (s. d.). — Ephemeris nova Motuum Cœlestium ad annum vulgaris æræ M DC XVIII... Nova etiam forma disposita, ut Calendarii Scriptorii usum præbere possit... Authore Ioanne KEPPLERO,... — *Lincij Austriæ, sumptibus Authoris, Excudebat Iohannes Plancvs.* — Ephemeris Motuum Cœlestium ad annum Incarnationis Verbi MDCXIX. Secundum æram Dionysianam; quam Ecclesia Occidentalis hodie nuncupat a Nativitate Iesv Christi seruatoris &

Domini nostri... Est Annus Iulianus 1664. Gregorianæ Ordinationis 37. Tertius a Bissexto... — (S. l. n. d.), le tout en 1 vol. in-4.

1588. — Annorum priorum 30 Incipientium ab Anno Christi 1595, & desinentium in annum 1624, Ephemerides Brandeburgicæ coelestium motuum et temporum; summa diligentia in luminaribus calculo duplici Tychonico & Prutenico... elaboratæ, a Davide ORIGANO Glacense,... — *Typis exscripsit Ioannes Eichorn Anno* 1609, in-4.

— Annorum Posteriorum 30 Incipientium ab Anno Christi 1625, & desinentium in annum 1654, Ephemerides Brandeburgicæ... elaboratæ a Davide ORIGANO Glacense,... — *Francofurti cis Viadrum Anno* 1609 *typis Ioannis Eichornij...*, in-4.

* Tables richeliennes et parisiennes... Par N. DURRET,... — (V. *n°* 1365.)

1589. — Tabularum astronomicarum pars prior de motibus solis et lunæ, nec non de positione fixarum, ex ipsis observationibus deductis : cum usu tabularum, cui adjecta est geometrica methodus computandarum eclipsium per solam triangulorum analysim ad meridianum parisiensem. Auctore Ph. DE LA HIRE,... — *Parisiis, apud Stephanum Michallet,* 1687, in-4.

1590. — Ephémérides cosmographiques, où le cours apparent des planètes est désigné par des tables, et représenté par des planches d'après les observations et calculs astronomiques. Pour l'année 1750 (et pour l'année 1751). (Par l'abbé DE BRANCAS.) — *Paris, Durand,* 1750-51, les deux années en 1 vol. in-12.

(Il manque l'année 1752.)

1591. — Tables astronomiques du soleil, de la lune, des planètes, des étoiles fixes et des satellites de Jupiter et de Saturne; avec l'explication et l'usage de ces mêmes tables. Par M. CASSINI,... — *Paris, impr. roy.,* 1740. — Addition aux Tables astronomiques de M. Cassini. Par M. CASSINI DE THURY. — *Paris, Durand,* 1756, le tout en 1 vol. in-4.

1592. — Connaissance des temps à l'usage des astronomes et des navigateurs... (Par LALANDE.) — *Paris, an* v. Mai 1797 à 1809, 12 vol. in–8.

(Années 1798 à 1811, moins l'an XIV. — Cette collection, rédigée par Lefebvre en 1678, fut continuée par Lieutaud en 1702, par Godin en 1730, par Maraldi en 1734, par Lalande en 1764, par Jaurat en 1776, par Méchain en 1788, par Lalande de nouveau en 1795, et, à partir de la mort de ce dernier, en 1807, par le Bureau des longitudes.)

1593. — Annuaire... présenté... par le bureau des longitudes, pour l'année vi... [1798...] (et années suivantes.) — *Paris, an* v-1862, 49 vol. in-18.

(Ans VI-XIII, et années 1807–1809, 1820, 1823, 1824, 1826–1832, 1834–1844, 1846, 1847, 1849–1863. — L'année 1840 a deux éditions, dont la 2e est augmentée de notices scientifiques par M. ARAGO.)

*Traités sur le calendrier. — (V. HISTOIRE, *n*os 154–158.)

ChapitÊre III. — *Gnomonique et Horlogerie.*

1594. — Gnomonices libri octo, in qvibvs Non solum horologium solariū, sed aliarum quoꝗ rerum, quæ ex gnomonis umbra cognosci possunt, descriptiones Geometricè demonstrantur. Avctore Christophoro CLAVIO Bambergensi,... — *Romæ, apvd Franciscvm Zanettvm.* MDLXXXI, in-fol.

1595. — De horologiis, Johanne VŒLLO auctore. — *Turnoni,* 1608, in-4.

(Le frontispice manque.)

1596. — La gnomonique, ou L'art de faire des cadrans. Par M. RIVARD,... Troisième édition, revue par l'auteur. — *Paris, Jean Desaint,* 1767, in-8.

1597. — Histoire de la mesure du temps par les horloges. Par Ferdinand BERTHOUD,... — *Paris, impr. de la Républ., an* x [1802 v. s.], 2 vol. in-4.

1598. — (In-fol. contenant :)

1º. — Christiani HUGENII Zulichemii,... horologium oscillatorium, sive de motu pendulorum ad horologia aptato demonstrationes geometricæ. — *Parisiis, apud F. Muguet*, 1673.

2º. — Ioannis Pavli GALLVCII Saloencis,... nova fabricandi horaria mobilia, et permanentia, tam acv magnetico, qvam sine acv ad omnem latitudinem, ratio, nuper excogitata; Et nunc primùm in lucem edita. — *Venetiis*, MDXCVI. *Apud Bernardum Basam*, 40 feuillets.

(La fin manque.)

1599. — Description abrégée d'une horloge d'une nouvelle invention pour la juste mesure du temps sur mer. Avec le jugement de l'Académie royale des sciences sur cette invention; et une Dissertation sur la nature des tentatives pour la découverte des longitudes dans la navigation, et sur l'usage des horloges, pour la mesure du temps en mer. Par Henry SULLY,... — *Paris, Briasson*, 1726, in-4.

1400. — Voyage fait par ordre du roi, en 1768, pour éprouver les montres marines inventées par M. Le Roy, par M. CASSINI fils. Avec le Mémoire sur la meilleure manière de mesurer le temps en mer, qui a remporté le prix double au jugement de l'Académie royale des sciences; contenant la description de la montre à longitudes présentée à Sa Majesté le 5 août 1766. Par M. LE ROY l'aîné,... — *Paris, Charles-Antoine Jombert*, 1770, in-4.

1401. — (In-8 contenant :)

1º. — Notice historique sur l'horloge astronomique de la cathédrale de Strasbourg, publiée par C. SCHMIDT,... à l'occasion de la fête donnée à M. Schwilgué père par ses concitoyens. — *Strasbourg, impr. Ph.-Alb. Dannbach*, 1842, 22 pages.

2º. = Il nuovo orologio astronomico della cattedrala di Strasborgo. (Par G.-F. BARUFFI.) 4 pages.

3º. — L'ancienne et la nouvelle horloge astronomique de la cathédrale de Strasbourg. Par M. A. FARGEAUD, professeur à la Faculté des sciences, secrétaire de la 2e section du congrès. — (Sans frontispice.) 13 pages.

4º. — Question de savoir s'il convient d'établir un para-

tonnerre sur la flèche de la cathédrale de Strasbourg.
(Rapport de M. FARGEAUD en date du 11 décembre 1833.)
— (Sans frontispice.) 15 pages.

VIe SECTION.

HISTOIRE NATURELLE.

CHAPITRE Ier. — *Généralités et Mélanges.*

§ 1er. — HISTOIRE ET DICTIONNAIRES.

* Rapport historique sur les progrès des sciences naturelles... Par M. CUVIER. — (V. *n°* 855.)

1402. — Manuel du naturaliste, ouvrage utile aux
voyageurs et à ceux qui visitent les cabinets d'histoire
naturelle et de curiosités, en forme de Dictionnaire, pour
servir de suite à l'histoire naturelle par M. DE BUFFON,...
(Par H.-G. DUCHESNE et P.-J. MACQUER.) — *Paris, impr.
roy.,* 1771, 2 vol. in-12.

1403. — Dictionnaire raisonné universel d'histoire naturelle, contenant l'histoire des animaux, des végétaux
et des minéraux, celle des corps célestes, des météores et
des autres principaux phénomènes de la nature; avec
l'histoire et la description des drogues simples tirées des
trois règnes... Avec une table concordante des noms
latins et le renvoi aux objets mentionnés dans cet ouvrage.
Par M. VALMONT DE BOMARE,... Troisième édition... —
Lyon, Jean-Marie Bruyset père et fils, 1776, 9 vol. in-8.

1404. — Même ouvrage. Nouvelle édition, d'après la
quatrième, revue et considérablement augmentée par
l'auteur. — *Lyon, Bruyset aîné et Ce,* an VIII=1800, 15 vol.
in-8.

* Dictionnaire des merveilles de la nature. Par SIGAUD
DE LA FOND. (V. n°s 1027-1028.)

* Encyclopédie méthodique. Histoire naturelle. (Par
MAUDUIT, DAUBENTON, l'abbé BONNATERRE. — (V. POLY-
GRAPHIE, n° 12.)

1405. — Dictionnaire universel d'histoire naturelle.
Par messieurs ARAGO, AUDOUIN, BAZIN, BECQUEREL, BIBRON,
BLANCHARD, DE BRÉBISSON, Ad. BRONGNIART, C. BROUSSAIS,
BRULLÉ, CHEVROLAT, CORDIER, DÉCAISNE, DELAFOSSE,
DESHAYES, J. DESNOYERS, Alcide et Charles D'ORBIGNY,
DOYÈRE, DUJARDIN, DUMAS, DUPONCHEL, DUVERNOY,
EDWARDS, MILNE-EDWARDS, ÉLIE DE BEAUMONT, FLOURENS,
GEOFFROY-SAINT-HILAIRE, Isidore GEOFFROY-SAINT-
HILAIRE, GERVAIS, GUILLEMIN, DE JUSSIEU, DE LAFRES-
NAYE, LAURILLARD, LEMAIRE, LÉVEILLÉ, LUCAS, MARTIN
SAINT-ANGE, MONTAGNE, PELLETAN, PELOUZE, C. PRÉVOST,
DE QUATREFAGES, A. RICHARD, RIVIÈRE, ROULIN, SPACH,
VALENCIENNES. Ouvrage dirigé par M. Charles D'ORBIGNY,
et enrichi d'un atlas de planches gravées sur acier. —
Paris, 1841-49, 16 vol. in-8, dont 3 vol. d'atlas.

(Les frontispices des T. II-XIII portent en plus les différents
noms d'auteurs suivants : BAUDEMENT, BOITARD, DESMAREST,
DUCHARTRE, GERBE, HOLLARD, PELTIER.)

§ 2. — TRAITÉS ÉLÉMENTAIRES.

* Eléments d'histoire naturelle et de chimie... Par
M. DE FOURCROY,... = (V. n°s 1238-1239.)

1406. — Eléments d'histoire naturelle... Par A.-L.
MILLIN,... Seconde édition... — *Paris, l'auteur,* et *François-
Georges Levrault, an* v, in-8.

1407. — Même ouvrage. Troisième édition... — *Paris,
Léger, an* x=1802, in-8.

1408. — Eléments des sciences naturelles. Par A.-M.-
Constant DUMÉRIL,... Quatrième édition... — *Paris, Déterville,* 1830, 2 vol. in-8.

1409. — Discours prononcé, le 22 décembre 1827, à

l'ouverture du cours d'histoire naturelle de la Faculté des sciences de Strasbourg. Par G.-L. DUVERNOY,... — *Stras= bourg, impr. de F.-G. Levrault*, 1828. — Discours de clôture du cours d'histoire naturelle de la Faculté... de Strasbourg, prononcé le 30 juillet 1828. (Par le même.) — Discours d'ouverture du cours d'histoire naturelle de la Faculté des sciences, prononcé, le 15 novembre 1831, par G.-L. DU-VERNOY,... — *Strasbourg*, 1832. — Considérations sur la vie. Par G.-L. DUVERNOY,... — (S. d.) Le tout en 1 vol. in-8.

1410. — Précis élémentaire d'histoire naturelle à l'usage des colléges et des maisons d'éducation. Par G. DELAFOSSE,... — *Paris, L. Hachette*, 1830, in-12 avec atlas in-12.

1411. — Même ouvrage. Troisième édition. = *Paris, L. Hachette*, 1836, 2 vol. in-12.

1412. — Eléments d'histoire naturelle, présentant, dans une suite de tableaux synoptiques, accompagnés de figures, un précis complet de cette science... Par C. SAU-CEROTTE,... — *Paris, Aug. Delalain*, et *Germer Baillère*, et *Lunéville, Creusat*, 1835, in-4.

---

* Le spectacle de la nature... (Par l'abbé PLUCHE.) — (V. ci-dessus *n*° 12, et POLYGRAPHIE, *n*° 16.)

§ 3. — OUVRAGES GÉNÉRAUX DE NATURALISTES ANCIENS ET MODERNES.

1413. — Habentvr hoc volvmine haec Theodoro GAZA interprete. ARISTOTELIS de natura animalium. lib. ix. Eiusdem de partibus animalium. lib. iiii. Eiusdem de generatione animalium. lib. v. THEOPHRASTI de histioria (*sic*) plantarum. lib. ix. Et decimi principium duntaxat. Eiusdem de causis plantarum. lib. vi. ARISTOTELIS problemata in duas dequadraginta sectiones, in quibus quatuordecim, quæ circa finē deerant, quæstiones, in quarūᵴ locum totidem ex iis, quæ alibi in eo ipso uolumine habetur, falsò suppositæ fuerant, in suum locum restituendas curauimus, qui error in omnibus est pblematum libris, qui ante Venetiis excusi leguntur. ALEXĀDRI

Aphrodisiensis pblemata duobus libris nō unquā ante īpressa eodē Theodoro interprete. Insunt præterea huic uolumini tractatus tres. quorum primus est eorum omniū, quæ in Aristotelis animalibus, & Theophrasti plantis habentur. Alter ē græcus secundum ordinem literarū animaliū plantarūq; omniū, de quibus in iis ipsis libris Aristoteles, & Theophrastus meminerunt, ut. s. ea in latinū traduxerit Theodorus. Adduntur & nomina partium omnium corporis tum alia quædam haud scitu indigna. Tertius est latinus secundum literas alphabeti eorū ipsorum quæ in græco tractatu notata uisuntūr... Hos libros à Theodoro tralatos... Eos nos contulimus cum græcis exēplaribus. Qua re plurima, quæ uel deerant, uel perperam impressa habebantur, addita emendataq; sunt. Aldvs. — (*Venetiis*, 1504), in-fol.

1414. — And. Cratander lectori s. En tibi candide lector, Aristotelis et Theophrasti historias, qvibvs cvncta ferè quæ Deus Opt. Max. homini cōtemplanda & usurpanda exhibuit, adamussim complectuntur... (Theod. Gaza et Pet. Alcyonio interp.). — *Basileae*, 1534, in-fol.

1415. — C. Plinii Secvndi historiæ mundi libri xxxvij ex postrema ad vetvstos codices collatione cvm annotationibvs (Sigismundi Gelenii), et indice. — *Parisiis*, *Apud Andream Berthelin*, 1543, in-fol.

1416. — C. Plinii Secvndi historiæ mvndi libri xxxvii, a Sigismvndo Gelenio diligenter castigati, maioreque studio & fide, quàm hactenus vnquam à vitiis quibus multiplici olim impressione contaminati fuerant, vindicati. Accesservnt ad marginem variae Lectiones ac Notæ ex Fer. Pintiani, Adr. Tvrnebi, Ios. Scaligeri, Ivsti Lipsi, & aliorum... Vnà cum duplici Indice... — *Apud Petrum Santandreanum.* m. d. lxxxii, in-fol.

(L'Index a son frontispice et une pagination séparée.)

1417. — C. Plinii Secundi historiæ mundi libri xxxvii. Opus omni quidem commendatione majus, sed nullis ad hunc diem editionibus, nulla cujusquam singulari vel opera, vel industria, a mendis... satis unquam emaculatum fuerit. Nunc denuo quanta præstari potuit fide, cura et diligentia... D. Jacobi Dalecampii,... ita feliciter repurgatum. Variis quoque Sigism. Gelenii, Fredenandi

PINTIANI, et aliorum lectionibus, castigationibus et adnotationibus eruditissimis ornatum... Accessere itidem Indices et utiles necessarii. — *Genevæ, sumptibus Jacobi Crispini*, 1631, in-fol.

* Caii PLINII SECUNDI historiæ naturalis libri XXXVII, cum selectis commentariis J. HARDUINI ac recentiorum interpretum novisque adnotationibus. Pars prima, continens cosmologiam, curante C. ALEXANDRE,... — *Parisiis*, 1827. — Pars secunda, continens geographiam, curante F. ANSART,... — *Parisiis*, 1828-29. — Pars tertia, continens zoologiam, Georgii CUVIER notis et excursibus illustratam, curante Jo.-B.-Fr. AJASSON DE GRANDSAGNE. — *Parisiis*, 1827. — Pars quarta, continens rem herbariam, curante L. DESFONTAINES,... — *Parisiis*, 1829-30. — Pars quinta, continens materiam medicam ex animalibus, curante Jo.-B.-Fr.-Steph. AJASSON DE GRANDSAGNE. — *Parisiis*, 1829. — Pars sexta, continens mineralogiam, curante DELAFOSSE,... — *Parisiis*, 1831, en tout 9 tomes en 11 vol. in-8. — (V. POLYGRAPHIE, *n*° 35, *Bibliothèque Lemaire.*)

1418. — L'histoire dv monde de C. PLINE SECOND, Collationnee & corrigee sur plusieurs vieux exemplaires Latins, & enrichie d'annotations en marge, seruans à la conference & declaration des anciens & modernes noms des Villes, Regions, Simples, & autres termes obscurs comprins en icelle. A quoy a esté adiousté vn traite des pois & mesures antiques reduites à la Françoise. Auec une Table fort ample des noms & matieres contenuës en ceste histoire : & une autre petite Table seruant à certaines obseruations, remarquees aprés l'Impression de ce Tome. Le tout fait & mis en François par Antoine DU PINET, Seigneur de Noroÿ. — *A Lyon, A la Salemandre, Par Claude Senneton.* M. D. LXII, 2 vol. in-fol.

(La traduction sans le texte.)

1419. — Histoire naturelle de PLINE, traduite en français, avec le texte latin rétabli d'après les meilleures leçons manuscrites, accompagnée de notes critiques pour l'éclaircissement du texte, et d'observations sur les connaissances des anciens comparées avec les découvertes des modernes. (Par L. POINSINET DE SIVRŸ, A.-G.

MEUSNIER DE QUERLON, J.-E. GUETTARD et autres.) —
Paris, veuve Desaint, 1771-82, 12 vol. in-4.

* Histoire naturelle de PLINE, traduction nouvelle, par
M. AJASSON DE GRANDSAGNE; annotée par MM. BEUDANT,
BRONGNIART, G. CUVIER, DAUNOU, Emeric DAVID, DES-
CURET, DOÉ, E. DOLÓ, DUSGATE, FÉE, L. FOUCHÉ,
FOURIER, GUIBOURT, El. JOHANNEAU, LACROIX, LAFOSSE,
LEMERCIER, LETRONNE, Louis LISKENNE, L. MARCUS,
MONGÈS, C.-L.-F. PANCKOUCKE, Valentin PARISOT, QUA-
TREMÈRE DE QUINCY, P. ROBERT, ROBIQUET, H. THIBAUD,
THUROT, VALENCIENNES, Hip. VERGNE. — *Paris,* 1829-33,
20 vol. in-8. — (V. POLYGRAPHIE, *n° 36, Bibliothèque
Panckoucke.*)

1420. — Natvralis historiae ópvs novvm. In qvo trac-
tatvr de natvra et viribvs arborvm, frvticvm, herbarum,
Animantiumq; terrestrium, uolatilium & aquatilium :
Item, Gemmarum, Metallorum, succorumq; concretorum, adeoq; de uera cognitione, delectu & usu omnium
simplicium medicamentorum, quorum & Medicis & Officinis usus esse debet : Vnà cum eorundem ad uiuum
effigiatis imaginibus. Ex utriusq; lingue summorum
uirorum penetralibus, summo labore & studio conscripta,
per Adamum LEONICERUM. Accesservnt qvaedam de stilla-
titiorum liquorum ratione, eiusq artis & Instrumentorum
usu, atque de peculiaribus medicamentorum simplicium
facultatibus. Cvm indice qvintvplici : Graeco, Latino,
Germanico, Gallico, & morborum Medicinas continente.
— *Francofvrti, Apud Chr. Egenolphum,* M. D. LI, in-fol.

1421. — L'histoire royale, ou Les plus belles et les
plus curieuses questions sur l'Hexameron, en forme de
lettres, dédiée au roi. T. III. Par le Sr Nicolas DE HAU-
TEVILLE,... — *Paris, Ch. Chenault,* 1668, in-4.

(C'est probablement le T. III des *Œuvres,* car l'*Histoire royale* est
complète dans ce volume.)

1422. — Michaelis Bernhardi VALENTINI,... armamen-
tarium naturæ systematicum, seu Introductio ad philosophiam modernorum naturalem, per formam institutionum,
aphoristice olim tradita, nunc vero perpetuo commentario
et fig. æneis illustrata. Accedit Historia litteraria S. R. I.
Academiæ naturæ curiosorum, antehac seorsim conti-

nuata, nunc primum conjunctim edita. — *Gissœ-Hassorum,
Typis et impensis Henningi Mülleri,* 1709, deux parties en
1 vol. in-4.

(Le frontispice de l'*Histoire littéraire* porte la date de 1708.)

1423. — Caroli LINNÆI,... systema naturæ in quo
proponuntur naturæ regna tria secundum classes,
ordines, genera et species. Editio quarta, ab auctore emendata et aucta. Accesserunt nomina gallica. — *Parisiis,
sumptibus Michaelis-Antonii David,* 1744, in-8.

1424. — Caroli A LINNÉ,... systema naturæ per regna
tria naturæ, secundum classes, ordines, genera, species;
cum characteribus, differentiis, synonymis, locis. Editio
decima tertia, aucta, reformata. Cura Jo. -Frid.
GMELIN,... — *Lugduni, apud J.-B. Delamollière,* 1789-96,
3 tomes en 10 vol. in-8.

1425. — Histoire naturelle, générale et particulière.
Par LECLERC DE BUFFON. Nouvelle édition, accompagnée
de notes, et dans laquelle les suppléments sont insérés
dans le premier texte à la place qui leur convient. L'on y
a ajouté l'histoire naturelle des quadrupèdes et des oiseaux
découverts depuis la mort de Buffon, celle des reptiles,
des poissons, des insectes et des vers; enfin l'histoire des
plantes dont ce grand naturaliste n'a pas eu le temps de
s'occuper. Ouvrage formant un cours complet d'histoire
naturelle. Rédigé par C. S. SONNINI,... — *Paris, de l'impr.
de F. Dufart, an* VIII (1799)-1807, 127 vol. in-8.

(Figures coloriées. Cette collection est divisée de la manière
suivante : ouvrages de Buffon : Théorie de la terre, 3 vol. —
Epoques de la nature, 1 vol. — Minéraux, 12 vol. — Histoire des
animaux et Histoire de l'homme, 5 vol. — Quadrupèdes, 13 vol. —
Singes, 2 vol. — Oiseaux, 28 vol. — Suite: Reptiles, par F.-M. DAUDIN,
8 vol. — Mollusques, par DENYS-MONTFORT, 6 vol. — Crustacés
et insectes, par P.-A. LATREILLE, 14 vol. — Poissons, par
SONNINI, 13 vol. — Cétacés, par le même, 1 vol. — Plantes, par
C.-F. BRISSEAU-MIRBEL et autres, 18 vol. — Tables, 3 vol. — Pierre-
André Latreille naquit à Brive (Corrèze) le 29 novembre 1762, et
mourut le 6 février 1833. (V. *Galerie des portraits de personnages
célèbres du Limousin,* HISTOIRE, *n*° 1189.)

1426. — Œuvres complètes de BUFFON, avec les descriptions anatomiques de DAUBENTON, son collaborateur.
Nouvelle édition, dirigée par M. LAMOUROUX,... (et,
depuis le 18ᵉ vol., par M. DESMAREST). — *Paris, Verdière*

et Ladrange, 1824-32, 44 vol. in-8, dont 4 vol. de planches.

1427. — Supplément à l'histoire naturelle générale et particulière de Buffon, offrant la description des mammifères et des oiseaux les plus remarquables découverts jusqu'à ce jour, et accompagné de gravures. Par M. F. Cuvier,... = *Paris, F.-D. Pillot,* 1831-32, 2 vol. in-8.

1428. — Histoire naturelle de Buffon, réduite à ce qu'elle contient de plus instructif et de plus intéressant. Par P. Bernard. — *Paris, Hacquart, impr., et Richard, Caille et Ravier, an* VIII, 10 vol. in-8.

1429. — Lettres à un Américain sur l'Histoire naturelle, générale et particulière de monsieur de Buffon (sur les Observations microscopiques de M. Needham et sur le Traité des animaux de M. l'abbé de Condillac. Par Lelarge de Lignac.) — *Hambourg, et Paris, Duchesne,* 1756, 8 vol. in-12.

(Il manque le T. III. — Les T. IV et V sont de 1751.)

1430. — Examen impartial des Epoques de la nature de M. le comte de Buffon. Par M. l'abbé *** (Feller). — *Embrun, Pierre-François Moyse,* 1781, in-8.

* La Fontaine et Buffon. Par Damas Hinard. — *Paris,* 1861, grand in-18. = (V. Belles-Lettres, *Supplément.*)

§ 4. — Histoire naturelle de divers pays.

1431. — Mémoires pour servir à l'histoire naturelle de la Provence. Par M. Bernard,... — *Paris, Didot fils aîné,* 1787-88, 3 vol. in-12.

(T. I : Mémoires sur le figuier, sur la folle-avoine et sur le câprier. = T. II : Mémoire sur l'olivier. = T. III : Mémoire sur l'éducation des abeilles, par M. Béraud.)

1432. — Essai sur la géographie physique, le climat et l'histoire naturelle du département du Doubs ; ouvrage... dans lequel on trouve une cryptogamie enrichie de la description d'un grand nombre d'espèces inédites. Par Girod-Chantrans. — *Paris, Courcier,* 1810, 2 vol. in-8.

1433. — Histoire naturelle du Jorat et de ses environs; et celle des trois lacs de Neufchatel, Morat et Bienne; précédées d'un Essai sur le climat, les productions, le commerce, les animaux de la partie du pays de Vaud ou de la Suisse Romande, qui entre dans le plan de cet ouvrage. Par M. le Cte DE RAZOUMOWSKI,... — *Lausanne, Jean Mourer,* 1789, 2 vol. in-8.

1434. — Le nord du globe, ou Tableau de la nature dans les contrées septentrionales; qui fait connaître la terre dans ses formes, ses climats, ses qualités; la mer dans ses marées, ses écueils, ses phénomènes, et le ciel dans ses météores, depuis le 60e degré de latitude jusqu'aux extrémités les plus voisines du pôle. Traduit de l'anglais de M. PENNANT (par LETOURNEUR). — *Paris, Théophile Barrois le jeune,* 1789, 2 vol. in-8.

(C'est plutôt un *extrait* qu'une *traduction* complète de l'ouvrage de Pennant qui a paru sous le titre de *Zoologie arctique.* — Quérard.)

* Voyage autour du monde, exécuté... sur la corvette *la Coquille*... par l'amiral DUPERREY. Histoire naturelle, par MM. LESSON, GARNOT, GUÉRIN-MENNEVILLE, DUMONT D'URVILLE, BORY-ST-VINCENT et Ad. BRONGNIART. — (V. HISTOIRE, *n*° 87.)

* Description de l'Egypte. — (V. HISTOIRE *n*° 1589.)

* Voyage dans la régence d'Alger... Par M. ROZET. — (V. *ibid., Supplément.*)

* Voyage en Abyssinie... Par MM. FÉRET et GALINIER. — (V. *ibid., n*° 146.)

* Voyage en Abyssinie... Par MM. Théophile LE-FEBVRE,... A. PETIT et QUARTIN-DILLON,... VIGNAUD,... — *Paris* (s. d.), 6 vol. in-8 et 3 vol. in-fol. — (V. *ibid., Supplément.*)

1435. — Journal des observations physiques, mathématiques et botaniques faites par l'ordre du roi sur les côtes orientales de l'Amérique méridionale et dans les Indes occidentales depuis l'année 1707 jusques en 1712. Par le

R. P. Louis FEUILLÉE,... — *Paris, Pierre Giffart,* 1714, 2 vol. in-4.

(Le T. III manque.)

§ 5. — COLLECTIONS ET CABINETS.

1456. — Instruction pour les voyageurs et pour les employés dans les colonies, sur la manière de recueillir, de conserver et d'envoyer les objets d'histoire naturelle; rédigée, sur l'invitation de Son Excellence le ministre de la marine et des colonies, par l'administration du Museum royal d'histoire naturelle. — *Paris, impr. de A. Belin,* 1818, in-4 de 47 pages.

*Museum d'histoire naturelle. Serres chaudes, galerie de minéralogie, etc., etc. Par Ch. ROHAULT DE FLEURY fils,... — (V. ci-après, ARCHITECTURE.)

1457. — Notice sur le Musée d'histoire naturelle de Strasbourg. Par A. LEREBOULLET,... [Extrait de la Revue d'Alsace.] — *Strasbourg, impr. de G. Silbermann,* 1838, in-8 de 85 pages.

§ 6. — MÉLANGES D'HISTOIRE NATURELLE.

A. — Recueils.

1458. — Mémoires du Muséum d'histoire naturelle. Par les professeurs de cet établissement. Ouvrage orné de gravures. = *Paris, A. Belin,* 1819-29, 13 vol. in-4.

(T. V à XVIII, moins le T. XV, 1er semestre de 1827. — Chaque année est en 2 vol.)

1459. — Annales des sciences naturelles (comprenant la physiologie-animale et végétale, l'anatomie comparée des deux règnes, la zoologie, la botanique, la minéralogie et la géologie. Par MM. AUDOUIN, A. BRONGNIART et DUMAS). = *Paris, Béchet jeune,* 1824-30, 18 vol. in-8 et 4 vol. in-4 d'atlas.

(Il manque l'année 1828, les trois dernières années (1831-1833), et les 2e et 3e séries. Il manque aussi les planches de 1828-30.)

* Bulletin des sciences naturelles et de géologie...
Publié sous la direction de M. le B^{on} DE FÉRUSSAC. (Rédacteurs principaux, MM. DELAFOSSE, BRONGNIART, DESMARETS, RASPAIL, LESSON, LÜROTH, GUILLEMIN et KUHN.)
— *Paris*, 1824-31, 24 vol. in-8. — (V. BELLES-LETTRES, *n*° 239.)

1440. — Mémoires de la Société d'histoire naturelle de Strasbourg. — *Paris, F.-G. Levrault*, 1830-31, 2 vol. in-4.

(T. I en 2 parties et 1re livraison du T. II.)

1441. — Société linnéenne du Calvados. — *Impr. de Chalopin fils*, 1824, in-8.

(Rapport fait par M. DE CAUMONT sur les travaux de la Société depuis son origine jusqu'au 24 mai 1824; Première course géologique dans le département de la Manche, observations communiquées par M. DE CAUMONT dans la séance du 4 août 1823; Extrait du premier mémoire de M. DE CAUMONT sur la géologie de l'arrondissement de Bayeux; Second mémoire du même sur le même objet.)

B. — *Ouvrages divers sur la nature.* — *Philosophie végétale et animale* (1).

* P. GASSENDI, de rebus terrenis membra II. — (V. *n*° 15, *Opera*, T. II.)

1442. — Des singularités de la nature. Par M. DE VOLTAIRE. Nouvelle édition. — *Londres*, 1772, in-8.

1443. — Mémoires sur différentes parties des sciences et des arts. Par M. GUETTARD,... — *Paris, Laurent Prault*, 1768-70, 3 vol. in-4.

(Il manque les T. IV et V.)

* Etudes de la nature. Par Bernardin DE SAINT-PIERRE. — Harmonies de la nature, par le même. — (V. POLYGRAPHIE, *n*^{os} 89-90, *OEuvres*.)

1444. — Tableaux de la nature, ou Considérations sur

(1) V. ci-dessus, n°s 124-150, pour les ouvrages qui traitent de la nature au point de vue philosophique.

les déserts, sur la physionomie des végétaux et sur les cataractes de l'Orénoque. Par A. DE HUMBOLDT. Traduits de l'allemand par J.-B.-B. EYRIÈS. = *Paris, F. Schœll,* 1808, 2 tomes en 1 vol. in-12.

1445. — Tableaux de la nature. Par Alexandre DE HUMBOLDT. Dernière édition, publiée à Berlin en 1849. Traduits par Ferd. HOEFER. — *Paris, Firmin Didot frères,* 1850-51, 2 vol. in-8.

1446. — Harmonies de la nature, ou Recherches philosophiques sur le principe de la vie. Par J.-A. AGNÈS,... — *Paris, Videcoq fils aîné,* 1857, et *Saint-Servan, Aristide Le Bien,* 1861, 2 vol. in-8.

1447. — Considérations sur les corps organisés, où l'on traite de leur origine, de leur développement, de leur reproduction, etc., et où l'on a rassemblé en abrégé tout ce que l'histoire naturelle offre de plus certain et de plus intéressant sur ce sujet. Par C. BONNET,... Seconde édition. — *Amsterdam, Marc-Michel Rey,* 1768, 2 tomes en 1 vol. in-8.

1448. — Expériences pour servir à l'histoire de la génération des animaux et des plantes. Par M. l'abbé SPALLANZANI,... (Trad. par SENEBIER.) Avec une ébauche de l'histoire des êtres organisés avant leur fécondation, par Jean SENEBIER,... = *Genève, Barthélemy Chirol,* 1785, in-8.

1449. — Mémoire sur l'influence de l'électricité dans la fécondation des plantes et des animaux, et considérations rapides sur la prétendue génération spontanée. Par J.-P. GASC,... — *Paris, impr. de J. Tastu,* 1823, in-8 de 63 pages.

1450. — Opuscules de physique animale et végétale. Par Mr l'abbé SPALLANZANI,... augmentés de ses Expériences sur la digestion de l'homme et des animaux. Traduits de l'italien par Jean SENEBIER,... On y a joint plusieurs lettres relatives à ces opuscules écrites à Mr l'abbé Spallanzani, par Mr Charles BONNET et par d'autres naturalistes célèbres. — *Pavie, et Paris, Pierre-J. Duplain,* 1787, 2 vol. in-8.

1451. — La statique des végétaux et celle des animaux ; expériences lues à la Société royale de Londres, par le D. HALES,... — *Paris, impr. de Monsieur,* 1779-80, 2 tomes en 1 vol. in-8.

(Le T. I porte au faux-titre : « La statistique des végétaux et l'analyse de l'air, ouvrage traduit de l'anglais par M. le comte DE BUFFON,... Nouvelle édition, revue par M. SIGAUD DE LA FOND,...». Le T. II : «Hémastatique, ou la Statique des animaux, expériences hydrauliques faites sur des animaux vivants, avec un Recueil de quelques expériences sur les pierres que l'on trouve dans les reins et dans la vessie ; et des recherches sur la nature de ces concrétions irrégulières. Ouvrage traduit de l'anglais par M. DE SAUVAGES,... ».)

1452. — Leçons sur les phénomènes physiques des corps vivants. Par C. MATTEUCCI. Édition française. (Trad. par le docteur CLET), publiée, avec des additions considérables, sur la deuxième édition italienne... — *Paris, Victor Masson,* 1847, grand in-18.

1453. — Considérations générales sur l'espèce. Par E.-A. CARRIÈRE,... — *Paris, librairie agricole de la Maison rustique,* 1861, in-8.

————

* Le microscope à la portée de tout le monde... Traduit... de Henry BAKER... (Par le P. PEZENAS.) — (V. n° 1178.)

* Galerie microscopique... — (V. n° 1179.)

————

CHAPITRE II. — *Traités particuliers sur les différentes branches de l'histoire naturelle.*

§ 1er. — GÉOLOGIE ET MINÉRALOGIE.

A. — Généralités et Mélanges.

1454. — Dictionnaire universel des fossiles propres et des fossiles accidentels, contenant une description des terres, des sables, des sels, des soufres, des bitumes, des pierres simples et composées, communes et précieuses, transparentes et opaques, amorphes et figurées, des minéraux, des métaux, des pétrifications du règne animal et du règne végétal, etc., avec des recherches sur la formation de ces fossiles, sur leur origine, leurs usages, etc. Par Mr E. BERTRAND,... — *La Haye, Pierre Gosse,* et *Daniel Pinet,* 1763, 2 tomes en 1 vol. in-8.

1455. — Lettres physiques et morales sur l'histoire de la terre et de l'homme... Par J.-A. DE LUC,... — *La Haye, de Tune,* et *Paris, Ve Duchesne,* 1779-80, 5 vol. in-8.

1456. — Abrégé de géologie... Par J.-André DE LUC,... — *Paris, Méquignon-Marvis,* 1816, in-8.

(A la suite :)

— Tableau de l'univers, ou Causes du mouvement annuel de la rotation des astres; suivi d'un Traité géologique sur la formation de la terre et de ses organisations. Par J. SEITZ. — *Paris, Ve Courcier,* 1818, in-8.

1457. — Introduction à la géologie ou à l'histoire naturelle de la terre. Par Scip. BREISLAK,... Traduit de l'italien, par J.-J.-B. BERNARD,... — *Paris, J. Klostermann fils,* 1812, in-8.

1458. — Traité sur la structure extérieure du globe, ou Institutions géologiques. Par Scipion BREISLAK,... (Trad. du manuscrit italien, par P.-J.-L. CAMPMAS.) — *Paris, Fantin et Comp.* (et autres), 1822, 2 vol. in-8 avec atlas in-4.

(Il manque le T. III.)

1459. — Traité de géognosie, ou Exposé des connaissances actuelles sur la constitution physique et minérale du globe terrestre. Par J.-F. D'AUBUISSON DE VOISINS,... — *Strasbourg,* et *Paris, F.-G. Levrault,* 1819, 2 vol. in-8.

1460. — Traité élémentaire de géologie, minéralogie et géognosie, suivi d'une statistique minéralogique des départements, par ordre alphabétique. Histoire naturelle

inorganique, par M. G. BARRUEL,... Avec une préface de
M. GASC. — *Paris, Levrault,* 1835, in-8.

(Le faux-titre porte : « Cours d'études rationnelles... sous la
direction de M. Gasc,... ».)

1461. — Recherches sur la partie théorique de la
géologie. Par Henri T. DE LA BÊCHE,... Traduites de
l'anglais, par H. DE COLLEGNO,... — *Paris, F.-G. Levrault,*
1838, in-8.

1462. — Première lettre géologique adressée à l'Académie des sciences et aux principales sociétés savantes de
Paris et des départements. Par E.-L. GUIET,... — *Mamers,
impr. de Jules Fleury,* 1857, in-8 de 8 pages.

(La couverture imprimée sert de titre.)

1463. — Tableau mnémonique des terrains primitifs,
destiné au géologue voyageur, avec son explication. Par
M. Nérée BOUBÉE,... — *Paris, F.-G. Levrault,* 1831, in-8
de 12 pages.

1464. — Œuvres complètes de Bernard PALISSY,
édition conforme aux textes originaux imprimés du
vivant de l'auteur; avec des notes et une Notice historique, par Paul-Antoine CAP. — *Paris, J.-J. Dubochet et
Cie,* 1844, grand in-18.

1465. — Journal des mines, publié par l'Agence des
mines de la République. — *Paris, an* III-1815, 33 vol.
in-8.

(Il manque le premier semestre de l'an XII, le second semestre
de l'an XIII, le premier semestre de 1812 et l'année 1813. Le journal
a été interrompu de germinal an VII à germinal an IX.)

B. — Révolutions du globe; Tremblements de terre. — Ouvrages divers.

1466. — Renouvellements périodiques des continents
terrestres. Par Louis BERTRAND,... — *Paris, Charles
Pougens* (et autres), an VIII, in-8.

1467. — Discours sur les révolutions de la surface du

globe, et sur les changements qu'elles ont produits dans le règne animal. Par M. le baron G. CUVIER,... — *Paris, G. Dufour et Ed. d'Ocagne*, 1826, in-4.

(Portrait de l'auteur.)

1468. — Même ouvrage. Huitième édition. — *Paris, H. Cousin*, et *Amsterdam*, *Vᵉ Legras*, 1840, in-8.

1469. — Lettres sur les révolutions du globe. Par M. Alex. B. (BERTRAND). — *Paris, Bossange frères*, 1824, in-18, avec une planche.

1470. — Même ouvrage. Cinquième édition, revue, corrigée et considérablement augmentée; enrichie de nouvelles notes par MM. ARAGO, ELIE DE BEAUMONT, Al. BRONGNIARD, etc. — *Paris, Just Tessier*, 1839, in-8.

1471. — Le déluge. Considérations géologiques et historiques sur les derniers cataclysmes du globe. Par Frédéric KLEE. Édition française. — *Paris, Victor Masson*, et *Charpentier*, 1847, grand in-18.

1472. — Dissertation sur les derniers tremblements de terre. (Par le P. Félicien DE ST-NORBERT, carme déchaussé.) — *Londres, aux dépens de la compagnie*, 1757, in-12 de 48 pages.

C. — Du Feu souterrain, des Montagnes et des Volcans.

1473. — L'action du feu central bannie de la surface du globe, et le soleil rétabli dans ses droits; contre les assertions de MM. le comte de Buffon, Bailly, de Mairan, etc. Par M. D. R. D. L. (DE ROMÉ DE L'ISLE). — *Stockholm*, et *Paris, P.-Fr. Didot le jeune*, 1779, in-8 de 84 pages.

1474. — Du feu souterrain. Par M. DUCARLA. — *Paris, Prault*, 1783, in-8 de 55 pages.

* (V. aussi n° 1120.)

* Ioannis BOCCACII DE CERTALDO : de montibus : syluis

fontibus : lacubus : fluminibus : stagnis : seu paludib' :
de nominibus maris : liber īcipit feliciter. — (A la fin :)
... *Venetiis Idus Iañ.* cccc. Lxx iii (1473), in-fol. de
74 feuillets. — (V. à la suite de l'ouvrage intitulé : « Ge-
nealogiæ deorum gentilium », *division* RELIGION.)

1475. — Mémoire sur cette question : « Ne faut-il pas
rejeter en géologie le système des soulèvements, et n'est-il
pas plus probable que les divers terrains se sont formés à
mesure que la hauteur de la mer diminuait par le refroidissement du globe? ». Par P.-E. MORIN,... Lu au
Congrès scientifique tenu à Besançon le 7 septembre 1841.
— *Paris, Carilian-Gœury et V. Dalmont* (s. d.), in-8 de
23 pages.

1476. — Notice sur les systèmes de montagnes. Par
L. ELIE DE BEAUMONT,... — *Paris, P. Bertrand*, 1852,
3 vol. in-18.

1477. — Minéralogie des volcans, ou Description de
toutes les substances produites ou rejetées par les feux
souterrains. Par M. FAUJAS DE SAINT-FOND. — *Paris,
Cuchet*, 1784, in-8.

D. — Des Eaux.

1478. — Théologie de l'eau, ou Essai sur la bonté, la
sagesse et la puissance de Dieu, manifestées dans la création de l'eau; traduit de l'allemand de monsieur Jean-
Albert FABRICIUS,... (Par le Dr BURNAND.) Avec de nouvelles remarques communiquées au traducteur. — *Paris,
Chaubert*, et *Durand*, 1743, in-8.

1479. — Hydrogéologie, ou Recherches sur l'influence
qu'ont les eaux sur la surface du globe terrestre; sur
les causes de l'existence du bassin des mers, de son
déplacement et de son transport successif sur les différents points de la surface de ce globe; enfin sur les
changements que les corps vivants exercent sur la nature
et l'état de cette surface. Par J.-B. LAMARCK,... — *Paris,
l'auteur, Agasse,* et *Maillard, an* x, in-8.

(On trouve à la suite deux mémoires du même auteur, l'un sur le
feu, et l'autre sur le son.)

1480. — Telliamed, ou Entretiens d'un philosophe indien avec un missionnaire français sur la diminution de la mer. Par M. DE MAILLET. Nouvelle édition, revue, corrigée et augmentée sur les originaux de l'auteur, avec une Vie de M. de Maillet (par l'abbé J.-B. LE MASCRIER). — *La Haye, Pierre Gosse junior,* 1755, 2 vol. in-12.

1481. — Essai sur la théorie des torrents et des rivières, contenant les moyens les plus simples d'en empêcher les ravages, d'en rétrécir le lit, et d'y faciliter la navigation, le hallage et la flottaison; accompagné d'une discussion sur la navigation intérieure de la France; et terminé par le projet de rendre Paris port maritime, en faisant remonter à la voile, par la Seine, les navires qui s'arrêtent à Rouen. Par le citoyen FABRE,... — *Paris, Bidault, an* VI=1797, in-4.

1482. — Études sur la circulation naturelle des eaux superficielles et souterraines dans le département de la Vienne; comprenant 1º des Considérations sur le drainage; 2º l'origine des sources naturelles; 3º la théorie du gisement des sources cachées; 4º la théorie des puits artésiens. Avec une Carte géologique et des coupes. Par M. DE LONGUEMAR,... [Extrait du *Journal de la Vienne.*] — *Poitiers, impr. de A. Dupré,* 1856, in-8 de 41 pages et une planche.

(La couverture imprimée sert de titre.)

1483. — De l'art du fontenier sondeur et des puits artésiens, ou Mémoire sur les différentes espèces de terrains dans lesquels on doit rechercher des eaux souterraines, et sur les moyens qu'il faut employer pour ramener une partie de ces eaux à la surface du sol à l'aide de la sonde du mineur ou du fontenier. Par F. GARNIER,... — *Paris, impr. de madame Huzard,* 1822, in-4 avec planches.

1484. — L'art de découvrir les sources propres à donner naissance à des fontaines jaillissantes, ou montantes de fond; avec un Aperçu des dépenses qu'entraîne leur établissement. Ouvrage accompagné de planches coloriées représentant les différentes coupes de terrain. Par Paul TOURNIER,... — *Paris, Tissot,* 1850, in-18 de 36 pages et 6 planches.

1485. — Essai géologique et physique sur la possibilité d'obtenir des eaux jaillissantes dans le département du Doubs au moyen des puits artésiens. — (Sans frontispice), in-8 de 20 pages.

1486. — Société royale et centrale d'Agriculture. — Programme d'un concours pour le percement de puits forés suivant la méthode artésienne, à l'effet d'obtenir des eaux jaillissantes applicables aux besoins de l'agriculture; suivi de considérations géologiques et physiques sur le gisement de ces eaux et de recherches sur les puits forés en France. Par M. le Vte HÉRICART DE THURY,... — *Paris, impr. de Mme Huzard*, 1828, in-8 de 64 pages.

* (V. aussi n°s 1313-1318. Pour ce qui concerne l'analyse chimique des eaux, V. n^us 1282-1283 ; et, pour les eaux envisagées au point de vue médical, V. ci-après, SCIENCES MÉDICALES.)

1487. — Compte-rendu des expériences faites à Grenoble en 1834, 1835 et 1836 sur les enduits propres à prévenir le développement des tubercules ferrugineux dans les tuyaux de fonte; suivi de quelques observations sur le mode de construction et la résistance des conduits en mortier hydraulique. Par MM. VICAT et GUEYMARD. Extrait du tome X des *Annales des mines*. — *Paris, Carilian-Gœury*, 1836, in-8 de 20 pages.

* De la température des eaux thermales. Par D.-A. GODRON. — (V. ci-après, *De l'hybridité dans les végétaux*.)

E. — Géologie et Minéralogie de diverses contrées.

1488. — Observations sur l'histoire naturelle et sur la richesse minérale de l'Espagne. Par M. F. LE PLAY,... — *Paris, Carilian-Gœury*, 1834, in-8 de 80 pages et une planche.

(Extrait des *Annales des mines*, 3e série, T. V.)

1489. — Ministère de l'agriculture, du commerce et des travaux publics. — Direction des mines. — Statistique de l'industrie minérale. Résumé des travaux statistiques de l'administration des mines en 1853, 1854, 1855, 1856, 1857, 1858 et 1859. — *Paris, impr. imp.*, 1861, grand in-4.

1490. = Ministère de l'agriculture, du commerce et des travaux publics. — Direction des mines. — Statistique de l'industrie minérale. Rapport à l'empereur (par E. ROUHER). — *Paris, impr. imp.*, 1861, in-4.

1491. — Essai sur la minéralogie des monts Pyrénées ; suivi d'un catalogue des plantes observées dans cette chaîne de montagnes. Ouvrage enrichi de planches et de cartes. (Par l'abbé PALASSOU.) — *Paris, Didot jeune* (et autres), 1781, in-4.

* (V. *division* HISTOIRE, *Supplément* : RAMOND, *Observations dans les Pyrénées;* DUSSAULX, *Voy. à Baréges.*)

1492. — Etudes sur la Touraine. Hydrographie, géologie, agronomie, statistique ; avec 4 cartes géologiques et agronomiques, de nombreuses coupes, des profils, et 7 tableaux graphiques. Par M. l'abbé C. CHEVALIER,... et M. G. CHARLOT,... — *Tours, Guilland-Verger,* 1858, in-8.

1493. — Rapport sur les richesses minérales des communes de Saint-Bonnet-la-Rivière, Chabrignac, Juillac, Madrias, Objat, etc., arrondissement de Brives [Corrèze]. (Par E. GODEFROY.) — *Limoges, impr. Ducourtieux et Cⁱᵉ,* 1860, in-4 de 20 pages.

(La couverture imprimée sert de titre.)

* Aperçu géologique et minéralogique sur le département de la Haute-Vienne. Par M. F. ALLUAUD aîné... — *Limoges,* 1856, in-12. — (V. HISTOIRE, *n°* 1213.)

1494. — Observations sur les volcans de l'Auvergne, suivies de notes sur divers objets, recueillies dans une course minéralogique faite l'année dernière an 10 [1802]. Par LACOSTE,... — *Clermont-Ferrand, Vᵉ Delcros et fils,* et *Granier et Froin,* an XI, in-8.

1495. — Lettres minéralogiques et géologiques sur les volcans de l'Auvergne, écrites dans un voyage fait en 1804. Par LACOSTE,... — *Clermont, impr. de Landriot, an* XIII=[1805], in-8.

1496. — Topographie minéralogique du département du Puy-de-Dôme, suivie d'un Dictionnaire oryctognos= tique, d'une Liste des noms des roches et minéraux, d'un Tableau des hauteurs des montagnes, villes, villages et hameaux du même département, au-dessus du niveau de la mer, et d'un Tableau comparatif de ces hauteurs. Par J.-B. BOUILLET,... Seconde édition... — *Clermont-Ferrand, typ. de Hubler,* 1854, in-8.

* Description historique et scientifique de la Haute-Auvergne [département du Cantal]... Par J.-B. BOUILLET,... — *Paris,* 1834, 2 vol. in-8, dont un d'atlas. — (V. HISTOIRE, *Supplément.*)

1497. — Lettre de l'abbé LACOSTE,... aux amis des sciences du département du Puy-de-Dôme et des autres pays, pour leur recommander le cabinet de minéralogie de la ville de Clermont, dont il a été nommé conservateur, et le jardin des plantes de la même cité, dont il est pro- fesseur (14 avril 1823). — (Sans frontispice), in-8 de 26 pages.

(A la suite :)

— Discours sur ce sujet : « Combien les sciences, les lettres et les arts peuvent être cultivés avec succès dans le département du Puy-de-Dôme et dans toute l'Auvergne, et quels sont les moyens de les y rendre florissants? ». Suivi de notes. Par l'abbé LACOSTE,... — *Clermont, Landriot,* 1819, in-8 de 96 pages.

* Voyage d'Auvergne. Par M. LE GRAND D'AUSSY. — (V. HISTOIRE, *Supplément.*)

1498. — Description géognostique des environs du Puy en Vélay, et particulièrement du bassin au milieu duquel cette ville est située. Par J.-M. BERTRAND-ROUX. Avec une carte coloriée et deux planches. — *Paris, F.-G. Levrault,* et *Le Puy, J.-B. La Combe,* 1823, in-8.

1499. — Etudes géologiques, chimiques et agrono- miques des sols de La Bresse et particulièrement de ceux de La Dombes. Par M. A.-Florent POURIAU,... — *Lyon*, *impr. de Barret*, 1858, grand in-8.

(Extrait des *Annales de la Société impériale d'agriculture, d'histoire naturelle et des arts utiles de Lyon.* — 1858.)

1500. — Description géologique de la partie méridionale de la chaîne des Vosges. Par M. ROZET,... Ouvrage orné de planches. — *Paris, Rorel*, 1834, in-8.

1501. — Extrait des *Annales de la Société d'émulation du département des Vosges.* — Mémoire sur les formations géologiques de l'arrondissement de Mirecourt. Par M. GAULARD,... — (S. l. n. d.), in-8 de 24 pages.

1502. — Mémoire pour servir à une description géologique du département de la Meuse. Par GAULARD,... — *Verdun, impr. de Villet-Collignon*, 1836, in-8 de 40 pages.

1503. — Aperçu de la topographie minéralogique de l'Alsace. Par M. VOLTZ,... Extrait de la nouvelle description historique et topographique de l'Alsace par M. Aufschlager. — *Strasbourg, Frédéric-Charles Heitz*, 1828, in-8 de 69 pages.

1504. — Observations sur les salines du département de la Meurthe, de celui du Bas-Rhin et du pays conquis de la Layen; les mines et manufactures d'asphalte du département du Bas-Rhin, et les mines et manufactures des pays conquis entre le Rhin et la Moselle. Par LOYSEL,... — *Paris, impr. nat., an III*, in-8 de 19 pages et une planche.

1505. — Mémoires géologiques et métallurgiques sur l'Allemagne, comprenant le gisement, l'exploitation et le traitement des minerais d'étain de Saxe et des minerais de cuivre de Mansfeld; une description géologique de la Sibérie et des notices sur les mines et usines à fer, à plomb et à zinc de cette dernière contrée. Par M. MANÈS,... — *Paris, impr. de Mme Huzard*, 1828, in-8.

1506. — Journal d'un voyage (dans le Palatinat), qui contient différentes observations minéralogiques, particulièrement sur les agates et le basalte; avec un détail sur la manière de travailler les agates. Par M. COLLINI,... — *Manheim*, *C.-F. Schwan*, 1776, in-8.

1507. — Note sur le phénomène erratique du nord de l'Europe et sur les mouvements récents du sol scandinave. Par M. A. DAUBRÉE,... — (Extrait de l'ouvrage intitulé *Voyages en Scandinavie, en Laponie*, etc.). — In-8 de 16 pages et une planche.

1508. — Nouvelle description des glacières, vallées de glace et glaciers qui forment la grande chaîne des Alpes, de Savoie, de Suisse et d'Italie. Par M. BOURRIT,... Nouvelle édition, revue et augmentée... ornée de tableaux dessinés sur les lieux par l'auteur, et gravés par les meilleurs artistes. — *Genève*, et *Paris*, *Buisson*, 1787, 3 vol. in-8.

1509. — Lettres sur quelques parties de la Suisse... Par J.-A. DE LUC,... — *Paris, veuve Duchesne*, 1787, in-8.

(La première partie seulement. Le frontispice porte : « Lettres physiques et morales sur les montagnes et sur l'histoire de la terre et de l'homme ».)

1510. — Itinéraire du St-Gothard, d'une partie du Valais et des contrées de la Suisse que l'on traverse ordinairement pour se rendre au Gothard ; accompagné d'une carte lithographique des environs de cette montagne. Publié par Chrétien DE MECHEL,... — *Basle*, 1795, in-8.

1511. — Essai sur les soulèvements jurassiques du Porentruy. Description géognostique de la série jurassique et théorie orographique du soulèvement. Avec cinq planches représentant la classification des soulèvements jurassiques en quatre ordres. Par J. THURMANN,... [Extrait des mémoires de la Société d'histoire naturelle de Strasbourg.] — *Paris, F.-G. Levrault*, 1832, in-4.

(La première livraison. Une seconde livraison était annoncée : nous ignorons si elle a paru.)

1512. — Essai sur la montagne salifère du gouvernement d'Aigle, situé dans le canton de Berne. Par François-Sam. WILD,... Avec une carte du pays et une planche de figures. = *Impr. de Barde, Manget et comp., à Genève,* 1788, in-8.

1513. — Geognostische Beschreibung des Kaiserstuhls bei Freiburg in Breisgau. Inauguraldissertation von Otto EISENLOHR,... Mit einer illuminirten Karte. — *Karlsruhe, im verlag der Chr.-Fr. Müller'schen Hofbuchhandlung,* 1829, in-8.

* (V: aussi *division* HISTOIRE pour certains voyages en Suisse, tels que ceux de William COXE, Maria WILLIAMS, etc.)

1514. — Voyages physiques et lithologiques dans la Campanie; suivis d'un Mémoire sur la constitution physique de Rome; avec la carte générale de la Campanie, d'après Zannoni, celle des cratères éteints entre Naples et Cumes; celle du Vésuve, du plan physique de Rome, etc., etc. Par Scipion BREISLAK. Traduits du manuscrit italien et accompagnés de notes, par le général POMMEREUIL. — *Paris, Dentu, an* IX=[1801], 2 vol. in-8.

1515. — De vesuviano incendio nuntius, in lucem iterum editus. Auctore Julio-Cæsare RECUPITO, Neapolitano,... — *Neapoli, apud Ægidium Longum,* 1632. *Et denuo per Octavium Beltranum,* 1633, in-16.

* Voyages dans les deux Siciles et dans quelques parties des Apennins. Par SPALLANZANI,... Traduits de l'italien par G. TOSCAN,... avec des notes du cit. FAUJAS DE ST-FOND. — *Paris, an* VIII, 6 vol. in-8. = (V. HISTOIRE, *Supplément.*)

* (V. la même division pour différents autres voyages en Sicile, tels que ceux de BRYDONE, du comte DE BORCH, du comte FORBIN, de RENOUARD DE BUSSIERRE, de GOURBILLON.)

1516. — Minéralogie sicilienne docimastique et métallurgique, ou Connaissance de tous les minéraux que produit l'île de Sicile, avec les détails des mines et des carrières, et l'histoire des travaux anciens et actuels de ce pays. Suivie de la minérhydrologie sicilienne, ou la desription de toutes les eaux minérales de la Sicile. Par l'auteur de la Lythologie sicilienne (le comte DE BORCH). — *Turin, 1780, frères Reycends,* in-8.

(Portrait de l'auteur.)

1517. — Mémoire sur les îles Ponces, et Catalogue raisonné des produits de l'Etna, pour servir à l'histoire des volcans; suivis de la description de l'éruption de l'Etna du mois de juillet 1787. Par M. le commandeur Déodat DE DOLOMIEU,... — *Paris, Cuchet,* 1788, in-8.

* Expédition scientifique de Morée... Géologie et minéralogie. Par MM. PUILLON DE BOBLAYE,... et Th. VIRLET,... — (V. HISTOIRE, *n°* 1380.)

* Géologie de l'Egypte. — (V. HISTOIRE, *n°* 1589, *Description de l'Egypte.*)

1518. — Notice minéralogique sur les provinces d'Oran et d'Alger. — Par M. VILLE,... — *Paris, impr. imp.,* 1857, in-4 avec atlas in-fol. max.

F. — Minéralogie. — Traités généraux et Mélanges.

1519. — Mineralogia, sive naturalis philosophiæ thesauri, in quibus metallicæ concretionis medicatorumque fossilium miracula, terrarum pretium, colorum et pigmentorum apparatus, concretorum succorum virtus, lapidum atque gemmarum dignitas continentur. Hos publici juris fecit R. P. Bernardus CÆSIUS Mutinensis,... — *Lugduni, sumptib. Jacobi et Petri Prost,* 1636, in-fol.

1520. — Manuel du minéralogiste, ou Sciagraphie du règne minéral, distribuée d'après l'analyse chimique. Par M. TORBERN BERGMAN,... Mise au jour par M. FERBER,... et traduite et augmentée de notes par M. MONGEZ le jeune,... Nouvelle édition, considérablement augmentée par J.-C. DELAMÉTHERIE. — *Paris, Cuchet,* 1792, 2 vol. in-8.

1521. — Principes de minéralogie, ou Exposition succincte des caractères extérieurs des fossiles, d'après les leçons du professeur WERNER, augmentées d'additions

manuscrites fournies par cet auteur. Par J.-P. VANBER-
CHEM-BERTHOUT,... et Henri STRUVE,... — *Paris, Reynier,*
an III, in-8.

1522. — Traité de minéralogie. Par le C^en HAÜY,...
— *Paris, Louis,* [x]=1801, 4 vol. in-8, avec atlas in-4
oblong.

1523. — Même ouvrage. Seconde édition, revue,
corrigée et considérablement augmentée par l'auteur. —
Paris, Bachelier et Huzard, et *Ve Courcier,* 1822, 4 vol. in-8,
avec atlas in-4 oblong.

1524. — Tableau méthodique des espèces minérales,
première partie... contenant : la distribution méthodique
des espèces minérales, l'indication de leurs caractères et
la nomenclature de leurs variétés, extraites du Traité de
minéralogie publié par M. Haüy en 1801; auxquelles on a
joint la description des espèces et des variétés découvertes
depuis la publication de ce traité jusqu'en 1806. —
Seconde partie, contenant la distribution méthodique des
espèces minérales, extraite du Tableau cristallographique
publié par M. Haüy en 1809, leurs synonymies française,
allemande, italienne, espagnole et anglaise, avec l'indication de leurs gisements; auxquelles on a joint la description abrégée de la collection de minéraux du Muséum
d'histoire naturelle et celle des espèces et des variétés
observées depuis 1806 jusqu'en 1812. Par J.-A.-H. LUCAS,...
— *Paris, d'Hautel,* 1806-13, 2 vol. in-8.

1525. — Traité élémentaire de minéralogie, suivant les
principes du professeur WERNER,... Rédigé d'après
plusieurs ouvrages allemands, augmenté des découvertes
les plus modernes, et accompagné de notes pour accorder
sa nomenclature avec celle des autres minéralogistes
français et étrangers. Par A.-J.-M. BROCHANT,... Seconde
édition. — *Paris, veuve Villier,* 1808, 2 vol. in-8.

(Les tableaux, reliés à part, forment un vol. in-4.)

1526. — Traité élémentaire de minéralogie, avec des
applications aux arts; ouvrage destiné à l'enseignement
dans les lycées nationaux. Par Alexandre BRONGNIART,...
— *Paris, Deterville,* 1807, 2 vol. in-8.

1527. — Minéralogie à l'usage des gens du monde... Par J.-B. PUJOULX. — *Paris, Ve Lepetit*, 1813, in-8.

1528. — Nouveau système de minéralogie. Par J.-J. BERZELIUS,... Traduit du suédois sous les yeux de l'auteur... — *Paris, Méquignon-Marvis*, 1819, in-8.

1529. — Traité élémentaire de minéralogie. Par F.-S. BEUDANT,... — *Paris, Verdière*, 1824, in-8.

1530. — Traité de minéralogie. Par A. DUFRÉNOY,... — *Paris, Carilian-Gœury et V^{or} Dalmont*, 1844-45, 4 vol. in-8, dont un d'atlas.

1531. — Minéralogie appliquée aux arts, ou Histoire des minéraux qui sont employés dans l'agriculture, l'économie domestique, la médecine ; la fabrication des sels, des combustibles et des métaux ; l'architecture et la décoration ; la peinture et le dessin ; les arts mécaniques ; la bijouterie et la joaillerie... Par C.-P. BRARD,... — *Paris, F.-G. Levrault*, 1821, 3 vol. in-8.

G. — Cristallographie.

1532. — Essai de cristallographie, ou Description des figures géométriques propres à différents corps du règne minéral connus vulgairement sous le nom de cristaux. Avec figures et développements. Par M. DE ROMÉ DELISLE,... — *Paris, Didot jeune, et Knapen et Delaguette*, 1772, in-8.

1533. — Cristallographie, ou Description des formes propres à tous les corps du règne minéral dans l'état de combinaison saline, pierreuse ou métallique. Avec figures et tableaux synoptiques de tous les cristaux connus. Par M. DE ROMÉ DE L'ISLE,... Seconde édition. — *Paris, impr. de Monsieur*, 1783, 4 vol. in-8 dont un de planches.

1534. — Des caractères extérieurs des minéraux, ou Réponse à cette question : « Existe-t-il dans les substances du règne minéral des caractères qu'on puisse regarder comme spécifiques ; et, au cas qu'il en existe, quels sont ces caractères ? ». Avec un Aperçu des différents systèmes lithologiques qui ont paru depuis Bromel jusqu'à présent. Suivi de deux tableaux synoptiques des substances pierreuses et métalliques, pour servir de suite à la Cristallographie. Par M. DE ROMÉ DE L'ISLE,... — *Paris, l'auteur* (et autres), 1784, in-8.

1535. — Éléments de cristallographie. Par Gustave ROSE. [Extrait par M. V. REGNAULT, ..]. — (*Paris,* 1833), in-8.

(Sans frontispice. — Extrait des *Annales des mines* , T. IV, 1833.)

1536. — Précis de cristallographie, suivi d'une méthode simple d'analyse au chalumeau, d'après des leçons particulières. Par M. LAURENT,... — *Paris, Victor Masson,* 1847, grand in-18.

1537. — De l'emploi du chalumeau dans les analyses chimiques et les déterminations minéralogiques. Par M. BERZÉLIUS. Traduit du suédois par F. FRESNEL. — *Paris, Méquignon-Marvis,* 1821, in-8.

H. — Gîtes métalliques.

1538. — De la richesse minérale. Considérations sur les mines, usines et salines des différents états, présentées comparativement, 1° sous le rapport des produits et de l'administration dans une première division, intitulée Division économique; 2° sous le rapport de l'état actuel de l'art des mines et usines dans une seconde division, intitulée Division technique. [Avec un atlas in-fol. de 65 planches.] Par A.-M. HÉRON DE VILLEFOSSE,... — *Paris, Treuttel et Würtz,* 1819, 3 vol. in-4 et atlas grand in-fol.

1539. — Mémoire sur les dépôts métallifères de la Suède et de la Norwége. Par M. A. DAUBRÉE,... Extrait du T. IV des *Annales des mines,* 1843. — *Paris, Carilian-Gœury et V* *Dalmont,* 1843, in-8.

1540. — Recherches sur le gisement et le traitement direct des minerais de fer dans les Pyrénées et particulièrement dans l'Ariége; suivies de Considérations historiques, économiques et pratiques sur le travail du fer et

de l'acier dans les Pyrénées. Par M. Jules FRANÇOIS,...
— Paris, Carilian-Gœury et V^{or} Dalmont, 1843, in-4, avec atlas in-4.

1541. — Mémoire sur le gisement, la constitution et l'origine des amas de minerai d'étain. Par M. DAUBRÉE,... Extrait du T. XX des *Annales des mines.* — Paris, Carilian-Gœury et V^{or} Dalmont, 1841, in-8 de 60 pages.

I. — Combustibles minéraux.

1542. — Des combustibles minéraux, d'après un ouvrage allemand de M. KARSTEN; extrait par A.-M. HÉRON DE VILLEFOSSE,... Lu à l'Académie le 14 août 1826. — Paris, impr. de Mme Huzard, 1826, in-8 de 66 pages.

1543. — Mémoire géologique et statistique sur les terrains de grès avec houille qui, dans les départements de l'Aveyron et du Tarn, recouvrent la pente occidentale du plateau primitif central de la France. Par M. MANÈS,... Extrait du T. X des *Annales des mines.* — Paris, Carilian-Gœury, 1836, in-8 de 46 pages et 2 planches.

1544. — Notices sur les gîtes de houille et les terrains des environs de Forges et de La Chapelle-sous-Dun, et sur les gîtes de manganèse et les terrains des environs de Romanèche, département de Saône-et-Loire. Par M. DRONOT,... — Paris, impr. impér., 1857, in-4, avec atlas in-fol.

1545. — Etudes géologiques sur le bassin houiller de la Sarre, faites en 1847, 1848, 1849 et 1850. Par E. JACQUOT,... — Paris, impr. impér., 1853, in-8.

1546. — Instructions sur l'usage de la houille, plus connue sous le nom impropre de charbon de terre, pour faire du feu; sur la manière de l'adapter à toutes sortes de feux; et sur les avantages tant publics que privés qui résulteront de cet usage... Par M. VENEL,... — Paris, Avignon, et Lyon, Gabriel Régnault, 1775, in-8.

1547. — Mémoire sur l'exploitation de la mine d'anthracite de La Rivoire, concession de La Motte-d'Aveillant [Isère]. Par M. C. GIROUD,... Extrait du T. IX des *Annales des mines*. — *Paris, Carilian-Gœury*, 1836, in-8 de 23 pages et une planche.

J. — *Minéraux divers*.

1548. = Mémoire sur les travaux qui ont été exécutés dans le département de la Meurthe pour la recherche et l'exploitation du sel gemme. Par M. J. LEVALLOIS,... — (Sans frontispice), brochure in-8, avec une planche.

(Extrait du T. IV des *Annales des mines*, année 1833.)

* Rapport sur la production et l'emploi du sel en Angleterre... Par M. Milne EDWARDS,... — (V. ci-après, AGRICULTURE.)

1549. — Recueil de mémoires et d'observations sur la formation et sur la fabrication du salpêtre. Par les commissaires nommés par l'Académie pour le jugement du prix du salpêtre. (Par GLAUBER, LÉMERY fils, POURFOUR DU PETIT, PIETSCH, Élie BERTRAND, Théophile-Sigismond GRUNNER, le Cte DE MILLY, DE VANNES, TRONSON DU COUDRAY, le Cher DESMAZIS, CLOUET, LAVOISIER, etc.) — *Paris, Lacombe*, 1776, in-8.

1550. — Mémoire sur la meilleure méthode d'extraire et de raffiner le salpêtre. Par M. TRONSON DU COUDRAY,... = *Upsal*, et *Paris, Ruault*, 1774, in-8.

1551. = Sur une variété de silex du midi du Périgord. Par M. Charles DES MOULINS. Extrait du Bulletin de la Société Géologique de France... séance du 21 juin 1847. — (A la fin :) *Paris, impr. de L. Martinet* (s. d.), in-8 de 13 pages.

* Recueil de différents mémoires sur la tourmaline. Publié par... ÆPINUS. — (V. n° 1132.)

* Mémoire sur l'iode. Par M. GAY-LUSSAC. — (V. n° 1284.)

J. — Pétrifications.

1552. — Prodrome d'une histoire des végétaux fossiles. Par M. Adolphe BRONGNIART,... — *Paris, F.-G. Levrault*, 1828, in-8.

1553. — System der urweltlichen Pflanzenthiere (système de zoophytes antédiluviens), durch Diagnose, Analyse und Abbildung der Geschlechter erläutert. Zum Gebrauche bey vorlesungen über Petrefactenkunde und zur Erleichterung des Selbststudiums derselben. Von Heinrich-G. BRONN,... — *Heidelberg, J.-C.-B. Mohr*, 1825, in-fol., planches.

(A la suite :)

— System der urweltlichen Konchylien (système des conchytes antédiluviennes)... Von Heinrich-G. BRONN,... — *Heidelberg, J.-C.-B. Mohr*, 1824, in-fol., planches.

1554. — Q. D. B. V. Theses de diluvio publico et placido eruditorum examini subjicient præses Joh.-Jac. SCHEUCHZERUS,... atque Joh.-Gasparus SCHEUCHZERUS,... author et respondens. Ad diem jun. M DCC XXII... — *Tiguri, ex typographeo Bodmeriano*, in-4 de 24 pages et une planche.

(A la suite :)

— Piscium querelæ et vindiciæ, expositæ à Johanne-Jacobo SCHEUCHZERO,... — *Tiguri, sumptibus authoris, typis Gessnerianis*, 1708, in-4 de 36 pages et 5 planches.

1555. — Mémoire sur les os anciens et fossiles, et sur d'autres résidus solides de la putréfaction. Par M. J. GIRARDIN,... et M. F. PREISSER,... — *Rouen, impr. de Nicétas Periaux*, 1843, in-8 de 45 pages.

1556. — Notice sur les ossements humains fossiles des cavernes du département du Gard; présentée à l'Académie des sciences le 29 juin 1829. Par M. DE CHRISTOL,... — *Montpellier, Martel aîné*, 1829, in-8 de 25 pages et une planche.

1557. — Le monde antédiluvien aux portes de Poitiers.

(Par M. DE LONGUEMAR.) Octobre 1854. — *Poitiers , impr. de A. Dupré , 1854, in-8 de 12 pages et une planche.*

(La couverture imprimée sert de titre.)

1558. — Encore un mot sur le fossile , ou Examen de la réponse de M. Barruel. Par MM. PAYEN, CHEVALLIER et JULIA-FONTENELLE. — *Paris , Delaunay, 1824, in-8 de 19 pages.*

§ 2. — BOTANIQUE.

A. — Introduction , Dictionnaires , Ouvrages généraux et Mélanges.

1559. — Discours prononcé le 7 mai 1834, à l'ouverture du cours de botanique de la Faculté de médecine, par M. le professeur FÉE. — (Sans frontispice), in-8 de 19 pages.

(A la suite :)

— Programme de la baleine monstrueuse exposée en cette ville; suivi d'un abrégé de l'histoire naturelle de cette reine des mers. — (Sans frontispice), in-8 de 16 pages.

1560. — Principes de la philosophie du botaniste, ou Dictionnaire interprète et raisonné des principaux préceptes et des termes que la botanique, la médecine, la physique, la chimie et l'agriculture ont consacrés à l'étude et à la connaissance des plantes. Par N. JOLY-CLERC ,... = *Paris, Ronvaux, an VI, in-8.*

* Encyclopédie méthodique. Botanique. Par le chevalier DE LAMARCK (continuée par J.-L.-M. POIRET). — (V. POLYGRAPHIE , *n° 12.*)

1561. — Principes de botanique expliqués au Lycée républicain. Par VENTENAT, bibliothécaire du Panthéon. — *Paris, Sallior, an III, in-8.*

(Etienne-Pierre Ventenat, né à Limoges le 1er mars 1757, mort à Paris le 13 août 1808.)

* Histoire naturelle, générale et particulière des

plantes... Par C.-F. BRISSEAU-MIRBEL (et JOLYCLERC). — (V. n° 1425, *Histoire naturelle de* BUFFON.)

1562. — Théorie élémentaire de la botanique, ou Exposition des principes de la classification naturelle et de l'art de décrire et d'étudier les végétaux. Par M. A.-P. DE CANDOLLE,... — *Paris, Déterville,* 1813, in-8.

1563. — Nouveaux éléments de botanique et de physiologie végétale. Quatrième édition, revue, corrigée et augmentée du caractère des familles naturelles du règne végétal. Par Achille RICHARD,... Avec huit planches en taille-douce... — *Paris, Béchet jeune,* 1828, in-8.

1564. — Même ouvrage. Sixième édition... Ornée de 5 planches nouvelles gravées sur acier et de 163 gravures intercalées dans le texte... — *Paris, Béchet jeune,* 1838, in-8.

1565. — Cours élémentaire d'histoire naturelle à l'usage des colléges et des maisons d'éducation... Par MM. A. de Jussieu, Milne-Edwards, et F.-S. Beudant. — Botanique. Par M. A. DE JUSSIEU,... — *Paris, Fortin, Masson et* Cie, *et Langlois et Leclercq* (s. d.), 2 parties en 1 vol. grand in-18.

1566. — Éléments de botanique. Par J.-B. PAYER,... Première partie : Organographie... — *Paris, Victor Masson, et Langlois et Leclercq,* 1857, grand in-18.

B. — *Anatomie, Physique et Physiologie des plantes.*

1567. — Anatomie comparée des végétaux, comprenant 1° les plantes aquatiques, 2° les plantes aériennes, 3° les plantes parasites, 4° les plantes terrestres. Par G.-A. CHATIN,... — *Paris, J.-B. Baillière et fils,* 1858-186..., 3 vol. in-8 avec planches.

(En publication.)

* Recherches générales sur l'organographie, la physiologie et l'organogénie des végétaux. Par M. Charles GAUDICHAUD. — (V. BELLES-LETTRES, n° 166-*Bb, Mém. de l'Instit., sav. étrangers,* T. VIII.)

1568. — Physiologie végétale, contenant une description des organes des plantes, et une exposition des phénomènes produits par leur organisation. Par Jean SENEBIER,... — *Genève, J.-J. Paschoud, an* VIII, 5 vol. in-8.

1569. — Eléments de physiologie végétale et de botanique. Par C.-F. BRISSEAU-MIRBEL,... — *Paris, Magimel,* 1815, 3 vol. in-8, dont un de planches.

* La statique des végétaux et l'analyse de l'air. (Par le Dr HALES.) Ouvrage traduit de l'anglais par M. le comte DE BUFFON. Nouvelle édition revue par M. SIGAUD DE LA FOND. — (V. *n*° 1451.)

1570. — La physique des arbres, où il est traité de l'anatomie des plantes et de l'économie végétale ; pour servir d'introduction au Traité complet des bois et des forêts. Avec une Dissertation sur l'utilité des méthodes de botanique, et une Explication des termes propres à cette science, et qui sont en usage pour l'exploitation des bois et des forêts. Par M. DUHAMEL DU MONCEAU,... Ouvrage enrichi de figures en taille-douce. — *Paris, veuve Desaint,* 1788, 2 vol. in-4.

* Expériences pour servir à l'histoire de la génération des animaux et des plantes. Par M. l'abbé SPALLANZANI,... — (*V. n*° 1448.)

1571. — Traité d'organogénie comparée de la fleur. Par J.-B. PAYER,... — *Paris, Victor Masson,* 1857, 2 vol. grand in-8, dont un d'atlas.

1572. — De l'hybridité dans les végétaux. Thèse de physiologie végétale présentée à la Faculté des sciences de Strasbourg... Par D.-A. GODRON,... — *Nancy, impr. de* V*c Raybois et C*ie*,* 1844, in-4 de 22 pages.

(A la suite :)

— De l'origine de la température des eaux thermales. Thèse de géologie présentée... par D.-A. GODRON,... — *Nancy,* 1844, in-4 de 19 pages.

1573. — Documents relatifs à la faculté germinative conservée par quelques graines antiques ; réunis par

M. Ch. des Moulins,... [Juillet 1846.] — (A la fin :)
Bordeaux, impr. de Th. Lafargue (s. d.), in-8 de 31 pages.

1574. — Expériences sur les végétaux, spécialement
sur la propriété, qu'ils possèdent à un haut degré, soit
d'améliorer l'air quand ils sont au soleil, soit de le cor-
rompre la nuit ou lorsqu'ils sont à l'ombre. Auxquelles
on a joint une méthode nouvelle de juger du degré de
salubrité de l'atmosphère. Par Jean Ingen-Housz,...
Traduit de l'anglais par l'auteur. Nouvelle édition, revue
et augmentée. — *Paris, Théophile Barrois le jeune, 1787-89,*
2 vol. in-8.

(Portrait de l'auteur.)

1575. — Mémoires sur l'influence de l'air et de diverses
substances gazeuses dans la germination de différentes
graines. Par les C⁵ François Huber,... et Jean Senebier,... — *Genève, J.-J. Paschoud, ix* [1801], in-8.

1576. — Recherches sur l'usage des feuilles dans les
plantes et sur quelques autres sujets relatifs à l'histoire de
la végétation. Par Charles Bonnet,... — *Gottingue et
Leide, Elie Luzac fils,* 1754, in-4.

1577. — Mémoires physico-chimiques sur l'influence
de la lumière solaire pour modifier les êtres des trois
règnes de la nature, et surtout ceux du règne végétal.
Par Jean Senebier,... — *Genève, Barthélemy Chirol,* 1782,
3 vol. in-8.

1578. — Expériences sur l'action de la lumière solaire
dans la végétation. Par Jean Senebier,... — *Genève,* et
Paris, Briand, 1788, in-8.

1579. — Recherches expérimentales sur la végétation.
Par M. Georges Ville,... — *Paris, Mallet-Bachelier,* 1857,
grand in-8 avec planches.

1580. — Le sommeil des plantes et la cause du mouvement de la sensitive, expliqués par M. J. Hill dans
une lettre à M. de Linné,... Ouvrage traduit de l'anglais
par M. ***. — *Genève,* et *Paris, J.-P. Costard,* 1773, in-8
de 52 pages.

C. — Systèmes de botanique.

1581. — De la propriété littéraire en matière de nomenclature scientifique. Par M. Charles DES MOULINS. —
Bordeaux, G. Gounouilhou, 1854, in-8 de 24 pages.

1582. — Josephi PITTON TOURNEFORT,... institutiones rei herbariæ. Editio tertia, appendicibus aucta ab
Antonio DE JUSSIEU,... — *Lugduni, juxta exemplar; Parisiis, e typographia regia*, 1719, 3 vol. in-4.

1583. — Caroli A LINNÉ species plantarum exhibentes
plantas rite cognitas ad genera relatas, cum differentis
specificis, nominibus trivialibus, synonymis selectis, locis
natalibus, secundum systema sexuale digestas. Editio
quarta, post reichardianam quinta, adjectis vegetabilibus
hucusque cognitis; curante Carolo Ludovico WILLDENOW.
— *Berolini, impensis G.-C. Nauk*, 1797-1810, 8 vol. in-8.

(Les trois premiers tomes en 7 vol. et la première partie du
T. IV. — Il manque la 2e partie du T. IV et la 1re partie du T. V.
L'ouvrage n'a pas été achevé.)

1584. — Antonii Laurentii DE JUSSIEU,... genera
plantarum secundum ordines naturales disposita, juxta
methodum in Horto regio parisiensi exaratam, anno
M. DCC. LXXIV. — *Parisiis, apud viduam Herissant*, et
Theophilum Barrois, 1789, in-8.

1585. — Carte botanique de la méthode naturelle
d'A.-L. de Jussieu; rédigée par le Cen D** (DESFON-
TAINES?) d'après le Tableau du règne végétal du Cen Ventenat,... — *Paris, impr. de la République, an* IX, in-8 de
94 pages, avec une grande carte in-fol.

(C'est M. Pallu, le savant bibliothécaire de Dôle, qui attribue cet
ouvrage à René Desfontaines. — V. *Catal. de Dôle, n°* 1851.)

D. — Histoire générale des plantes.

1586 — Phytologie universelle, ou Histoire naturelle
et méthodique des plantes, de leurs propriétés, de leurs

vertus et de leur culture... Par N. JOLYCLERC,... — *Paris, Gueffier jeune* (et autres), an VII, 5 tomes en 8 vol. in-8.

(Dictionnaire de botanique.)

1587. — Ivlii Caesaris SCALIGERI in libros dvos qvi inscribvntvr de plantis, ARISTOTELE avtore, libri dvo. — *Lvtetiae, ex officina Michaëlis Vascosani,* M. D. LVI, in-4.

1588. — De historia stirpivm commentarij insignes. Adiectis earundem viuis, & ad naturæ imitationem artificiose expressis imaginibus. Leonharto FUCHSIO medico,... autore. Accessit ijs succincta admodum vocum quarundam subobscurarum in hoc opere passim occurrentium explanatio. Triplex item index... — *Lvgdvni. Apud Balthazarem Arnolletum.* M. D. LI, in-8.

1589. — Histoire générale des plantes, traduite du latin de Jacques DALÉCHAMPS, par Jean DES MOULINS. — *Lyon, Roville,* 1615, 2 vol. in-fol.

(Les frontispices ont été enlevés.)

1590. — Histoire des plantes de l'Europe, et des plus usitées qui viennent d'Asie, d'Afrique et d'Amérique ; où l'on voit leurs figures, leurs noms, en quel temps elles fleurissent et le lieu où elles croissent... Divisée en deux tomes, et rangée suivant l'ordre du Pinax de Gaspard Bauhin. (Par Nic. DEVILLE. — *Lyon, frères Duplain,* 1762, in-12.

(Le T. Ier manque.)

1591. — Calendrier de Flore, ou Etudes de fleurs d'après nature. Par madame V. D. C. ******** (Victorine DE CHASTENAY). — *Paris, Maradan, an* X=1802, 2 vol. in-8.

(Il manque le T. III, paru en 1804.)

1592. — Observations botaniques. Par Th. GRENIER,... [Extrait des Mémoires de l'Académie des sciences, belles-lettres et arts de Besançon, séance du 24 août 1838.] — *Besançon, L. Sainte-Agathe, impr.,* 1838, in-8 de 36 pages et 2 planches.

(A la suite :)

— Souvenirs botaniques·des environs des Eaux-Bonnes. Par M. Ch. GRENIER,... A messieurs les membres de la Société Linhéenne de Bordeaux. — (Sans frontispice), in-8 de 16 pages.

* Les plantes industrielles. Par Gustave HEUZÉ,... — (V. ci-après, AGRICULTURE.)

E. — Jardins botaniques. — Catalogues de plantes.

1593. — Description des plantes nouvelles et peu connues cultivées dans le jardin de J.-M. Cels. Avec figures. Par E.-P. VENTENAT, de l'Institut national de France, l'un des conservateurs de la bibliothèque du Panthéon. — Paris, impr. de Crapelet, an VIII, grand in-4, avec 100 planches.

1594. — Choix de plantes dont la plupart sont cultivées dans le jardin de Cels. Par E.-P. VENTENAT,... — Paris, impr. de Crapelet, an XI=1803, in-fol. , avec 60 planches.

1595. — Jardin de La Malmaison, avec figures coloriées. Par E.-P. VENTENAT,... Les plantes sont peintes par REDOUTÉ, qui dirige et surveille l'exécution de cet ouvrage. — Paris, impr. de Crapelet, an XI-1803, in-fol.

1596. — Index seminum Horti regii botanici panormitani, ann. MDCCCLIX, quæ pro mutua commutatione proponuntur. (Auct. August. TODARO). — Grand in-8 de 30 pages.

F. — Flores de différentes contrées.

Plantes d'Europe.

1597. — Aug. Pyrami DE CANDOLLE botanicon gallicum, seu Synopsis plantarum in flora gallica descriptarum. Editio secunda. Ex herbariis et schedis candollianis propriisque digestum a J.-E. DUBY,... — Paris, Vᵉ Desray, 1828-30, 2 vol. in-8.

1598. — Flore française destinée aux herborisations,

ou Description des plantes croissant naturellement en France, ou cultivées pour l'usage de l'homme et des animaux; avec l'analyse des genres et leur tableau d'après le système de Linné... Par A. MUTEL,... — *Paris, F.-G. Levrault, et Strasbourg*, 1834-37, 4 vol. in-18, avec atlas in-8 oblong.

1599. — [N° 9], 10 frimaire an VIII. Bulletin des séances de la Société libre d'agriculture du département du Gers. (Catalogue des plantes du canton de Suramon, par le citoyen LANOUE.) — (A la fin :) *Auch, F. Labat* (s. d.), brochure in-8.

1600. — Catalogue raisonné des phanérogames de la Dordogne [suite du]. Supplément final [1858]. Par M. Charles DES MOULINS,... [Extrait des Actes de la Société Linnéenne de Bordeaux, T. XX...] — *Bordeaux, L. Coderc, F. Degréteau et J. Poujol,* 1859, in-8.

* Flore de la Haute-Vienne. Par E. LAMY. — *Limoges et Isle, Martial Ardant frères,* 1856, brochure in-18. — (V. HISTOIRE, *n° 1214.)*

* Simple aperçu sur les plantes cryptogames et agames du département de la Haute-Vienne. Par M. Edouard LAMY. — *Limoges,* 1860, in-8 de 44 pages. — (V. *ibid., Supplément.)*

* Catalogue des espèces rares ou critiques qui croissent dans les environs de Limoges, avec la description d'une espèce nouvelle d'orobanche, découverte à Limoges, et non encore décrite par les auteurs. Par M. E. MALINVAUD. — In-8 de 44 pages. — (V. *ibid., Supplément.)*

1601. — Flore d'Auvergne, ou Recueil des plantes de cette ci-devant province. Par A. DELARBRE,... — *Clermont-Ferrand, B. Beauvert et L. Deschamps,* 1795, in-8.

1602. — Flore de la ci-devant Auvergne, ou Recueil des plantes observées sur les montagnes du Puy-de-Dôme, du Mont-d'Or, du Cantal, etc. Seconde édition... Par A. DELARBRE,... — *Riom,* et *Clermont, impr. de Landriot et Rousset, an* VIII=1800, 2 vol. in-8.

1603. — Thèse de géographie botanique du département du Doubs, présentée à la Faculté des sciences de Strasbourg... Par Charles GRENIER,... — *Strasbourg, impr. de G. Silbermann,* 1844, in-8 de 72 pages.

1604. — Notice topo-phytographique abrégée de quelques lieux du Jura, de l'Helvétie et de la Savoie. Par un avocat de Dôle (CORDIENNE). — *Dôle, impr. de J.-B. Joly,* 1822, in-8 de 39 pages.

1605. — Flore des environs de Paris, ou Distribution méthodique des plantes qui y croissent naturellement, faite d'après le système de Linné... Par J.-L. THUILLIER,... Nouvelle édition... — *Paris, Compère jeune,* 1824, in-8.

(M. Quérard prétend que c'est tout simplement l'édition de 1799 dont on a changé le frontispice.)

1606. — Flore parisienne, ou Description des caractères de toutes les plantes qui croissent naturellement aux environs de Paris, distribuées suivant la méthode du Jardin des Plantes de cette ville... Par L.-B. F*** (FRANCŒUR). — *Paris, impr. de H.-L. Perronneau, an* IX, in-18.

1607. — Nouvelle Flore des environs de Paris, suivant la méthode naturelle, avec l'indication des plantes usitées en médecine. Par F.-V. MÉRAT,... Deuxième édition. — *Paris, Méquignon-Marvis,* 1821, 2 vol. in-18.

1608. — Synopsis analytique de la Flore des environs de Paris, ou Description abrégée des familles et des genres, accompagnée de tableaux dichotomiques destinés à faire parvenir aisément au nom des espèces. Par E. COSSON et E. GERMAIN,... — *Paris, Fortin, Masson et C*, 1845, in-12.

1609. — Phytographie encyclopédique, ou Flore économique, contenant les lois fondamentales de la botanique, les caractères essentiels des genres et des espèces, avec leurs synonymes... Par M. WILLEMET,... — *Paris, Brunot-Labbe* (et autres), 1808, 3 vol. in-8.

(C'est l'édition de 1805, qui portait primitivement le titre de

« Phytographie encyclopédique, ou Floré de l'ancienne Lorraine et
des départements circonvoisins », et dont l'éditeur a changé le
frontispice.)

1610. — Flore de la Moselle, ou Manuel d'herborisa-
tion, précédé d'un Aperçu géologique sur le département
et d'Eléments abrégés de botanique. Par J. Holandre,...
— *Metz, M*^{me} *Thiel*, 1829, 2 tomes en 1 vol. in-18.

1611. — Chardons nancéiens, ou Prodrome d'un catalogue des plantes de la Lorraine. 1er Fascicule. Par le
docteur Hussenot, Qui N'est Rien, Pas Même médecin;
membre d'Aucune acad., corresp. d'Aucune soc. savante;
qui N'est Ni de la soc. royale des sciences, lettres et arts
de Nancy, Ni de la soc. centr. d'agricult. de la même ville;
Pas Plus de la soc. d'émulation des Vosges Que de celle
philomathique de Verdun, Ou d'Aucune de celles de Metz;
directeur d'Aucun jardin public Ou particulier; conservateur d'Aucune collection, autre que la sienne, qui se
mange des bêtes; rédacteur de Rien Du Tout; enfin,
Simple Citoyen comme tout le monde, hors qu'il N'est
Pas décoré. — *Nancy, impr. de Dard*, 1835, in-8. =
Chardons nancéiens... Deuxième édition. — *Nancy, impr.
de Dard*, 1836, in-8.

(La prétendue seconde édition ajoutée à la première dans le
volume n'est qu'une espèce de pamphlet autobiographique. Du
reste la pagination suit d'une édition à l'autre.)

1612. — Prodrome de la Flore d'Alsace. Par F.
Kirschleger,... — *Strasbourg, P. Scheurer, et l'auteur,*
1836, in-12.

1613. — Flore du nord de la France, ou Description
des plantes indigènes et de celles cultivées dans les départements de la Lys, de l'Escaut, de la Dyle et des
Deux-Nèthes, y compris les plantes qui naissent dans les
pays limitrophes de ces départements. Ouvrage de près de
trente ans de soins et de recherches, dans lequel les
plantes sont arrangées suivant le système de Linné, et
décrites par genres et espèces, avec des observations de
l'auteur... Par F. Roucel,... — *Paris, veuve Richard, an*
xi [1803], 2 vol. in-8.

1614. — Flora friburgensis et regionum proxime

adjacentium, auctore F.-C.-L. SPENNER,... — *Friburgi Brisgoviæ, typis Friderici Wagner,* 1825-29, 3 vol. petit in-8.

1615. — Flora germanica excursoria, ex affinitate regni vegetabilis naturali disposita, sive Principia synopseos plantarum in Germania terrisque in Europa media adjacentibus sponte nascentium cultarumque frequentius. Auctore Ludovico REICHENBACH,... — *Lipsiæ, apud Carolum Cnobloch,* 1830-32, 1 tome en 2 vol. in-12.

1616. — Johannis Danielis LEERS Flora Herbornensis, exhibens plantas circa Herbornam Nassoviorum crescentes, secundum systema sexuale Linnæanum distributas, cum descriptionibus rariorum imprimis graminum, propriisque observationibus et nomenclatore. Accesserunt graminum omnium indigenorum eorumque adfinium icones CIV, auctoris manu ad vivum delineatæ. Editio altera. — *Berolini, impensis Christiani Friderici Himburgi,* 1789, in-8.

1617. — Car.-Lud. L'HERITIER sertum anglicum, seu plantæ rariores quæ in hortis juxta Londinum, imprimis in Horto regio Kewensi excoluntur. — *Parisiis, P.-Fr. Didot,* 1788, in-fol.

(Il manque le texte et la première livraison comprenant les planches 1 et 2.)

* Expédition scientifique de Morée... Botanique. Par MM. FAUCHÉ,... A. BRONGNIART,... CHAUBARD et BORY DE ST-VINCENT. — (V. HISTOIRE, *n°* 1380.)

Plantes d'Asie.

* (V., *division* HISTOIRE, les voyages en Asie.)

Plantes d'Afrique.

* (V., *division* HISTOIRE, les voyages en Afrique, notamment la Flore abyssinienne de A. RICHARD du *Voyage en Abyssinie.*)

1618. — Observationes botanicæ quibus plantæ Indiæ occidentalis aliæque systematis vegetabilium ed. XIV illustrantur earumque characteres passim emendantur. Cum tabulis æneis. Auctore Olavo SWARTZ,... — *Erlangœ, sumptu Jo. Jacobi Palmii*, 1791, in-8.

1619. — Flora boreali-americana, sistens caracteres plantarum quas in America septentrionali collegit et detexit Andreas MICHAUX,... Tabulis æneis 51 ornata. — *Parisiis et Argentorati, apud fratres Levrault, anno* XI=1803, 2 vol. in-8.

(A ces deux volumes est joint un volume de format in-4, contenant la collection de 51 dessins originaux faits par Redouté pour cet ouvrage, et portant sa signature.)

G. — Flore de différents auteurs.

1620. — Flore de Théocrite et des autres bucoliques grecs. Par A.-L.-A. FÉE,... — *Paris, Firmin Didot frères*, 1832, in-8.

* Flore de Virgile, composée pour la collection des classiques latins. Par A.-L.-A. FÉE,... — (V. POLYGRAPHIE, *n° 35, Collection Lemaire*.)

H. — Plantes diverses.

1°. — Acotylédones.

1621. — Elenchus fungorum. Conscripsit Aug.-Jo.-Georg.-Car. BATSCH,... Accedunt icones LVII fungorum nonnullorum agri Jenensis, secundum naturam ab autore depictæ; æri incisæ et vivis coloribus fucatæ a I.-S. CAPIEUX. — *Halœ Magdeburgicœ, apud Joannem-Jacobum Gebauer*, 1783, in-4.

1622. — Traité sur les champignons comestibles, contenant l'indication des espèces nuisibles; précédé d'une Introduction à l'histoire des champignons. Avec quatre planches coloriées. Par C.-H. Persoon,.... — *Paris, Belin-Leprieur,* 1819, in-8.

1623. — Recherches anatomiques et morphologiques sur les mousses. Thèse de botanique présentée à la Faculté des sciences de Strasbourg... par W.-P. Schimper,... Avec IX planches. — *Strasbourg, impr. de G. Silbermann,* 1848, grand in-4 de 92 pages.

* Mémoire pour servir à l'histoire naturelle des sphaignes [sphagnum L.]. Par M. W.-Ph. Schimper. — (V. Belles-Lettres, n° 166-*Bb, Mém. de l'Instit., sav. étrangers,* T. XV, p. 1.)

1624. — Lichenographiæ svecicæ prodromus. Auctor Erik Acharius,... — *Lincopiæ, D. G. Björn,* 1798, in-8.

1625. — Histoire naturelle des végétaux parasites qui croissent sur l'homme et sur les animaux vivants. Par Charles Robin,... Avec un atlas de 15 planches gravées, en partie coloriées. — *Paris, J.-B. Baillière,* 1853, in-8, avec atlas grand in-8.

2°. — Monocotylédones.

1626. — Note sur les feuilles du scirpus lacustris [Linn.]. [20 novembre 1848.] Par M. Charles des Moulins. — *Bordeaux, Henry Faye,* 1849, in-8 de 15 pages.

* Monographie des céréales de la Suisse... Par Nicolas-Charles Seringe,... — (V. ci-après, Agriculture.)

* Documents relatifs à la naturalisation en France du panicum digitaria, Laterr,... Par M. Charles des Moulins,... — (V., pour cette graminée et pour les autres plantes de même nature, envisagées au point de vue agricole, ci-après, *division* Agriculture.)

3°. — Dicotylédones.

1627. — Chenopodearum monographica enumeratio. Auctore A. Moquin-Tandon. — *Parisiis, apud P.-J. Loss,* 1840, in-8.

1628. — Extrait des Mémoires de l'Académie des sciences de Toulouse. Du nom que doit porter la famille naturelle des ansérines, des arroches et des soudes. [Mémoire lu... le 9 août 1850.] Par M. A. MOQUIN-TANDON. — (A la fin :) *Toulouse, impr. de Jean-Mathieu Douladoure* (s. d.), in-8 de 5 pages.

1629. — Etudes organiques sur les cuscutes. Par M. Charles DES MOULINS,... [Extrait du Compte-rendu de la XIX° session [Toulouse] du Congrès scientifique de France, T. II.] — *Toulouse, impr. de Chauvin et Feillès,* 1853, in-8 de 80 pages.

1630. — Sur les chrysanthèmes d'automne de nos jardins et sur quelques plantes qui leur sont congénères. Par M. Charles DES MOULINS. Extrait des Actes de l'Académie des sciences... de Bordeaux, 20° année, 1er cahier [août 1858]. — *Bordeaux, G. Gounouilhou,* 1858, in-8 de 14 pages.

1631. — Erythræa et cyclamen de la Gironde. Par M. Charles DES MOULINS,... [Extrait des Actes de la Société Linnéenne de Bordeaux, T. XVII.] — *Bordeaux, Th. Lafargue,* 1851, in-8 de 55 pages.

* Dissertation sur le café... Par M. GENTIL,... — (V. ci-après, MÉDECINE : *hygiène.*)

1632. — Note sur le sisymbrium bursifolium de Lapeyrouse [Flore Pyren., non Linn.]. [Septembre 1845.] Par M. Charles DES MOULINS. — *Bordeaux, Henry Faye,* 1845, in-8 de 24 pages.

1633. — Monographie du genre tilleul. Par E.-P. VENTENAT,... — *Paris, Baudouin, an* x, in-4 de 21 pages et 5 planches.

1634. — Rosetum gallicum, ou Enumération méthodique des espèces et variétés du genre rosier indigènes en France ou cultivées dans les jardins, avec la synonymie française et latine. Par N. DESPORTES,... — *Le Mans, Pesche, et Paris, madame Huzard,* 1828, in-8.

§ 3. — ZOOLOGIE.

A. — *Dictionnaires, Systèmes de classification, Traités élémentaires, Mélanges de zoologie.*

* Encyclopédie méthodique. Histoire naturelle. Par MAUDUIT, DAUBENTON, l'abbé BONNATERRE. — (V. POLY-GRAPHIE, *n° 12.*)

1655. — Système naturel du règne animal, par classes, familles ou ordres, genres et espèces; avec une notice de tous les animaux; les noms grecs, latins et vulgaires que les naturalistes leur ont donnés; les citations des auteurs qui en ont écrit; une Table pour chaque classe... Ouvrage enrichi de figures en taille-douce. (Par AUBERT DE LA CHENAYE DES BOIS.) — *Paris, J.-B. Bauche,* 1754, 2 vol. in-8.

(Portraits de Théodore Klein et de Linné.)

1656. — Tableau élémentaire de l'histoire naturelle des animaux. Par G. CUVIER,... — *Paris, Baudouin, an* VI, in-8.

1657. — Le règne animal distribué d'après son organisation, pour servir de base à l'histoire naturelle des animaux et d'introduction à l'anatomie comparée. Par M. le Ch[er] CUVIER,... Avec figures dessinées d'après nature. = *Paris, Delerville,* 1817, 4 vol. in-8.

(Exemplaire ayant appartenu à Auguste Plée, dont il contient plusieurs notes manuscrites.)

1658. — Résumé d'un cours élémentaire d'histoire naturelle. 1re partie. — Vertébrés. — Par A. FARGEAUD,... — *Strasbourg, Paris,* 1833, in-8.

(Ouvrage inachevé.)

1659. — Éléments de zoologie, ou Leçons sur l'anatomie, la physiologie, la classification et les mœurs des animaux. Par M. H. MILNE EDWARDS,... Deuxième édition. — Oiseaux. — Reptiles. — Poissons. — *Paris, Fortin, Masson et Cie,* 1841, in-8.

(T. III de l'ouvrage, qui a quatre volumes.)

1640. — Revue et magasin de zoologie pure et appliquée; recueil mensuel destiné à faciliter aux savants de tous les pays les moyens de publier leurs observations de zoologie pure et appliquée à l'industrie et à l'agriculture, leurs travaux de paléontologie, d'anatomie et de physiologies comparées, et à les tenir au courant des nouvelles découvertes et des progrès de la science. Par messieurs F.-E. GUÉRIN-MÉNEVILLE,... et avec la collaboration scientifique de Ad. FOCILLON,... 2ᵉ série. — *Paris, au bureau de la Revue*, 1849-1862, 14 vol. in–8.

(Se continue. — A partir du T. IV, le nom de M. Focillon disparaît du frontispice.)

B. — Anatomie et Physiologie.

1641. — Leçons d'anatomie comparée de G. CUVIER,... recueillies et publiées sous ses yeux par C. DUMÉRIL,... (et par G.-L. DUVERNOY, à partir du T. III). — *Paris, Baudouin, an* VIII-*an* XIV=(1800-1805), 5 vol. in–8.

1642. — Anatomie comparée, recueil de planches de myologie dessinées par Georges CUVIER, ou exécutées sous ses yeux par M. LAURILLARD. Publié sous les auspices de M. le ministre de l'instruction publique et sous la direction de MM. LAURILLARD,... et MERCIER,... — *Paris, Dusacq,* 1850-186..., vol. in-fol.

(En publication.)

1643. — L'organisation du genre animal. Par Emile BLANCHARD. — *Paris, Vᵒʳ Masson,* 1853-186... vol. in-4.

(En publication.)

* Etude de l'appareil reproducteur dans les cinq classes d'animaux vertébrés, au point de vue anatomique, physiologique et zoologique. Par G.-J. MARTIN SAINT-ANGE,... — (V. BELLES–LETTRES, nᵒ 166-*Bb*, *Mém. présent. à l'Instit.;* T. XIV.)

* Expériences pour servir à l'histoire de la génération des animaux... Par M. l'abbé SPALLANZANI,... — (V. nᵒ 1448.)

C. — Histoire générale des Animaux.

* ARISTOTELIS de animalibus lib. IX. — (V. *Opera*, POLYGRAPHIE, *n°s* 22-24.)

1644. — Κλαυδίου ΑΙΛΙΑΝΟΥ περὶ ζώων ἰδιότητος βιϐλία ιζ´. Claudii ÆLIANI de animalium natura libri XVII. Petro GILLIO Gallo et Conrado Gesnero Helvetio interpretibus. Accessit Index locupletissimus. — *Apud Joann. Tornæsium*, 1611, in-16.

1645. — Même ouvrage. — *Genevæ, apud Philippum Albertum*, 1616, in-16.

1646. — Même ouvrage. — *Genevæ, apud Joannem de Tournes*, 1629, in-16.

1647. — Conradi GESNERI,... Historiæ Animalium Lib. I. de Quadrupedibus uiuiparis... — *Tigvri apvd Christ. Froschovervm, anno* M. D. LI., 1 vol. in-fol. — Conradi GESNERI,... Historiæ Animalium Liber III. qui est de Auium natura... — *Tigvri... anno* M. D. LV, 1 vol. in-fol. — ... Liber IIII. qui est de Piscium & Aquatilium animantium natura. Cvm iconibvs singvlorvm ad vivvm expressis fere omnib. DCCVI. Continentur in hoc Volumine, Gvlielmi RONDELETII,... & Petri BELLONII,... de Aquatilium singulis scripta... — *Tigvri... anno* M. D. LVIII, 1 vol. in-fol. En tout 3 vol. in-fol.

(Figures coloriées. — Il manque le livre II et le livre V, chacun en un volume.)

1648. — Mémoires pour servir à l'histoire naturelle des animaux, dressés par Mr PERRAULT (Claude),... — *Amsterdam et Leipzig, Arkstée et Merkus*, 1758, 3 vol. in-4.

(Le T. III porte au frontispice : « Mémoires pour servir à l'histoire naturelle des animaux. Par Messieurs de l'Académie royale des sciences. Avec l'anatomie de la vipère et les descriptions anatomiques de quelques animaux envoyés de Siam à l'Académie, en 1687, par les pères jésuites français, missionnaires à la Chine, mathématiciens du roi, en correspondance avec l'Académie ».)

* (V. aussi, pour le même ouvrage, BELLES-LETTRES , *n°* 155, *Histoire de l'Académie des sciences*, T. III.)

* La mécanique des animaux. Par P. Perrault. — (V. n° 874, T. II.)

* Supplément à l'Histoire naturelle... de Buffon ; offrant la description des mammifères et des oiseaux les plus remarquables... Par M. F. Cuvier,... — (V. n° 1427.)

1649. — Histoire des mœurs et de l'instinct des animaux, avec les distributions méthodiques et naturelles de toutes leurs classes. Cours fait à l'Athénée royal de Paris. Par J.-J. Virey,... — *Paris, Deterville*, 1822, 2 vol. in-8.

* (Sur l'âme et le langage des bêtes, V. ci-dessus, n°ˢ 175-178.)

D. — Zoologie de différentes contrées.

* Voyage autour du monde... Par l'amiral Duperrey. Zoologie. Par MM. Guérin-Menneville, Lesson et Garnot. — (V. Histoire, n° 87.)

1650. — Essai zoologique, ou Histoire naturelle des animaux sauvages quadrupèdes, et oiseaux indigènes ; de ceux qui ne sont que passagers ou qui paraissent rarement, et des poissons et amphibies, observés dans la ci-devant province d'Auvergne. Par A. Delarbre,... — *Clermont-Ferrand, B. Beauvert et L. Deschamps*, 1797, in-8.

* Expédition scientifique de Morée... Première partie : zoologie. Par M. Isid. Geoffroy-St-Hilaire. — (V. Histoire, n° 1380.)

* Description de l'Egypte. Histoire naturelle. — (V. Histoire, n° 1589.)

* Voyage en Abyssinie... Histoire naturelle : zoologie. Par MM. O. des Murs, Florent Prévost, Guichenot et Guérin-Menneville. — (V. Histoire, *Supplément.*)

* (Consultez aussi les différents ouvrages de voyages mentionnés au *Catalogue d'*Histoire.)

E. — Sociétés et Musées de Zoologie.

1651. — Société zoologique d'acclimatation, fondée le 10 février 1854. Règlement constitutif (et liste des membres). — (A la fin :) *Paris, typ. Simon Raçon et Cie* (s. d.), in-8 de 16 pages.

1652. — Société impériale zoologique d'acclimatation. Organisation pour l'année 1856. Liste des sociétés agrégées et affiliées. Liste supplémentaire des membres. — *Paris, au siége de la Société* (s. d.), in-8 de 16 pages.

1653. — Société anonyme du jardin zoologique d'acclimation du Bois de Boulogne. Rapport présenté, au nom du conseil d'administration, par M. Fréd. JACQUEMART, dans l'assemblée générale ordinaire et extraordinaire du 30 avril 1860. Présidence de M. Is. GEOFFROY-SAINT-HILAIRE. — *Paris,* 1860, in-4 de 32 pages.

F. — Histoire naturelle des Animaux vertébrés.

Mammifères.

* (Sur l'homme et les races humaines, V. ci-après, SCIENCES MÉDICALES.)

1654. — Tableaux des ordres, des familles et des genres de mammifères, adoptés pour le cours de zoologie de la Faculté des sciences (de Strasbourg), par M. DUVERNOY; rédigés sous ses yeux par M. LEREBOULLET,... — (A la fin :) (*Strasbourg, impr. de F.-G. Levrault* (1834), in-4 de 10 pages et 5 tableaux.)

1655. — Abrégé du Système de la nature de Linné; Histoire des mammaires ou des quadrupèdes et cétacés, contenant 1° la Traduction libre du texte de Linné et de Gmelin; 2° l'Extrait des observations de Buffon, Brisson, Pallas et autres célèbres zoologistes; 3° l'Anatomie comparée des principales espèces : le tout relatif aux quadrupèdes et aux cétacés les plus curieux et les plus utiles.

Par le cit. J.-E. GILIBERT,... — *Lyon, Fr. Matheron et C*,
et *Paris, Gérard, an* X=1802, in-8.

    (Portrait de Gilibert.)

1656. — Species des mammifères bimanes et quadrumanes; suivis d'un Mémoire sur les oryctéropes. Par
M. R.-P. LESSON,... — *Paris, J.-B. Baillière,* 1840, in-8.

    (Le faux-titre porte : « Mastologie méthodique ».)

    * Histoire naturelle des cétacés. Par SONNINI. — (V.
n° 1425.)

Oiseaux.

    * Le monde des oiseaux. Ornithologie passionnelle. Par
A. TOUSSENEL. — (V. *n°* 178.)

1657. — Observations sur diverses espèces d'embé-
riziens, et répartition en genres de cette sous-famille de
passereaux chanteurs conirostres. Par S. A. le prince Charles
BONAPARTE. — Monographie du genre turdien Oreocincla.
Par le même. — (A la fin :) *Paris, impr. de Mme Ve Bou-*
chard-Huzard (s. d.), in-8 de 12 pages et une planche.

    (Extrait de la *Revue et Magasin de zoologie,* n° 4, année 1857.)

1658. — Notes sur le genre Moquinus, nouvelle forme
intermédiaire aux turnides, aux laniides et aux musci-
capides; sur le nouveau genre myiagrien schwaneria et
sur le catalogue des oiseaux d'Europe et d'Algérie. Par
S. A. le Prince Charles BONAPARTE. — In-8 de 15 pages
et une planche.

    (Extrait de la *Revue et Magasin de zoologie,* n° 2, année 1857.)

1659. — Trochilinarum enumeratio ex affinitate naturali reciproca primum ducta provisoria, auctore Ludovico
REICHENBACH,... Editio... secunda emendata et aucta. —
Lipsiæ, apud Friedericum Hofmeister, 1855, in-4 de
12 pages.

1660. — Notice sur les aras bleus nés en France et
acclimatés dans le département du Calvados. Par M. J.-V.
LAMOUROUX,... — *Paris, impr. de J. Tastu,* 1823, in-8 de
8 pages.

1661. — La colombe messagère, plus rapide que l'éclair, plus prompte que la nue. Par Michel SABBAGH. Traduit de l'arabe en français par A.-I. SYLVESTRE DE SACY. — *Paris, impr. imp., an* XIV=1805, in-8.

(Traduction accompagnée du texte arabe.)

Reptiles.

(Pas d'ouvrages spéciaux.)

Poissons.

1662. — Gvlielmi RONDELETII,... Libri de Piscibus Marinis, in quibus veræ Piscium effigies expressæ sunt... — *Lugduni, Apud Malthiam Bonhomme,* M. D. LIIII. — Gvlielmi RONDELETII,... Vniuersæ aquatilium Historiæ pars altera, cum veris ipsorum Imaginibus... — *Lugduni, Apud Matthiam Bonhomme,* M. D. LV. Les deux parties en 1 vol. in-fol.

* Histoire naturelle des poissons, par SONNINI. — (V. *n° 1425.*)

G. — Histoire naturelle des Animaux sans vertèbres.

1663. — Système des animaux sans vertèbres, ou Tableau général des classes, des ordres et des genres de ces animaux... Précédé du Discours d'ouverture du cours de zoologie donné dans le Muséum National d'histoire naturelle l'an 8 de la République. Par J.-B. LAMARCK,... — *Paris, l'auteur,* et *Deterville, an* IX=1801, in-8.

1664. — Histoire naturelle des animaux sans vertèbres, présentant les caractères généraux et particuliers de ces animaux, leur distribution, leurs classes, leurs familles, leurs genres, et la citation des principales espèces qui s'y rapportent; précédée d'une Introduction offrant la détermination des caractères essentiels de l'animal, sa distinction du végétal et des autres corps naturels, enfin l'exposition des principes fondamentaux de la zoologie. Par M. le chevalier DE LAMARCK,... — *Paris, Verdière,* 1815-22, 6 vol. in-8.

(Il manque la 2e partie du T. VI et le T. VII. Cet ouvrage a appartenu à Aug. Pleé, dont il contient de nombreuses notes marginales manuscrites.)

1665. — Philosophie entomologique, ouvrage qui renferme les généralités nécessaires pour s'initier dans l'étude des insectes, et des aperçus sur les rapports naturels de ces petits animaux avec les autres êtres organisés; suivi de l'exposition des méthodes de Géoffroy, et de celle de Linné combinée avec le système de Fabricius... Par J.-Flor. SAINT-AMANS,... — *Agen, impr. de R^d Noubel, et Paris, A.-J. Dugour, an* VII, in-8.

* Aperçu sur les coléoptères et les lépidoptères du département de la Haute-Vienne. Par J.-L. SAMY. — *Limoges, impr. de Chapoulaud frères,* 1860, in-8 de 44 pages. — (V. HISTOIRE, *Supplément.*)

* Recherches anatomiques et physiologiques sur les orthoptères, les hyménoptères et les névroptères. Par M. Léon DUFOUR,... — (V. BELLES-LETTRES, *n° 166=Bb, Mém. de l'Instit., sav. étrangers,* T. VII, p. 265.)

1666. — Thèses présentées à la Faculté des sciences de Paris pour obtenir le grade de docteur ès-sciences naturelles. Par M. S. SIRODOT,... 1re thèse. Zoologie. Recherches sur les sécrétions chez les insectes. 2e thèse. Propositions de zoologie, de botanique et de géologie... — *Paris, impr. de L. Martinet,* 1859, in-4, planches.

(Malgré le titre, l'ouvrage ne contient que la 1re thèse.)

1667. — Manuel de l'histoire naturelle des mollusques et de leurs coquilles, ayant pour base de classification celle de M. le baron Cuvier. Par M. SANDER RANG,... Ouvrage orné de planches. — *Paris, Roret,* 1829, in-18.

(Encyclopédie Roret.)

1668. — Catalogue des mollusques vivant aux environs d'Alençon. Par A.-R. DE LIESVILLE,... — *Paris, impr. Walder,* 1856, in-8 de 16 pages.

1669. — Extrait des Mémoires de l'Académie des sciences de Toulouse. — Mémoire sur l'organe de l'odorat chez les gastéropodes terrestres et fluviatiles. Par A. MOQUIN-TANDON. — (A la fin :) *Toulouse, impr. de Jean-Matthieu Douladoure,* (s. d.), in-8 de 8 pages.

1670. — Institut impérial de France. Académie des sciences. Extrait des Comptes-rendus des séances... T. XLI, séance du 19 novembre 1855. — Observations sur les spermatophores des gastéropodes terrestres androgynes. Par M. A. MOQUIN-TANDON. — (A la fin :) *Paris, impr. de Mallet-Bachelier,* in-4 de 10 pages.

1671. — Extrait des Mémoires de l'Académie des sciences de Toulouse. — Note sur une nouvelle espèce de parmacelle [parmacella Gervaisii]; précédée de quelques considérations sur ce genre de mollusques. Par A. MOQUIN-TANDON. — (A la fin :) *Toulouse, impr. de Jean-Matthieu Douladoure,* (s. d.), in-8 de 10 pages.

1672. — Extrait de la Revue et Magasin de zoologie, n° 5. = 1855. — Remarques critiques sur le genre bulimus. Par M. A. MOQUIN-TANDON. — (A la fin :) *Paris, typ. Simon Raçon et Cie,* in-8 de 8 pages.

1673. — Extrait des Mémoires de l'Académie des sciences de Toulouse. — Observations sur le sang des planorbes. Par A. MOQUIN-TANDON. [Lues le 20 février 1851]. — (A la fin :) *Toulouse, impr. de Jean-Matthieu Douladoure,* in-8 de 7 pages.

1674. — Faculté de médecine. — Cours d'histoire naturelle médicale de M. MOQUIN-TANDON, Les sangsues; Les planaires; Théorie des zoonites. Extrait du *Moniteur des cours publics.* — *Paris, impr. de J. Claye,* 1857, in-8 de 12 pages.

1675. — Ordre naturel des oursins de mer et fossiles, avec des observations sur les piquants des oursins de mer, et quelques remarques sur les bélemnites. Par M. Théodore KLEIN,... Avec figures, augmentées de six planches d'oursins qui sont dans le cabinet de M. de Réaumur,... Ouvrage traduit du latin (par Fr.-Al. AUBERT DE LA CHENAYE DES BOIS), avec le texte de l'auteur. — *Paris, Cl.-J.-B. Bauche,* 1754, in-8.

(Portrait de Th. Klein.)

1676. — Mémoire sur les polypiers de mer. Par J.-E. ROQUES DE MAUMONT,... — *Zelle, Runge et Richter,* 1782, in-8, planches.

1677. — Mémoires pour servir à l'histoire d'un genre de polypes d'eau douce à bras en forme de cornes. Par M. TREMBLEY,... — *Paris, Durand*, 1744, très-petit in-8.

(Le T. I seulement. Il manque le T. II.)

1678. — Expériences microscopiques et physiologiques sur une espèce de conferve marine, production animalisée, et réflexions sur plusieurs autres espèces de productions filamenteuses analogues, considérées jusqu'alors comme végétales. Par Benjamin GAILLON,... — (A la fin :) *Rouen, F. Baudry, impr.*, 1823, in-8 de 16 pages.

(A la suite :)

— Description de plusieurs nouvelles espèces de coquilles du genre rissoa [Fréminville]. Par A.-L.-G. MICHAUD,... 2e édition. — (A la fin :) *Impr. de Levrault, à Strasbourg*, in-8 de 24 pages et une planche.

VIIe SECTION.

AGRICULTURE.

CHAPITRE Ier. — *Ouvrages généraux et Mélanges.*

§ 1er. — BIBLIOGRAPHIE.

1679. — Bibliographie agronomique, ou Dictionnaire raisonné des ouvrages sur l'économie rurale et domestique et sur l'art vétérinaire. Suivie de notices biographiques sur les auteurs et d'une Table alphabétique des différentes parties de l'art agricole, avec indication des N^{os} qui renvoient soit à l'ouvrage, soit à l'auteur. Par un des collaborateurs du Cours complet d'agriculture pratique (V.-D. DE MUSSET-PATHAY). — *Paris, impr. de D. Colas*, 1810, in-8.

§ 2. — HISTOIRE DE L'AGRICULTURE.

1680. — Histoire de l'agriculture depuis les temps les plus reculés jusqu'à la mort de Charlemagne. Documents inédits sur l'histoire des Gaulois... Par M. Victor CANCALON, de la Creuse. — *Limoges, impr. H. Ducourtieux et Cie,* 1857, in-8.

1681. — Voyage agricole en France, Allemagne, Bohème, Belgique. Par le comte Conrad DE GOURCY. — *Paris, Ve Bouchard-Huzard* (et autres), 1861, in-8.

§ 3. — DICTIONNAIRES D'AGRICULTURE.

1682. — Dictionnaire économique, contenant l'art de faire valoir les terres et de mettre à profit les endroits les plus stériles; l'établissement, l'entretien et le produit des prés... Le soin qu'exigent les bêtes à cornes... La façon d'élever et gouverner les abeilles, les vers à soie, les oiseaux... Ouvrage composé originairement par M. Noël CHOMEL,... Nouvelle édition, entièrement corrigée et très-considérablement augmentée. Par M. DE LA MARRE. — *Paris, Ganeau* (et autres), 1767, 3 vol. in-fol.

1683. — Supplément au Dictionnaire économique, contenant divers moyens d'augmenter son bien et de conserver sa santé... Par M. CHOMEL,... Considérablement augmenté par divers curieux (et surtout par P. ROGER). Enrichi d'un très-grand nombre de figures. — *Paris, veuve Estienne,* 1743, 2 vol. in-fol.

1684. — Dictionnaire universel d'agriculture et de jardinage, de fauconnerie, chasse, pêche, cuisine et manége... (Par AUBERT DE LA CHENAYE DES BOIS.)... Avec figures. — *Paris, David le jeune,* 1751, 2 vol. in-4.

1685. — L'agronome. Dictionnaire portatif du cultivateur, contenant toutes les connaissances nécessaires pour gouverner les biens de campagne, et les faire valoir utilement; pour soutenir ses droits, conserver sa santé, et rendre gracieuse la vie champêtre. (Par Pons-Aug. ALLETZ.) Seconde édition... — *Paris, Durand*, 1764, 2 vol. in-8.

* Encyclopédie méthodique. Agriculture. Par BOSC, THOUIN, TESSIER et PARMENTIER. — (V. POLYGRAPHIE, *n° 12.*)

1686. — Dictionnaire raisonné d'agriculture et d'économie du bétail suivant les principes des sciences naturelles appliquées. Par A. RICHARD [du Cantal],... — *Paris, Firmin Didot frères*, 1855, 2 vol. in-8.

§ 4. — TRAITÉS GÉNÉRAUX ANCIENS ET MODERNES.

1687. — Libri de re rvstica, M. CATONIS lib. I. M. Terentii VARRONIS lib. III. Per Petrum VICTORIŪ, ad ueterum exemplarium fidem, suæ integritati restituti. = *Parisiis. Ex officina Roberti Stephani*, M. D. XLIII, petit in-8.

(A la suite :)

— L. Ivnii Moderati COLVMELLAE de re rvstica libri XII. Eiusdem de Arboribus liber separatus ab alijs. — *Parisiis. Ex officina Roberti Stephani*, M. D. XLIII, petit in-8.

1688. — L. Ivnii Moderati COLVMELLÆ de re rvstica libri XII. Eiusdem de Arboribus liber separatus ab alijs. — *Parisiis. Ex officina Roberti Stephani*, M. D. XLIII, petit in-8.

1689. — CONSTANTINI Caesaris selectarvm praeceptionvm de Agricvltvra libri vigenti. Iano CORNARIO Medico interprete. — *Lvgdvni apvd Seb. Gryphivm*, 1541, petit in-8.

1690. — Le Theatre d'Agricvltvre et Mesnage des champs d'Olivier DE SERRES, Seignevr dv Pradel. — *A Paris*, M. D. C. *Par Iamet Métayer*, in-fol.

1691. — Le théâtre d'agriculture et ménage des champs d'Olivier DE SERRES, Sr du Pradel ; où est représenté tout ce qui est requis et nécessaire pour bien dresser, gouverner, enrichir et embellir la maison rustique. Dernière édition, revue et augmentée par l'auteur. — *Imprimé pour Samuel Chouët*, 1651, in-4.

1692. — Même ouvrage. Nouvelle édition, conforme au texte, augmentée de notes et d'un vocabulaire; publiée par la Société d'agriculture du département de la Seine. — *Paris, impr. de madame Huzard, an* XII=[1804]=*an* XIV= [1805], 2 vol. in-4.

(Portrait de l'auteur.)

1693. — La nouvelle maison rustique, ou Économie générale de tous les biens de campagne; la manière de les entretenir et de les multiplier; donnée ci-devant au public par le sieur LIGER. Huitième édition, augmentée considérablement, et mise en meilleur ordre; avec la vertu des simples, l'apothicairerie et les décisions du droit français sur les matières rurales; et enrichie de figures en taille-douce. Par M. *** (Henri BESNIER). — *Paris, Savoye,* 1762, 2 vol. in-4.

1694. — Observations sur l'agriculture et le jardinage, pour servir d'instruction à ceux qui désireront s'y rendre habiles. Par M. ANGRAN DE RUENEUVE,... = *Paris, Claude Prudhomme,* 1712, 2 vol. in-12.

1695. — Le gentilhomme cultivateur, ou Cours complet d'agriculture, traduit de l'anglais de M. HALE, et tiré des auteurs qui ont le mieux écrit sur cet art. Par monsieur DUPUY DEMPORTES,... — *Paris, P.-G. Simon,* et *Bordeaux, Chapuis l'aîné,* 1761-64, 13 vol. in-12.

(Il manque les T. II, VI et XIII. — « L'auteur anglais n'a fourni à l'écrivain français que le plan de son ouvrage et une partie de ses observations ». QUÉRARD.)

1696. — Principes du cultivateur, ou Essais sur la culture des champs, des vignes, des arbres, des plantes les plus communes et les plus ordinaires à l'homme, avec un traité abrégé des maladies des cultivateurs, de leurs enfants, de leurs bestiaux et des remèdes pour les guérir. Par dom LE ROUGE,... — *Fontenay, veuve de Jacques Poirier,* 1773, in-8.

1697. — Maison rustique du XIXᵉ siècle... Avec 2,500 gravures, représentant les instruments, machines, appareils, races d'animaux, arbres, plantes, légumes, serres, bâtiments ruraux, etc.; terminé par des tables méthodique et alphabétique. Rédigé par une réunion d'agronomes et de praticiens, sous la direction de MM. BAILLY, BIXIO et MALPEYRE (et le T. V par YSABEAU et BIXIO). — *Paris, librairie agricole de la Maison rustique,* (1835-44), 5 vol. in-8.

(T. I : Agriculture proprement dite. — T. II : Cultures industrielles et animaux domestiques. — T. III : Arts agricoles. — T. IV : Agriculture forestière; législation et administration rurales. — T. V : Horticulture.)

* Manuel élémentaire d'agriculture à l'usage des écoles primaires des départements de la Meuse, de la Meurthe, de la Moselle et des Ardennes. Par M. Louis GOSSIN fils,... — (V. ci-après, *n*° 1728.)

1698. — Cours d'agriculture. Par le Cte DE GASPARIN,... Troisième édition. — *Paris, Dusacq* (s. d.), et *librairie agricole de la Maison rustique,* 1860, 6 vol. in-8.

(Le T. VI est de 1860, et porte en plus au frontispice : « Suivi de considérations sur les machines, et du plan incliné comme grande machine agricole, par Auguste DE GASPARIN ».)

* Eléments d'agriculture, ou Leçons d'agriculture appliquées au département d'Ille-et-Vilaine et à quelques départements voisins... Par J. BODIN,... — (V. ci-après, *n*° 1729.)

1699. — Lectures et promenades agricoles pour les enfants des écoles primaires. Par J. BODIN,... Seconde édition, augmentée de deux promenades. — *Paris, Dezobry, É. Magdeleine et Cie,* 1857, in-18.

1700. — La culture et la vie des champs. Par J. BODIN,... — *Paris, Verdier,* 1858, in-12.

1701. — Leçons d'agriculture et d'horticulture en deux ans. Entretiens familiers sur l'agriculture et sur l'horticulture, suivis d'un Traité pratique et facile de drainage et d'un petit poème sur le travail et le bonheur des champs; ou Une lecture par semaine, à l'usage des maisons d'éducation et des familles... Par LEFÈVRE-BRÉART,... — *Launois, l'auteur; Mezières, F. Devin,* et *Paris, Hachette et Cie* (s. d.), in-12.

1702. — Calendrier du bon cultivateur, ou Manuel de l'agriculteur praticien. Par Mathieu DE DOMBASLE. 10ᵉ édition, considérablement augmentée, ornée de planches contenant 32 figures d'instruments; publiée, avec de nombreuses additions, par C. DE MEIXMORON-DOMBASLE. — *Paris, Mᵐᵉ Vᵉ Bouchard-Huzard, et Nancy, N. Grosjean,* 1860, in-18.

1703. — Les douze mois, calendrier agricole. Par Victor BOBIE. — *Paris, librairie agricole de la Maison rustique,* 1860, in-8.

1704. — Manuel élémentaire et classique d'agriculture, approprié aux diverses parties de la France. Par M. Louis GOSSIN,... — *Paris, librairie classique de Ch. Fouraut,* 1861, in-12.

§ 5. — MÉLANGES.

A. — Journaux et Annuaires.

1705. — Feuille du cultivateur (rédigée par MM. DU-BOIS, BROUSSONNET et LEFEBVRE). = *Paris, an* VII, in-4.

(Du 27 vendémiaire an VII au 7 messidor même année. — Ce journal a commencé à paraître en 1788 sous le titre de : « Supplément au journal général de France, partie d'agriculture et d'économie rurale ».)

1706. — Annales européennes de physique végétale et d'économie publique, rédigées par une société d'auteurs... (sous la direction de M. RAUCH). — *Paris, M. Rauch, et Eberhart,* 1821, in-8.

(T. I et liv. 1 et 2 du T. II. — Ce recueil périodique a paru de 1821 à 1827.)

* Bulletin des sciences agricoles et économiques (réd. par SÉNAC et JUNG). Quatrième section du Bulletin universel des sciences et de l'industrie, publié sous la direction de M. le Bᵒⁿ DE FÉRUSSAC,... — *Paris,* 1824-31, 17 vol. in-8. — (V. BELLES-LETTRES, *n°* 239.)

1707. — Le cultivateur, journal de l'industrie agricole, rédigé par une réunion d'agriculteurs... — *Paris, au bureau du journal, rue Taranne, n°* 10, 1829-30, 3 vol. in-8.

(Il manque le mois de décembre 1830.)

1708. — Journal d'agriculture pratique, de jardinage et d'économie domestique, publié sous la direction de M. Alexandre BIXIO,... — *Paris, au bureau de la Maison rustique,* 1837-39, 2 vol. grand in-8.

(T. I et II.)

1709. — Annales agricoles de Roville, ou Mélanges d'agriculture, d'économie rurale et de législation agricole. Par C.-J.-A. MATHIEU DE DOMBASLE,... — *Paris, madame Huzard,* 1824-32, 8 liv. en 8 vol. in-8.

1710. — Annales des haras et de l'agriculture ; recueil spécialement destiné à l'étude de l'amélioration des races et de l'économie du bétail, publié par une société d'éleveurs, de professeurs et d'anciens élèves de l'école royale des haras. — *Paris, au bureau des Annales,* 1846-47, 2 vol. in-8.

(T. II et III.)

1711. — Annuaire du cultivateur pour la troisième année de la République, présenté le 30 pluviôse an IIe à la Convention nationale, qui en a décrété l'impression et l'envoi pour servir aux écoles de la République. Par G. ROMME,... — *Paris, impr. nat. des lois, an* III, in-8.

(On lit au frontispice : « Les citoyens qui ont concouru à ce travail... sont : CELS, VILMORIN, THOUIN, PARMENTIER, DUBOIS, DESFONTAINES, LAMARK, PRÉAUDAUX, LEFÈVRE, BOUTIER, CHABERT, FLANDRIN, GILBERT, DAUBENTON, RICHARD et MOLARD ».)

1712. — L'année agricole, almanach illustré des comices, des propriétaires et des fermiers, ou Revue annuelle des travaux agricoles, des études scientifiques, des expériences, des plantes nouvelles et des instruments et appareils récemment inventés. Par G. HEUZÉ,... Deuxième année... — *Paris, L. Hachette et Cie,* 1861, grand in-18.

B. — *Concours régionaux.*

1713. — Concours d'animaux reproducteurs mâles, d'instruments, machines, ustensiles ou appareils à l'usage de l'industrie agricole et des divers produits de l'agriculture ou des différentes industries agricoles; tenu à Versailles du 8 au 18 octobre 1850. — *Paris, impr. nat.,* 1851, grand in-8.

1714. — Concours régionaux d'animaux reproducteurs, d'instruments, machines, ustensiles ou appareils à l'usage de l'industrie agricole et des divers produits de l'agriculture ou des différentes industries agricoles; tenus à Saint-Lô, à Aurillac et à Toulouse, et Concours national de Versailles. — *Paris, impr. nat.,* 1851, grand in-8.

1715. — Concours régionaux... tenus à Saint-Lô, Toulouse, Nancy, Amiens, Angers, Limoges et Nevers; et Concours national de Versailles. — *Paris, impr. imp.,* 1852, grand in-8.

1716. — Concours régionaux... tenus à Agen, Caen, Vesoul, Angers, Moulins, Rodez, Saint-Quentin et Valence; et Concours général d'Orléans en 1853. — *Paris, impr. imp.,* 1853, grand in-8.

1717. — Concours régionaux... tenus à Montauban, Caen, Epinal, Laval, Nevers, Guéret et Beauvais; et Concours général de Paris en 1854. — *Paris, impr. imp.,* 1855, grand in-8.

1718. — Concours régionaux (etc...), tenus à Besançon, Grenoble, Périgueux, Rennes, Arras, Bourges, Clermont et Rouen; et Concours universel de Paris en 1855. — *Paris, impr. imp.,* 1856, grand in-8.

1719. — Concours d'animaux reproducteurs, d'instruments et de produits agricoles en 1856. 1re partie. Concours régionaux à Auch, Napoléon-Vendée, Privas, Tulle, Chartres, Dijon, Tours et Valenciennes. — 2e partie. Concours agricole universel de Paris. — *Paris, impr. imp.,* 1857, 2 vol. grand in-8.

1720. — Concours régionaux... tenus à Bar-le-Duc, Evreux, Pau, Châteauroux, Le Mans, Melun, Montbrison et Mende, en 1857. — *Paris, impr. imp.,* 1859, grand in-8.

1721. — Concours d'animaux reproducteurs... tenus

à Avignon, Blois, Cahors, Chaumont, Saint-Brieuc, Alençon, Mâcon, Mont-de-Marsan, Niort et Versailles, en 1858. — *Paris, impr. imp.*, 1859, grand in-8.

C. — *Mélanges divers.*

1722. — Rapports à M. le ministre de l'agriculture et du commerce sur le rouissage du lin, le drainage, la nouvelle exploitation de la tourbe, la fabrication et l'emploi des engrais artificiels et des engrais commerciaux. (Par M. PAYEN.) — *Paris, impr. nat.*, 1850, grand in-8 de 51 pages.

(Le faux-titre porte : « Mission de M. Payen en Angleterre ».)

CHAPITRE II. — *Agriculture locale.*

§ 1er. — EUROPE.

France.

* Histoire de l'agriculture... Par M. Victor CANCALON,... — (V. *n*° 1680.)

.* Histoire des paysans en France. Par M. A. LEYMARIE. — *Paris,* 1849, 2 vol. in-8. — (V. HISTOIRE, *n*° 1051.)

1723. — Histoire des classes rurales en France et de leurs progrès dans l'égalité civile et la propriété. Par M. Henry DONIOL. — *Paris, Guillaumin et Cie*, 1857, in-8.

* Statistique de la France. — Agriculture. — Statistique agricole. — (V. HISTOIRE, *n*° 498.)

1724. — Mémorial d'agriculture pour le département du Gers, rédigé par une société de propriétaires de ce département. — *Auch, veuve Labat*, 1819-21, 3 vol. in-8.

(Les trois premiers volumes. — Il manque la 1re quinzaine de février, la 2e quinzaine de juillet, la 1re quinzaine d'août, la 2e quinzaine de septembre de l'année 1820.)

1725. — Comparaison des départements de la Gironde et de la Dordogne sous le rapport de leur végétation spontanée et de leurs cultures. Par M. Charles DES MOULINS,... — *Bordeaux*, *G. Gounouilhou*, 1859, in-8 de 25 pages.

(Extrait des Actes de l'Académie de Bordeaux.)

* Bulletin de la Société d'Agriculture... de la Haute-Vienne. — (V. HISTOIRE, *n*° 1127-1131.)

* De l'agriculture pratique et de l'économie domestique. Année 1818. — *Limoges*, *J.-B. Bargeas*, in-8. — (V. *ibid.*, *n*° 1151.)

* Manuel de l'agriculteur limousin... Par M. JUDDE DE LA JUDIE,... — *Limoges*, *F. Chapoulaud*, 1830, in-8. — (V. *ibid.*, *n*° 1152.)

1726. — Excursion agronomique en Auvergne, principalement aux environs des Monts-Dor et du Puy-de-Dôme; suivie de recherches sur l'état et l'importance des irrigations en France. Par J.-A.-Victor YVART,... — *Paris*, *impr. roy.*, 1819, in-8.

* Études géologiques, chimiques et agronomiques des sols de la Bresse... Par M. A. Florent POURIAU,... — (V. *n*° 1499.)

1727. — Résumé des conférences agricoles faites à Lyon, les 2, 3 et 5 avril 1860, sur la Dombes, et sur le système de culture qui devra être substitué au régime des étangs. Par Césaire NIVIÈRE,... — *Belley*, *Leguay*, *impr.*, 1860, in-8.

* Mémoires de la Société d'agriculture... du Doubs. — (V. BELLES-LETTRES, *n*° 170.)

* Mémoires de la Société des sciences, agriculture et arts de Strasbourg. — (V. *ibid.*, *n*ᵒˢ 173-174.)

1728. — Manuel élémentaire d'agriculture à l'usage des écoles primaires des départements de la Meuse, de la Meurthe, de la Moselle et des Ardennes. Par M. Louis GOSSIN fils,... Ouvrage couronné par la Société royale et centrale d'agriculture en 1838. — *Vouziers, Flamant-Ansiaux* (1839), in-12.

1729. — Éléments d'agriculture, ou Leçons d'agriculture appliquées au département d'Ille-et-Villaine et à quelques départements voisins ; faites aux élèves de l'école d'agriculture de Rennes et à ceux de l'école normale. Par J. BODIN,... Ouvrage couronné par la Société royale et centrale d'agriculture en 1840... 3ᵉ édition, revue, augmentée et ornée de planches. — *Rennes, Deniel, et Verdier,* 1856, in-12.

* Lectures et promenades agricoles... Par J. BODIN,... — (V. *n*° 1699.)

1730. — Compte-rendu de l'exploitation de la ferme-école de Trécesson [Morbihan] pour la campagne de 1857. Par J.-C. CRUSSARD, directeur,... — *Rennes, typographie Oberthur,* 1858, in-8.

1731. — Extrait des séances de la Société d'agriculture et de commerce de Caen. Par M. G. MANCEL, vice-secrétaire. Année 1849. — (A la fin :) *Caen, impr. E. Poisson,* brochure in-8.

* Mémoires de l'Académie des sciences, agriculture... de la Somme. — (V. BELLES-LETTRES, *n*° 175.)

1732. — Histoire de l'agriculture flamande en France depuis les temps les plus reculés jusqu'en 1789. Par Louis DE BAECKER. — *Lille, impr. de L. Danel,* 1858, in-8.

Angleterre.

1733. — Agriculture anglaise. — Situation économique et agricole ; modes de culture des comtés de l'Angleterre. Traduit de l'anglais de CAIRD, par M. BANCELIN-DUTERTRE. Ouvrage couronné par la Société impériale et centrale d'agriculture. — *Paris, Mᵐᵉ Vᶜ Bouchard-Huzard* (1854), in-8.

1734. — Quatrième voyage agricole en Angleterre et

en Écosse, fait, en 1859, par le comte Conrad DE GOURCY.
— *Paris*, *Mme Ve Bouchard-Huzard* (et autres), 1861, in-8.

* Mission de M. PAYEN en Angleterre. — (V. *n*° 1722.)

1755. — Ministère de l'agriculture et du commerce.
Rapport sur la production et l'emploi du sel en Angleterre, adressé à M. le ministre de l'agriculture et du
commerce par M. Milne EDWARDS,... — *Paris*, *impr.*
nat., 1850, in-4.

Allemagne, Hollande et Belgique.

1756. — Voyage dans le nord de l'Allemagne, la Hollande et la Belgique. Par M. le comte Conrad DE GOURCY.
— *Paris*, *Mme Ve Bouchard-Huzard* (et autres), 1860, in-8.

Italie.

1757. — De l'état actuel de l'agriculture dans les états
romains. Par M. DE VERNOUILLET. — *Paris*, *Guillaumin*
et Cie, 1857, grand in-18.

§ 2. — ASIE, AFRIQUE ET AMÉRIQUE.

1758. — Recherches scientifiques en Orient, entreprises
par ordre du gouvernement pendant les années 1853-1854,
et publiées sous les auspices du ministère de l'agriculture,
du commerce et des travaux publics. Par Albert GAUDRY.
Partie agricole. — *Paris*, *impr. imp.*, 1855, grand in-8.

(Pas d'ouvrages spéciaux pour les autres contrées.)

CHAPITRE III. — *Philosophie, Économie et Administration*
rurales.

1759. — Philosophie rurale, ou Économie générale et
politique de l'agriculture, réduite à l'ordre immuable des
lois physiques et morales qui assurent la prospérité des
empires. Par MIRABEAU et Fr. QUESNAY.) — *Amsterdam,*
les libraires associés, 1764, 3 vol. in-12.

1740. — Lettres sur la vie rurale. Par M. Victor DE TRACY,... Deuxième édition. — *Paris, Victor Masson et fils,* 1861, grand in-18.

1741. — Les avantages de la réunion territoriale, proverbe. Par Louis GOSSIN,... — *Paris, Bouchard-Huzard,* et *Nancy, George-Grimblot,* 1841, in-18 de 40 pages.

* De l'impôt territorial... Par M. le comte DE LAMERVILLE. — (V. *n*° 390.)

* Modèle d'un nouveau ressort d'économie politique, ou Projet d'une nouvelle espèce de banque qu'on pourra nommer Banque rurale... Par P.-A. Vte D*** (vicomte D'AUBUSSON),... — *Paris,* 1789, in-8. — (V. HISTOIRE, *n*° 945.)

* Des institutions de crédit foncier en Allemagne et en Belgique. Par M. ROYER,... — (V, *n*° 394.)

* Des institutions de crédit foncier et agricole dans les divers états de l'Europe. Nouveaux documents... publiés par M. J.-B. JOSSEAU,... — (V. *n*° 393.)

1742. — Bibliothèque du cultivateur, publiée avec le concours de M. le ministre de l'agriculture. T. III. Guide des propriétaires de biens ruraux affermés. Par DE GASPARIN,... Seconde édition. — *Paris, Dusacq* (s. d.), grand in-18.

1743. — Guide des propriétaires de biens soumis au métayage. Par M. DE GASPARIN,... Seconde édition. — *Paris, Dusacq* (s. d.), grand in-18.

CHAPITRE IV. — *Droit rural.*

1744. — Code rural, ou Maximes et règlements concernant les biens de campagne... Par M.... (A.-G. BOUCHER-D'ARGIS),... — *Paris, Prault père,* 1749, 2 vol. in-12.

1745. — Observations des commissions consultatives sur le projet de code rural, recueillies, mises en ordre et analysées, avec un plan de révision du même projet, en vertu d'autorisation de S. Exc. le ministre de l'intérieur. Par M. DEVERNEILH, ancien préfet de la Corrèze et du Mont-Blanc. — *Paris, impr. imp.,* 1810-11, 3 vol. in-4.

1746. — Les lois rurales de la France, rangées dans leur ordre naturel. Par M. FOURNEL,... — *Paris, les éditeurs, rue Favart, n° 4,* et *Adrien Le Clère,* 1819-20, 3 vol. in-8.

(Le T. III est de la seconde édition.)

1747. — Commentaire sur les lois rurales françaises expliquées par la jurisprudence et la doctrine des auteurs; suivi d'un Essai sur les usages locaux. Par E.-J.-A. NEVEU-DÉROTRIE,... — *Paris, impr. de Cosse et N. Delamotte,* 1845, in-8.

1748. — Manuel de droit rural et d'économie agricole. Aperçu historique; législation; jurisprudence; vues économiques; statistique; formulaire. 2ᵉ édition, augmentée d'un Appendice contenant le texte des lois rurales. Par Jacques DE VALSERRES,... — *Paris, Gustave Thorel,* 1847, in-8.

* Guide des propriétaires de biens ruraux affermés. Par DE GASPARIN,... — (V. n° 1742.)

* Guide des propriétaires de biens soumis au métayage. Par DE GASPARIN,... — (V. n° 1743.)

* Ordonnance de LOUIS XIV,... sur le fait des eaux et forêts... — (V. nᵒˢ 596, 597.)

* Conférence de l'ordonnance de LOUIS XIV du mois d'août 1669 sur le fait des eaux et forêts, avec celles des rois prédécesseurs de Sa Majesté... (Par GALLON.) — (V. n° 598.)

1749. — Code formulaire des chemins ruraux présentant l'ensemble de la législation et de la jurisprudence, avec des formules de tous les actes, arrêtés, délibérations, procès-

verbaux, etc., des maires... 2e édition, entièrement refondue, et mise au courant de la jurisprudence jusqu'au
1er juillet 1859. Par M. A. Bost,... — *Paris, l'auteur,*
1859, in-8.

* Discussion sur la loi du 20 mai 1838 concernant la
garantie des vices rédhibitoires des animaux domestiques.
— (V. ci-après : MÉDECINE VÉTÉRINAIRE.)

CHAPITRE V. — *Mathématiques appliquées à l'Agriculture.*

1750. — Petit traité de comptabilité agricole en partie
simple. Par Edmond DE GRANGES DE RANCY,... — *Paris,
librairie agricole de la Maison rustique* (s. d.), in-8 de
80 pages.

1751. — Manuel de comptabilité agricole pratique, en
partie simple et en partie double. Par SAINTOIN-LEROY,...
— *Paris, librairie agricole de la Maison rustique,* 1861,
grand in-8.

1752. — 300 problèmes agricoles, calculs et faits pratiques d'économie rurale, pour les cultivateurs et les écoles
primaires. Par LEFOUR,... avec les solutions, par M. DU-
SUZEAU,... — *Paris, E. Lacroix,* 1861, grand in-18 de
36 pages.

CHAPITRE VI. — *Physique et Chimie appliquées à
l'Agriculture.*

§ 1er. — OUVRAGES GÉNÉRAUX.

(Point d'ouvrage spécial de physique appliquée à l'agriculture. — V., pour la MÉTÉOROLOGIE,
ci-dessus, nos 1184-1215.)

1755. — Chimie appliquée à l'agriculture. Par M. le
comte CHAPTAL,... — *Paris, madame Huzard,* 1823, 2 vol.
in-8.

* La chimie usuelle appliquée à l'agriculture et aux arts. Par le Dr STÖCKHARDT,... Traduit... par F. BRUST-LEIN,... = (V. n° 1291.)

1754. — Chimie agricole, ou L'agriculture considérée dans ses rapports principaux avec la chimie. Par J.-I. PIERRE,... Deuxième édition, entièrement refondue. — *Paris, librairie agricole de la Maison rustique* (s. d.), grand in-18.

1755. — Cours de chimie agricole, professé en 1857 (1858 et 1859) par M. F. MALAGUTI à la Faculté des sciences de Rennes... — *Rennes, Ch. Oberthur,* 1857-59, 3 vol. in-12.

(Les trois premières années seulement.)

1756. — Eléments des sciences physiques appliquées à l'agriculture. Par A.-F. POURIAU,... — Chimie inorganique, suivie de l'étude des marnes, des eaux et d'une méthode générale pour reconnaître la nature d'un des composés minéraux intéressant l'agriculture ou la médecine vétérinaire. — *Paris, E. Lacroix,* 1862, grand in-18.

§ 2. — TRAITÉS PARTICULIERS.

Amendements et Engrais.

1757. — Traité des amendements et des engrais. Par P. JOIGNEAUX,... — *Paris, veuve Bouchard-Huzard,* 1848, in-16.

1758. — Considérations théoriques et pratiques sur l'action des engrais. Leçons professées à la chaire municipale de Nantes... Par Adolphe BOBIERRE,... — *Paris, Dusacq,* 1854, in-8 de 63 pages.

1759. — Nouvelle méthode pour la préparation du fumier d'étable. Par G.-J. SCHAUDEL,... — *Châlons-sur-Marne, impr. de T. Martin,* 1860, in-8 de 31 pages.

1760. — Examen des coquilles et du tuf de la Touraine considérés comme engrais des terres. Par M. RAULIN,... — *Amsterdam, et Paris, Vincent,* 1776, in-12 de 75 pages.

1761. — Chaux, marne et calcaires coquilliers; leur emploi pour l'amendement du sol. Par J.-Isidore PIERRE,... Deuxième édition, entièrement refondue. — *Paris, Auguste Goin,* 1858, in-12 de 72 pages.

1762. — Du phosphate de chaux et de son emploi en agriculture. Leçons professées à l'Ecole préparatoire des sciences et des lettres de Nantes, par Adolphe BOBIERRE,... — *Paris, librairie agricole,* 1858, in-8.

1763. — Exposé des résultats obtenus à Marolles, commune de Genillé [Indre-et-Loire], sur des défrichements de landes et de bruyères, par l'emploi du noir animal à petite dose et mêlé à la semence. Notice sur l'exploitation de Marolles. Par M. DUBREUIL-CHAMBARDEL,... — *Paris, Vᶜ Bouchard-Huzard,* 1849, in-8 de 31 pages.

— * Rapport sur la production et l'emploi du sel en Angleterre... Par M. Milne EDWARDS,... — (V. *n°* 1735.)

CHAPITRE VII. — *Mécanique appliquée à l'Agriculture.*

§ Iᵉʳ. — MACHINES ET MATÉRIEL AGRICOLES.

* Des machines d'agriculture. Par BORGNIS. — (V. *n°* 1301.)

1764. — Le matériel agricole, ou Description et examen des instruments, des machines, des appareils et des outils au moyen desquels on peut 1° sonder, défricher, défoncer, drainer; 2° labourer, fouiller, remuer et aérer, alléger, plomber, nettoyer et ensemencer la terre; 3° façonner le sol emblavé; 4° récolter, transporter, abriter et emmagasiner les produits; 5° tirer parti de chacun d'eux, soit pour les consommer, soit pour les vendre, etc. Par Auguste JOURDIER,... Avec 206 gravures. Deuxième édition. — *Paris, L. Hachette et Cⁱᵉ,* 1856, grand in-18.

1765. — Bibliothèque des familles et des paroisses. Série agricole. — Des instruments aratoires et des travaux des champs. Par A. YSABEAU,... — *Paris, Victor Poullet,* 1858, grand in-18.

1766. — Instruction pratique sur la construction, l'emploi et la conduite des machines agricoles en général et des machines à vapeur rurales en particulier. Par Jules GAUDRY,... — *Paris, Lacroix et Baudry,* 1859, grand in-18.

1767. — Recueil des machines, instruments et appareils qui servent à l'économie rurale, tels que charrues, semoirs, herses, moulins, tarares, machines à élever l'eau, presses à vis, presses hydrauliques, hache-paille, coupe-racines, machines à broyer, etc., etc... Publié avec les détails nécessaires à la construction. Par LE BLANC,... — *Paris, l'auteur* (et *Mme Huzard*), 1826, in-fol. oblong.

(Livraisons I-VI. Il manque les six dernières.)

* (V. *n^{os}* 1713-1721, *Concours régionaux,* et ci-après les rapports sur les expositions universelles.)

1768. — Manuel de la charrue. Par A.-M. CASANOVA,... Extrait du Journal d'agriculture pratique. — *Paris, librairie agricole de la Maison rustique,* 1861, grand in-18.

1769. — Rapport du jury du Concours international de machines à faucher et à faner, tenu sur la ferme impériale de Vincennes les 18, 19, 20 et 21 juin. (Rapp. J.-A. BARRAL.) — *Paris, E. Panckoucke et Cie,* 1860, in-8 de 32 pages.

1770. — Concours international de machines à moissonner, tenu sur le domaine impérial de Fouilleuse les 19, 20 et 21 juillet 1859. Rapport du jury, suivi de la description et des gravures des machines primées. (Rapp. J.-A. BARRAL.) — *Paris, librairie agricole de la Maison rustique,* 1860, grand in-8 de 64 pages.

1771. — Rapport du jury du Concours international de machines à moissonner, tenu sur le domaine impérial de Fouilleuse les 31 juillet, 1er et 2 août. (Rapp. J.-A. BARRAL.) — *Paris, E. Panckoucke et Cie,* 1860, in-8 de 29 pages.

§ 2. — HYDRAULIQUE (IRRIGATIONS, DRAINAGE).

1772. — Hydraulique agricole. Applications. — Des canaux d'irrigation de l'Italie septentrionale envisagés sous les divers points de vue de la science hydraulique, de la production agricole et de la législation. Par NADAULT DE BUFFON,... Seconde édition. — *Paris, Dunod*, 1861-62, 2 vol. in-8 avec atlas in-4.

1773. — Drainage des terres arables. Par J.-A. BARRAL,... Seconde édition. — *Paris, librairie agricole de la Maison rustique*, 1856-7, 3 vol. grand in-18.

(Le T. III porte au frontispice : « Drainage, irrigations, engrais liquides ».)

1774. — Instructions pratiques sur le drainage, réunies par ordre du ministre de l'agriculture, du commerce et des travaux publics. — *Paris, impr. imp.*, 1855, grand in-18.

- * Rapports sur... le drainage... (Par PAYEN.) — (V. n° 1722.)

1775. — Lois et documents relatifs au drainage. — *Paris, impr. imp.*, 1854, in-4.

1776. — Application du drainage à l'épurement : 1° de l'eau des mares dans les campagnes; 2° des eaux qui proviennent des grandes routes en les réunissant dans des bassins pour l'usage des villes. Par Frédéric BOURDIN,... — *Rouen, impr. H. Rivoire et Cie*, 1859, in-8 de 15 pages.

CHAPITRE VIII. — *Histoire naturelle appliquée à l'agriculture.*

§ 1er. — GÉOLOGIE (DES SOLS ET DES ASSOLEMENTS).

1777. — Des cartes agronomiques en France. Par M. DE CAUMONT,... — *Paris, Derache*, 1847, in-4 de

32 pages avec une carte agronomique du Calvados et une carte agronomique de l'arrondissement d'Argentan.

1778. — Topographie tellurique et carte agronomique d'une terre de 42 hectares. Par M. DE CAUMONT,... — *Caen, typ. de A. Hardel,* 1856, in-12 de 10 pages.

1779. — Les assolements et les systèmes de culture. Par Gustave HEUZÉ,... Ouvrage orné d'un grand nombre de vignettes sur bois. — *Paris, L. Hachette et Cie,* 1862 -(1861), in-8.

1780. — Mémoire sur les étangs; ouvrage couronné par l'Académie de Lyon, le premier septembre 1778. Par M. HUGUENIN,... — *Lyon, et Paris, Ségaud,* 1779, in-12 de 78 pages.

§ 2. — BOTANIQUE ET CULTURES DIVERSES.

Ouvrages généraux et Mélanges.

1781. — Botanique agricole et médicale, ou Etude des plantes qui intéressent principalement les vétérinaires et les agriculteurs; accompagnée de 328 figures intercalées dans le texte, et suivie d'une méthode dichotomique ayant pour but de conduire au nom de ces plantes. Par H.-J.-A. RODET,... — *Paris, Labé,* et *Lyon, Savy,* 1857, in-8.

1782. — Herbier agricole pour les élèves des Trois-Croix et ceux de l'Ecole normale, ou Liste des plantes les plus communes. Par J. BODIN,.., Avec 110 figures. — *Rennes, Daniel,* et *Verdier,* 1856, in-18.

Céréales : leur culture, leurs maladies, leur conservation.

1783. — Monographie des céréales de la Suisse, ou Description des blés, seigles, orges, avoines, maïs, millets, cultivés en Suisse, leurs maladies et leurs usages économiques. Par Nicolas-Charles SERINGE,... — *Berne, l'auteur,* 1818, in-8.

1784. — Histoire naturelle du froment, dans laquelle

on traite du principe de la fécondité des terres, du développement du germe, de son accroissement, de la floraison, des maladies du blé, des parties constituantes de la farine, des moulins, de la mouture, du pain, de l'usage de la farine dans les arts et métiers et enfin de la nutrition. Par M. l'abbé PONCELET. Avec figures. — *Paris, G. Desprez,* 1779, in-8.

1785. — Analyse des blés, et expériences propres à faire connaître la qualité du froment et principalement celle du son de ce grain. Avec des observations sur les substances végétales dont les différentes nations font usage au lieu de pain. Par M. SAGE,... — *Paris, impr. roy.,* 1776, in-8.

1786. — Culture du blé en raies à distance égale. Par M. BOMPAR,... — *Draguignan, impr. de P. Gimbert,* 1857, in-8 de 23 pages et une planche.

(La couverture imprimée sert de titre.)

1787. — Manuel du moissonneur, à l'usage des ouvriers des champs, des cultivateurs et des élèves des écoles primaires des campagnes; contenant quelques considérations sur l'hygiène pratique et les caisses d'épargne. Par César BRACQUART-LEMAIRE,... — *Amiens, typ. de Caron et Lambert,* 1860, in-18.

1788. — Traité des maladies des grains, ouvrage dans lequel on expose la manière dont elles se forment, leurs progrès, les particularités qu'elles offrent, les différents produits qu'on en obtient par l'analyse chimique, comparée avec celle des grains sains, leurs causes, l'influence qu'elles peuvent avoir sur la santé des hommes et sur celle des bestiaux, le tort qu'elles font aux cultivateurs et les moyens d'en préserver. Avec figures. Par M. l'abbé TESSIER. — *Paris, veuve Hérissant,* et *Théophile Barrois le jeune,* 1783, in-8.

1789. — Traité de la conservation des grains et en particulier du froment. Par M. DUHAMEL DU MONCEAU,... Avec figures en taille-douce. Nouvelle édition, corrigée et augmentée. — *Paris, Hippolyte-Louis Guerin et Louis-François Delatour,* 1754, in-12.

1790. — Même ouvrage. Troisième édition, corrigée et augmentée. — *Paris, Louis-François Delatour,* 1768, in-12.

1791. — Histoire d'un insecte qui dévore les grains de l'Angoumois; avec les moyens que l'on peut employer pour le détruire. Par MM. DUHAMEL DU MONCEAU et TILLET,... — *Paris, H.-L. Guerin et L.-F. Delatour,* 1762, in-12.

Plantes fourragères et Prairies.

1792. = Les plantes fourragères. Par Gustave HEUZÉ,... Troisième édition, revue et augmentée, avec 42 vignettes sur bois et 20 planches gravées en taille-douce et coloriées. — *Paris, L. Hachette et Cie,* 1861, in-8.

(Le faux-titre porte : « Cours d'agriculture pratique ».)

1793. — Traité des prairies naturelles et artificielles, contenant la culture, la description et l'histoire de tous les végétaux propres à fournir des fourrages, avec la figure dessinée et coloriée d'après nature de toutes les espèces appartenant à la classe des graminées. Par M. BOITARD. Ouvrage orné de 48 planches. — *Paris, Rousselon, et Jacquin frères,* 1827, in-8.

1794. — Des prairies naturelles en Alsace, et des moyens de les améliorer. Par Napoléon NICKLÈS,... Mémoire couronné par la Société des sciences, agriculture et arts... du Bas-Rhin. — *Strasbourg, Derivaux, et Paris, Lagny frères,* 1839, in-8 de 86 pages et 2 tableaux.

1795. — Prairies artificielles, ou Moyens de perfectionner l'agriculture dans toutes les provinces de France, surtout en Champagne, par l'entretien et le renouvellement de l'engrais. Troisième édition, augmentée 1° d'un Traité sur la culture de la luzerne, du trèfle et du sainfoin; 2° d'une Dissertation sur l'exportation du blé. (Par DE LA SALLE DE L'ÉTANG.) — *Bruxelles, et Paris, Desaint et Saillant,* 1762, in-12.

1796. — Prairies artificielles : des causes de diminution de leurs produits; études sur les moyens de prévenir leur dégénérescence. Par J.-Isidore PIERRE,... Mémoire couronné par la Société d'agriculture, sciences, belles-lettres et arts d'Orléans. — *Orléans, impr. de Pagnerre,* 1861, grand in-18.

1797. — Documents relatifs à la naturalisation en France du *panicum digitaria, Laterr.,* graminée four-ragère de l'Amérique septentrionale... Par M. Ch. DES MOULINS,... — [Extrait des Actes de la Société Linnéenne de Bordeaux, tome XV, 3ᵉ livraison. — Juin 1848.] — *Bordeaux, Th. Lafargue,* 1848, in-8 de 22 pages.

Plantes industrielles.

1798. — Les plantes industrielles. Par Gustave HEUZÉ,... — *Paris, L. Hachette et Cⁱᵉ,* 1859-60, 2 vol. in-8.

(Le faux-titre porte : « Cours d'agriculture pratique ».)

Plantes diverses.

1799. — Recherches sur les végétaux nourissants qui, dans les temps de disette, peuvent remplacer les aliments ordinaires. Avec de nouvelles observations sur la culture des pommes de terre. Par M. PARMENTIER,... — *Paris, impr. roy.,* 1784, in-8.

1800. — (In-8 contenant :)

1°. — Instruction sur la culture et la récolte des betteraves; sur la manière d'en extraire économiquement le sucre et le sirop; avec des planches-représentant les procédés économiques et les instruments et ustensiles décrits dans l'ouvrage. Par C.-F. ACHARD,... Ouvrage traduit de l'allemand par M. COPIN,... publié, avec une Préface et quelques notes, par N. HEURTELOUP,... — *Paris, Testu,* 1811, in-8.

2°. — Mémoire sur l'extraction en grand du sucre des betteraves, et quelques considérations sur leur culture. Par MM. BARRUEL,... et Maximin ISNARD... — *Paris, impr. imp.,* 1811, in-8 de 30 pages.

3°. — Instructions sur la manière de cultiver la bette-rave. Par M. TESSIER,... Et sur les procédés à suivre pour l'extraction du sucre contenu dans cette racine. Par

M. Déyeux,... Deuxième édition. — *Paris, impr. imp.,* 1811, in-8 de 26 pages.

4°. — Rapport sur la fabrication du sucre de betterave ; fait à Sa Majesté par M. le sénateur Cte DE CHANTELOUP, dans la séance du conseil de commerce tenue au palais des Tuileries le 6 janvier 1812... — *Paris, impr. imp.,* 1812, in-8 de 19 pages.

Sylviculture et Arboriculture.

* (Sur les lois forestières V. ci-dessus nos 596-598)

1801. — Les forêts de la France ; leurs rapports avec les climats, la température et l'ordre des saisons ; avec la prospérité de l'agriculture et de l'industrie ; suivis de quelques considérations sur leur aliénation par le Domaine. Par le baron ROUGIER DE LA BERGERIE,... — *Paris, Arthus Bertrand,* 1817, in-8.

* Mémoire sur le reboisement et la conservation des bois et forêts de la France. Par M. ALLUAUD aîné,... — *Limoges, impr. de Chapoulaud frères,* 1845, in-8. — (V. HISTOIRE, *n° 1155.)*

1802. = Résumé d'une publication de M. E.-A. Carrière, intitulée : « Les hommes et les choses en 1857 ». Par M. Charles DES MOULINS,... Lu à l'Académie le 4 novembre 1858. — Extrait de ses *Actes,* 20e année, 4e trimestre. = *Bordeaux, G. Gounouilhou,* 1859, in-8 de 37 pages.

(Sur le reboisement des forêts et les inondations.)

1803. — Etudes sur l'aménagement des forêts. Par L. TASSY,... — *Paris, au bureau des Annales forestières,* 1858, in-8.

* La physique des arbres... Par M. DUHAMEL DU MONCEAU,... — (V. *n° 1570.)*

1804. = De l'exploitation des bois, ou Moyens de tirer un parti avantageux des taillis, demi-futaies et hautes futaies, et d'en faire une juste estimation ; avec la des-

cription des arts qui se pratiquent dans les forêts : faisant
partie du Traité complet des bois et forêts. Par M. Duhamel du Monceau,... Ouvrage enrichi de figures en taille-
douce. — *Paris, H.-L. Guerin et L.-F. Delatour,* 1764,
2 vol. in-4.

1805. — Cours élémentaire, théorique et pratique d'arboriculture, comprenant l'étude des pépinières d'arbres et
d'arbrisseaux forestiers, fruitiers et d'ornement ; celle des
plantations d'alignement, forestières et d'ornement ; la
culture spéciale des arbres à fruits à cidre et de ceux à
fruits de table ; précédé de quelques notions d'anatomie et
de physiologie végétale. Par M. A. du Breuil,... Quatrième édition. — *Paris, Victor Masson,* et *Langlois et
Leclercq,* 1857, 2 vol. grand in-18.

1806. — Même ouvrage. Cinquième édition. — *Paris,
Victor Masson,* et *Garnier frères,* 1861, 2 vol. grand in-18.

1807. — Taille et conduite des arbres forestiers et
autres arbres de grandes dimensions, ou Nouvelle méthode de traitement des arbres à hautes tiges, substituée
à l'élagage généralement pratiqué dans les forêts, sur les
routes, etc. Par M. le Vᵗᵉ de Courval,... Seconde édition,
illustrée par l'auteur. — *Paris, librairie agricole de la
Maison rustique,* 1861, grand in-8.

1808. — Essai monographique sur le châtaignier. Par
M. Edouard Lamy. — *Limoges, impr. de Chapoulaud frères,*
1860, in-8 de 66 pages.

(Notice publiée en 1839, et réimprimée dans le *Bulletin de la
Société d'Agriculture de la Haute-Vienne,* année 1860. — M. Pierre-
Marie-Edouard Lamy de Lachapelle, banquier à Limoges, est né
dans cette ville le 7 septembre 1804.)

1809. — Traité de la châtaigne. Par M. Parmentier,...
— *Bastia,* et *Paris, Monory,* 1780, in-8.

1810. — Traité de la culture du chêne, contenant les
meilleures manières de semer les bois, de les planter, de
les entretenir, de rétablir ceux qui sont dégradés et de
les exploiter, avec les différents moyens de tirer un parti
avantageux de toute sorte de terrains et de toute sorte de

bois... Par M. Juge de Saint-Martin, correspondant de la Société royale d'agriculture. — *Paris, Cuchet*, 1788, in-8.

* Notice des arbres et arbustes qui croissent naturellement ou qui peuvent être élevés en pleine terre dans le Limousin. Par le même. — *Limoges, Jacques Farne*, 1790, in-8. — (V. Histoire, *n°* 1153.)

1811. — Traité général des conifères, ou Description de toutes les espèces et variétés aujourd'hui connues, avec leur synonymie, l'indication des procédés de culture et de multiplication qu'il convient de leur appliquer. Par Elie-Abel Carrière,... — *Paris, l'auteur*, 1855, in-8.

1812. — Traité pratique des arbres résineux conifères à grandes dimensions, que l'on peut cultiver en futaie dans les climats tempérés. Avec vignettes et planches. Par M. le Mis de Chambray,... — *Paris, Pillet aîné*, et Mme Ve Bouchard-Huzard, 1845, grand in-8.

1813. — Des conifères de pleine terre. Notice sur 86 variétés. Par M. P. de M***. Lue à l'assemblée générale des membres de la Société zoologique des Alpes, séance du 12 avril 1861. [Extrait du Sud-Est, journal agricole et horticole.] — *Grenoble, Prudhomme, impr.*, 1861, in-8 de 22 pages.

Viticulture.

* De la vigne et des arbres fruitiers. Par A. Ysabeau,... — (V. ci-après, *n°* 1887.)

1814. — Culture de la vigne et vinification. Par le Dr Jules Guyot. Deuxième édition. — *Paris, librairie agricole de la Maison rustique*, 1861, grand in-18.

1815. — Manuel du vigneron. Exposé des divers procédés de culture de la vigne et de la vinification dans les vignobles les plus renommés, d'où l'on a déduit, à l'aide d'une longue pratique, la méthode rationnelle. Par le comte Odoart. Troisième édition. — *Paris, librairie agricole de la Maison rustique*, 1861, grand in-18.

1816. — Sur la viticulture dans le département de la Charente-Inférieure. Rapport à Son Excellence M. Rouher,... par le Dr Jules GUYOT. — *Paris, impr. imp.*, 1861, grand in-8 de 59 pages.

1817. — Plan statistique des vignobles produisant les grands vins de Bourgogne, classés séparément pour chaque commune de l'arrondissement de Beaune, suivant le mérite des produits, par les soins du comité d'agriculture de cet arrondissement. Précédé d'un Avant-propos explicatif et de tableaux permettant de retrouver le rang que chaque parcelle de vigne doit occuper dans l'ordre du mérite des produits. — *Beaune, impr. de Éd. Batault-Morot*, 1861, grand in-8 de 40 pages.

(Avec un plan séparé, dessiné par L. BONNAMAS.)

1818. — Monographie viticole du coteau de l'Hermitage et des vignobles qui l'avoisinent : Croze, Mercurol, Larnage, Gervans, Serves, etc. Par M. REY,... — *Grenoble, Prudhomme*, 1861, in-8 de 55 pages.

1819. — Extrait de la Notice historique concernant le vignoble de La Rolière, autrement dit Clos de La Rolière, situé sur les côtes du Rhône, territoire de la commune de Livron [Drôme]. Par Armand-Pierre-Alfred BLANC-MONTBRUN,... propriétaire du château historique et du vignoble de La Rolière. — *Vienne, impr. de Joseph Timon* (1860), in-8 de 23 pages.

1820. — De la maladie de la vigne dans le midi de la France et le nord de l'Italie; rapport présenté à M. le ministre de l'intérieur, de l'agriculture et du commerce par Victor RENDU,... — *Paris, impr. imp.*, 1853, in-8.

1821. — Séance publique d'hiver de la Société linnéenne de Bordeaux. [4 novembre 1853.] Discours d'ouverture. Par Mr Ch. DES MOULINS,... — *Bordeaux, Th. Lafargue* (1853), in-8 de 14 pages.

(Sur la maladie de la vigne.)

1822. — Lettre à M. le docteur C. Montagne, membre de l'Institut de France, en réponse à son Mémoire intitulé : « Coup d'œil rapide sur l'état actuel de la question relative à la maladie de la vigne ». Par M. Charles Des Moulins,... [Extrait des Actes de la Société linnéenne de Bordeaux, tome XIX, 4e livraison.] — *Bordeaux, Th. Lafargue,* 1854, in-8 de 32 pages et un plan.

1823. — Notice sur la maladie de la vigne et les altérations de divers végétaux. (Signé à la fin : Victor Chatel,... Paris, le 2 mai 1855.) — *Impr. de Mme Ve Bouchard-Huzard,* in-8 de 16 pages.

1824. — Règles du soufrage de la vigne, et résultats d'observations nouvelles sur le soufre et l'oïdium. Par M. de La Vergne,... = *Bordeaux, Chaumas,* 1861, in-18, et planches.

1825. — Instruction sur le soufrage des vignes. Par L.-R. Le Canu,... — *Paris, Auguste Goin,* 1861, grand in-18 de 36 pages.

1826. — Rapport à monsieur le préfet du département de la Gironde sur les résultats obtenus par le soufrage de la vigne dans les communes de Ludon et de Macau. Par une commission composée de MM. Bouchereau, président; Léo Dufoussat; Ed. de Georges; Carles, et Baudrimont, rapporteur. — *Bordeaux, E. Coderc, F. Degréteau et J. Poujol,* 1861, grand in-18 de 23 pages et un tableau.

(La couverture imprimée sert de titre.)

§ 3. — ZOOTECHNIE.

Traités généraux et Mélanges.

1827. — Bibliothèque du cultivateur, publiée avec le concours du ministre de l'agriculture. — Animaux domestiques; zootechnie générale. Par Lefour,... 2e édition, suivie de Notions de vétérinaire usuelle, par Sanson,... — *Paris, librairie agricole de la Maison rustique,* 1862, grand in-18.

1828. — Rapport général sur les questions relatives à la domestication et à la naturalisation des animaux utiles, adressé à M. le ministre de l'agriculture et du commerce, par M. Isidore-Geoffroy Saint-Hilaire,... — *Paris, impr. nat.*, 1849, in-4 de 54 pages.

1829. — Description des espèces bovine, ovine et porcine de la France, par MM. les inspecteurs généraux de l'agriculture, publiée par ordre de S. Exc. le ministre de l'agriculture, du commerce et des travaux publics. — T. I. Espèce bovine. (Race flamande. Par M. Lefour.) — *Paris, impr. imp.*, 1857, in-4 avec planches.

(1re livraison. — En publication.)

1830. — Manuel de la fille de basse-cour, contenant des instructions pour élever, nourrir, engraisser tous les animaux de la basse-cour : poules, dindons, pintades, faisans, perdrix, cailles, paons, cygnes, oies, canards, pigeons, lapins, vaches et cochons; pour en tirer le plus grand produit; pour guérir leurs maladies; pour distinguer les principales races, etc., etc. Nouvelle édition, revue et complétée par F. Malézieux. Avec 38 planches. — *Paris, Mme Ve Bouchard-Huzard*, in-18.

1831. — Conseils aux cultivateurs sur l'hygiène pratique des animaux domestiques, ou Moyens de les entretenir en santé... Par Mathurin Papin,... — *Paris, Humbert*, 1862, grand in-18.

1832. — Des réformes à apporter dans l'alimentation des animaux domestiques. Par le Dr J. Gourdon,... — *Toulouse, impr. de A. Chauvin*, 1858, in-8 de 76 pages.

1833. — De l'alimentation du bétail aux points de vue de la production, du travail, de la viande, de la graisse, de la laine, du lait et des engrais. Leçons professées à la Faculté des sciences de Caen... Par J.-Isidore Pierre,... Deuxième édition. — *Paris, Auguste Goin*, 1860, grand in-18.

1834. — Alimentation des animaux domestiques. Art de formuler des rations équivalentes. Par J. Allibert,... — 1862. — *Chez l'auteur, à Grignon-en-Thiverval [Seine-et-Oise]*, in-8.

1835. — Recherches sur la valeur nutritive des fourrages et autres substances destinées à l'alimentation des animaux. Par J.-Isidore PIERRE,... Deuxième édition... — *Paris, Auguste Goin,* 1858, grand in-18.

---

* Concours d'animaux reproducteurs. — (V. *n*^{os} 1713-1721.)

1836. — Concours d'animaux de boucherie à Poissy, Lyon et Bordeaux, depuis la fondation du concours de Poissy en 1844 jusqu'à ce jour (1849). Compte-rendu des opérations des concours et du rendement des animaux primés, publié par ordre de M. le ministre de l'agriculture et du commerce. (Par M. LEFEBVRE–STE–MARIE.) — *Paris, impr. nat.,* 1849, grand in-8, avec planches.

1837. — Concours d'animaux de boucherie, en 1850, à Bordeaux, Lyon, Lille et Poissy. Compte-rendu des opérations... (Par le même.) — *Paris, impr. nat.,* 1850, grand in-8.

1838. — Concours d'animaux de boucherie, en 1851, à Bordeaux, Nîmes, Lyon, Lille et Poissy. Compte-rendu des opérations... (Par le même.) — *Paris, impr. nat.,* 1851, grand in-8.

1839. — Concours d'animaux de boucherie, en 1852, à Bordeaux, Nîmes, Lyon, Lille, Nantes et Poissy. Compte-rendu des opérations... — *Paris, impr. imp.,* 1852, grand in-8 avec planches.

1840. — Concours d'animaux de boucherie, en 1853, à Bordeaux, Nîmes, Lyon, Lille, Nantes et Poissy. Compte-rendu des opérations... — *Paris, impr. imp.,* 1853, grand in-8 avec planches.

1841. — Concours d'animaux de boucherie, en 1854, à Bordeaux, Nantes, Nîmes, Lyon, Lille et Poissy. Compte-rendu des opérations... — *Paris, impr. imp.,* 1855, grand in-8 avec planches.

1842. — Concours d'animaux de boucherie, en 1855, à Bordeaux, Nantes, Nîmes, Lyon, Lille et Poissy. Compte-rendu des opérations... — *Paris, impr., imp.,* 1855, grand in-8 avec planches.

(Il manque le concours de 1856.)

1843. — Concours d'animaux de boucherie, en 1857, à Bordeaux, Nantes, Nîmes, Lyon, Lille; et Concours international de Poissy. Compte-rendu des opérations... = *Paris, impr. imp.,* 1858, grand in-8 avec planches.

1844. — Concours d'animaux de boucherie, en 1858, à Bordeaux, Lille, Lyon, Nantes, Nîmes; et Concours général de Poissy. Compte-rendu des opérations... — *Paris, impr. imp.,* 1859, grand in-8 avec planches.

1845. — Concours d'animaux de boucherie, en 1859, à Bordeaux, Lille, Lyon, Nantes, Nîmes; et Concours général de Poissy. Compte-rendu des opérations... = *Paris, impr. imp.,* 1860, grand in-8 avec planches.

Race bovine.

1846. — Le bétail en Ecosse. Race bovine. Pratiques d'élevage et d'engraissement des fermiers anglais. Par Louis DE FONTENAY,... — *Paris, Mme Ve Bouchard-Huzard,* 1862, in-8.

1847. — De la race bovine courte-corne améliorée, dite race de Durham, en Angleterre, aux Etats-Unis d'Amérique et en France. Par M. G. LEFEBVRE-STE-MARIE,... — *Paris, impr. nat.,* 1849, grand in-8.

1848. = Herd book français, registre des animaux de pur sang de la race bovine courte-corne améliorée, dite race de Durham, nés ou importés en France; publié par ordre de S. E. le ministre de l'agriculture... = *Paris, impr. de Paul Dupont,* 1855-6..., ... vol. in-8.

(T. I, II, III.)

1849. — Vacherie nationale du Pin [Orne]. Animaux de la race courte-corne améliorée, dite race de Durham, dessinés d'après nature par Gustave Le Couteulx, suivant les ordres de monsieur le ministre de l'agriculture et du commerce, et sur les indications de M. LEFEBVRE-STE-MARIE,... Types choisis : quatre taureaux : Verax, Morning-Star, Richard-Cœur-de-Lion, Roméo. — Quatre vaches laitières : Ceto, Europa, Emmeline, Marquise. — Quatre vaches remarquables par leurs dispositions à prendre la graisse : Beauty, Splendid, Constance, Pétronille. — Une vache à l'engrais : Geranium. = Atlas in-fol. oblong.

(La couverture imprimée sert de titre.)

1850. — (Atlas in-fol. contenant 11 lithographies représentant les bœufs suivants, primés aux concours de Poissy :

Duke of Devonshire (concours de 1849). — Butor (concours de 1849). — Moss Rose (concours de 1849). — Young-Curly (concours de 1849). — Océan (concours de 1850). — Alain (concours de 1851). — Marius (concours de 1852). — Tony, Thémis (concours de 1853). — Palatin (concours de 1853). — Minos (concours de 1854). — Mars (concours de 1855).)

1851. — Guide des propriétaires et des cultivateurs dans le choix, l'entretien et la multiplication des vaches laitières. Par M. Eug. TISSERANT,... Ouvrage accompagné de planches. — *Lyon, M. Savy,* 1858, in-12.

* De l'amélioration du bétail en Limousin. Par le comte A. DE TOURDONNET. — *Paris, impr. de Guiraudet et Jouaust,* 1847, in-8 de 32 pages. — (V. HISTOIRE, *Supplément.*)

Race ovine.

1852. — Bibliothèque des familles et des paroisses. Série agricole. —. Des bêtes ovines et des chèvres. Par A. YSABEAU,.... — *Paris, Victor Poullet,* 1858, grand in-18.

1853. — Société nationale et centrale d'agriculture. — Etudes sur la race mérinos à laine soyeuse de Mauchamp. Par A. YVART,... = (A la fin :) *Impr. de madame veuve Bouchard-Huzard,* (s. d.), in-8 de 32 pages.

Race porcine.

(Pas de traité spécial.)

Race chevaline.

1854. — Bibliothèque du cultivateur, publiée avec le concours du ministre de l'agriculture. — Le cheval, l'âne et le mulet; extérieur, race, élevage, entretien, utilisation, équitation, etc., etc., par LEFOUR,... Deuxième édition. — *Paris, librairie agricole de la Maison rustique*, 1862, grand in-18.

1855. — Histoire du cheval chez tous les peuples de la terre depuis les temps les plus anciens jusqu'à nos jours. Par Ephrem HOUEL. — *Paris, au bureau du Journal des haras*, 1848-52, 2 vol. in-8.

1856. — Le nâcérî. — La perfection des deux arts ; ou Traité complet d'hippologie et d'hippiatrie arabes. Ouvrage publié par ordre et sous les auspices du ministère de l'intérieur, de l'agriculture et du commerce. Traduit de l'arabe d'ABOU BEKR IBN BEDR, par M. PERRON,... — *Paris, impr. de Mme Ve Bouchard-Huzard*, 1852-60, 3 vol. in-8.

1857. — Les chevaux du Sahara. Par E. DAUMAS,... Seconde édition, augmentée de nombreux documents par l'émir ABD-EL-KADER. Ouvrage publié avec l'autorisation du ministre de la guerre. — *Paris, Schiller aîné*, 1853, grand in-8.

* Principes généraux du cavalier arabe. Par le général E. DAUMAS. — (V. ci-après.)

1858. — Du cheval en France. Par Charle DE BOIGNE. — *Paris, Bohaire*, 1843, in-8.

1859. — Administration des haras. — Atlas statistique de la production des chevaux en France; documents pour servir à l'histoire naturelle-agricole des races chevalines du pays, réunis par M. Eug. GAYOT, inspecteur général chargé de la direction des haras. Dessins de M. Hyp. LALAISSE,... Publié par ordre de M. le ministre de l'agriculture et du commerce. — *Paris, impr. adm. de Paul Dupont*, 1850, grand in-fol.

1860. — Stud book français, registre des chevaux de pur sang importés ou nés en France; publié par ordre du ministre de l'agriculture. Deuxième édition. — *Paris, impr. de Paul Dupont*, 1851-57, 2 vol. in-8.

(T. I et II jusqu'en 1856.)

1861. — Répertoire historique des chevaux de race pure en France, publié, avec l'autorisation de Son Excellence le ministre de l'agriculture, du commerce et des travaux publics, sur les documents réunis par M. PONTET,... 1ʳᵉ partie : Reproduction [1801 à 1853]. — *Paris, impr. adm. de Paul Dupont*, 1856, grand in-8.

* Réflexions sur la réorganisation des haras, l'amélioration des chevaux, et le rétablissement des manéges; suivies d'un Plan organique. Par M. Louis DE MALEDEN, ancien lieutenant-colonel de cavalerie, membre de la Société impériale d'agriculture, sciences et arts de Strasbourg. On y a joint les extraits des comptes rendus de cet ouvrage par différents journaux, ainsi que quelques lettres particulières adressées à l'auteur, qui y sont relatives. — *Versailles, impr. de Ph.-D. Pierres, et Paris, Bossange, Masson et Besson*, 1803 et 1805, in-8. — (V. HISTOIRE, nº 1157.)

1862. — Mémoire sur les chevaux espagnols, et coup d'œil général sur les haras. Par Achille DE MOUSSY, vétérinaire au haras impérial de Pompadour. Mémoire couronné en 1809 par la Société d'agriculture du département de la Seine. — *Paris, F. Buisson*, 1811, in-12 de 72 pages.

1865. — Traité complet des haras, et moyens d'améliorer et de multiplier les chevaux en France. Par Achille DEMOUSSY, chef de dépôt d'étalons [retraité], membre correspondant de la Société centrale et royale d'agriculture, de l'Académie de médecine de Paris, de l'Académie des arts et belles-lettres de Poitiers. Suivi de plusieurs mémoires couronnés par la Société centrale et royale d'agriculture. — *Tulle, impr. de J.-M. Drappeau,* 1834, in-8.

* Annales des haras. — (V. *n°* 1710.)

* Bulletin hippologique, publié par la Société d'encouragement de Pompadour, pour la propagation et l'amélioration des chevaux. — (V. HISTOIRE, *n°* 1158.)

* Etude sur la régénération du cheval limousin. Par Elie ROUDAUD. — *Limoges, impr. H. Ducourtieux,* 1861, grand in-18 de 24 pages. — (V. HISTOIRE, *Supplément.*)

1864. — Traité complet de l'élève du cheval en Bretagne; statistique hippique de la circonscription du dépôt d'étalons de Langonnet. Par Ephrem HOUEL,... — *Avranches, E. Tostain,* 1842, in-8.

Animaux de basse-cour.

1865. — Traité économique et physique des oiseaux de basse-cour... (Par BUC'HOZ.) — *Paris, Lacombe,* 1775, in-12.

* Manuel de la fille de basse-cour... Par F. MALÉZIEUX. — (V. *n°* 1830.)

1866. — Bibliothèque des familles et des paroisses. Série agricole. — De la basse-cour; traité complet de l'élève et de l'engraissement des animaux de basse-cour. Par A. YSABEAU,... — *Paris, Victor Poullet,* 1858, grand in-18.

Pisciculture.

1867. — Instructions pratiques sur la pisciculture. Par M. COSTE,... — Deuxième édition. — *Paris, Victor Masson,* 1856, in-12.

1868. — Voyage d'exploration sur le littoral de la France et de l'Italie. Rapport à M. le ministre de l'agriculture, du commerce et des travaux publics sur les industries de Comacchio, du lac Fusaro, de Marennes et de l'anse de l'Aiguillon. Par M. Coste,... — *Paris, impr. imp.,* 1855, grand in-4 avec planches.

Apiculture.

(Pas de traité spécial.)

Sériculture.

1869. — Traité des magnaneries. Par J. Charrel [de Voreppe, Isère],... — *Paris, E. Marc-Aurel,* 1848, grand in-8.

1870. — Recherches sur les maladies des vers à soie et les moyens de les prévenir; suivies d'une Instruction sur l'éducation de ces insectes; ouvrage publié par ordre du ministre de l'intérieur. Par P.-H. Nysten,... — *Paris, impr. imp.,* 1808, in-8.

Chapitre IX. — *Médecine vétérinaire.*

* (V. ci-après VIIIe section, Sciences médicales.)

Chapitre X. — *Industries agricoles.*

* Les plantes industrielles. Par Gustave Heuzé,... = (V. *n°* 1798.)

1871. — Instructions pour la conservation du lait et la fabrication du beurre et du fromage. Par G.-M. de Stiernsvard,... — Guide pour l'emploi de la baratte centrifuge, brevetée en France et à l'étranger... M. F. Girard,... — *Paris, librairie agricole de la Maison rustique,* 1855, in-8 de 19 pages.

1872. — Pratique de la fabrication du fromage façon

Hollande à l'établissement agricole de Saint-Angeau [Cantal]. — *Paris, impr. imp., 1862, in-16 de 33 pages.*

CHAPITRE XI. — *Architecture rurale.*

1875. — Bibliothèque du cultivateur, publiée avec le concours du ministre de l'agriculture. — Constructions rurales et mécanique agricole. Travaux et tarifs de maçonnerie, charpente, chemins et clôtures, forces et moteurs, machines à vapeur et véhicules. Par LEFOUR,... — *Paris, librairie agricole de la Maison rustique, 1861, grand in-18.*

CHAPITRE XII. — *Horticulture.*

§ 1er. — TRAITÉS GÉNÉRAUX ET MÉLANGES.

1874. — Encyclopédie horticole. Par E.-A. CARRIÈRE,... — *Paris, librairie agricole de la Maison rustique (1862), grand in-18.*

1875. — (Petit in-8 contenant :)

1°. — Seminarivm, et plantarivm fructiferarum præsertim arborum quæ post hortos conseri solent, Denuò auctum & locupletatum. Huic accessit alter libellus de conserendis arboribus in seminario : déque iis in plantarium transferendis atque inserendis. (Auctore Carolo STEPHANO.) — *Parisiis. Ex officina Roberti Stephani,* M. D. XL.)

2°. — De re hortensi libellus, vulgaria herbarum, florum, ac fruticum, qui in hortis cōseri solent, nomina, Latinis vocibus efferre docens ex probatis authoribus : in adolescētulorum gratiam, multo quàm antea locupletior factus. Cui nuper additus est alius libellus De cultu & satione hortorū, ex antiquorū sententia. (Auct. Carolo STEPHANO.) — *Parisiis. Ex officina Rob. Stephani,* M. D. XXXIX.

1876. — Traités de jardinage, divisés en trois tomes. Le premier contenant le jardinier français (par Nicolas Bonnefons?); le second tome contenant les délices de la campagne; le troisième tome contenant la manière de cultiver les arbres fruitiers, par le sieur (Le Gendre), curé d'Hénonville; les instructions pour les arbres fruitiers... et le Traité des chasses. — *Paris, Nicolas Le Gras,* 1684; 2 vol. in-12.

(Il manque le T. II. — Le T. I porte au frontispice : « Le jardinier français, qui enseigne à cultiver les arbres et herbes potagères, avec la manière de conserver les fruits et faire toutes sortes de confitures, conserves et massepains. Dédié aux dames. Dixième édition... » — Le frontispice du T. III est ainsi conçu : « La manière de cultiver les arbres fruitiers. Par le Sr Le Gendre,... où il est traité des pépinières, des espaliers, des contre-espaliers, des arbres en buisson et à haute tige. Nouvelle édition ».)

1877. — Le jardinier solitaire, ou Dialogues entre un curieux et un jardinier solitaire, contenant la méthode de faire et de cultiver un jardin fruitier et potager, et plusieurs expériences nouvelles; avec des réflexions sur la culture des arbres. (Par le frère François, chartreux.) Neuvième édition, augmentée de plusieurs chapitres dont il est fait mention à la fin de la préface. — *Paris, veuve de Pierre Dumesnil,* 1789, in-12.

1878. — Les agréments de la campagne, ou Remarques particulières sur la construction des maisons de campagne plus ou moins magnifiques, des jardins de plaisance, et des plantages, avec les ornements qui en dépendent, etc. (Trad. du hollandais de P. de La Court, par de Groot.) — *Paris, David le jeune,* 1752, 3 vol. in-12.

1879. — La pratique du jardinage. Par M. l'abbé Roger Schabol. Ouvrage rédigé après sa mort sur ses Mémoires, par M. D*** (Dezallier d'Argenville). Avec figures en taille-douce, dessinées et gravées d'après nature... — *Paris, Debure père,* 1772-76, 2 vol. in-12.

1880. — Manuel pratique de jardinage, contenant la manière de cultiver soi-même un jardin ou d'en diriger la culture. Par Courtois-Gérard,... Cinquième édition. — *Paris, Lacroix et Baudry,* 1858, grand in-18.

1881. — Entretiens familiers sur l'horticulture. Par

E.-A. Carrière,... Généralités. — *Paris, l'auteur,* 1860, grand in-18.

1882. — Le bon jardinier, almanach pour l'année 1843... Par A. Poiteau,... et Vilmorin,... Publié par Audot,... Avec 18 figures gravées dans le texte. — *Paris, rue du Paon,* 8, 1843, in-12.

1883. — Compte-rendu des travaux de la Société centrale d'horticulture du département d'Ille-et-Vilaine pendant l'année 1858. — *Rennes, typ. Oberthur,* 1859, in-8 de 98 pages.

§ 2. — Traités particuliers.

* Seminarivm, et plantarivm fructiferarum præsertim arborum quæ post hortos conseri solent... (Auct. Car. Stephano.) — (V. n° 1875.)

1884. — Catalogue des plantes, arbres, arbrisseaux et arbustes dont on trouve des graines, des bulbes et du plant chez le sieur Vilmorin-Andrieux, marchand grainier-fleuriste et botaniste du roi, et pépiniériste. Nouvelle édition, augmentée. — *Paris, Vilmorin-Andrieux,* 1783, petit in-8.

1885. — Traité des arbres fruitiers, contenant leur figure, leur description, leur culture, etc. Par M. Du Hamel Du Monceau,... — *Paris, Desaint,* 1782, 3 vol. in-8.

1886. — Leçons théoriques et pratiques d'arboriculture fruitière. Par A. Gressent,... Première édition. — *Paris, Aug. Goin,* 1862, grand in-18.

1887. — Bibliothèque des familles et des paroisses. Série agricole. — De la vigne et des arbres fruitiers. Par A. Ysabeau,... — *Paris, Victor Poullet,* 1858, grand in-18.

1888. — Instruction sur la conduite des arbres fruitiers. Greffe, taille, restauration des arbres mal taillés ou épuisés par la vieillesse, culture, récolte et conservation des fruits. Par M. A. du Breuil,... Troisième édition. —

Paris, *Victor Masson et fils*, et *Garnier frères*, 1861, grand in-18.

1889. — Le jardinier fruitier, principes simplifiés de la taille des arbres fruitiers, expliqués à l'aide de nombreuses figures dessinées par l'auteur, et augmentés d'une étude sur les bons fruits. Par Eugène FORNEY,... — *Paris, l'auteur*, 1862, in-8.

1890. — Traité de la culture des pêchers. (Par DE COMBES.) Troisième édition, revue, corrigée et augmentée. — *Paris, P.-Al. Le Prieur*, 1770, in-12.

1891. — Nomenclature des pêchers et des brugnons. Par E.-A. CARRIÈRE,... Extrait de la Revue horticole. Année 1862. — *Paris, librairie agricole de la Maison rustique*, 1862, grand in-18 de 67 pages.

1892. — Les poiriers les plus précieux parmi ceux qui peuvent être cultivés à haute tige, aux vergers et aux champs. Avec les figures des fruits au trait. Par M. J. DE LIRON D'AIROLES,... — *Nantes, A. Guéraud et Cie*, 1861, in-8 de 65 pages et 7 planches.

1893. — L'école du jardin potager... Par l'auteur du Traité de la culture des pêchers (DE COMBES). Nouvelle édition. — *Paris, Ant. Boudet et P.-A. Le Prieur*, 1752, 2 vol. in-12.

1894. — Cours élémentaire de culture maraichère... Par COURTOIS - GÉRARD. Troisième édition. — *Paris, l'auteur*, 1856, in-18.

1895. — Remarques nécessaires pour la culture des fleurs, la manière avec laquelle il faut les cultiver, et les ouvrages qu'il faut faire selon chaque mois de l'année. Avec une méthode facile pour faire toutes sortes de palissades, bosquets et autres ornements... Et un Catalogue des plantes les plus rares; le tout diligemment observé par

P. Morin,... Nouvelle édition, augmentée d'un Traité des œillets... — *Lyon, Charles Amy,* 1686, in-12.

1896. — Traité des tulipes... Par l'auteur du Traité des renoncules (le P. d'Ardène). = *Avignon, Louis Chambeau,* 1760, in-12.

VIII SECTION.

SCIENCES MÉDICALES.

—

Iʳᵉ PARTIE.

PRÉLIMINAIRES, GÉNÉRALITÉS ET MÉLANGES.

—

Chapitre Iᵉʳ. — *Bibliographie.*

1897. — Bibliothèque impériale. Département des imprimés. — Catalogue des sciences médicales... = *Paris, Firmin Didot frères, fils et Cⁱᵉ,* 1857-18..., in-4.

(T. 1ᵉʳ. — En publication.)

* Catalogue méthodique de la bibliothèque de la ville d'Amiens. Médecine. (Par J. Garnier.) = *Amiens,* 1853, in-8. — (V. Belles-Lettres, n° 247.)

1898. — Catalogue général des livres de médecine, chirurgie, anatomie, physiologie, histoire naturelle, physique, chimie, pharmacie, français et étrangers qui se trouvent chez J.-B. Baillière et fils,... à Paris. — *Février* 1862, in-8.

CHAPITRE II. — *Histoire de la médecine.* — *Histoire et critique des doctrines médicales.* — *Histoire et actes des écoles et des sociétés médicales.* — *Biographie médicale.*

1899. — Coup d'œil sur les révolutions et sur la réforme de la médecine. Par P.-J.-G. CABANIS,... — *Paris, Crapart, Caille et Ravier, an* XII-1804, in-8.

(Pierre-Jean-Georges Cabanis naquit à Cosnac (Corrèze) en 1757. Il fut à la fois médecin, philosophe, littérateur et homme d'État. Il mourut, le 6 mai 1808, à Rueil, aux environs de Meulan, dans une campagne où il s'était retiré l'année précédente auprès de Grouchy, son beau-père. — V. A. DU BOYS , *Biogr. limousine.*)

1900. — Histoire de la médecine depuis son origine jusqu'au XIXᵉ siècle. Par le docteur P.-V. RENOUARD. — *Paris, J.-B. Baillière,* 1846, 2 vol. in-8.

1901. — Lettres philosophiques et historiques sur la médecine au dix-neuvième siècle. Par le docteur P.-V. RENOUARD. Troisième édition, corrigée et considérablement augmentée. — *Paris, J.-B. Baillière et fils,* 1861, in-8.

1902. — Discours prononcé le 20 novembre 1862 à la séance solennelle de rentrée de l'école de médecine et de pharmacie de Limoges. Par M. le docteur MAZARD, professeur de clinique interne. (Histoire de la médecine.) — *Limoges, J.-B. Chatras, impr.,* 1862, in-8 de 26 pages.

(La couverture imprimée sert de titre.)

---

* Lettres de Gui PATIN ; nouvelle édition, augmentée de lettres inédites, précédée d'une Notice biographique, accompagnée de remarques scientifiques, historiques, philosophiques et littéraires, par J.-H. RÉVEILLÉ-PARISSE ,... — *Paris,* 1846, 3 vol. in-8. — (V. BELLES-LETTRES, *n°* 1659.)

* Paradoxorvm medicinae libri tres, in qvibvs sanè mvlta à nemine hactenvs prodita, Arabum ætatisᴄɟ nostræ medicorum errata non tantum indicantur, sed & probatissimorum autorum scriptis, firmissimisᴄɟ rationibus ac argumentis confutantur, D. Leonardo FVCHSIO,... autore. Obiter deniqve hic Sebastiano Montuo medico Riuoriensi respondetur, éiusq annotatiunculæ uelut omnium frigidissimæ prorsus exploduntur... — *Basileae ex aedibvs Io. Bebelÿ, Anno* M. D. XXXV, in-fol.

(Relié à la suite des *Opuscula* BEDÆ. — V. HISTOIRE, n° 159.)

1903. — De la régénération des sociétés savantes en général et des sociétés de médecine en particulier. Discours d'ouverture de la séance publique tenue par la société... de médecine de Marseille le 14 décembre 1851. Par le Dr P.-M. ROUX,... — *Marseille, Vial, impr.,* 1852, in-8 de 31 pages.

1904. — Actes du congrès médical de France, session de 1845, publiés par les soins de MM. SERRES, BOUILLAUD, SOUBEIRAN, Amédée LATOUR, F. BOUDET, RICHELOT, VILLE-NEUVE, MALGAIGNE, MIQUEL, BLATIN, VÉE, Alph. GARNIER, HAMONT, LEBLANC, COLLIGNON, membres de la commission permanente du Congrès médical de France. Section de médecine, section de pharmacie, section de médecine vétérinaire. — *Paris,* 1846, in-8.

1905. — Congrès scientifique de France. XXVIᵉ session, tenue à Limoges. — Section des sciences médicales. Procès-verbaux et mémoires. (M. Dépéret-Muret, secrétaire.) — *Limoges, impr. de Chapoulaud frères,* 1860, in-8.

(Note sur la conformation de la tête en Limousin, par M. BLANCHARD. — De l'influence de l'exercice à pied et au grand air dans quelques cas de phthisie pulmonaire en Limousin, par M. LEMAISTRE. — Recherches sur le rhythme et les mouvements respiratoires, par M. MANDON. — Note sur le traitement de la fistule lacrymale par le clou de Scarpa modifié, par M. C. BOULLAND. — Rapport de la commission nommée pour assister aux expériences de cranioscopie de M. le Dr Riboli, de Turin, par M. BOUDET. — Traitement de la fracture du col du fémur sans appareil, par M. MANDON. — Deux opérations de hernies étranglées guéries sans opération, par M. BRUN-SÉCHAUD. — Un mot sur les fièvres intermittentes en Limousin, par M. LEMAISTRE. — Étude sur le traitement de la diphthérie : influence de l'iodure de potassium sur cette affection, par M. THOUVENET. — De l'évidement des os, par M. BRUN-SÉCHAUD. — Statistique de la commune de Pierre-Buffière [Haute-Vienne], par M. DÉPÉRET-MURET.)

(M. Jean-Baptiste-Auguste Dépéret Muret est né à Limoges le 20 janvier 1814.)

1906. — Comité médical des Bouches-du-Rhône. — 1° Décret qui reconnaît cette association comme établissement d'utilité publique; 2° Statuts; 3° Règlement d'administration. — *Marseille, typ. Roux,* 1859, in-8 de 24 pages.

1907. — Séance publique de la Société royale de médecine, chirurgie et pharmacie de Toulouse, tenue le 14 mai 1840. — *Toulouse, impr. de Jean-Matthieu Douladoure,* 1840, in-8.

1908. — Précis des travaux de la Société médicale de Boulogne-sur-Mer depuis sa fondation au 1er juin 1836 jusqu'au 1er janvier 1839. — *Boulogne, impr. de Le Roy-Mabille,* 1839, in-8.

1909. — Recherches historiques sur la faculté de médecine de Paris depuis son origine jusqu'à nos jours. Par J.-C. SABATIER [d'Orléans],... — *Paris, Deville Cavellin,* et *Montpellier, Louis Castel,* 1835, in-8.

1910. — École de Médecine et de Pharmacie de Limoges. — Réponse à quelques-unes des questions soumises aux conseils académiques par S. Exc. le ministre de l'instruction publique sur l'organisation des écoles de médecine et de pharmacie. Par M. BARDINET, directeur de l'école de médecine de Limoges. — *Limoges, typ. J.-B. Chatras,* 1860, in-8 de 24 pages.

(M. Barthélemy-Alphonse Bardinet est né à Limoges le 4 juin 1814. Il a été nommé chevalier de la Légion-d'Honneur le 13 août 1861. On trouvera au Catalogue d'histoire les brochures administratives qu'il a publiées en qualité de membre du conseil municipal. Ses opuscules médicaux sont, indépendamment de la brochure ci-dessus :

1°. — Observations tératologiques. (*Bulletin de la Société anatomique de Paris,* 1839, in-8 de 72 pages.)

2°. — Mémoire sur un nouveau moyen de diagnostic appliqué à l'étude des maladies des yeux. — (*Paris,* 1ers nos du journal l'*Expérience* de MM. Dezeimeris et Littré.)

3°. — Traité de la cataracte d'après les leçons du professeur Sanson. — *Paris, Ebrard,* 1838, in-8 de 135 pages.

4°. — Lettre sur l'organisation des conseils d'hygiène publique et de salubrité. (*Union médicale,* 1849, p. 465.)

5º. — Mémoire sur la fracture du rebord de la cavité cotyloïde. (*Union médicale*, 1850.)

6º. — Sur les polypes du rectum. (*Union médicale*, 1853.)

7º. — Compte-rendu des travaux de la Société médicale de la Haute-Vienne. — *Limoges*, 1842.

> (A la suite de ce compte-rendu, articles divers : Notes sur le traité de la peste de Jehan David , *Limoges*, 1595 ; — Notice sur le docteur Voisin, etc.)

8º. — Rapport à MM. les administrateurs de l'hospice de Limoges sur les améliorations à introduire dans le service des nouveau-nés, 1843. Imprimé par les soins de la commission administrative.

9º. — Notices biographiques sur les chirurgiens Boyer et Dupuytren. — (V. *Galerie des hommes illustres du Limousin*, Catal. d'histoire, nº 1189, et *Bulletin de la Société de médecine de la Haute-Vienne*, ci-après, nº 1911.)

10º. — Mémoire sur la syphilis héréditaire, et particulièrement sur sa transmissibilité par la voie de l'allaitement ; présenté à l'Académie impériale de médecine de Paris, 28 décembre 1852 ; cité par M. Velpeau dans la discussion devant l'Académie, par M. Vidal de Cassis dans son Traité de la syphilis des nouveau-nés, couronné par la Société de médecine de Bordeaux.

11º. — Deux nouvelles observations de syphilis héréditaire communiquée par des enfants à leurs nourrices ; présentées à l'Académie de médecine le 20 juillet 1853.

12º. — De la cautérisation du col de l'utérus pendant les premiers mois de la grossesse. — (V. *Bulletin de la Société de médecine de Limoges*, 1855.)

13º. — Note sur un repli particulier de la membrane synoviale dans l'articulation de la hanche, et sur les vaisseaux qu'il peut conduire à la tête du fémur dans les cas de fracture intra-capsulaire de cet os. — (V. *ibid.*)

14º. — Des collections sanguines qui se développent dans l'épaisseur des tumeurs encéphaloïdes, et qui fournissent à la ponction un écoulement continu. — (V. *ibid.*)

15º. — Cloison vaginale avec pertuis du diamètre d'un stylet. Grossesse. Eclampsie au septième mois. Mort. — (V. *ibid.*)

16º. — Mémoire sur la question suivante : « Quand un membre est atteint de sphacèle, faut-il toujours l'amputer ? » Mémoire présenté à la Société médicale d'émulation de Paris, mars 1855. — (V. *ibid.*)

17º. — Mémoire sur les fractures de l'olécrâne sans écartement des fragments, et sans déplacement en haut du fragment supérieur, présenté à la Société de chirurgie de Paris (rapport de M. Gosselin).

18º. — Deux cas de résection du corps de la mâchoire inférieure.

Guérison. Absence complète de rétraction de la langue. (Société de chirurgie de Paris, avril 1855.)

19º. — L'épidémie cholérique de 1854 à Limoges, mémoire présenté à l'Académie de médecine de Paris (29 mai 1855).

20º. — Compte-rendu des travaux de la Société de médecine et de pharmacie de la Haute-Vienne (1854) : articles divers. — (V. nº 1911.)

21º. — De l'héméralopie observée en Limousin sous ses différentes formes : sporadique, endémique et épidémique (1855). — (V. ci-après.)

22º. — Mémoire présenté à l'Académie de médecine de Paris (20 novembre 1855), publié dans le *Bulletin de la Société de médecine de Limoges* (1858-59). — V. nº 1911.)

1911. — Compte-rendu des travaux de la Société médicale de la Haute-Vienne. (Par M. A. BARDINET, secrétaire.) — Première année : 1841-42. — *Limoges, Chapoulaud frères, impr.,* 1842, in-8 de 80 pages. — Règlement de la Société de Médecine et de Pharmacie de la Haute-Vienne (27 novembre 1852), in-8 de 11 pages. — Bulletin de la Société de Médecine et de Pharmacie de la Haute-Vienne, 1852. — *Limoges, Chapoulaud frères, impr.,* 1853, in-8. — Bulletin de la Société de Médecine et de Pharmacie de la Haute-Vienne, 1855. (M. DÉPÉRET-MURET, secrétaire.) — *Limoges, Chapoulaud frères,* 1855, in-8. — Bulletin de la Société de Médecine et de Pharmacie de la Haute-Vienne, 1859. (M. DÉPÉRET-MURET, secrétaire.) — *Limoges, Chapoulaud frères,* 1859, in-8.

(A la fin du bulletin de 1855, se trouvent des « Notes biographiques sur les médecins et pharmaciens du Limousin, par M. Auguste DUBOYS ».)

1912. — Association de prévoyance et de secours mutuels des médecins de la Haute-Vienne. Assemblée générale du 24 octobre 1859. — (A la fin :) *Limoges, impr. de Chapoulaud frères,* in-8 de 12 pages.

1913. — Association générale des médecins de France. — Association des médecins du département de la Haute-Vienne. Assemblée générale, tenue à Limoges le 18 septembre 1860. — *Limoges, impr. de Sourilas-Ardillier,* 1860, in-8 de 23 pages.

(La couverture imprimée sert de titre.)

1914. — Des intérêts moraux et matériels de la profession médicale. Par J.-B.-P. Brun-Séchaud, membre de la commission chargée d'examiner cette question (dans la Haute-Vienne). — *Limoges, impr. de Chapoulaud frères,* 1859, in-8 de 36 pages.

1915. — Dictionnaire historique de la médecine ancienne et moderne, ou Précis de l'histoire générale technologique et littéraire de la médecine, suivi de la Bibliographie médicale du dix-neuvième siècle, et d'un Répertoire bibliographique par ordre de matières. Par MM. Dezeimeris, Ollivier [d'Angers] et Raige-Delorme,... — *Paris, Béchet jeune,* 1828-39, 4 vol. in-8.

* (V. aussi la *division* Histoire.)

Chapitre III. — *Philosophie, Méthodologie, Littérature, Erudition et Critique médicales.*

1916. — Rapports du physique et du moral de l'homme. Par P.-J.-G. Cabanis,... — *Paris, Crapart, Caille et Ravier, an* x-1802, 2 vol. in-8.

* Réflexions sur l'ouvrage de M. Cabanis ayant pour titre : « Rapports du physique et du moral de l'homme ». Par J. Garebeuf, M., membre du conseil général du département de la Haute-Vienne. — *Limoges, impr. F. Chapoulaud, an* xi, in-8 de 26 pages. — (V. Belles-Lettres, n° 452-3°.)

* Physiologie des passions, ou Nouvelle doctrine des sentiments moraux. Par M. le baron Alibert. Troisième édition... — (V. n° 262.)

* La médecine des passions, ou les passions considérées

dans leurs rapports avec les maladies, les lois et la religion. Par J.-B.-F. DESCURET,... — (V. n° 263.)

1917. — Introduction à l'étude des sciences médicales. Par P.-J.-B. BUCHEZ,... Leçons orales recueillies et rédigées par Henry BELFIELD LEFEVRE,... — *Paris, E. Éveillard et Ce*, 1838, in-8.

1918. — Examen des doctrines médicales et des systèmes de nosologie, ouvrage dans lequel se trouve fondu l'Examen de la doctrine médicale généralement adoptée, etc., précédé de propositions renfermant la substance de la médecine physiologique. Par F.-J.-V. BROUSSAIS,... — *Paris, Méquignon-Marvis*, 1821, 2 vol. in-8.

1919. — De l'enseignement médical dans ses rapports avec la chimie considérée comme science accessoire à la théorie de la médecine; suivi d'un nouveau plan d'organisation des sociétés de médecine et de chirurgie et des études médicales pour le maintien de la chaire d'Hippocrate fondée aux écoles de médecine de Paris. Par M. le chevalier DE MERCY,... — *Paris, impr. de J.-M. Eberhart*, 1819, in-8.

1920. — Traités d'HIPPOCRATE, des préceptes, de la décence, du médecin, traduits en français, et le texte en regard, revu et corrigé sur les manuscrits de la bibliothèque du roi, avec l'Analyse de ces traités. Par M. le chevalier DE MERCY,... — *Paris, impr. de J.-M. Eberhart*, 1824, in-12.

1921. — Discours sur les devoirs, les qualités et les connaissances du médecin, avec un cours d'études. Par Jean GRÉGORY,... Traduit de l'anglais, sur la nouvelle édition, corrigée et augmentée par l'auteur, par M. VERLAC. — *Paris, Briand*, 1788, in-12.

1922. — Hieronymi CARDANI,... contradicentivm medicorvm libri duo, quorum primus centum & octo, alter verò. totidem disputationes continet. Addita præterea eiusdem autoris de Sarza Parilia, de Cina radice, eiusque vsu, Consilium pro dolore vago, Disputationes etiam quædam aliæ non inutiles. Accesserunt præterea Iacobi PELTARIJ contradictiones ex Lacuna desumptæ, cum eiusdem Axiomatibus. Quorum omnium Indicem locupletissimum operi præfiximus. — *Parisiis, Apud Iacobum Macœum,* 1565, 2 parties en 1 vol. in-8.

(Le petit traité de Jacques Peletier a un frontispice spécial : « Iacobi PELETARII,... De conciliatione Locorum Galeni sectiones dvæ... — *Parisiis , apud Iacobum Maceum ,* 1564 ».)

CHAPITRE IV. — *Polygraphie et traités généraux comprenant l'ensemble des sciences médicales.*

§ 1er. — COLLECTIONS D'AUTEURS.

* Recueil de Mémoires, ou Collection de pièces académiques concernant la médecine, l'anatomie et la chirurgie (etc.)... tirées des meilleures sources. Et mis en ordre par feu M. J. BERRYAT,... — (V. *n°* 878.)

§ 2. — POLYGRAPHES ANCIENS.

1923. — HIPPOCRATIS Coi,... Opera quæ apud nos extant omnia, Per Ianum CORNARIUM Medicum Physicum Latina lingua conscripta. Accessit HIPPOCRATIS De Hominis Structura liber, Nicolao PETREIO Corcyræo interprete, antea non excusus. Cum Indice rerum copiosissimo. — *Lvgdvni , Apud Antonium Vincentium,* 1562, in-8.

1924. — Traduction des œuvres médicales d'Hippocrate sur le texte grec, d'après l'édition de Foës (par GARDEIL, et publiée par Tournon). — *Toulouse, Fages, Meilhac et Comp*, 1801, 4 vol. in-8.

1925. — Œuvres d'HIPPOCRATE... (Traduites sur le texte

grec d'après la collation des manuscrits de la bibliothèque impériale, avec une dissertation sur les manuscrits et les variantes, par M. DE MERCY.) — *Paris, Crochard*, etc., 1811-32..., in-12.

(Cette collection, non tomée, dont quelques-uns des volumes ne portent même pas le titre collectif : *Œuvres d'Hippocrate*, volumes que, pour cette raison, nous ne ferons que rappeler ici au moyen de l'astérisque en les renvoyant aux divisions auxquelles ils appartiennent, cette collection comprend :

* Aphorismes d'HIPPOCRATE. — (V. ci-après, PATHOLOGIE.)

* Pronostics et prorrhétiques d'HIPPOCRATE. — (V. *ibid.*)

1°. — Épidémies d'HIPPOCRATE. Premier et troisième livres ; des crises et des jours critiques ; traduits sur le texte grec... avec une Dissertation sur les manuscrits et les variantes, une Analyse des Épidémies et des commentaires. Par M. le chevalier DE MERCY,... — *Paris, impr. de J.-M. Eberhart*, 1815, in-12.

2°. — Prognostics de Cos d'HIPPOCRATE, traduits... par M. DE MERCY,... — *Paris, impr. de J.-M. Eberhart*, 1815, in-12.

3°. — Traités d'HIPPOCRATE : Du régime dans les maladies aiguës ; des airs, des eaux et des lieux ; traduits... par M. le chevalier DE MERCY,... — *Paris, impr. de J.-M. Eberhart*, 1818, in-12.

(Le faux-titre porte : « *Œuvres... T. V* ».)

* Traités d'HIPPOCRATE : Des préceptes, de la décence, du médecin. — (V. ci-dessus, *n°* 1920.)

4°. — Traités de l'ostéologie, du cœur, des veines, de l'aliment... — *Paris, Béchet jeune*, 1831, in-12.

(Le faux-titre porte : « *Œuvres... Ostéologie et angiologie, T. I* ».)

5°. — Traités de la maladie sacrée, des vents ou des fluxions... — *Paris, Béchet jeune*, 1831, in-12.

(Le faux-titre porte : « *Œuvres... Physiologie, T. II* ».)

* Nouvelle traduction des aphorismes d'HIPPOCRATE,... et les commentaires de M. DE MERCY. — (V. ci-après, PATHOLOGIE.)

(Nous avons adopté, pour la classification de ces divers ouvrages d'Hippocrate, l'ordre suivi dans le catalogue de la bibliothèque impériale, quoique certains de ces ouvrages ne portent pas la tomaison indiquée par ce catalogue. Il manquerait d'après notre guide :

— Traités d'Hippocrate : de la nature de l'homme, de l'ancienne médecine, des humeurs, de l'art médical. — 1 vol. in-12.

— Traités d'Hippocrate : du serment, de la loi de médecine, des maladies, des affections. — 1 vol. in-12.

— Traités d'Hippocrate : des plaies de tête, des fractures, du laboratoire du chirurgien. = 1 vol. in-12.

= Traités d'Hippocrate : des articles ou des luxations. — 1 vol. in-12.)

1926. — Œuvres complètes d'Hippocrate. Traduction nouvelle avec le texte en regard, collationné sur les manuscrits et toutes les éditions; accompagnée d'une Introduction, de commentaires médicaux, de variantes et de notes philologiques; suivie d'une Table générale des matières. Par E. Littré. — *Paris, J.-B. Baillière,* 1839-61, 10 vol. in-8.

1927. — (In-fol. contenant :)

1°. — Anatomica omnivm hvmani corporis partivm descriptio, picturæ lineamentis singula membra ad viuum exprimens in tabulas redacta, operâ & diligentiâ M. Gualteri H. Riff. Argentini medici. Quibus præmissi sunt phlebotomiae canones aliqvot maximè considerandi in missione sanguinis vigilantissimè collecti & in lucem æditi operâ eiusdem. — *Parisiis. Apud Christianum Wechelum,* M. D. XLIII.

(Il n'y a que les huit premières pages de cet ouvrage. Le reste a été enlevé.)

2°. — Claudij Galeñi Pergameñi in Hippocratis librvm de natvra hominis commentarivs. Ioanne Gvinterio Andernaco interprete. Accesserunt Iacobi Silvij Medici scholia multò quàm priùs locupletiora. = *Parisiis Ex officina Christiani Wecheli,* M. D. XL.

3°. — Clavdii Galeni,... de motv mvscvlorvm liber primvs, Nicolao Leoniceno interprete. Prodit nunc iste libellus... multis in locis ad græci codicis fidem castigatus, & eruditis scholiis illustratus, per Iacobum Sylvivm,... = *Parisiis. Ex officina Christiani Wecheli,* M. D. XXXVII.

4°. — Libri epidemiorvm Hippocratis primvs, tertivs

et sextus, cum GALĒNI in eos Commentariis, Io. VASSÆO Meldensi interprete. Editio prima. — *Parisiis, Ex officina Christiani Wecheli*, M. D. XLVI.

1928. — Novæ methodi pro explicandis HIPPOCRATE et ARISTOTELE specimen, clarissimis Scholæ parisiensis medicis, D. D. Marinus CURÆUS DE LA CHAMBRE,... — *Parisiis, apud Jacobum d'Allin,* 1662, in-4.

(A la fin se trouve une traduction française du premier livre de la physique d'Aristote.)

1929. — GALĒNI omnia qvae extant opera Quorum alia nunc primum sunt inuenta : alia vel denuo fidelius translata, uel innumeris pene locis ad veterum græcorum exemplarium veritatem castigata : ex secvnda Ivntarvm editione Ioanni Salviato cardinali amplissimo dicata. — *Venetiis (apud Hœredes lucæ – Antonii Iuntœ Florentini)*, M D L, trois parties en 1 vol. in-fol.

(Chaque partie a un frontispice distinct et une pagination séparée.)

1950. — Œuvres anatomiques, physiologiques et médicales de GALIEN, traduites sur les textes imprimés et manuscrits, accompagnées de sommaires, de notes, de planches et d'une Table des matières; précédées d'une Introduction ou Etude biographique, littéraire et scientifique sur Galien, par le Dr Ch. DAREMBERG,... — *Paris, J.-B. Baillière,* 1854-186., vol. in-8.

(T. I et II. — En publication.)

1951. — Epitome GALENI Pergameni opervm, in qvatvor partes digesta, pvlcherrima methodo vniversam illius uiri doctrinam complectens : per And. LACVNAM Secobiensem,... collecta... — *Basileae apud Mich. Isingrinium, anno* 1551, in-fol.

1952. — Œuvres d'ORIBASE, texte grec, en grande partie inédit, collationné sur les manuscrits, traduit pour la première fois en français, avec une Introduction, des notes, des tables et des planches, par les docteurs BUSSE=

MAKER et DAREMBERG. — *Paris, impr. nat. (-imp.)*, 1851-186.,   vol. in-8.

(T. I-IV, en publication. — Le faux-titre porte : « Collection des médecins grecs et latins, publiée sous les auspices du ministère de l'instruction publique... Par le Dr Ch. DAREMBERG... ».)

1933. — PAULI Aeginetae opvs de re medica, nvnc primvm integrvm latinitate donatvm, per Ioannem GVINTERIVM Andernacvm,... — *Parisiis Apud Simonem Colinæum,* 1532, in-fol.

(A la suite :)

— Clavdii GALENI,... De cavsis respirationis libellvs. De vsu respirationis liber vnus. De spirandi difficultate libri tres. Ioanne VASSEO Meldensi interprete. — *Parisiis Apud Simonem Colinæum,* 1533, in-fol. de 76 pages.

— Claudii GALENI,... De antidotis libri dvo, a Ioanne GVINTERIO Andernaco nvnc primùm latinitate donati. Eiusdem GALENI de remedijs paratu facilibus liber vnus, eodem Ioanne GVINTERIO Andernaco interprete. — *Parisiis Apud Simonem Colinæum,* 1533, in-fol. de 94 pages.

§ 3. — POLYGRAPHES MODERNES.

1934. — ARNALDI DE VILLANOUA medici acutissimi opa nuperrime reuisa : vna cum ipsius vita recenter hic apposita. Cũ tractatu de philosophorũ lapide. Additionibus marginalibus tabulaq librorum ꝃ capitulorum in hac nouissima impressione : diligenter additis. — *Uenundantur lugduni Apud Scipionem de gabiano,* (à la fin :) M CCCCC XXXij, in-fol.

1935. — Aurelii-Philippi-Theophrasti PARACELSI BOMBAST ab Hohenheim,... Opera... — *Francofurti,* 1528 (?), in-8.

(Le frontispice manque.)

1936. — Ortus medicinæ, id est initia physicæ inaudita, progressus medicinæ novus, in morborum ultionem ad vitam longam. Authore Joan. Baptista VAN HELMONT,... edente authoris filio Francisco Mercurio VAN HELMONT.

Cum eius præfatione, et belgico translata. Editio quarta in qua præter quædam auth. fragmenta adjecti fuerunt indices. Tractatuum de lithiasi febr., humoribus et peste qui in aliis desiderabantur. — *Lugduni, sumptibus Joannis Baptistæ Devenet,* 1655, in-fol.

(Les quatre traités dont il est question ont une pagination particulière, et portent le titre suivant : « Joannis Baptistæ VAN HELMONT,... Opuscula medica inaudita; I de Lithiasi; II de Febribus; III de Humoribus Galeni; IV de Peste. Editio quinta... — *Lugduni,* 1655 ».)

1957. — Georgii BAGLIVI,... opera omnia medico-practica et anatomica. Editio octava, cui, præter dissertationes et alios tractatus septimæ editioni adjunctos, accedunt ejusdem Baglivi Canones de medicina solidorum ; Dissertatio de progressione romani terræ motûs; De systemate et usu motûs solidorum in corpore animato; De vegetatione lapidum et analogismo circulationis maris ad circulationem sanguinis; nec non J.-D. SANTORINI opuscula quatuor : De structura et motu fibræ; De nutritione animali; De hæmorrhoidibus, et De catameniis. — *Lugduni, sumptibus Anisson et Joannis Posuel,* 1714, in-4.

(Portrait de Baglivi.)

§ 4. — DICTIONNAIRES ET LEXIQUES.

1958. — Dictionnaire portatif de médecine, d'anatomie, de chirurgie, de pharmacie, de chimie, d'histoire naturelle, de botanique et de physique, qui contient les termes de chaque art, leur étymologie, leur définition et leur explication, tirés des meilleurs auteurs. Avec un Vocabulaire grec et un latin, à l'usage de ceux qui lisent les auteurs anciens... Seconde édition, corrigée et augmentée. Par Jean-Fr. LAVOISIEN,... — *Paris, P.-Fr. Didot le jeune,* 1771, 2 vol. in-8.

1959. — Nouveau dictionnaire universel et raisonné de médecine, de chirurgie et de l'art vétérinaire... Par une société de médecins. (Par NICOLAS, DEMARQUE et DE LA SERVOLE fils.) — *Paris, Hérissant le fils,* 1772, 6 vol. in-8.

* Encyclopédie méthodique. Médecine, contenant :

1° l'hygiène; 2° la pathologie; 3° la séméiotique et la nosologie; 4° la thérapeutique ou matière médicale; 5° la médecine militaire; 6° la médecine vétérinaire; 7° la médecine légale; 8° la jurisprudence de la médecine et de la pharmacie; 9° la biographie médicale... Par une société de médecins. Mise en ordre et publiée par M. VICQ D'AZYR,... — (V. POLYGRAPHIE , n° 12.)

1940. — Dictionnaire des sciences médicales. Par une société de médecins et de chirurgiens : MM. ALARD, ALIBERT, BARBIER, BAYLE, BIETT, BOYER, CADET DE GASSICOURT, CAYOL, CHAUMETON, CHAUSSIER, CULLERIER, CUVIER, DELPECH, DUBOIS, FLAMANT, FOURNIER, GALL, GARDIEN, GEOFFROY, GUERSENT, GUILBERT, HALLÉ, HEURTELOUP, HUSSON, ITARD, JOURDAN, KERAUDREN, LAENNEC, LANDRÉ-BEAUVAIS, LARREY, LERMINIER, LULLIER-WINSLOW, MARC, MARJOLIN, MOUTON, MURAT, NACQUART, NYSTEN, PARISET, PETIT, PINEL, RENAULDIN, RICHERAND, ROUX, ROYER-COLLARD, SAVARY, TOLLARD, VIREY. = *Paris, Crapart* (et *C.-L.-F. Panckoucke*), 1812-22, T. I-LVIII. — Dictionnaire des sciences médicales... Table des matières. T. LIX-LX. — *Paris, C.-L.-F. Panckoucke,* 1822. En tout 60 vol. in-8.

(Il manque la Biographie médicale, formant 7 vol. in-8.)

1941. — Dictionnaire abrégé des sciences médicales... Par une partie des collaborateurs. — *Paris, C.-L.-F. Panckoucke,* 1821-26, 15 vol. in-8.

1942. — Dictionnaire de médecine, de chirurgie, de pharmacie, des sciences accessoires et de l'art vétérinaire, de P.-H. NYSTEN. Onzième édition, revue et corrigée par E. LITTRÉ,... Ch. ROBIN,... Ouvrage augmenté de la synonymie latine, grecque, allemande, anglaise, italienne et espagnole, et suivi d'un Glossaire de ces diverses langues. Illustré de plus de 300 figures intercalées dans le texte. — *Paris, J.-B. Baillière et fils,* 1858, grand in-8.

§ 5. — TRAITÉS GÉNÉRAUX ANCIENS ET MODERNES.

1943. — Aurelii Corn. CELSI de re medica libri octo.

Item, Q. SERENI liber de medicina. Q. RHEMMII FANNII PALÆMONIS de ponderibus et mensuris liber. VINDICIANI carmen. Omnia ex diversorum codicum diligentissima collatione castigata, additis ad marginem variis lectionibus. — *Genevæ, sumptibus Johannis de Tournes*, 1625, in-16.

1944. — AETII medici graeci contractae ex veteribvs medicinae tetrabiblos, hoc est qvaternio, id est libri vniuersales quatuor, singuli quatuor sermones complectentes, ut sint in summa quatuor sermonum quaterniones, id est sermones XVI. per Ianum CORNARIUM medicum physicum Latinè conscripti. Index subiunctus est uberrimus. — *Froben.* M. D. XLIX, in-fol.

1945. — Bartholomæi PERDULCIS,... Universa medicina. Editio tertia. Studio et opera G. SAUVAGEON,... Cui etiam accessit De morbis animi liber. — *Parisiis, apud Ludovicum Boullenger'*, 1660, in-4.

1946. — In-8 contenant :

1°. — Institutiones medicæ in usus annuæ exercitationis domesticos, digestæ ab Hermanno BOERHAAVE. Editio quarta, prioribus longe auctior. — *Juxta exemplar Lugduni Batavorum, apud Johannem van der Linden*, 1721, in-8.

2°. — Aphorismi de cognoscendis et curandis morbis, in usum doctrinæ domesticæ digesti, ab Hermanno BOERHAAVE. Editio tertia auctior. — *Juxta exemplar Lugduni Batavorum, apud Johannem van der Linden*, 1721.

3°. — Hermanni BOERHAAVE libellus de materie medica et remediorum formulis quæ serviunt aphorismis de cognoscendis et curandis morbis. Editio nova, prioribus auctior. — *Juxta exemplar Lugdun. Batavorum, apud Isaacum Severinum*, 1721.

1947. — Institutions de médecine de Mr Herman BOERHAAVE, traduites du latin en français par M. DE LA METTRIE,... — *Paris, Huart, et Briasson*, 1740, in-12.

(Il manque le T. Ier. — On trouve à la fin du T. II la Vie de Herman Boerhaave.)

1948. — (Thomæ Willis opera omnia.) — In-4.

(T. II, auquel il manque le frontispice. Ce volume contient :
1o Affectionum quæ dicuntur Hystericæ et hypochondriacæ patho-
logia spasmodica... cui accesserunt Exercitationes medico-physicæ
de sanguinis ascensione et motu musculari. — 2o De anima bru-
torum... exercitationes duæ... — 3o Pharmaceutice rationalis, sive
Diatriba de medicamentorum operationibus in humano corpore.)

* Dissertationes physicæ in quibus principia proprie-
tatum in mistis; œconomia corporum in plantis et animalibus; causæ et signa propensionum in homine; necnon
alia quædam ad lucem et refractionem spectantia demonstrantur... Studio Francisci BAYLE,... — *Hagæ Comitis*,
1678. — Dissertationes medicæ tres. I. De causis fluxus
menstrui mulierum. II. De sympathia variarum corporis
partium cum utero. III. De usu lactis ad tabidos reficiendos... auctore Francisco BAYLE,... — (V. n° 873.)

* (Pour les mélanges de médecine ne comprenant que
la partie pratique, V. ci-après PATHOLOGIE.)

CHAPITRE V. — *Journaux et écrits périodiques médicaux.*

1949. — Gazette de santé, ou Recueil général et périodique de tout ce que l'art offre de plus avantageux en
théorie et en pratique pour prévenir ou guérir les
maladies. Par une société de médecins. — in-4.

(Années 1819-24, tout à fait incomplètes.)

1950. — Journal de physiologie expérimentale et pathologique. Par F. MAGENDIE,... — *Paris, Méquignon-Marvis*,
1825-28, in-8.

(L'année 1825 complète. — Il manque les n°s 1 et 3 de 1826, le
n° 1er de 1827, les trois derniers n°s de 1828 et les n°s 1 et 4 de 1829.)

* Bulletin des sciences médicales. Troisième section du Bulletin universel des sciences et de l'industrie, publié sous la direction de M. le Bᵒⁿ DE FÉRUSSAC. (Rédacteur principal, le docteur DEFERMON.) — *Paris, années* 1824-1831 en 24 vol. in-8. — (V. BELLES-LETTRES, *nᵒ* 239.)

1951. — Gazette médicale de Paris, journal de médecine et des sciences accessoires, paraissant tous les samedis. Publiée par Jules GUÉRIN,... — *Paris*, 1838-42, 9 vol. in-4.

(Ces cinq années forment les T. VI-X de la 2ᵉ série. — Ce journal, qui a commencé à paraître en 1830, se continue.)

1952. — L'Abeille médicale, ou Journal analytique de médecine et de sciences accessoires. Par une société de médecins, de chirurgiens, de chimistes et de naturalistes français et étrangers. Rédacteur en chef, M. Jules HATIN,... — *Paris*, 1830, 4 vol. in-8.

(Année 1830 seule parue. Suite du *Journal analytique de médecine*, paru d'octobre 1827 à décembre 1829.)

1953. — Journal des connaissances médico-chirurgicales, accompagné de deux atlas, contenant chacun six planches d'anatomie de grandeur naturelle, gravées sur acier. Publié par les docteurs J. LEBAUDY, H. GOURAUD, MARTIN-LAUZER. — *Paris*, 1843, 2 tomes en 1 vol. in-8.

(Onzième année seulement. — Ce journal, commencé en septembre 1833, continue à paraître.)

1954. — Archives de physiologie, de thérapeutique et d'hygiène, sous la direction de M. BOUCHARDAT,... — *Paris, Germer-Baillière*, 1854, 2 vol. in-8.

(*Nᵒ* 1, janvier 1854 : Mémoire sur le digitaline et la digitale. Par E. HOMOLLE et QUÉVENNE. — *Nᵒ* 2, octobre 1854: Mémoire sur l'action physiologique et thérapeutique des ferrugineux. Par T.-A. QUÉVENNE. — Ces deux *nᵒˢ* sont les seuls parus.)

1955. — Annuaire de thérapeutique, de matière médicale, de pharmacie et de toxicologie... contenant le résumé des travaux thérapeutiques et toxicologiques publiés en 1841 et les formules des médicaments nouveaux... Par le docteur A. BOUCHARDAT,... — *Paris, Germer-Baillière*, 1842-43, 2 vol. grand in-32.

(Années 1842 et 1843 seulement. L'année 1842 contient des «Obscr-

vations sur le diabétès sucré » et un « Mémoire sur une maladie
nouvelle, l'*hippurie* ». — L'année 1843 contient un « Mémoire sur la
digestion, lu à l'Académie des sciences par MM. BOUCHARDAT et
SANDRAS ».)

1956. — Annuaire médical et pharmaceutique de la
France, comprenant la législation médicale et pharmaceutique de la France, l'enseignement, les sociétés de médecine de Paris et des départements, les établissements et
emplois médicaux dépendant de l'administration, le personnel médical des armées, la liste générale des médecins,
officiers de santé et pharmaciens de toute la France, classés
par départements, arrondissements et communes, la
statistique des ouvrages publiés dans le cours de l'année,
etc., etc., etc. Par le docteur Félix ROUBAUD,... — *Paris,
J.-B. Baillière*, 1849-50, 2 vol. in-12.

(1re et 2e années seulement.)

IIe PARTIE.

TRAITÉS PARTICULIERS.

CHAPITRE Ier. — *Anatomie.*

§ 1er. — PRÉLIMINAIRES, GÉNÉRALITÉS ET MÉLANGÉS.

* Anatomica omnivm hvmani corporis partivm descriptio, picturæ lineamentis singula membra ad viuum
exprimens in tabulas redacta, operâ & diligentiâ M. Gualteri H. RYFF. Argentini medici. Quibus præmissi sunt
phlebotomiae canones aliqvot maximè considerandi in
missione sanguinis vigilantissimè collecti & in lucem
æditi opera eiusdem. — (V. *n°* 1927.)

1957. — Felicis PLATERI,... De corporis hvmani strvc-
tvra et vsv Libri III. Tabvlis methodicè explicati, Iconibvs
accuratè illustrati. Qui libri cùm Operi practico recens ab
eodem autore edito plurimùm inserviant, denuò sunt

publicati. — *Basileæ, Apud Lvdovicvm König,* M. DCIII, in-fol.

(Le livre III a un frontispice particulier et une pagination séparée.)

1958. — Andreæ LAVRENTII,... Historia Anatomica, hvmani corporis partes singulas vberrime enodans, novisqve controversiis et Observationibvs illustrata, Cum Indice Rerum & verborum locupletissimo. — *Prodit E. Nobilis Francofurti Paltheniana, sumptibus Iohnæ Rhodii. Anno* M. DCII, in-8.

1959. — Anatomiæ amphitheatrum effigie triplici, more et conditione varia, designatum. Authore Roberto FLUDD, alias DE FLUCTIBUS,... — *Francofurti, sumptibus Johannis Theodori de Bry,* 1623, in-fol.

(A la suite :)

— Monochordum Mundi symphoniacum, seu Replicatio Roberti FLUDD, alias DE FLUCTIBUS,... ad apologiam... Joannis Kepleri, adversus demonstrationem suam analyticam, nuperrime editam; in qua Robertus validioribus Joannis objectionibus, Harmoniæ suæ legi repugnantibus, comiter respondere aggreditur. — *Francofurti, typis Erasmi Kempferi, sumptibus Joan. Theodor. de Bry,* 1623, in-fol.

— Roberti FLUDD, alias DE FLUCTIBUS, Philosophia sacra et vere christiana seu Meteorologia Cosmica. — *Francofurti prostat in officina Bryana,* 1626, in-fol.

1960. — Joannis RIOLANI filii,... Opera anatomica vetera, recognita et auctiora, quamplura nova... — *Lutetiæ Parisiorum, sumptibus Gaspari Meturas,* 1649, in-fol.

1961. — Manuel anatomique et pathologique, ou Abrégé de toute l'anatomie et des usages que l'on en peut tirer pour la connaissance et pour la guérison des maladies. Par Mᵉ Jean RIOLAN,... (Trad. par SAUVIN.) Nouvelle édition, corrigée et augmentée de la sixième partie sur les mémoires et livres imprimés de l'auteur. — *Lyon, Jean-Baptiste de-Ville,* 1672, in-12.

1962. — L'anatomie française, en forme d'abrégé, recueillie des meilleurs auteurs qui ont écrit sur cette science. Par maître Théophile GELÉE,... Revue, corrigée et de beaucoup augmentée, en cette dernière édition, par l'auteur. — *Lyon, pour Nicolas Gay*, 1655, in-8.

1963. — Thomæ BARTHOLINI, Casp. F. Anatomia, ex Caspari Bartholini parentis Institutionibus, omniumque recentiorum et propriis observationibus; tertium ad sanguinis circulationem reformata; cum iconibus novis accuratissimis. Accessit huic postremæ editioni Th. BAR-THOLINI Appendix de lacteis thoracicis et vasis lymphaticis. — *Hagæ-Comitis, ex typographia Adriani Vlacq*, 1655, in-8.

(Portrait et planches.)

1964. — Isbrandi DIEMERBROECK,... Anatome corporis humani; plurimis novis inventis instructa variisque observationibus et paradoxis, cum medicis, tum physio-logicis, adornata. Editio nova cum multis figuris. — *Lugduni, sumpt. Joan. Antonii Huguetan, et soc.*, 1679, in-4.

1965. — Nouvelle description anatomique de toutes les parties du corps humain et de leurs usages, avec le cours de toutes les humeurs; sur le principe de la circulation, et conformément aux nouvelles découvertes. Le tout représenté au naturel sur plusieurs grandes tables, réduit en un très-bel ordre, expliqué en peu de mots et d'une manière très-intelligible. Par Amé BOURDON,... — *Cambray, l'auteur, et Paris, impr. de Jacques Langlois*, M. DC. LXXVIX (sic, 1679), in-12.

1966. — L'anatomie du corps humain, avec ses maladies et les remèdes pour les guérir, selon les auteurs anciens et modernes. (Par DE SAINT-HILAIRE.) — *Paris, Jean Couterot*, 1680, 2 vol. in-12.

1967. — L'anatomie d'HEISTER, avec des essais de physique sur l'usage des parties du corps humain et sur le mécanisme de leurs mouvements; enrichie de figures en taille-douce. (Trad. par J.-B. SÉNAC.) Nouvelle édition... augmentée considérablement (par GOULIN). — *Paris, Vincent*, 1753, 3 vol. in-12.

1968. — Exposition anatomique de la structure du

corps humain. Par Mʳ Jacques-Bénigne WINSLOW,...
Nouvelle édition, corrigée de nouveau et enrichie de cinq
planches et de l'explication qu'en a donnée le célèbre
M. ALBINUS. — *Amsterdam, Emmanuel Tourneisen, 1754,*
4 vol. in-8.

1969. — (In-12 contenant :)
1°. — Petit abrégé d'ostéologie. — (Sans frontispice.)
2°. — Abrégé de l'anatomie du corps de l'homme, avec
l'art d'en injecter, d'en préparer les parties, et de les em-
baumer. Par M. SUE,... Seconde édition, augmentée. —
Paris, 1756, in-12.

(Ce volume comprend l'ostéologie et la myologie. Chaque partie a
une pagination particulière. Il manque le 2ᵉ vol., comprenant les
deux dernières parties.)

1970. — Abrégé de l'anatomie du corps humain, où
l'on donne une description courte et exacte des parties qui
le composent, avec leurs usages. Par M. VERDIER....
Seconde édition... — *Paris, impr. de P.-G. Le Mercier,*
1747, 2 vol. in-12.

(Le T. II est de 1745.)

1971. — Traité complet d'anatomie, ou Description de
toutes les parties du corps humain. Par M. SABATIER,... —
Paris, Pierr.-Franç. Didot le jeune, 1775, 2 vol. in-8.

1972. — Même ouvrage. Troisième édition. — *Paris,*
Théophile Barrois le jeune, 1791, 3 vol. in-8.

1973. — Anatomie philosophique et raisonnée, pour
servir d'introduction à l'histoire naturelle. Par le Cᵉⁿ HAU-
CHECORNE,... — *Paris, Delaplace, an* IV, 2 vol. in-8.

1974. — Traité complet d'anatomie, ou Description de
toutes les parties du corps humain. Par M. le baron
BOYER,... Quatrième édition. — *Paris, Migneret,* 1815,
4 vol. in-8.

(Alexis Boyer, né à Uzerche (Corrèze) le 1ᵉʳ mars 1757, mort à
Paris le 25 novembre 1833. — V. pour les détails : *Biographie des*
hommes illustres du Limousin, et la Notice du Dʳ Bardinet insérée
dans la *Galerie de portraits des personnages célèbres du Limousin,*
HIST., *n°* 1189.)

1975. — Traité d'anatomie descriptive. Par Xav. BICHAT,... — *Paris , Gabon et Cie , et Brosson , an* x [1801-1802], 2 vol. in-8.

(Il manque les trois derniers volumes.)

1976. — Même ouvrage. Nouvelle édition. — *Paris, J.-A. Brosson ,* et *Gabon*, 1819, 5 vol. in-8.

1977. — Traité complet de l'anatomie de l'homme, comprenant la médecine opératoire. Par le docteur J.-M. BOURGERY. Avec planches lithographiées d'après nature, par N.-H. JACOB. Ouvrage divisé en quatre parties : Anatomie descriptive; Anatomie chirurgicale; Anatomie générale; Anatomie philosophique. — *Paris, C.-A. Delaunay* (1832-54), 8 vol. in-fol.

(T. I-V : Anatomie descriptive et physiologique. — T. VI-VII : Iconographie d'anatomie chirurgicale et de médecine opératoire. — T. VIII : Embryogénie, Anatomie philosophique et Anatomie microscopique.)

1978. — Traité d'anatomie descriptive. Par J. CRU-VEILHIER, professeur à la Faculté de médecine de Paris, médecin de l'hôpital de la Charité, officier de la Légion-d'Honneur, président perpétuel de la Société anatomique, membre de l'Académie de médecine de Paris, de l'Académie royale des sciences de Turin, de l'Académie royale de médecine de Madrid, de celle de Belgique, etc. Troisième édition, revue, corrigée et augmentée. — *Paris , Labé ,* 1851-52, 4 vol. in-8.

(M. Jean Cruveilhier est né à Limoges le 9 février 1791. Il a publié jusqu'à ce jour, outre l'ouvrage ci-dessus, dont la première édition est de 1834-36 : 1o Essai sur l'anatomie pathologique. Thèse. — *Paris,* 1816, in-4. — 2o Essai sur l'anatomie pathologique en général et sur les transformations et productions organiques en particulier. — *Paris,* 1816, 2 vol. in-8. — 3o Médecine pratique éclairée par l'anatomie et la physiologie pathologique. — *Limoges, impr. de Barbou,* 1822, in-8. — 4o Anatomie pathologique du corps humain. — *Paris,* 1828-42, 41 liv. in-fol. = 5o Des devoirs et de la moralité du médecin, discours prononcé dans la séance publique de la Faculté de médecine de Paris du 2 novembre 1836. — *Paris,* 1837, in-8. — 6o Trois rapports sur un mémoire de M. Jules Guérin relatif aux déviations simulées de la colonne vertébrale, faits à l'Ecole royale de médecine. — *Paris,* 1837, in-8. — 7o Anatomie du système nerveux de l'homme, 1re livraison (seule parue). — *Paris,* 1838, in-fol. — 8o Vie de Dupuytren. — *Paris,* 1840, in-8. — 9o Philosophie scientifique et médicale (extrait du Journal de la Société gallicane de médecine homéopatique). — Paris, 1855, in-8. — 10° Traité d'anatomie pathologique générale. — Paris, 1849-186..., in-8 (en cours de publication).

---

* Leçons d'anatomie comparée de G. CUVIER. — (V. n° 1644.)

1979. — Anatomie générale appliquée à la physiologie et à la médecine. Par Xav. BICHAT,... — *Paris, Brosson, Gabon et C*ⁱᵉ, an x [1801], 4 vol. in-8.

1980. — Traité des membranes en général et de diverses membranes en particulier. Par Xav. BICHAT,... — *Paris, Richard, Caille et Ravier*, an VIII, in-8.

1981. — Même ouvrage. Nouvelle édition, augmentée d'une Notice historique sur la vie et les ouvrages de l'auteur, par M. HUSSON. — *Paris, M*ᵐᵉ *veuve Richard*, et *Méquignon l'aîné*, an XI=1802, in-8.

§ 2. — TRAITÉS PARTICULIERS.

* Traité de l'ostéologie... par HIPPOCRATE. — (V. n° 1925.)

1982. — Cours abrégé d'ostéologie de M. LE CAT. — *Rouen, veuve Besongne*, 1768, in-8.

1983. — Traité d'ostéologie, rédigé d'après les leçons de M. Desault, par Hyacinthe GAVARD, son élève. — *Paris, l'auteur*, 1791, 2 vol. in-8.

* Joan.-Baptistæ BIANCHI,... Historia hepatica. — (V. ci-après, PATHOLOGIE.)

§ 3. — ART DE L'ANATOMISTE.

1984. — Manuel de dissection, ou Eléments d'anatomie

générale, descriptive et topographique. Par E. Coste,...
— Paris, J.-B. Baillière, 1847, in-8.

1985. — Histoire des embaumements et de la préparation des pièces d'anatomie normale, d'anatomie pathologique et d'histoire naturelle; suivie de procédés nouveaux.
Par J.-N. Gannal. Deuxième édition... — Paris, l'auteur,
et Desloges, 1841, in-8.

1986. — Essai sur l'anthropo-taxidermie ou sur l'application à l'espèce humaine des principes de l'empaillage.
Par Mathias Mayor. — Paris, Béchet jeune, 1838, in-8 de
94 pages.

CHAPITRE II. — Physiologie.

§ 1er. — PRÉLIMINAIRES, GÉNÉRALITÉS ET MÉLANGES.

A. — Traités généraux de physiologie humaine.

1987. — Dissertation sur les généralités de la physiologie et sur le plan à suivre dans l'enseignement de cette
science. Par P. Malle,... — Strasbourg, impr. de F.-G.
Levrault, 1833, in-8 de 68 pages.

1988. — Clavdii Galeni Pergameni, secvndvm Hippo-
cratem medicorum facile principis opus de vsu partium
corporis humani, magna cura ad exemplaris Græci veritatem castigatum, vniuerso hominum generi apprime
necessarium, Nicolao Regio Calabro interprete. — Parisiis,
Ex officina Simonis Colinæi, 1528, in-4.

1989. — L'homme de René Descartes, et la formation
du fœtus; avec les Remarques de Louis de La Forge. A
quoi l'on a ajouté Le monde, ou Traité de la lumière du
même auteur. Seconde édition, revue et corrigée. —
Paris, Charles Angot, 1677, in-4.

(Ouvrage mis en ordre et publié par Clerselier.)

1990. — L'homme de René DESCARTES, et la formation du fœtus, avec les Remarques de Louis DE LA FORGE. Nouvelle édition... (Avec la traduction de la préface latine de SCHUYL.) — *Paris, par la Compagnie des libraires*, 1729, in-12.

*Institutiones medicæ... digestæ ab Hermanno BOER-HAAVE... — (V. n° 1946.)

1991. — Dissertation physique sur l'homme... Traduite du latin, composée et soutenue aux écoles de médecine de Montpellier pour le grade de bachelier. Par M. LANSEL DE MAGNY... — *Montpellier, et Paris, Cailleau*, 1765, in-12 de 89 pages.

1992. — Nouveaux éléments de physiologie. Par Anthelme RICHERAND,... Seconde édition... — *Paris, Crapart, Caille et Ravier, an x* [1802], 2 vol. in-8.

1993. — Même ouvrage. Neuvième édition... — *Paris, Béchet jeune*, 1825, 2 vol. in-8.

1994. — Précis élémentaire de physiologie. Par F. MAGENDIE,... Quatrième édition. — *Paris, Méquignon-Marvis père et fils*, 1836, 2 vol. in-8.

1995. — Manuel de physiologie. Par J. MULLER,... Traduit de l'allemand sur la quatrième édition [1844], avec des annotations, par A.-J.-L. JOURDAN,... Accompagné de 275 figures intercalées dans le texte et de 4 planches gravées. — *Paris, J.-B. Baillière*, 1845, 2 vol. in-8.

De la physiologie. Importance et progrès des études physiologiques (à propos de l'ouvrage de Müller). Par É. LITTRÉ. — (V. POLYGRAPHIE, n° 107, *Revue des Deux-Mondes*, 15 avril 1846.)

1996. — Phénomènes physiques de la vie. Leçons professées au collége de France par M. MAGENDIE,... — *Paris, J.-B. Baillière*, 1842, 4 vol. in-8.

1997. — Précis de physiologie humaine, pour servir

d'introduction aux études de la philosophie et de la théologie morale.; suivi d'un Code abrégé d'hygiène pratique;
ouvrage spécialement destiné au clergé et aux séminaires.
Par P.-J.-C. DEBREYNE,... — *Paris*, 1844, grand in-18.

(Le frontispice manque.)

1998. — Traité élémentaire de physiologie humaine,
comprenant les principales notions de la physiologie comparée. Par J. BÉCLARD,... Ouvrage accompagné de
144 gravures intercalées dans le texte. — *Paris, Labé*,
1855, in-8.

1999. — Même ouvrage. Troisième édition... —
Ouvrage accompagné de 213 figures intercalées dans le
texte. — *Paris, Labé*, 1859, in-8.

2000. — Traité de physiologie. Par F.-A. LONGET,..
Deuxième édition. — *Paris, Victor Masson et fils*, 1860-64,
2 vol. in-8.

(Le T. I est du second tirage, et porte la date de 1861.)

B. — *Mélanges de physiologie humaine.*

* ARISTOTELIS libelli, qui Parva naturalia vulgo appel-
lantur. = (V. *Opera*, POLYGRAPHIE, n⁰ˢ 22, 23, 24, et ci-
dessus n⁰ˢ 48, 49.)

* Tentamina quædam physiologica... conscripta a
Roberto BOYLE. — (V. *Opera*, n⁰ 872.)

2001. — Tractatus quinque medico-physici, quorum
primus agit de sal-nitro, et spiritu nitro-aereo; secundus,
de respiratione; tertius, de respiratione fœtus in utero et
ovo; quartus de motu musculari et spiritibus animalibus; ultimus, de rachitide. Studio Joh. MAYOW,.. —
Oxonii, e theatro Sheldoniano, 1674, in-8.

C. — *Physiologie comparée.*

* Physiologie comparée. — Les métamorphoses et la

généagenèse. Par M. A. DE QUATREFAGES,... — (V. BELLES-LETTRES, n° 107, *Revue des Deux-Mondes*, 1856, T. III-IV.)

* Opuscules de physique animale et végétale. Par M. l'abbé SPALLANZANI. — (V. n° 1450.)

* Leçons sur les phénomènes physiques des corps vivants. Par C. MATTEUCCI. — (V. n° 1452.)

§ 2. — TRAITÉS PARTICULIERS.

A. — De la vie chez l'être humain.

1°. — Du principe de la vie et de la vitalité.

2002. — Recherches physiologiques sur la vie et la mort. Par Xav. BICHAT,... Troisième édition. — *Paris, Brosson, et Gabon, an* XIII=1805, in-8.

2003. — Même ouvrage. Cinquième édition, revue et augmentée de notes pour la deuxième fois par F. MAGENDIE,... — *Paris, Béchet jeune,* 1829, in-8.

2004. — Nouvelles recherches physiologiques sur la vie. Par Michel-Hyacinthe DESCHAMPS,... — *Paris, Béchet,* 1841, in-8 de 48 pages.

2005. — La vie et ses attributs dans leurs rapports avec la philosophie, l'histoire naturelle et la médecine. Par E. BOUCHUT,... — *Paris, J.-B. Baillière et fils,* 1862, grand in-18.

2°. — Histoire naturelle de l'homme et de la femme.

2006. — Système physique et moral de la femme, suivi d'un fragment du Système physique et moral de l'homme, et d'un Essai sur la sensibilité. Par ROUSSEL. Précédé de l'Eloge historique de l'auteur, par J.-L. ALIBERT,... Septième édition, ornée de trois gravures, et augmentée : 1° d'une Notice sur madame Helvétius; 2° d'une Note sur les sympathies; 3° de Doutes historiques sur Sapho, pièces qui n'avaient pas encore été réunies. — *Paris, Caille et Ravier*, 1820, in-8.

2007. — Histoire naturelle de l'homme. Par M. le Cie DE LACÉPÈDE. Précédée de son Eloge historique, par M. le baron G. CUVIER,... — *Paris, Pitois-Levrault et Cie*, et *Strasbourg, F.-G. Levrault*, 1839, in-8.

(Portrait du Cie de Lacépède.)

2008. — Esquisses zoologiques sur l'homme. Discours lu le 13 mai 1841 à la séance publique de la Société des sciences, agriculture et arts du Bas-Rhin, par M. LERE-BOULLET,... [Extrait des Mémoires de la Société...] — *Strasbourg, impr. de Ve Berger-Levrault*, 1842, in-8 de 70 pages.

2009. — Histoire naturelle de l'homme, comprenant des recherches sur l'influence des agents physiques et moraux considérés comme causes des variétés qui distinguent entre elles les différentes races humaines. Par J.-C. PRICHARD,... Traduit de l'anglais par le Dr F. ROULIN,... Accompagné de 40 planches gravées et coloriées et de 90 figures en bois intercalées dans le texte. — *Paris, J.-B. Baillière*, 1843, 2 vol. in-8.

 * Histoire naturelle de l'homme. — Du croisement des races humaines. Par M. A. DE QUATREFAGES. — (V. BELLES-LETTRES, n° 107, *Revue des Deux-Mondes*, 1857, T. II.)

 * Histoire naturelle de l'homme. — Unité de l'espèce humaine. Par M. A. DE QUATREFAGES,... — (V. *ibid.*, 1860, T. VI; 1861, T. I, II.)

3°. — Des races humaines.

2010. — Histoire générale des races humaines, ou Philosophie ethnographique. Par Eusèbe-Fr. DE SALLES. — *Paris, Benjamin Duprat, et Pagnerre*, 1849, grand in-18.

2011. — De l'homme et des races humaines. Par Henry HOLLARD,... — *Paris, Labé*, 1853, grand in-18.

2012. — Essai sur l'inégalité des races humaines. Par

M. A. DE GOBINEAU,... — *Paris, Firmin Didot frères,* 1853, 2 vol. in-8.

* Recherches philosophiques sur les Américains, ou Mémoires intéressants pour servir à l'histoire de l'espèce humaine. Par M^r DE P*** (DE PAUW),... — *Berlin,* 1771, 3 vol. in-12. = (V. HISTOIRE, n° 1592.)

B. — Des fluides animaux, de leur composition et de leur rôle dans l'économie.

2013. — Essai sur l'application de la chimie à l'étude physiologique du sang de l'homme, et à l'étude physiologico-pathologique, hygiénique et thérapeutique des maladies de cette humeur. Par P.-S. DENIS,... Ouvrage présenté à l'Académie des sciences le 2 janvier 1838. — *Paris, Béchet jeune,* 1838, in-8.

2014. — Recherches sur la composition du sang dans l'état de santé et dans l'état de maladie. Par A. BECQUEREL et A. RODIER,... Mémoire présenté à l'Académie des sciences dans la séance du 12 novembre 1844. — *Paris, Félix Malteste et Cie,* 1844, in-8.

— Nouvelles recherches sur la composition du sang... Par A. BECQUEREL et A. RODIER,... Mémoire présenté à l'Académie des sciences dans la séance du 18 mai 1846. — *Paris, Victor Masson,* 1846, in-8 de 55 pages.

* (Pour la circulation du sang, V. ci-après, n°s 2016 et suiv.)

2015. — Joannes DE GORTER, de perspiratione insensibili. Editio secunda italica, juxta postremam editionem leydensem ab auctore multis in locis auctam et emendatam atque commentariis in omnes Aphorismos staticos Sanctorii adornatam. — *Patavii, typis Seminarii,* 1755, in-4.

C. — Fonctions de nutrition.

2016. = Histoire de la découverte de la circulation du sang. Par P. FLOURENS,... Deuxième édition... — *Paris, Garnier frères,* 1857, grand in-18.

2017. — Recherches de l'origine et du mouvement du sang, du cœur, et de ses vaisseaux ; du lait, des fièvres intermittentes et des humeurs. Par maître Jacques CHAILLOU,... — *Paris, Jean Couterot,* 1677, in-12.

(A la suite :)

— Traité du mouvement des humeurs dans les plus ordinaires émotions des hommes. Par maître Jacques CHAILLOU,... — *Paris, Jean Couterot,* 1678, in-12 de 72 pages.

* Recherches sur les causes du mouvement du sang dans les vaisseaux capillaires. Par M. le Dr POISEUILLE. — (V. BELLES-LETTRES, *n° 166-Bb, Mém. prés. par div. savants à l'Académie des sciences,* T. VII, p. 105.)

2018. — Recherches microscopiques pour servir à l'étude de la circulation du sang dans les glandes. Par M. C. BOULLAND,... Extrait des Bulletins de la Société anatomique. — *Paris, Moquet,* 1849, in-8 de 8 pages.

(La couverture imprimée sert de titre.)

D. — Fonctions de relation.

1°. — Innervation.

(Physiologie et physiognomonie.)

2019. — Exposition de la doctrine de Gall sur le cerveau et le crâne. Par le Dr C.-H.-E. BISCHOFF,... suivie de Remarques sur cette doctrine, par le Dr C.-W. HUFELAND,... et d'un Rapport de la visite de Gall dans les prisons de Berlin et de Spandau. Traduit de l'allemand sur la seconde édition, avec des notes, des remarques et une planche représentant les organes, par Germain BARBEGUIÈRE,... — *Berlin,* 1806, in-8.

2020. — Traité complet de phrénologie. Par George COMBE,... Traduit de l'anglais avec des notes, par H. LEBEAU,... — *Paris, Germer Baillière,* 1844, 2 vol. in-8.

2021. — Cours de phrénologie. Par F.-J.-V. BROUSSAIS,... — *Paris, J.-B. Baillière,* 1836, in-8.

2022. — Manuel pratique de phrénologie, ou Physiologie du cerveau d'après les doctrines de Gall, de Spurzheim, de Combe et des autres phrénologistes. Par le docteur J. Fossati,... Avec 37 portraits et 6 figures d'anatomie intercalées dans le texte. — *Paris, Germer Baillière,* 1845, grand in-18.

2023. — La phrénologie, le geste et la physionomie, démontrée par 120 portraits, sujets et compositions gravés sur acier. Dispositions innées. — Études sur l'expression. — Application du système phrénologique à l'observation des caractères, aux relations sociales, à l'éducation, à la législation, à la domesticité. Texte et dessins par Hⁱᵉ Bruyères,... — *Paris, Aubert et Cⁱᵉ,* 1847, grand in-8.

2024. — Lettres philosophiques sur les physionomies (attribuées à l'abbé Pernetti). Seconde édition. — *La Haie, Jean Neaulme,* 1748, petit in-8.

2025. — L'art de connaître les hommes par la physionomie. Par Gaspard Lavater. Nouvelle édition, corrigée et disposée dans un ordre plus méthodique, augmentée d'une Exposition des recherches ou des opinions de La Chambre, de Porta, de Camper, de Gall, sur la physionomie ; d'une Histoire anatomique et physiologique de la face; précédée d'une Notice historique sur l'auteur, par Moreau [de la Sarthe],... Ornée de 600 gravures en taille-douce, dont 82 tirées en couleur et exécutées sous l'inspection de Vincent, peintre. — *Paris, Depelafol,* 1835, 10 vol. grand in-8.

(Édition donnée par J.-P. Maygrier sur l'édition de 1807. Le T. X contient la table des matières rédigée par le Dr Sue.)

2026. — Lettre du comte de Mirabeau à M.... sur MM. Cagliostro et Lavater. — *Berlin, François de La Garde,* 1786, in-8 de 75 pages.

2°. — Fonctions des organes des sens.

2027. — Recherches expérimentales sur le mécanisme de la vision. Par M. de Haldat. — (A la fin :) *Nancy, impr. de Raybois et Cⁱᵉ* (1842), in-8 de 24 pages et une planche.

2028. — Notions sur le sens de l'ouïe en général, et en particulier sur le développement de ce sens opéré chez Rodolphe Grivel et chez plusieurs autres enfants sourds-muets de naissance. Seconde édition, augmentée des éclaircissements nécessaires, des notes et des pièces justificatives à l'appui. Par FABRE D'OLIVET. — *Montpellier, M*me *Ve Picot,* 1819, in-8.

3°. — Du sommeil et du somnambulisme naturel et magnétique.

* Des hallucinations... Par A. BRIÈRE DE BOISMONT. — (V. ci-après PATHOLOGIE, pour cet ouvrage et pour tous les autres relatifs au même sujet.)

2029. — Mémoire physique et médicinal, montrant des rapports évidents entre les phénomènes de la baguette divinatoire, du magnétisme et de l'électricité. Avec des éclaircissements sur d'autres objets non moins importants qui y sont relatifs. Par M T*** D. M. M. (THOUVENEL, docteur en médecine de Montpellier). — *Londres, et Paris, Didot le jeune,* 1781, in-8.

— Second mémoire physique et médicinal (etc...). — *Londres, et Paris, Didot le jeune,* 1784, in-8.

2030. — Considérations sur le magnétisme animal, ou sur la théorie du monde et des êtres organisés, d'après les principes de M. Mesmer. Par M. BERGASSE. Avec des Pensées sur le mouvement, par M. le marquis DE CHATELLUX,... — *La Haye,* 1784, in-8.

2031. — Aphorismes de M. MESMER, dictés à l'assemblée de ses élèves et dans lesquels on trouve ses principes, sa théorie et les moyens de magnétiser; le tout formant un corps de doctrine, développé en trois cent quarante-quatre paragraphes, pour faciliter l'application des Commentaires au magnétisme animal. Ouvrage mis au jour par M. CAULLET DE VEAUMOREL,... Troisième édition... dans laquelle on trouve les moyens intéressants de magnétiser d'intention. — *Paris,* 1785, in-8.

2032. — Recherches et doutes sur le magnétisme animal. Par M. THOURET,... — *Paris, Prault,* 1784, in-12.

2053. — Lettre sur le magnétisme animal, où l'on examine la conformité des opinions des peuples anciens et modernes, des savants, et notamment de M. Bailly, avec celles de M. Mesmer; et où l'on compare ces mêmes opinions au Rapport des commissaires chargés par le roi de l'examen du magnétisme animal; adressée à M. Bailly,... Par M. GALART DE MONTJOYE. — *Philadelphie, et Paris, Pierre-J. Duplain, 1784, in-8.*

2054. — Doutes d'un provincial, proposés à messieurs les médecins-commissaires chargés par le roi de l'examen du magnétisme animal. (Par SERVAN.) — *Lyon, et Paris, Prault, 1784, in-8.*

2055. — Recherches sur l'influence universelle et réciproque des êtres, et sur son application à l'économie animale. Par M. BEAUX DE MAGUIELLES,... — *Paris, et Avignon, J. Guichard, 1788, in-8 de 64 pages.*

4°. — Fonctions du système musculaire.

* Clavdii GALENI,... de motv mvscvlorvm liber primvs (-secundus) Nicolao LEONICENO interprete... scholiis illustratus, per Iacobum SYLUIUM Medicum. — *Parisiis.* M. D. XXXVII, in-fol.

(Relié à la suite de l'ouvrage : « Clavdii GALENI,... de Alimentorvm facvltatibvs ». V. ci-après, *n° 2057*.)

5°. — Fonctions de l'appareil vocal.

2056. — Recherches expérimentales sur les fonctions des nerfs, des muscles du larynx, et sur l'influence du nerf accessoire de Willis dans la phonation. Par F.-A. LONGET,... — *Paris, Béchet et Labé, 1841, in-8 de 36 pages.*

E. — *Fonctions relatives à la reproduction et au développement de l'espèce.*

(Embryogénie humaine ; embryogénie comparée ; développement.)

* Vénus physique. Par DE MAUPERTUIS. — (V. POLYGRAPHIE, *n° 77, Œuvres, T. II.*)

2037. — Lettres sur le pouvoir de l'imagination des femmes enceintes; où l'on combat le préjugé qui attribue à l'imagination des mères le pouvoir d'imprimer sur le corps des enfants renfermés dans leur sein la figure des objets qui les ont frappées. (Par Isaac BELLET.) — *Paris, frères Guerin*, 1745, in-12.

2038. — Expériences pour servir à l'histoire de la génération des animaux et des plantes. Par M. l'abbé SPALLANZANI,... (Trad. par SENEBIER.) Avec une ébauche de l'histoire des êtres organisés avant leur fécondation, par Jean SENEBIER,... — *Genève, Barthélemy Chirol*, 1785, in-8.

* Mémoire sur l'influence de l'électricité dans la fécondation des plantes et des animaux, et Considérations rapides sur la prétendue génération spontanée. Par J.-P. GASC,... — (V. *n*° 1449.)

2039. — Coup d'œil sur la doctrine des générations spontanées chez les anciens, suivi de quelques considérations sur la philosophie médicale. Par le docteur Claude GIGON,... Extrait de *l'Union médicale*,... mai et juin 1860. — *Paris, typ. Félix Malteste et C*ie, 1860, in-8 de 27 pages.

2040. — Etude des tempéraments considérés dans l'âge adulte et dans l'enfance, suivie de leurs rapports avec les fonctions principales de notre économie et les systèmes qui s'y rattachent, des maladies particulières à chacun d'eux, avec la méthode prophylactique qui leur convient. Par L. DURAND,... — *Marseille, impr. de Marius Olive*, 1841, in-8.

CHAPITRE III. — *Hygiène.*

§ 1er. — HYGIÈNE PUBLIQUE ET PRIVÉE.

A. — Traités généraux.

2041. — Traité d'hygiène publique et privée. Par

Michel LÉVY,... Deuxième édition... — *Paris, J.=B. Baillière,* 1850, 2 vol. in-8.

2042. — Même ouvrage. Troisième édition... — *Paris, J.-B. Baillière,* 1857, 2 vol. in-8.

·B. — Influence des milieux.

* ἹΠΠΟΚΡΆΤΟΥΣ περὶ ἀέρων, ὑδάτων, τόπων. — Traité d'HIPPOCRATE des airs, des eaux et des lieux. —(V. n° 1925=3°.)

* Hieronymi CARDANI in librum Hippocratis de aere, aquis et locis commentarii. — (V. POLYGRAPHIE, n° 57, *Hieronymi* CARDANI *Opera,* T. VIII.)

* Des effets de l'air sur le corps humain. — (V. ci-après, n° 2083, T. II.)

2043. — De la météorologie dans ses rapports avec la science de l'homme, et principalement avec la médecine et l'hygiène publique. Par P. FOISSAC,... — *Paris, J.-B. Baillière,* 1854, 2 vol. in-8.

C. — Voyages médicaux; Géographie médicale; Climatologie et · Topographie médicales.

* Climatologie de La Saulsaie [Ain]... Par A.-F. POURIAU,... —(V. n° 1208.)

2044. — Aperçu général sur le climat du canton de La Guerche, suivi d'un Traité sur les fièvres intermittentes, et d'autres états morbides qui y régnaient pendant l'année 1839-1840; accompagné des observations pratiques. Par M. GASZTOWTT,... — *Nevers, impr. de J. Pinet,* 1841, in-8.

* Topographie physique et médicale de... Strasbourg, avec des tableaux statistiques, une vue et le plan de la ville. Par J.-P. GRAFFENAUER,... — (V. n° 1209-2°.)

* Traité sur le climat de l'Italie considéré sous ses

rapports physiques, météorologiques et médicinaux... Par le D' T*** (THOUVENEL). — (V. *n*° 1202.)

§ 2. — HYGIÈNE PRIVÉE.

A. — *Préliminaires, Généralités et Mélanges.*

* PLUTARCHI de tuenda bona valetudine. — (V. *Opera*, POLYGRAPHIE, *n*ᵒˢ 25, 123-3°.) — Les règles et préceptes de santé. Trad. d'AMYOT. — V. *ibid.*, *n*° 26.)

2045. — ΚΛΑΥΔΙΟΥ ΓΑΛΗΝΟΥ ΠΕΡγαμένου περὶ Ὑγιεινῶν βιβλία ἕξ. Clavdii GALENI Pergamensis de tuenda ualetudine secunda, Libri sex. — *Basileae, per Balthasarem Lasivm, anno* M. D. XXXVIII. — GALENI de sanitate tvenda, libri sex Thoma LINACRO Anglo interprete. — *Parisiis, In œdibus viduæ Claudij Cheuallonij*, 1538; le tout en 1 vol. petit in-8.

2046. — De conservanda bona valetvdine, opvscvlvm scholæ Salernitanæ, ad Regem angliẹ, Cum ARNALDI Nouicomensis, Medici & Philosophi antiqui Enarrationibus vtilissimis, nouissimè recognitis & auctis, per Ioannem CURIONEM... — *Antverpiae. Apud Ioannem Bellerum...,* 1557, petit in-12.

2047. — De conservanda bona valetvdine Opusculū Scholæ Salernitanẹ... Cum ARNOLDI Nouicomensis,... Enarrationibus vtilissimis, denuò recognitis & auctis per Ioan. CURIONEM, & Iacob. CRELLIUM. Cum aliis quibusdam scriptionibus... — *Parisiis, Apud Hieronymum de Marnef, & Viduam Gulielmi Cauellat*, 1580, in-12.

2048. — Le régime de santé de l'Ecole de Salerne. Traduit et commenté par maître Michel LE LONG,... Avec l'épître de DIOCLE, Carystien, touchant les présages des maladies, à Antigon, roi d'Asie; et le serment d'HIP-POCRATE, mis de prose en vers français, par le même. Seconde édition, revue, corrigée et augmentée de plus de moitié. — *Paris, Nicolas et Jean de La Coste,* 1637, in-8.

2049. — L'art de conserver et de rétablir sa santé, ou

Préceptes d'hygiène de l'Ecole de Salerne; traduction nouvelle, avec le texte en regard et des remarques critiques; suivie de L'Ecole de Paris, ou Traité d'Hygiène moderne, en vers français. Par J.-B. DEMOMMEROT,... — *Paris, Ledoyen, et Thivet,* 1841, in–8.

* MARSILII FICINI,... de vita sana. — (V. *n*° 69, f° 135.)

2050. — Tacvini (seu Tabulæ) sanitatis ELLVCHASEM ELIMITHAR Medici de Baldath, De sex Rebus non naturalibus, earum naturis, operationibus, & rectificationibus, publico omnium usui, conseruandæ Sanitatis, recens exarati. ALBENGNEFIT De uirtutibus Medicinarum, & Ciborum. Iac. ALKINDVS de rervm gradibvs. — *Argentorati apud Ioannem Schottum,* M. D. XXXI, in-fol.

(A la suite :)

— Tacvini aegritvdinvm et Morborvm ferme omnium Corporis humani, cum curis eorundem. BVHAHYLYHA BYNGEZLA Autore... — *Argent. apud Ioannem Schottum,* M. D. XXXII, in-fol.

(Le traité d'ALBENGNEFIT est traduit de l'arabe en latin par GÉRARD de Crémone.)

* Hieronymi CARDANI,... De sanitate tuenda. — (V. POLYGRAPHIE, *n*° 57, *Opera,* T. VI.)

2051. — SANCTORII SANCTORII,... De medicina statica aphorismi. Commentaria notasque addidit A.-C. LORRY. — *Parisiis, apud Petrum-Guillelmum Cavelier,* 1770, in-12.

2052. — La gérocomie, ou Code physiologique et philosophique, pour conduire les individus des deux sexes à une longue vie, en les dérobant à la douleur et aux infirmités. Par une société de médecins (par Jacques-André MILLOT.) — *Paris, F. Buisson,* 1807, in-8.

(Portrait de l'auteur.)

2053. — Traité d'hygiène appliquée à la thérapeutique. Par J.-B.-G. BARBIER,... — *Paris, L'Huillier,* 1841, 2 vol. in-8.

2054. — Manuel complet d'hygiène, ou Traité des moyens de conserver sa santé; extrait des meilleurs ouvrages publiés jusqu'à ce jour, et rédigé selon la doctrine du prof. Hallé. Par Jh. BRIAND,... Nouvelle édition, suivie de Considérations sur les difformités de la taille, et sur l'orthopédie. Avec planches. — *Paris, J.-S. Chaudé, et Montpellier, Sévalle,* 1828, in-8.

2055. — Nouveaux éléments d'hygiène. Par Charles LONDE,... Deuxième édition, entièrement refondue. — *Paris, J.-B. Baillière,* 1838, 2 vol. in-8.

B. — Hygiène du corps en général et de ses différentes parties.

2056. — Hygiène de la bouche; considérations générales sur les dents et leurs maladies, etc. Par A.-L. DAUDY aîné, chirurgien-dentiste de la Faculté de médecine de Paris, dentiste du lycée et des principaux établissements religieux de la Haute-Vienne, de la Creuse et de la Corrèze, etc. — *Limoges, l'auteur, et Paris, Mlles Daudy,* 1851, in-8.

C. — Hygiène alimentaire.

* Traité d'HIPPOCRATE... de l'aliment. — (V. *n°* 1925-4°.)

2057. — Clavdii GALENI Pergameni, de alimentorvm facvltatibvs libri tres, iam recens multis in locis recogniti. Eiusdem de attenuante victus ratione libellus, Martino GREGORIO interprete. — *Parisiis Apud Christianum Wechelum,* M. D. XXXVIII, in-fol.

(A la suite :)

— Clavdii GALENI,... introdvctio in pvlsvs ad Tevthram, Martino GREGORIO interprete. Eiusdem de pulsuum vsu, Thoma LINACRO interprete. — *Parisiis. Ex officina Christiani Wecheli,* M. D. XXXVII, 31 pages in-fol.

— Clavdii GALENI,... de motv mvscvlorvm liber primvs (-secundus) Nicolào LEONICENO interprete. Prodit nunc iste libellus... multis in locis ad græci codicis fidem castigatus, & eruditis scholiis illustratus, per Iacobum SYL-

uium Medicum. — *Parisiis. Ex officina Christiani Wecheli ,*
M. D. XXXVII , 40 pages in-fol.

2058. — Matthaei CVRTII Papiensis de prandii ac caenae
modo libellus. — *Romae , M. D. LXII. Apud Paulum Manu-
tium, Aldi F.,* in-4.

(A la suite :)

— Hieronymi CRASSI Vtinensis,... tractatvs De Tumoribus præter naturam, De Solutione continui, De Vlceribus. — *Venetiis, apud Iordanum Ziletum ,* M. D. LXII, in-4.

— Methodus curandi febres, tvmoresqve praeter
natvram, Ex græcorum placitis deprompta, & in Medicinæ
candidatorum gratiam edita. Dominico LEONO LVNENSI DE
ZVCCANO Avtore. — *Bononiae , Ex Officina Ioannis Rubei,*
1562, in-4.

* Hieronymi CARDANI,... de usu ciborum. — (V. POLY-
GRAPHIE, *n° 57, Opera,* T. VII.)

2059. — Des substances alimentaires et des moyens de
les améliorer, de les conserver et d'en reconnaître les
altérations. Par A. PAYEN,... Troisième édition, augmentée de plusieurs applications nouvelles. — *Paris,
L. Hachette et Cie,* 1856, grand in-18.

* Recherches sur les végétaux nourrissants... Par
PARMENTIER,... — (V. *n°* 1799.)

2060. — Traité des dispenses du carême, dans lequel
on découvre la fausseté des prétextes qu'on apporte pour
les obtenir, en faisant voir, par la mécanique du corps,
les rapports naturels des aliments maigres avec la nature
de l'homme; et, par l'histoire, et par l'analyse, et par
l'observation, leur convenance avec la santé. Troisième
édition, revue, corrigée et augmentée, par l'auteur, de
deux Dissertations, l'une sur les macreuses, et l'autre sur
le tabac. (Par Philippe HECQUET.) — *Cologne , Roderique,*
1741, 2 vol. in-12.

2061. — De la proportion d'eau et de ligneux contenue
dans le blé et dans ses principaux produits. Par M. E.
MILLON,... Extrait des mémoires de la Société (des

sciences, de l'agriculture et des arts de Lille). — *Lille, impr. de L. Danel*, 1849, in-8 de 36 pages.

2062. — Du gluten et de son emploi. Par A. PEYRAT,... — *Paris, Rignoux*, 1854, in-4 de 44 pages.

2063. = Recherches sur les substances nutritives que renferment les os, ou Mémoire sur les os provenant de la viande de boucherie, sur les moyens de les conserver, d'en extraire de la gélatine par la vapeur, etc. Par M. D'ARCET,... Et Mémoire sur l'application spéciale de ce procédé à la nourriture des ouvriers de la Monnaie royale des médailles, et sur les applications générales qu'il peut recevoir, par M. A. DE PUYMAURIN,... Avec 5 planches. — *Paris, à la Monnaie des médailles, Mme Huzard, et Béchet jeune*, 1829, in-8.

2064. — Dissertation sur le café, et sur les moyens propres à prévenir les effets qui résultent de sa préparation communément vicieuse, et en rendre la boisson plus agréable et plus salutaire. Avec une gravure en taille-douce. Par M. GENTIL,... — *Paris, l'auteur, et Pyre*, 1787, in-8.

D. — *Hygiène des sexes.*

(Pas d'ouvrage spécial.)

E. — *Hygiène des âges.*

2065. — Cinq Livres, De la manière de nourrir et gouverner les enfans des levr naissance. Par M. Simon DE VALLAMBERT,... — *A Poictiers, Par les de Marnefz, & Bouchetz freres*, 1565, in-4.

2066. — Le médecin des salles d'asile, ou Manuel d'hygiène et d'éducation physique de l'enfance, destiné aux médecins et aux directeurs de ces établissements, et pouvant servir aux mères de famille. Par le Dr L. CERISE,... — *Paris, Hachette*, 1836, in-8.

* (Sur l'éducation morale et intellectuelle des enfants. — V. ci-dessus, p. 63 et suiv., PÉDAGOGIE.)

F. — Hygiène des conditions.

* Des habitations des classes ouvrières. Par Henry ROBERTS,... — (V. n° 411.)

§ 3. — HYGIÈNE PUBLIQUE ET POLICE MÉDICALE.

A. — Ouvrages d'hygiène publique et de police médicale.

2067. — Dictionnaire d'hygiène publique et de salubrité, ou Répertoire de toutes les questions relatives à la santé publique, considérées dans leurs rapports avec les subsistances, les épidémies, les professions, les établissements et institutions d'hygiène et de salubrité; complété par le texte des lois, décrets, arrêtés, ordonnances et instructions qui s'y rattachent. Par Ambroise TARDIEU,... — *Paris, J.-B. Baillière,* 1852-54, 3 vol. in-8.

2068. — Traité d'hygiène publique. Par Marie TOUR-TELLE,... — *Strasbourg, Louis Eck,* 1812, 2 vol. in-8.

B. — Hygiène publique.

2069. — De la salubrité dans Limoges et dans les environs de cette ville. Par LARUE-DUBARRY, pharmacien-chimiste. — *Limoges, l'auteur,* et *Th. Marmignon,* 1849 (1848), in-18 de 68 pages.

(M. Julien Larue-Dubarry est né à Aixe (Haute-Vienne) le 7 septembre 1815. Indépendamment de l'opuscule ci-dessus, il a publié le Rapport général sur les travaux du conseil d'hygiène du département de la Haute-Vienne. V. ci-après n° 2070.)

* Bains et lavoirs publics. — (V. n° 412.)

C. — Police médicale.

2070. — Département de la Haute-Vienne. Rapport général sur les travaux des conseils d'hygiène publique et de salubrité de 1849 à 1857, présenté à M. le préfet de

la Haute-Vienne par Larue-Dubarry, pharmacien, secrétaire du conseil central d'hygiène publique et de salubrité.
— *Limoges, imp. Ducourtieux et C*^{ie}*, 1858, in-8.*

2071. — Service sanitaire. Mission en Orient. Rapport
adressé à Son Excellence le ministre de l'agriculture et du
commerce par M. de Ségur-Dupeyron,... — *Paris, impr.
roy., 1846, in-8.*

* De la prostitution dans la ville de Paris, considérée
sous le rapport de l'hygiène publique, de la morale et de
l'administration... Par A.-J.-B. Parent-Duchatelet... —
(*V. n° 414.*)

<hr>

Chapitre IV. — Pathologie.

§ 1er. — Préliminaires, Généralités et Mélanges.

A. — Introduction. — Dictionnaires.

2072. — Principes de la doctrine et de la méthode en
médecine; introduction à l'étude de la pathologie et de la
thérapeutique. Par J. Delioux de Savignac,... — *Paris,
Victor Masson et fils, 1861, in-8.*

<hr>

2073. — Dictionnaire portatif de santé, dans lequel
tout le monde peut prendre une connaissance suffisante de
toutes les maladies, des différents signes qui les caracté-
risent chacune en particulier, des moyens les plus sûrs
pour s'en préserver, ou des remèdes les plus efficaces pour
se guérir, et enfin de toutes les instructions nécessaires
pour être soi-même son propre médecin... Par M. L***,...
et M. de B***,... (Par Charles-Augustin Vandermonde.)
Quatrième édition... — *Paris, Vincent, 1771, 2 vol. in-8.*

2074. — Dictionnaire portatif de chirurgie, ou
Tome IIIe du Dictionnaire de santé, contenant toutes les
connaissances tant théoriques que pratiques de la chirurgie; le détail et les usages des meilleurs instruments,
avec la figure des plus usités; le manuel des opérations

chirurgicales... Par M. Sue le jeune,... — *Paris, Vincent,* 1774, in-8.

2075. — Dictionnaire de santé, ou Vocabulaire de médecine pratique, contenant, par ordre alphabétique, un traité des médicaments, les principaux éléments d'hygiène, la description des maladies, leurs causes et le traitement qu'il convient de leur appliquer, d'après les principes des doctrines médicales modernes. Par J. Coster,... — *Paris, Gabon,* 1829, 2 vol. in-8.

B. — *Œuvres pathologiques.*

2076. — Panthevm medicinae selectvm, sive Medicinæ Practicæ Templum, omnibvs omnivm fere morborvm insvltibus commune, libris vndecim distinctvm, Omnibusque ad genuinam Medicinæ Praxin necessariis pammechaniis instructum & adornatum. Avctore DN. Hercvle Saxonia,... Nvnc primvm in lvcem editvm ab eius discipulo, Petro Vffenbachio,... — *Prostat In Nobilis Francofurti Paltheniana* (1603), in-fol.

(A la suite :)

— De pvlsibvs... Avthore Hercvle Saxonia,... — (Sans frontispice), in-fol.

(Ce traité a une pagination particulière.)

2077. — Thomæ Sydenham,... opera medica... Editio novissima, aliis omnibus quæ præcesserunt multo emaculatior, et novis additamentis ditior. Imo Indice alphabetico, in locum elenchi rerum suffecto, utilissime ornata. — (La date a été enlevée.) — Guilhelmi Musgrave,... De arthritide symptomatica dissertatio... Editio nova accuratior. — *Genevæ, apud fratres de Tournes,* 1736. — Guilhelmi Musgrave.... De arthritide anomala, sive interna dissertatio... Editio nova accuratior. — *Genevæ, apud fratres de Tournes,* 1736. Le tout en 1 vol. in-4.

(Il manque le T. Ier des œuvres de Sydenham.)

C. — *Traités généraux et Mélanges de pathologie.*

2078. — Le cours de médecine en français, contenant le

miroir de beauté et santé corporelle. Par M. Louys GUYON, Dolois, sieur de LA NAUCHE,... Et la théorie avec un accomplissement de pratique suivant les principes tant dogmatiques que chimiques. Avec une infinité d'observations, secrets et expériences... Par M. Lazare MEYSSONNIER,... Cinquième et dernière édition, où ont été jointes les figures des plantes nécessaires et celles de l'anatomie... et augmentée d'un Discours des maladies vénéneuses qui manquaient à la précédente édition... — *Lyon, J.-Ant. Huguetan et Guill. Barbier,* 1671, 2 tomes en 1 vol. in-4.

(La « Théorie de la médecine » de Lazare Meyssonnier a un titre spécial et une pagination séparée. — Louis Guyon, Dolois, sieur de La Nauche, médecin à Uzerche [1588-1620], conseiller du roi en ses finances en Limousin, mort vers 1630 à Dole [Jura], dont sa famille était originaire. Il a donné au public : 1º Discours des deux fontaines médicinales du bourg d'Encausse en Gascogne. = *Limoges, Barbou,* 1595, in-8. — 2º Les diverses leçons de Loys Guyon, Dolois, sieur de La Nauche, conseiller du roy en ses finances en Lymosin : suyvans celles de Pierre Messie et du sieur de Vauprivaz... reveuës, corrigees et augmentees par l'autheur en ceste seconde edition. — *Lyon, Claude Morillon,* 1610. (La première édition était de 1603.) — 3º L'ouvrage ci-dessus, dont la première édition, en 2 vol. in-8, parut à Lyon, chez Cl. Morillon, en 1615, sous le titre de *Le miroir de la beauté et santé corporelle.* — V. A. Duboys, Notes biographiques sur les médecins et pharmaciens du Limousin, insérées au Bulletin de la Société de médecine de la Haute-Vienne, année 1855, ci-dessus nº 1911.)

2079. — Précis de la médecine pratique, contenant l'histoire des maladies et la manière de les traiter; avec des observations et remarques critiques sur les points les plus intéressants. Par M. LIEUTAUD,... Seconde édition. — *Paris, Vincent,* 1761, in-8.

2080. — Même ouvrage. Nouvelle édition, revue par l'auteur. — *Paris, P.-Fr. Didot jeune,* 1777, 2 vol. in-8.

2081. — Nouveau manuel complet des aspirants au doctorat en médecine, ou Résumé analytique de toutes les connaissances nécessaires aux élèves pour subir les cinq examens exigés par les facultés de médecine. Par des professeurs agrégés et des docteurs de la Faculté de Paris, publié sous la direction de P. VAVASSEUR,... Troisième examen. Pathologie générale, pathologie interne et pathologie externe. Deuxième édition. — *Fortin, Masson et Cie, Paris,* 1844, in-18.

2082. — Enarrationvm medicinalivm libri sex. Item responsionvm liber vnvs. Francisco VALLERIOLA medico avtore. Cum indice rerum notatu dignarum locupletissimo. — *Lvgdvni apvd Sebastianvm Gryphivm*, M. D. LIIII, in-fol.

2083. — Œuvres diverses de M. François BOISSIER DE SAUVAGE,... — *Paris, J.-P. Costar*, 1771, 2 vol. in-12.

D. — Ouvrages aphoristiques.

2084. — ἹΠΠΟΚΡΆΤΟΥΣ ἀφορισμοί. HIPPOCRATIS aphorismi. Aphorismes d'HIPPOCRATE, traduits sur le texte grec, d'après la collation des manuscrits de la bibliothèque impériale, avec une dissertation sur ces manuscrits, et les variantes. Par M. DE MERCY,... — *Paris, Crochard*, 1811, in-16.

2085. — Nouvelle traduction des Aphorismes d'HIPPO-CRATE, conférés sur l'édition grecque publiée en 1811, où l'on trouve les variantes des manuscrits de la bibliothèque du roi; et Commentaires spécialement applicables à l'étude de la médecine pratique, dite clinique. Par M. le chevalier DE MERCY,... — *Paris, Adrien Egron* (et *Victor Renaudin*), 1817-29, 5 vol. in-12.

2086. — Aphorismes d'HIPPOCRATE, latin-français. Traduction nouvelle par E. PARISET,... — *Paris, Méquignon-Marvis*, 1843, in-32.

2087. — Les aphorismes, les pronostics et le traité de l'air, des eaux et des lieux d'HIPPOCRATE, classés et réunis par maladies, suivant l'ordre alphabétique. Par le docteur J.-L.-M. GUILLEMEAU,... — *Niort, A.-P. Morisset*, 1818, in-12.

2088. — CHRISTOPHORI A VEGA commentaria in librvm Aphorismorvm Hippocratis. — *Lvgdvni, apvd Clementem Bavdin*, M. D. LXX, in-8.

* Hieronymi CARDANI, in Aphorismos HIPPOCRATIS commentaria. — (V. POLYGRAPHIE, n° 57, *Opera*, T. VIII.)

* Novæ methodi pro explicandis HIPPOCRATE et ARISTO-

TELE specimen clarissimis Scholæ parisiensis medicis, D. D. Marinus CURÆUS DE LA CHAMBRE,... — (V. n° 1928.)

* Aphorismi de cognoscendis et curandis morbis, in usum doctrinæ domesticæ digesti, ab Hermanno Boerhaave. — (V. n° 1946. — V. aussi ci-après, *Matière médicale*, H. BOERHAAVE de materie medica. — 1727, in-8.)

2089. — Gerardi VAN SWIETEN,... Commentaria in Hermanni BOERHAAVE Aphorismos, de cognoscendis et curandis morbis. — *Parisiis, apud viduam et filium Guillelmi Cavelier, 1755, in-4.*

(Le T. Ier seulement. — Il manque les T. II-V de cet ouvrage, dont il n'a été réimprimé que les trois premiers vol. en 1755.)

§ 2. — PATHOLOGIE GÉNÉRALE.

A. — Traités généraux.

2090. — Eléments de pathologie générale. Par A.-F. CHOMEL,... Seconde édition. — *Paris, Crochard, 1824, in-8.*

2091. — Eléments de pathologie générale et de physiologie pathologique. Par L. CAILLIOT,... — *Paris, Caille et Ravier, 1819, 2 vol. in-8.*

2092. — Cours sur les généralités de la médecine pratique et sur la philosophie de la médecine. Par J.-J. LEROUX,... — *Paris, impr. de Didot le jeune, 1825-26, 7 vol. in-8.*

(Il manque le T. IV.)

2093. — Traité de pathologie générale. Par M. Ed. MONNERET,... — *Paris, Bechet jeune, 1857-61, 3 vol. in-8.*

2094. — Nouveaux éléments de pathologie générale et de séméiologie. Par E. BOUCHUT,... Illustrés de figures d'anatomie pathologique générale intercalées dans le texte. — *Paris, J.-B. Baillière et fils, 1857, in-8.*

B. — Étiologie.

* Hieronymi CARDANI,... de causis, signis ac locis morborum. = (V. POLYGRAPHIE, *n° 57, Opera*, T. VII.)

2095. — Réflexions nouvelles sur les causes des maladies et de leurs symptômes. Par monsieur de SAINT ANDRÉ,... — *Paris, Laurent d'Houry,* 1687, in-12.

2096. — De l'influence des âges sur les maladies. Thèse de concours pour la chaire de pathologie interne, vacante à la Faculté de médecine de Paris, composée et imprimée en 12 jours ; soutenue le 17 février 1840 par A.-N. GENDRIN,... — *Paris, Germer Baillière,* 1840, in-8.

C. — Nosologie et Nosographie.

* Œuvres diverses de BOISSIER DE SAUVAGE. — (V. *n°* 2083.) — Chefs-d'œuvre de M. DE SAUVAGES. — (V. ci-après.)

2097. — Nosographie philosophique, ou La méthode de l'analyse appliquée à la médecine. Par Ph. PINEL,... Seconde édition, considérablement augmentée, dans laquelle se trouvent les caractères spécifiques des maladies. — *De l'impr. de Feugueray, Paris, J.-A. Brosson, an* XI= 1802-1803, 3 vol. in-8.

D. — Séméiotique, Diagnostic et Pronostic.

2098. — Le miroir des urines, par l'inspection desquelles on connaît les différents tempéraments, les humeurs dominantes, les siéges et les causes des maladies; suivant les longues expériences du sieur DAVACH DE LA RIVIÈRE,... Cinquième édition... augmentée d'une ample Table pour trouver toutes sortes de maladies, signifiées par les urines. — *Paris, Laurent-Ch. d'Houry,* 1763, in-12.

* Clavdii GALENI,... introdvctio in pvlsvs ad Tevthram, Martino GREGORIO interprete. Eiusdem de pulsuum vsu, Thoma LINACRO interprete. — *Parisiis*, M. D. XXXVII, in-fol. — (V. *n°* 2057.)

2099. — Traité de diagnostic médical, ou Guide clinique pour l'étude des signes caractéristiques des maladies. Par le Dᶜ V.-A. RACLE,... Deuxième édition, revue, augmentée et contenant le résumé des travaux les plus récents sur le diagnostic. — *Paris, J.-B. Baillière et fils*, 1859, grand in-18.

2100. — Prognostics et prorrhétiques d'HIPPOCRATE, traduits sur le texte grec, d'après la collation des manuscrits de la Bibliothèque impériale, avec une Dissertation sur ces manuscrits et les variantes. Par M. DE MERCY,... = *Paris, Crochard*, 1813, in-12.

* (V. aussi *n°* 1925-2°.)

E. — *Anatomie et Physiologie pathologiques.*

2101. — Traité d'anatomie pathologique générale. Par J. CRUVEILHIER,... — *Paris, J.-B. Baillière*, 1849-6..., 4 vol. in-8.

(En publication. Le T. V n'a pas encore paru.)

2102. — Traité d'anatomie pathologique générale et spéciale, ou Description et iconographie pathologique des altérations morbides tant liquides que solides observées dans le corps humain. Par le docteur H. LEBERT,... Accompagné d'un atlas... — *Paris, J.-B. Baillière et fils*, 1857 (1855)-61, 4 vol. in-fol., dont 2 vol. d'atlas.

2103. — Manuel d'anatomie pathologique générale et appliquée, contenant la description et le catalogue du musée Dupuytren. Par Ch. HOUEL,... — *Paris, Germer Baillière*, 1857, grand in-18.

2104. — Traité de chimie pathologique appliquée à la médecine pratique, par M. Alf. BECQUEREL,... et par M. A. RODIER,... — *Paris, Germer Baillière*, 1854, in-8.

* Eléments de pathologie générale et de physiologie pathologique. Par L. CAILLOT. — (V. n° 2091.)

§ 3. — PATHOLOGIE SPÉCIALE.

A. — Pathologie et Clinique médicales.

1°. — Traités généraux anciens et modernes.

2105. — Commentaria in HIPPOCRATIS libros quatuor de morbis luculentissima Petri Salii DIVERSI,... Index rerum locupletissimus ad calcem additus est. — *Francoforti, sumptibus N. Bassæi,* 1602, in-fol.

(Le frontispice manque.)

2106. — ΑΡΕΤΑΙΟΥ Καππαδοκοῦ Περὶ αἰτιῶν καὶ σημείων ὀξέων καὶ χρονίων παθῶν, Βιϐλ. δ. Ὀξέων καὶ χρονίων νούσων θεραπευτικά, Βιϐλ. δ. ARETÆI Cappadocis de acvtorvm, ac divturnorū morborū causis & signis, Lib. IIII. De acutorum, ac diuturnorum morborum curatione, Lib. IIII... — *Parisiis* M. D. LIIII, *Apud Adr. Turnebum,* in-8.

(Tout grec.)

2107. — Cl. GALENI Pergameni Ars medica, qvae et ars parua, Martino ACAKIA Catalaunensi Doctore medico interprete & enarratore. — *Prostat Parisiis in œdibus Simonis Colinæi,* M. D. XLIII, in-4.

2108. — Ioannis ARGENTERII Pedemontani in artem medicinalem GALENI, commentarii tres, non solvm medicinæ professoribus utiles & necessarii : sed etiā Philosophis, & uniuersis, qui rerum scientia delectantur, summopere iocundi... — *In Monte Regali, Ex Officina Torrentiniana,* M DLXVI, in-fol.

2109. — Etudes sur le Traité de médecine d'Abou Djàfar Ah'mad intitulé... Zad al-moçafir « La provision du voyageur ». Par M. G. DUGAT,... — *Paris, impr. imp.,* 1853, in-8 de 67 pages.

2110. — Fen quarta tercii canonis AVICENÆ. Incipit

expositio getil' (GENTILIS) sup quarta fen hui' (tertii) canôis. — (A la fin :) *Exacte sunt hoc loco explanationes seu glose ĩ tertium librum can. Auic. medicorum principis. s. (scilicet) in fen usque sexdecimam. quas interpres subtilissimus ɛ abditorɜ̣ sacre medicine indagator optimus* GENTILIS *uilumber fulginas edidit. impresse Patauij anno salutis* M. CCCC. *lxxvij. Kal. decemb. industria opera ac impensis Petri Maufer Galli,* in-fol.

* Tacvini aegritvdinvm et Morborvm ferme omnium Corporis humani, cum curis eorundem. BVHAHYLYHA BYNGEZLA Autore... — (V. *n*° 2050.)

2111. — Jodoci LOMMII,... Observationum medicinalium libri tres; quibus omnium morborum signa, et quæ de his haberi possunt præsagia, accuratissime pertractantur. Opusculum aureum. Editio nova, emendatissima. — *Amstelodami, sumptibus societatis,* 1745, in-12.

(A la suite :)

— Jodoci LOMMII Burani de curandis febribus continuis liber, in quatuor divisus sectiones ; quarum singulæ singulorum morbi temporum, quæ totidem quoque sunt numero, remedia continent. Editio nova, emendatissima. — *Amstelodami, sumptibus societatis,* 1745, in-12.

2112. — Medicina catholica, seu mysticum artis medicandi sacrarium, in tomos divisum duos. In quibus metaphysica et physica tam sanitatis tuendæ, quam morborum propulsandorum ratio pertractatur. Authore Roberto FLUDD, alias DE FLUCTIBUS,... — *Francofurti, typis Caspari Röthelii,* 1629, in-fol.

(A la suite :)

— Sophiæ cum moria certamen, in quo lapis lydius a falso structore, Fr. Marino Mersenno,... reprobatus, celeberrima voluminis sui babylonici [in Genesim] figmenta accurate examinat... Authore Roberto FLUDD, alias DE FLUCTIBUS,... — *Anno* 1629, in-fol.

— Summum bonum, quod est verum magiæ, cabalæ, alchymiæ, veræ, Fratrum Roseæ Crucis verorum subjectum; in dictarum scientiarum laudem, et insignis calumniatoris fratris Marini Mersenni dedecus publi-

catum, per Joachimum FRIZIUM (pseudonyme de FLUDD).
— *Anno* 1629, in-fol. de 54 pages.

(Il manque le T. II, publié en 1631.)

2113. — Lazari RIVERII praxis medica. Editio ultima.
— *Lugduni, apud J.-A. Huguetan et M.-A. Ravaud,* 1660,
in-8.

(Le frontispice manque.)

2114. — RIVERII renovati, sive Praxeos medicæ, methodo riverianæ non absimilis, juxta recentiorum tum
medicorum, tum philosophorum, et anatomiæ atque
chymiæ principia conscriptæ, pars prima (-secunda)...
dictata olim in celebri Monspeliensium medicorum Academia, ac publice prælecta a Francisco CALMETTE,... Nunc
vero ab eodem recognita atque ampliata. — *Lugduni,
sumptibus Hilarii Baritel,* 1704, 2 vol. in-12.

2115. — Josephi JACKSON chymiatri, enchiridion medicum theoretico-practicum, in quo omnium morborum
nomina, naturæ, causæ, signa, prognostica et curationes
breviter et perspicue delineantur. Cum Appendice de lue
venerea. Editio nova, prioribus multo emendatior. —
Norimbergæ, apud hæredes J.-Dan. Tauberi, 1719, in-24.

2116. — Jo. OOSTERDYK SCHACHT,... Institutiones medicinæ practicæ... in epitomen redactæ et evulgatæ. —
Amstelodami, sumptibus fratrum de Tournes, 1767, in-8.

2117. — Principia medicinæ. Auctore Francisco
HOME,... Editio tertia. — *Amstelodami, sumptibus fratrum
de Tournes,* 1766, in-8.

2118. — Histoire naturelle de l'homme considéré dans
l'état de maladie, ou La médecine rappelée à sa première
simplicité. Par M. CLERC,... — *Paris, Lacombe,* 1767, 2 vol.
in-8.

2119. — La médecine pratique, rendue plus simple,
plus sûre et plus méthodique... Par M. LE CAMUS,... —
Paris, Ganeau, 1772, 2 vol. in-12.

2120. — Eléments de médecine pratique de M. Cullen,... traduits de l'anglais sur la quatrième et dernière édition, avec des notes, dans lesquelles on a refondu la Nosologie du même auteur... par M. Bosquillon,... — *Paris, Théophile Barrois le jeune, et Méquignon l'aîné,* 1785-87, 2 vol. in-8.

2121. — Guide du médecin praticien, ou Résumé général de pathologie interne et de thérapeutique appliquées. Par F.-L.-I. Valleix,... Quatrième édition, revue, augmentée, et contenant le résumé des travaux les plus récents, par MM. les docteurs V.-A. Racle,... P. Lorain,... — *Paris, J.-B. Baillière et fils,* 1860-61, 5 vol. in-8.

2122. — Eléments de pathologie médicale. Par A.-P. Requin,... — *Paris, Germer-Baillière,* 1843-52, 3 vol. in-8.

(En publication.)

2123 — Traité élémentaire et pratique de pathologie interne. Par A. Grisolle,... Septième édition, revue et augmentée. — *Paris, Victor Masson,* 1857, 2 vol. in-8.

2124. — Traité élémentaire de pathologie interne. Par MM. J. Béhier,... A. Hardy,... — *Paris, Labé,* 1844-55, 3 vol. in-8.

(Le T. I est de la seconde édition, 1858.)

2125. — Manuel de pathologie et de clinique médicales. Par Ambroise Tardieu,... Deuxième édition, revue, corrigée, augmentée. — *Paris, Germer-Baillière,* 1857, grand in-18.

2126. — Cours théorique et clinique de pathologie interne et de thérapie médicale. Par E. Gintrac,... — *Paris, Germer-Baillière,* 1853-6..., 5 vol. in-8.

(En publication.)

2127. — Eléments de pathologie médicale, ou Précis de médecine théorique et pratique, écrit dans l'esprit du vitalisme hippocratique. Par A.-L.-J. Bayle,... — *Paris, Germer-Baillière,* 1856-57, 2 vol. in-8.

2128. — Eléments de médecine clinique. Par le docteur A. TRUMET DE FONTARCE,... — *Paris, J.-B. Baillière et fils,* 1857, 2 vol. in-8.

2129. — Leçons de clinique médicale de R.-J. GRAVES; précédées d'une Introduction de M. le professeur TROUS-SEAU. Ouvrage traduit et annoté par le docteur JACCOUD,... — *Paris, Adrien Delahaye,* 1862, 2 vol. in-8.

2130. — Loci medicinae commvnes, tribvs libris digesti. Quibus accessit Appendix, vniuersa complectens ea, quæ ad totius operis integritatem deesse videbantur. Francisco VALLERIOLA,... avtore. Cum triplici Indice, videlicet capitum totius operis, dubiorum, seu quæstionum medicinalium, & demum eorum, quæ toto opere notatu digniora habentur. — *Lvgdvni, apvd haeredes Sebastiani Gryphii,* M. D. LXII, in-fol.

(*L'appendix* a un titre spécial et une pagination particulière.)

2131. — Même ouvrage. — *Lvgdvni, apvd Franciscvm Le Fevre,* 1589, in-8.

(*L'appendix* a un titre spécial et une pagination particulière.)

* Joannis-Baptistæ VAN HELMONT,... Opuscula medica inaudita. I. De lithiasi. II. De febribus. III. De humoribus GALENI. IV. De peste. — (V. *n°* 1936.)

2132. — Opuscula medico-practica tres morbos parti-culares, delirium, vertiginem et tussim aphoristice conscriptos, et coram auditoribus suis ante aliquot annos commentariis illustratos, pro specimine exhibentia. Auctore Joanne DE GORTER,... Quibus accedit Oratio pro medico dogmatico, et, in hac editione, primum morbi epidemii descriptio et curatio. — *Patavii, typis Seminarii,* 1751, in-4.

2133. — Observationes de cognoscendis et curandis morbis, præsertim acutis, Joan.-Theodori ELLER,... — *Amstelodami, sumptibus fratrum Detournes, 1766, in-8.*

2134. — Les chefs-d'œuvre de monsieur DE SAUVAGES, ou Recueil de dissertations qui ont remporté le prix dans différentes académies, auxquelles on a joint La nourrice marâtre, du chevalier LINNÉ. Le tout corrigé, traduit ou commenté par M. J.-E. G*** (Jean-Emmanuel GILIBERT), .. — *Lausanne, et Lyon, V. Reguilliat, 1770, 2 vol. in-12.*

* Mélanges de physique et de médecine. Par M. LE ROI. — (V. *n° 877.*)

2135. — Clinique médicale, ou Choix d'observations recueillies à l'hôpital de La Charité [Clinique de M. LERMINIER]. Par G. ANDRAL,... Quatrième édition... — *Paris, Crochard et Cie (et Fortin, Masson et Cie), 1839-40, 5 vol. in-8.*

2136. — Clinique médicale de l'Hôtel-Dieu de Paris. Par A. TROUSSEAU,... — *Paris, J.-B. Baillière et fils, 1861-62, 2 vol. in-8.*

4°. — Maladies des sexes.

2137. — Cours élémentaire de maladies des femmes, ou Essai sur une nouvelle méthode pour étudier et pour classer les maladies de ce sexe. Par Joseph-Marie-Joachim VIGAROUS,... — *De l'impr. de Crapelet. Paris, Deterville, an X=1801, in-8.*

(Il manque le T. II.)

5°. — Maladies des âges.

2138. — Nouveau précis des maladies des enfants, fondé sur la doctrine physiologique. Par CLARION,... — *Lyon, J.-Perret, 1833, in-8.*

2139. — Traité pratique des maladies de l'enfance, fondé sur de nombreuses observations cliniques. Par

F. BARRIER,... Deuxième édition, revue et augmentée. — *Paris, Fortin, Masson et Cie, et Lyon, Charles Savy jeune,* 1845, 2 vol. in-8.

2140. = Maladies de l'enfance; erreurs générales sur leurs causes et sur leur traitement; instructions élémentaires; règles hygiéniques. Par le docteur L.-F.-E. BERGERET,... — *Paris, J.-B. Baillière,* 1855, grand in-18.

2141. — Traité pratique des maladies des nouveau-nés et des enfants à la mamelle; précédé d'un Précis sur l'hygiène et l'éducation physique des jeunes enfants. Par E. BOUCHUT,... Troisième édition, revue, corrigée et considérablement augmentée. — *Paris, J.-B. Baillière,* 1855, in-8.

6°. — Maladies des conditions.

2142. — Traité des maladies des artisans et de celles qui résultent des diverses professions, d'après RAMAZZINI... Par Ph. PATISSIER,... = *Paris, J.-B. Baillière,* 1822, in-8.

2143. — Observations et réflexions sur la colique de Poitou ou des peintres; où l'on examine et l'on tâche d'éclaircir l'histoire, la théorie et le traitement de cette maladie. Première partie... Par M. COMBALUSIER,... — *Paris, de Bure l'aîné,* 1761, in-12.

7°. = Maladies héréditaires.

(Pas d'ouvrage spécial.)

8°. — Maladies chroniques.

2144. — Histoire des phlegmasies ou inflammations chroniques, fondée sur de nouvelles observations de clinique et d'anatomie pathologique; ouvrage présentant un tableau raisonné des variétés et des combinaisons diverses de ces maladies, avec leurs différentes méthodes de traitement. Par F.-J.-V. BROUSSAIS,... Cinquième édition, revue et augmentée de notes, avec le portrait de l'auteur. — *Paris, Méquignon-Marvis père et fils,* 1838, 3 vol. in-8.

(Le portrait manque.)

2145. — Traité théorique et pratique sur l'épuisement pur et simple de l'économie humaine, et sur les maladies chroniques les plus répandues qui ont cette origine. Par le docteur SALLENAVE,... Avec formulaire. — (*Bordeaux*), *l'auteur*, 1855, in-8.

2°. — Diathèses et Cachexies.

2146. — Précis théorique et pratique sur les diathèses. Par P. BAUMÈS,... — *Paris, Baillière, et Labé; Lyon, Savy,* 1853, in-8.

2147. — Traité des maladies vénériennes... Traduit du latin de Mr ASTRUC,... (par BOUDON et JAULT). Quatrième édition, revue, corrigée et augmentée (par LOUIS). — *Paris, Guillaume Cavelier,* 1764, 4 vol. in-12.

2148. — Simples notions sur la syphilis. Par le docteur J.-P. DE*** (DE LAPORTE), ancien élève interne des hôpitaux. — *Paris, Marpon (Limoges, impr. H. Ducourtieux),* 1861, in-32.

2149. — Syphilis, poème en trois chants. Par BARTHÉLEMY. Avec des notes par le docteur GIRAUDEAU DE SAINT-GERVAIS. — *Paris, Giraudeau de Saint-Gervais, et Martinon,* 1848, in-18.

* Traité du scorbut. Par M. BRESCOU DUMOURÉT,... — *Paris,* 1743, in-12. — (V. POLYGRAPHIE, n° 125-2°.)

2150. — Théorie nouvelle de la maladie scrofuleuse... Par A.-H. SAT-DEYGALLIÈRE,... Quatrième édition. — *Paris, Gabon,* 1830, in-8.

* Considérations pratiques sur les maladies scrofuleuses et leur traitement par les préparations d'or. Par le docteur DUHAMEL,... — (V. ci-après THÉRAPEUTIQUE.)

2151. — Recherches sur la nature et la guérison des

cancers. Par M. DESHAIES GENDRON,... — *Paris, Laurent d'Houry,* 1701, in-12.

10°. — Contagion et Maladies contagieuses.

2152. — Traité pratique de la pustule maligne et de l'œdème malin, ou des deux formes du charbon externe chez l'homme. Par J. BOURGEOIS,... — *Paris, J.-B. Baillière et fils,* 1861, in-8.

11°. — Épidémies.

* Épidémies d'Hippocrate, premier et troisième livres... traduits sur le texte grec... par M. le chevalier DE MERCY. — (V. n° 1925-1°.)

2153. — Histoire médicale, générale et particulière, des maladies épidémiques, contagieuses et épizootiques, qui ont régné en Europe depuis les temps les plus reculés jusqu'à nos jours. Par J.-A.-F. OZANAM,... Seconde édition... — *Paris,* et *Lyon, l'auteur,* 1835, 4 vol. in-8.

2154. — Traité de la fièvre jaune... Par Louis CAILLIOT,... — *Paris, Méquignon-Marvis,* 1815, in-8.

2155. — Observations sur la fièvre jaune, faites à Cadix, en 1819, par MM. PARISET et MAZET,... et rédigées par M. PARISET,... — *Paris, Audot,* 1820, grand in-4, avec figures coloriées.

2156. — Mémoire sur la non contagion de la fièvre jaune. Par Pierre LEFORT,... — *Saint-Pierre, Fleurot et Cᵉ,* 1823, in-8.

2157. — Recherches sur les causes, la nature et le traitement du choléra ; moyens d'en empêcher le développement en l'attaquant dans la première période ; moyens de s'en garantir lorsqu'il règne d'une manière épidémique. Par le docteur A. PETIT DE MAURIENNE,... — *Paris, l'auteur, et Béchet jeune,* 1837, in-8.

2158. — Mémoire sur le choléra-morbus observé à l'hôpital Saint-Louis. Par M. VOISIN,... — *Paris, J.-B. Baillière,* 1832, in-8 de 56 pages.

2159. — Rapport statistique et médical sur l'épidémie de choléra qui a régné à Metz et dans le département de la Moselle en 1832. Par le docteur Félix MARÉCHAL,... [Extrait des Mémoires de la Société des sciences médicales du département de la Moselle, 1831-1838.] — *Metz, impr. de Verronnais,* 1839, in-8 de 71 pages.

12°. — Constitutions médicales.

2160. — Essai sur la mortalité à Strasbourg [partie rétrospective]. Thèse présentée et... soutenue à la Faculté de médecine de Strasbourg, le... 13 août 1836... par Charles BŒRSCH,... — *Strasbourg, impr. de G. Silbermann,* 1836, in-4.

2161. — Observations sur la constitution médicale de l'année 1808 à Albi; précédées d'un Coup d'œil général sur la ville, son territoire; sur la météorologie et le climat qui lui sont propres; sur ses habitants, ses établissements, les améliorations dont ils sont susceptibles; avec des vues d'hygiène publique, d'instruction et de police médicales applicables à cette cité; terminées par des Réflexions sur les accouchements et sur les avortements; et par l'Examen de quelques faits de médecine légale qui se sont offerts devant la cour de justice criminelle du département du Tarn... Par M. COUTÈLE,... — *Albi,* 1809, in-8.

13°. — Maladies endémiques.

2162. — T. TRONCHIN,... De colica Pictonum... — *Genevæ, apud fratres Cramer,* 1757, in-8.

14°. — Maladies pouvant affecter plusieurs systèmes de l'économie.

(Fièvres, inflammations, hémorrhagies, hydropisies.)

* Federici CHRISOGONI,... de modo Collegiādi : Pronosticandi : ₵ Curandi Febres : Necnõ de humana Felicitate : ac deniç de Fluxu ₵ Refluxu Maris : Lucubrationes nuperrime in Lucem edite. — (A la fin :) *Venetijs impressum a Ioan. Anto. de Sabbio ₵ fratribus, Anno...* M. D. *xxxiij,* 27 feuillets, in-fol. — (V. *nº* 69.)

2163. — Nouveau traité des fièvres, où, après avoir examiné les différents systèmes qui ont paru sur ce sujet, on explique la nature et les causes de ces maladies. Avec des remèdes propres à leur guérison. Par M. DE BEZANSON,... — *Paris, Laurent d'Houry,* 1690, in-12.

2164. — Tractatus de febribus Antonii FIZES,... Editio tertia, aliis vero correctior et emendatior. — *Hagæ-Comitum, sumptibus Petri de Hondt,* 1753, in-12.

2165. — Σύνοψις πυρετῶν, Conspectus febrium., Synopsis des fièvres, ou Tableaux de plusieurs maladies, tirés des Iᵉʳ et IIIᵉ liv. des *Epidémies d'Hippocrate,* avec le texte grec et les versions interlinéaires française et latine, accompagnés de notes grammaticales et de l'explication des termes de médecine... Par M. DE MERCY,... — *Paris, Valade,* 1808, in-8.

2166. — Notice étiologique sur l'affection typhoïde. Par le Dʳ Marc D'ESPINE ,... Extrait des Archives générales de médecine. — *Paris, Rignoux,* 1849, in-8 de 55 pages.

* Mémoires sur l'inoculation de la petite vérole. Par DE LA CONDAMINE. — (V. BELLES-LETTRES, *nº* 155, *Mém. de l'Acad. des sciences, années* 1754, 1758 et 1765.)

2167. — La vaccine soumise aux simples lumières de la raison... Par C.-C.-H. MARC,... Deuxième édition... — *Paris, J.-B. Baillière,* 1836, in-12.

2168. — Traité de la vaccine et des éruptions varioleuses ou varioliformes... Précédé d'un Rapport de l'Académie royale de médecine. Par M. J.-B. BOUSQUET,... — *Paris, J.-B. Baillière,* 1833, in-8.

2169. — Rapport(s)... sur les vaccinations pratiquées en France... — *Paris, impr. roy. (-imp.)*, 1848-57, 24 vol. in-8.

(Années 1816, 1831-1834, 1836-1854.)

2170. — Traité anatomico-pathologique des fièvres intermittentes simples et pernicieuses, fondé sur des observations cliniques, sur des faits de physiologie et de pathologie comparées, sur des autopsies cadavériques, et sur des recherches statistiques, recueillies en Italie, et principalement à l'hôpital du Saint-Esprit de Rome, pen-les années 1820, 1821 et 1822. Par E.-M. BAILLY, de Blois,... — *Paris, Gabon et compagnie*, 1825, in-8.

*Aperçu général sur le climat du canton de La Guerche, suivi d'un traité sur les fièvres intermittentes... qui y régnaient... Par M. GASZTOWTT... — (V. n° 2044.)

2171. — Mémoire sur les fièvres comateuses qui ont régné en 1847 dans la subdivision de Tlemcen, notamment à Sebdou. Par E. SONRIER,... et Félix JACQUOT [de Saint-Dié],... — *Paris, Victor Masson*, 1849, in-8 de 56 pages.

(Extrait de la *Gazette médicale de Paris*, année 1849.)

15°. — **Maladies propres aux différents appareils de l'économie.**

a. — Maladies de l'appareil digestif.

2172. — La gastrite, les affections nerveuses et les affections chroniques des viscères, considérées dans leurs causes, dans leurs effets et dans leur traitement; ouvrage particulièrement dédié aux nombreuses victimes des maladies des organes de la digestion; suivi de-la connaissance des maladies par l'étude des tempéraments, etc. 5e édition. Par J.-C. BESUCHET DE SAUNOIS,... — *Paris, Labé*, 1846, in-8.

2173. — De la dyspepsie à propos de la constitution médicale de l'été 1847. Par le Dr Ed. COURTIN,... — *Paris, typ. Félix Malteste et Cc*, 1848, in-8 de 40 pages.

2174. — Joan.-Baptistæ BIANCHI,... historia hepatica, in hac tertia editione, numeris tandem omnibus absoluta; seu Theoria ac praxis omnium morborum hepatis et bilis, cum ejusdem visceris anatome pluribus in partibus nova. Adjectis dissertationibus aliquot; æneis tabulis, accuratis earum explicationibus, et animadversionibus ad hocce explendum opus facientibus; amplisque omnium rerum indicibus... — *Genevæ, apud Gabrielem de Tournes et filios,* 1725, in-4.

(Le T. I manque.)

b. — *Maladies de l'appareil circulatoire.*

2175. — Traité clinique des maladies du cœur, précédé de recherches nouvelles sur l'anatomie et la physiologie de cet organe. Par J. BOUILLAUD,... Avec des planches gravées. — *Paris, J.-B. Baillière,* 1835, 2 vol. in-8.

2176. — Des anévrysmes et de leur traitement. Par Paul BROCA,... Ouvrage accompagné de figures intercalées dans le texte. — *Paris, Labé,* 1856, in-8.

c. — *Maladies de l'appareil respiratoire.*

2177. — Rapport fait par ordre de l'Académie des sciences sur les effets des vapeurs méphitiques dans le corps de l'homme et principalement sur la vapeur du charbon; avec un Précis des moyens les plus efficaces pour rappeler à la vie ceux qui ont été suffoqués. A laquelle on a ajouté : 1° un Extrait de ce que l'on a écrit de plus important sur la cause de la mort des noyés, et sur les moyens de les rappeler à la vie; 2° des Remarques sur la méthode la plus avantageuse d'appeler à la vie quelques enfants qui paraissent morts en naissant. Par M. PORTAL,... — *Limoges, Martial Barbou,* 1776, in-12.

2178. — Observations sur les effets des vapeurs méphitiques dans l'homme, sur les noyés, sur les enfants qui paraissent morts en naissant, et sur la rage. Avec un précis du traitement le mieux éprouvé en pareils cas. Sixième édition, à laquelle on a joint des observations sur les effets de plusieurs poisons dans le corps de l'homme, et sur les moyens d'en empêcher les suites funestes. Par M. PORTAL,... — *Paris, impr. roy.*, 1787, in-8.

2179. — Relation médicale des asphyxies occasionnées à Strasbourg par le gaz de l'éclairage. Par G. TOURDES,... — *Strasbourg, Derivaux, et Paris, J.-B. Baillière*, 1841, in-8 de 85 pages.

2180. — Essai sur la coqueluche, présenté à l'école de médecine de Montpellier, le 25 frimaire an XI de la république, par Pierre-Paul MANENT, de Limoges... — *Montpellier, impr. de J.-G. Tournel neveu, an XI*, in-4 de 38 pages.

d. — Maladies du système lymphatique.

(Pas d'ouvrage spécial.)

e. — Maladies du tissu cellulaire.

(Pas d'ouvrage spécial.)

f. — Maladies du système séreux.

(Pas d'ouvrage spécial.)

g. — Maladies du système nerveux.

2181. — Traité des nerfs et de leurs maladies. Par M. TISSOT,... — *Paris, P.-F. Didot le jeune, et Lausanne*, 1778-80, 2 tomes en 4 vol. in-12.

2182. — Traité des maladies nerveuses ou névroses, et en particulier de la paralysie et de ses variétés, de l'hémiplégie, de la paraplégie, de la chorée ou danse de Saint-Guy, de l'épilepsie, de l'hystérie, des névralgies internes et externes, de la gastralgie, etc., etc. Par H.-J.-M.-Hyacinthe MUSSET ,... — *Paris, A. Appert*, 1840, in-8.

2183. — Traité des névralgies, ou affections douloureuses des nerfs. Par F.-L.-I. VALLEIX,... — *Paris, J.-B. Baillière*, 1841, in-8.

2184. — L'onanisme. Dissertation sur les maladies produites par la masturbation. Par M. Tissot,... Troisième édition, considérablement augmentée. — *Lausanne, Marc Chapuis et compagnie*, 1764, in-12.

2185. — Traité clinique et thérapeutique de l'hystérie. Par le docteur P. Briquet,... — *Paris, J.-B. Baillière et fils*, 1859, in-8.

2186. — Traité de l'épilepsie. Par Mr Tissot,... — *Paris, P.-F. Didot le jeune*, et *Lausanne, Franç. Grasset et comp.*, 1772, in-12.

2187. — De l'irritation et de la folie, ouvrage dans lequel les rapports du physique et du moral sont établis sur les bases de la médecine physiologique. Par F.-J.-V. Broussais,... Deuxième édition, considérablement augmentée par l'auteur, publiée par son fils Casimir Broussais,... — *Paris, J.-B. Baillière*, 1839, 2 vol. in-8.

2188. — Considérations sur les formes de l'aliénation mentale observées dans l'asile départemental d'aliénés de Stephansfeld pendant les années 1836, 1837, 1838, 1839. Par L.-F.-E. Renaudin,... — *Strasbourg, Derivaux*, et *Paris, J.-B. Baillière*, 1841, in-8.

2189. — Histoire critique de la folie instantanée, temporaire, instinctive, ou Etude philosophique, physiologique, médicale et légale des rapports de la volonté avec l'intelligence, pour apprécier la responsabilité des fous instinctifs, des suicides et des criminels; ouvrage couronné [médaille d'or] par la Société impériale de médecine de Bordeaux. Par le docteur J.-A. Mandon, ancien interne, lauréat [bis] 1er prix des hôpitaux de Paris, lauréat [2e prix] de la Faculté de médecine de Paris, médaille d'honneur de la Société des sciences naturelles et médicales de Bruxelles, membre correspondant de cette compagnie savante, et de la Société impériale de médecine de

Bordeaux, etc , etc. — *Paris, J.-B. Baillière et fils*, 1862, in-8.

(M. Jacques-Ambroise Mandon est né à Oradour-sur-Vayres (Haute-Vienne) le 23 septembre 1827. Les ouvrages qu'il a publiés jusqu'à ce jour sont, indépendamment de l'ouvrage ci-dessus : 1o Histoire de la syphilis des nouveau-nés, thèse inaugurale, couronnée par la Société des sciences médicales et naturelles de Bruxelles, et imprimée dans le Journal de médecine, de chirurgie et de pharmacologie de cette Société, année 1856. — 2o De la diarrhée verte infantile, publié dans le Bulletin de la Société de médecine et de pharmacie de la Haute-Vienne, année 1859. — 3o Recherches sur les causes du rhythme et des mouvements respiratoires. — 4o Traitement des fractures du col du fémur sans appareil; mémoires publiés dans le bulletin du Congrès scientifique de France, session de 1860.)

2190. — Observations sur les causes du suicide; ses rapports avec l'aliénation mentale. Par J.-B.-P. BRUN-SÉCHAUD, docteur médecin (à Chalus, Haute-Vienne). — *Limoges, impr. de Chapoulaud frères*, 1862, in-8 de 23 pages.

2191. — Du suicide et de la folie suicide, considérés dans leurs rapports avec la statistique, la médecine et la philosophie. Par A. BRIERRE DE BOISMONT,... — *Paris, Germer Baillière*, 1856, in-8.

2192. — Des hallucinations, ou histoire raisonnée des apparitions, des visions, des songes, de l'extase, du magnétisme et du somnambulisme. Par A. BRIERRE DE BOIS-MONT,... — *Paris, Germer Baillière*, 1845, in-8.

2193. — Du démon de Socrate, spécimen d'une application de la science psychologique à celle de l'histoire. Par F. LÉLUT,... — *Paris, Trinquart*, 1836, in-8.

2194. — L'amulette de Pascal, pour servir à l'histoire des hallucinations. Par F. LÉLUT,... — *Paris, J.-B. Baillière*, 1846, in-8.

h. — Maladies du système musculaire.

(Pas d'ouvrage spécial.)

i. — Maladies de l'appareil tégumentaire.

(Pas d'ouvrage spécial.)

j. — Maladies de l'appareil génito-urinaire.

(Pas d'ouvrage spécial.)

16°. — Maladies parasitaires.

2195. — De la génération des vers dans le corps de l'homme; de la nature et des espèces de cette maladie, de ses effets, de ses signes, de ses prognostics; des moyens de s'en préserver, des remèdes pour la guérir, etc. Par M⁰ Nicolas ANDRY,... Avec trois lettres écrites à l'auteur, sur le sujet des vers, les deux premières d'Amsterdam par M. Nicolas HARTSOEKER, et l'autre de Rome par M. Georges BAGLIVI. — *Paris, Laurent d'Houry,* 1700, in-12.

2196. — Même ouvrage. Nouvelle édition, revue et augmentée... Avec les figures à part dans un volume in-4. — *Paris, Laurent d'Houry,* 1718, in-12.

(Le volume de figures manque.)

* Remarques pratiques sur le ténia. Par M. CUSSON fils. — (V. n° 881, *Mém. de la Soc. des sciences de Montpellier.*)

17°. — Intoxication et Empoisonnement.

(Pas d'ouvrage spécial.)

B. — *Pathologie et Clinique chirurgicales.*

1°. — Préliminaires, Généralités et Mélanges.

a. — Introduction. Dictionnaires.

2197. — De la méthode analytique en chirurgie. Discours prononcé le 13 avril 1841 à la distribution des prix du Val-de-Grâce [hôpital militaire de perfectionnement]. Par le Dr Hippolyte LARREY fils,... — *Paris, impr. Moquet et compagnie,* 1841, in-8 de 39 pages.

* Dictionnaire portatif de chirurgie... Par M. SUE le jeune,... — (V. *n*° 2074.)

2198. — Dictionnaire portatif de chirurgie... Par M. SUE le jeune. Nouvelle édition. — In-8.

(Le frontispice manque.)

b. — Œuvres de Chirurgiens.

2199. — Œuvres complètes de Jean-Louis PETIT,... (publiées par J.-B. PIGNÉ, et précédées de son Eloge, par M. LOUIS). — (*Limoges, impr. de F. Chapoulaud*), 1837, in-8.

(Le faux-titre porte : « Bibliothèque chirurgicale, auteurs français, I ».)

2200. — Aphorismes de chirurgie d'Herman BOER-HAAVE,... commentés par monsieur VAN-SWIETEN, traduits de latin en français (par LOUIS et DE VILLERS). — *Paris, veuve Cavelier et fils,* 1753-65, 6 vol. in-12.

(Il manque le T. I.)

c. — Traités généraux de Pathologie et de Clinique chirurgicales.

2201. — La chirurgie complète, par demandes et par réponses... Par M. LE CLERC,... Nouvelle édition, revue, corrigée et augmentée de l'opération des accouchements, de l'onguent de la mère Thècle, du stirax ; d'une Intro-duction à la botanique, et de quelques modèles de rapports en chirurgie. — *Paris, Charles-Maurice d'Houry,* 1720, in-12.

2202. — Cours de chirurgie dicté aux écoles de méde-cine de Paris. Par M. Elie COL DE VILARS,... — *Paris, Jacques Rollin,* 1759, 6 vol. in-12.

(Le T. VI porte au frontispice : « Dictionnaire français-latin des termes de médecine et de chirurgie, avec leur définition, leur division et étymologie... ».)

2203. — Cours de pathologie et de thérapeutique chirurgicales. Troisième édition, augmentée de remarques et observations importantes. Par Prudent HÉVIN,... — *Paris, Méquignon l'aîné*, 1793, 2 vol. in-8.

(Portrait de l'auteur.)

2204. — Principes de chirurgie. Par M. George DE LA FAYE,... Dixième édition, corrigée et augmentée; avec une Table des matières. — *Paris, Bossange, Masson et Besson, an 5e* [1797], in-12.

2205. — Nosographie chirurgicale, ou Nouveaux éléments de pathologie. Par M. le chevalier RICHERAND,... Quatrième édition, revue, corrigée et augmentée. — *Paris, Caille et Ravier*, 1815, 2 vol. in-8.

(Les T. I et IV seulement. Il manque les T. II et III.)

2206. — Traité des maladies chirurgicales et des opérations qui leur conviennent. Par le baron BOYER, membre de l'Institut, de l'Académie royale de médecine, et de la Légion-d'Honneur, professeur de chirurgie pratique à la Faculté de médecine de Paris, chirurgien en chef de l'hôpital de la Charité, premier chirurgien de l'empereur Napoléon, chirurgien consultant des rois Louis XVIII, Charles X et Louis-Philippe Ier, membre de plusieurs sociétés savantes, nationales et étrangères. Cinquième édition, publiée par le baron Philippe BOYER,... — *Paris, Labé*, 1844-53, 7 vol. in-8.

(L'ouvrage est précédé d'une Notice sur la vie et les œuvres de Boyer.)

2207. — Traité de chirurgie. Par M.-J. CHÉLIUS,... Traduit de l'allemand par J.-B. PIGNÉ, interne des hôpitaux civils de Paris. = *Paris, J.-B. Baillière* (*Limoges, impr. F. Chapoulaud*), 1835-36, 2 vol. in-8.

(M. Jean-Baptiste Pigné, docteur en médecine, est né à Limoges le 29 octobre 1809. Indépendamment de la traduction ci-dessus, il a traduit de l'allemand le « Manuel d'accouchement de Naegelé ». (V. no 2238.) Il a encore publié les « Œuvres de Jean-Louis-Petit » (V. no 2199), les « Annales de l'anatomie et de la physiologie pathologiques », et, avec M. Alphonse Bardinet, et sous la direction de L.-J. Sanson, les « Leçons sur les maladies des yeux » faites par ce professeur à l'hôpital de la Pitié (1re partie, cataractes, 1838, in-8).

2208. — Leçons orales de clinique chirurgicale, faites à l'Hôtel-Dieu de Paris par M. le baron DUPUYTREN, chirurgien en chef; recueillies et publiées par MM. les docteurs BRIERRE DE BOISMONT et MARX. Deuxième édition, entièrement refondue. — *Paris, Germer Baillière*, 1839, 6 vol. in-8.

(L'ouvrage est précédé d'une Notice historique sur Guillaume Dupuytren, né à Pierre-Buffière (Haute-Vienne) le 5 octobre 1777, mort à Paris le 8 février 1835. On trouvera dans cette notice la bibliographie de ses œuvres. V., pour les détails sur sa vie, DuBoys, *Biographie limousine*, et l'article de M. le docteur Bardinet inséré dans la *Galerie des personnages célèbres du Limousin*.)

2209. — Traité de pathologie externe et de médecine opératoire; avec des résumés d'anatomie des tissus et des régions. Par Aug. VIDAL [DE CASSIS],... Quatrième édition, revue, corrigée et augmentée, illustrée de 600 figures intercalées dans le texte. — *Paris, J.-B. Baillière*, 1855, 5 vol. in-8.

2210. — Eléments de pathologie chirurgicale. Par A. NÉLATON,... — *Paris, Germer Baillière*, 1844-59, 5 vol. in-8.

2211. — Manuel de pathologie et de clinique chirurgicales. Par A. JAMAIN,... — *Paris, Germer Baillière*, 1859, 2 vol. grand in-18.

2212. — Traité élémentaire de pathologie externe. Par E. FOLLIN. — *Paris, Victor Masson et fils*, 1861-186., in-8.

(T. Ier. — En publication.)

d. — Anatomie chirurgicale.

2213. — Manuel d'anatomie chirurgicale générale et topographique. Par A. VELPEAU,... et B.-J. BÉRAUD,... Deuxième édition, entièrement refondue. — *Paris, Germer Baillière*, 1862, grand in-18.

2214. — Traité d'anatomie chirurgicale, ou de l'anatomie dans ses rapports avec la pathologie externe et la médecine opératoire. Par J.-F. JARJAVAY,... — *Paris, Labé*, 1852-54, 2 vol. in-8.

2215. — Traité pratique d'anatomie médico-chirurgicale. Par A. RICHET,... Avec 4 planches sur acier et 64 figures intercalées dans le texte ; dessinées par Léveillé, gravées par MM. Badoureau et Davesne. Deuxième édition, revue et considérablement augmentée. — *Paris, F. Chamerot*, 1860, in-8.

e. — Mélanges de Chirurgie.

2216. — (In-8 contenant :)

1°. — Considérations générales, pratiques et théoriques sur la régénération partielle et locale des os du corps humain. Par Barthélemy VIGAROUS. — Mémoire sur les coupes osseuses. — Mémoire sur les hernies entérocèles étranglées, et sur la connaissance des signes qui indiquent le temps où l'on peut en faire l'opération avec succès. Par le même.

(Le frontispice et les vingt premières pages manquent. La pagination suit d'un mémoire à l'autre.)

2°. — Instruction en forme de catéchisme sur une espèce de toux appelée croup, qui attaque spécialement les enfants depuis leur naissance jusqu'à l'âge de douze ans. — 7 pages.

3°. — Lettre d'un ancien professeur de médecine à la Faculté de Paris à M. Vandermonde,... pour servir de réponse à la Lettre d'un médecin de Paris. Cette lettre fait la troisième pièce d'un écrit intitulé « Recueil de plusieurs pièces concernant le traité des tumeurs et ulcères, etc. » — *Amsterdam*, et *Paris, Vincent*, 1759, 29 pages.

4°. — Gabriel VILLETTE,... se faisant un plaisir comme un devoir de donner une grande publicité aux médicaments de sa composition contre la goutte et les rhumatismes [dont un entre autres a toute l'identité du topique-Pradier...], s'empresse d'en faire part à MM. les médecins, chirurgiens... — (A la fin :) *Paris, impr. de Moreaux* (s. d.), 29 pages.

5°. — Manière de prévenir et guérir les maladies des gencives et des dents, par feu LEROY DE LA FAUDIGNÈRE,... précédée d'un Avis sur son élixir odontalgique... — *Paris, impr. de Belin*, 1806, 48 pages.

6°. — Recueil de pièces justificatives, compétentes, officielles, légales et authentiques, relatives à l'efficacité et à la sûreté du spécifique anti-psorique de Joseph METTEMBERG,... — *Paris, l'auteur, an* IX, 76 pages.

2217. — Collection de thèses médico-chirurgicales sur les points les plus importants de la chirurgie théorique et pratique; recueillies et publiées par M. le baron DE HALLER, et rédigées en français par M. *** (MACQUART). — *Paris, Vincent,* 1757-60, 5 vol. in-12.

2218. — Recueil des pièces qui ont concouru pour le prix de l'Académie de chirurgie. — *Paris, P.-Al. Le Prieur,* 1759, 3 vol. in-12.

(Il manque les cinq premiers volumes.)

2219. — Mémoires sur les sujets proposés pour les prix de l'Académie royale de chirurgie. Nouvelle édition avec notes. — *Paris, Ménard et Desenne fils,* 1819, 4 vol. in-8.

(Les T. I-III et la seconde partie du T. IV. — Il manque la 1re partie du T. IV et les 8 derniers volumes.)

2°. — Traités spéciaux de Pathologie chirurgicale.

Maladies générales : inflammations, phlegmons, abcès, plaies, ulcères, brûlure, gangrène, cancers, tumeurs.

2220. — Observations sur la nature et sur le traitement de la rage, suivies d'un précis historique et critique des divers remèdes qui ont été employés jusqu'ici contre cette maladie. Par M. PORTAL,... — *Yverdun,* 1779, in-12.

* Hieronymi CRASSI Vtinensis,... tractatvs De Tumoribus præter naturam, De Solutione continui, De Vlceribus. — *Venetiis, apud Iordanum Ziletum,* M. D. LXII, in-4. — (V. n° 2058)

2221. — Traité théorique et pratique des ulcères. Par M. BELL,... Traduit de l'anglais sur la septième édition donnée en 1804; augmenté de notes, de recherches sur la teigne, et d'observations nouvelles sur les tumeurs blanches des articulations; par Ed.-Fr.-M. BOSQUILLON,...

Troisième traduction française. — *Paris, Théophile Barrois père, an* xi=[1803], in-8.

Maladies des tissus et des systèmes organiques.

2222. — Le périoste et ses maladies. Par J.-G. MAISON-NEUVE [de Nantes],... — *Paris, Labé,* 1839, in-8.

2223. — Traité des fractures et des luxations. Par J.-F. MALGAIGNE,... Avec un atlas... dessiné d'après nature par M. Delahaye. — *Paris, J.-B. Baillière,* 1847-55, 2 vol. in-8. avec atlas in-fol.

* Guilhelmi MUSGRAVE,... De arthritide. — (V. *n°* 2077.)

2224. — Considérations générales sur la régénération des parties molles du corps humain. Par M. H. KÜHNHOLTZ,... — *Montpellier, Louis Castel, et Paris, J.-B. Baillière,* 1841, in-8 de 88 pages.

2225. — Traité pratique des maladies de la peau. Par Alph. DEVERGIE,... Deuxième édition, considérablement augmentée. Ouvrage accompagné de planches coloriées. — *Paris, Victor Masson,* 1857, in-8.

2226. — Traité pratique d'entomologie et de pathologie comparées de la psore ou gale de l'homme et des animaux domestiques. Par O. DELAFOND,... H. BOURGUI-GNON,... Ouvrage couronné par l'Institut. — *Paris, impr. imp.,* 1862, in-4.

Maladies des régions, des appareils et des organes.

2227. — Remarques et observations sur les fractures du crâne, sur la fracture indirecte du corps de la première vertèbre lombaire et sur la flexion permanente, par refoulement, de l'os radius chez l'adulte. Par F.-S.-J. PINGRENON,... Deuxième édition. — *Paris, impr. d'Alphonse Aubry et C°,* 1860, in-8 de 86 pages.

2228. — Traité des maladies du sein et de la région mammaire. Par A. VELPEAU,... Deuxième édition. — *Paris, Victor Masson*, 1858, in-8.

2229. — Traité pratique des maladies du testicule, du cordon spermatique et du scrotum ; avec de nombreuses figures. Par T.-B. CURLING,... Traduit de l'anglais sur la deuxième édition, avec des additions et des notes, par L. GOSSELIN,... — *Paris, Labé*, 1857, in-8.

2230. — De la fracture du col du fémur, étudiée spécialement sous le point de vue de l'anatomie pathologique ; dissertation suivie de quelques observations de plaies de la tête, de la poitrine, du ventre, etc.; et de propositions sur divers points de médecine. Par E. CHASSAIGNAC,... — *Paris, Béchet jeune*, 1835, in-8 de 95 pages.

C. — Pathologie et Clinique obstétricales.

2231. — L'art des accouchements. Par J.-L. BAUDELOCQUE,... Troisième édition... — *Paris, Méquignon l'aîné*, 1796, 2 vol. in-8.

2232. — Nouveaux éléments de la science et de l'art des accouchements. Seconde édition... augmentée du Traité des maladies des femmes et des enfants. Par J.-P. MAYGRIER,... — *Paris, de Pelafol*, 1817, 2 vol. in-8.

2233. — Manuel de l'accoucheur, ou Aphorismes sur l'application et l'emploi du forceps et du levier, et sur les accouchements en général. Par Th. DENMAN et André BLAKE,... Traduit de l'anglais par A.-F.-T. JOUENNE,... — *Paris, Lugan* (et autres), 1824, in-18.

2234. — Traité pratique des accouchements. Par F.-J. MOREAU,... — *Paris, Germer Baillière*, 1837-1841, 2 vol. in-8 avec atlas in-fol.

L'atlas est de 1837.

2235. — Traité théorique et pratique de l'art des accouchements... Par P. CAZEAUX,... Troisième édition... — *Paris, F. Chamerot,* 1850, in-8.

(Le frontispice et les premières feuilles manquent.

2236. — Traité théorique et pratique de l'art des accouchements, comprenant l'histoire des maladies qui peuvent se manifester pendant la grossesse et le travail, l'indication des soins à donner à l'enfant depuis la naissance jusqu'à l'époque du sevrage. Par P. CAZEAUX,... Sixième édition, avec 4 planches sur acier et 136 figures intercalées dans le texte, dessinées par Léveillé, gravées sur bois par Badoureau. — *Paris, F. Chamerot,* 1858, in-8.

2237. — Traité pratique de l'art des accouchements. Par CHAILLY-HONORÉ,... Troisième édition... accompagnée de 275 figures intercalées dans le texte... — *Paris, J.-B. Baillière,* 1853, in-8.

2238. — Manuel d'accouchements à l'usage des sages-femmes. Par F.-C. NAEGELÉ,... Traduit de l'allemand par J.-B. PIGNÉ. — *Paris, Vᵉ Hildebrand,* 1844, in-12.

2239. — Mémoires de médecine et de chirurgie pratique sur plusieurs maladies et accidents graves qui peuvent compliquer la grossesse, la parturition et la couche; précédés d'un Compte-rendu analytique des maladies observées à l'hospice de la Charité de Lyon pendant un exercice de sept années. Par le docteur MARTIN le jeune,... — *Paris, J.-B. Baillière,* 1835, in-8.

2240. — La fièvre puerpérale devant le Congrès scientifique de 1859. Par J.-F. LABORDERIE, docteur médecin de la Faculté de Paris. — *Limoges, Ducourtieux et Cⁱᵉ, impr.,* 1859, in-8.

CHAPITRE V. — *Thérapeutique.*

§ 1er. — TRAITÉS GÉNÉRAUX ET MÉLANGES DE THÉRAPEUTIQUE MÉDICALE ET CHIRURGICALE. — SECRETS DE MÉDECINE.

2241. — Claudij GALENI Pergameni de ratione cvrandi ad Glauconem libri duo, interprete Martino ACAKIA Catalaunensi,... Eivsdem interpretis in eosdem libros Commentarij. — *Parisiis Apud Simonem Colinœum,* 1538, in-4.

* Traité d'HIPPOCRATE du régime dans les maladies aiguës... traduit... par M. le chevalier DE MERCY,... — (V. *n*° 1925-3°.)

2242. — Traité des maladies les plus fréquentes et des remèdes propres à les guérir. Nouvelle édition. Par M. HELVÉTIUS,... — *Paris, Le Mercier,* 1739, 2 vol. in-12.

2243. — Même ouvrage. Nouvelle édition. — *Paris, veuve Le Mercier,* 1740, 2 vol. in-12.

2244. — Recueil des méthodes approuvées des écoles de médecine pour la guérison des plus dangereuses maladies qui attaquent le corps humain, telles que sont la vérole, par les frictions et les sueurs, et autres infirmités autant pernicieuses à la vie de l'homme. Par monsieur HELVÉTIUS,... Avec l'art de sucer les plaies sans se servir de la bouche de l'homme, et une instruction au sujet d'un remède spécifique pour prévenir certaines maladies vénériennes, nouvellement inventé. Par le sieur Dominique ANEL. Avec les figures nécessaires. — *Trévoux,* 1720, in-12.

(Le T. I seulement.)

2245. — Johannis ASTRUC,... tractatus thérapeuticus. Editio secunda. — *Genevæ, apud fratres Cramer et Cl. Philibert,* 1750, in-8.

2246. — Avis au peuple sur sa santé. Par M. TISSOT,... Nouvelle édition, conforme à la seconde originale, à laquelle on a joint la traduction de la Préface allemande de M. Hirzel, et des notes par M. ***, D. M. — *Lyon, Jean-Marie Bruyset, et Benoît Duplain le jeune,* 1764, 2 vol. in-12.

2247. — Même ouvrage. Septième édition originale, revue et augmentée par l'auteur. — *Lausanne, Franç. Grasset et comp.,* 1777, 2 vol. in-12.

2248. — Médecine domestique, ou Traité complet des moyens de se conserver en santé, de guérir et de prévenir les maladies par le régime et les remèdes simples... Par Guillaume Buchan,... Traduit de l'anglais par J.-D. Duplanil,... Nouvelle édition, d'après la seconde qui a paru à Paris depuis peu ; revue, corrigée et considérablement augmentée sur la sixième édition de Londres. — *Genève, Téron l'aîné* (et *J.-L. Pellet*), 1781-82, 7 vol. in-12.

2249. — La médecine sans médecin, ou Manuel de santé... Par Audin-Rouvière,... Troisième édition, entièrement refondue et considérablement augmentée. — *Paris, l'auteur,* 1825, in-8.

(Portrait de l'auteur.)

2250. — Même ouvrage. Onzième édition... — *Paris, l'auteur,* 1828, in-8.

(Portrait de l'auteur.)

* Traité de thérapeutique et de matière médicale. Par A. Trousseau,... et H. Pidoux. — (V. ci-après Matière médicale.)

2251. — Principes de physique rapportés à la médecine pratique, et autres traités sur cet art. Par M. Chambon,... Nouvelle édition. — *Paris, veuve Jombert,* 1711, in-12.

2252. — De secreti del R. D. Alessio, piemontese, parti quattro, nuovamente ristampati e da molti errori ricorretti. Con quattro tavole copiosissime per trovare i remedij con ogni facilità. — *In Venetia*, 1666, *appresso Valentino Mortali*, in-8.

2253. — Recueil de recettes, où est expliquée la manière de guérir à peu de frais toutes sortes de maux, tant internes qu'externes, invétérés, et qui ont passé jusqu'à présent pour incurables. Divisé en deux parties. Le tout a été expérimenté par les charitables soins de madame Fou-QUET. — *Lyon, Pierre Dufournet* (s. d.), in-12.

2254. — Recueil de remèdes faciles et domestiques... recueillis par les ordres charitables d'une illustre et pieuse dame (Mme FOUQUET) pour soulager les pauvres malades. Seconde édition, augmentée de quantité de secrets, corrigée et mise dans un meilleur ordre que les impressions précédentes... — *Dijon, Jean Ressayre*, 1679, in-12.

2255. — Le médecin désintéressé, où l'on trouvera l'élite de plusieurs remèdes infaillibles, très-expérimentés et à peu de frais. Le tout recueilli par les soins d'un docteur en médecine... — *Paris, Pierre Aubouyn, Pierre Emery, et Charles Clouzier*, 1695, in-12.

2256. — La médecine et la chirurgie des pauvres, qui contiennent des remèdes choisis, faciles à préparer et sans dépense, pour la plupart des maladies internes et externes qui attaquent le corps humain. Par *** (dom Nicolas ALEXANDRE). — *Paris, Laurent Le Conte*, 1714, in-12.

2257. — Même ouvrage. Nouvelle édition, corrigée et augmentée par ***. — *Rouen, veuve Pierre Dumesnil et fils*, an XI=1803, in-12.

2258. — Nouveau recueil de remèdes pour toutes sortes de maladies, par ordre alphabétique... Par M. NAUDIÉ,... — *Paris, d'Houry père, et Laurent d'Houry fils*, 1745, 2 vol. in-12.

§ 2. — THÉRAPEUTIQUE SPÉCIALE.

A. — Thérapeutique médicale.

Généralités. — Méthodes thérapeutiques.

2259. — Médecine expectante. Par C. VITET,... — *Lyon, Amable Leroy, an* XI=[1803], 5 vol. in-8.

2260. — Recherches sur la manière d'agir de la saignée et sur les effets qu'elle produit relativement à la partie où on la fait. Par M. DAVID. Seconde édition, revue et corrigée. — *Paris, Vallat-La-Chapelle,* 1763, in-12.

2261. — Exposition de la méthode purgative, précédée de Considérations générales sur l'état de la médecine, contenant une esquisse rapide des doctrines les plus modernes. Par A. SIGNORET,... — *Paris, l'auteur,* 1841, grand in-18.

(Portrait de l'auteur.)

2262. — La médecine et la loi de l'attraction universelle; suivies des biographies de Hahnemann et de des Gvidi, avec portraits. Par le docteur F. PERRUSSEL,... Seconde édition. — *Paris, Baillière,* 1847, in-8.

(La couverture imprimée sert de titre.)

2263. — Discours sur l'évolution des forces vitales dans la nature. Par M. Ch. DES MOULINS,... — *Bordeaux, Gounouilhou,* 1852, in-8 de 32 pages.

Traitement des maladies chroniques.

2264. — Supériorité du traitement naturel, surtout dans

les maladies chroniques, telles que la gastrite, les affections nerveuses, etc., ou Véritable médication de ces maladies, prouvée par des succès nombreux obtenus par Louis-Victor BENECH,... — Cinquième édition, contenant une nouvelle série de succès les plus importants et une foule d'adresses de personnes guéries. — *Paris, l'auteur,* (s. d.), in-18 de 88 pages.

(La couverture imprimée sert de titre.)

2265. — Traité sur la nature et la guérison des maladies chroniques, des dartres, des écrouelles et des maladies syphilitiques, par l'emploi d'une nouvelle méthode végétale, dépurative et rafraîchissante. Description et traitement de toutes les affections chroniques de la tête, de la poitrine, du ventre et du système nerveux; étude des tempéraments; conseils sur l'éducation physique et morale de l'enfance; conseils à la vieillesse; de l'âge critique, des affections laiteuses et des maladies héréditaires. Par le docteur BELLIOL. Précédé du Rapport d'une commission de quatre docteurs de la Faculté de médecine de Paris, constatant la supériorité de cette nouvelle méthode sur toutes celles employées jusqu'à ce jour. Neuvième édition. — *Paris, Baillière,* 1841, in-8.

2266. — Considérations générales sur l'histoire de la médecine et sur le traitement des maladies chroniques et des maladies nerveuses. Par le Dr PINEL DE GOLLÉVILLE. — *Paris, Just Rouvier,* 1842, in-8.

2267. — Méthode curative externe des douleurs rhumatismales, goutteuses, nerveuses; des maladies lymphatiques, et des viscéralgies, affections nerveuses des viscères, confondues avec les phlegmasies chroniques et les lésions organiques, telles que la gastrite, l'entérite, l'hypochondrie, etc. Diachirismos de médicaments simples. Par le docteur C.-J.-B. COMET,... Huitième édition... — *Paris, l'auteur,* 1842, in-8.

2268. — Même ouvrage. Neuvième édition... — *Paris, l'auteur,* 1845, in-8.

2269. — Observations pratiques sur la déviation de la taille, la déformation des membres, et l'emploi d'un traitement simple et naturel pour la guérison des maladies lymphatiques. Par le docteur COMET,... — *Paris, l'auteur* (s. d.), in-8 de 45 pages.

2270. — De la virilité, des causes de son déclin préma-turé, et instructions pour en obtenir le parfait rétablisse-ment... Suivi de remarques sur le traitement de la syphilis, de la gonorrhée et de la blennorrhagie; illustré par des observations, etc. Par J.-L. CURTIS et compagnie.... Trente-huitième édition. — *Paris, Charpentier,* 1848, in-16.

Diathèses et Cachexies.

2271. — Remède nouveau contre les maladies véné-riennes, tiré du règne animal, ou Essai sur la vertu anti-vénérienne des alkalis volatils; dans lequel on expose la méthode d'administrer ces sels; avec des réflexions et des observations critiques tendantes à perfectionner les autres méthodes. Par B. PEYRILHE,... — *Paris, Didot le jeune,* 1774, in-12.

2272. — Observations sur les effets du rob anti-syphi-litique du sieur LAFFECTEUR. — (A la fin :) *Paris, impr. de Ph.-D. Pierres,* 1783, in-8 de 62 pages.

2273. — Considérations pratiques sur les maladies scro-fuleuses et leur traitement par les préparations d'or. Par le docteur DUHAMEL,... — *Paris, J.-B. Baillière,* 1839, in-8.

2274. — Curabilité de la phthisie et des scrofules, ap-puyée sur des preuves authentiques. Par A.-M. BUREAUD-RIOFREY,... — *Paris, Germer Baillière,* 1847, in-8.

Épidémies.

2275. — Choléra-morbus. Premiers secours à donner aux cholériques avant l'arrivée du médecin; précédés d'une indication précise des signes de la maladie, et suivis d'un exposé simple et rapide des moyens hygiéniques et prophylactiques qui peuvent empêcher son invasion. Par le docteur Foy. — *Paris, Germer Baillière,* 1849, in-12 de 72 pages.

Maladies pouvant affecter plusieurs systèmes de l'économie.

(Fièvres, inflammations, hémorrhagies, hydropisies.)

* Methodus curandi febres, tvmoresqve praeter natvram, Ex Græcorum placitis deprompta... DOMINICO LEONO LVNENSI de Zvccano avtore. — *Bononiae, Ex Officina Ioannis Rubei,* 1562, in-4. — (V. *n°* 2058.)

2276. — La connaissance certaine et la prompte et facile guérison des fièvres ; avec des particularités curieuses et utiles sur le remède anglais, qui a été publié par ordre du roi dans le deuxième Extraordinaire. Par Nicolas DE BLEGNY,... — *Paris, l'auteur, et veuve d'Antoine Padeloup,* 1682, in-12.

* Jodoci Lommi,... de curandis febribus continuis liber. — (V. *n°* 2111.)

2277. — Nouveau mode de traitement des maladies périodiques, fièvres d'accès, névroses, névralgies, etc. Par le docteur V. BAUD, de Bourganeuf [Creuse], ex-chirurgien en chef de l'hôpital civil d'Alger, etc. — *Paris, J.-B. Baillière,* 1850, in-8 de 80 pages.

Maladies propres aux différents appareils de l'économie.

a. — Maladies de l'appareil digestif.

(Pas d'ouvrage spécial)

b. — Maladies de l'appareil circulatoire.

(Pas d'ouvrage spécial.)

c. — Maladies de l'appareil respiratoire.

(Pas d'ouvrage spécial.)

d. = Maladies du système lymphatique.

(Pas d'ouvrage spécial.)

e. — Maladies du tissu cellulaire.

(Pas d'ouvrage spécial.)

f. — Maladies du système séreux.

(Pas d'ouvrage spécial.)

g. — Maladies du système nerveux.

2278. — De l'état actuel du traitement de la folie en France. Par le docteur BLANCHE,... [à propos du dernier ouvrage de M. Leuret]. — *Paris, A. Gardenbas,* 1840, in-8 de 67 pages.

* Rapport présenté au conseil général du département de l'Eure, dans sa session de 1839, au nom de la commission des aliénés. Par M. LEFEBVRE-DURUFLÉ. — *Evreux,* 1839, in-8. — (V. HISTOIRE, *n°* 1282.)

h. — Maladies du système musculaire.

(Pas d'ouvrage spécial.)

i. — Maladies de l'appareil tégumentaire.

(Pas d'ouvrage spécial.)

j. = Maladies de l'appareil génito-urinaire.

(Pas d'ouvrage spécial.)

Intoxication, Empoisonnement.

2279. — Secours à donner aux personnes empoisonnées ou asphyxiées ; suivis des moyens propres à reconnaître les poisons et les vins frelatés, et à distinguer la mort réelle de la mort apparente. Par M.-P. ORFILA,... — *Paris, l'auteur, Crochard,* et *Desoer,* 1818, in-12.

2280. — Contre-poisons de l'arsenic, du sublimé corrosif, du vert-de-gris et du plomb ; suivis de trois Dissertations intitulées : la première, Recherches médico-chimiques sur différents moyens de dissoudre le mercure, etc.; la seconde, Exposition de différents moyens d'unir le mercure au fer, etc.; la troisième, Nouvelles observations sur l'éther, etc. Par M. Pierre-Toussaint NAVIER,... — *Paris, veuve Méquignon et fils, et Didot le jeune,* 1777, 2 vol. in-12.

2281. — Nouvelle méthode de traitement de l'empoisonnement par l'arsenic, et documents médico-légaux sur cet empoisonnement. Par M. ROGNETTA,... Suivis de la Déposition de M. RASPAIL devant la cour d'assises de Dijon. — *Paris, Gardenbas,* 1840, in-8.

2282. — Des secours à donner dans les différents cas d'empoisonnements, de piqûres et de morsures venimeuses, et dans les différentes espèces d'asphyxies... Par A.-D. LECONTE,... — *Chez l'auteur, Paris, Jeulin, et Just Rouvier,* 1840, in-12.

Maladies locales.

(Pas d'ouvrage spécial.)

B. — Thérapeutique chirurgicale.

1°. — Traités généraux.

2283. — Œuvres de chirurgie de Mᵣ GOULARD,... — *Pézenas, et Montpellier, veuve Gontier, et Faure,* 1767, 2 vol. in-12.

2284. — Précis de la chirurgie pratique, où l'on donne d'après les plus grands maîtres la plus sûre méthode d'opérer ; avec des observations et réflexions sur la conduite que les praticiens doivent suivre dans les maladies les plus importantes. Par M. F***. — *Avignon, François-Barthélemy Mérande,* 1766, 2 vol. in-12.

2285. — Cours complet de chirurgie théorique et pratique. Par Benjamin BELL,... Traduit de l'anglais, sur la

quatrième et dernière édition, par Ed. BOSQUILLON,...
Avec quatre-vingt-dix-neuf planches. — *Paris, Théophile Barrois le jeune, an* IV [1796], 6 vol. in-8.

2286. — De la médecine opératoire, ou Des opérations de chirurgie qui se pratiquent le plus fréquemment. Par le C^{en} SABATIER,... — *Paris, impr. de Didot le jeune*, 1796, 3 vol. in-8.

2287. — Précis de médecine opératoire. Par J. LISFRANC. — *Paris, Béchet jeune*, 1845-46, in-8.

(Le T. Ier et les trois premières livraisons du T. II, formant ensemble les huit premières livraisons. — Ouvrage interrompu par la mort de l'auteur. L'ouvrage a 3 vol. M. Jobert de Lamballe a fait paraître le T. III en 1848.)

2288. — Manuel de médecine opératoire. Par J.-F. MALGAIGNE,... Septième édition, entièrement refondue. — *Paris, Germer Baillière*, 1861, grand in-18.

2289. — Traité clinique et pratique des opérations chirurgicales, ou Traité de thérapeutique chirurgicale. Par E. CHASSAIGNAC,... — *Paris, Victor Masson et fils*, 1861-62, 2 vol. in-8.

2°. — Pansements et Opérations en général.

* Recherches sur la manière d'agir de la saignée... Par M. DAVID. — (V. *n°* 2260.)

2290. — Lettre sur l'introduction de l'air dans les veines. Par A. VELPEAU. — (A la fin :) (*Paris*), *impr. de Félix Malteste* (s. d.), in-8 de 28 pages.

(Extrait de la *Gazette médicale de Paris*.)

2291. — Mémoires sur l'électro-puncture, considérée comme moyen nouveau de traiter efficacement la goutte, les rhumatismes et les affections nerveuses, et sur l'emploi du moxa japonais en France ; suivis d'un traité de l'acupuncture et du moxa, principaux moyens curatifs chez les peuples de la Chine, de la Corée et du Japon ;

ornés de figures japonaises. Par le chevalier SARLANDIÈRE.
— *Paris, l'auteur, et M*^{lle} *Delaunay,* 1825, in-8.

2292. — Méthode d'éthérisation par le chloroforme et
l'éther sulfurique, expliquant les différentes causes des
insuccès et des accidents nerveux qui se manifestent
quelquefois pendant l'éthérisation. Moyens à employer
pour prévenir ces accidents. Par A. DELABARRE fils,... —
Paris, l'auteur, et Victor Masson, 1847, in-8 de 40 pages.

3°. — Méthodes et Procédés opératoires.

(Pas d'ouvrage spécial.)

4°. — Traités particuliers de Thérapeutique chirurgicale.

*a. — Opérations qui intéressent spécialement les téguments et les
couches sous-jacentes.*

2293. — Manuel du chirurgien d'armée, ou Instruction
de chirurgie militaire sur le traitement des plaies et spécialement de celles d'armes à feu; avec la méthode
d'extraire de ces plaies les corps étrangers, et la description d'un nouvel instrument propre à cet usage... Par
M. PERCY,... On y a joint un recueil de mémoires et
d'observations sur le même sujet, puisés dans les meilleures sources ou fournies par les praticiens les plus
célèbres. Avec figures en taille-douce. — *Paris, Méquignon
l'aîné,* 1792, in-12.

2294. — Nouveau mode de pansement des plaies et
blessures, suivi de diverses observations médico-chirurgicales. Par Adrien SICARD,... — *Paris, Baillière, et Lyon,
Marseille, Montpellier,* 1840, in-8.

2295. — Mémoire sur une méthode particulière d'appliquer la cautérisation aux divisions anormales de
certains organes et spécialement à celles du voile du
palais; lu à l'Académie des sciences, dans sa séance du
26 février 1855, par M. Jules CLOQUET. — (*Paris, impr. de
Thunot et C*^e), in-8 de 16 pages.

* Observations sur la nature et sur le traitement de la rage... Par M. PORTAL ,... — (V. n° 2220.)

b. — Opérations qui se pratiquent sur les muscles et leurs dépendances.

2296. — Essais sur la méthode sous-cutanée, comprenant deux mémoires sur les plaies sous-cutanées en général et sur les plaies sous-cutanées des articulations ; précédés d'une Introduction historique sur l'origine et la constitution de cette méthode. Par le docteur Jules GUÉRIN ,... — *Paris, au bureau de la* Gazette médicale, 1844, in-8.

2297. — Rapport adressé à monsieur le délégué du Gouvernement provisoire sur les traitements orthopédiques de M. le docteur Jules GUÉRIN, à l'Hôpital des enfants, pendant les années 1843, 1844 et 1845, par une commission composée de MM. Blandin, P. Dubois, Jobert, Louis, Rayer et Serres. Président M. Orfila. — *Paris, au bureau de la* Gazette médicale, 1848, in-4.

c. — Opérations qui se pratiquent sur les os.

(Pas d'ouvrage spécial.)

d. — Opérations qui se pratiquent sur les artères.

2298. — Mémoire sur la ligature des artères dans les hémorrhagies consécutives. Par M. COURTIN ,... — (*Paris, impr. de Thunot et C*ie), in-8 de 25 pages.

(Extrait de la *Gazette médicale de Paris.*)

e. — Opérations qui se pratiquent sur les veines.

(Pas d'ouvrage spécial.)

f. — Opérations qui se pratiquent sur les ganglions lymphatiques.

(Pas d'ouvrage spécial.)

g. — Opérations qui se pratiquent sur les nerfs.

(Pas d'ouvrage spécial.)

h. — Opérations locales.

Opérations qui se pratiquent sur le crâne.

(Pas d'ouvrage spécial.)

Opérations qui intéressent l'appareil visuel.

(Pas d'ouvrage spécial.)

Opérations qui intéressent l'appareil auditif.

(Pas d'ouvrage spécial.)

Opérations qui intéressent l'appareil olfactif.

(Pas d'ouvrage spécial.)

*Opérations qui intéressent la bouche et ses dépendances. — Art
du dentiste.*

2299. — Nouveaux éléments d'odontologie, contenant
l'anatomie de la bouche, ou la description de toutes les
parties qui la composent, et de leur usage; et la pratique
abrégée du dentiste, avec plusieurs observations. Par
M. Lecluse,... — *Paris, Delaguette,* 1754, in-12.

2300. — Nouveau traité théorique et pratique de l'art
du dentiste. Par J. Lefoulon,... Avec cent trente figures
sur bois, gravées par Badoureau. — *Paris, Chamerot,* et
Fortin, Masson et Cie, 1841, in-8.

Opérations qui se pratiquent sur le cou.

(Pas d'ouvrage spécial.)

Opérations qui se pratiquent sur la poitrine.

(Pas d'ouvrage spécial.)

Opérations qui se pratiquent sur l'abdomen.

2301. — Guérison des hernies, ou Traité des hernies et

des principaux traitements les plus prompts et les plus sûrs jusque-là employés pour en obtenir la guérison radicale. Ouvrage destiné aux personnes étrangères à l'art de guérir. Par L. BOUIS DU PUGET,... — *Paris, l'auteur,* 1841, in-8 de 79 pages.

Opérations qui se pratiquent sur les organes urinaires des deux sexes.

2502. — Composition du remède de M. DARAN ,... remède qu'il pratique avec succès depuis cinquante ans pour la guérison des difficultés d'uriner et les causes qui les produisent; publiée par lui-même; précédée d'une Préface... suivie d'un Discours sur la théorie des maladies de l'urèthre, des preuves qui constatent l'efficacité du remède qui les guérit, des moyens de faire connaître le mal même aux personnes qui en sont attaquées. Troisième édition... Avec figures. — *Paris, Didot le jeune,* et *l'auteur,* 1783 , in-12.

2503. — Traité de l'opération de la taille , ou Mémoires anatomiques et chirurgicaux sur les différentes méthodes employées pour pratiquer cette opération. Par Ant. SCARPA,... Traduit de l'italien par C.-P. OLLIVIER [d'Angers],... Avec des additions et un Mémoire du traducteur sur la taille bilatérale, contenant l'exposé des diverses recherches faites sur cette nouvelle méthode, les modifications que Béclard y avait apportées, et plusieurs dessins dans lesquels il avait fait représenter des détails anatomiques importants à connaître dans l'exécution de ce procédé opératoire. Orné de sept planches. — *Paris, Gabon et compagnie,* 1826, in-8.

2504. — Lettre à l'Académie de médecine. Examen du rapport sur la question de la dissolution des calculs urinaires. Par LEROY-D'ÉTIOLLES,... — *Paris, J.-B. Baillière,* 1839, in-8 de 71 pages.

(La couverture imprimée sert de titre.)

2505. — Académie royale de médecine. — Discussion sur la taille et la lithotritie; extrait des séances des 28 septembre , 5 et 30 octobre, et 20 novembre 1847 ; précédée d'une lettre de M. le docteur CIVIALE à

M. Crampton [de Dublin]. — *Paris, décembre* 1847, in-8 de 90 pages.

Opérations qui se pratiquent sur les organes génitaux de l'homme.

2506. — Cure radicale de l'hydrocèle. Traité des maladies particulières aux hommes. Seconde édition. Par M. IMBERT DELONNES,... — *Paris, l'auteur,* 1791, in-8.

2507. — Opération de sarcocèle faite le 27 fructidor an v au C^{en} Charles Delacroix, ex-ministre des relations extérieures,... Par le C^{en} A.-B. IMBERT DELONNES,... Publié par ordre du Gouvernement. — *Paris, impr. de la République, an* VI, in-8 de 32 pages.

Opérations qui se pratiquent sur les organes génitaux de la femme.

(Pas d'ouvrage spécial.)

Opérations qui se pratiquent sur les membres.

(Pas d'ouvrage spécial.)

C. — *Thérapeutique obstétricale.*

(Pas d'ouvrage spécial.)

CHAPITRE VII. — *Pharmacologie.*

§ 1er. — GÉNÉRALITÉS ET MÉLANGES.

2508. — Cours de pharmacologie, ou Traité élémentaire d'histoire naturelle médicale, de pharmacie et de thérapeutique; suivi de l'Art de formuler. Par F. FOY,... — *Paris, Germer-Baillière,* 1831, 2 vol. in-8.

2509. — Eléments de matière médicale et de pharmacie, contenant la description botanique, zoologique et chimique, la préparation pharmaceutique, l'emploi médical et les doses des drogues simples et dès médicaments composés. Avec des considérations étendues sur l'art de formuler, et l'indication détaillée des recettes contenues dans le nouveau Codex et les principales pharmacopées françaises et étrangères. Par A. BOUCHARDAT,... — *Paris, Germer-Baillière,* 1838, in-8.

2310. — Traité de thérapeutique et de matière médicale. Par A. TROUSSEAU,... et H. PIDOUX,... Sixième édition... — *Paris, Béchet jeune,* 1858, 2 vol. in-8.

2311. — Bulletin de pharmacie, rédigé par messieurs PARMENTIER,... C.-L. CADET, L.-A. PLANCHE, P.-F.-G. BOULLAY, J.-P. BOUDET, P.-R. DESTOUCHES,... — *Paris, D. Colas,* 1809-11, 3 vol. in-8.

(Cette première série comprend 6 vol., qui ont paru de 1809 à 1814. La bibliothèque n'en possède que les trois premiers.)

§ 2. — MATIÈRE MÉDICALE.

A. — Généralités et Mélanges.

* Claudii GALENI,... De antidotis... a Ioanne GVINTERIO,... latinitate donati. Eiusdem GALENI de remedijs paratu facilibus... eodem Ioanne GVINTERIO,... interprete. — (V. *n*° 1933.)

2312. — Opus Pādectarū medicine Matthei SILUATICI nuper impressuȝ cū quottatiōib' oīuȝ auctorū in locis pprijs et cū SIMONE JANUĒSI. additis ēt nōnullis caplis simpliciū medicinarū in alijs nō repertis necnō ꞇ tractatu declarāte quantū ex solutiuis laboriosis ingrediat p singula dragma pillārū ꞇ ellāriou solutinou . necnō ꞇ tabula addita. cōpillatis p ... BAPTISTĀ SARDŪ qui p amouēdis erroribus nō paucis in ope Pandectarū comptis maxima cū diligētia opus hoc castigauit. — (A la fin :) *Explicit... impressum Nouis per Simoneȝ biui laqua Impensis... Nicolai de girardengbis. Anno...* 1512..., in-fol.

(Dictionnaire de termes de médecine et de matière médicale.)

2313. — Dictionnaire ou Traité universel des drogues

simples, où l'on trouve leurs différents noms, leur origine,
leur choix, les principes qu'elles renferment, leurs qualités, leur étymologie et tout ce qu'il y a de particulier
dans les animaux, dans les végétaux et dans les minéraux.
Ouvrage dépendant de la Pharmacopée universelle. Par
Nicolas LÉMERY,... Troisième édition; revue, corrigée et
beaucoup augmentée par l'auteur. Avec des figures en
taille-douce. — *Amsterdam, aux dépens de la compagnie,*
1716, in-4.

2314. — Physica S. HILDEGARDIS. Elementorum, Flu-
minum aliquot Germaniæ, Metallorum, Leguminum,
Fructuum, & Herbarum : Arborum, & Arbustorum :
Piscium deniq, Volatilium, & Animantium terræ naturas
& operationes. IIII. Libris mirabili experientia posteritati
tradens. ORIBASII Medici de Simplicibus libri Quinque.
THEODORI physici dieta, docens quibusnam salubriter
utendum, uel abstinendum. ESCVLAPII liber Vnus, De
Morborum, Infirmitatum, Passionūmq corporis humani
caussis, descriptionibus, & cura. Omnium Capitum Indice
copiosissimo in calce operis subscripto. — *Argentorati apud
Ioannem Schottum...* M. D. XXXIII, in-fol.

2315. — Pedanii DIOSCORIDIS Anazarbei de medica
materia Libri VI. Ioanne RVELLIO interprete. Nunc primùm studio cuiusdam uiri doctissimi ad græcum
exemplar recogniti... Vnà cum duplici Indice... —
Lvgdvni, svb scvto Coloniensi, M. D. XLIII; petit in-12.

2316. — DIOSCORIDIS libri octo graece et latine. Castiga-
tiones in eosdem libros (interprete J. RUELLIO, curante
Jacobo GOUPYLO). — *Parisiis, Apud Petrum Haultinum,*
1549, in-8.

2317. — Petri Andreæ MATTHIOLI Senensis medici,
Commentarii in sex libros Pedacii DIOSCORIDIS Anazarbei
de Medica materia, iam denvo ab ipso avtore recogniti,
et locis plvs mille avcti. Adiectis magnis, ac novis plantarum, ac animalium Iconibus, supra priores editiones
longè pluribus, ad uiuum delineatis. Accesserunt quoque
ad margines Græci contextus quàm plurimi, et antiquissimis codicibus desumpti, qui Dioscoridis ipsius deprauatam

lectionem restituunt. Cvm locvpletissimis indicibvs... —
Venetiis, Ex Officina Valgrisiana, MDLXV, in-fol.

2518. — Commentaires de M. Pierre-André MATTHIOLE
sur les six livres de Ped. DIOSCORIDE de la matiere médecinale : mis en françois sur la derniere édition latine de
l'autheur, par Jean DES MOULINS. — *Lyon, Guil. Roville,*
1578, in-fol.

(A défaut du frontispice, le titre ci-dessus a été copié sur le
catalogue d'Amiens, *no* 3507.)

   * NICANDRI Theriaca. — Nicandri Alexipharmaca.
Interprete Io. GORRŒO,... — (V. BELLES-LETTRES,
n^s 853 , 854.)

2519. — Opera divi Ioannis MESUE. Divi Ioannis
MESVE,... præclara opera... quæ non solùm quàm hactenus fuerint nuperrime castigatiora, uerùmetiam multò
locupletiora [adiectis perq̄ doctorum uirorum Commentarijs & Additionibus] reddita sunt... Accessit his quæ
præscripta sunt diligenter contextus Index... — 1541,
in-fol.

(On lit au verso du frontispice : « Inscriptiones opervm divi
Ioannis Mesuę necnon aliquot opusculorum eis adiectorum. Canones uniuérsales... Mesuę de consolatione medicinarum simplicium... cum luculentissima expositione... MUNDINI DE LENTIJS. —
CHRISTOPHORI GEORGIJ DE HONESTIS,... in antidotarium Mesuę
expositio... — Eiusdē CHRISTOPHORI Tractatulus de aqua &
ptisana ordeacea conficiēda. — Petri APONI,... in librum Ioannis
Mesuę... Additiones. — Additiones... MICHAELIS A CAPELLA,... in
Antidotarium... Mesuę. — Additiones... FRANCISCI DE PEDEMOTIO.
— NICOLAI,... Antidotarium paruum cum expositionibus & glossis
PLATEARIJ. — Ioannis DE SANCTO AMANDO in idem Nicolai Antidotarium... expositio. De quid pro quo, id est dē simplicibus... —
Sinonymorum medicinalium... Tractatus. — BULCHASIS siue
Servitoris Medicorum... libellus... — SALADINI... Aromatariorum
Compendium. — Antidotorum in Mesuę & Nicolai Andidotarijs
contentorum prior Index... — Index alter... — Quæ nuperimè
fuerunt adiecta sunt hæc : Insignis Medici COPHONIS Tractatus de
Arte Medendi... — GENTILIS FULGINATIS de dosi medicinarum
investiganda libellus. — Subtilissimus ABHENGUEFIT dé simplicibus
medicinis libellus. — Egregius APULEIJ,... de pōderibus & mensuris libellus. — ALCHINDI,... de Medicinarum compositarum

gradibus inuestigandis libellus. — Domini ARCHIGNANEI de ponderibus, & mensuris libellus... ».)

* Natvralis historiae opvs novvm... Per Adamum LONICERUM. — (V. n° 1420.)

2320. — Pharmaceutice rationalis, sive Diatriba de medicamentorum operationibus in humano corpore. Authore Thoma WILLIS,... — *Hagæ-Comitis, ex officina Arnoldi Leers,* 1674, in-12.

* Hermanni BOERHAAVE libellus de materie medica... — (V. n° 1946-3°.)

2321. — Hermanni BOERHAAVE libellus de materie .medica et remediorum formulis quæ serviunt Aphorismis de cognoscendis et curandis morbis. — *Juxta exemplar Lugdun. Batavorum, apud Isaacum Severinum,* 1727, in-8.

(A la suite :)

— Aphorismi de cognoscendis et curandis morbis in usum doctrinæ domesticæ digesti ab Hermanno BOERHAAVE. Editio tertia auctior. — *Juxta exemplar Lugdun. Batavorum, apud Johannem van der Linden,* 1727, in-8.

2322. — Traité de la matière médicale, pour servir à la composition des remèdes indiqués dans les Aphorismes. Par M. Herman BOERHAAVE; auquel on a ajouté les Opérations chimiques du même auteur. (Traduit en français par DE LA METTRIE.) — *Paris, Huart, et Briasson,* 1739, in-12.

2323. — Jo. Frederici CARTHEUSER,... fundamenta matériæ medicæ tam generalis quam specialis... — *Parisiis, apud Guillelmum Cavelier,* 1752, 2 vol. in-12.

2324. — Introduction à la matière médicale en forme de thérapeutique... Par M. D*** (DIÉNERT),... — *Paris, veuve Quillau,* 1753, in-12.

2325. — Recueil des drogues simples, ou Matière médicinale... Par M. Claude-François PASSERAT DE LA CHAPELLE,... — *Paris, d'Houry père,* 1753, in-12.

2526. — Précis de la matière médicale, contenant ce qu'il importe de savoir sur la nature, les propriétés et les doses des médicaments tant simples qu'officinaux ; avec un grand nombre de formules. Par M. LIEUTAUD,... Nouvelle édition, revue par l'auteur. — *Paris, P.-Fr. Didot jeune,* 1776, 2 vol. in-8.

2527. — Cours de matière médicale de M. CULLEN,... traduit de l'anglais ; pour servir d'introduction à ses Éléments de médecine pratique ; auquel on a ajouté des notes et des observations. Par M. CAULLET DE VEAU-MOREL,... — *Paris, l'auteur, Didot le jeune,* et *Méquignon l'aîné,* 1787-88, 2 vol. in-8.

2528. — Traité de matière médicale. Par M. CULLEN,... Traduit de l'anglais, sur la seule édition donnée par l'auteur à Édimbourg en 1789, par M. BOSQUILLON,... — *Paris, Théophile Barrois le jeune,* et *Méquignon l'aîné,* 1789, 2 vol. in-8.

2529. — Matière médicale, ou Exposition méthodique des médicaments, la plupart employés par le médecin actif, très-peu par le médecin expectant, et réduits à leur juste valeur... Par les Cens VITET père et fils,... — *Lyon, Amable Leroy, an* XI=[1803], in-8.

(Ce volume semble faire suite à la Médecine expectante, mentionnée *no* 2259.)

2530. — Traité élémentaire de matière médicale. Par J.-B.-G. BARBIER,... Troisième édition... — *Paris, Méquignon-Marvis,* et *Bruxelles,* 1830, 3 vol. in-8.

2531. — Histoire abrégée des drogues simples. Par N.-J.-B.-G. GUIBOURT,... Seconde édition... — *Paris, Méquignon-Marvis,* et *Bruxelles,* 1826, 2 vol. in-8.

2532. — Cours d'histoire naturelle pharmaceutique, ou Histoire des substances usitées dans la thérapeutique, les arts et l'économie domestique. Par A.-L.-A. FÉE,... — *Paris, Corby,* 1828, 2 vol. in-8.

2533. — Éléments d'histoire naturelle médicale, contenant des notions générales sur l'histoire naturelle, la description, l'histoire et les propriétés de tous les aliments, médicaments, ou poisons, tirés des trois règnes de la nature. Avec un atlas représentant les formes cristallines des minéraux, les espèces de sangsues officinales, les divers insectes vésicants et les vers intestinaux de l'homme. Par M. Achille RICHARD,... Troisième édition... — *Paris, Béchet jeune,* 1838, 2 vol. in-8.

(Il manque la 2ᵉ partie, comprenant la minéralogie. Les planches sont jointes aux volumes.)

B. — *Agents impondérables.*

1°. — Magnétisme animal.

2534. — L'ami de la nature, ou Manière de traiter les maladies par le prétendu magnétisme animal. Par M. SOUSSELIER DE LA TOUR,... — *Dijon, J.-B. Capel,* 1784, in-8.

2535. — Suite du traitement magnétique de la demoiselle N., lequel a servi de base à l'Essai sur la théorie du somnambulisme magnétique. Par M. T. D. M. (TARDY DE MONTRAVEL), auteur de cet Essai. — *Londres,* 1786, in-8.

2536. — Bibliothèque du magnétisme animal. Par MM. les membres de la Société du magnétisme. — *Paris, Treuttel et Wurtz,* 1817-18, 4 tomes en 2 vol. in-8.

* (V. aussi nᵒˢ 2029-2035.)

2°. — Electricité et Galvanisme.

2537. — Examen des principaux systèmes sur la nature du fluide électrique et sur son action dans les corps organisés et vivants. Par M. LE BOUVYER DESMORTIERS,... avec deux gravures. — *De l'impr. de Mame, Paris, l'auteur* (et autres), 1813, in-8.

2538. — De l'électricité du corps humain dans l'état de santé et de maladie, ouvrage couronné par l'Académie de Lyon, dans lequel on traite de l'électricité de l'atmosphère, de son influence et de ses effets sur l'économie animale, des vertus médicales de l'électricité, des découvertes modernes et des différentes méthodes d'électrisation; avec un grand nombre de figures en taille-douce. Par M. l'abbé BERTHOLON,... — *Paris, Croulbois,* 1786, 2 vol. in-8.

2339. — Mémoire sur l'électricité médicale, couronné le 6 août 1783 par l'Académie royale des sciences, belles-lettres et arts de Rouen. (Par MARAT.) — *Paris, impr. de L. Jorry, et N.-T. Méquignon,* 1784, in-8.

(Le faux-titre porte : « Œuvres de M. Marat ».)

2340. — Mémoire sur les différentes manières d'administrer l'électricité, et observations sur les effets qu'elles ont produits. Par M. MAUDUYT. Extrait des Mémoires de la Société royale de médecine... — *Paris, impr. roy.,* 1784, in-8.

2341. — Traité des applications de l'électricité à la thérapeutique médicale et chirurgicale. Par A. BECQUEREL,... Avec 15 figures intercalées dans le texte. Deuxième édition... — *Paris, Germer-Baillière,* 1860, in-8.

* Description de la machine électrique négative et positive de M. Nairne, avec les détails de ses applications à la physique et principalement à la médecine. Traduit de l'anglais par M. CAULLET DE VEAUMOREL,... — (V. n° 1159.)

2342. — Du galvanisme appliqué à la médecine, et de son efficacité dans le traitement des affections nerveuses, de l'asthme, des paralysies, des douleurs rhumatismales, des maladies chroniques en général, et particulièrement des maladies chroniques de l'estomac, des intestins, du foie, etc.; avec des notes sur quelques remèdes auxiliaires. Par LA BEAUME. Ouvrage traduit de l'anglais, et précédé de remarques, de considérations physiologiques, et d'observations pratiques sur le galvanisme, par B.-R. FABRÉ-PALAPRAT,... — *Paris, Sellique, et Béchet jeune,* 1828, in-8.

C. — *Médicaments tirés du règne minéral.*

1°. — Médicaments divers.

* Mémoire sur l'action physiologique et thérapeutique des ferrugineux. Par T.-A. QUEVENNE. — (V. *n°* 1954.)

2343. — Pour homme ou pour femme. L'hématogène, poudre anti-cachectique de Barrèges, spécialement efficace contre les scrofules, le rachitisme, les bronchites chroniques invétérées, certaines formes atoniques de rhumatismes et de dartres, et pour rétablir les forces dans les épuisements de tout genre. Par BARZUN,... — *Tarbes, Th. Telmon,* 1852, in-12 de 24 pages.

(La couverture imprimée sert de titre.)

2344. — Considérations sur l'emploi thérapeutique de l'iodure de potassium. Par M. P. LAROCHE. — *Paris, impr. de Lacour et compagnie,* 1844, in-12 de 23 pages.

2°. — De l'Eau et des Eaux minérales et thermales.

* Traité de chimie hydrologique... Par J. LEFORT,... — (V. *n°* 1282.)

2345. — Les vertus médicinales de l'eau commune, ou Recueil des meilleures pièces qui ont été écrites sur cette matière (par Fréd. HOFFMANN, SMITH, J. HANCOCKE, GEOFFROY, HECQUET, NOGUEZ, Bern.-Marie DE CRESCENZO, traduit du latin, de l'anglais et de l'italien, par NOGUEZ, NICÉRON, etc.); auxquelles on a joint la Dissertation de M' DE MAIRAN sur la glace, et celle de M' Frédéric HOFFMAN sur l'excellence des remèdes domestiques; traduite du latin. (Le tout recueilli et publié par BOUDON.) Nouvelle édition... — *Paris, Guillaume Cavelier,* 1730, 2 vol. in-12.

2346. — Notice médicale sur l'établissement des bains

de mer de Dieppe. Par le docteur GAUDET,... Suivie du Rapport fait à l'Académie royale de médecine dans sa séance du 29 avril 1837, par MM. Guersent, Lisfranc et Bousquet, sur les effets hygiéniques et thérapeutiques des bains de mer. — (*Paris, impr. de Dezauche*, s. d.), in-8 de 14 pages.

2347. — Dictionnaire général des eaux minérales et d'hydrologie médicale, comprenant la géographie et les stations thermales, la pathologie thérapeutique, la chimie analytique, l'histoire naturelle, l'aménagement des sources, l'administration thermale, etc. Par MM. DURAND-FARDEL,... Eugène LE BRET,... J. LEFORT,... Avec la collaboration de M. Jules FRANÇOIS,... — *Paris, J.-B. Baillière et fils*, 1860, 2 vol. in-8.

2348. — Traité thérapeutique des eaux minérales de France et de l'étranger, et de leur emploi dans les maladies chroniques... Cours fait à l'Ecole pratique par le docteur Max. DURAND-FARDEL,... Avec une carte coloriée. — *Paris, Germer Baillière*, 1857, in-8.

2349. — Annuaire pathologique de l'établissement thermal d'*Allevard* (1), pour 1838. Par le Dr CHATAING,... — (*Grenoble, typ. de F. Allier*, s. d.), in-8 de 36 pages et un tableau.

2350. — Opuscule sur les eaux minérales de *Bagnères de Bigorre*, publié par les soins de l'administration municipale. (Par MM. Ch. GANDERAX, FONTAN et FRANÇOIS.) — *Bagnères, impr. de J.-M. Dossun*, 1841, in-8.

* Sources chaudes de Normandie. Guide du voyageur à *Bagnoles-les-Eaux* [Orne]. Par A.-R. DE LIESVILLE,... — *Paris* (s. d.), grand in-18 de 86 pages. — (V. HISTOIRE, *Supplément*.)

2351. — Notice sur les bains Barzun à *Barèges*. —

(1) A partir de ce n° jusqu'au n° 2365, les ouvrages sont classés par ordre alphabétique de localités.

Toulouse, impr. de J. Dupin, 1850, grand in-18 de 12 pages.

(La couverture imprimée sert de titre.)

2352. — Opuscule sur *Cauterets* et sur ses eaux minérales-chaudes... Par Cyprien CAMUS,... — *Auch, veuve Duprat*, 1817, in-8.

2353. — Journal de pratique, ou Recueil des cures les plus piquantes obtenues à *Cauterets* en 1817, faisant suite à l'Opuscule sur Cauterets, etc., etc. Par Cyprien CAMUS,... — *Auch, Vᶜ Duprat*, 1818, in-8 de 70 pages.

2354. — Rapport sur les eaux thermales de *Chaudes Aigues*, fait à M. le préfet du Cantal, pour être transmis à monsieur le ministre de l'agriculture et du commerce. Par J.-E. DUFRAISSE-DE-CHASSAIGNE,... — *Saint-Flour, impr. de V. Viallefont*, 1850, in-8 de 76 pages.

2355. — De l'eau d'*Enghien*. Par M. Ossian HENRY,... [Extrait du Journal de pharmacie, *n*° IX, 1837.] — *Paris, impr. de Fain*, 1837, in-8 de 32 pages.

2356. — Essai sur la thérapeutique des eaux minérales d'*Enghien*, et sur la topographie physico-médicale de la vallée de Montmorency. Par le docteur PERROCHET,... — *Paris, impr. de Félix Malteste et Cⁱᵉ*, 1839, in-8.

2357. — Topographie médicale des eaux thermales sulfureuses de *Gréoux* en Provence, considérée dans un but thérapeutique. Par A. DAUVERGNE [de Valensole],... — *Paris, impr. de P. Dupont et G. Laguionie*, 1833, in-8 de 50 pages.

2358. — Étude sur les eaux minérales de *Nauheim*. Par A. ROTUREAU,... Avec considérations et analyses chimiques, par Ad. CHATIN,... — *Paris, Labé*, 1856, grand in-18.

2359. — Dissertation sur les eaux minérales, froides et thermales de *Plombières*. (Par JAQUOT, AMÉ.) — *Strasbourg, impr. de Levrault*, 1835, in-8.

2360. — Mémoire sur les eaux minérales et les établissements thermaux des *Pyrénées*, comprenant la recherche des moyens les plus propres à recueillir et conserver les sources minérales, et la description des monuments à élever, pour utiliser ces eaux salutaires à la guérison des blessures des défenseurs de la République. (Par LOMET, baron DES FOUCAUX.) Publié par ordre du Comité de salut public. — *Paris, R. Vatar, an* 3, in-8.

2361. — Recherches sur les eaux minérales des *Pyrénées*. Par Jean-Pierre-Amédée FONTAN,... — *Paris, Crochard,* 1838, in-8.

2362. — Recherches sur les eaux minérales thermales de *Royat* [Puy-de-Dôme]. Par le docteur NIVET,... — *Clermont-Ferrand, impr. de Thibaud-Landriot frères,* 1855, in-8 de 63 pages.

2363. — Notice sur les eaux minérales de *Soultzmatt*. Par J.-F. RAMEAUX,... — *Strasbourg, impr. de G. Silbermann,* 1838, in-8 de 42 pages.

* Description pittoresque de l'Auvergne. — *Vichy* et ses environs, ou Description des eaux thermales et des sites pittoresques qui les entourent; avec quelques considérations sur l'action médicale des eaux... Par H. LECOQ,... — *Paris,* 1836, in-8. — (V. HISTOIRE, *Supplément.*)

2364. — De la matière organique des eaux minérales de *Vichy*, sa nature, son existence à l'état de végétation et à l'état latent dans ces eaux; sa volatilité et sa présence dans leurs vapeurs; importance présumée de son rôle. Par le Dr Ch. PETIT,... — *Paris, J.-B. Baillière,* 1855, in-8 de 31 pages.

2365. — Notice sur l'eau minérale bitumineuse de *Visos*. — *Toulouse, impr. de Bonnal et Gibrac,* 1849, in-18 de 12 pages.

(La couverture imprimée sert de titre.)

D. — Médicaments tirés du règne végétal.

1°. — Généralités.

2366. — De Natura stirpivm libri tres, Ioanne RUELLIO authore... — *Parisiis Ex officina Simonis Colinæi*, 1536, in-fol.

2367. — De natvra stirpivm libri tres Ioanne RVELLIO avthore,... Cum Indice omnium uniuersi operis obseruatione dignorum copiosissimo. — *Basileae, in officina Frobeniana, anno* M. D. XXXVII, in-fol.

2368. — Abrégé de l'histoire des plantes usuelles, dans lequel on donne leurs noms différents, tant français que latins, la manière de s'en servir; la dose et les principales compositions de pharmacie, dans lesquelles on les emploie. Par feu Pierre-Jean-Bapt. CHOMEL,... Nouvelle édition... — *Paris, veuve Didot,* 1761, 3 vol. in-12.

(Portrait de l'auteur.)

2369. — Description abrégée des plantes usuelles, avec leurs vertus, leurs usages et leurs propriétés. Par l'auteur du Manuel des dames de charité, et pour faire suite au même ouvrage. (Par ARNAULT DE NOBLEVILLE et SALERNE.) — *Paris, Debure père,* 1767, in-12.

2370. — Manuel des plantes médicinales, ou Description, usage et culture des végétaux indigènes employés en médecine... Par A. GAUTIER,... — *Paris, Audot,* 1822, in-12.

2°. — Traités particuliers.

2371. — Mémoire sur l'ergot du seigle, son action thérapeutique et son emploi médical. Par Pierre-Scipion PAYAN,... — *Aix, impr. de Nicot et Aubin,* 1841, in-8 de 84 pages.

2372. — Recherches sur les vertus de l'eau de goudron;

où l'on a joint des réflexions philosophiques sur divers
autres sujets; traduit de l'anglais du Dr George BER-
KELEY,... (Par BOULLIER.) Avec deux lettres de l'auteur. —
Amsterdam, Pierre Mortier, 1745, in-12.

* Mémoire sur la digitaline et la digitale. Par E.
HOMOLLE et T.-A. QUEVENNE. — (V. n° 1954.)

2573. — Notice sur les vertus curatives de la teinture-
mère ou quintessence d'arnica-montana de BARZUN,...
suivie d'une Instruction sur l'emploi thérapeutique de la
pommade-barégine dont M. Barzun est inventeur et seul
compositeur. — *Tarbes, Th. Telmon*, 1852, in-12 de
11 pages.

E. — Médicaments tirés du règne animal.

* Cours d'histoire naturelle médicale de M. MOQUIN-
TANDON : Les sangsues; les planaires; théorie des zoonites.
Extrait du *Moniteur des cours publics.* — (V. n° 1674.)

§ 3. — PHARMACIE PROPREMENT DITE.

A. — Traités généraux.

2574. — Eléments de pharmacie théorique et pratique...
Avec l'exposition des vertus et doses des médicaments à la
suite de chaque article. Par M. BAUMÉ,... Seconde édition... — *Paris, Lacombe*, 1769, 3 vol. in-12.

2575. — Traité de pharmacie théorique et pratique,
contenant les éléments de l'histoire naturelle de tous les
médicaments, leurs préparations chimiques et pharmaceutiques... Avec l'explication des phénomènes, les propriétés, les doses, les usages, les détails relatifs aux arts
qui se rapportent à celui de la pharmacie et à toutes les
opérations. On a joint partout les comparaisons des
nouveaux poids et mesures, une nouvelle nomenclature
avec les dénominations anciennes, des figures explicatives,
et un grand nombre de tableaux. Par J.-J. VIREY,... —
Paris, Rémont, et *Ferra aîné*, 1811, 2 vol. in-8.

B. — Chimie et Physique pharmaceutiques.

* Dictionnaire de chimie générale et médicale. Par P. PELLETAN fils. — (V. n° 1226.)

* De ivre et præstantia chymicorvm medicamentorvm... Avthore Thoma MUFETTO,... — *Francofvrti,* 1584, in-8. — (V. n° 1216-2°.)

2576. — Cours de chimie, contenant la manière de faire les opérations qui sont en usage dans la médecine, par une méthode facile; avec des raisonnements sur chaque opération, pour l'instruction de ceux qui veulent s'appliquer à cette science. Par M. Nicolas LÉMERY,... Onzième édition... — *Paris, Jean-Baptiste Delespine,* 1730, in-8.

2577. — Même ouvrage. Nouvelle édition, revue, corrigée et augmentée d'un grand nombre de notes et de plusieurs préparations chimiques qui sont aujourd'hui d'usage, et dont il n'est fait aucune mention dans les éditions de l'auteur, par M. BARON,... — *Paris, Jean-Thomas Hérissant,* 1756, in-4.

2578. — Chimie raisonnée, où l'on tache de découvrir la nature et la manière d'agir des remèdes chimiques les plus en usage en médecine et en chirurgie; conformément aux leçons latines de chimie qui se font publiquement chaque année dans le laboratoire de Montpellier. Par Antoine DEIDIER,... — *Lyon, Marcellin Duplain,* 1715, in-12.

2579. — Introduction à la chimie, accompagnée de deux Traités, l'un sur le sel des métaux, et l'autre sur le soufre anodin du vitriol. Par M. G. ROTHE,... Avec une Analyse raisonnée de l'antimoine, et un Traité sur les teintures antimoniales, par M. MEUDER,... Traduit de l'allemand par J.-L. CLAUSIER,... — *Paris, Hyppolite-Louis Guérin et Jacques Guérin,* 1741, in-12.

2580. — Nouveaux éléments théoriques et pratiques de

chimie (par demandes et par réponses), à l'usage des pharmaciens et des médecins (par FABULET. — *Paris*, 1803?), in-8.

(Le frontispice manque.)

* Abrégé élémentaire de chimie, considérée comme science accessoire à l'étude de la médecine, de la pharmacie et de l'histoire naturelle. Par J.-L. LASSAIGNE,... — (V. n° 1255.)

C. — Pharmacopées et Formulaires.

2581. — De compositione medicamentorum libri quatuor. Leonardo FUCHSIO authore ; cum annotationibus. — *Francofurti ad Mœnum, impensis Sigismundi Feyrabend et Simonis Huteri*, M. D. LXVI, in-fol.

(Le frontispice manque.)

2582. — Paraphrase sur la pharmacopée, divisée en deux livres. Par M. Brice BAUDERON,... Revue, corrigée et augmentée par l'auteur. Ensemble un Traité des eaux distillées qu'un apothicaire doit tenir en sa boutique, fait par Laurent CATELAN,... Dernière édition. — *Rouen, Martin de La Motte*, 1627, in-8.

(Le Traité des eaux distillées a un frontispice séparé et une pagination particulière.)

2583. — Pharmacopée universelle... Avec plusieurs remarques et raisonnements sur chaque opération. Par Nicolas LÉMERY,... — *Paris, Laurent d'Houry*, 1697, in-4.

2584. — L'art de dresser les formules de médecine, traduit du latin de Jérôme-David GAUBIUS,... — *Paris, Desaint et Saillant*, et *Pierre-Alexandre Le Prieur*, 1749, in-12.

2585. — Formulæ medicinales, cum indice virium quo ad inventas indicationes inveniuntur medicamina, in usum medicorum praxin inchoantium editæ a Johanne DE GORTER. — *Amstelodami, apud Fratres de Tournes*, 1755, in-8.

2386. — Formules de médicaments, rédigées, par ordre du roi, à l'usage des hôpitaux militaires, l'an 1781; avec leur version française; suivies d'un Recueil des médicaments les plus usités... Fait et rédigé par M. A.-J. DELAYE,... — *Marseille, Jean Mossy père et fils, 1786*, in-12.

2387. — Formules médicinales de l'Hôtel-Dieu de Paris, en latin et en français. — In-12.

(Le frontispice manque.)

2388. — Codex medicamentarius, sive Pharmacopœa gallica, jussu regis optimi et ex mandato summi rerum internarum regni administri, editus a Facultate medica parisiensi, anno 1818. — *Parisiis, apud Hacquart, 1818*, in-4.

2389. — Appendice thérapeutique du Codex. Par Al. CAZENAVE,... — *Paris, Béchet jeune et Labé, 1841*, in-8.

2390. — Formulaire pour la préparation et l'emploi de plusieurs nouveaux médicaments... Par F. MAGENDIE,... Cinquième édition... — *Paris, Méquignon-Marvis, 1825*, in-12.

2391. — Nouveau formulaire pratique des hôpitaux, ou Choix de formules des hôpitaux civils et militaires de France, d'Angleterre, d'Allemagne, d'Italie, etc. Par MM. MILNE-EDWARDS et P. VAVASSEUR. Quatrième édition, revue, corrigée et considérablement augmentée, par M. MIALHE,... — *Paris, Fortin, Masson et Cie, 1842*, in-32.

2392. — Saggio chimico-medico su la preparatione, facoltà ed uso de' principali medicamenti; del Dr G. SEMMOLA,... — *Napoli, dallo stabilimento tipografico di Giuseppe Severino, 1832*, in-8.

2393. — L'art de formuler, ou Tableaux synoptiques des doses des médicaments et des formes pharmaceutiques sous lesquelles ils doivent être administrés. Par GAUTHERIN,... Deuxième édition, augmentée d'un Formulaire pratique contenant les formules le plus généralement employées dans les hôpitaux de Paris... — *Paris, Just Rouvier et E. Le Bouvier*, 1838, in-18.

2394. — Formulaire des médecins praticiens, contenant les formules des hôpitaux civils et militaires de Paris, de la France, de l'Italie, de l'Allemagne, de l'Angleterre, de la Russie, de la Pologne, etc.; avec les anciens et les nouveaux poids décimaux; précédé de l'Examen et de l'interrogation des malades; d'un Mémorial thérapeutique; des Secours à donner aux empoisonnés et aux asphyxiés; de la Classification des médicaments d'après leurs effets thérapeutiques; d'un Tableau des substances incompatibles; de l'Art de formuler, etc. Par le docteur F. Foy,... Troisième édition, entièrement refondue. — *Paris, Germer Baillière*, 1840, in-18.

2395. — Nouveau formulaire magistral [avec les poids nouveaux et anciens en regard], précédé d'une Notice sur les hôpitaux de Paris, de généralités sur l'art de formuler; suivi d'un Précis sur les eaux minérales naturelles et artificielles, d'un Mémorial thérapeutique, de Notions sur l'emploi des contre-poisons et sur les secours à donner aux empoisonnés et aux asphyxiés; enrichi de l'histoire de plusieurs médicaments nouveaux... Par A. BOUCHARDAT,... — *Paris, A. Gardembas*, 1840, in-24.

2396. — Même ouvrage. Troisième édition... — *Paris, Germer Baillière*, 1845, in-18.

2397. — Essais sur l'art d'imiter les eaux minérales, ou de la connaissance des eaux minérales et de la manière de se les procurer en les composant soi-même dans tous les temps et dans tous les lieux. Par M. DUCHANOY,... — *Paris, Méquignon l'aîné*, 1780, in-12.

2398. — Notice sur la fabrication des eaux minérales gazeuses. Par Ph. SAVARESSE,... — *Paris, l'auteur*, 1840, in-8 de 72 pages et 2 planches.

2399. — Concours sur l'acétification de l'alcool, question proposée par la Société de pharmacie de Paris. Rapport de la commission des prix et mémoires envoyés au concours de 1832. — *Paris, Louis Colas,* 1832, in-8.

CHAPITRE VIII. — *Médecine légale.*

§ 1er. — GÉNÉRALITÉS.

2400. — Pauli ZACCHIÆ,... Quæstiones medico-legales; opus jurisperitis apprime necessarium, medicis perutile, cæteris non injucundum. Editio quinta, ab infinitis pene mendis repurgata, plerisque additionibus... auctior, multisque consultationibus ad rem facientibus locupletior. — *Avenione, ex typographia Joannis Piot,* 1657, in-fol.

2401. — Médecine légale criminelle, manuel à l'usage des médecins de toutes les classes, des étudiants en médecine et des magistrats chargés de poursuivre ou d'instruire les procédures criminelles. Par J^{es} POILROUX,... Seconde édition. — *Paris, J.-B. Baillière,* 1837, in-8.

2402. — Médecine légale théorique et pratique. Par Alph. DEVERGIE,... Avec le texte et l'interprétation des lois relatives à la médecine légale; revus et annotés par J.-B.-F. DEHAUSSY DE ROBÉCOURT,... — *Paris, Germer-Baillière,* 1836, 2 tomes en 3 parties in-8.

2403. — Manuel complet de médecine légale, ou Résumé des meilleurs ouvrages publiés jusqu'à ce jour sur cette matière et des jugements et arrêts les plus récents; précédé de considérations sur la recherche et la poursuite des crimes et des délits... et suivi de modèles de rapports et de commentaires sur les lois, décrets et ordonnances qui régissent la médecine, la pharmacie, la vente des remèdes secrets, etc. Par J. BRIAND,... et Ernest CHAUDÉ,... Contenant un Traité élémentaire de chimie légale, dans lequel est décrite la marche à suivre dans les recherches toxicologiques, et dans les applications de la chimie aux diverses questions criminelles, civiles, com-

merciales et administratives, par H. GAULTIER DE
CLAUBRY,... Sixième édition, avec 3 planches gravées et
64 figures dans le texte. — *Paris, J.-B. Baillière et fils,*
1858, in-8.

2404. — Traité pratique de médecine légale, rédigé
d'après des observations personnelles. Par J.-L. CASPER,...
Traduit de l'allemand, sous les yeux de l'auteur, par
Gustave GERMER BAILLIÈRE. — *Paris, Germer Baillière,*
1862, 2 vol. in-8, avec atlas in-4.

§ 2. — TRAITÉS PARTICULIERS.

* Histoire critique de la folie instantanée... Par le
Dr J.-A. MANDON. — (V. *n°* 2189.)

---

* Nouvelle méthode de traitement de l'empoisonnement
par l'arsenic et documents médico-légaux sur cet empoisonnement. Par M. ROGNETTA... — (V. *n°* 2281.)

2405. — De l'arsenic, suivi d'une Instruction propre à
servir de guide aux experts dans les cas d'empoisonnement et 1° du Rapport fait à l'Académie des sciences, le
14 juin 1841, sur plusieurs mémoires concernant l'emploi
du procédé de Marsh dans les recherches de médecine
légale... RÉGNAULT, rapporteur ; 2° des Observations faites
à l'Académie royale de médecine, par M. ORFILA, les
16 février et 15 mars 1841 ; 3° du Rapport fait à l'Académie
royale de médecine, le 6 juillet 1841, sur les moyens de
constater la présence de l'arsenic dans les empoisonnements... CAVENTOU, rapporteur ; 4° de la discussion sur
le Rapport de M. CAVENTOU... Discours de MM. ADELON,
BOUILLAUD, BUSSY, GERDY, ORFILA, PELLETIER, etc., etc.
Par MM. DANGER et FLANDIN. Avec planche et gravures
sur bois. — *Paris, Bachelier,* 1841, in-8.

2406. — Rapport sur les moyens de constater la présence de l'arsenic dans les empoisonnements par ce
toxique, au nom de l'Académie royale de médecine. Par
MM. HUSSON, ADELON, PELLETIER, CHEVALLIER et CA-
VENTOU, rapporteur. Suivi de l'extrait du rapport fait à
l'Académie des sciences sur le même sujet, par MM. THÉ-

NARD, DUMAS, BOUSSINGAULT et REGNAULT, rapporteur; et d'une réfutation des opinions de MM. Magendie et Gerdy sur cette question, par M, ORFILA. — *Paris, J.-B. Baillière,* 1841, in-8 de 53 pages.

2407. — Recherches médico-légales et thérapeutiques sur l'empoisonnement par l'acide arsénieux; précédées d'une Histoire de l'arsenic métallique et de ses divers composés, et suivies d'une Discussion sur le peroxide de fer considéré comme contre-poison... Par M. ORFILA; recueillies et rédigées par le docteur BEAUFORT. — *Paris, Just Rouvier,* 1842, in-8.

---

* Recueil général des pièces contenues au procès de monsieur le marquis de Gesvres et de mademoiselle de Mascrani son épouse. (Par BÉGON.) — Mémoire pour monsieur le marquis de Gesvres, défendeur et demandeur, contre madame la marquise de Gesvres, son épouse,... — (Question d'impuissance. V. n⁰ˢ 749, 720. V. aussi n⁰ 714, T. I-9⁰.)

CHAPITRE IX. — *Médecine vétérinaire.*

§ 1ᵉʳ. — GÉNÉRALITÉS ET MÉLANGES.

2408. — Médecine vétérinaire. Par M. VITET,... — *Lyon, frères Périsse,* 1771, 3 vol. in-8.

2409. — Dissertation qui a été couronnée au jugement de la Société d'agriculture, des sciences et des arts du département de la Haute-Vienne, dans sa séance du 22 mai 1808, sur les questions suivantes proposées par cette Société : « Déterminer quelles sont les maladies qui, dans le département de la Haute-Vienne, attaquent le plus communément les bêtes à corne, les bêtes à laine et les chevaux? Quelles sont les causes habituelles de ces maladies? Quels en sont les moyens préservatifs et curatifs les plus à portée des cultivateurs? » « Et, comme on doit établir, pour une des causes de maladie, les plantes nuisibles qui infestent nos différentes variétés de prairies et pâturages, indiquer ces plantes par leurs noms botaniques et vulgaires, et présenter les moyens les plus prompts, les plus sûrs et les moins dispendieux de les détruire. » Par M. GONDINET,... sous-préfet de l'arrondissement communal de Saint-Yrieix,... — *Limoges, J.-B. et H. Dalesme,* (s. d.), in-8.

(M. Pierre Gondinet, né à Saint-Yrieix (Haute-Vienne) en 1754, décédé en 1833, chevalier de la Légion-d'Honneur, membre correspondant des sociétés de médecine de Montpellier, de Nîmes, de Toulouse, de Bordeaux, de Lyon, de Marseille, de Bruxelles, de l'Académie des sciences de Turin, de l'Académie de médecine de Paris, de l'ancienne Société de médecine de Paris, de la Société d'agriculture de Limoges. M. Gondinet occupa successivement plusieurs fonctions administratives : conseiller du roi, nommé maire de Saint-Yrieix par lettres-patentes du 7 février 1789; membre du conseil général du département de la Haute-Vienne le 9 septembre 1790; membre du bureau de conciliation de Saint-Yrieix le 2 décembre 1792; président du district de Saint-Yrieix le 24 novembre 1794, après la chute de Robespierre; sous-préfet du même district le 3 floréal an VIII jusqu'en 1825. Les divers mémoires qui ont été insérés dans les recueils des sociétés dont il était correspondant lui ont valu plusieurs médailles et un prix qui lui fut décerné par la Société d'agriculture de Paris.)

§ 2. — TRAITÉS PARTICULIERS.

2410. — Le parfait bouvier, ou Instruction concernant la connaisance des bœufs et vaches; leur âge, maladies et symptômes, avec les remèdes les plus expérimentés propres à les guérir. On y a joint deux petits traités pour les moutons et porcs, ainsi que plusieurs remèdes pour les chevaux, aussi expérimentés et qui n'ont point encore paru. Le tout le plus abrégé qu'il a été possible. Par M. J.-G. BOUTROLLE. — *Rouen, veuve Besongne,* et *J.-J. Besongne fils,* 1766, in-12.

2411. — Typhus contagieux des bêtes bovines. Examen au point de vue de la police sanitaire internationale de la question suivante : « Lorsque le typhus contagieux règne sur les bêtes bovines dans la Russie ou dans les provinces danubiennes, y a-t-il danger pour le gros bétail de la France et des autres états occidentaux de l'Europe à ce que les gouvernements de ces états permettent la libre importation des peaux, suifs, os, cornes et poils de bêtes bovines, en provenance des pays infectés? » Par M. RENAULT,... — *Paris, Labé,* 1860, in-8.

2412. — Instruction sur la pleuro-pneumonie, ou péri-pneumonie contagieuse des bêtes bovines de la vallée de Bray [Seine-Inférieure]. Par O. DE LAFOND,... — *Paris, impr. adm. de Paul Dupont et Cie*, 1840, in-8 de 46 pages et 2 planches.

2413. — De la conformation du cheval suivant les lois de la physiologie et de la mécanique. Par M. A. RICHARD,... Avec planches. — *Paris, impr. Guiraudet et Jouaust* (1847), in-8.

2414. — Imagerie agricole populaire, d'après les travaux des meilleurs agronomes français et étrangers. Publiée par J.-M. J. D. — Tableau de l'extérieur du cheval. — *Lithographie Fauquet Montdidier,* (s. d.), in-fol. plano.

2415. — Le parfait maréchal, qui enseigne à connaître la beauté, la bonté et les défauts des chevaux, les signes et les causes des maladies, les moyens de les prévenir, leur guérison et le bon ou mauvais usage de la purgation et de la saignée... La ferrure sur les dessins des fers qui rétabliront les méchants pieds, et conserveront les bons. Ensemble un traité du haras... Avec les figures nécessaires. Nouvelle édition. Par le sieur DE SOLLEYSEL,... — *Paris, Pierre Aubouyn* (et autres), 1693, 2 tomes en 1 vol. in-4.

2416. — Le nouveau parfait maréchal, ou La connaissance générale et universelle du cheval, divisé en sept traités : 1° de sa construction; 2° du haras; 3° de l'écuyer et du harnais; 4° du médecin...; 5° du chirurgien et des opérations; 6° du maréchal-ferrant; 7° de l'apothicaire... Avec un dictionnaire des termes de cavalerie. Le tout enrichi de cinquante figures en taille-douce. Par M. Fr.-A. DE GARSAULT,... Troisième édition... — *Paris, veuve Bordelet,* 1755, in-4.

(Portrait de l'auteur.)

2417. — Des indigestions gazeuses du cheval et de l'efficacité de la ponction du cœcum comme moyen curatif. Mémoire lu à la Société impériale et centrale d'agriculture [séance du 1er décembre 1858]. Par P. CHARLIER,... — *Paris, J. Louvier*, 1859, in-8 de 16 pages.

(La couverture imprimée sert de titre.)

2418. — Rapport fait au nom d'une commission de la Société d'agriculture (de la Meurthe), chargée de l'examen d'un bandage propre à guérir les hernies des chevaux. Par M. Louis COLLENOT,... — (À la fin :) *Nancy, impr. de Thomas*, (1837), in-8 de 12 pages.

2419. — Histoire d'une maladie catarrhale qui régna, en 1808, sur les chevaux du haras de Pompadour. Par M. DE MOUSSY,... Mémoire couronné, en 1809, par la Société d'agriculture du département de la Seine. — *Paris, impr. de la veuve Delaguette*, 1811, in-12 de 31 pages.

2420. — Petit traité de la ferrure du cheval. Avec figures. Par William MILES,... Seconde édition, traduite de l'anglais par M. GUYTON,... — *Paris, P. Asselin*, 1861, grand in-18.

2421. — Traité de la castration des animaux domestiques. Par J. GOURDON,... — *Paris, P. Asselin*, 1860, in-8.

2422. — Castration des vaches. (Par Victor BORIE.) Extrait du Journal d'agriculture pratique, n° du 20 mai 1858. — (Sans frontispice), in-8 de 8 pages.

2423. — Société impériale et centrale de médecine vétérinaire. — Discussion sur la loi du 20 mai 1838, concernant la garantie des vices rédhibitoires des animaux domestiques. — Extrait du Bulletin des séances de la Société. — *Paris, typ. de Renou et Maulde*, 1858, in-8.

APPENDICE AUX SCIENCES MÉDICALES.

THÈSES.

—

PREMIÈRE PARTIE.

PRÉLIMINAIRES, GÉNÉRALITÉS ET MÉLANGES.

—

*Philosophie, Méthodologie et Littérature, Érudition et Critique
médicales. — Mélanges de médecine.*

a. — Tentamen ψυχο-σωματο-ιατρικὸν, seu Conspectus thesiformis de
natura animi et corporis, sive de spiritu et materia quatenus me-
dicinam spectant. Auctor Marcus LEMORT DE MÉTIGNY. — *Monspelii*, 1784. — (V. ci-après, *no* 2425, T. I.) — Positiones quædam
circa influxum pathematum in œconomia animali. Auctor C.-A.
CARATERY. — *Monspelii*, 1785. = (V. *ibid.*) — J.-J.-L. SIMÓN
de utriusque substantiæ influxu reciproco tentamen physiologicum. — (*Monspelii*), 1783. — (V. *ibid.*, T. III.)

aa. — Essai sur l'autorité considérée dans son application aux
sciences médicales. Par J.-H. LACOMBE,... — *Paris*, 1830. = (V. ci-
après, *no* 2426, T. III.) — Sur quelques propositions de philosophie
médicale. Par J.-B.-T. HIARD,... — *Paris*, 1830. — (V. *ibid.*) —
Quelques considérations sur l'exercice de la médecine dans les
campagnes; suivies de quelques propositions de médecine et de

———

Pour faciliter les recherches, et ne pas éparpiller les noms des auteurs de thèses dans la
table générale, nous donnons ici ces noms d'auteurs par ordre alphabétique. Nous remplaçons
l'astérisque de renvoi par la série des lettres grasses **a, aa; b, bb, .; ab, abb**..., pour les
groupes de thèses faisant partie des recueils factices indiqués sommairement *nos* 2425 et
2426.

A. — Abbadie, 2475-29. — Adam, 2458-5. — Albert, 2480-7. — Albespy, 2458-20.
Alègre, **pp.** — Ali Naghi, 2466-2. — Allaux, 2464-9. — Allory, 2455-18. — Amalbert,
2446-4. — Amiard, 2455-6. — Amourel, 2472-9. — Andrade (A.), 2465-22. — Andrade
(M.-A. d'), 2477-13. — Andrevetan, **gg.** — Andrieu (A.), 2455-5. — Andrieu (E.), 2474-2.
— Anglada, 2472-3. — Angot, 2478-18. — Anguille, 2445-16. — Ansaloni, 2474-1. —

chirurgie. Par N. SABATIN,... = *Paris*, 1830. = (V. *ibid.*, T. VI.) = Essai sur les passions. Par P.-N.-D. CHÉNON. = *Paris*, 1830. — (V. *ibid.*, T. VII.)

Considérations générales sur les œuvres d'Hippocrate, suivies de quelques propositions extraites de cet auteur. Par Cl. TIXIER. = *Paris*, 1830. — (V. *ibid.*, T. III.)

2424. — (In-4 contenant :)

1o Du matérialisme en médecine. Par G.-A. CARL. = *Strasbourg*, 1828. — 2o Appréciation de la valeur scientifique et pratique de la médecine. Par Joseph-Eugène RAYMONDAUD, né à Limoges [Haute-Vienne]. — *Paris*, 1850. — 3o Quelques-uns des principaux devoirs et des principaux droits du médecin. Par Eugène PATIN. = *Strasbourg*, 1859. — 4o Du degré de certitude de la médecine. Par P.-S. CASAS. — *Paris*, 1859. — 5o Essai de philosophie médicale. Par Octave SCELLES DE MONTDÉSERT. = *Paris*, 1859. = 6o Quelques réflexions sur la valeur de l'hypothèse en médecine. Par A.-P. MAUGIN. = *Paris*, 1860. — 7o Sur quelques points de philosophie médicale. Par J.-C. LATAPIE. = *Paris*, 1860. — 8o De la philosophie positive en médecine. — D'un nouveau topique désinfectant. Par E.-L. MARTINET. — *Paris*, 1860. — 9o Quelques réflexions sur l'étude et la pratique de la médecine. Par J.-B.-C. BENOIST. — *Strasbourg*, 1861. — 10o Etude sur les erreurs et les préjugés populaires en médecine. Par A.-F.-E. BESSIÈRES. — *Paris*, 1860. — 11o Aperçus de philosophie médicale et de médecine pratique. Par A. DÉZANNEAU. — *Paris*, 1861. — 12o De la médecine comparée aux autres sciences sous le rapport de son objet, de sa méthode et de ses difficultés. Par M.-E. RASPAIL. = *Montpellier*, 1861. — 13o De l'influence des causes morales dans les maladies. Par L.-A. HAMAIDE. — *Paris*, 1861. — 14o De la valeur scientifique et pratique de la médecine. Par P.-E.-R. CHOUIPPE. — *Paris*, 1861. — 15o Des doctrines médicales professées par les médecins de l'hôpital Saint-Louis en 1861. Par E. BAUDOT. — *Paris*, 1862.

16o Thèse... Par Yrieix WAISSE, né à Bourganeuf [Creuse]. I. Des symptômes de l'hypertrophie du cœur. II. Faire connaître les différentes formes que les calculs urinaires sont susceptibles de revêtir dans les reins, dans la vessie et dans les uretères. Indiquer texture, la coloration et la dureté de ces divers calculs. III. De la disposition des vaisseaux sanguins dans le tissus fibreux. IV. Quels sont les changements éprouvés par les os pendant leur ramollissement, et comment peut-on les constater ? — *Paris,* 1841. — 17° Thèse... Par V. MOUTILLARD. I. De l'œdème des centres nerveux. II. Indiquer les principaux appareils gymnastiques employés pour combattre les déviations de la colonne vertébrale; faire connaître leur mode d'action locale et générale, et préciser leur degré d'utilité dans le traitement de ces difformités. III. Déterminer si, dans le cas de grossesse multiple, chaque fœtus a un chorion, une membrane amnios et un placenta distincts et isolés. IV. Faire connaître les diverses modifications des principaux systèmes d'organes dans le groupe des animaux désignés sous le nom de vertébrés. — *Paris,* 1841. — 18° Thèse... Par J.-F.-A. CANNISSIÉ. I. Décrire le traitement de la scarlatine simple; faire connaître l'opportunité des émissions sanguines dans le traitement de la rougeole et de la scarlatine; établir la mesure de leur emploi. II. Déterminer si la disposition anatomique de la clavicule et des parties qui l'environnent rend compte de la manière dont survient la fracture, de son siége habituel et du déplacement qui la suit. III. Les principales différences de l'organe producteur du sperme dans les quatre classes d'animaux vertébrés. IV. Comment reconnaître l'acide cyanhydrique dans un sirop ? — *Paris,* 1842.

2425. — (Recueil factice de thèses de la Faculté de médecine de Montpellier, dont chaque partie a été ou sera mentionnée en son lieu.) — 3 vol. in-4.

2426. — (Recueil factice de thèses de la Faculté de médecine de Paris, dont chaque partie a été ou sera mentionnée en son lieu.) — 10 vol. in-4.

IIe PARTIE.

TRAITÉS PARTICULIERS.

—

CHAPITRE Ier. — *Anatomie.*

bb. — Propositions générales d'anatomie et de physiologie. Par

---

J.-R.-A. BLACHE. — *Paris*, 1830. — (V. n° 2426, T. II.) — Essai sur l'entérotaxie, considérée dans l'état normal et dans l'état pathologique. Par E.-M.-A. LEMOINE. — *Paris*, 1830. — (V. *ibid.*, T. VI.)

2427. — (In-4 contenant :)

1° De la symétrie dans le corps de l'homme. Par A. PEGHOUX. — *Paris*, 1821. — 2° Anatomie et physiologie du tissu érectile. Par A. RAMBAUD. — *Paris*, 1860. — 3° Anatomie et physiologie du tissu élastique. Par M. SÉE. — *Paris*, 1860. — 4° Essai sur le système pileux dans l'espèce humaine. Par L.-L. VAILLANT. — *Paris*, 1861. — 5° Etudes chimiques et physiologiques sur les os. Par A. MILNE-EDWARDS. — *Paris*, 1860. — 6° Considérations anatomiques et physiologiques sur les glandes sudorifères. Par H. DEMONS. — *Montpellier*, 1862. — 7° Des glandes sébacées considérées en anatomie, en physiologie et en pathologie. Par J.-W. GÉRAUDIE. — *Paris*, 1859. — 8° Des conduits excréteurs des glandes sublinguale et lacrymale. — Du rôle des sinus de la face. Par P.-J. TILLAUX. — *Paris*, 1862. — 9° Etude historique et critique sur l'anatomie des cavités closes naturelles du corps humain. Par Aug. CROUILLEBOIS. — *Strasbourg*, 1861. — 10° Anatomie philosophique. Conformation osseuse de la tête chez l'homme et les vertébrés. Par C. BERTRAND. — *Montpellier*, 1862. — 11° Etudes sur les communications des cavités droites et gauches du cœur. Par F.-E.-M. GAUTIER DU DEFAIX. — *Paris*, 1860. — 12° Anatomie et physiologie des glandes vasculaires sanguines. Par le Dr LIÉGEOIS. — *Paris*, 1860. — 13° Recherches sur l'anatomie des fosses nasales. Par Photinos PANAS. — *Paris*, 1860. — 14° Anatomie comparée de l'appareil respiratoire dans les animaux vertébrés. Par A. LEREBOULLET. — *Strasbourg*, 1838. — 15° Considérations anatomiques sur le larynx chez l'homme et les mammifères. Par H. AUZOUX. — *Paris*, 1860. — 16° Sur quelques différences individuelles des organes respiratoires. Par J. GUILLET. — *Paris*, 1859. — 17° Des ovaires, de l'utérus; ou Quelques considérations anatomiques et physiologiques sur ces organes. Par A.-M.-A. MELEUX. — *Paris*, 1860.

CHAPITRE II. — *Physiologie.*

§ 1er. — GÉNÉRALITÉS.

§ 2. — PARTICULARITÉS : *A.* — *De la vie chez l'être humain.* — *B.* — *Des fluides animaux.*

e. — Stephani THIBAUD,... Disquisitio utrum in plantis existat principium vitale principio vitali in animalibus analogum. — *Monspelii*, 1785. — (V. *no* 2425, T. I.) — Dissertatio physiologica de humani generis varietatibus. Auct. Guillelmus-Johannes TAILLEFER. — *Monspelii*, 1783. — (V. *ibid.*, T. III.) — Tentamen physiologicum de natura et usu salivæ. Auctor Ludovicus DÉGAYE. — *Monspelii*, 1784. — (V. *ibid.*, T. III.) — Dissertatio physiologica de sanguine. Auctor Petrus BUTINI. — *Genevæ*, 1783. — (V. *ibid.*) — Dissertatio anatomico-physiologica de lactificatione. Auct. F.-G.-L. FRAISSE. — *Biterris*, 1783. — (V. *ibid.*)

cc. — Généralités sur la physiologie... Par Alf. VELPEAU. — *Paris*, 1831. — (V. *no* 2426, T. I.) — Thèses sur les généralités de la physiologie... Par le Dr GUÉRIN DE MAMERS. — *Paris*, 1831. — (V. *ibid.*) — Essai sur l'habitude. Par F. CECCALDI. — *Paris*, 1830. — (V. *ibid.*, T. III.) — Recherches sur le sérum du sang ; et Exposé d'une nouvelle théorie de la nutrition. Par J.-B. SCELLE-MONTDÉZERT. — *Paris*, 1830. — (V. *ibid.*, T. V.) — Identité du fluide nerveux et du fluide électrique. Par I.-B. DAVID. — *Paris*, 1830. — (V. *ibid.*, T. VII.)

2428. — (In-4 contenant :)

1o Plan raisonné d'un cours de physiologie. Par J.-M.-A. GOUPIL. — *Strasbourg*, 1834. — 2o Appréciation des progrès que l'anatomie et la physiologie comparées ont fait faire à la physiologie humaine. Par J.-F. RAMEAUX. — *Strasbourg*, 1837. — 3o Appréciation des progrès que la physique et la chimie ont fait faire à la physiologie. Par F.-A.-A. POUJOL. — *Strasbourg*, 1837.

(S.), 2458-19. — Bertrand de S. Sulpice, I. — Besnard, 2459-15. — Bessières (A.-F.-E.), 2424-10. — Bessières (M.-A.-F.-L.), II. — Beuzelin, 2437-21. — Bidault, 2440-9. — Bidot-Peyret, h. — Biebuyck, 2476-17. — Biessy, q. — Bièz, 2447-50. — Bigot, 2445-27. — Billard, o. — Billière, 2476-4. — Bioves, hh. — Birotheau, pp. — Bisson, 2458-10. — Bizarelli, 2473-3. — Blache, bb. — Blachez, 2446-14. — Blaincourt, akk. — Blanc (A.-S.), 2475-5. — Blanc (H.), 2459-17. — Blanc (J.-A.), m. — Blanchard, 2447-53. — Blanche, 2453-20. — Blandin, ab. — Blavette, 2452-31. — Bley, 2469-16. — Bleynie, hh. — Blondeau, yy. — Blondeaux, 2462-7. — Blondet, 2459-7. — Bodereau, 2473-9. — Bodey, hh. — Bodez, 2465-10. — Bodier, 2444-10. — Bodin (C.-L.), 2457-5. — Bodin (P.-E.), ll. — Boecking, o. — Bœll, 2480-17. — Bœrsch, 2456-1. — Boisdon, 2431-1. —

4º Du mouvement organique et de la synthèse animale. Par J.-B. DEHOUX. — *Paris*, 1861. — 5º Etude raisonnée des phénomènes de la vie. Par Ch. DELAHOUSSE. — *Strasbourg*, 1860. — 6º Des caractères distinctifs de l'espèce humaine. Par J.-B. ROUSSEAU, né à Genouillac [Creuse]. — *Paris*, 1859.

7º Des mouvements des liquides dans l'organisme humain. Par A. LEREBOULLET. — *Strasbourg*, 1846. — 8º De l'agent électrique dans la matière organisée et dans l'homme en particulier. Par A.-D. GUILLIER. — *Paris*, 1859. — 9º Du sang, de ses fonctions, et plus particulièrement de l'importance de ce fluide considéré comme excitateur de l'action nerveuse. Par Cam. KUHN. — *Paris*, 1861. — 10º De l'action du courant électrique sur les matières albuminoïdes du sang. Par Edm. MORIN,.... — *Paris*, 1861. — 11º De l'examen chimique des urines. Par P.-H. MENNEHAND. — *Strasbourg*, 1859.

C. — Fonctions de nutrition. — D. — Fonctions de relation.

d. — Dissertationes physiologicæ de alimentorum digestione. Auctor J.-J. LACRABÈRE. — *Monspelii*, 1785. — (V. nº 2425, T. III.) — L.-B. ASTOUD dissertatio physiologica de digestione. — *Avenione*, 1783. — (V. *ibid.*) — Dissertatio physiologica de digestione. Auctor Ph.-A. ROULLIER. — *Monspelii*, 1785. — (V. *ibid.*) — Animadversiones quædam circa respirationem et calorem animalem. Auctor J.-J. AUDIRAC. — *Monspelii*, 1786. — (V. *ibid.*) — Dissertatio physiologica an solis nervis sensibilitas? Auct. L. BADOU, ex urbe Bellaco. — *Monspelii*, 1784. — (V. *ibid.*) — Tentamen physiologicum (de visu), auct. P.-J.-M. VIGAROSY. — *Monspelii*, 1783. — (V. *ibid.*) — Dissertatio physiologico-pathologica de somno. Auct. J. CURSACH. — *Monspelii*, 1784. — (V. *ibid.*)

dd. — Influence des aliments sur les sécrétions. Par Ch.-A. MOSMANT. — *Paris*, 1830. — (V. nº 2426, T. V.) — Sur le mérycisme et la digestibilité des aliments. Par F. CAMBAY. — *Paris*, 1830. — (V. *ibid.*, T. VIII.) — Nouvelles recherches physiologiques sur les causes de la circulation veineuse. Par J -F. COUDRET. — *Paris*, 1830. — (V. *ibid.*, T. III.) — Des sources intérieures de la chaleur animale et de leur influence sur les divers phénomènes de la vie. Par E. RUFFIN. — *Paris*, 1830. — (V. *ibid.*, T. VIII.) — Num a pathologicis observationibus confirmata vel infirmata sunt de nervosi systematis functionibus physiologicorum experimenta?... Auct. A. GUÉRARD. — *Parisiis*, 1829. — (V. *ibid.*, T. I.) — Recherches expérimentales sur la formation des images au fond de l'œil. Par V. ROCHE, de Saint-Junien [Haute-Vienne]. = *Paris*, 1830. = (V. *ibid.*, T. VII.) — Propositions physiques, anatomiques et physiologiques sur la voix et son mécanisme dans le chant de l'homme et des oiseaux. Par J.-B.-Prosper BRUN-SÉCHAUD, de Chalus [Haute-Vienne]. — *Paris*, 1831. — (V. *ibid.*, T. X.)

2429. — (In-4 contenant :)

1º Du rôle physiologique des principes immédiats alimentaires. Par Cl.-J. CARNET. — *Paris*, 1861. — 2º Du mécanisme par lequel les matières alimentaires parcourent leur trajet de la bouche à l'anus. Par E.-A. LAUTH,... — *Strasbourg*, 1833. — 3º Etude de l'absorption gastro-intestinale. Par J. DE SEYNES. — *Montpellier*, 1860. — 4º Du rôle physiologique du chlorure de sodium. Par E. SÉRIZIAT. — *Strasbourg*, 1860. = 5º Essai sur le vomissement. Par F.-J. BORD. — *Paris*, 1861. — 6º Etudes sur les substances grasses considérées à l'état normal et à l'état pathologique. Par C. TAILHEFER. — *Montpellier*, 1860. — 7º Des fonctions chimiques du foie. Par P. SCHÜTZENBERGER. — *Strasbourg*, 1860. — 8º Ligature de la veine porte; persistance de la sécrétion biliaire. Par E.-A. CHASSAGNE. — *Strasbourg*, 1860. — 9º Recherches sur la circulation du sang à l'état physiologique et dans les maladies. Par E.-J. MAREY. = *Paris*, 1859. — 10º Etudes sur la circulation dans certains états physiologiques et pathologiques. Sa vitesse étudiée à l'aide d'un nouvel hémodromomètre. Par L. LAROYENNE. — *Paris*, 1860. —11º Du mécanisme des mouvements de la respiration, considéré indépendamment des changements que subissent l'air et le sang dans le poumon. Par P. MALLE. — *Strasbourg*, 1833. — 12º Recherches microscopiques sur la circulation du sang et le système vasculaire sanguin, dans le canal digestif, le foie et les reins. Par L.-C. BOULLAND, né à Limoges. = *Paris*, 1849. — 13º Influence mécanique de la respiration sur la circulation et sur certains organes. Par L.-P. FRAPPIER. — *Paris*, 1859. — 14º De la chaleur animale. Par J.-N. SAMPOLO. — *Paris*, 1861. — 15º Sur la physiologie du cervelet. Par A. BOURILLON, né à Aubusson [Creuse]. — *Paris*, 1861. — 16º Du crâne et de l'encéphale dans leurs rapports avec le développement de l'intelligence. Par P.-L. CHAVASSIER. — *Paris*, 1861. — 17º De la vision distincte à des distances variables au point de vue physiologique et au point de vue pathologique. Par J.-A. MAURIZOT. — *Paris*, 1861. — 18º Des théories de l'accommodation de l'œil aux différentes distances. Par F. DESLÉONET, né à Jabreilles [Haute-Vienne]. — *Paris*, 1861.

E. — Fonctions relatives à la reproduction et au développement de l'espèce.

e. — De catameniis generatim sumptis. Auct. G.-G. PRAVAZ. — *Monspelii*, 1785. — (V. nº 2425, T. III.) — Animadversiones nonnullæ physiologicæ circa generationem. Auct. J.-C. ESTRIBAUD DE GAURÉ. — *Monspelii*, 1783. — (V. *ibid.*) — Quæstio physiologica fierine potest conceptio sine coitu? Auct. J.-B.-J.-Æ. LODIN DE LÉPINAY. — *Monspelii*, 1784. — (V. *ibid.*, T. I.) — Dissertatio physiologica utrum ab accumulatione sanguinis in corpore cavernoso penis erectio? Auct. P.-J. GUILLONNEAU. — *Monspelii*, 1786. — (V. *ibid.*, T. III.) — Tentamen thesiforme de longævitate. Auct. F. DU PRÉ. — *Monspelii*, 1785. — (V. *ibid.*, T. I.)

ee. — Proposition sur le tempérament de la femme, sur sa menstruation et sur son âge critique. Par S.-V.-A. NAVET. — *Paris*, 1830. — (V. nº 2426, T. X.) — Dissertation sur les âges. Par R.-P.-M.-D. MORTAGNE. — *Paris*, 1830. — (V. *ibid*, T. VI.) — Dissertation sur les tempéraments. Par J.-B.-A. PERRET. — *Paris*, 1830. — (V. *ibid.*, T. II.) — Quæ sint viabilitatis conditiones. Auct. A. VIDAL. — *Parisiis*, 1829. — (V. *ibid.*, T. I.)

2450. — (In-4 contenant :)

1º De la menstruation en physiologie et dans ses rapports avec la puberté et quelques maladies de cet âge. Par L. GAGNARD. — *Paris*, 1860. — 2º Quelques considérations sur la puberté chez la femme et sur la ménopause. Par J. LABORDE. — *Paris*, 1860. — 3º De la menstruation et de la ménopause au point de vue de la physiologie et de l'hygiène. Par M.-G.-L. CHÉNEAUX. — *Paris*, 1859. — 4º De la fécondation. Par Ed. BRUCH. — *Strasbourg*, 1860. — 5º Influence de l'érection utéro-tubaire sur le mécanisme de l'introduction du sperme dans les organes génitaux internes de la femme. Par Alb. DUCELLIEZ. — *Strasbourg*, 1861. — 6º De la métamorphose des organes et des générations alternantes dans la série animale et dans la série végétale. Par P. GERVAIS. — *Montpellier*, 1860. — 7º Quelques mots sur la génération équivoque des animaux infusoires. Par E. VIGOUROUX. — *Paris*, 1861. — 8º Considérations générales sur les âgés. Par F. ESTÈVE. — *Paris*, 1859. — 9º Etude sur les tempéraments. Par L. SURDUN. — *Montpellier*, 1860.

CHAPITRE III. — *Hygiène*.

§ 1er. — HYGIÈNE PUBLIQUE ET PRIVÉE.

r. — L'influence du climat sur l'espèce humaine. Essai physiologique. Par M. T**** (TAILLEFER). Seconde édition. — *Montpellier*, 1783. — (V. nº 2425, T. III.)

rr. — Considérations pratiques sur quelques points de l'hygiène. Par A. FOLLET. — *Paris*, 1830. — (V. nº 2426, T. II.) — Essai sur les influences de l'air humide sur l'homme. Par P.-H. GALICIER. — *Paris*, 1830. — (V. *ibid.*, T. VII.) — De l'influence des émanations marécageuses sur l'économie animale. Par C.-A. BONNEAUD. — *Paris*, 1830. — (V. *ibid.*, T. III.) — Des principales précautions à prendre pour se garantir des fièvres intermittentes. Par M.-H. BOURSAULT. — *Paris*, 1830. — (V. *ibid.*, T. IX.) — Quelques considérations sur les pays de montagnes. Par J.-P.-A. DESERIN. — *Paris*, 1830. — (V. *ibid.*, T. V.) — Considérations hygiéniques médicales sur la colonie du Sénégal et sa garnison. Par J.-B. BAX. — *Paris*, 1830. — (V. *ibid.*, T. III.)

2451. — (In-4 contenant :)

1º Des effets produits sur l'organisme par les miasmes animaux non contagieux. Par A. BOISDON. — *Paris*, 1861. — 2º Action de l'air comprimé sur l'économie humaine. Par E. BUCQUOY. — *Strasbourg*, 1861. — 3º De l'eau considérée surtout au point de vue de l'hygiène. Par H.-A. COURTOIS. — *Paris*, 1860. — 4º Etude chimique des eaux potables de la ville de Montpellier. Par E. ROUSSET. — *Montpellier*, 1862. — 5º Étude générale des eaux potables, suivie d'une application particulière aux eaux de source de la ville de Narbonne. Par A. GAUTIER. — *Montpellier*, 1862. — 6º Des poussières: leur influence sur la santé, spécialement sur les fonctions respiratoires. Par F. BARRAUD. — *Paris*, 1860. — 7º De l'action physiologique et pathologique des climats chauds sur l'homme. Par H. BEAUVILLE CLAVERIE. — *Paris*, 1859. — 8º Quelques considérations sur l'acclimatation dans les pays chauds. Par C.-J. CARRÉ. — *Paris*, 1862. — 9º Des climats de la zône tropicale. Influence de ces climats sur les Européens. Par P.-A. GASTON. — *Montpellier*, 1862.

10º Relation médicale de la campagne de la corvette *l'Artémise* en Islande [1857]. Par A.-A.-M. JACOLOT. — *Paris*, 1861. — 11º Relation médicale de deux voyages d'émigration de l'Inde aux Antilles françaises, en 1858, 1859, 1860. Par Ch. DANGAIX. — *Paris*, 1860. — 12º Relation médico-chirurgicale de la campagne de la corvette à vapeur *le Catinat*, pendant les années 1855-60, dans les mers de l'Inde, de la Chine et de l'Indo-Chine. Par P.-F. DUMAY. — *Montpellier*, 1861. — 13º Relation médicale du voyage de *la Persévérante* dans l'océan Pacifique de 1855 à 1858. Par R. LE ROY. — *Paris*, 1860. — 14º Journal médical de la corvette *la Thisbé* pendant les années 1858-61. Station de l'océan Pacifique. Par A.-A. LACROIX. — *Montpellier*, 1861. — 15º Relation médicale d'une campagne sur la côte orientale d'Afrique et dans la mer Rouge, à bord du brick de guerre *le Génie*, années 1857-59. Par L.-J. ORABONA. — *Montpellier*, 1860.

16º Essai sur l'état hygiénique de quelques départements du nord considérés spécialement sous le rapport de leurs campagnes. Par L.-R.-B. HONGRE. — *Strasbourg*, 1859. — 17º Esquisse sur Marseille au point de vue de l'hygiène. Par S.-E. MAURIN. — *Montpellier*, 1861. — 18º Le climat de la Savoie sous le rapport hygiénique et médical. Par J.-C. PORTE. — *Paris*, 1861. — 19º Considérations hygiéniques et pathologiques sur le Sénégal. Par H. DUPRAT. — *Paris*, 1860. — 20º Essai sur la topographie hygiénique et médicale de la Nouvelle-Calédonie. Par V. DE ROCHAS. — *Paris*, 1860.

§ 2. — Hygiène privée.

g. — Jacobi GIBERT DE BOUZIG tentamen hygieticum de utilitate frictionum. — *Monspelii*, 1786. — (V. *n° 2425*, T. III.) — Questio ex hygieine an puerorum instituenda foret infibulatio? Auct. J.-M. DUMONT. — *Monspelii*, 1786. — (V. *ibid.*) — Tentamen hygiasticum de usu rerum non naturalium senili servandæ sanitati applicando. Auct. P.-C. VACQUIÉ. — *Monspelii*, 1785. — (V. *ibid.*) — J.-L. DHAUBRECH, Tutelensis apud Lemovicenses... De sanitate litteratorum servanda et restituenda. — *Monspelii*, 1783. — (V. *ibid.*, T. II.) — Dissertatio medica de sanitate militum servanda. Auct. D.-P.-M. WATON. — *Monspelii*, 1786. — (V. *ibid.*)

gg. — Influence des moyens fournis par l'hygiène sur les progrès de la convalescence. Par J. HAXO. — *Paris*, 1830. — (V. *n° 2426*, T. VI.) — Du régime alimentaire considéré dans l'état de santé. Par A.-J.-L.-E. BOUTAN. — *Paris*, 1830. — (V. *ibid.*, T. V.) — De l'utilité des bains considérés sous le rapport hygiénique et sous le rapport médical. Par C.-S. DUMAY. — *Paris*, 1830. — (V. *ibid.*, T. III.) — Dissertation médico-philosophique sur la continence. Par C.-F. ANDREVETAN. — *Paris*, 1830. — (V. *ibid.*, T. IX.) — Dissertation sur l'hygiène des femmes enceintes. Par J.-B.-G.-H. BOUYER. — *Paris*, 1830. — (V. *ibid.*, T. II.) — Même sujet. Par Léon-Paul BOUIS. — *Paris*, 1830. — (V. *ibid.*, T. V.) — Dissertation sur l'hygiène de la femme après l'accouchement. Par A.-L. GOUVILLE. — *Paris*, 1830. — (V. *ibid.*, T. VII.) — Essai sur la conduite que doit tenir un médecin attaché à une maison d'éducation, ou Règles d'hygiène applicables aux colléges, séminaires, etc. Par A.-A. BOURJOT. — *Paris*, 1830. — (V. *ibid.*, T. II.) — Essai sur les avantages de la gymnastique pour l'éducation physique et morale des jeunes gens. Par M.-E.-G. PAIMPAREY. — *Paris*, 1830. — (V. *ibid.*) — Essai sur l'hygiène des vieillards. Par L. LAUTOUR-VAUXHÉBERT. — *Paris*, 1830. — (V. *ibid.*, T. VII.)

2432. — (Hygiène du corps. Hygiène alimentaire. Hygiène des sexes. — In-4 contenant :)

1° Du mouvement et du repos ; de l'influence qu'exerce la

---

vie sédentaire sur la santé. Par T.-A. BAUCHET. — *Paris*, 1859. —
2º Fragments d'hygiène prophylactique. [Fonctions génératrices, fonctions de mouvement.] Par Philémon RASTOUL. — *Montpellier*, 1862. — 3º De l'influence des exercices physiques sur les fonctions digestives. Par L.-E.-S. VAUTHRIN. — *Paris*, 1860. — 4º De la pisciculture dans ses rapports avec l'alimentation publique. Par J.-C. ROUGON. — *Paris*, 1861. — 5º Du café. Par J. JOMAND. — *Paris*, 1860. — 6º Du café en hygiène et en thérapeutique. Par Th. CHICOU, né à Donzenac [Corrèze]. — *Paris*, 1859. — 7º Des alcooliques et de leurs abus. Par A.-G. MARCAÏLHOU D'AYMERIC. — *Montpellier*, 1861. — 8º Du tabac. Par A.-L. PRUDENT. — *Paris*, 1859. — 9º Du tabac et de ses fâcheux effets. Par A.-J.-M. LÉGER. — *Montpellier*, 1860.

10º Des rapprochements sexuels dans leur rapport étiologique avec les maladies. Par A. SÉLIGNAC. — *Paris*, 1861. — 11º Quelle est l'influence des mariages consanguins sur les générations? Par A. BOURGEOIS. — *Paris*, 1859. = 12º Essai sur l'hygiène des femmes enceintes. Par O. MAHOUX. — *Montpellier*, 1861.

2453. — (Hygiène des âges. Hygiène navale. — In-4 contenant :)

1º Quelques considérations générales sur l'éducation naturelle physique des enfants depuis la naissance jusqu'à l'adolescence. Par A. VERCHÈRE. — *Paris*, 1860. — 2º Considérations sur l'hygiène de la première enfance. Par E. LLORACH. — *Paris*, 1859. — 3º Hygiène de la première enfance. Par A.-M. GENÉE. — *Paris*, 1860. — 4º Même sujet. Par E.-M. DELPECH. — *Paris*, 1861. — 5º Même sujet. Par L.-B. PRÉVOST. — *Paris*, 1861. — 6º Même sujet. Par A. PLÛ. — *Paris*, 1861. — 7º Hygiène du premier âge. Des soins que réclame l'enfant depuis la naissance jusqu'après le sevrage. Par C.-G. BARRÉ. — *Pari*, 1861. — 8º De l'hygiène des nouveau-nés. Par P.-J.-M. COFFEC. — *Paris*, 1861. — 9º De l'alimentation de la première enfance et du rachitisme. Par T.-A. DESCHAMPS. — *Paris*, 1859. — 10º Alimentation des enfants en bas-âge, sevrage, soins hygiéniques. Par E. JOUSSELIN. — *Paris*, 1860. — 11º De la lactation et de l'allaitement. Par H.-A.-A. BONHOMME. — *Paris*, 1859. — 12º Des divers modes d'allaitement. Par C.-L. BOUTS. — *Paris*, 1859. — 13º De l'allaitement maternel. Par C.-M.-C. DEPREZ. — *Paris*, 1859. — 14º De l'allaitement et de sa durée. Par J.-A. SOUDAN.

— *Paris*, 1859. — 15º De l'allaitement. Par A.-A. PROVOST. — *Paris*, 1860. — 16º Quelques considérations sur l'allaitement. Par A. SARROUY. — *Montpellier*, 1861. — 17º De l'allaitement. Par C. LÉTELLIER. — *Paris*, 1861. — 18º De l'influence immédiate des émotions morales de la nourrice sur la santé des enfants à la mamelle. Par V.-G. SOUS. — *Paris*, 1859. — 19º Considérations sur l'hygiène du sevrage. Par C.-M.-J. GUICHET. — *Paris*, 1861. — 20º De l'éducation au point de vue hygiénique. Par J.-P. DEFERT. — *Paris*, 1861.

21º Le matelot. Esquisse d'hygiène nautique. Par E. LAUVERGNE. — *Montpellier*, 1862. — 22º Observations hygrométriques faites à bord de la frégate cuirassée *la Gloire*, et déductions d'hygiène navale. Par N. HUILLET. — *Montpellier*, 1862.

§ 3. — HYGIÈNE PUBLIQUE ET POLICE MÉDICALE.

2454. — (In-4 contenant :)

1º Appréciation des progrès de l'hygiène publique depuis le commencement du dix-neuvième siècle. Par J.-F. RAMEAUX. — *Strasbourg*, 1839. — 2º Quelques mots sur l'hygiène du camp de Chalons. Par C.-E. MAJESTÉ. — *Strasbourg*, 1860. — 3º De l'encombrement, souvenirs de deux hivers passés en Crimée, 1854-55, 1855-56. Par E. MANÇAIS. — *Montpellier*, 1860. — 4º De quelques mesures prophylactiques à opposer sur les navires de l'Etat à l'encombrement, cause essentielle du typhus. Par L. BÉRENGER-FÉRAUD. — *Montpellier*, 1860. — 5º Considérations sur l'hygiène des diverses professions maritimes à bord des navires. Par H.-H.-R. QUERMELEUC. — *Paris*, 1860. — 6º La Guyane et ses établissements pénitentiaires. Par E. MICHAUX. — *Paris*, 1860. — 7º Hygiène des habitations privées. Par J.-A.-J.-L. PONDEVEAUX. — *Paris*, 1861. — 8º Des quarantaines. Par P.-E. NANSOT. — *Paris*, 1859.

CHAPITRE IV. — *Pathologie*.

§ 1er. — PRÉLIMINAIRES, GÉNÉRALITÉS ET MÉLANGES. — § 2. — PATHOLOGIE GÉNÉRALE.

h. — Quæstio medica, an existere possit in humoribus acrimonia... Auctor Joannes ROUDIER. — (*Monspelii*, 1786.) — (V *n*º 2425, T. I.) — Dissertatio medica de febre in universali. Auctor Petrus BIDOT-PEYRET. — *Monspelii*, 1785. = (V. *ibid.*, T. II.) — Tentamen medicum de febre in genere, atque medica... Auctor G.-J.-B.-F DARBON. = *Monspelii*, 1786. — (V. *ibid.*, T. I.) — Dissertatio medica de uromantium vanitate... Auctor P.-F.-M.-D. GUILLEMARDET. — *Monspelii*, 1784. — (V. *ibid.*, T. II.)

hh. — Dissertation sur la pathologie générale et la thérapeutique. Par C.-E.-A. BOUSSON. — *Paris*, 1830. = (V. *n*º 2426, T. II.) — Quelques propositions de pathologie générale. Par L.-J.-F. DELASIAUVE. = *Paris*, 1830. — (V. *ibid.*, T. VIII.) — Propositiones medico-practicæ ac philosophicæ... Auct. Ph. HUTIN. = *Parisiis*, 1830. = (V. *ibid.*, T. IV.) — Propositions sur divers points de pathologie. Par J. BODEY. — *Paris*, 1830. — (V. *ibid.*, T. X.) — Propositions de médecine... Par E. BROUARD. — *Paris*, 1830. — (V. *ibid.*, T. IV.) — Propositions de médecine. Par M.-C. PERRIN. — *Paris*, 1830. = (V. *ibid.*, T. VIII.) — Essai sur quelques points de médecine sous la forme de propositions. Par J.-M. MARTIN. — *Paris*, 1830. = (V. *ibid.*, T. VII.) — Propositions de médecine. Par Ph.-G. BIOVES. = *Paris*, 1830. = (V. *ibid.*, T. IX.) — Propositions sur quelques points de médecine. Par J.-M.-A. FERRIEZ. — *Paris*, 1830. = (V. *ibid.*) — Quelques propositions de médecine pratique et d'anatomie pathologique, d'après les principes de l'hippocratisme moderne. Par A.-P. BLEYNIE, docteur en médecine,... ancien proséteur du cours d'accouchements de M. le docteur Ozenne. = *Paris*, 1833. — (V. *ibid.*, T. X.) — Propositions sur diverses parties de l'art de guérir. Par F. LEGROS. — *Paris*, 1830. = (V. *ibid.*, T. IX.) — Propositions de médecine et de chirurgie. Par P.-A. LANDON, de Limoges. — *Paris*, 1836. — (V. *ibid.*, T. X.) — Propositions de médecine et de chirurgie. Par C.-J. PIQUENOT. — *Paris*, 1830. — (V. *ibid.*, T. III.) — Quelques réflexions sur divers sujets de médecine et de chirurgie. Par J.-L.-A. BARDON, de Meymac [Corrèze]. = *Paris*, 1830. — (V. *ibid.*, T. VIII.) — Propositions de médecine et de chirurgie. Par H. MONLAUD. = *Paris*, 1830. — (V. *ibid.*, T. VII.) — Propositions de médecine et de chirurgie. Par A.-P. MARTIN. — *Paris*, 1830. = (V. *ibid.*, T. VI.) — Propositions sur différents sujets de médecine et de chirurgie. Par P.-A. GROS. — *Paris*, 1830. — (V. *ibid.*, T. X.) — Propositions de médecine et de chirurgie. Par L.-G. LEBOCEY. — *Paris*, 1830. — (V. *ibid.*, T. V.) — Propositions de chirurgie et de médecine. Par M. SAUZEAU. — *Paris*, 1830. — (V. *ibid.*, T. IX.) — Observations relatives à quelques points de

médecine et de chirurgie pratiques. Par Thadée DUJARDIN-BEAU-
METZ. — *Paris*, 1830. = (V. *ibid.*, T. III.) — Thèse... par J.-B.-Au-
guste DÉPÉRET-MURET, de Limoges. I. Quels sont les caractères et
le traitement de l'inflammation, des ulcérations et des taies de la
cornée? II. Histoire anatomique de l'amaurose. III. Des muscles
extenseurs de la colonne vertébrale. IV. Des calculs biliaires. —
Paris, 1838. — (V. *ibid.*, T. X.)

An aliquando morbi natura et therapeia in causa po'ius quam
in symptomatibus et læsionibus quærendæ? Auct. Nat. GUILLOT.
— *Parisiis*, 1829. — (V. *ibid.*, T. I.) — Quelques réflexions sur un
point d'étiologie pathologique. Par E. GOZE. — *Paris*, 1830. —
(V. *ibid.*, T. VI.) — Influence de l'imagination sur les maladies. Par
J.-M.-F. HUTIN. — *Paris*, 1830. — (V. *ibid.*, T. II.) — Considérations
pathologiques et thérapeutiques sur l'attitude de l'homme. Par
A. LACROIX. — *Paris*, 1830. — (V. *ibid.*, T. X.) — Quelques considérations générales sur la méthode d'induction appliquée à la médecine. Par N.-A. BOUCHERON. — *Paris*, 1830. — (V. *ibid.*, T. VI.) =
Analyse des phénomènes de l'état fébrile. Par L.-F. DUPRÉ. =
Paris, 1830. — (V. *ibid.*, T. VIII.) — An a primitiva solidorum
læsione omnis febris pendet? Auct. J. HOURMANN. — (*Parisiis*,
1823.) — (V. *ibid.*, T. I.) — Des sympathies morbides et des phéno-
mènes secondaires dans les maladies. Par J.-M.-A. MICHEL. —
Paris, 1830. — (V. *ibid.*, T. VI.) — Quelques considérations sur la
convalescence. Par F.-A. GRÉZEAU. — *Paris*, 1830. — (V. *ibid.*,
T. VIII.) — Quels sont les caractères des maladies spécifiques?
Quelles sont les indications thérapeutiques qu'elles présentent?
Par A. DALMAS. — *Paris*, 1833. — (V. *ibid.*, T. I.)

2455. — (Pathologie générale, étiologie, nosologie,
séméiotique. — In-4 contenant :)

1o De la mort subite. Par J.-J. BONIN. — *Paris*, 1861. — 2o De la
synthèse pathologique. — Considérations de pathologie générale à
propos de dermatologie. Par L. FOURNIER. — *Paris*, 1861. =
3o Dissertation sur les systèmes nosologiques et sur la nomenclature médicale. Par C.-Wright BARRINGER. — *Paris*, 1860. = 4o Des
séries morbides. Par Alfred LUTON. — *Paris*, 1859. — 5o De la température animale dans quelques états pathologiques, et de ses
rapports avec la circulation et la respiration. Par E. HARDY. —
Paris, 1859. — 6o De la température du corps dans quelques états

pathologiques. Par Ch. AMIARD. — *Paris*, 1860. — 7º Recherches sur la température du corps dans les maladies. Par C. ROUGE. = *Montpellier*, 1862. — 8º De la fièvre. Par P. ARONSSOHN. = *Strasbourg*, 1859. — 9º De la fièvre. [Quelques considérations à ce sujet.] Par E. ROUJAS. — *Montpellier*, 1861. — 10º Quelques considérations sur l'élément fièvre au point de vue clinique. Par L.-L.-H. BERTRAND. — *Strasbourg*, 1862.

11º De l'intermittence morbide. Par F.-A. HARO. — *Paris*, 1860. — 12º Quelques mots sur l'intermittence, avec observations pratiques et considérations sur diverses maladies à type intermittent. Par J.-B.-A. POURCHÉ. — *Paris*, 1861. — 13º De la périodicité morbide. Par Th. LACOME. — *Montpellier*, 1860.

14º De l'asthénie dans les maladies. Par J.-A. DUPARC. — *Paris*, 1861.

15º Essai sur le faciès au point de vue pathologique. Par A. FAYOL. — *Montpellier*, 1861. — 16º De la coloration de la peau au point de vue séméiologique. Par A. RAYMOND. — *Paris*, 1859.

17º De quelques altérations de l'urine dans les maladies aiguës et de leur valeur séméiologique. Par Ph. DURANTE. — *Paris*, 1862. — 18º De l'urine et de ses principales altérations au point de vue pathologique. Par Th. SAMBUC. — *Montpellier*, 1860. — 19º De l'albuminurie comme symptôme dans les maladies. Par Ch.-C. HUE. — *Paris*, 1859. — 20º De l'albuminurie. Par P. LORAIN. — *Paris*, 1860. — 21º Considérations sur les urines albumineuses. Par F. MERVIEL. — *Strasbourg*, 1861.

22º Des crises en général, et plus particulièrement du ptyalisme critique. Par J. HEYLLES. — *Montpellier*, 1860.

23º De l'importance du diagnostic élémentaire au point de vue thérapeutique. Par L.-J.-O. CANOLLE. — *Montpellier*, 1861.

24º De la mort apparente. Par J. PARROT. — *Paris*, 1860.

§ 3. — PATHOLOGIE SPÉCIALE.

A. — *Pathologie et Clinique médicales.*

1· Généralités. — 2· Clinique et Statistique médicales. — 3º Mélanges. — 4º Maladies des sexes. — 5º Maladies des âges. — 6 Maladies des conditions.

1. — Quæstiones medicæ sex... quas... propugnabit... J.-M. JAUBERT. — *Monspelii*, 1784. — (V. nº 2425, T. I.) — Quæstiones medicæ

sex... quas... propugnabit... F.-St. TABARY. — *Monspelii*, 1784. — (V. *ibid.*) — Quæstiones medicæ sex... quas... propugnabit... N.-A. JAUBERT. — *Monspelii*, 1784. — (V. *ibid.*)

Tentamen medicum circa præcipuos infantium morbos. Auct. J.-J. GOUT. — *Monspelii*, 1785. — (V. *ibid.*) — Tentamen medicum de dentitione. Auct. J. BAJOLLET. — *Monspelii*, 1784. — (V. *ibid.*)

ii. — Propositions sur le tempérament de la femme, sur sa menstruation et sur son âge critique. Par S.-V.-A. NAVET. — *Paris*, 1830. — (V. *no* 2426, T. X.) — Dissertation sur la ménaphanie, ou la non-apparition des menstrues chez les filles pubères. Par F.-A.-H. LIÉBEAUX. — *Paris*, 1830. — (V. *ibid.*, T. IX.) — Dissertation sur l'aménorrhée, ou suppression accidentelle des menstrues. Par D.-E. PEFFAULT DE LATOUR. — *Paris*, 1830. — (V. *ibid.*, T. V.) — Essai sur l'aménorrhée ou suppression du flux menstruel. Par L.-E. SOYER. — *Paris*, 1831. — (V. *ibid.*, T. X.) — Dissertation inaugurale sur l'agénésie, l'impuissance et la dysgénésie. Par F.-G. DUMONT. — *Paris*, 1830. — (V. *ibid.*, T. VIII.)

Quelques réflexions sur la colique métallique et son traitement. Par A.-M. MOULION. — *Paris*, 1830. — (V. *ibid.*, T. VII.)

2456. — (Mélanges de pathologie médicale. Maladies des sexes, des âges, des conditions. — In-4 contenant :)

1o Compte-rendu du concours pour la chaire de clinique interne à la Faculté de médecine de Strasbourg. (Par Ch. BŒRSCH. — *Strasbourg*, 1836.) — 2o Résumé clinique d'un service de fiévreux à l'hôpital militaire de Strasbourg pendant l'année 1861. Par J.-T.-H. CENAC. — *Strasbourg*, 1861. — 3o Esquisses cliniques recueillies dans le service de M. le professeur Schutzenberger. Par H.-V.-A. SOMMEILLIER. — *Strasbourg*, 1861.

4o De la stérilité chez la femme. Par L.-P. PLANTIER. — *Paris*, 1860. — 5o De la stérilité considérée chez la femme. Par G.-V.-L. CONSTANTIN. — *Montpellier*, 1862. — 6o De la ménopause [âge critique]. Par G-A. PLIHON. — *Paris*, 1859. — 7o Même sujet. Par J. LAUGIER. — *Montpellier*, 1861.

8o Études premières sur les maladies des âges. Par J.-B. DEREINS. — *Paris*, 1860. — 9o De quelques points de pathologie chez les enfants nouveau-nés et chez les jeunes animaux de l'espèce

---

2455-14. — Dupierris, 2477-6. — Dupont, 2477-29. — Dupourqué, 2444-4. — Duprat, 2451-19. — Du Pré (F.), c. — Dupré (L.-F.), bb. — Dupuich, ag. — Dupuis (C.), 2461-46. — Dupuis (L.-H.), 2471-14. — Duran (A.), 2469-2. — Durand (C.), ak. — Durand (C.), pf. — Durand (H.-J.), 2455-26. — Durand (J.-S), 2446-21. — Durante, 2455-17. — Dutil, 2446-1. — Dutrey, 2459-18. — Duval (F.-J.), 2465-17. — Duval (H.-L.-F.), xx.

E. — Eichinger, 2470-11. — Elisabeth, 2458-6. — Emeric, t. — Eymery (A.), 2470-19. — Emery (F.), 2466-5. — Emery-Desbrousses, 2458-13. — Engel, 2480-1. — Enguehard, H. — Esmelin, al. — Esmenard, 2468-12. — Esparbès, 2473-2. — Estève, 2430-8. —

bovine. Par A.-M. HUE. — *Paris*, 1861. — 10° De la mort apparente des nouveau-nés. Par E.-V. NICOULLAUD. — *Strasbourg*, 1859. = 11° De la première dentition et des accidents qui accompagnent l'éruption. Par A.-S. PRUDHOMME. — *Paris*, 1860. — 12° De l'éruption des dents et des accidents qu'elle produit. Par C. RAMEAU. — *Paris*, 1859. — 13° Des maladies de croissance. Par R. REGNIER. — *Paris*, 1860.

14° Considérations sur quelques maladies saturnines. Par C.-T.-C. PAUL. — *Paris*, 1861. = 15° De la colique de plomb. Par Ch. AYMÉ. — *Paris*, 1860. — 16° Essai sur la colique de plomb observée dans une mine d'Algérie. Par H. CHAUVIN. — *Strasbourg*, 1860. — 17° De l'intoxication mercurielle. Par M.-H.-L. BRESSON. — *Strasbourg*, 1860. = 18° De l'intoxication par l'emploi du nitrate acide de mercure chez les chapeliers. Par A. CHEVALLIER. — *Paris*, 1860. — 19° Des accidents produits par les papiers peints au vert arsenical. Par V.-P. FLAMENT. — *Strasbourg*, 1861. = 20° Recherches sur les causes de la mortalité des tailleurs de pierres et sur les moyens de la prévenir. Par L. BELTZ. — *Strasbourg*, 1862.

7° Maladies héréditaires. — 8° Maladies chroniques. — 9° Diathèses et Cachexies.

j. — Animadversiones nonnullæ circa morbos chronicos... Auct. P. VERNET. = *Monspelii*, 1784. — (V. *n°* 2425, T. I.) — Tentamen medicum de scorbuto... Auct. F. RENCUREAU. = *Monspelii*, 1786. = (V. *ibid.*) — Tentamen medicum de lue venerea... Auct. J. DETCHEVERS. = *Monspelii*, 1786. — (V. *ibid.*) — Dissertatio medica de lue venerea... Auct. J.-M. PARIAT DE CYVEN. = *Monspelii*, 1785. — (V. *ibid.*, T. II.) — De lue venerea... Auct. J.-A. BONHOMME. = *Monspelii*, 1786. — (V. *ibid.*) = Dissertatio medica de rheumatismo... Auct. B. PICARD. — *Monspelii*, 1786. — (V. *ibid.*) — L.-J.-F.-A. ROBERT... de lumbagine. = *Monspelii*, 1783. — (V. *ibid.*) — De podagra... Auct. D.-J. GALLO. — *Monspelii*, 1785. = (V. *ibid.*, T. I.) — De podagra regulari et exquisita... Auct. C.-C. BOY. = (*Monspel.*, 1786.) = (V. *ibid.*, T. II.)

jj. — An antiquorum vel recentiorum quorumdam doctrina de diathesibus comprobanda? An in curandis morbis observanda?... Auct. O.-P. MAILLY. = *Parisiis*, 1829. — (V. *n°* 2426, T. I.) — Obser=

---

vations et propositions sur la syphilis. Par F. ASSELIN. — *Paris,* 1830. — (V. *ibid.,* T. IX.) — Même sujet. Par F.-X.-H. WELTÉ. = *Paris,* 1830. — (V. *ibid.,* T. X.) — Essai sur le scorbut. Par J. SALOMÉ. — *Paris,* 1830. = (V. *ibid.,* T. III.) — Propositions sur les scrofules. Par J.-B.-F.-J. LEBRUN. = *Paris,* 1830. — (V. *ibid.* T. VI.) — Quelques observations sur la maladie scrofuleuse. Par J.-B.-A. SUHARD. — *Paris,* 1830. — (V. *ibid.,* T. VI.) — Dissertation sur le rhumatisme. Par J.-B.-F. FONTRAY. — *Paris,* 1830. = (V. *ibid.,* T. II.) — Essai sur le rhumatisme aigu. Par V. TRAMONT. — *Paris,* 1830. — (V. *ibid.,* T. III.) — Essai sur le rhumatisme articulaire. Par J.-D. LAVAL. = *Paris,* 1830. — (V. *ibid.,* T. IX.) — Dissertation sur le rhumatisme articulaire aigu. Par F.-V. EN-GUEHARD. = *Paris,* 1830. — (V. *ibid.,* T. V.) — Dissertation sur le cancer en général. Par P.-A. VERRIER. — *Paris,* 1830. (V. *ibid.,* T. X.) — Observations sur le squirrhe et le cancer. Par G. POISSON. — *Paris,* 1830. — (V. *ibid.,* T. VIII.)

2457. — (Maladies héréditaires. Maladies chroniques. Syphilis. Maladies scorbutiques. Maladies scrofuleuses. — In-4 contenant :)

1o De l'hérédité morbide. Par Ad. FILLIETTE. — *Strasbourg,* 1860. — 2o Essai sur l'hérédité et les maladies héréditaires. Par F. CROS. — *Paris,* 1861.

3o Considérations générales sur les maladies chroniques et sur quelques moyens de traitement qui leur sont applicables. Par E. MARTIN. — *Montpellier,* 1860. — 4o Etudes sur l'évolution de quelques maladies chroniques. Par E. VIBERT. — *Paris,* 1859.

5o De l'état actuel de la doctrine en syphilographie. Par Fd PÉRÈS. — *Paris,* 1860. — 6o Preuves historiques de la pluralité des affections dites vénériennes. [Hygiène et prophylaxie.] Par J.-L.-C. CHABALIER. — *Paris,* 1860. = 7o De la simultanéité des maladies vénériennes. Par Jh BASSET. — *Paris,* 1860. = 8o De la contagion syphilitique. Par J.-A. FOURNIER. — *Paris,* 1860. = 9o De l'inoculabilité de la syphilis constitutionnelle. Par J.-F. GUYENOT. = *Paris,* 1859. — 10o Recherches sur le chancre primitif et les accidents consécutifs produits par la contagion de la syphilis secondaire. Par Al. VIENNOIS. — *Paris,* 1860. — 11o Du chancre phagédénique et de son traitement. Par L. BELHOMME. — *Paris,*

1862. — 12° Du chancre phagédénique et de son traitement par le calomel à doses fractionnées. Par E. BROUSSON. — *Strasbourg*, 1862. — 13° Des accidents tertiaires et de leur traitement par l'iodure de potassium. Par Éd. CALVO. — *Paris*, 1860. — 14° Des paralysies syphilitiques. Par J. LADREIT DE LACHARRIÈRE. — *Paris*, 1861. — 15° De la syphilis dans ses rapports avec l'aliénation mentale. Par Ch. HILDENBRAND. — *Strasbourg*, 1859. — 16° De la diphthérite considérée comme accident secondaire de la syphilis. Par Th.-L. DEMAY DE GOUSTINE. — *Paris*, 1862. — 17° De la syphilis envisagée sous le rapport des mœurs orientales. Par C.-F. POYET. — *Paris*, 1860. — 18° Histoire de la syphilis des nouveau-nés et des enfants à la mamelle. Par J.-A. MANDON, né à Oradour-sur-Vayres [Haute-Vienne]. — *Paris*, 1853.

19° Du scorbut. Par A.-H. JONCOUX. — *Paris*, 1859. — 20° Nouvelle théorie sur la nature du scorbut. Par P.-A. DÉVÉ. — *Paris*, 1859. — 21° Quelques considérations sur l'étiologie et le traitement du scorbut à la mer. [Hypoplastémie de M. Piorry.] Par Oct. BEUZELIN. — *Paris*, 1859.

22° Quelques considérations sur la scrofule. Par Am. COULON. — *Paris*, 1861. — 23° De la scrofule; causes, traitement. Par Jh PETITJEAN. — *Paris*, 1861.

2438. — (Rhumatisme et goutte. — In-4 contenant :)

1° Essai sur le rhumatisme. Par J. ARDOUIN. — *Strasbourg*, 1861. — 2° Considérations sur le rhumatisme aigu. Par J.-S. MIGUÈRÉS [neveu]. — *Montpellier*, 1860. — 3° Quelques mots sur les principales manifestations du rhumatisme et particulièrement du rhumatisme cérébral. Par Ch.-É. ADAM. — *Paris*, 1860. — 4° Du siège, de la nature et du traitement du rhumatisme en général. Par J.-J. SAULGEOT. — *Paris*, 1860. — 5° Essai sur le rhumatisme aigu. Par D.-Fd BONTOUX. — *Montpellier*, 1862. — 6° Du rhumatisme articulaire ou hémitartrite. Par E. ELISABETH. — *Paris*, 1860. — 7° Du diagnostic différentiel de la goutte et du rhumatisme articulaire. Par Régulus PERSAC. — *Paris*, 1859. — 8° De quelques points du rhumatisme articulaire aigu. Par R. CRIADO. — *Paris*, 1860. — 9° Du rhumatisme articulaire aigu. Par F.-A.-É. THOMAS. — *Montpellier*, 1861. — 10° Même sujet. Par P.-É. BISSON. — *Paris*, 1861. — 11° Considérations sur le rhumatisme articulaire aigu. Par J.-J. BRUNEAU-LACAUD. — *Montpellier*, 1860. — 12° Même

titre. Par Monin [Antonin]. — *Montpellier*, 1861. — 13° Considérations sur quelques points du rhumatisme articulaire aigu. Par
E.-J.-A.-E. Eméry-Desbroussès. — *Strasbourg*, 1861. — 14° Du
rhumatisme articulaire aigu et de ses complications. Par Ern.
Labastide. — *Paris*, 1859. — 15° Du rhumatisme articulaire aigu,
de ses complications et de son traitement. Par L.-Cl. Richet. —
Paris, 1860. — 16° Du rhumatisme articulaire aigu et de son traitement. Par H. Borde. — *Paris*, 1859. — 17° Des affections qui
accompagnent le rhumatisme aigu et de celles qui le suivent. Par
H.-J. Dumont. — *Paris*, 1859. — 18° Des éruptions rhumatismales.
Par Ch. Drivon. — *Montpellier*, 1862. — 19° De la rétraction spontanée et progressive des doigts dans ses rapports avec la goutte et
le rhumatisme goutteux. Par A.-L. Menjaud. — *Paris*, 1861. —
20° Du rhumatisme blennorrhagique. Par Ch. Sordet. — *Paris*,
1859. — 21° Du rhumatisme noueux, de son traitement, en général et en particulier, par les bains arsenicaux. Par F. Vauquelin. — *Paris*, 1862.

22° De la goutte. Par P. Galtier Boissière. — *Paris*, 1859. —
23° Même titre. Par J.-A. Leraton. — *Paris*, 1859. — 24° Même
titre. Par C. Dulmet, né à La Rue près Meyssac [Corrèze]. — *Paris*,
1860. — 25° Essai sur la goutte. Par Alf. Terson. — *Montpellier*,
1861. — 26° Etudes sur les liaisons cliniques des hémorrhoïdes et
de la goutte. Par L.-A. Audain. — *Paris*, 1861.

2459. — (Affections cancéreuses et autres lésions organiques. Tubercules. Diphtérie. Diathèse purulente. —
In-4 contenant :)

1° Du cancer et de sa curabilité. Par E.-A. Buez. — *Strasbourg*,
1860. — 2° De la métastase du cancer. Par C. Bourreiff. — *Strasbourg*, 1859. — 3° Du cancroïde en général. Par Alf. Heurtaux. —
Paris, 1860. — 4° Des néoplasmes au point de vue du cancer. Par
A. Chauvin. — *Montpellier*, 1860.

5° Du tissu tuberculeux et de la tuberculisation, viciation organique et fonctionnelle. Par F. Bellanger. — *Paris*, 1859.

6° De la diptérie. Par E. Hervieux. — *Paris*, 1860. — 7° De la
nature et du traitement de l'exanthème diphthéritique. Par E.-P.
Blondet. — *Paris*, 1860. — 8° Recherches sur quelques manifestations de la diphthérite. Par H.-A. Paris. — *Paris*, 1860. — 9° De la

diphthérite cutanée et de son traitement par le chlorate de potasse. Par G.-DIETZ. — *Strasbourg*, 1862. — 10° De la diphthéroïde, ou de l'inflammation ulcéro-membraneuse, considérée à la bouche, à la vulve, à la peau, sur les plaies. Par Th. BOUSSUGE. — *Paris*, 1860. — 11° Des accidents consécutifs à la diphthérie. Par J.-B.-A. GROS. — *Paris*, 1859. — 12° De la paralysie consécutive à la diphthérie. Par H. BOUTIN. — *Paris*, 1859. — 13° De la paralysie consécutive à la diphthérie et aux maladies aiguës. Par A. REECH. — *Strasbourg*, 1861. — 14° Quelques recherches sur la diphthérite et sur le croup, faites à l'occasion d'une épidémie observée à l'hôpital des enfants en 1858. Par C.-F.-M. PÉTER. — *Paris*, 1859. — 15° Compte-rendu des faits de diphthérie observés à l'hôpital Sainte-Eugénie dans le service de M. Barthez pendant l'année 1859. Par A.-J.-C. GARNIER. — *Paris*, 1860. — 16° Relation d'une épidémie de diphthérie observée à l'hôpital des enfants pendant l'année 1859. Par F. BRICHETEAU. — *Paris*, 1861.

17° Essai sur l'infection purulente, son mécanisme, son traitement. Par H. BLANC. — *Paris*, 1861. — 18° Diagnostic différentiel de la fièvre purulente spontanée et de l'infection purulente. Par J.-J. DUTREY. — *Montpellier*, 1861.

19° Du goître exophthalmique. Par L.-O. HUARD. — *Paris*, 1861. — 20° De la cachexie exophthalmique, ou maladie de Basedow. Par CERF LEVY. — *Strasbourg*, 1861.

21° De la maladie d'Addisson. Par L.-J.-E. LAGUILLE. — *Paris*, 1859. — 22° De la peau bronzée, ou maladie d'Addisson. Par G. CHATELAIN. — *Strasbourg*, 1859. — 23° De l'état actuel de nos connaissances sur la maladie d'Addisson. Par A.-L. GOEAU-BRIS-SONNIÈRE. — *Paris*, 1860. — 24° De la cachexie bronzée. Par O. MAYET. — *Montpellier*, 1862.

10° Contagion et Maladies contagieuses. = 11° Epidémies. — 12° Constitutions médicales. = 13° Maladies endémiques.

k. — Dissertatio medica de cholera-morbo... Auct. F.-P. PINDRAY. — *Monspelii*, 1785. — (V. n° 2425, T. II.) — Dissertatio medica de cholera-morbo... Auct. J.-B. BACH. — (*Monspel.*, 1786.) — (V. *ibid.*) — ... Utrum variis anni temporibus, variæ existant humorum diatheses ex quibus erui possunt canones practici?... Auct. J.-P. DUDOY. — (*Monspel.*, 1786.) — (V. *ibid.*, T. I.)

kk. — Rapport de la commission chargée de rédiger un projet d'instruction relativement aux épidémies. (Rapport. M. DOUBLE.) — (*Paris*, 1836.) — (V. *no* 2426, T. I.) = Rapport sur les épidémies qui ont régné en France de 1830 à 1836. Par M. PIORRY. = (*Paris*, 1836.) (V. *ibid.*) — Quæstio an epidemia nuperrime observata [præsertim Lutetiæ], causis, symptomatibus et therapeia ab aliis popula-ribus morbis secernenda?... Auct. J.-C. DE FERMON. = (*Paris*), 1829. = (V. *ibid.*) — Considérations générales sur la fièvre jaune d'Amérique observée aux Antilles. Par A.-R. FRÉBOURG. = *Paris*, 1830. = (V. *ibid.*, T. VII.)

Dissertation sur le goître considéré comme endémique dans la vallée de Bigorre; précédée d'un léger Aperçu de la topographie médicale de cette contrée. Par P. DARRÉ-LARBONNE. = *Paris*, 1830. — (V. *ibid.*, T. V.)

2440. — (Contagion et maladies contagieuses. Epi-démies. — In-4 contenant :)

1o De la contagion dans les maladies. Par G. TOURDES. — *Stras-bourg*, 1834. — 2o Considérations sur l'infection et la contagion. Par G. ROLIN. — *Strasbourg*, 1860. — 3o Considérations pratiques sur les affections charbonneuses en général et sur la pustule maligne en particulier. Par D.-G.-A. GANTHERET. = *Paris*, 1859. — 4o De la pustule maligne. Par M.-F.-C. DECENCIÈRE. = *Paris*, 1861. — 5o Dissertation sur la pustule maligne. Par H. MASSINA. — *Mont-pellier*, 1862. — 6o Considérations sur les diverses maladies qui ont régné à l'armée d'Orient. Par L.-A. ROYER. = *Paris*, 1859. — 7o Re-lation médico-chirurgicale de la frégate à vapeur hôpital *le Chris-tophe-Colomb* dans la mer Noire. Variole. Typhus. Choléra. Par MICHEL [Louis]. — *Montpellier*, 1861. — 8o Étude d'histoire mé-dicale. Documents inédits sur la grande peste de 1348. [Consulta-tion de la Faculté de médecine de Paris, consultation d'un praticien de Montpellier, description de Guillaume de Machaut.] Par L.-A.-J. MICHON. — *Paris*, 1860. — 9o De la fièvre jaune. Par B.-F. BIDAULT. = *Paris*, 1859 — 10o Quelques questions sur la fièvre jaune et son diagnostic différentiel. Par Ramon DE MAZAR-REDO. — *Paris*, 1860. — 11o Sur quelques épidémies de fièvre jaune. Par L. ARCHAMBAULT. — *Paris*, 1860. = 12o De la fièvre jaune à la Guyane française pendant les années 1855, 1856, 1857, 1858. Par DANIEL [Alcide-François-Marie]. — *Montpellier*, 1860. = 13o Du typhus et de la fièvre typhoïde, précédés de la relation de deux épidémies de typhus léger [*typhus mitior*]. Par L.-P. NOEL. — *Paris*, 1859. — 14º Relation d'une épidémie de typhus observée sur quelques navires de l'escadre de la mer Noire en 1856. Par L. VILLEPRAND. = *Paris*, 1859. — 15º Du typhus observé au Frioul [lazaret]. Par A. GROZ. = *Strasbourg*, 1859. — 16º Épidémie typhoïde observée à l'hôpital Sainte-Eugénie [enfants malades] pendant l'année 1857. Étude clinique. Par J.-L.-E. MOLLAND. — *Paris*, 1859. — 17º Du typhus observé à l'hôpital des manœuvres [Constantinople], pendant la guerre d'Orient. Par F. DELANGE. — *Strasbourg*, 1860. — 18º Sur une épidémie d'érysipèle à forme typhoïde, observée à l'hôpital Beaujon en 1860. Par P.-B.-H. FENESTRE. = *Paris*, 1861. — 19º Quelques réflexions sur une épidémie de purpura observée à l'hôpital militaire de Lille en 1860. Par J.-H.-A. FERNANDEZ-MUNILLA. — *Paris*, 1860. — 20º De la suette miliaire. Par Ch. GRÉNIER. — *Paris*, 1860. — 21º Même titre. Par P.-Fd LARTIGUE. = *Strasbourg*, 1859. — 22º Considérations pratiques sur le choléra-morbus observé à Paris et dans le département de la Meuse pendant l'année 1832. Par D.-A. LEREBOULLET. — *Strasbourg*, 1832. — 23º Du choléra-morbus épidémique observé à Paris et dans le département de l'Oise en 1849, à Gray et aux environs [Haute-Saône], à Montbéliard et aux environs [Doubs] en 1854. Par A.-P.-M. EUVRARD. — *Strasbourg*, 1860. — 24º De l'analogie du choléra asiatique avec les fièvres pernicieuses et intermittentes; de la contagion considérée au point de vue de la première de ces maladies; et de quelques faits et souvenirs des épidémies de 1832, 1849 et 1853. Par A. FLEURY. — *Paris*, 1859. — 25º D'une des causes du choléra. Par A.-V. VANNAIRE. — *Paris*, 1859.

2441. — (Constitutions médicales. Maladies endémiques. = In-4 contenant :)

1º Etude sur la doctrine des constitutions médicales. Par J. BONNEMAISON. = *Paris*, 1861. — 2º De la constitution et des localités, sous le point de vue médical. Par P.-R.-A. MILLOT. = *Paris*, 1849. — 3º Etude de la constitution médicale qui a régné à Paris pendant les cinq premiers mois de l'année 1861. Par G. REGNAULT. — *Paris*, 1861. — 4º Topographie médicale du Morvan avallonnais. Par E. GAGNIARD. = *Paris*, 1859. — 5º Observations topographiques et médicales recueillies, dans un voyage à l'isthme de Suez, sur le

littoral de la mer Rouge et en Abyssinie. Par A. COURBON. —
Paris, 1861. — 6o Notes médicales recueillies devant une station
dans les parrages de Madagascar. Par A. COLLAS DE COURVAL. —
Paris, 1862. — 7o Essai médical sur le comptoir du Gabon [côte
occidentale d'Afrique]. Par J.-F.-D.-A. LESTRILLE. — *Paris*, 1859.
— 8o Une station aux îles Havaï. Par P.-M. DUMAS. — *Paris*, 1861.

9o Considérations sur l'étiologie du goître endémique. Par L.-J.-E.
LENOIR. — *Paris*, 1859. — 10o Essai sur le goître observé dans les
Hautes-Alpes et en particulier dans le Briançonnais. Quelques
considérations sur le crétinisme. Par E. MASSAIS. — *Paris*, 1861.

11o Du typhus d'Amérique tel qu'on l'observe dans la ville de
Maracaibo [république de Venezuela, Amérique du sud]. Par S.-A.
VELAZCO. — *Paris*, 1861.

12o De la fièvre bilieuse des pays chauds. Par L.-A. LEBLANC.
— *Paris*, 1860. — 13o Notice sur la fièvre ictérique grave observée
sur les côtes orientale et occidentale d'Afrique, et sur le béribéri,
maladie endémique dans l'Inde et dans la mer Rouge. Par A.-R.
MAZÉ. — *Montpellier*, 1862.

14o Maladies pouvant affecter plusieurs systèmes de l'économie.

(Fièvres, inflammations, hémorrhagies, hydropisie.)

1. — Pyrétologiæ synopsis... Auct. Diamantes CORAY. — *Monspelii*, 1786. — (V. *no* 2425, T. I.) — Tentamen medicum de febribus
in genere... Auct. Fr. CARMOY. — *Monspelii*, 1783. — (V. *ibid.*) =
Dissertatio medica de febribus... Auct. J.-M. LYMON DE LA BEL-
LEISSUE. — *Monspelii*, 1786. — (V. *ibid.*, T. II.) — Dissertatio
medica de febribus putridis gastricis... Auct. J.-B. FRANCÉS. —
Monspelii, 1785. — (V. *ibid.*) — Dissertatio medica de morbillis...
Auct. Lud. SAINT-JEAN. — *Monspelii*, 1786. — (V. *ibid.*) = ... de
variolis... Auct. J.-B. LACOARRET. — *Monspelii*, 1784. — (V. *ibid.*)
= Hier.-Lud.-Fr. WELTNER... de variolis. — *Monspelii*, 1785. —
(V. *ibid.*) — De variolis et variolarum inoculatione... Auct.
J.-P.-M.-A. HERBELOT. — *Monspelii*, 1786. — (V. *ibid.*) = Nonnullæ
annotationes momentosæ circa variolarum insitionem... Auct. J.
DOMERGUE DE LAMATTE. — *Monspelii*, 1786. — (V. *ibid.*, T. I.) —
Prolusio medica an inoculatio tutissima sit prophylaxis adversus
instans a variolis periculum?... Auct. C.-J. AUGIER. — (*Monspelii*,

---

1783.) = (V. *ibid.*) — Idea febrium omnium intermittentium juxta naturalem rerum ordinem disposita... Auct. R. P. A.-M. BONELLI. — *Monspelii*, 1786. — (V. *ibid.*) — Dissertatio ætiologico-medica an a perspiratione insensibili suppressa ac in ventriculum delata febris intermittens?... Auct. G.-T. OLLIVAUD. — *Monspelii*, 1786. — (V. *ibid.*, T. II.) — Tentamen medicum de phœnomenis inflammationis... Auct. J. BERTRAND DE SAINT-SULPICE. — *Monspelii*, — 1785. (V. *ibid.*, T. I.) — Quæstio medica : De hydrope abdominis proprie dicto... Auct. Fr.-M. BENOID. — *Monspelii*, 1783. — (V. *ibid.*)

11. — An in exanthemate acuto ac febrili morbus sit totus in inflammatione cutis?... Auct. C.-F.-C. CHANEL. — *Parisiis*, 1829. = (V. *no* 2426, T. I.) — Essai sur la dothinenterie. Par A.-P. LÉRIDON. — *Paris*, 1830. — (V. *ibid.*, T. VI.) — Dissertation sur la fièvre typhoïde. Par P.-F.-G. VIET. — *Paris*, 1830. — (V. *ibid.*, T. VII.) — Dissertation sur la dothinenterie ou l'inflammation pustuleuse des intestins. Par J.-B.-L. MAGNIÉ. — *Paris*, 1830. = (V. *ibid.*, T. VIII.) = Propositions sur l'affection typhoïde. Par Ch.-R. MARION. = *Paris*, 1830. — (V. *ibid.*) — Dissertation sur la rougeole. Par F. GUITTER. — *Paris*, 1830. — (V. *ibid.*, T. II.) — Dissertation sur la scarlatine. Par Ch.-M.-D. DOUILLARD. = *Paris*, 1830. — (V. *ibid.*, T. VI.) = Dissertation sur la variole. Par C. QUETIN. — *Paris*, 1830. = (V. *ibid.*, T. VIII.) — Sur le cowpox [petite-vérole des vaches] découvert à Passy [près Paris] le 22 mars 1836. Notice par J.-B. BOUSQUET. — *Paris*, 1836. = (V. *ibid.*, T. I.) — Quelques réflexions sur les avantages de la vaccine. Par P. SÉBILLOT. — *Paris*, 1830. = (V. *ibid.*, T. III.) = Dissertation sur l'érysipèle. Par N. HUMBERT. = *Paris*, 1830. — (V. *ibid.*, T. V.) — Considérations sur les fièvres intermittentes en général. Par J.-B.-R. PICARD. = *Paris*, 1830. — (V. *ibid.*, T. III.) — Dissertation sur les fièvres intermittentes. Par T.-R.-J.-B. CAILLETEAU. — *Paris*, 1830. — (V. *ibid.*, T. VII.) = An in morbis periodicis una et eadem causa, una et eadem curatio?... Auct. Alph. SANSON. — *Parisiis*, 1829. — (V. *ibid.*, T. I.) = Essai sur la fièvre intermittente simple. Par L.-H. GERY. = *Paris*, 1830. — (V. *ibid.*, T. III.) — Même titre. Par Jean-Baptiste-Nicolas FILHOULAUD, de Magnac-Bourg (Haute-Vienne). = *Paris*, 1830. = (V. *ibid.*, T. X.) — Quelques considérations sur les fièvres intermittentes. Par F.-E. BÉRAUD. — *Paris*, 1830. — (V. *ibid.*, T. II.) = Essai sur la fièvre pernicieuse. Par C.-J. REGNARD. — *Paris*, 1830. — (V. *ibid.*, T. IX.) — Essai sur la fièvre dite pernicieuse. Par M.-A.-F.-L. BESSIÈRES. — *Paris*, 1830. — (V. *ibid.*, T. X.) → Réflexions théoriques et pratiques sur l'inflammation. Par H.-A. BEAUMONT. — *Paris*, 1830. — (V. *ibid.*, T. II.)

2442. — (Fièvres. Fièvre typhoïde. = In-4 contenant :)

1o Etude historique sur les doctrines pyrétologiques anciennes et modernes, sur leur origine et leurs rapports avec les idées philosophiques régnantes. Par H.-A. SCHLÆFFLIN. — *Strasbourg*, 1860. = 2o Essai sur les pyrexies et les phlegmasies. Par Ch.-L. MAUVEZIN. — *Paris*, 1861. — 3o De la complication des fièvres éruptives entre elles. Par A. WILLEMIN. — *Paris*, 1847. = 4o Considérations générales et observations sur les principales fièvres éruptives. Par A. DAROUX. — *Montpellier*, 1860.

5o De l'entéro-mésentérite typhoïde. Par J.-L.-F. GARRIGOU. — *Paris*, 1860. = 6o Considérations sur la fièvre typhoïde. Par Ch. FEYLER. — *Strasbourg*, 1844. = 7o Quelques considérations sur la fièvre typhoïde. Par E. SOREL. — *Paris*, 1861. = 8o De la fièvre typhoïde. Considérations sur cette maladie observée en Algérie. Par E.-L.-J.-H. LEHEC. — *Paris*, 1861. = 9o De l'hémorrhagie intestinale survenant dans la fièvre typhoïde. Par A. DÉVIGNE. — *Paris*, 1861. — 10o De la congestion pulmonaire dans la fièvre typhoïde, principalement au point de vue du traitement. Par C.-L. MICHOU. — *Paris*, 1860. = 11o De la paraplégie consécutive à la fièvre typhoïde. Par H.-N.-V. ROBERT. = *Paris*, 1862. = 12o Du diagnostic différentiel et du traitement de la fièvre typhoïde. Par J.-B. CARTERON. — *Paris*, 1859. = 13o De la convalescence dans l'affection typhoïde, au point de vue des complications et du pronostic. Par A.-C. LOUÉ. — *Paris*, 1859. — 14o Essai sur la contagion de la fièvre typhoïde. Par J.-B. SAINTIN. — *Strasbourg*, 1860. = 15o De la nature et du traitement de la fièvre typhoïde. Par Fréd. SAUVAGE. — *Paris*, 1862. — 16o De la nature et des différents traitements de la fièvre typhoïde. Par O.-C. VERHAEGHE. — *Paris*, 1861. = 17o De la fièvre typhoïde et de l'alimentation dans le traitement de cette maladie. Par P.-F. MAZARÉ. — *Paris*, 1862.

2443. — (Rougeole. Scarlatine. Variole. Erysipèle. Erythème. — In-4 contenant :)

1o Etude sur quelques points de philosophie médicale à propos de la rougeole. Par J. TOUZELIN. — *Paris*, 1859. — 2º Quelques mots sur la rougeole et ses complications. Par A. ROGER. = *Montpellier*, 1861. — 3º Des complications de la rougeole. Par MAUREL [Albert]. — *Montpellier*, 1861. — 4º De la rougeole compliquée chez l'enfant et chez l'adulte. Par J.-F.-F.-E. RAGON. — *Paris*, 1859. — 5º De la rougeole des enfants, ses variétés et ses complications. Par A. DÉBOUCHAUD. — *Paris*, 1859.

6º De la fièvre scarlatine. Par A. GUINDEY. — *Paris*, 1859. — 7º Même titre. Par A. BOUSQUEL. = *Strasbourg*, 1860. — 8º Considérations générales sur quelques complications de la scarlatine. Par T.-S.-D. MERCIER. — *Paris*, 1862.

9º De la variole et de son traitement. Par P.-L. COLLIN. — *Paris*, 1860. — 10º De la variole hémorrhagique. Par H. PIERRESON. — *Paris*, 1862. — 11º De quelques complications observées dans la variole. Par A. RIOBÉ. — *Paris*, 1860. — 12º Des complications des maladies varioleuses. Par Ch. MÉNÉCIER. — *Montpellier*, 1861. — 13º Essai sur la vaccine et la revaccination. Par F. RICOU. — *Montpellier*, 1862.

14º De l'érysipèle. Par L.-E. MASCAREL. — *Paris*, 1861. — 15º De l'érysipèle idiopathique. Par Ch. GODIN. — *Montpellier*, 1862. — 16º Considérations sur l'érysipèle essentiel. Par J. FABRE. — *Montpellier*, 1862. — 17º Quelques considérations sur l'érysipèle. Etiologie, traitement et nature. Par H. ROGEZ. — *Paris*, 1860. — 18º De l'érysipèle de la face considéré comme une fièvre éruptive. Par A. SELSIS. = *Montpellier*, 1861.

19º De l'érythème noueux. Par P.-L. MORICEAU. — *Paris*, 1861. — 20º Même titre. Par L. BERGEON. — *Paris*, 1861.

2444. — (Fièvres intermittentes. Fièvres pernicieuses. Inflammation. Hydropisies. — In-4 contenant :)

1º Des fièvres intermittentes. Anatomie pathologique, causes, traitement. Par R.-F. MÉNIER. = *Paris*, 1860. — 2º Quelques propositions sur les fièvres intermittentes. Par HENRIOT [P.-G.-J.] — *Montpellier*, 1860. — 3º Essai sur les fièvres intermittentes simples. Par L. D'HOMBRES. — *Montpellier*, 1861. — 4º Propositions sur les fièvres intermittentes simples. Par E.-A. DUPOURQUÉ. — *Montpellier*, 1862. — 5º De l'étiologie des fièvres intermittentes. Par E. LANSIER. — *Paris*, 1861. — 6º Considérations sur les fièvres intermittentes étudiées surtout au point de vue de l'étiologie, de la nature et du traitement. Par QUEYRIAUX [Joseph], né à Ussel [Corrèze]. — *Montpellier*, 1861. — 7o De la fièvre intermittente chez les enfants à la mamelle. Par L. LARAUZA. — *Paris*, 1859. — 8o De l'albuminurie à la suite des fièvres intermittentes. Par J.-L. LOMBARD. — *Montpellier*, 1860. — 9o Nossi-Bé. Fièvres intermittentes. Par A. PANOU DE FAYMOREAU. — *Paris*, 1860. — 10o De l'influence paludéenne dans les maladies. Par A.-E. BODIER. — *Strasbourg*, 1861. — 11o Essai sur la cachexie paludéenne. Par E. GÉRY. — *Montpellier*, 1862. — 12o Essai sur les maladies paludéennes. Par E.-C.-F. TARTARIN. — *Paris*, 1862. — 13o Considérations pratiques sur les fièvres paludéennes des pays intertropicaux. Par L.-C. FALLIER. — *Paris*, 1861. — 14o De la fièvre paludéenne simple. Par Saint-Edme FOUGEU. — *Paris*, 1859.

15o Des fièvres pernicieuses. Par L.-A. REYNAL. — *Paris*, 1859. — 16o De la fièvre intermittente pernicieuse considérée au point de vue du diagnostic et du traitement. Par P.-E. PUJOL. — *Montpellier*, 1862. — 17o De la fièvre pernicieuse pneumonique. Par F. SAHLARD. — *Paris*, 1860. — 18o Considérations sur la fièvre rémittente bilieuse. Par A. BRUSSON. — *Montpellier*, 1862. — 19o De la fièvre ictéro-hémorrhagique. Par P. LOUPY. — *Montpellier*, 1862.

20o Etude sur l'inflammation en général. Par CHAVASTELON [Michel-Amédée], né à Saint-Germain-la-Volps [Corrèze]. — *Montpellier*, 1861. — 21o De l'inflammation. Par J. NOGIER. — *Strasbourg*, 1861.

22o Considérations sur les causes des hydropisies. Par C.-P.-A. PERRET. — *Paris*, 1860.

15o Maladies propres aux différents appareils de l'économie.

a. — Maladies de l'appareil digestif.

m. — Dissertatio medica de gastritide... Auct. J. VANDENBUSSCHE. — *Monspelii*, 1783. — (V. no 2425, T. II.) — ... De enteritide, seu inflammatione intestinorum... Auct. M. BEAU, diœcesis Lemovicensis. — *Avenione*, 1783. — (V. *ibid.*) — ... De passione iliaca. . Auct. A. ROCHON DE LA REMONDIE. — *Monspelii*, 1786. — (V. *ibid.*,

T. III.) — ... De dysenteria... Auct. L.-V. BOUCHARD DE LESPINASSE. — *Monspelii*, 1783. — (V. *ibid.*, T. II.) — ... De dysenteria... Auct. P. BOUILLHAC. — *Monspelii*, 1784. — (V. *ibid.*, T. II.) — ... De dysenteria... Auct. J.-M. ROUSSE. = (*Monspelii*, 1784). — (V. *ibid.*, T. I.) — ... De dysenteria,... Auct. J.-A. BLANC. — *Monspelii*, 1786. — (V. *ibid.*, T. II.) — ... De dysenteria... Auct. Joannes-Ignatius ROULHAC, ex urbe Sti Leonardi, diœcesis Lemovicensis. — *Monspelii*, 1787. — (V. *ibid.*) — ... De dysenteria biliosa seu putrida... Auct. A. CARRASCO. = *Monspelii*, 1786. — (V. *ibid.*) — ... De hepatide... Auct. P. ATGIER. — *Monspelii*, 1785. = (V. *ibid.*) — ... De hydrope abdominis.:. Auct. J. GAUTIER, Uzerchiensis. — *Monspelii*, 1779. — (V. *ibid.*) — ... De morbo regio, seu ictero... Auct. A.-N. PICHARD DU PATY. — *Monspelii*, 1786. — (V. *ibid.*, T. I.) — ... De causo... Auct. J.-B. BÉCQUERET. — *Monspelii*, 1786. — (V. *ibid.*, T. II.) — ... De ascite et illius curatione diluentibus pilulisque tonicis... Auct. J.-B. CONSTANT. = *Monspelii*, 1783. — (V. *ibid.*, T. I.) — ... De ascite ejusque curatione... Auct. J.-M.-P.-G. JORON. — *Monspelii*, 1785. — (V. *ibid.*)

mm. — Essai sur la stomatite pseudo-membraneuse. Par C.-H.-N. LANSORNE. — *Paris*, 1830. — (V. *no* 2426, T. VIII.) — Dissertation sur le ptyalisme ou salivation mercurielle. Par A.-J.-E. BRUS. — *Paris*, 1830. — (V. *ibid.*)

Essai sur les maladies nerveuses de l'estomac. Par C. CHARRIER. — *Paris*, 1830. (V. *ibid.*) — dissertation sur la gastrite aiguë. Par E. LEBRETON. — *Paris*, 1830. — (V. *ibid.*, T. V.) — Dissertation sur le ramollissement de l'estomac. Par S.-A.-M. GARNIER. = *Paris*, 1830. — (V. *ibid.*, T. II.) — Essai sur la gastro-entérite chronique. Par J. TRIOZON. — *Paris*, 1830. — (V. *ibid.*, T. V.) — Essai sur l'occlusion des intestins. Par F. HOSPITAL. — *Paris*, 1830. — (V. *ibid.*, T. VI.) — Essai sur l'occlusion des intestins pour cause interne. Par Ph. TESTU. — *Paris*, 1830. — (V. *ibid.*, T. IV.) — Dissertation sur l'étranglement de l'intestin dans le péritoine. Par P.-H. PINEAU. = *Paris*, 1830. — (V. *ibid.*, T. IX.) — De l'étranglement de l'intestin dans la cavité abdominale. Par N.-D. BONNET. — *Paris*, 1830. — (V. *ibid.*) — De la colite aiguë. Par J.-E. NAUZAIS. — *Paris*, 1830. — (V. *ibid.*, T. V.) — Essai sur la dysenterie aiguë. Par T.-A. GUIBERT. — *Paris*, 1830. — (V. *ibid.*, T. IV.) — Dissertation sur la dysenterie aiguë simple. Par G. SEBILEAU. — *Paris*, 1830. — (V. *ibid.*) — Dissertation sur la dysenterie aiguë. Par P.-A. MOURAIN. — *Paris*, 1830. — (V. *ibid.*, T. V.) — Essai sur la colite aiguë ou dysenterie. Par L.-H.-C.-E. CHAUVEL. — *Paris*, 1830. — (V. *ibid.*, T. X.) — Dissertation sur la colite aiguë ou dysenterie. Par François-Jean-Baptiste-Urbain FAUGERON, de Limoges [Haute-Vienne]. — *Paris*, 1830. — (V. *ibid.*) — Dissertation sur la dysenterie aiguë simple. Par F.-L. TEYSSIER. — *Paris*, 1834. — (V. *ibid.*) — De la dysenterie épidémique et de l'emploi des purgatifs salins dans le traitement de cette maladie. Par F.-P.-E. MEUSNIER. — *Paris*, 1830. — (V. *ibid.*, T. IV.) — Dissertation sur la péritonite. Par D. COUJARD. — *Paris*, 1830. — (V. *ibid.*, T. VI.) — Considérations sur la péritonite considérée dans son état aigu. Par M. BREILLAUD. — *Paris*, 1830. — (V. *ibid.*, T. II.) — Quelques considérations sur la péritonite générale à l'état aigu. Par M.-D. LAUJOL. — *Paris*, 1830. — (V. *ibid.*, T. VII.) — Dissertation sur l'hépatite aiguë. Par A.-L. DAVID. — *Paris*, 1830. — (V. *ibid.*, T. VI.) — Même titre. Par V. MACQUIN. — *Paris*, 1830. — (V. *ibid.*, T. III.) — An hepatis inflammationis certa signa? An post mortem læsiones propriæ? Auct. C.-P. FORGET. — *Paris*, 1829. — (V. *ibid.*, T. I.) — Dissertation sur les calculs biliaires. Par J.-F. BOYER. — *Paris*, 1832. — (V. *ibid.*, T. X.) — Num icterus a biliaris apparatus læsionibus semper pendet? Auct. A. DALMAS. — *Parisiis*, 1829. — (V. *ibid.*, T I.)

4445. — (In-4 contenant :)

1o Etude sur le muguet. Par J.-J. CHOMPRET. — *Paris*, 1861. — 2o Quelques considérations sur la stomatite mercurielle. Par H.-G. BEAULIES. — *Strasbourg*, 1862.

3o De la dyspepsie chez la femme et de ses rapports avec la chlorose. Par C. DUFFAU-LAGARROSSE. — *Paris*, 1861.

4o De la gastralgie. Par Eugène HYTIER, né à Arnac-la-Poste [Haute-Vienne]. — *Paris*, 1861.

5o Quelques considérations sur l'ulcère simple de l'estomac. Par V. DARNÉ. — *Paris*, 1861. — 6o De l'ulcère simple chronique de l'estomac. Par G. DIAMANTOPULOS. — *Paris*, 1860.

7o De la diarrhée des adultes et de son traitement. Par J. VILLENEUVE. — *Paris*, 1860. — 8o De la diarrhée des enfants. Par P.-J. GUYOT. — *Paris*, 1862.

9o Etude sur la colique. Par Antoine BADOUR, né à Tulle [Corrèze]. *Paris*, 1859. — 10o Considérations sur les causes et le traitement de

2458-12. — Maugenest, 2472-15. — Maugin, 2424-6. — Maunoir, 2466-5 — Maurel (A.), 2445-5. — Maurel (P.-J.-B.-J.), 2465-9. — Maurioe, 2447-5. — Maurin, 2451-17. — Maurizot, 2429-17. — Mauvais, 2465-28. — Mauvezin, 2442-2. — Mayer, 2481-11. — Mayet, 2459-24. — Mazaré, 2442-17. — Mazarredo, 2440-10. — Mazé, 2441-13. — Meleux, 2427-17. — Ménage, pp. — Mène, 2468-25. — Ménécier, 2445-12. — Ménier, 2444-1. — Menière, pp. — Menjaud, 2458-19. — Menneband, 2428-11. — Mercier (F.), 2447-21. — Mercier (J.-E.), 2468-6. — Mercier (T.-S.-D.), 2445-8. — Méreau, 2461-28. — Mérilhon, acc. — Mériot, 2477-7. — Merle, 2459-9. — Merviel, 2455-24. — Mestre (A), 2455-6. — Mestre (P.-P.), 2460-10. — Métaxas, 2461-7. — Métivier (L.-A.), 2471-15. — Métivier (T.-D.), 2450-4. — Meugy, 2458-27. — Meunier (J.-A.-A.), 2465-15 la colique sèche. Par E.-A. LUZET. — *Strasbourg*, 1861. — 11° De la colique nerveuse endémique des pays chauds, et en particulier du diagnostic différentiel de cette affection et de la colique de plomb. Par P.-C. RÉPIN. — *Paris*, 1859.

12° Quelques considérations sur les perforations intestinales. Par A.-C. GUY. — *Strasbourg*, 1861. — 13° Des perforations de l'appendice iléo-cœcal. Par P.-A. LARRET-LAMALIGNIE. — *Strasbourg*, 1862.

14° Du volvulus. Considérations générales à l'occasion de deux observations recueillies à l'hôpital militaire de Vincennes. Par Jules SOULLIER, né à Maymac [Corrèze]. — *Paris*, 1859.

15° De la dysentérie. Par J. CARTIER. — *Paris*, 1859. — 16° Etude sur la dysenterie. Quelques mots sur sa nature et son traitement. Par G. ANGUILLE. — *Montpellier*, 1862. — 17° Essai sur les différentes formes de la dysenterie et sur le traitement qui leur convient. Par E. DESCHAMPS. — *Montpellier*, 1860. — 18° Considérations sur la dysenterie aiguë, étudiée surtout au point de vue de la nature et du traitement. Par PICRY [Jules]. — *Montpellier*, 1862. — 19° De la dysenterie épidémique. Par E.-S. FOREST. — *Paris*, 1860. — 20° Quelques considérations sur la dysenterie à la colonie pénitentiaire d'Ostwald. Par F. PONCET. — *Strasbourg*, 1859. — 21° Relation d'une constitution bilieuse et d'une épidémie de dysentérie observés à Sémur en Auxois [Côte-d'Or]. Par C. QUILLOT. — *Paris*, 1860. — 22° Notes sur une épidémie de dysenterie observée dans le canton de Molliens-Vidume [Somme]. Par A.-O. FRULEUX. — *Strasbourg*, 1859. — 23° De la dysentérie à Thizy [Rhône]. Nouveaux faits à l'appui de la médication purgative. Par F. MUGUET. — *Paris*, 1862. — 24° De la dysenterie à Lyon pendant les années 1859 et 1860. Recherches sur les indications et la valeur des purgatifs dans le traitement de cette affection. Par A. LEGRAND. — *Paris*, 1861. — 25° Essai sur la dysenterie observée en Algérie. Par J.-J. BOUTONNIER. — *Strasbourg*, 1859. — 26° Considérations sur la dysentérie chronique, et spécialement sur l'emploi de la pulpe de viande crue dans cette maladie. Par Pedro DE HEVIA. — *Paris*, 1860. — 27° Essai d'une classification de la dysentérie. Utilité pour le traitement. Par V. BIGOT. — *Paris*, 1861.

28° De l'élimination du pus dans la péritonite. Par E.-A. VENDENGEON. — *Paris*, 1860. — 29° De la perforation de la paroi abdominale antérieure dans les péritonites. Par L.-F.-H. SECOND-FÉRÉOL. — *Paris*, 1859.

2446. — (Maladies du foie et de ses annexes. Ascite. — In-4 contenant :)

1o Essai sur la contusion du foie. Par R. DUTIL,... — *Paris*, 1859.

2o De l'hépatite; essai sur l'étiologie de cette maladie. Par Ch. SENAUX. — *Montpellier*, 1861. — 3o De l'hépatite dans les pays chauds. Par L. BALLEN. — *Paris*, 1859. — 4o De l'hépatite des pays chauds. Par M. AMALBERT. — *Montpellier*, 1862. = 5o Étude sur l'étiologie de l'hépatite observée au Sénégal. Par A. BERG. — *Paris*, 1860.

6o Du ramollissement bilieux aigu du foie. Par N.-J. DELIGEAN-NIS. — *Paris*, 1859.

7o Des kystes hydatiques du foie. Par J. DESCAMPS. — *Montpellier*, 1861.

8o De la glycogénie hépatique. Par L. LANCELOT. — *Paris*, 1861.

9o Des calculs biliaires; des altérations et des symptômes qu'ils produisent. Par B. PAULY. — *Paris*, 1859. — 10o Des cholélithes ou calculs biliaires. Par E. DÉHARGUES. — *Paris*, 1861. — 11o Du diagnostic des calculs biliaires. Par J.-G. JACOB. — *Strasbourg*, 1861. — 12o Considérations sur l'ictère. Par D. VAISSETTE. = *Montpellier*, 1862. — 13o Quelques mots sur l'ictère. Par L.-A. DOUILLÉ. = *Montpellier*, 1861. — 14o De l'ictère grave. Par P. BLACHEZ. — *Paris*, 1860. — 15o De l'ictère grave essentiel. Par L. GENOUVILLE. = — *Paris*, 1859. — 16o Même titre. Par M. ESTRADA. — *Paris*, 1861. — 17o Epidémie d'ictère compliqué de purpura. Par E. FRITSCH dit LANG. — *Strasbourg*, 1861. — 18o De l'ictère des nouveau-nés. Par J.-B.-L. GASTÉ. — *Paris*, 1859. — 19o Considérations sur l'ictère hémorrhagique essentiel. Observation d'un cas compliqué de gangrène pulmonaire. Par P.-A. MATTHIEU. — *Paris*, 1862. = 20o Essai sur l'ictère consécutif au catarrhe des voies biliaires. Par L.-M.-F. RABÉ. — *Paris*, 1861.

21o De l'ascite [hydropéritonie]. Par J.-S. DURAND. — *Paris*, 1859.

Maladies de l'appareil circulatoire.

n. — Positiones medicæ de pulsu... Auct. R. EXCELLIN. — *Monspelii*, 1780. — (V. no 2425, T. I.) — Dissertatio medica de polypo cordis... Auct. P.-J. DEPLAIGNE. — *Monspelii*, 1783. — (V. *ibid.*, T. II.) —

Tentamen medicum de plethora vera... Auct. Hyeron. BÉLOU. = *Monspelii*, 1785. — (V. *ibid.*) — Dissertatio medica de chlorosi seu de pallidis virginum coloribus... Auct. P. AUREJAC. — *Monspelii*, 1784. — (V. *ibid.*, T. II.)

nn. — Dissertation sur l'anévrysme des cavités gauchës du cœur, avec hypertrophie de leurs parois. Par V.-A.-A.-A. MARTIN. = *Páris*, 1830. = (V. *no* 2426, T. V.)

Considérations sur le rhumatisme du cœur. Par J.-I. ITARD. = *Paris*, 1824. = (V. *ibid.*, T. X.)

Dissertation sur la péricardite. Par P.-M. VILLENEUVE. — *Paris*, 1830. = (V. *ibid.*, T. VI.)

Essai sur les hémorrhagies. Par A. HÉDIARD. — *Paris*, 1830. = (V. *ibid.*, T. VIII.) — Considérations générales sur les hémorrhagies spontanées. Par J.-R.-J. MOREAU. — *Paris*, 1830. — (V. *ibid.*, T. II.)

Dissertation sur la syncope. Par S. GOUIN. — *Paris*, 1830. — (V. *ibid.*, T. VIII.)

Dissertation sur les anévrysmes de l'aorte en général. Par J. GUIONIS. = *Paris*, 1830. — (V. *ibid.*, T. IX.)

Dissertation sur la phlébite en général. Par A.-J. LETORT. — *Paris*, 1830. = (V. *ibid.*, T. VIII.) — Num a recentiórum laboribus dilucidatæ sunt phlebitidis causæ, diagnosis et curatio. Auct. A.-P. REQUIN. — *Parisiis*, 1829. = (V. *ibid.*, T. I.)

Essai sur l'hémopathie. Par E. PÉTIT. = *Paris*, 1830. = (V. *ibid.*, T. VI.) = Dissertation sur la chlorose. Par J.-A. HIVER. = *Paris*, 1830. = (V. *ibid.*, T. II.) — Essai sur la chlorose. Par C. LAGRANGE, de Pierre-Buffière (Haute-Vienne). — *Paris*, 1832. — (V. *ibid.*, T. X.)

2447. — (Maladies du cœur, des vaisseaux, du sang, de la rate. — In-4 contenant :)

1o Recherches sur quelques points relatifs au diagnostic et au traitement des maladies du cœur. Par J.-G. DESBOIS. = *Paris*, 1859. = 2o Quelques considérations sur la nature, la marche et le traitement des maladies du cœur. = Par H. SÉNAC. = *Paris*, 1859. — 3o Essai sur les maladies du cœur. De la mort subite dans l'insuffisance des valvules sigmoïdes de l'aorte. Par C. MAURIAC. — *Paris*, 1860. — 4o Diagnostic différentiel des maladies du cœur, et de la chloro-anémie. Par E.-L. PEYRON. — *Paris*, 1860.

5º Des palpitations. Par P.-A. MONRAISSE. — *Paris*, 1859.

6º Des causes de l'hypertrophie du cœur. Par E.-A. ORTIGUIER. — *Paris*, 1860. — 7º Considérations nouvelles sur l'origine de l'hypertrophie et de la dilatation du cœur. Par J.-C. CAMPANA. — *Paris*, 1861.

8º Diagnostic des rétrécissements et des insuffisances des orifices du cœur, et du traitement dans les maladies du cœur. Par F.-L. BAURIN. — *Paris*, 1861. — 9º De la valeur du bruit du souffle comme signe de lésion valvulaire. Par E. BOISSEAU. — *Strasbourg*, 1860. — 10º Quelques réflexions à propos d'un cas de rétrécissement de l'orifice auriculo-ventriculaire gauche. Par J.-A. MOSQUERA. — *Paris*, 1860.

11º De la perforation interventriculaire du cœur. Par J.-A. MALABARD, de Grandmont [Haute-Vienne]. — *Strasbourg*, 1862.

12º De la péricardite. Par H.-G. DE PINERA. — *Paris*, 1859. — 13º De la péricardite aiguë. Par V. CHAUSSENDE. — *Paris*, 1859. — 14º Essai sur la péricardite aiguë. Par COUZINIER [J.-A.]. — *Montpellier*, 1861.

15º Hémophylie ou diathèse hémorrhagique. Par E.-A. GAVOY. — *Strasbourg*, 1861. — 16º Quelques pages sur l'hémophylie en général et spécialement sur l'hémophylie spontanée. Par V.-A. RÉSAL. — *Paris*, 1861.

17º Observation d'un anévrysme de la crosse de l'aorte. Par M. LAUZET. — *Montpellier*, 1862.

18º De l'embolie. Par E. BARRIÈRE. — *Paris*, 1861. — 19º Même titre. Par E. RUAULT DE LALANDE. — *Paris*, 1861. — 20º Des morts subites et des embolies. Par L. PANISSET. — *Montpellier*, 1862. — 21º De l'embolie artérielle. Par F. MERCIER. — *Paris*, 1859. — 22º Des embolies pulmonaires. Par B. BALL. — *Paris*, 1862. — 23º Des thromboses veineuses, et de l'embolie de l'artère pulmonaire. Par E. RICHERT. — *Strasbourg*, 1862.

24º Essai sur l'anémie globulaire et ses rapports avec la dyspepsie. Par G.-A. MORACHE. — *Strasbourg*, 1859.

25º De la leucocythémie. Par J. SIMON. — *Paris*, 1861.

26º De la chlorose. Par E. MIGNOT. — *Paris*, 1859. — 27º Même titre. Par N. PIÉTRESSON SAINT-AUBIN. — *Paris*, 1859. — 28º De la chlorose, de ses variétés et de leur division au point de vue thérapeutique. Par F. BOUCOMONT. — *Paris*, 1859. — 29º De la chlorose... considérée surtout au point de vue historique et dogmatique. Diagnostic de cette affection. Remarques sur le rhumatisme musculaire. Par U.-H. MILLAULT. — *Paris*, 1859. = 30° De la chlorose des anciens. Par C.-H. BIÈZ. — *Paris*, 1860. — 31° De la chlorose. Par V. JAME. = *Paris*, 1860. — 32° De la chlorose interprétée au point de vue de sa nature, de ses signes particuliers et de son traitement général. Par P. LABORDE. — *Paris*, 1861. — 33° De la chlorose. Par A.-N. BLANCHARD. — *Paris*, 1862.

34° Quelques considérations sur le purpura hæmorrhagica idiopathique [maladie tachetée hémorrhagique de Werlhoff]. Par L. DE PERRY. — *Paris*, 1860.

35° De la rate et de ses principales affections. Par E. BRARD. — *Paris*, 1859.

Maladies de l'appareil respiratoire.

o. — Tentamen medicum de submersis. Auct. M.-M. ROBIN. — *Monspelii*, 1783. — (V. n° 2425, T. I.) — Tentamen medicum de variis specibus respirationis difficilis quatenus morbis proprie dictis nullo modo aliorum symptomata facientibus. Auct. A. SAULZET. — *Monspelii*, 1783. — (V. *ibid.*) — Specimen medicum de peripneumonia acuta inflammatoria Auct. G.-N. MADIN. — *Monspelii*, 1784. — (V. *ibid.*) — Dissertatio medica de pleuritide. Auct. C.-L. BOECKING. — *Monspelii*, 1783. — (V. *ibid.*, T. II.) — Dissertatio medica de pleuritide et peripneumonia. Auct. L.-J.-B.-M.-A.-J. BILLARD. — *Monspelii*, 1786. — (V. *ibid.*) — Dissertatio medica de empyemate. Auct. J.-P.-F. CLAVAREAU. — *Monspelii*, 1783. — (V. *ibid.*) — Dissertatio medico-chirurgica de empyemata. Auct. A. SERRE DE MONTJULIN. — *Monspelii*, 1783. = (V. *ibid.*, T. III.) — Prolusio medica de hæmoptysi. Auct. J.-B. DE COURTIVE. — *Monspelii*, 1786. — (V. *ibid.*, T. I.) — Dissertatio medica de phthisi pulmonali. Auct. Petrus BOISSE, Lemovicensis. — *Monspelii*, 1785. — (V. *ibid.*, T. II.) — Tentamen medicum de phthisi pulmonali. Auct. A.-T. GANTIN. — *Monspelii*, 1784. — (V. *ibid.*, T. I.) — Novus conspectus nosologicus circa phthisim pulmonarem. Auct. F.-X. TAVERNIER. — *Monspelii*, 1786. — (V. *ibid.*) — Tentamen medicum de angina vera. Auct. B. MOURNAUD. — *Monspelii*, 1785. — (V. *ibid.*) — Dissertatio medica de angina vera sive inflammatoria. Auct. P. BOISSIÈRE. — *Monspelii*, 1784. — (V. *ibid.*, T. II.)

oo. — Dissertation sur l'asphyxie en général et sur celle par les gaz en particulier. Par Ch. LANGLOIS. — *Paris*, 1830. — (V. *no* 2426, T. II.) — Dissertation générale sur les asphyxies, et particulièrement sur l'asphyxie par la vapeur de charbon. Par J.-A. BOISDUVAL DE CHAUFFOUR. — *Paris*, 1830. — (V. *ibid.*) — De la bronchite chronique. Par G.-C.-J. LACOUR. — *Paris*, 1830. — (V. *ibid.*, T. VI.) — Propositions sur les inflammations des poumons et des plèvres. Par J.-B.-A. MARCON. — *Paris*, 1830. — (V. *ibid.*, T. VII.) — Essai sur le parallèle des phénomènes de la pleurésie, de la pneumonie, du catarrhe pulmonaire simple, du catarrhe bronchique capillaire et de l'inflammation des valvules du cœur. Par P.-M. GIQUEL. — *Paris*, 1830. — (V. *ibid.*, T. VI.) — Essai sur la péripneumonie aiguë. Par J.-B.-J. OLLIVIER. — *Paris*, 1830. — (V. *ibid.*, T. IV.) — Essai sur la pneumonie aiguë simple. Par J.-V. REYBET-DEGAT. — *Paris*, 1830. — (V. *ibid.*, T. VIII.) — Dissertation sur les différences que présente la pneumonie chez l'enfant, l'adulte et le vieillard. Par D.-A. BERTON. — *Paris*, 1830. — (V. *ibid.*, T. V. — An infantium, adultorum et senium pneumonitis iisdem symptomatibus stipatur? An eadem curatio adhibenda?... Auct. Th. GUIBERT. — *Parisiis*, 1829. — (V. *ibid.*, T. I.) — Considérations sur la pleurésie. Par J.-J.-D. DEBAVAY. — *Paris*, 1830. — (V. *ibid.*, T. IV.) Dissertation sur le diagnostic de la pleurésie, précédée de quelques considérations sur l'auscultation et la percussion de la poitrine. Par J.-A.-C. GIRALDES. — *Paris*, 1830. — (V. *ibid.*, T. II.)

Dissertation sur l'emphysème du poumon. Par Ad. PRIOUX. — *Paris*, 1830. — (V. *ibid.*, T. IX.) — Dissertation sur l'hemoptysie. Par M. CORAS. — *Paris*, 1830. — (V. *ibid.*, T. VII.) — An phthisis ab hœmoptœ?... Auct. E.-F. DUBOIS. — *Parisiis*, 1829. — (V. *ibid.*, T. I.) — Quelques considérations générales sur la nature des tubercules pulmonaires. Par E.-F. LENOIR. — *Paris*, 1830. — (V. *ibid.*, T. III.) — Propositions sur les tubercules considérés spécialement chez les enfants. Par L.-N. PAPAVOINE. — *Paris*, 1830. — (V. *ibid.*, T. IV.) — Du croup et de la trachéotomie. Par Léon HUSSENOT. — *Paris*, 1833. — (V. *ibid.*, T. X.)

2448. — (Lésions traumatiques et vitales de l'appareil respiratoire. — In-4 contenant :)

1o Essai sur les causes et sur le traitement de l'asphyxie par submersion. Par J.-B.-A. GEORGE. — *Strasbourg*, 1861. — 2o De l'asphyxie des nouveau-nés. Par A.-L. DEVILLERS. — *Paris*, 1861.

3o Des maladies des voies respiratoires qui peuvent compliquer les fièvres éruptives. Par A. SAUVAGE. = *Strasbourg*, 1861.

4o Des déchirures traumatiques spontanées du poumon. Par E.-N.-P. COINDET. = *Paris*, 1860.

5o Quelques mots sur les fluxions en général et sur les fluxions de poitrine en particulier. Par Al. TAVERNE, né à Bellegarde [Creuse]. — *Montpellier*, 1860. — 6o De la pneumonie aiguë au point de vue clinique. Par F. BÉNAZET. = *Montpellier*, 1861. — 7o Etiologie de la pneumonie lobaire. Par J.-A. LARRAT. — *Paris*, 1860. = 8o De la valeur clinique des signes physiques dans la pneumonie. Par L.-A. BONNAL. — *Montpellier*, 1862. = 9o Des symptômes et du traitement de la pneumonie aiguë simple aux divers âges. Par Auguste GAY-BELLILE, né à Limoges. — *Paris*, 1859. — 10o Quelques réflexions sur les principales espèces de pneumonies. Par Alp. MAHALIN. — *Montpellier*, 1860. — 11o Considérations cliniques sur les diverses espèces de pneumonie. Par F.-N. ARCHEZ. — *Montpellier*, 1860. = 12o Des pneumonies secondaires. Par A. VULPIAN. — *Paris*, 1860. — 13o De la pneumonie chronique. Par CHARCOT. — *Paris*, 1860. — 14o Sur la pneumonie bilieuse. Par L. KLOTZ. — *Paris*, 1859. — 15o De la pneumonie des vieillards considérée dans ses rapports avec le catarrhe et la pleurésie. Par D.-F.=M.=T. LISCOAT. — *Paris*, 1860.

16o De la pleurite. Par B. VICTOR. — *Paris*, 1848. — 17o Des causes, des symptômes et du diagnostic de la pleurite. Par A. PERRIN. — *Paris*, 1848. — 18o Des épanchements pleurétiques au point de vue clinique. Par N. BOTTARO. — *Montpellier*, 1862. — 19o Essai sur les épanchements pleurétiques considérés au point de vue du diagnostic et du traitement. Par V. MORY. — *Montpellier*, 1860. — 20o Des épanchements pleurétiques considérés au point de vue du diagnostic et de la thérapeutique. Par M.=A. SAVY. — *Montpellier*, 1861.

2449. — (Affections nerveuses et lésions organiques de l'appareil respiratoire. — In-4 contenant :)

1o Essai sur la congestion pulmonaire comme complication du rhumatisme articulaire aigu. Par E. HOUDÉ. — *Paris*, 1861. — 2o Des abcès aigus du poumon. Par N. RANA. — *Paris*, 1859. = 3o De l'hémoptysie. Par S. SEINGUERLET. — *Montpellier*, 1861. — 4o De l'hémoptysie considérée au point de vue de l'étiologie et du diagnostic. Par P.-J. CASTEX. — *Montpellier*, 1860.

5º De la dyspnée. Par V. MATHIS. — *Strasbourg*, 1859. — 6º De l'asthme. Par M. TALBERT. = *Paris*, 1859. — 7º Quelques considérations sur la nature de l'asthme. Par A. GILBERT. — *Paris*, 1861. — 8º De l'asthme considéré surtout au point de vue de sa nature et de son traitement. Par P. PEYRUSSAN. — *Montpellier*, 1862. = 9º De l'asthme considéré comme affection nerveuse. Par J.-E. DE STOUTZ. = *Paris*, 1860.

10º De l'angine de poitrine. Par C. GOUIN. = *Paris*, 1861. — 11º De l'angine de poitrine; ses symptômes, ses causes, sa nature et son siége. Par C.-G. CAPELLE. — *Paris*, 1861.

12º De la coqueluche. Par Saint-Prime GOURSSIES. = *Paris*, 1860. — 13º Même titre. Par C.-E. GRELAT. = *Paris*, 1861. — 14º De la coqueluche et particulièrement du siége et de la nature de cette affection. Par E. WANNEBROUCQ. — *Paris*, 1859. — 15º De la coqueluche; sa nature et son traitement. Par E. GACHON. — *Montpellier*, 1861. — 16º De la coqueluche. Essai de traitement de cette affection par le chloroforme à l'intérieur. Par F.-L.-A.-J. JACQUART. = *Paris*, 1861.

17º Essai sur la phthisie pulmonaire. Par J.-B. TANCHARD. = *Strasbourg*, 1830. — 18º Essai sur l'histologie du tubercule pulmonaire. Par C. MASSON. — *Paris*, 1860. — 19º Quelques mots sur l'étiologie et la marche de la tuberculisation pulmonaire. Par C.-E.-H. LANDRIN. — *Strasbourg*, 1860. — 20º De la phthisie pulmonaire, de ses causes et de son traitement. Par A. POIRÉE. — *Paris*, 1859. — 21º Sur l'étiologie et le traitement de la phthisie pulmonaire. Par L.-E. KINNEWEEL. — *Paris*, 1859. — 22º Essai sur la phthisie pulmonaire [pneumophymie], ses causes et son traitement. Par P. DE CASTEL-BRANCO. = *Paris*, 1860. = 23º De l'influence climatérique sur la tuberculisation pulmonaire. Par H.-J.-A. SICARD. — *Montpellier*, 1861. — 24º Etiologie physiologique et prophylaxie de la phthisie pulmonaire. Par A. TOUCHARD. = *Paris*, 1860. — 25º Considérations sur la phthisie pulmonaire et son traitement. Par Fr.-Bellile DUMAYNE. = *Strasbourg*, 1862. — 26º Pathogénie des affections confondues sous le nom de tuberculisation pulmonaire. Par E.-E. PAPILLON. — *Strasbourg*, 1862.

27º Du cancer du poumon. Par E.-H.-E. AVIOLAT. — *Paris*, 1861.

2450. — (Maladies du larynx, de la trachée, du pharynx. — In-4 contenant :)

1º Du laryngoscope au point de vue pratique. Par C. FAUVEL. —

Paris, 1861. — 2o Diagnostic raisonné des affections du larynx. Par M.-B. KHORASSANDJIAN. — *Paris*, 1859.

3o Nouvelles recherches sur le croup. Par L.-F.-P. PAILLOT. — *Paris*, 1859. — 4o Du croup. Par T. D. MÉTIVIER. — *Paris*, 1860. — 5o Quelques mots sur le croup et son traitement. Par F.-X. GÉLIBERT. — *Montpellier*, 1860. — 6o Des sources d'indications dans le croup et de leur valeur respective. Par H. BERLAND. — *Montpellier*, 1860. — 7o Considérations pratiques sur le croup. Par J.-B.-L. CHASTRUSSE, né à La Borie, commune d'Albussac [Corrèze]. — *Montpellier*, 1860. — 8o Du croup des adultes. Par F. DE S. MENOCAL. — *Paris*, 1859. — 9o Quelques observations d'une épidémie de croup et d'angine couenneuse. Par E. ROBERT. — *Paris*, 1859.

10o Quelques considérations sur les rétrécissements cicatriciels de la trachée, consécutifs aux ulcérations de ce conduit. Par C.-A. CHARNAL. — *Paris*, 1859. — 11o Des rétrécissements de la trachée. Par J.-G. CIVET. — *Montpellier*, 1861.

12o De l'angine maligne, et spécialement de sa nature, de ses symptômes et de son traitement. Par Ch.-A.-J. DELBET. — *Paris*, 1860. — 13o Des paralysies consécutives à l'angine couenneuse. Par H.-A. RANQUE. — *Paris*, 1859. — 14o De certains phénomènes que l'on observe après l'angine diphthérique, et que l'on peut désigner sous le nom de paralysie diphthérique. Par G. PERY. — *Paris*, 1859. — 15o De la paralysie dans la diphthérie et dans les maladies aiguës. Par E.-J. BERNARD. — *Paris*, 1859.

Maladies de l'appareil lymphatique. — Maladies du tissu cellulaire. — Maladies du système séreux.

2451. — (In-4 contenant :)

1o Des lésions des ganglions lymphatiques viscéraux. Par C. POTAIN. — *Paris*, 1860. — 2o Hypertrophie générale des ganglions lymphatiques. Par J. CAUBÈRE. — *Paris*, 1859. — 3o De la phthisie ganglionnaire chez l'adulte. Par A.-J. SOTINEL. — *Strasbourg*, 1861.

4o De l'obésité. Par C.-C. MINEL. — *Strasbourg*, 1859. — 5o De l'œdème et de ses variétés. Par W.-R. WHITEHEAD. — *Paris*, 1860. — 6o De la phlegmatia alba dolens. Par H. RANDON DU LANDRE.

— *Paris*, 1859. — 7º De la phlegmatia alba dolens. 1º Se rencon-tre-t-elle exclusivement chez les femmes en couches? 2º Quelles sont ses lésions anatomiques? Par J. WERNER. — *Paris*, 1860. — 8º De la phlegmatia alba dolens. Par J.-B. DULAC. — *Paris*, 1860. — 9º Même titre. Par J.-B.-A. BERTHET. — *Paris*, 1860. — 10º Même titre. Par J.-F.-G. JOLLY. — *Paris*, 1861.

11º Des séreuses splanchniques et de leur inflammation. Par E.-F. RENOU. — *Paris*, 1860.

Maladies du système nerveux.

p. — Dissertatio medica de morbis nervosis generatim sumptis... Auct. C. TEMPIER. — *Monspelii*. 1786. — (V. nº 2425, T. II.) — Dis-sertatio medica de animi pathematibus... Auct. F. CAPELLE. — *Monspelii*, 1784. — (V. ibid., T. I.) — ... De apoplexia... Auct. F.-A. LHOMME. — *Monspelii*, 1784. — (V. ibid., T. II.) — ... De sensibilitate læsa... Auct. J. EYMA. — *Monspelii*, 1783. — (V. ibid.) — ... De paralysi... Auct. E. DESCHAMPS. — *Monspelii*, 1783. — (V. ibid.) — Tentamen medicum circa passionem hystericam... Auct. P. FAVRE. — *Monspelii*, 1784. — (V. ibid., T. I.) — ... De epilepsia ... Auct. A.-G. BENOID DE RIBES. — *Monspelii*, 1784. — (V. ibid., T. II.) — ... De epilepsia ... Auct. R. FREGONNEAU. — *Monspelii*, 1783. — (V. ibid., T. I.) — ... De melancholia ... Auct. G. CHAUTARD. — *Monspelii*, 1784. — (V. ibid.)

pp. — An pecularium encephali et medullæ spinalis partium læ-sionibus sua sint pecularia signa?... Auct. C.-M.-S. SANDRAS. — *Parisiis*, 1829. — (V. nº 2426, T. I.) — Propositions et observations sur diverses maladies de l'encéphale et principalement sur celles des enfants. Par F. BURNET. — *Paris*, 1830. — (V. ibid., T. VI.) — Essai sur l'encéphalite ou fièvre cérébrale [Pinel]. Par J. BRIZARD. — *Paris*, 1830. — (V. ibid., T. V.) — Essai sur l'encéphalite ou in-flammation du cerveau, considérée spécialement dans l'enfance. Par J.-L.-N. PAYEN. — *Paris*, 1826. — (V. ibid., T. X.) — Disserta-tion sur l'apoplexie. Par P.-J.-A. CHARVET. — *Paris*, 1830. — (V. ibid., T. V.) — Dissertation sur l'apoplexie ou hémorrhagie cé-rébrale. Par P.-M. REGNACQ. — *Paris*, 1830. — (V. ibid., T. IV.) — Dissertation sur l'hémorrhagie cérébrale, vulgairement appelée apoplexie sanguine. Par F.-P. BARTHÉLEMY. — *Paris*, 1830, —

(V. *ibid.*, T. III.) — Essai sur l'apoplexie ou hémorrhagie cérébrale. Par G.-E. VILLEROY. — *Paris*, 1830. = (V. *ibid.*, T. IX.) — Examen physiologique des causes physiques et morales de l'apoplexie ; traitement préservatif de cette maladie. Par Ch. DENYS. — *Paris*, 1830. — (V. *ibid.*. T. IX.) = Sur l'hypertrophie du cerveau. Par P.-E. DUBUC. — *Paris*, 1830. — (V. *ibid.*, T. V.) = Dissertation sur la méningite. Par J.-F. GASTON. — *Paris*, 1830. — (V. *ibid.*, T. II.) — Considérations générales sur la méningo-céphalite aiguë. Par J.-G.-E. THILLAYE. — *Paris*, 1830. — (V. *ibid.*, T. II.) — Essai sur l'arachnoïdite. Par S.-H.-H. FÉRAUD. — *Paris*, 1824. = (V. *ibid.*, T. X.) — Dissertation sur l'arachnitis aiguë cérébrale et rachidienne. Par L.-A. GARNIER. — *Paris*, 1830. — (V. *ibid.*, T. III.) — Dissertation sur l'hydrencéphale aiguë des adultes. Par J.-B. LEMOINE. = *Paris*, 1830. — (V. *ibid.*, T. V.) — Dissertation sur l'hydrocéphale aiguë. Par E. ARIBERT-DUFRESNE. — *Paris*, 1830. — (V. *ibid.*, T. V.) — Dissertation sur la myélite. Par A. FRAISSEIX, de Saint-Léonard [Haute-Vienne]. — *Paris*, 1830. — (V. *ibid.*, T. IX.) = Considérations générales sur les congestions sanguines de la moelle épinière et de ses enveloppes. Par Cl. DURAND. — *Paris*, 1830. = (V. *ibid.*, T. VI.) — Quelques considérations sur les affections cérébrales qui peuvent donner lieu à la paralysie. Par N.-A.-T. MÉNAGE. — *Paris*, 1830. — (V. *ibid.*, T. VII.) = An a læsionibus organicis vesaniæ?... Auct. A. GAIDE. — *Parisiis* (1829). — (V. *ibid.*, T. I.) = De l'influence du physique relativement au désordre des facultés intellectuelles, et en particulier dans cette variété du délire désignée par M. Esquirol sous le nom de monomanie. Par J.-J. MOREAU. — *Paris*, 1830. — (V. *ibid.*, T. V.) — De la monomanie homicide. Par F.-V. MORIN. — *Paris*, 1830. — (V. *ibid.*, T. VI.) — Dissertation sur la paralysie générale observée à Charenton. Par R. DAVEAU. — *Paris*, 1830. — (V. *ibid.*, T. IV.) — Essai sur la migraine. Par F.-G. LABORDE. — *Paris*, 1830. — (V. *ibid.*) — Essai sur le tétanos. Par L. BREBION. — *Paris*, 1830. — (V. *ibid.*, T. VII.) — Dissertation sur l'épilepsie et l'hystérie, suivie de propositions sur quelques maladies du cerveau. Par M. ALLÈGRE. — *Paris*, 1833. — (V. *ibid.*, T. X.) — Num epilepsia aliæque convulsiones a læsione organica pendent?... Auct. P. MENIÈRE. — *Parisiis*, 1829. — (V. *ibid.*, T. I.) — Dissertation sur l'hypochondrie. Par A.-L. BIROTHEAU. — *Paris*, 1830. — (V. *ibid.*, T. IV.)

2452. — (Lésions traumatiques et vitales du système nerveux. — In-4 contenant :)

1° Quelques recherches sur la nature des maladies nerveuses en général. Par Z.-F. PERRIN. = *Montpellier*, 1861. — 2º Etude sur la mort subite dans l'enfance causée par les troubles du système nerveux. Par D.-O. PIHAN-DUFEILLAY. = *Paris*, 1861. — 3º Essai sur le rhumatisme cérébral. Par E.-J. GIRARD. = *Paris*, 1862. = 4º De la congestion cérébrale. Par H.-E.-D. DU LAC. — *Paris*, 1861. — 5º De l'hémorrhagie cérébrale envisagée principalement au point de vue des symptômes et du traitement. Par Albert GARRIGOU, né à Limoges [Haute-Vienne]. = *Paris*, 1859. = 6º Des maladies qui simulent l'apoplexie cérébrale. Par V. BONNET. = *Paris*, 1861. = 7º Quelques considérations sur les accidents apoplectiformes. Par E. TALON. = *Strasbourg*, 1861. — 8º Du ramollissement du cerveau. Par J.-F.-F.-A. CORBIN. = *Paris*, 1859. — 9º Du ramollissement cérébral au point de vue de l'embolie artérielle. Par A. FONTENEAU. — *Paris*, 1861. — 10º Considérations sur la nature du ramollissement cérébral. De ses indications thérapeutiques. Par D. ROMAND-PICQUAND. — *Strasbourg*, 1861. = 11º Quelques considérations sur l'anatomie pathologique des hémorrhagies méningées. Par A. DUBOIS. — *Paris*, 1859. — 12º Essai sur la méningite cérébrale rhumatismale. Par J.-L.-O. DIARD. — *Paris*, 1861. — 13º Du rapport des symptômes avec les lésions dans la méningite. Par L.-L.-E. GUYOT. — *Paris*, 1859. — 14º Sur quelques points du diagnostic des méningites chez les enfants. Par J. BADAN. — *Paris*, 1861. = 15º De la méningo-encéphalite tuberculeuse des enfants. Par T.-B. LACOMBE, né à Chalus [Haute-Vienne]. — *Paris*, 1860. — 16º Recherches sur les néomembranes et les kystes de l'arachnoïde. Par D. BRUNET. — *Paris*, 1859.

17º Etudes sur les hémorrhagies de la moelle ou hématomyélie. Par J.-A. BARAT-DULAURIER. — *Paris*, 1859. — 18º Des altérations de la sensibilité. Par L.-V. MARCÉ. = *Paris*, 1860. — 19º Considérations sur la nature et le traitement des névralgies. Par F. DE RANSE. — *Paris*, 1861. — 20º Recherches sur les névralgies consécutives aux lésions des nerfs. Par Ch. LONDE. — *Paris*, 1860. — 21º Des névralgies viscérales. Par le Dr A. LABOULBÈNE. = *Paris*, 1860. — 22º Considérations sur la névralgie faciale. Par Ch. SUDOUR. — *Montpellier*, 1862. — 23º De la nature et du siége de certaines paralysies isolées de la sensibilité. Par E. SELLIER. = *Strasbourg*, 1860. — 24º Quelques mots sur les paralysies et sur leurs causes. Par V. REVILLOUT. — *Paris*, 1859. — 25º Des paralysies. Par C.-A. SPIELMANN. — *Strasbourg*, 1859. — 26º De la paralysie chez les enfants. Par P.-E. GIBERT. — *Paris*, 1859. — 27º Des paralysies essentielles consécutives aux maladies aiguës. Par A. BRUGUIER. —

Paris, 1860. — 28° Des paralysies consécutives aux maladies aiguës. Par C.-J. DUBRISAY. — Paris, 1861. — 29° De l'influence du coït et de l'onanisme dans la station sur la production des paralysies. Par A. BOURBON. — Paris, 1859.

30° De la contracture essentielle. Par L. FOSSE. — Paris, 1860. — 31° Du resserrement des mâchoires. Par E. BLAVETTE. — Paris, 1860.

2455. — (Affections mentales et névroses. — In-4 contenant :)

1° Quelques cas d'aliénation mentale considérés sous le point de vue du diagnostic. Par Emm. BROUSSAIS. — Strasbourg, 1859. — 2° De la folie à double forme. Par A.-E. GEOFFROY. — Paris, 1861. — 3° De la folie sympathique. Par J.-H.-J. LHOMOND, de Brive [Corrèze]. — Montpellier, 1862. — 4° Fragments d'études sur les hallucinations. Par A. PIROUX. — Montpellier, 1861. — 5° Du vertige. Par E.-O. DUHAMEL. — Strasbourg, 1862. — 6° Etude sur les vertiges. Par A. MESTRE. — Paris, 1861. — 7° Aperçu sur la paralysie générale progressive. Par A. PÉON. — Paris, 1860. — 8° Recherches cliniques sur la paralysie générale progressive. Par C.-L. DUBIAU. — Montpellier, 1860. — 9° De la paralysie générale des aliénés. Par C. BENOIT. — Paris, 1859. — 10° De la paralysie générale des aliénés. — Par F.-E. QUATREFAGES. — Montpellier, 1861. — 11° De la paralysie générale des aliénés et plus spécialement de quelques symptômes du début. Par J.-B.-T.-E. PRUEZ-LATOUR. — Paris, 1861. — 12° De la trémulence paralytique progressive. Par A.-J. LOUIS. — Strasbourg, 1862. — 13° Parallèle entre la paralysie générale des aliénés et la paralysie générale d'origine saturnine. Par P.-G. BOURDESOL. — Paris, 1860. — 14° De l'idiotie. Par C.-E. BARTH. — Strasbourg, 1862. — 15° Parallèle entre l'idiotie et le crétinisme. Par M. LEVEN. — Paris, 1861.

16° Essai sur le mal de mer. Par G. GUILLABERT. — Paris, 1859. — 17° De la naupathie ou mal de mer. Par Mérault MARTIALIS. — Paris, 1861.

18° De la migraine. Par A.-L. ALLORY. — Paris, 1859. — 19° Etude et traitement de l'hémipéricrânalgie [migraine]. Par O. TAMIN. — Paris, 1860.

20° Dissertation sur la nostalgie. Par Emm.-E. BLANCHE. — Strasbourg, 1860.

21º Étude sur l'hypochondrie et le délire hypochondriaque. Par
A. DUFOUR. — *Paris*, 1860. — 22º De l'éclampsie au point de vue de
ses causes, de ses effets et de son traitement. Par G. CHABALLIER.
— *Strasbourg*, 1861. — 23º Des convulsions essentielles et sympathiques dans la première enfance. Par M.-A. MARTIN. — *Montpellier*,
1862. — 24º Des convulsions chez les enfants considérées surtout au
point de vue de l'étiologie. Par L.-A. VIGNOLLES. — *Montpellier*, 1861.
— 25º Essai sur les convulsions non idiopathiques. Par J.-B.-E. CHA-
MINADE. — *Montpellier*, 1860. — 26º Du tétanos et principalement de
son traitement. Par H.-J. DURAND. — *Paris*, 1860. — 27º Du tétanos
spontané; de son traitement par l'opium à haute dose et par le
chloroforme. — Par A. BOUCHER. — *Paris*, 1860. — 28º Considérations sur la chorée, ses causes, sa nature, son traitement. Par
E.-L. LONG. — *Paris*, 1860.

29º De l'hystérie. Par L. FOUGÈRES, de Linards [Haute-Vienne].
— *Montpellier*, 1848. — 30 Essai sur l'hystérie. Par A. VACQUIER. —
Montpellier, 1861. — 31º Quelques réflexions sur l'hystérie. Par
S.-B. SARNIGUET. — *Strasbourg*, 1862. — 32º Quelques considérations sur le siége de l'hystérie. Par FRÉMONT [J.-A.-P.] — *Montpellier*, 1861. — 33º Recherches sur le développement et les transformations de l'hystérie, faites à la clinique médicale de l'Hôtel-
Dieu de Rouen. Par E. NICOLLE. — *Paris*, 1859. — 34º De l'anesthésie
hystérique. Par C. ARNAL. — *Paris*, 1859. — 35º Essai sur les pa-
raplégies dites hystériques. Par Al. RUSTÉGHO. — *Strasbourg*,
1859.

36º Quelques mots sur l'épilepsie. Par J.-B.-G. LOISEAU. — *Paris*,
1861. — 37º De l'épilepsie. Par J.-B.-G. LOISEAU. — *Paris*, 1861. —
38º Y a-t-il albuminurie dans l'épilepsie? Conséquences au point
de vue du diagnostic avec l'éclampsie. Par E. SAILLY. — *Paris*,
1861. — 39º De l'inégalité de poids des hémisphères cérébraux dans
l'épilepsie et les hémiplégies. Par H. LESBROS. — *Montpellier*, 1862.

*Maladies de l'appareil musculaire. — Maladies de l'appareil
tégumentaire.*

2454. — (In-4 contenant :)

1º De l'anesthésie musculaire. Par Ch. SIZARET. — *Strasbourg*,
1860.

2º Des paralysies musculaires. Par le Dʳ S. BARNIÈR. — *Paris,* 1860.

3º De quelques douleurs musculaires ou myosalgies [rhumatisme musculaire, hyperesthésie musculaire hystérique, colique de plomb], et de leur traitement à l'aide des courants électriques par induction. Par J.-G. HAVA. — *Paris,* 1859.

4º Etude sur la paralysie musculaire atrophique. Par Is. SEELIGMANN. — *Paris,* 1859. — 5º Essai sur l'anatomie pathologique et la nature de la paralysie atrophique. Par A. SICARDON. — *Paris,* 1861. — 6º De l'atrophie musculaire consécutive aux névralgies. Par J.-C. BONNEFIN. — *Paris,* 1860. — 7º De l'atrophie graisseuse progressive des muscles. Par G.-A. DE SAINT-PAUL. — *Paris,* 1861. — 8º De la psoïtis. Par J.-A.-U. MANJOT. — *Paris,* 1860.

9º Du refroidissement. Par A. RICHER. — *Paris,* 1860. — 10º Essai sur la chromocrinie partielle de la peau. Par M. DUBUC. — *Paris,* 1861. — 11º Etude sur l'étiologie physiologique des maladies des organes de sécrétion excrémentitielle dans les climats chauds. Par P.-E. JACOB DE CORDEMOY. — *Paris,* 1860. — 12º Etudes sur les rétrécissements des canaux et des orifices muqueux. Par M. SAMANIEGO. — *Paris,* 1859.

Maladies de l'appareil génito-urinaire.

q. — Tentamen medicum de uteri inflammatione... Auct. G.-F. BROQUIN. — *Monspelii,* 1783. — (V. nº 2425, T. I.)

Dissertatio medica de nephritide... Auct. J.-J. DE LOMENIE. — *Monspelii,* 1785. — (V. *ibid.,* T. II.) — ... De nephritide calculosa ... Auct. J. SUMIAN. — *Monspelii,* 1783. — (V. *ibid.*) — ... De calculo renum... Auct. J.-M.-M. BIESSY. — *Monspelii,* 1786. — (V. *ibid.*) — ... De diabete... Auct. C.-L. DAUTANE. — *Monspelii,* 1783. — (V. *ibid.*)

qq. — Dissertation sur l'inflammation aiguë de la matrice considérée dans son état de vacuité. Par P.-G. CHAUMONT. — *Paris,* 1830. — (V. nº 2426, T. VI.) — Dissertation sur la métrite aiguë. Par A. VANNIER. — *Paris,* 1830. — (V. *ibid.,* T. IV.) — Considérations générales sur la métro-péritonite aiguë simple pendant la vacuité, la gestation et l'état puerpéral. Par J.-N. GUÉRIN. — *Paris,* 1830. — (V. *ibid.,* T. III.)

Essai sur la néphrite aiguë simple ou inflammation des reins. Par S.-A.-J. TARDIVEAU. — *Paris,* 1830. — (V. *ibid.,* T. IV.)

— Considérations sur la néphrite idiopathique. Par N. DE BER-
NARDY. — *Paris*, 1830. — (V. *ibid.*, T. VII.) — Dissertation sur les
reins, leurs calculs èt la néphrite calculeuse. Par Antoine DES-
FOSSES-LAGRAVIÈRE, de Boussac (Creuse). — *Paris*, 1830. —
(V. *ibid.*, T. IV.)

Essai sur la cystite aiguë ou inflammation de la vessie. Par
J.-F.-A. CAMPARDON. — *Paris*, 1830. — (V. *ibid.*, T. VIII.) — Dis-
sertation sur le catarrhe vésical. Par C. BELLANGER. — *Paris*, 1830.
— (V. *ibid.*, T. V.)

2455. — (In-4 contenant :)

1o Quelques mots sur l'ovaire et sur l'ovarite. Par A. VINCENT. —
Paris, 1859.

2o Quelques considérations sur la physiologie pathologique et
l'hygiène de l'appareil utérin. Par A.-G. PINAUD. — *Paris*, 1860. —
3o Maladies utérines. Quelques considérations générales sur leur
diagnostic et leur traitement. Par Jb TIXIER, de Saint-Martial-le-
Mont [Creuse]. — *Montpellier*, 1862. — 4o De la fréquence des altérations des annexes de l'utérus dans les affections dites utérines.
Par F. SIREDEY. — *Paris*, 1860. — 5o Du diagnostic des maladies
de matrice en général. Par A. ANDRIEU. — *Montpellier*, 1861. —
6o De la lésion et de la maladie dans les affections chroniques du
système utérin. Par E.-A. TILLOT. — *Paris*, 1860. — 7o Quelques
considérations pratiques sur les affections chroniques de la matrice
et sur leur traitement. Par J.-J.-Alfred ARNOULD. — *Paris*, 1859.

8o De la métrite chronique. Par P. ROZIER. — *Paris*, 1859. —
9o Du diagnostic et du traitement de la métrite chronique. Par
A. CORDOUAN. — *Montpellier*, 1862. — 10o Quelques considérations
sur les engorgements de l'utérus. Par J.-B.-A. BÉJAMBES. — *Montpellier*, 1862. — 11o Des hémorrhagies de l'utérus. Par R.-M.-C. Mo-
REAU. — *Paris*, 1859. — 12o De la métrorrhagie dans l'état de vacuité
de l'utérus. Par J.-L.-J.-D. BAYART. — *Paris*, 1861. — 13o De la
métrorrhagie idiopathique. Par E. ROUILLION. — *Paris*, 1859. —
14o De la métrorrhagie considérée en dehors de l'état puerpéral;
esquisse rapide des principales affections dont elle est symptoma-
tique. Traitement. Par L.-F. BOULIN. — *Paris*, 1860. — 15o Considérations sur la névralgie utérine. Par P.-L. DELARUE. — *Paris*,
1861.

16o Etudes sur les accidents urémiques. Par F. MICHEL. — *Strasbourg*, 1860. — 17o De la périnéphrite primitive. Par A.-L. FÉRON.
— *Paris*, 1860. — 18o Même titre. Par J.-A. PICARD. — *Paris*, 1860.
— 19o Des calculs rénaux. Par F. RAVANAT. — *Montpellier*, 1862. —
20o De la néphrite albumineuse aiguë. Par A. THIBAULT. — *Paris*,
1859. — 21o Quelques considérations sur l'albuminurie. Par L.
CAYROL. — *Strasbourg*, 1859. — 22o Des conditions pathogéniques
de l'albuminurie. Par S. JACCOUD. — *Paris*, 1860. — 23o De l'albuminurie et de son traitement par les émissions sanguines et les
toniques. Par J.-F. DE CHOUDENS. — *Paris*, 1861. — 24o De l'hydro-
néphrose ou hydropisie du rein. Par J. HENNINGER. — *Strasbourg*,
1862. — 25o De la polyurie. Par Mirza REZA BEN MOKIM. — *Paris*,
1860. — 26o Du diabètes. Par A. BONNEFON. — *Montpellier*, 1861. —
27o Du diabète sucré. Par A.-C. SALVY. — *Paris*, 1861. — 28o Du
diabète sucré ou de la glucosurie. Par A. AUFFAN. — *Strasbourg*,
1859. — 29o Du diabète sucré et principalement de ses causes et

de son traitement. Par R.-J.-L.-B. OLIVIER. — *Paris*, 1859. — 30° Quelques considérations sur un cas de glycosurie déterminée par une tumeur colloïde renfermée dans le quatrième ventricule. Par F. LEVRAT-PERROTTON. — *Paris*, 1859. — 31° Du diabète insipide, et en particulier de la polydipsie et de la polyurie. Par E. MAGNANT. — *Strasbourg*, 1862.

32° De la cystalgie. Par J.-B. FERRA. — *Paris*, 1860. — 33° Quelques considérations sur l'anurie comme cause d'accidents cérébraux. Par B.-A. CAHOURS. — *Strasbourg*, 1860. — 34° De la rétention d'urine. Par P. MARCHAND. — *Paris*, 1860. — 35° De la rétention d'urine, ses causes, ses effets, son traitement. Par L.-A. BASSET. — *Paris*, 1860. — 36° De l'incontinence nocturne d'urine. Par J.-P.-C. GAGEY. — *Paris*, 1860.

16° **Maladies parasitaires.** — 17° **Intoxication et empoisonnement.**

rr. — Dissertation sur les entozoaires en général et sur les hydatides en particulier. Par J.-D. LEBAUDY. — *Paris*, 1830. — (V. n° 2426, T. II.) — Dissertation sur les vers intestinaux considérés sous le rapport pathologique et thérapeutique. Par P.-P. PERGAUD. — *Paris*, 1830. — (V. *ibid.*, T. VII.)

De l'empoisonnement par le deuto-chlorure de mercure [sublimé corrosif]. Par P.-N. MANCEL. — *Paris*, 1830. — (V. *ibid.*, T. II.) — Dissertation sur l'ivresse produite par le vin et les liqueurs alcooliques. Par P.-H. AUBINAIS. — *Paris*, 1830. — (V. *ibid.*, T. VI.)

2456. — (In-4 contenant :)

1° Du parasitisme dans le règne animal et dans le règne végétal. Par J. DE SEYNES. — *Montpellier*, 1860. — 2° Des vers vésiculaires. Par E. BURGADE. — *Paris*, 1861. — 3° Des vers vésiculaires et des maladies hydatiques. Par M. PHILIPON. — *Paris*, 1861. — 4° Des entozoaires du tube digestif. Par E. BRISSON. — *Montpellier*, 1860. — 5° De l'origine du ténia ou ver solitaire et des maladies hydatiques. Par C.-A.-N. BOURCIER. — *Paris*, 1859. — 6° Etudé sur le tænia solium. Par P.-A. CORMARY. — *Montpellier*, 1862.

7° De l'empoisonnement aigu par le phosphore. Par E. BRULLÉ. — *Paris*, 1860. — 8° De l'empoisonnement par la strychnine. Par H.-P. DE MEYRIGNAC. — *Paris*, 1859. — 9° Recherches sur l'action toxique de quelques essences. Par M.-L.-G. MEYNIER. — *Paris*, 1859. — 10° De l'alcoolisme. Par V.-A. RACLE. — *Paris*, 1860. — 11° Essai clinique sur l'alcoolisme. Par L. THOMEUF. — *Paris*, 1859. — 12° Considérations générales sur l'alcoolisme et plus particulièrement des effets toxiques produits sur l'homme par la liqueur d'absinthe. Par A.-A. MOTET. — *Paris*, 1859. — 13° Quelques réflexions sur l'abus de l'opium. Par J. MATTEI. — *Montpellier*, 1862.

B. — Pathologie et Clinique chirurgicales.

ss. — Propositions sur divers points de chirurgie. Par L. MOCQUIN. — *Paris*, 1830. — (V. n° 2426, T. V.)

2457. — (In-4 contenant :)

1° Quelques observations de chirurgie. Par A.-L.-G. LAMIABLE. — *Strasbourg*, 1861. — 2° Observations sur quelques points de chirurgie militaire pratique, recueillies à l'armée d'Italie. Par A.-N.-T. DUJARDIN-BEAUMETZ. — *Paris*, 1860. — 3° Quelques aperçus sur la chirurgie anglaise. Par Paul TOPINARD. — *Paris*, 1860.

2° Traités spéciaux.

Maladies générales : inflammations, abcès, plaies, ulcères, brûlures, gangrène, cancers, tumeurs.

t. — Dissertatio medica de hydrophobia... Auct. J.-B. CHAPOUILLE. — *Monspelii*, 1783. — (V. n° 2425, T. II.) — ... De hydrophobia, præsertim de ejus causa immediata... Auct. J.-D. EMERIC. = *Monspelii*, 1784. — (V. *ibid.*, T. I.) — ... De hydrophobia... Auct. J.-B.-L. TAILLEFER. — *Monspelii*, 1785. — (V. *ibid.*) — ... De rabie... Auct. J.-F. SIMONNET. — *Monspelii*, 1786. — (V. *ibid.*, T. III.) — ... De gangrena... Auct. J. TURIN. — *Monspelii*, 1784. — (V. *ibid.*) — J. SCHAUFELBERGERI,... Dissertatio médico-chirurgica de gangrena. — *Monspelii*, 1786. — (V. *ibid.*)

tt. — Essai sur l'érysipèle phlegmoneux des membres. Par P.-J. L'ÉPINE. — *Paris*, 1830. — (V. n° 2426, T. IX.) — Des abcès symptomatiques. Par SANSON [Alphonse]. — *Paris*, 1832. = (V. *ibid.*, T. I.) — Mémoire philosophique sur la rage, suivi de réflexions relatives aux préjugés du peuple vendéen sur la médecine. Par P.-F. SAINT-GEORGES-RANSOL. — *Bourbon-Vendée*, 1833. — (V. *ibid.*) — Essai sur la brûlure. Par P.-E. BODIN. — *Paris*, 1830. — (V. *ibid.*, T. III.) — Même titre. Par P.-V. MAINOT. — *Paris*, 1830. — (V. *ibid.*) — Précis sur la brûlure. Par A.-J. BUSSOD. — *Paris*, 1830. — (V. *ibid.*, T. IX.) — Dissertation sur les brûlures considérées comme accidents. Par M. DUCURON. — *Paris*, 1830. — (V. *ibid.*, T. III.) — Essai sur la gangrène spontanée. Par E. LANELONGUE. — *Paris*, 1830. — (V. *ibid.*)

2458. — (In-4 contenant :)

1° Des abcès en général et de leur traitement par la cautérisation au moyen du nitrate d'argent. Par E.-V. PINEAU. — *Paris*, 1859. —

2º Sur un mode de terminaison des abcès par congestion; ouverture de ces abcès dans les voies aériennes. Par A. GUÉRINEAU. — *Paris*, 1859. — 3º Des abcès migrateurs ossifluents. [Diagnostic et traitement.] Par Vital BRUNEAU. = *Paris*, 1860. — 4º Des abcès hématiques. Par A. COUVREUR. — *Paris*, 1861. — 5º Des causes qui retardent ou empêchent la guérison des plaies. Par F.-P. BOURGAREL. — *Paris*, 1860. — 6º De la cicatrisation en général et de celle dite sous-crustacée en particulier. Par V. RITZINGER. — *Strasbourg*, 1859. — 7º De la sous-cutanisation des plaies par la réunion collodionnée. Par E.-J. FOURGNIAUD, né à La Ribière [Haute-Vienne]. — *Paris*, 1859. = 8º Quelques mots sur les plaies par armes à feu. Par E.-E. RITH. — *Paris*, 1860.

9º Des poisons morbides transmissibles des animaux à l'homme. Par H.-J.-O.-A. LALOUX. — *Paris*, 1861. = 10º De la morve aiguë chez l'homme. Par E. SAVOYE. — *Strasbourg*, 1861. — 11º Considérations sur la rage, principalement au point de vue du diagnostic. Par J.-L.-E.-C. GROS. = *Paris*, 1860. — 12º Considérations sur la rage, principalement au point de vue de l'étiologie et de la thérapeutique. Par N.-Donat MATTON. — *Strasbourg*, 1862.

13º Des accidents nerveux traumatiques. Par E.-H.-L. ROCHÉ. — *Paris*, 1861. = 14º Du tétanos chez l'adulte, et en particulier du tétanos traumatique. Par A. DE MIRBECK. — *Strasbourg*, 1862. = 15º Considérations sur le tétanos traumatique. Par GEMY [L.-A.] — *Montpellier*, 1861. — 16º Quelques mots sur une variété d'érysipèle traumatique par infection. Par M.-J.-C.-U. THOINNET. — *Paris*, 1859. = 17º De l'emphysème traumatique. Par M. F. DOLBEAU. = *Paris*, 1860.

18º De la pourriture d'hôpital. Par J.-P. GUILLAUME. — *Paris*, 1860. = 19º De la pourriture d'hôpital et de son traitement. Par S. BERTRAND. — *Montpellier*, 1860. — 20º Considérations sur l'étiologie et le traitement de la pourriture d'hôpital, particulièrement par le perchlorure de fer. Par F. ALBESPY. — *Paris*, 1860. — 21º De la pyohémie. Par E.-E. LECOQ. = *Paris*, 1859.

22º De l'ulcère contagieux de Mozambique chez les Cafres et de son traitement. Par L.-T. LAURE. — *Paris*, 1861.

23º Relation d'un cas remarquable de brûlure survenue chez un aliéné paralytique. Par Régis TOURNAIRE. — *Montpellier*, 1861. — 24º Des effets de la foudre sur l'homme. Par C.-C. BONNET. — *Paris*, 1859.

25º De la gangrène spontanée des extrémités. Par F. LESUR. — *Paris*, 1859. — 26º Quelques considérations sur les gangrènes spontanées des extrémités. Par F.-A. DESPAIGNET. — *Paris*, 1859.

27º Sur le diagnostic des tumeurs. Par J. MEUGY. — *Paris*, 1859. — 28º Des tumeurs gommeuses. Par H. VAN OORDT. — *Paris*, 1859.

Maladies des tissus et des systèmes organiques.

Maladies des os et de leurs dépendances. — Maladies des articulations.

u. — Tentamen medico-chirurgicum de exostosi... Auct. P. COUR-

ROUX. — *Monspelii*, 1786. — (V. *n*o 2425, T. III.) — Dissertatio medico-chirurgica circa quosdam tumores albos... Auct. M. SA-MANOS. — *Monspelii*, 1786. — (V. *ibid.*)

uu. — Proposition sur l'ostéo-sarcome, suivie de quelques considérations sur la fièvre inflammatoire. Par L.-A.-L. LEDRU. = *Paris*, 1830. — (V. *n*o 2426, T. VIII.) — Essai sur les entorses radio-carpienne et tibio-astragalienne. Par E.-P.-J. GAUTRON. = *Paris*, 1830. — (V. *ibid.*, T. VII.) — Essai sur les corps étrangers développés spontanément dans l'articulation fémoro-tibio-rotulienne. Par W.-B. COQUEBERT. — *Paris*, 1830. — (V. *ibid.*, T. IX.)

2459. — (In-4 contenant :)

1o Des complications des fractures. Par A. ROINARD. — *Paris*, 1859. — 2o De la crépitation dans les fractures. Par J.-E. GAVARRET. — *Paris*, 1859. — 3o De l'influence de la position dans les fractures. Par J. KLÉE. — *Strasbourg*, 1862. — 4o Du rachitisme intra-utérin. Par H. LAFONT-MARRON. — *Paris*, 1859. — 5o De l'ostéomalacie. Par P.-L.-G. DROUINEAU. — *Strasbourg*, 1861. — 6o Mémoire sur une nouvelle espèce de tumeurs bénignes des os, ou tumeurs à myéloplaxes, avec 3 planches coloriées. Par E. NÉLATON. — *Paris*, 1860. — 7o Des reproductions osseuses du périoste dans la nécrose. Par A.-A.-M. GOGUET. — *Strasbourg*, 1862. — 8o Essai sur les enchondromes. Par A. AUDÉ. — *Paris*, 1859. — 9o Considérations sur les plaies pénétrantes des articulations à propos de quelques faits cliniques. Par A. MERLE. — *Montpellier*, 1861. — 10o De l'entorse et de son traitement par le massage. Par L.-E. RAZIN. — *Paris*, 1860. — 11o Essai sur l'histoire pathologique des luxations. Par DESCOLIS [Timothée]. — *Montpellier*, 1860. — 12o De quelques cas de luxations traumatiques, observés principalement dans le service de clinique chirurgicale de l'hôpital maritime du port de Brest. Par F.-P. MULLER. — *Montpellier*, 1862. — 13o — De l'hydarthrose. Par P.-E. LIEUTAUD. — *Paris*, 1861. — 14o De l'arthrite ostéophytique. Par L. PERRIER. — *Montpellier*, 1862. — 15o Considérations sur les tumeurs blanches en général. Par V. BESNARD. — *Paris*, 1859. — 16o Quelques considérations pratiques sur les tumeurs blanches. Par M. CENAC. — *Montpellier*, 1861. — 17o Des corps étrangers des articulations. Par F. FENARD. — *Paris*, 1859. — 18o Essai sur les corps étrangers dans les articulations et principalement dans celle du genou. Par J.-J. DUCHARME. — *Strasbourg*, 1859. — 19o Des corps étrangers articulaires. Par H. SAINT-PAU. — *Paris*, 1861. — 20o Un mot sur les corps étrangers des articulations et leur traitement. Par SAUNIER [Ant.] — *Montpellier*, 1861.

Maladies des vaisseaux, des ganglions, des nerfs, des muscles, du tissu cellulaire, de la peau.

v. = Dissertatio medica de scabie... Auct. J.-J. GOHIN. — *Monspelii*, 1785. — (V. *n*o 2425, T. II.)

vv. — Dissertation sur la dilatation variqueuse des veines en général. Par G. GAGNEBÉ. — *Paris*, 1830. — (V. *n*o 2426, T. II.) —

Dilatation variqueuse des veines. Par M.-J.-A. LACROIX. — *Paris*, 1830. — (V. *ibid.*, T. X.) — Dissertation sur les varices en général. Par F. MARIE. — *Paris*, 1830. — (V. *ibid.*, T. VII.) — Essai sur l'eczéma. Par I. LEVAIN. — *Paris*, 1830. — (V. *ibid.*, T. III.) — Dissertation sur l'herpes zoster. Par J.-J. MARIE. — *Paris*, 1830. — (V. *ibid.*, T. VII.) — Essai sur la mélitagre [impétigo de quelques auteurs anglais]. Par J.-B.-F. RIVIÈRE. — *Paris*, 1830. — (V. *ibid.*) — De la teigne faveuse. Par J. MALLAT. — *Paris*, 1830. — (V. *ibid.*, T. VI.)

2460. — (In-4 contenant :)

1º De l'athérome artériel. Par G.-M. BOREL. — *Strasbourg*, 1859. — 2º De l'athérome artériel comme cause des anévrysmes et des apoplexies. Par J.-H. BAUDON. — *Strasbourg*, 1859. — 3º De l'anévrysme artérioso-veineux par cause traumatique. Par P. DUBOÜAYS. — *Montpellier*, 1861. — 4º Quelques considérations sur les anévrysmes dans les fractures. Par E. LINTILHAC. — *Paris*, 1859. — 5º Considérations sur la dyscrasie veineuse, précédées de la traduction du traité de STAHL intitulé : « De vena portæ, porta malorum hypochondriatico-splenetico-suffocativo-hysterico-colico-hemorrhoïdariorum [Halle, 1698] ». Par J. BRONGNIART. — *Paris*, 1860.

6º Quelques considérations sur les bubons. Par J.-H. LEY. — *Paris*, 1859.

7º Essai sur la paralysie suite de contusion des nerfs. Par V.-A. CAUSARD. — *Paris*, 1861.

8º De l'atrophie musculaire consécutive aux fractures des os longs chez les adultes et les enfants. Par L.-N.-C. LEJEUNE. — *Paris*, 1859.

9º Quelques mots sur le lipôme. Par A. BRIANDAS. — *Montpellier*, 1861. — 10º Essai sur le lipôme. Par P.-P. MESTRE. — *Montpellier*, 1862. — 11º Des épanchements sanguins dans le tissu cellulaire. Par Th. JALABERT. — *Paris*, 1860.

12º De la valeur relative des bases qui ont servi à établir les classifications des affections cutanées. Par Ém. JACQUEZ. — *Strasbourg*, 1862. — 13º Essai sur la dermatologie française. Par H. SAINTON. — *Paris*, 1860. — 14º Des fonctions de la peau et de leur importance dans la production des maladies. — Par P.-E. QUINTON. — *Paris*, 1861. — 15º Essai sur les dartres. Par F. BOURIENNE. — *Paris*, 1862. — 16º Des gourmes et de leurs rapports avec les teignes et les dartres. Par L. CHAZEL. — *Paris*, 1860. — 17º De la dartre et de l'arthritis. Par C.-J. GÉRIN-ROZE. — *Paris*, 1861. — 18º Des éruptions cutanées consécutives à l'absorption de certains médicaments. Par A.-A. FRÉMONT. — *Strasbourg*, 1861. — 19º De l'eczéma. Par A.-H. DUBOIS. — *Paris*, 1861. — 20º De l'hypertrophie générale du système sébacé. Par H.-C. LUTZ. — *Paris*, 1860. — 21º Des affections des glandes sébacées. Par J. GAUTRELET. — *Paris*, 1859. — 22º De l'acné; son traitement local. Par L. FÉRAT. — *Paris*, 1859. 23º Du sycosis. Par J.-P-A. WARION. — *Strasbourg*, 1861. — 24º De la pustule ou bouton d'Alep. Par F.-J.-B.-M. LIBERT. — *Paris*, 1859. — 25º Etude sur le pemphigus congénital. Par H. GUICHARD. — *Paris*, 1860. — 26º Du psoriasis et de son traitement. Par X.-C.-J. MAIRE. — *Paris*, 1859. — 27º Du pityriasis. Par P. MUTIN. — *Strasbourg*, 1860. — 28º De la pellagre. Par A. BALHADÈRE. — *Paris*, 1859.

— 29° Quelques considérations sur la pellagre. Par E. GOBERT. — *Strasbourg*, 1861. — 30° Même titre. Par J.-G. DARROZE. — *Montpellier*, 1861. — 31° La pellagre. Par J.-B.-M. DAUGREILH. — *Paris*, 1861. — 32° Étiologie de la pellagre. Par J.-C.-F. SOULEZ. — *Paris*, 1860. — 33° De la pellagre sporadique [observée dans le département de la Marne] et de ses causes. Par E. COLLARD. — *Paris*, 1860. — 34° Réflexions cliniques sur trois observations de lèpre grecque ou tsarath [de Moïse]. Par R. ARGILAGOS. — *Paris*, 1860. — 35° De l'éruption faveuse. Par J. COLVIS. — *Paris*, 1860. — 36° Quelques réflexions critiques sur le favus. Par B.-E. TARNIER. — *Paris*, 1859. — 37° Diagnostic différentiel de la teigne tonsurante de la face. Par J.-A. VINATIER. — *Paris*, 1859.

Maladies des régions, des appareils et des organes.

Maladies de la tête. — Art du dentiste.

x. — Dissertatio medica de parotidibus... Auct. J.-B. PON. — *Monspelii*, 1785. — (V. n° 2425, T. II.)

xx. — Dissertation sur l'épistaxis. Par R.-J.-F. PICHOT-CHAMPFLEURY. — *Paris*, 1830. — (V. n° 2426, T. III.)
Considérations sur la nature et le traitement des tumeurs et fistules du sac lacrymal. Par J.-B.-A. PEIFFER. — *Paris*, 1830. — (V. *ibid.*, T. VIII.) — Propositions sur quelques accidents produits par la présence d'une canule dans le canal nasal. Par A. DARCET. — *Paris*, 1830. — (V. *ibid.*, T. III.) — Dissertation sur l'ophthalmie. Par S.-G.-E. GODEFROY. — *Paris*, 1830. — (V. *ibid.*, T. VII.) — Dissertation sur la cataracte. Par L.-A.-J. LOUBET. — *Paris*, 1830. — (V. *ibid.*, T. II.) — Même titre. Par J.-B.-D. ETÈVE. — *Paris*, 1830. — (V. *ibid.*, T. VIII.) — Même titre. Par H.-L.-F. DUVAL. — *Paris*, 1830. — (V. *ibid.*, T. VI.) — Quelques considérations sur la cataracte, en particulier de l'abaissement et de l'extraction, appuyées sur cinquante observations recueillies à l'Hôtel-Dieu sous M. le professeur Dupuytren, et à la Charité sous M. le professeur ROUX. Par GUIRAMAND. — *Paris*, 1830. — (V. *ibid.*) — De la cataracte et du procédé opératoire par abaissement. Par A. BRUNET. — *Paris*, 1830. — (V. *ibid.*, T. VII.) — Dissertation sur le fongus médullaire de l'œil. Par F.-F. BAUER. — *Paris*, 1830. — (V. *ibid.*, T. IX.)
Essai sur la gangrène de la bouche des enfants. Par H.-F. CORDOEN. — *Paris*, 1830. — (V. *ibid.*, T. VI.) — Dissertation sur le cancer des lèvres. Par T. PENISSAT. — *Paris*, 1830. — (V. *ibid.*)

2461. — (Maladies du crâne, de l'encéphale, de l'oreille, des yeux et du nez. — In-4 contenant :)

1° Du pneumatocèle du crâne. Par F.-A. VOISIN. — *Paris*, 1860. — 2° Essai sur la pathologie des sinus frontaux. Par M. BOUYER. — *Paris*, 1859. — 3° Des lésions traumatiques de l'encéphale. Par L.-J. BAUCHET. — *Paris*, 1860. — 4° De l'écoulement du liquide séreux par les narines, résultant du traumatisme. Par J. RAPEAU. — *Paris*, 1859.

5o Des polypes de l'oreille. Par B.-E. FAURE. — *Paris*, 1861. — 6o Du siége anatomique de la parotidite; quelques considérations sur cette inflammation. Par C.-A. GIFFARD. — *Paris*, 1861.

7o De l'exploration de la rétine et des altérations de cette membrane visible à l'ophthalmoscope. Par S.-J. MÉTAXAS. — *Paris*, 1861. — 8o Des maladies des yeux chez les enfants. Par A. LEROY. — *Paris*, 1859. — 9o De l'ophthalmie des nouveau-nés. Par G. COULON. = *Montpellier*, 1862. — 10o Des corps étrangers de la conjonctive et du globe oculaire. Par Ch. SENGEL. — *Strasbourg*, 1859. — 11o Des corps étrangers pénétrants de l'œil. Par F.-M.-E. MICHEL. — *Paris*, 1859. — 12o De l'inflammation du bord libre des paupières. Par E. MISSÉT. — *Paris*, 1859. — 13o De la conjonctivite purulente et de la diphthérite de la conjonctive au point de vue du diagnostic différentiel et de la thérapeutique. Par L. WECKER. — *Paris*, 1861. — 14o De l'ophthalmie blennorrhagique. Par C.-E. RECTON. = *Strasbourg*, 1859. — 15o Même titre. Par A.-L.-E. DROUET. — *Paris*, 1860. — 16o De l'aquo-capsulitis ou inflammation de la membrane de l'humeur aqueuse. Par C. DUPUIS. — *Paris*, 1861. — 17o De l'iritis. Par L. DELBOUSQUET. — *Strasbourg*, 1859. — 18o De l'iris et des symptômes de l'iritis. Par D.-A. DELBOURG. — *Paris*, 1859. = 19o Des kystes de l'iris. Par A.-V. GUÉPIN. — *Paris*, 1860. — 20o De l'irido-choroïdite glaucomateuse. Par E. CONCHE. = *Montpellier*, 1862. — 21o De la choroïdite syphilitique. Par SCHULZE. — *Paris*, 1859. — 22o Recherches sur la cataracte. Par B. DUBARRY. — *Paris*, 1859. — 23o De la cataracte et de son traitement. Par PAUVERT [André]. — *Montpellier*, 1860. — 24o De l'amaurose au point de vue du diagnostic et du traitement. Par A. SOULACROIX. — *Paris*, 1860. — 25o Quelques considérations sur le glaucôme. Par V. DAGUENET. — *Paris*, 1861. — 26o Du glaucôme. Par A. PAMARD. — *Paris*, 1861. — 27o Du glaucôme. Par A. JAUMES. — *Montpellier*, 1861. — 28o De l'héméralopie ou cécité nocturne, considérée surtout au point de vue de l'étiologie et du traitement. Par A. MÉREAU. — *Paris*, 1860. — 29o De l'héméralopie épidémique. Par E.-L. BALDY. — *Strasbourg*, 1859. = 30o De la myopie. Par M.-E. REBSTOCK. — *Strasbourg*, 1859. = 31o De la paralysie du nerf moteur oculaire commun. Par J.-L.-J. CARRÈRE. — *Paris*, 1859. = 32o Même titre. Par R.-L. MIRANDA. — *Paris*, 1861.

33o Considérations sur le coryza chronique et l'ozène. Par A. FERRIÈS. — *Paris*, 1860. — 34o Polypes des fosses nasales. Leur traitement. Par J. FRIZAC. — *Montpellier*, 1862.

2462. — (Maladies de la bouche et de ses dépendances. Art du dentiste. = In-4 contenant :)

1o Du bec-de-lièvre, de son anatomie pathologique et de son étiologie. Par J.-G. BOYMIER. = *Paris*, 1859. — 2o Du bec-de-lièvre et des divers moyens de remédier à la difformité de la lèvre supérieure. Par F.-M. FRICOT. — *Strasbourg*, 1861. — 3o Considérations étiologiques et pratiques sur le bec-de-lièvre. Par M.-J.-G. MOURAUD. — *Montpellier*, 1861.

4o De l'épithélioma des lèvres. Par H. GISCLARD. — *Montpellier*, 1862. — 5o Du ramollissement des gencives. Par G. DELESTRE. — *Paris*, 1861. — 6o De la pyorrhée inter-alvéolo-dentaire. Par B.-E. DALAIN. — *Montpellier*, 1862. — 7o De la stomatite ulcéreuse des

enfants et de la nécrose du maxillaire dans cette affection. Par
E.-G. BLONDEAUX. — *Paris*, 1861. — 8° Du noma ou du sphacèle de
la bouche chez les enfants. Par J. TOURDES. — *Strasbourg*, 1848. —
9° Du noma ou gangrène de la bouche. Par M. DANGEREUX. —
Montpellier, 1861. — 10° De la grenouillette. Par G.-J. LELIÈVRE. —
Paris, 1861. — 11° Considérations sur la grenouillette ; de sa nature
et de son traitement. Par CROS [Marcel]. — *Montpellier*, 1861. —
12° Des calculs salivaires. Par A.-L. LANCELOT. — *Paris*, 1861. —
13° Etude sur l'historique et le mécanisme des luxations du maxillaire inférieur. Par P.-J. LACOUR. — *Paris*, 1860. — 14° Considérations sur les tumeurs du maxillaire inférieur. Par TAILHADES
[Louis]. — *Montpellier*, 1862. — 15° De quelques tumeurs du voile du
palais. Par H. HAAS. — *Strasbourg*, 1861.

Maladies du tronc.

y. — Tentamen medico-chirurgicum circa cancrum mammarum...
Auct. Steph. LANTHOIS. — *Monspelii*, 1784. — (V. n° 2425, T. III.) —
Tentamen medico-chirurgicum de bubonocele... Auct. J.-F. ŒUF.
— *Monspelii*, 1783. — (V. *ibid*.) — P.-G. ROCHETTE.... Dissertatio
medica de hæmorrhoidibus. — *Monspelii*, 1784. — (V. *ibid*., T. II.)
— Dissertation chirurgicale sur la fistule de l'anus. Par M. Jean
SENAUX. — *Montpellier*, 1785. — (V. *ibid*., T. III.)

yy. — Quelques réflexions sur les corps étrangers arrêtés dans le
pharynx ou l'œsophage, et sur les moyens de les extraire. Par
G.-Ed. BLONDEAU. — *Paris*, 1830. — (V. n° 2426, T. III.) — Dissertation sur les tubercules thoraciques. Par F.-M. DUMONCEL. —
Paris, 1830. — (V. *ibid*., T. IV.) — Dissertation sur les tumeurs
cancéreuses des mamelles et sur la trop grande fréquence de leur
extirpation. Par E. GAGNIARD. — *Paris*, 1830. — (V. *ibid*., T. VII.)
— Essai sur la hernie inguinale. Par E.-A. FOUJOLS. — *Paris*, 1830.
— (V. *ibid*., T. V.) — Quelques considérations sur la hernie ingui-
nale et son opération. Par F.-A. SILVE. — *Paris*, 1830. — (V. *ibid*..
T. IV.) — Dissertation sur la fissure à l'anus. — Par F. VIVENT. —
Paris, 1830. — (V. *ibid*., T. V.)

2465. — (Maladies du cou ; maladies du thorax. —
In-4 contenant :)

1° Des kystes séreux du cou. Par J. VIALA. — *Paris*, 1859. — 2°
Des blessures de guerre intéressant les artères du cou. Par A.-F.-L.
CHAUVET. — *Strasbourg*, 1860. — 3° Du corps thyroïde et de ses
maladies. Par H. OUZANEAU. — *Strasbourg*, 1861. — 4° De l'inflam-
mation aiguë du corps thyroïde ou thyroïdite. Par N. MARTINACHE.
— *Paris*, 1861. — 5° Des tumeurs du corps thyroïde. Par le Dr Ch.
HOUEL. — *Paris*, 1860. — 6° Essai sur les fractures traumatiques des
cartilages du larynx. Par J.-A. CAVASSE. — *Paris*, 1859. — 7° Des
accidents produits par les corps étrangers arrêtés dans l'œsophage.
Par F. BOURNÉRIA. — *Strasbourg*, 1860. — 8° Des luxations traumatiques bilatérales des cinq dernières vertèbres cervicales. Par E.
PERROT. — *Paris*, 1860. — 9° Essai sur les fractures de la colonne
vertébrale. Par P.-J.-B.-J. MAUREL. — *Nîmes*, 1861. — 10° Ob-

servations de fractures de la colonne vertébrale. Par E. BODEZ. — *Paris*, 1861. — 11º Du mal vertébral de Pott. Par J.-B. RABEC. — *Paris*, 1849. — 12º Des fractures du sternum. Par C. CABLAT. — *Montpellier*, 1861. — 13º Sur la nature des affections dites tubercules des vertèbres. Par M. GONZALES ECHEVERRIA. — *Paris*, 1860. — 14º Observations d'abcès du médiastin à la suite de l'opération de la trachéotomie. Par G. PELLETIER DE CHAMBURE. — *Paris*, 1860. — 15º Hémorrhagie produite par la lésion des intercostales : moyens proposés pour l'arrêter. Ligature de ces artères. Par J.-A.-A. MEUNIER. — *Paris*, 1861. — 16º Réflexions sur une plaie pénétrante de la poitrine et de l'abdomen, avec hernie de l'épiploon, étranglement interne. Par A.-G. DEROBE. — *Paris*, 1859.

17º Du mamelon et de son auréole. Anatomie et pathologie. Par F.-J. DUVAL. — *Paris*, 1861. — 18º De la contusion du sein et de ses suites. Par E. TOURNIER. — *Paris*, 1860. — 19º Des abcès du sein et de leur traitement. Par G.-J.-B. DRIOUT. — *Strasbourg*, 1862. — 20º De la névralgie de la mamelle. Par J.-B. LECHAT. — *Paris*, 1859. — 21º Des tumeurs adénoïdes du sein. Par M.-H. GUINGUE. — *Paris*, 1860. — 22º Quelques considérations sur les maladies du sein et en particulier du cancer de cet organe. Par P.-V. CABARD. — *Paris*, 1859. — 23º Diagnostic des tumeurs malignes du sein. Par A. RELHIÉ. — *Paris*, 1861.

2464. — Maladies de l'abdomen. — In-4 contenant :)

1º Considérations sur quelques tumeurs abdominales. Par L.-E. ROYET. — *Paris*, 1861.

2º De la hernie sous-pubienne. Par Ch. RAPP. — *Strasbourg*, 1859. — 3º De l'étranglement dans les hernies. Par Léon CHAPSAL, né à Limoges (le 5 février 1822, mort à Paris le 28 octobre 1860). — *Paris*, 1848. — 4º Considérations sur l'étranglement de l'intestin par les brides péritonéales. Par A.-S.-P.-D. MONY. — *Paris*, 1860. — 5º De la hernie étranglée : diagnostic et traitement. Par G. MOREL. — *Paris*, 1859. — 6º Quelques mots sur le diagnostic des étranglements herniaires. Par A.-H.-A. TARDIF. — *Paris*, 1860. — 7º De l'étranglement herniaire et des indications qu'il présente. Par E. PLANQUE. — *Paris*, 1861. — 8º Hernies étranglées. Observations et commentaires. Par P. COULHON. — *Paris*, 1861. — 9º Sur la persistance des signes de l'étranglement après la réduction ou l'opération de la hernie. Par B.-A. ALLAUX. — *Paris*, 1860. — 10º Quelques considérations sur l'anus contre nature accidentel. Par F. VERON. — *Paris*, 1860.

11º De la glande coccygienne et des tumeurs dont elle peut être le siége. Par E. PERRIN. — *Strasbourg*, 1860. — 12º Des polypes du rectum. Par A. GAYRAL. — *Paris*, 1859. — 13º Même titre. Par A. CHARGELAIGUE. — *Paris*, 1859. — 14º Essai sur la maladie hémorrhoïdaire. Par J. CHAPIEL. — *Paris*, 1861. — 15º Traité sur le mouvement hémorrhoïdal et le flux des hémorroïdes. Par G.-E. STAHL. Traduit et annoté par Nicolas VELASTI. — *Montpellier*, 1861. — 16º De la fissure à l'anus. Par Ch. COPIN. — *Paris*, 1860. — 17º Même titre. Par Max. SARREMONE. — *Strasbourg*, 1861.

Maladies des organes génito-urinaires

z. — Tentamen medicum de lithiasi vesicæ... Auct. S. SENGÉS. = *Monspelii*, 1784. — (V. *n° 2425*, T. I.) — Tentamen medicum de cancro uteri... Auct. J. LABROUSSE DE LAGARDELLE. = *Monspelii*, 1785. — (V. *ibid.*) = Dissertatio medica de leucorrhea seu de fluore albo... Auct. C.-F. CURRELIER. = *Monspelii*, 1785. — (V. *ibid.*, T. II.) — J.-J. PINEAU DES-FORÊTS, dissertatio medica de leucorrhea. = *Monspelii*, 1786. — (V. *ibid.*)

zz. — Dissertation sur l'hydrocèle de la tunique vaginale. Par J.-F. THOREL. — *Paris*, 1830. — (V. *n° 2426*, T. IV.) = Même titre. Par P. BÉLUGON. — *Paris*, 1830. — (V. *ibid.*, T. V.) — Des rétrécissements de l'urètre et de leur traitement. Par F.-J.-S. RACINE. — *Paris*, 1830. — (V. *ibid.*, T. IV.) — Des rétrécissements de l'urètre et de leurs différents modes de traitement. Par J.-L. BOSSION. = *Paris*, 1830. = (V. *ibid.*, T. VI.) — Des rétrécissements de l'urètre et de leur traitement. Par L. KOEHLER. — *Paris*, 1830. = (V. *ibid.*, T. IX.) = Dissertation sur les tumeurs fibreuses de la matrice. Par F.-E.-H. FEVEZ. = *Paris*, 1830. — (V. *ibid.*, T. IV.) = Dissertation sur les affections cancéreuses de l'utérus. Par J.-P. AUDIFRAY-ERAMBERT. — *Paris*, 1830. — (V. *ibid.*, T. VIII.)

2465. — (Affections de l'appareil génito-urinaire de l'homme. — In-4 contenant :)

1° Etudes sur les inflammations du testicule et principalement sur l'épididymite et l'orchite blennorrhagique. Par Ch. HARDY. = *Paris*, 1860. — 2° De l'orchite aiguë. Par A. ZOUCAS. — *Paris*, 1859. — 3° De l'orchite blennorrhagique aiguë. Par L. BACHELOT. = *Paris*, 1859. = 4° Des accidents consécutifs à l'orchite blennorrhagique. Par J. BOUCHER. — *Strasbourg*, 1861. — 5° Essai sur le diagnostic des tumeurs du testicule. Par A. DESPRÉS. = *Paris*, 1861. — 6° De l'enchondrome du testicule. Par M.-C.-P. GYOUX, né à Objat [Corrèze]. — *Paris*, 1861. = 7° Du sarcocèle ou cancer du testicule. Par L. PUECH. = *Montpellier*, 1860. — 8° De la maladie kystique du testicule. Par L. BOUTIN. = *Paris*, 1861. — 9° De l'hydrocèle de la tunique vaginale : son traitement par la cautérisation au moyen du nitrate d'argent. Par X. ROUSSEL. — *Strasbourg*, 1859. — 10° De l'ématocèle consécutive de la tunique vaginale. Par P.-E. LONGET. — *Strasbourg*, 1860. = 11° Essai sur le varicocèle. Par C.-H. COMBIER. — *Strasbourg*, 1859. — 12° Du varicocèle et de son traitement. Par L.-E. GUILMINOT. — *Paris*, 1859. — 13° Des causes et du traitement du varicocèle. Par L.-Th. MARTIN. — *Strasbourg*, 1859. — 14° De l'inflammation des vésicules séminales et des canaux éjaculateurs. Par E. RAPIN. — *Strasbourg*, 1859. = 15° De la prostatite aiguë chez les vieillards. Par P.-P. DELHOMME. — *Paris*, 1859. = 16° De la prostatorrhée dans ses rapports avec la prostatite. Par Max. GUERLAIN. — *Paris*, 1860.

17° De la cystine, des sédiments, de la gravelle et des calculs cystiques. Par A. FABRE. — *Paris*, 1859. — 18° Des calculs vésicaux et de leur traitement. Par A. VIO-BONATO. — *Paris*, 1861. —

19º Souvenirs cliniques des calculeux de l'Hôtel-Dieu Saint-Éloi. Par É. LIMOUZIN=LAMOTHE. — *Montpellier*, 1861. — 20º Essai sur les tumeurs urinaires. Par T. JOURDAN. — *Strasbourg*, 1859.

21º De plusieurs accidents de la blennorrhagie. Par E.-F. TOURASSE. — *Paris*, 1860. — 22º Des rétrécissements infranchissables de l'urèthre et de leur traitement par l'uréthrotomie externe sans conducteur. Par A. ANDRADE. — *Paris*, 1859. — 23º Des rétrécissements du canal de l'urèthre et de leur traitement par la stricturotomie intra-uréthrale d'arrière en avant. Par A. GUILLON. — *Paris*, 1861. — 24º Des rétrécissements organiques de l'urèthre infranchissables et de leur traitement. Par P. LACOSTE. — *Montpellier*, 1862. — 25º De quelques-uns des accidents consécutifs au cathétérisme de l'urèthre. Par P. HORNBOSTEL. — *Paris*, 1859. — 26º De la fièvre uréthrale. Par L.-A. DE SAINT-GERMAIN. — *Paris*, 1861. — 27º Quelques considérations sur la fièvre uréthrale et les phlegmasies à siége spécial, à la suite des opérations pratiquées sur le canal de l'urèthre. Par A. AZE. — *Montpellier*, 1862. — 28º Des accidents fébriles qui se rattachent au cathétérisme ou à certaines opérations pratiquées sur l'urèthre. Par A.-J.-V. MAUVAIS. — *Paris*, 1860. — 29º Des accidents fébriles à forme intermittente et des phlegmasies à siége spécial qui suivent les opérations pratiquées sur le canal de l'urèthre. Par E. MARX. — *Paris*, 1861. — 30º Recherches sur les abcès péri-uréthraux. Par J.-J.-P. ARIBAUD. — *Paris*, 1861. — 31º Du phimosis. Par J.-F.-C. HOUZÉ. *Paris*, 1860.

2466. — (Affections de l'appareil génito-urinaire de la femme. — Ovaires et matrice. — In-4 contenant :)

1º Des kystes de l'ovaire. Par L. SÉRULLAZ. — *Montpellier*, 1861. — 2º Du diagnostic et du traitement des hydropisies enkystées des ovaires. Par Mirza ALI NAGHI. — *Paris*, 1861. — 3º Essai sur le diagnostic et le traitement des kystes de l'ovaire. Par P. MAUNOIR. — *Paris*, 1861. — 4º De l'hydropisie ovarienne au point de vue du diagnostic et du traitement. Par T. CLAVÉ. — *Paris*, 1862. — 5º Des kystes pileux de l'ovaire. Une observation sur les varices du diploé. Par F. ÉMERY. — *Paris*, 1860. — 6º Des tubercules de l'ovaire et de la trompe. Par A. PILLAUD. — *Paris*, 1861. — 7º De l'inflammation du col de l'utérus. Par F.-J.-B.-J. PATÉ. — *Paris*, 1860. — 8º De l'inflammation chronique du col de l'utérus. Par A. GÉRARD. — *Paris*, 1859. — 9º Des granulations du col de l'utérus. Par A. PARSAT. — *Montpellier*, 1861. — 10º Quelques réflexions sur les ulcères non spécifiques du col de l'utérus. Par F.-E. HABERT. — *Paris*, 1859. — 11º Quelques considérations sur les ulcérations du col de l'utérus et sur leur traitement. Par A. PÉQUEUR. — *Montpellier*, 1861. — 12º Essai sur les ulcérations du col de l'utérus. Par A.-L. LEBEAU. — *Paris*, 1861. — 13º Des engorgements et des ulcères du col de l'utérus. Par F. VILLAR. — *Montpellier*, 1860. — 14º De l'anatomie pathologique de quelques tumeurs développées dans la muqueuse du col de l'utérus. Essai sur la tumeur folliculaire hypertrophique. Par F.-J. MARTIN. — *Paris*, 1859. — 15º De la métrite folliculeuse ou granuleuse hémorrhagique [ou des fongosités utérines] et d'un nouveau mode de traitement par les crayons de tannin. Par Panajot IATROPOLO. — *Paris*, 1860. — 16º Essai sur les granulations intra-utérines et sur leur traitement par l'abrasion, suivie de la cautérisation. Par J.-L. MOURGUES. — *Paris*, 1861. — 17º Des fongosités de la cavité de l'utérus. Par D. GOLDSCHMIDT. = *Strasbourg*, 1859. — 18º Des tumeurs fibreuses de l'utérus. Par le Dr F. GUYON. — *Paris*, 1860. — 19º Des polypes fibreux de la cavité utérine. Par E. PRAD. — *Paris*, 1859. — 20º De l'abaissement de l'utérus. Par A. LEBAS. — *Montpellier*, 1860. — 21º De la chute de l'utérus. Par le Dr E.-Q. LE GENDRE. = *Paris*, 1860. — 22º Du prolapsus utérin. Par A. BERTHEAU. — *Paris*, 1859. — 23º Des flexions de l'utérus. Par G.-F. BARROIS. = *Paris*, 1860. — 24º Essai sur les flexions de l'utérus. Par L. CORTIES. — *Montpellier*, 1860. — 25º Essai sur les rétrécissements de l'utérus. Par J.-H. POUILLOT. — *Paris*, 1861.

2467. — (Affections de l'appareil génito-urinaire de la femme. — Bassin et organes externes. — In-4 contenant :)

1º Quelques considérations sur l'hématocèle rétro-utérine. Par C.-V. COQUARD. — *Paris*, 1859. — 2º De la phlegmagie circum-utérine. Par A.-B.-E. D'AURIOL DE MONTAIGUT. = *Paris*, 1859. — 3º Du phlegmon péri-utérin. Par T.-A. SANTON. — *Strasbourg*, 1861. — 4º Recherches critiques sur la nature et le siége des phlegmons péri-utérins. Par R. DE LESCAZES. — *Paris*, 1859. — 5º Des tumeurs fibreuses péripelviennes chez la femme. Par C.-L. BODIN. = *Paris*, 1861.

6º Etude sur les fistules vésico-vaginales. Par S. CAFEZOGLE. = *Paris*, 1859. — 7º Etude sur les fistules vésico-vaginales en Allemagne. Par F. JOÜON. — *Paris*, 1861. — 8º Quelques réflexions sur les fistules vésico-utéro-vaginales et vésico-vaginales. Par P. BOITELLE. — *Paris*, 1860. — 9º De la cystocèle vaginale simple. Par A.-E. DROUET. — *Paris*, 1861. = 10º Du rectocèle vaginal et des opérations proposées pour sa cure radicale. Par L. COZE. = *Strasbourg*, 1842. — 11º Quelques considérations sur les écoulements pathologiques des organes génitaux chez la femme. Par J.-B.-F. LEMÉE. — *Paris*, 1859. — 12º De la leucorrhée. Par E.-E. BOULLAND. = *Paris*, 1860. — 13º De la pelvi-péritonite blennorrhagique chez la femme. Par L.-V. CHAUVEL. — *Paris*, 1861.

14º De la bartholinite ou inflammation de la glande vulvo-vaginale. Par E. BRETON. — *Strasbourg*, 1861. = 15º Essai sur l'hydrocèle dartoïque chez la femme. Par A. BROCHON. = *Paris*, 1859. — 16º Des tumeurs de la vulve. Par G.-A. AUBENAS. — *Strasbourg*, 1860.

Maladies des membres.

ab. — Considérations sur les divers accidents qui peuvent compliquer les luxations de l'humérus. Par J.-B.-A. BLANDIN. — *Paris*, 1830. — (V. *no* 2426, T. VI.) — Essai sur le diagnostic de quelques tumeurs de l'aine. Par P.-Alex. TERRIOU, de Corrèze (Corrèze). — *Paris*, 1830. — (V. *ibid.*, T. VIII.) — Considérations générales sur les fractures obliques du corps et du col du fémur ; analyse des moyens d'extension permanente opposés jusqu'à ce jour au raccourcissement qui en est la suite; description d'un nouvel appareil

imaginé dans le même but. Par L.-T. COLLETTE. — *Paris*, 1830.
— (V. *ibid.*, T. II.) — Considérations générales sur les fractures
de la jambe. Par N.-D.-A. ROBERT. — *Paris*, 1830. — (V. *ibid.*)

2468. — (In-4 contenant :)

1o Des fractures du col chirurgical de l'humérus. Par F. SICARD.
— *Paris*, 1860. — 2o Des fractures du radius et du rôle physiologique et pathologique du ligament interosseux de l'avant-bras.
Par H. LOPES. — *Paris*, 1860. — 3o Des fractures du coude chez les
enfants. Par A. COULON. — *Paris*, 1861. — 4o De l'ankylose rectiligne du coude. Par M.-A. POURAT. — *Paris*, 1861. — 5o Recherches
sur la luxation traumatique complète de l'extrémité supérieure du
radius en arrière. Par J.-J. FREDET. — *Paris*, 1860. — 6o Des inflammations de la paume de la main. Par J.-E. MERCIER. — *Paris*,
1859. — 7o Des abcès de la paume de la main. Par C.-P. RATHOUIS.
— *Paris*, 1859. — 8o Du panaris. Par E. BECK. — *Paris*, 1860. —
9o Du panaris. Par F. DEHAUT. — *Paris*, 1860. — 10o Du panaris
superficiel et de son traitement par le chlorate de potasse. Par
J.-C. BROUILLET. — *Strasbourg*, 1861. — 11o De l'exostose sous-
unguéale. Par J.-F. VALLIN. — *Paris*, 1860. — 12o Considérations
anatomiques . physiologiques et pathologiques sur les ongles; et
de l'onyxis ulcéreuse sous-unguéale rebelle. Par J. ESMENARD. —
Paris, 1861.

13o Diagnostic différentiel des tumeurs de l'aine. Par A. JACQUIN.
— *Strasbourg*, 1862. — 14o De la coxalgie. Par L. TAQUOY. — *Paris*,
1860. — 15o De la coxalgie. Par J. PIET-LESTRADE. — *Paris*, 1861.
— 16o De la coxalgie au point de vue du diagnostic et du traitement. Par A. BONNES. — *Montpellier*, 1860. — 17o De la coxalgie
chez les adolescents. Par A.-B.-A. CLOCHARD. — *Paris*, 1859. —
18o Etude clinique de la coxalgie observée chez les enfants. Par
J.-H.-A. GIBERT. — *Paris*, 1859. — 19o De la sciatique. Par J.-A.-A.
BOSC. — *Paris*, 1859. — 20o De la sciatique [sciatinévralgie,
M. Piorry]. Par A.-H. DELBOSC. — *Paris*, 1861. — 21o De la névralgie sciatique et de son traitement. Par B. FAYT. — *Paris*, 1859.
— 22o Une observation de névralgie sciatique essentielle. Par B.-Ph.
VINCENT. — *Paris*, 1859. — 23o De la névralgie fémoro-poplitée et
de son traitement par la cautérisation transcurrente. Par E.-E.
MÈNE. — *Paris*, 1859.

24o Des fractures de la jambe. Par P.-A. FEYFANT. — *Paris*,
1859. — 25o Considérations sur les fractures de la jambe. Par J.-B.
COMBES. — *Montpellier*, 1861. — 26o Essai sur les luxations de
l'astragale. Par P.-M.-S. GRÉNIER. — *Paris*, 1860. — 27o Du mal
perforant du pied. Par G. GACHASSIN-LAFITE. — *Montpellier*,
1860. — 28o Du pied-bot équin. Par E. PINOUL. — *Montpellier*, 1860.

C. — Pathologie et Clinique obstétricales.

1o Généralités. — Diagnostic de la grossesse. — Avortement. — Accouchement
naturel.

ac. — Tentamen medico-physicum de causa partus proxima...

Auct. J.-B. L'ARCHEVÊQUE. — *Monspelii*, 1782. — (V. *n*° 2425, T. I.) — Dissertatio medico-chirurgica de hæmorrhagia uterina gravidarum... Auct. J.-D. CABIBEL. = *Monspelii*, 1785. — (V. *ibid.*, T. III.) — ... De hæmorrahagia uterina gravidarum... Auct. J. LABONNARDIÈRE. — *Monspelii*, 1786. — (V. *ibid.*) — Tentamen medicochirurgicum de partu naturali seu facili... Auct. J.-H. BOUGEREL. — *Monspelii*, 1785. — (V. *ibid.*)

acc. — Propositions sur les accouchements. Considérations relatives à l'hygiène des femmes nouvellement accouchées. Par H.-C. MÉRILHON. — *Paris*, 1830. — (V. *n*° 2426, T. VI.) = Propositions de médecine, de chirurgie, et sur l'art des accouchements. Par H.-J. DANSETTE. — *Paris*, 1830. — (V. *ibid.*, T. II.) — An graviditatis certus et nunquam varians terminus?... Auct. H.-L. ROYER-COLLARD. — *Parisiis*, 1829. — (V. *ibid.*, T. I.) — Considérations sur les pertes de sang ou hémorrhagies utérines qui surviennent pendant le cours de la grossesse. Par E.-P.-P.-D. SENTEIN. — *Paris*, 1830. — (V. *ibid.*, T. III.) — Dissertation sur l'avortement ou fausse-couche. Par J.-J. DÉSORTIAUX, de Sornac, département de la Corrèze. — *Paris*, 1830. — (V. *ibid.*, T. II.)

2469. — (In-4 contenant :)

1° Des grossesses prolongées. Par V.-T. FELTZ. — *Strasbourg*, 1860. — 2° Considérations pratiques sur les troubles fonctionnels de la grossesse. Par A. DURAN. — *Paris*, 1861. — 3° De l'influence de la grossesse sur l'innervation. Par L. MOULINET. — *Paris*, 1860. — 4° Des signes de la grossesse utérine simple. Par J.-B. CASASSUS. — *Montpellier*, 1860. — 5° Du palper abdominal appliqué à l'obstétrique et plus spécialement à l'étude de la grossesse. Par A. LE-CHEVALLIER. — *Paris*, 1859. — 6° Du col de l'utérus pendant la grossesse, la parturition et les suites de couches. Par R. NOACK. — *Montpellier*, 1861. — 7° De l'orifice utérin au point de vue du travail de l'accouchement. Par F. LAPORTE. — *Paris*, 1861. — 8° Du diagnostic des fausses grossesses. Par L.-A. DELSOL. — *Paris*, 1860. — 9° Des grossesses multiples. Par C.-C. PARIS. — *Paris*, 1860. — 10° Des inclusions fœtales. Par A.-A. MOUSSAUD. — *Paris*, 1861. — 11° De la grossesse extra-utérine au point de vue clinique et anatomo-pathologique. Par C. GIRARD. — *Montpellier*, 1862. — 12° De quelques accidents de la grossesse et de l'accouchement. Par A.-V. RADOU. — *Paris*, 1860. — 13° Des vomissements pendant la grossesse. Par P. RAMADIER. — *Strasbourg*, 1859. — 14° De la rétention d'urine pendant la grossesse et après l'accouchement. Par F.-M. LE FUR. — *Paris*, 1862. — 15° De la congestion utérine pendant la grossesse. Par E.-G.-A. BASTIN. — *Paris*, 1861. — 16° De la mort du fœtus avant le travail. Par C.-T. BLEY. — *Paris*, 1860. — 17° De quelques-unes des causes qui peuvent amener la mort du fœtus dans le sein de sa mère. Par J.-B.-L.-E. AUJAY, né à Boussac [Creuse]. — *Paris*, 1859. — 18° De l'avortement. Par L. PINEAU. — *Montpellier*, 1861. — 19° Des causes de l'avortement. Par M.-A. SIOTIS. — *Paris*, 1859. — 20° De l'avortement au double point de vue de l'art des accouchements et de la médecine légale. — De la sature serpentine contre la déchirure du périnée. Par A. BARDE. — *Paris*, 1859. — 21° Une femme peut-elle accoucher sans en avoir conscience? Par A. PANIS. — *Paris*, 1861. — 22° De la poche des eaux. Quand le médecin devra-t-il la rompre? Par F.-B. CHOLOUS.

— *Paris*, 1860. — 23o De la délivrance. Par J.-A. STOLTZ. — *Strasbourg*, 1834. — 24o De la délivrance. Par A. COPIN. — *Paris*, 1859. — 25o Quelques remarques critiques sur la fièvre de lait. Par I.-B. MOURETTE. — *Paris*, 1859. — 26o De la fièvre de lait. Par C. DELVAILLE. — *Montpellier*, 1862.

2° Dystocie et Pathologie de la femme en couches.

add. — Essai sur la dystocie essentielle. Par J.-C. BADAROUS. — *Paris*, 1830. — (V. *no* 2426, T. VIII.) — Dissertation sur quelques causes d'inertie de la matrice pendant le travail de l'enfantement. Par A.-C. LEROUX. — *Paris*, 1830. — (V. *ibid.*, T. VII.) — De la métrorrhagie puerpérale, ou de l'hémorrhagie utérine considérée pendant la grossesse, lors du travail et après l'accouchement. Par J.-B.-M.-A. BOSVIEUX. — *Paris*, 1835. — (V. *ibid.*, T. X.) — Dissertation sur l'hémorrhagie utérine qui survient après l'accouchement. Par Émile FORGEMOL, d'Aixe (Haute-Vienne). — *Paris*, 1834. — (V. *ibid.*) — Essai sur les convulsions des femmes enceintes, en travail ou nouvellement accouchées. Par J.-B. BOUTEILLOUX, de Limoges. — *Paris*, 1816. — (V. *ibid.*) — Dissertation sur la métro-péritonite puerpérale. Par Léonard BURGUET, de Saint-Yrieix (Haute-Vienne). — *Paris*, 1833. — (V. *ibid.*) — De la péritonite puerpérale et en particulier de son traitement par l'essence de térébenthine. Par S.-J. FERNANDES. = *Paris*, 1830. — (V. *ibid.*, T. IX.) — Dissertation sur l'œdème douloureux des nouvelles-accouchées. Par J.-J. BOUDANT. — *Paris*, 1830. — (V. *ibid.*, T. VI.)

2470. — (In-4 contenant :)

1o Des cas les plus pratiques en accouchements, dans lesquels la vie de la mère et de l'enfant serait sérieusement ou fatalement compromise sans l'intervention de la médecine. Par Salvat DEPETON. = *Paris*, 1860. — 2o Observations pratiques sur les principaux obstacles et accidents que le médecin doit éviter et combattre pour sauver la vie de la mère et de l'enfant, et pour conserver leur santé pendant et après l'accouchement. Par M. HASSAN-HACHIM. = *Paris*, 1862. — 3o De la rigidité du col de l'utérus pendant le travail de l'accouchement. Par J.-M.-L. CADÉAC. = *Paris*, 1859. — 4o Quelques considérations sur la résistance du col de l'utérus à la dilatation pendant le travail de l'accouchement. Par A.-C. TISSIER. — *Paris*, 1860. — 5o De la rupture prématurée des membranes. Par O. MARCAR=KIATIB. — *Paris*, 1861. — 6o De la rétraction utérine pendant et après l'accouchement. Du mode d'action de l'ergot de seigle. Par P.-L. DESPREZ. = *Paris*, 1860. — 7o De l'insuffisance ou de l'absence des contractions utérines pendant et après l'accouchement. Causes et traitement. Par J.-G.-D. RIGOT. — *Paris*, 1859. — 8o De l'inertie utérine. Causes et traitement. Par J.-L.-C. REY. — *Paris*, 1860. — 9o De l'inertie de la matrice, ou faiblesse, diminution, cessation, troubles divers des contractions utérines pendant l'accouchement. Par H.-E. PIÉRART. — *Paris*, 1860. — 10o De l'inertie de l'utérus pendant l'accouchement. Par J.-L. PHALIPPOU. — *Montpellier*, 1861. —

11° Des ruptures de la matrice pendant la grossesse et pendant l'accouchement. Par V. Éichinger. — *Strasbourg*, 1860. — 12° Des ruptures de l'utérus pendant le travail de l'accouchement. Par A. Poidevin. — *Paris*, 1859. — 13° Des ruptures dans le travail de l'accouchement et de leur traitement. Par le Dr A. Mattéi. — *Paris*, 1860. — 14° De l'hémorrhagie utérine pendant les derniers mois de la grossesse et pendant l'accouchement. Par O. Jannet Lépinay de La Beauduère. — *Paris*, 1859. — 15° De l'hémorrhagie utérine dans les derniers mois de la grossesse et pendant le travail de l'accouchement. Par H. Argelliés. — *Paris*, 1861. — 16° De l'insertion du placenta sur l'orifice interne du col de l'utérus. Par G.-R. Le Guélinel de Lignerolles. — *Paris*, 1859. — 17° De l'hémorrhagie puerpérale. Par E.-A. Guillet. — *Paris*, 1859. — 18° Même titre. Par P. Chauvineau. — *Paris*, 1860. — 19° De l'hémorrhagie puerpérale avant, pendant et après le travail de l'accouchement. Causes et traitement. Par A. Emery. — *Paris*, 1860. 20° De l'hémorrhagie utérine avant, pendant et après l'accouchement. Par I. Bergeron. — *Paris*, 1861. — 21° De l'hémorrhagie puerpérale. Par F. Calbris. — *Paris*, 1861. — 22° De l'influence de la paroi antérieure du pelvis sur l'accouchement, dans les bassins rétrécis. Exposé critique. Par Édouard Lanoaille de Lachèse, de Saint-Léonard [Haute-Vienne]. — *Strasbourg*, 1862. — 23° De l'ostéomalacie en général et au point de vue tocologique en particulier. Par A.-C. Collineau. — *Paris*, 1859. — 24° Des vices de conformation du bassin, comme indication de l'accouchement prématuré artificiel. Par E. Comerford. — *Paris*, 1859. — 25° Des vices de conformation du bassin. Par J.-F. Fénélon. — *Paris*, 1860. — 26° Des vices de conformation du bassin chez la femme; de leurs causes, de leur diagnostic, et des indications qu'ils présentent à remplir. Par J. Calmel. — *Montpellier*, 1861. — 27° Des cas dans lesquels l'extraction du fœtus est nécessaire et des procédés opératoires relatifs à cette extraction. Par le Dr S. Tarnier. — *Paris*, 1860.

2471. — (In-4 contenant :)

1° De l'éclampsie pendant la grossesse, pendant le travail et après l'accouchement. Par F. Lheureux. — *Paris*, 1859. — 2° De l'éclampsie puerpérale. Par F.-D. Brière. — *Paris*, 1860. — 3° Même titre. Par J.-A. Fontaine. — *Paris*, 1861. — 4° De la rétention du placenta dans l'utérus après l'accouchement. Par P. Daburon. — *Paris*, 1860. — 5° Quelques recherches sur la rétention du placenta; ses causes, ses terminaisons, ses indications thérapeutiques. Par Valette [Edmond]. — *Montpellier*, 1862. — 6° De la mort subite des femmes en couches, causée par des coagulums sanguins dans le cœur et les vaisseaux pulmonaires. Par J.-J. Dawson. — *Paris*, 1859. — 7° Des fentes vulvaires et des perforations du périnée chez la femme. Par A.-A. Silvestre. — *Paris*, 1860. — 8° Des déchirures du périnée pendant le travail de l'accouchement. Par J. Bascou. — *Paris*, 1861. — 9° De l'état puerpéral et des soins qu'il réclame. Par F.-J. Desmons. — *Paris*, 1859. — 10° Rapports entre la physiologie et la pathologie de la femme pendant l'état puerpéral. Par A. Lequette. — *Paris*, 1861. —11° Quelques réflexions sur l'état puerpéral et sur deux des phlegmasies qui se rattachent à cet état : la métrite puerpérale simple et la métro-péritonite partielle. Par J.-P.-A. CARON. — *Paris*, 1860. — 12º Doit-on admettre une fièvre puerpérale? Par J. LUYS. — *Paris*, 1860. — 13º Aperçu sur la nature de la fièvre puerpérale. Par L.-A. MÉTIVIER. — *Paris*, 1860. — 14º De la fièvre puerpérale à l'occasion de quelques faits recueillis à l'Hôtel-Dieu en 1858. Par L.-H. DUPUIS. — *Paris*, 1860. — 15º Description de l'épidémie de fièvre puerpérale qui a régné en 1860-1861 à l'hôpital civil de Strasbourg; suivie de quelques réflexions sur la nature, les causes et le traitement de cette maladie. Par M.-G.-Éd. SIEFFERMANN. — *Strasbourg*, 1862. — 16º Quelques mots sur les causes et la nature de la fièvre puerpérale. Par L.-P.-A. MORISSON. — *Strasbourg*, 1861. — 17º Considérations sur la métro-péritonite puerpérale à l'occasion d'une épidémie observée à l'hôpital Cochin en 1856. Par J.-R.-V.-O. COMMENGE. — *Paris*, 1860. — 18º De certaines éruptions dites miliaires et scarlatiniformes des femmes en couches, ou de la scarlatinoïde puerpérale. Par A. GUÉNIOT. — *Paris*, 1862. — 19º De la phlegmatia alba dolens des femmes en couches. Par J.-L. WEYL. — *Strasbourg*, 1860. — 20º De l'engorgement laiteux du sein ou poil. Par J.-B. BARTH. — *Strasbourg*, 1861. — 21º La Maternité de Paris pendant l'année 1859. Par S. TÉMOIN. — *Paris*, 1859.

CHAPITRE V. — *Thérapeutique.*

§ 1er. — TRAITÉS GÉNÉRAUX ET MÉLANGES DE THÉRAPEUTIQUE MÉDICALE ET CHIRURGICALE. — MÉTHODES THÉRAPEUTIQUES.

ae. — Positiones therapeuticæ generalis circa sanguinis missionem, purgantia simul et diætam, sive rationem victus ægrotantium... Auct. J.-B.-M. PACCARD. — *Monspelii*, 1784. — (V. nº 2425, T. III.) — Thesis de vesicantium usu et abusu... Auct. C.-F. DEMOLLINS. — *Monspelii*, 1787. — (V. *ibid.*, T. II.)

aee. — Propositions sur divers points de l'art de guérir. Par S.-G. HEULHARD-D'ARCY. — *Paris*, 1830. — (V. nº 2426, T. IV.) — De la nécessité de l'empirisme en thérapeutique. Par J. WEBER. — *Paris*, 1830. — (V. *ibid.*, T. VI.) — Propositions pharmacologiques et thérapeutiques, suivies d'une nouvelle classification des médicaments. Par F. FOY. — *Paris*, 1830. — (V. *ibid.*, T. VIII.) — Considérations sur le traitement de quelques maladies. Par P.-F. SAMUSEAU. — *Paris*, 1830. — (V. *ibid.*, T. IX.) — Propositions médico-chirurgicales sur la saignée du bras. Par J.-M. FOURNIER. *Paris*, 1830. — (V. *ibid.*, T. V.) — Essai sur la thérapeutique de l'inflammation en général. Par J.-A.-E. GIRAULT. — *Paris*, 1830. — (V. *ibid.*, T. II.) — Dissertation sur les avantages des vomitifs et des purgatifs dans les affections avec symptômes bilieux ou saburraux. Par J.-R. MASSON. — *Paris*, 1830. — (V. *ibid.*, T. VIII.)

2472. — (In-4 contenant :)

1º Quelques mots de thérapeutique. Par A.-P. DESLANDES. —

Paris, 1860. — 2º Des moyens de progrès en thérapeutique. Par A. FABRE. — *Paris*, 1861. — 3º Essai sur la thérapeutique, son objet, ses moyens, ses méthodes. Par J. ANGLADA. — *Montpellier*, 1862. — 4º Étude critique sur les principales causes qui ont arrêté les progrès de la thérapeutique. Par C.-E. GANIEZ. — *Paris*, 1859. — 5º Essai sur l'expérimentation thérapeutique. Par P.-H. DUBOUÉ. — *Paris*, 1859. — 6º Des indications thérapeutiques. Par DUCUÑON. — *Montpellier*, 1861. — 7º Plan d'une thérapeutique par le mouvement fonctionnel. Par A.-F.-E. DALLY. — *Paris*, 1859. — 8º De l'entraînement. Par F.-J.-F. DE FRANCE. — *Paris*, 1859. — 9º Essai sur l'entraînement et ses applications en médecine. Par Th. AMOUREL. — *Montpellier*, 1860. — Du régime dans les maladies aiguës. Par C.-H.-D.-E. LERNOUT. — *Paris*, 1860. — 11º De l'alimentation dans les maladies aiguës. Par V. BENCKHARD. — *Strasbourg*, 1860. — 12º De l'alimentation considérée comme moyen thérapeutique. Par J.-B.-I.-A. LUCOT. — *Paris*, 1859. — 13º De l'influence des fonctions sexuelles de la femme sur la thérapeutique. Par J. BRINNER. — *Strasbourg*, 1860. — 14º De l'influence de l'abus des alcooliques sur la marche et le traitement des maladies aiguës. Par A. DEZWARTÉ. — *Paris*, 1860. — 15º Quelques points d'hygiène, et secours à donner aux malades avant l'arrivée du médecin. Par F. MAUGENEST. — *Paris*, 1861. — 16º De la révulsion. Par B.-J.-A. ROUX. — *Strasbourg*, 1861. — 17º De l'absorption par le tégument externe [question de physiologie appliquée à la thérapeutique]. Par L. HÉBERT. — *Paris*, 1861. — 18º De quelques applications de la méthode endorganique. Par H. CHAUMERY. — *Montpellier*, 1860. — 19º Recherches expérimentales pour répondre à cette question : Peut-on expliquer les effets thérapeutiques des ammoniacaux par leur action fluidifiante? Par Cl. COMBESCURE. — *Montpellier*, 1861.

§ 2. — TRAITÉS PARTICULIERS.

A. — *Thérapeutique médicale.*

af. — Quæstio medica. An in morbis chronicis febris sit excitanda ad eorum curationem?... Auct. J.-B.-J. DE BELGARRIC. — *Monspelii*, 1784. — (V. nº 2425, T. I.) — Quæstio therapeutica... An pleuritidi venæ sectio?... Auct. Steph. LAFOREST, ex urbe Beneventi, diœces. lemov. — *Monspelii*, 1785. — (V. *ibid.*, T. III.) — Tentamen therapeuticum de animi perturbationibus... Auct. F. NAUDEAU. — *Monspelii*, 1783. — (V. *ibid.*) — Quæstio therapeutica, an herpetes in quocumque casu curandi, vel non?... Auct. J.-J. CHOSSIER. — *Monspelii*, 1784. — (V. *ibid.*)

aff. — Nouvelle instruction sur les secours à donner aux noyés et asphyxiés, lue, discutée et approuvée par le Conseil de salubrité dans sa séance extraordinaire du 19 juin 1835. — (Sans frontispice.) — (V. nº 2426, T. I.) — Considérations pratiques sur l'emploi du tartre stibié dans les inflammations pulmonaires. Par P.-F. DUBURGUET. — *Paris*, 1830. — (V. *ibid.*, T. V.) — Essai sur l'emploi du tartre stibié à hautes doses dans le traitement de la pneumonie. Par G.-A. GUIONNET. — *Paris*, 1830. — (V. *ibid.*, T. II.) — Du traitement de la pneumonie aiguë par l'émétique à hautes

doses. Par P.-B. GIVAUDAN. — *Paris*, 1830. — (V. *ibid.*, T. VI.) —
Dissertation sur le traitement de l'érysipèle. Par F. THIÉBAUT. —
Paris, 1830. — (V. *ibid.*, T. III.)

2473. — (Diathèses et cachexies, infection, contagion,
épidémies, endémies, fièvres, maladies pouvant affecter
plusieurs systèmes de l'économie. — In-4 contenant :)

1o Du traitement non mercuriel de la syphilis constitutionnelle
dans la forme bénigne. Par A. HENNECART. — *Paris*, 1859. — 2o De
l'emploi de l'iodure de potassium contre la syphilis. Par F.-A.-J.-P.
ESPARBÈS. — *Strasbourg*, 1859. — 3o Du mercure et de l'iodure de
potassium dans le traitement de la syphilis. Par L. BIZARELLI. —
Montpellier, 1860. — 4o De l'iodure de potassium dans tous les âges
de la syphilis. Par G. EVRAIN. — *Paris*, 1861. — 5o Du traitement
de l'infection purulente. Par A.-S. BLANC. — *Montpellier*, 1860. —
6o Du traitement du choléra épidémique. Par L.-H.-J. JACQUES. —
Paris, 1859. — 7o Hygiène thérapeutique de l'intoxication paludéenne chronique. Par CHASTAN [Ach.] — *Montpellier*, 1861. —
8o De l'heureuse influence du climat de l'île de La Réunion et des
eaux thermales de Salazie sur la guérison de la cachexie paludéenne. Par C. GAUDIN. — *Montpellier*, 1861. — 9o Considérations
sur la médication antipyrétique. Par J.-G. WILLIGENS. — *Strasbourg*,
1862. — 10o Essai sur une nouvelle théorie de la fièvre; de son
traitement par les préparations de digitale. Par A. PAULIER. —
Paris, 1860. — De la digitale pourprée comme agent antipyrétique.
Par Z.-E. COBLENTZ. — *Strasbourg*, 1862. — 12o Quelques réflexions
sur différentes méthodes de traitement de la fièvre typhoïde. Par
E.-F. BONTÉ. — *Paris*, 1859. — 13o De l'expectation dans la fièvre
typhoïde. Par A. SIRY. — *Paris*, 1859. — 14o De l'emploi de l'hydrothérapie dans le traitement de la fièvre typhoïde. Par M.-A.
DEMEAUX. — *Paris*, 1860. — 15o De l'alimentation dans les
maladies aiguës et en particulier dans la fièvre typhoïde. Par J.-A.
LAMIRAL. — *Paris*, 1861. — 16o De l'alimentation et des toniques dans
la fièvre typhoïde. Par É. RENARD. — *Strasbourg*, 1861. — 17o Du
traitement de la fièvre intermittente par l'acide arsénieux. Par
Mirza-Mohammed HOSSEINE. — *Paris*, 1860. — 18o Du sulfate de
cinchonine et de son emploi dans les fièvres intermittentes. Par
C.-V. BRUN. — *Paris*, 1860. — 19o Quelques considérations sur le
traitement des fièvres intermittentes. Par GREZEL [Ant.] — *Montpellier*, 1860. — 20o Du traitement des fièvres intermittentes avant
la découverte du quinquina. Par A. VIEL. — *Paris*, 1861. — 21o De
la thérapeutique des hydropisies. Par N. FOURÉS. — *Montpellier*,
1862.

2474. — (Maladies propres aux différents appareils de
l'économie. — In-4 contenant :)

1o De la médication de la dysentérie aiguë épidémique et d'un
procédé thérapeutique pour arrêter le ténesme, à propos d'une
épidémie observée à l'hôpital de Tours pendant les mois de juillet,
août et septembre 1856. Par A. ANSALONI. — *Paris*, 1859. — 2o Du
traitement de la diarrhée des enfants, et spécialement de la médication par le régime lacté et la pulpe de viande crue. Par E.

ANDRIEU. — *Paris*, 1859. — 3º Du traitement de certaines ascites par les injections iodées. Par J.-C. COURTIN. — *Strasbourg*, 1860. — 4º Du traitement des tumeurs hydatiques du foie par les ponctions capillaires et par les ponctions suivies d'injections iodées. Par E.-L. HAUTREUX. — *Paris*, 1859. — 5º Des ténifuges employés en Abyssinie. Par P.-N.-É. FOURNIER. — *Paris*, 1861.

6º Compte-rendu de quatre cents observations relatives au traitement de la pneumonie. Par E. PONCET. — *Paris*, 1859. — 7º Dissertation sur l'emploi de l'émétique à hautes doses dans le traitement de la pneumonie aiguë. Par C.-F. FERRIOT. — *Strasbourg*, 1833. — 8º Quelques mots sur les moyens de traitement employés contre la pneumonie chez les enfants. Par C. CHARPENTIER. — *Paris*, 1860. — 9º De la thoracentèse dans les épanchements pleurétiques aigus. Par A.-J. JANOT. — *Strasbourg*, 1862. — 10º Quelques considérations sur la thoracentèse dans le traitement des épanchements pleurétiques. Par L.-E. LÉGER. — *Paris*, 1859. — 11º Des avantages et de l'efficacité des injections iodées dans le traitement des épanchements thoraciques purulents. Par E. LEMOINE-MAUDET. — *Paris*, 1860. — 12º Du traitement de la tuberculose. Par A.-H.-C. GOURDIN. — *Paris*, 1861. — 13º Etude sur les divers traitements de la tuberculisation pulmonaire. Par J. GRENET. — *Paris*, 1861. — 14º Utilité thérapeutique de l'alimentation dans la phthisie. Par A.-T. THOMAS. — *Strasbourg*, 1862. — 15º Nice et Hyères comparées comme lieu de séjour pour les tuberculeux. Par L.-P.-A. CABRIÉ. — *Strasbourg*, 1859. — 16º Essai sur le traitement du croup. Par J. ARIBAT. — *Montpellier*, 1861. — 17º Considérations sur le traitement de l'angine couenneuse et du croup. Par J.-A. DOUET. — *Paris*, 1859. — 18º De l'emploi du bicarbonate de soude dans l'angine couenneuse. Par E.-A. ROUSTAN. — *Paris*, 1861.

19º Essai sur le traitement du rhumatisme articulaire. Par L. CHARLOT. — *Montpellier*, 1862.

20º De l'emploi du chloroforme dans l'éclampsie. Par J.-J.-F. FAUQUE. — *Strasbourg*, 1859. — 21º Du traitement local de la douleur. Par J. AUROUX. — *Paris*, 1859. — 22º Du traitement des névralgies par la cautérisation sulfurique. Par A.-C.-E.-L. LOISEAU. — *Paris*, 1860. — 23º De l'alimentation forcée chez les aliénés. Par M. PELLEVOISIN. — *Strasbourg*, 1862. — 24º Du bain, de la douche et des affusions froides dans le traitement de la folie et des névroses hystériques et hypochondriaques. Par C.-C.-V. BROCARD. — *Paris*, 1859. — 25º De la valeur de la médication arsénicale dans la chorée. Par M.-E. GELLÉ. — *Paris*, 1860.

26º Des indications et contre-indications de l'emploi de l'eau froide dans les maladies de l'utérus. Par H. CUSON. — *Montpellier*, 1861. — 27º Du traitement de la néphrite albumineuse. Par L.-P. DELALANDE. — *Strasbourg*, 1862.

B. — Thérapeutique chirurgicale.

Traités généraux et Mélanges. — Pansements et Opérations. — Méthodes et Procédés opératoires. — Abcès, plaies, tumeurs, cancers, etc. — Opérations qui se pratiquent sur les os, sur les nerfs, sur les veines et sur les artères.

ag. — Essai sur quelques nouveaux procédés de chirurgie. Par Th.

BARTHÉLEMY. — *Paris*, 1830. — (V. *n*o 2426, T. IX.) — Remarques sur quelques maladies et la cautérisation appliquée à leur traitement. Par A. NIVERT. — *Paris*, 1830. — (V. *ibid.*, T. IV.) — Considérations générales sur les moyens hémostatiques. Par J.-F.-L. DEMEUNYNCK. — *Paris*, 1830. — (V. *ibid.*, T. III.) — Essai sur les moyens que la chirurgie oppose aux hémorrhagies artérielles traumatiques primitives. Par T.-M.-S. VILARDEBO. — *Paris*, 1830. — (V. *ibid.*, T. IV.) — Essai sur les moyens hémostatiques en général que l'on emploie dans les hémorrhagies traumatiques primitives et sur la torsion des artères en particulier. Par C.-L.-J. DUPUICH. — *Paris*, 1830. — (V. *ibid.*, T. VII.) — Dissertation sur l'emploi du caoutchouc, comme élastique dans la confection de divers bandages. Par THIBOUT DE LA FRESNAYE. — *Paris*, 1830. — (V. *ibid.*, T. IV.)

2475. — (In-4 contenant :)

1o Quelques considérations sur la chirurgie conservatrice et sur les moyens d'éviter les opérations graves. Par MILLOU [Dieudonné]. — *Montpellier*, 1860. — 2o De l'anesthésie artificielle au point de vue pratique et général. Par A. MAHIEU. — *Strasbourg*, 1859. — 3o Du chloroforme considéré comme agent anesthésique et thérapeutique. Par J.-B. AUROUSSEAU. — *Paris*, 1861. — 4o De l'anesthésie générale par le chloroforme. Par F.-A. LEBLAN. — *Strasbourg*, 1861. — 5o Etude comparative des effets des agents anesthésiques secondaires. Par E.-A. GOUPIL. — *Paris*, 1861. — 6o De l'acide carbonique considéré surtout comme anesthésique. Par C.-L. PACOT. — *Paris*, 1860. — 7o Du gaz acide carbonique, comme analgésique et cicatrisant des plaies. Par E. SALVA. — *Paris*, 1860.

8o Des accidents qui peuvent survenir pendant et après les opérations. Par J. BUOT-LALANDE. — *Paris*, 1846.

9o Essai sur l'alimentation des blessés et des opérés. Par V.-R. BODEREAU. — *Paris*, 1859.

10o De l'hémostatique chirurgicale en général et de l'usage du sulfate de peroxyde de fer en particulier. Par B. ARNAUD. — *Strasbourg*, 1860. — 11o De la suture et de l'emploi des fils de fer. Par J.-F. MORIAU. — *Montpellier*, 1861. — 12o Etude de la compression au point de vue physiologique et thérapeutique. Par J.-B.-E. MATHIEU. — *Strasbourg*, 1859. — 13o Etude sur la compression, ses effets pathologiques et ses applications chirurgicales. Par A. DUMÉNY. — *Nîmes*, 1862. — 14o Du drainage chirurgical et de ses rapports avec la suppuration. Par L.-P. ZIMBERLIN. — *Strasbourg*, 1861. — 15o De l'emploi du froid comme antiphlogistique, dans le traitement des maladies chirurgicales. Par P. VERJUS. — *Paris*, 1847.

16o Du traitement des abcès par la réunion primitive. Par L. MARIOTTE. — *Paris*, 1860. — 17o Du traitement des abcès par congestion. Par A. RAMBEAUD. — *Paris*, 1861. — 18o Considérations pratiques sur le traitement des abcès par congestion. Par C. LANACASTETS. — *Montpellier*, 1860. — 19o De la réunion immédiate, de ses avantages, de ses inconvénients, et de l'influence des topiques sur ce mode de guérison des plaies. Par A. DRAKAKY. — *Paris*, 1861. — 20o Du traitement des bubons par les vésicatoires simples. Par P. BALLET. — *Strasbourg*, 1862. — 21º Du traitement par les caustiques de certaines tumeurs sujettes à récidive. Par P.-E.-E. VERJON. — *Paris*, 1859. — 22º De l'emploi du trépan et de la scie de Hey, en Angleterre, de 1850 à 1860. Par J. WAREN-GHEM. — *Paris*, 1861. — 23º Quelques considérations sur les résections intra-périostiques ou sous-périostées, sur les résections intra-osseuses ou évidement des os, et sur les résections intra-articulaires ou sous-capsulo-périostées; suivies de quelques observations. Par L. EY. — *Montpellier*, 1862. = 24º De la prophylaxie des roideurs articulaires dans le traitement des fractures. Par H. BOSIA. — *Paris*, 1861. — 25º Des injections iodées dans les articulations; hydarthrose. Par A.-V.-E. ARTUS. = *Paris*, 1859. = 26º Du traitement de l'hydarthrose par l'injection iodée. Par L. LEGOFF. — *Paris*, 1861. — 27º Considérations sur la méthode du redressement immédiat dans le traitement des tumeurs blanches et particulièrement de la coxalgie. Par Fr.-X. BAUR. = *Strasbourg*, 1859.

28º Du traitement des anévrysmes externes. Par A. NIVERT. — *Montpellier*, 1860. — 29º De la compression digitale dans le traitement des anévrysmes chirurgicaux. Par F. ABBADIE. = *Paris*, 1859. — 30º Même titre. Par F. GAULTRON DE LA BATE. — *Paris*, 1860. — 31º Même titre. Par E. CHATARD. — *Paris*, 1862. = 32º Du traitement des anévrysmes externes par la compression digitale. Par P. HAMEL. — *Paris*, 1860.

33º Essai sur la transfusion du sang. Par L.-E. NICOLAS. — *Paris*, 1860.

34º Quelques considérations sur le traitement des varices et sur l'injection iodo-tannique en particulier. Par N.-J. COCHETEUX. = *Paris*, 1859. — 35º Considérations critiques sur le traitement des varices. De leur traitement par les injections de liqueur iodotannique. Par GAUTHIER [Fr.] = *Montpellier*, 1860.

Opérations qui se pratiquent sur diverses parties du corps.

ah. — Dissertatio medico-chirurgica de hydrocele lapide caustico curanda... Auct. J. GRUTZEIT. — *Monspelii*, 1784. — (V. nº 2425, T. III.)

ahh. — Dissertation sur les moyens réparateurs des pertes de substance de la face en général et des lèvres en particulier. Par H.-F.-M. ROMAND. — *Paris*, 1830. = (V. nº 2426, T. IX.) — Essai sur la lithotritie. Par J.-J. DIAS. — *Paris*, 1830. — (V. ibid., T. X.) — Considérations nouvelles sur la lithotritie... Par P.-D. THIAU-DIÈRE. — *Paris*, 1830. — (V. ibid., T. V.) — Considérations sur la lithothrypsie et sur la cystotomie suspubienne. Par A.-J. DOLLEZ. — *Paris*, 1830. — (V. ibid., T. VII.) — Recherches sur les différentes méthodes de taille sous-pubienne. Par F.-L. SENN. — *Paris*, 1825. — (V. ibid., T. X.) — Mémoire sur l'extirpation de l'utérus. Par A. CLÉMENT. — *Paris*, 1830. — (V. ibid., T. III.) — Nouveau procédé opératoire pour pratiquer l'amputation de l'articulation scapulo-humérale. Par D. CORNUAU. — *Paris*, 1830. — (V. ibid., T. IV.) — Proposition d'un appareil très-simple pour le traitement des fractures du col du fémur et du corps de cet os. Par A. COR-DIVAL. — *Paris*, 1830. — (V. ibid., T. II.)

2476. — (Opérations qui se pratiquent sur la tête, sur le cou, sur le tronc. — In-4 contenant :)

1º De l'intervention chirurgicale dans certaines maladies des yeux. Par P.-A. PELLETIER. — *Paris*, 1861. — 2º De l'opération de la pupille artificielle. Par É. MULLER. — *Strasbourg*, 1859. — 3º Du lieu d'élection dans l'opération de la pupille artificielle. Par H.-E. HENRION. — *Paris*, 1861. — 4º De quelques observations d'iridectomie dans les différentes affections de l'œil. Par G. BILLIÈRE. — *Paris*, 1860. — 5º De l'opération de la cataracte par la méthode de l'extraction. Appréciation des divers procédés de kératotomie. Par L.-A. BERTRAND. — *Paris*, 1861. — 6º De l'extraction de la cataracte par le procédé linéaire. Par M.-P. BOURRUT-DUVIVIER, né à Saint-Junien [Haute-Vienne]. — *Paris*, 1861. — 7º Du traitement de l'amaurose. Par J.-C. GUERNIER. — *Paris*, 1861. — 8º Sur quelques points du traitement de la tumeur et de la fistule lacrymales par la cautérisation du sac. Par A. MAILLARD. — *Paris*, 1859. — 9º Du traitement de la fistule lacrymale. Par E. COURANJOU. — *Paris*, 1860. — 10º Du traitement de l'ectropion cicatriciel. Par E.-H. CAZELLES. — *Paris*, 1860.

11º De la chéiloplastie. Par E. FACHAN. — *Strasbourg*, 1860.

12º Du cathétérisme laryngien. Par P.-V. COLLIN. — *Paris*, 1861. — 13º Quelques considérations sur la trachéotomie. Par A. DUHOMME. — *Paris*, 1859. — 14º De la trachéotomie dans le croup, chez les enfants. Par L. CAZES. — *Paris*, 1860. — 15º Indications et contre-indications de la trachéotomie dans le cas de croup. Par L.-M.-A. CLÉDAT DE LA VIGERIE, né à Ussel [Corrèze] — *Montpellier*, 1862.

16º Traitements chirurgicaux des collections de liquides qui se forment dans le thorax. Par J.-A.-A. MEUNIER. — *Paris*, 1861. — 17º De la thoracentèse ou paracentèse thoracique dans les épanchements pleurétiques aigus. Par É. BIEBUYCK. — *Paris*, 1860. — 18º De la thoracentèse dans la pleurésie arrivant chez les tuberculeux. Par B.-L. POUMEYROL. — *Paris*, 1861.

19º Des accidents dans la paracentèse abdominale. Par F.-A. BRIOT. — *Strasbourg*, 1859.

20º Des divers traitements de l'occlusion intestinale accidentelle cis-rectale. Par L. PELOUS. — *Strasbourg*, 1859. — 21º Etude critique sur quelques opérations applicables aux occlusions intestinales. Par A.-F. LANGIN. — *Paris*, 1859. — 22º Recherches historiques et cliniques sur l'entérorrhaphie. Par L. JAMAIN. — *Paris*, 1861.

23º De la cure radicale des hernies inguinales par le procédé de M. le professeur Gerdy. Par A. BAILLE. — *Paris*, 1862.

24º Du traitement des tumeurs hémorrhoïdales par l'écrasement linéaire. Par T.-E. LEMARIÉY. — *Paris*, 1860.

25º De l'extirpation du cancer du rectum par la ligature extemporanée. Par S.-A.-H. CORTÈS. — *Paris*, 1860.

2477. — (Opérations qui se pratiquent sur les organes

génito-urinaires. — Opérations qui se pratiquent sur les membres. — In-4 contenant :).

1º Essai sur les applications de l'électricité à certains cas d'atonie vesicale. Par G.-E. RIVALS. — *Paris*, 1860.

2º Considérations pratiques sur le traitement de l'hydrocèle. Par R. CORTYL. — *Paris*, 1862.

3º De l'amputation du pénis. Par C. ROCHE. — *Montpellier*, 1860.

4º Nouveau procédé de dilatation des rétrécissements du canal de l'urèthre. Par S. HOUDART. — *Paris*, 1860. — 5º De l'uréthrotomie. Par A. MANSON. — *Paris*, 1860. — 6º Du traitement par l'uréthrotomie interne des rétrécissements organiques de l'urèthre réfractaires aux moyens ordinaires. Par F.-E. DUPIERRIS. — *Paris*, 1860.

7º Des indications et contre-indications de l'ovariotomie et du manuel opératoire. Par P. MÉRIOT. — *Strasbourg*, 1861. = 8º Des accidents de la ponction abdominale des kystes de l'ovaire; de leur traitement. Par J.-A. BALDY. — *Paris*, 1859. — 9º Causes de danger ou de mort pouvant survenir pendant ou après l'opération de l'ovariotomie. Par A. PELLEGRIN. — *Strasbourg*, 1862.

10º De la cautérisation transcurrente superficielle dans quelques névroses symptomatiques des maladies de l'utérus et de ses annexes. Par A. TRINQUIER. — *Paris*, 1860. — 11º Du traitement du prolapsus utérin et de l'allongement hypertrophique du col de l'utérus par l'opération de l'épisioraphie. Par E.-C. PEPIN. — *Paris*, 1861. — 12º De l'emploi du perchlorure de fer dans quelques affections de l'utérus. Par C.-A.-A. MASGANA. — *Paris*, 1859. — 13º De l'emploi des crayons de nitrate d'argent dans les affections de la muqueuse utérine. Par S. FRISSANT. — *Montpellier*, 1862.

14º Quelques réflexions au sujet du traitement des fistules génito-urinaires chez la femme par la méthode française... Par L. LABBÉ. — *Paris*, 1861. — 15º Essai sur le traitement des fistules vésico-vaginales par le procédé américain modifié par M. Bozeman. Par M.-A. D'ANDRADE. — *Paris*, 1860.

16º Quelques considérations sur la chirurgie comparée des membres supérieurs et inférieurs. Par H. DEVOUGES. — *Paris*, 1859. — 17º Des amputations primitives ou retardées à la suite de coups de feu. Par H.-J. DUMONT. — *Strasbourg*, 1862. — 18º Quelques considérations sur les amputations chez les enfants. Par Ch. DAYOT. — *Paris*, 1860.

19º De la scapulalgie, et de la résection scapulo-humérale envisagée au point de vue du traitement de la scapulalgie. Par J.-E. PÉAN. — *Paris*, 1860.

20º Considérations sur le traitement des plaies et des hémorrhagies traumatiques à la main. Par A.-P.-M. NAÏL. — *Strasbourg*, 1860.

21º De la résection de l'articulation coxo-fémorale dans certains cas de coxalgie. Par P.-V. BAZIRE. — *Paris*, 1860. — 22º Du traitement des fractures de cuisse par le double plan incliné combiné avec le lit à la Daujon, modifiés. Par T.-J.-P. BERGÉ. — *Strasbourg*, 1860. — 23º Considérations pratiques sur le traitement des fractures de la jambe et de la cuisse. De quelques appareils en particulier. Par J.-A. GABORY. — *Paris*, 1859.

24º Du traitement des tumeurs blanches du genou par le redressement et l'immobilisation. Par L. SABATHIER. — *Strasbourg*, 1862. — 25º Du redressement de la fausse ankylose du genou. Par CHADEBEC [Emile]. de Tulle [Corrèze]. — *Montpellier*, 1860. — 26º De la résection du genou. Par L.-E. PUTZ. — *Strasbourg*, 1860.

27º Quelques mots sur le traitement des fractures de la jambe par les appareils hémi-périphériques en plâtre combinés avec la suspension. Par A.-P. BERNARD. — *Paris*, 1860. — 28º Des difficultés qu'on éprouve à lier les artères de la jambe après l'amputation de ce membre, et des moyens d'y remédier. Par L.-P.-E. HUGON. — *Paris*, 1859. — 29º Quelques considérations pratiques sur les amputations et spécialement sur l'amputation sus-malléolaire. Par A.-L. DUPONT. — *Paris*, 1860. — 30º Chirurgie conservatrice du pied. Mémoire sur l'amputation de M. Malgaigne... Quelques mots sur l'extirpation du calcanéum... Par H.-J.-A. VAQUEZ. — *Paris*, 1859. — 31º Des énucléations de l'astragale; observations et traitement. Par E.-H.-D. VERDUREAU. — *Paris*, 1861.

C. — *Thérapeutique obstétricale.*

ai. — Dissertation sur les soins à donner aux nouvelles accouchées, et sur les moyens de remédier aux accidents qui peuvent survenir avant, pendant et après le travail de l'enfantement. Par D. PAVARD. — *Paris*, 1830. — (V. nº 2426. T. II.) — Essai sur le seigle ergoté et sur son action sur l'économie animale, principalement pour accélérer l'accouchement et la délivrance; suivi de quelques observations. Par H. BARDOULAT. — *Paris*, 1830. — (V. *ibid.*, T. X.) — Du mode d'action et des effets thérapeutiques du seigle ergoté. Par A. BOUCHOR. — *Paris*, 1830. — (V. *ibid.*) — Essai sur l'usage du seigle ergoté dans l'accouchement, ou Examen thérapeutique de l'emploi de ce médicament dans le cas d'inertie de la matrice. Par A.-J.-L. DOUMERC. — *Paris*, 1830. — (V. *ibid.*, T. V.) — Rapport fait à l'Académie... des sciences... par MM. BOYER et DUMÉRIL sur un mémoire intitulé : Du broiement de la tête de l'enfant mort dans le sein de la mère, nouveau procédé pour terminer l'accouchement laborieux; et qui lui a été présenté par M. Baudelocque neveu..., suivi d'une lettre contenant un extrait du testament de Jean-Louis BAUDELOCQUE... — *Paris*, 1833. — (V. *ibid.*, T. I.) — Quelques considérations et observations pratiques sur l'opération césarienne. Par E.-C. JOLLY. — *Paris*, 1830. — (V. *ibid.*, T. IV.) — Du traitement de la fièvre puerpérale, et, en particulier, des saignées locales et générales, des mercuriaux et des vomitifs; observations recueillies à la Maternité de Paris pendant l'année 1829 dans le service de M. le professeur Desormeaux. Par L. TONNELLÉ. — *Paris*, 1830. — (V. *ibid.*) — Recherches et réflexions sur quelques traitements employés pour combattre la péritonite puerpérale. Par J.-M.-J. VIGNARD. — *Paris*, 1830. — (V. *ibid.*, T. VII.)

2478. — (In-4 contenant :)

1º De la conduite du médecin pendant et après l'accouchement naturel. Par E. DOUIN. — *Montpellier*, 1862.

2º Du traitement de la rigidité du col utérin pendant le travail de l'accouchement. Par R.-R. BUNTING. — *Paris,* 1861.

3º De l'ergot de seigle et de son emploi en obstétrique. Par H.-D. MAGNE. — *Paris,* 1861.

4º De l'emploi des anesthésiques dans les accouchements et en particulier du chloroforme dans l'éclampsie puerpérale. Par J.-F. AUBRÉE. — *Paris,* 1861. — 5º De l'anesthésie dans les accouchements naturels simples. Par P. GAFFIÉ. — *Paris,* 1861. — 6º De l'anesthésie dans les accouchements. Par M.-J. LIAUTAUD. — *Paris,* 1862.

7º Considérations sur l'accouchement provoqué. Par V.-P.-A. LIETTE. — *Paris,* 1848. — 8º De l'accouchement prématuré artificiel. Par C.-L. AUBÉ. — *Paris,* 1859. — 9º De l'accouchement prématuré artificiel, au point de vue des indications. Par H. AUDE. — *Paris,* 1860. — 10º De l'accouchement prématuré artificiel et des cas qui le réclament. Par F.-A.-R. NOEL. — *Paris,* 1860. — 11º De l'accouchement prématuré artificiel. Par A. BERLINGERI. — *Paris,* 1861. — 12º Même titre. Par A. FRONTERA. — *Paris,* 1861. — 13º Même titre. Par T. SAINT. — *Paris,* 1861.

14º Quelques considérations sur les indications de la version pelvienne dans la pratique des accouchements. Par J.-F. FORT. — *Montpellier,* 1860. — 15º Essai sur la version pelvienne. Par A.-D. GAY. — *Montpellier,* 1861.

16º Des opérations destinées à diminuer le volume du fœtus. Par C.-M.-P. GYOUX, né à Objat [Corrèze]. — *Paris,* 1859.

17º De la version comme moyen d'extraction du fœtus, après l'écrasement de la base du crâne par le céphalotribe, dans les rétrécissements du bassin. Par N.-J. BERTIN. — *Paris,* 1859.

18º De l'opération césarienne post mortem. Par E.-R. ANGOT. — *Paris,* 1862.

19º Du traitement de la fièvre puerpérale. Par A. LEBERT. — *Strasbourg,* 1861.

20º De l'influence excitatrice de l'électricité appliquée aux organes de sécrétion; de ses bons effets pour ramener ou augmenter la sécrétion du lait chez les nourrices. Par L.-F. LARDEUR. — *Paris,* 1859.

CHAPITRE VI. — *Pharmacologie.*

ak. — Inquisitiones physico-medicæ circa electricitatem positivam. Auct. Cl. DURAND. — *Monspelii,* 1786. — (V. nº 2425, T. I.) — Tentamen medicum de aerostatum usu medicinæ applicando. Auct. LEULIER-DUCHÉ, ex urbe Dorat. — *Monspelii,* 1784. — (V. *ibid.*) — Tentamen medico-chimicum de calcium metallicarum theoria et usibus. Auct. J.-A. GAY. — *Monspelii,* 1785. — (V. *ibid.,* T. III.) — Dissertatio medica de balneo frigido præsertim momentaneo. Auct. J. PITT. — *Monspelii,* 1784. — (V. *ibid.,* T. II.) — Dissertatio medica de Kina-Kina. Auct. F. BURON. — *Monspelii,* 1786. — (V. *ibid.*)

akk. — Dissertation inaugurale sur les médicaments brésiliens que l'on peut substituer aux médicaments exotiques dans la pratique de la médecine au Brésil, et sur les sympathies considérées sous les rapports physiologique et médical. Par D. RIBEIRO DOS GUIMARAENS PEIXOTO — *Paris*, 1830. — (V. n° 2426, T. IV.) = Propositions sur le tartrate antimonié de potasse. Par Jules LESPINAS, né à Tulle [Corrèze]. — *Paris*, 1833. — (V. *ibid.*, T. X.) — Dissertation sur les bains de mer froids. Par L.-A.-P. DUMESNIL. — *Paris*, 1830. — (V. *ibid.*, T. IV.) — Essai sur la salicine et sur son emploi dans les fièvres intermittentes. Par J.-B. BLAINCOURT. — *Paris*, 1830. — (V. *ibid.*, T. IX.)

2479. — (Généralités. Agents impondérables. Médicaments tirés du règne minéral. — In-4 contenant :)

1° De l'antagonisme entre les médicaments. Par M. FALIU. — *Paris*, 1860.

2° Quelques considérations sur l'emploi de l'électricité en médecine. Par L.-J.-J. HÉMELÔT. — *Paris*, 1859. — 3° Essai sur les lois des effets physiologiques des courants électriques et les règles qu'il faut en déduire pour les applications thérapeutiques. Par J.-L. GUIBERT. — *Paris*, 1860. — 4° De l'électricité comme agent thérapeutique. Par C. OLLIVE. — *Montpellier*, 1862.

5° Etudes chimiques, hygiéniques et médico-légales sur le phosphore. Par A.-P. CHAUMIER. — *Paris*, 1859. — 6° Etude des effets du plomb et de ses composés dans l'économie animale. Par C. PLAGNOL. — *Montpellier*, 1861. — 7° Des préparations arsenicales employées à l'intérieur. Par L.-H. LESAGE, né à Sardent [Creuse]. — *Paris*, 1859.

8° Recherches historiques et critiques sur l'emploi de l'eau en médecine et en chirurgie. Par P. DELMAS. — *Paris*, 1859. — 9° De quelques applications médicales de l'eau froide. Par J. GOUDOULIN. — *Paris*, 1860. — 10° Essai sur la médication hydrothérapique. Par F.-A. COURCELLE-DUVIGNAUD. — *Paris*, 1861. — 11° Sur l'hydrothérapie. Par E. BASTIDE. — *Montpellier*, 1862. — 12° De l'emploi de l'eau froide à l'extérieur comme moyen hygiénique et reconstituant. Par A.-J.-M.-E. COMBES. — *Paris*, 1861. — 13° Quelques considérations générales sur l'hydrothérapie et sur quelques-uns de ses effets thérapeutiques. Par Ch. MURAT. — *Montpellier*, 1860. — 14° Etude sur les eaux sulfuré-sodiques. Par E.-P.-L. GOUX. — *Paris*, 1859.

15° Des eaux sulfureuses thermales d'*Amélie-les-Bains*. Par P.-V. CARY. — *Montpellier*, 1860. — 16° *Amélie-les-Bains* et ses eaux. Par Step. BOUCHARD. — *Montpellier*, 1862. — 17° Des eaux thermo-minérales, chloruré-sodiques et bromo-iodurées de *Bourbonne-les-Bains*. Par E. RENARD. — *Paris*, 1859. — 18° Etude sur les eaux sulfureuses des *Eaux-Bonnes*. Par A. CHARBONNEL. — *Paris*, 1859. — 19° *Hammam-Meskhoutine* [eaux minéro-thermales de la province de Constantine]. Par J. GUYON. — *Strasbourg*, 1859. — 20° Eau minérale de *Salazie* [île de la Réunion]. Par F.-A. CHANOT. — *Paris*, 1860. — 21° Des eaux minérales de *Salins*. Par A. GERMAIN. — *Paris*, 1860. — 22° Aperçu sur les usages thérapeutiques des eaux minérales salines en général et sur les eaux minérales de la saline de *Salzbronn*... Par J.-P. SCHMITT. — *Strasbourg*, 1862. — 23° Essai sur les applications thérapeutiques des eaux minérales des *Vosges*. Par J.-B.-A. PUTON. — *Paris*, 1859.

2480. — (Médicaments tirés du règne végétal. — In-4 contenant :)

1º Influence des climats et de la culture sur les propriétés médicales des plantes. Par L.-C. ENGEL. — *Strasbourg*, 1860. — 2º Essai d'œnologie médicale. Par L.-F.-A. OLLIER. — *Strasbourg*, 1859. — 3º De l'emploi thérapeutique de l'alcool. Par P. RILLAUD. — *Paris*, 1860. — 4º De la belladone et de son usage en thérapeutique. Par U.-E. MILON. — *Strasbourg*, 1859. — 5º De l'action physiologique et thérapeutique de la digitale. Par A. CAPDEVIELLE. — *Paris*, 1861. — 6º De la digitale au point de vue de son action sur le cœur. Par J. LECERF. — *Paris*, 1859. — 7º Observations sur le chanvre indigène. Par Prosper ALBERT, de Limoges. — *Strasbourg*, 1859. — 8º Des effets physiologiques du sulfate de quinine. Par Prosper LEMAISTRE, né à Aixe [Haute-Vienne]. — *Paris*, 1850. — 9º Considérations sur le sulfate de quinine. Par H. GRÉGOIRE. — *Montpellier*, 1861. — 10º Quelques réflexions sur les succédanées du quinquina. Par J. MAIRET. — *Strasbourg*, 1859. — 11º Etude sur l'emploi du buis en médecine surtout comme fébrifuge. Par G. BAZOCHE. — *Strasbourg*, 1859. — 12º Emploi du café en thérapeutique. Par A.-H. LECONTE. — *Strasbourg*, 1859. — 13º De la menthe poivrée. Par C. D'HEILLY. — *Paris*, 1861. — 14º De l'action physiologique de la noix vomique. Par G. Mª GARCIA. — *Paris*, 1861. — 15º Essai sur l'action physiologique et thérapeutique du curare. Par L.-M. COWLEY. — *Paris*, 1861. — 16º Du croton tiglium. Recherches botaniques et thérapeutiques. Par N.-L. MARCHAND. — *Paris*, 1861.

17º De la sarcine. Par E. BŒLL. — *Strasbourg*, 1861.

CHAPITRE VII. — *Médecine légale.*

al. — Considérations médico-légales sur les maladies spontanées qui peuvent être confondues avec l'empoisonnement aigu par les substances vénéneuses, irritantes ou corrosives. Par G.-D. BELLENGER. — *Paris*, 1830. — (V. nº 2426, T. V.) — Même titre. Par G.-A. ESMELIN. — *Paris*, 1830. — (V. *ibid.*, T. VII.) — Dissertation sur l'infanticide. Par J.-B.-E.-E. CROUZET. — *Paris*, 1830. — (V. *ibid.*, T. V.)

2481. — (In-4 contenant :)

1º Plan raisonné d'un cours de médecine légale. Par M.-V. TRINQUIER. — *Strasbourg*, 1840. — 2º Des attributions particulières de la médecine légale comme science et comme art. Par P. MALLE. — *Strasbourg*, 1840. — 3º Exposition historique et appréciation des secours empruntés par la médecine légale à la physique et à la chimie. Par P. MALLE. — *Strasbourg*, 1838. — 4° Des cas rares en médecine légale. Par G. TOURDES. — *Strasbourg*, 1840. — 5° Essai sur la médecine légale chez les Hébreux. Par A. SCHVOB. — *Strasbourg*, 1861.

6° Examen médico-légal des maladies simulées, dissimulées et imputées. Par H.-M.-Ed. TAUFFLIEB. — *Strasbourg*, 1835.

7° Histoire médico-légale de l'aliénation mentale. Par P.=N.-F. MALLE. — *Strasbourg*, 1835. — 8° Des impulsions automatiques ou monomanies instinctives, au point de vue médico=légal. Par S.=V.-A. BRUNET. — *Paris*, 1860.

9° De la mort subite considérée au point de vue de ses causes et dans ses rapports avec la médecine légale. Par Léon=Eutrope BOUTEILLOUX, né à Limoges. — *Paris*, 1861.

10° Application de l'analyse chimique à la toxicologie. Par J.=A. NAQUET. — *Paris*, 1859.

11° Considérations médico-légales sur quelques termes techniques de la doctrine des blessures. Par L. MAYER. — *Montpellier*, 1862.

12° Exposition historique et appréciation des secours empruntés par la médecine légale à l'obstétricie. Par G. TOURDES. — *Strasbourg*, 1838.

13° Du chloroforme au point de vue médico-légal. Par A. THIERY. — *Paris*, 1861.

IX⁵ SECTION.

SCIENCES OCCULTES.

CHAPITRE Ier. — *Traités généraux.*

2482. — Histoire du merveilleux dans les temps modernes. Par Louis FIGUIER. Deuxième édition. — *Paris*, *L. Hachette et Cie*, 1860, 4 vol. grand in-18.

(T. I : Introduction ; Les diables de Loudun ; Les convulsionnaires jansénistes. — T. II : Les prophètes protestants ; La baguette divinatoire. — T. III : Le magnétisme animal. — T. IV : Les tables tournantes, les mediums et les esprits.)

* Le merveilleux autrefois et aujourd'hui. — I. Histoire du merveilleux dans les temps modernes, par Louis Figuier. II. La magie et l'astrologie dans l'antiquité et au moyen âge, par M. Alfred Maury. Par Paul DE RÉMUSAT. — (V. BELLES-LETTRES, n° 107, *Revue des Deux-Mondes*, 1861, T. VI.)

CHAPITRE II. — *Traités particuliers.*

Magie et cabale.

* Remarques sur l'antiquité et l'origine de la cabale. Par M. DE LA NAUZE. — (V. BELLES-LETTRES, n° 163, *Mém. de l'Acad. des Inscript.*, T. IX, p. 37.)

2483. — Artis cabalisticae : hoc est, reconditae theologiae et Philosophiæ, scriptorvm : Tomus I. In quo præter Pavli RICII Theologicos & Philosophicos libros sunt Latini penè omnes & Hebræi nonnulli præstantissimi Scriptores, qui artem commentarijs suis illustrarunt... Ex D. Ioannis Pistorii,... Bibliotheca. — *Basileæ, per Sebastianvm Henricpetri* (1587), in-fol.

(Ce volume, seul paru, contient les ouvrages suivants : I. Pauli RICII De cœlesti agricultura libri IV ; ejusdem tractatus varii. — II. RABI JOSEPHI De porta lucis. — III. LEONIS Hebræi De amore dialogi tres, a Johanne Carolo latinitate donati. — IV. Johannis REUCHLINI De arte cabalistica libri III ; ejusdem De verbo mirifico libri III. — V. ARCHANGELI Burgonovensis Interpretationes in selectiora obscurioraque cabalistarum dogmata. — VI. ABRAHAMI De creatione et cabalistinis., Hebraice *Sepher Iezira*, liber.)

2484. — Disquisitionum magicarum libri sex, quibus continetur accurata curiosarum artium, et vanarum superstitionum confutatio, utilis theologis, jurisconsultis, medicis, philologis. Auctore Martino DEL-RIO,... — *Coloniæ Agrippinæ, sumptibus Petri Henningii*, 1633, in-4.

2485. — Les admirables secrets d'ALBERT le Grand, contenant plusieurs traités sur la conception des femmes, des vertus des herbes, des pierres précieuses et des animaux. Augmenté d'un Abrégé curieux de la physionomie et d'un préservatif contre la peste, les fièvres malignes, les poisons et l'infection de l'air. Tirés et traduits sur d'anciens manuscrits de l'auteur qui n'avaient pas encore paru... — *Lyon, chez les héritiers de Beringos fratres*, 1745, in-12.

(A la suite :)

— Secrets merveilleux de la magie naturelle et cabalistique du petit ALBERT, traduits exactement sur l'original latin intitulé « ALBERTI PARVI LUCII libellus de mirabilibus naturæ arcanis ». Enrichi de figures mystérieuses et de la manière de les faire. Nouvelle édition, corrigée et augmentée. — *Lyon, chez les héritiers de Beringos fratres*, 1744, in-12.

Démonologie, ou Apparition des esprits et des démons.

2486. — La démonologie, ou Histoire des démons et des sorciers. Par Walter SCOTT. Traduite sur le texte anglais, par M. ALBERT-MONTÉMONT,... — *Paris, Armand-Aubrée*, 1832, in-8.

(Le faux-titre porte : « Œuvres de Walter Scott, T. XXIV ».)

2487. — IIIl. Livres des spectres ov apparitions et visions d'esprits, anges et demons se monstrans sensiblement aux hommes. Par Pierre LE LOYER,... — *A Angers, Pour Georges Nepueu...,* 1586, 2 tomes en 1 vol in-4.

2488. — Traité historique et dogmatique sur les apparitions, les visions et les révélations particulières. Avec des observations sur les dissertations du R. P. Dom Calmet,... sur les apparitions et les revenants. Par M. l'abbé LENGLET DUFRESNOY. — *Avignon, et Paris, Jean-Noël Leloup*, 1751, 2 vol. in-12.

2489. — Pneumatologie. — Des esprits et de leurs manifestations fluidiques ; mémoire adressé à l'Académie. Par Js-E. DE MIRVILLE. Troisième édition, comprenant : 1° un Avant-propos en forme de lettre, par le T.-R. P. VENTURA,...; 2° une Lettre adressée à l'auteur par M. le Dr COZE,...; 3n une Lettre de M. F. DE SAULCY,... — *Paris, H. Vrayet de Surcy*, 1854, in-8.

2490. — Le livre des esprits, contenant les principes de la doctrine spirite sur la nature des esprits, leur manifestation et leurs rapports avec les hommes ; les lois

morales, la vie présente, la vie future, et l'avenir de
l'humanité. Par ALLAN KARDEC. — *Paris, E. Dentu,* 1857,
in-8.

2491. — Histoire d'Urbain Grandier, condamné comme
magicien et comme auteur de la possession des religieuses
ursulines de Loudun. Par monsieur *** (AUBIN?). — *Amsterdam, aux dépens de la compagnie,* 1735, in-12.

(Cet ouvrage, quoi qu'en dise Barbier, n'est pas le même que le
suivant, attribué à Aubin par le P. Lelong, qui en donne l'analyse.)

2492. — Histoire des diables de Loudun, ou de la possession des religieuses ursulines et de la condamnation et
du supplice d'Urbain Grandier, curé de la même ville.
Cruels effets de la vengeance du cardinal de Richelieu. (Par
AUBIN.) — *Amsterdam, aux dépens de la compagnie,* 1740,
in-12.

2493. — Examen et discussion critique de l'Histoire des
diables de Loudun, de la possession des religieuses ursulines, et de la condamnation d'Urbain Grandier. Par
M. DE LA MENARDAYE, prêtre. — *Liége, Evérard Kintz,*
1749, in-12.

2494. — (Recueil in-4 contenant :)

1°. — Discours sur les miracles. Par un théologien.
— (Sans frontispice), 27 pages.

2°. — Vingt-unième et dernière lettre théologique aux
écrivains défenseurs des convulsions et autres prétendus
miracles du temps. (Par dom Louis-Bernard DE LA TASTE.)

(Sans frontispice. Partie de l'ouvrage en deux volumes intitulé : « Lettres théologiques aux écrivains », etc.), paginée de
1305 à 1644.)

3°. — Réflexions sur la notoriété de droit et de fait. —
(Sans frontispice), 12 pages.

* (Recueil de pièces concernant le procès du P. Girard
et de Catherine Cadière.) — (V. n° 740.)

2495. — Table qui danse et table qui répond; expériences à la portée de tout le monde. Par M. GUILLARD. = *Paris, Garnier frères*, 1853, grand in-18 de 36 pages.

Divination.

2496. — Justification des sciences divinatoires. Par mademoiselle A. LELIÈVRE. Précédée du récit des circonstances de sa vie qui ont décidé sa vocation pour l'étude de ces sciences et leur application. — *Paris, l'auteur*, et *Garnier frères*, 1847, grand in-18.

(Une note manuscrite porte : « Par Mᵣ GUILLOIS, gendre de Roucher, l'auteur du poème des Mois ».)

2497. — ΆΡΤΕΜΙΔΏΡΟΥ ὀνειροκριτικῶν βιβλία πέντε. Περὶ ἐνυπνίων-ΣΥΝΕΣΙΟΥ ὡς λέγουσιν. ARTEMIDORI De somniorum interpretatione Libri Quinq;. De insomniis, Quod SYNESII Cuiusdam nomine circūfertur. — (A la fin :) *Venetiis in aedibvs Aldi, et Andreae soceri mense Avgvsto.* M. D. XVIII, petit in-8.

(Première édition.)

* Synesiorum somniorum omnis generis insomnia explicantes libri IV. Per Hieron. CARDANUM. — (V. POLYGRAPHIE, *n°* 57; CARDANI *Opera*, T. V.)

* (Sur la physiognomonie, V. *nᵒˢ* 2019-2026.)

2498. — Petri BUNGI,... numerorum mysteria ex abditis plurimarum disciplinarum fontibus hausta. Opus maximarum rerum doctrina et copia refertum; in quo mirus imprimis, idemque perpetuus arithmeticæ pythagoricæ cum divinæ paginæ numeris consensus, multiplici ratione probatur. Postrema hac editione ab auctore ipso copioso indice et ingenti appendice auctum... — *Lutetiæ Parisiorum, apud Laurentium Sonnium*, 1617, in-4.

2499. — La physique occulte, ou Traité de la baguette divinatoire et de son utilité pour la découverte des sources d'eau, des minières, des trésors cachés, des voleurs et des meurtriers fugitifs; avec des principes qui expliquent les phénomènes les plus obscurs de la nature. Par M. L.-L. (LE LORRAIN) DE VALLEMONT,... Augmenté en cette édition d'un Traité de la connaissance des causes magnétiques des cures sympathiques, des transplantations et comment agissent les philtres, par un curieux de la nature. Augmenté de plusieurs pièces. — *Paris, Jean Boudot,* 1709, in-12.

* Mémoire physique et médicinal, montrant des rapports évidents entre les phénomènes de la baguette divinatoire, du magnétisme et de l'électricité... (Par THOUVENEL.) — (V. n° 2029)

Alchimie.

*(V. n⁰ˢ 1214-1220.)

Astrologie.

* Cl. PTOLEMÆI libri quatuor de astrorum judicis cum expositione Hieronymi CARDANI. — (V. POLYGRAPHIE, n° 57, *Opera* CARDANI, T. V.)

2500. — Εἰς τὴν τετράβιβλον τοῦ ΠΤΟΛΕΜΑΙΟΥ ἐξηγητὴς ἀνώνυμος. In Clavdii PTOLEMÆI qvadripartitvm enarrator ignoti nominis, quem tamen PROCLVM fuisse quidam existimant. Item ΠΟΡΦΥΡΙΟΥ φιλοσόφου εἰσαγωγὴ εἰς τὴν ἀποτελεσματικὴν τοῦ Πτολεμαίου. PORPHYRII philosophi introductio in Ptolemæi opus de effectibus astrorum. Praeterea HERMETIS philosophi de revolvtionibvs natiuitatum libri duo, incerto interprete. — *Basileæ* (à la fin :) *Ex officina petriana. Anno* M. D. LIX., in-fol.

2501. — L'Uranie de messire Nicolas BOURDIN, chevalier, seigneur DE VILLENNES, ou La traduction des quatre livres des Jugements des astres de Claude PTOLOMÉE,... — *Paris, Cardin Besongne,* 1640, in-12.

2502. — Gvidonis BONATI,... de astronomia tractatvs X.

vniuersum quod ad iudiciariam rationem Natiuitatum, Aëris, Tempestatum, attinet, comprehendentes. Adiectus est Cl. PTOLEMÆI liber Fructus, cum Commentarijs GEORGIJ TRAPEZUNTIJ. — *Basileæ, anno* M. D. L., in-fol.

(Les commentaires sur Ptolémée ont une pagination séparée.)

* Joannis PICI MIRANDULÆ disputationum in astrologiam libri XXI. — (V. POLYGRAPHIE, *n°* 52, *Opera* PICI MIRANDULÆ.)

2503. — Theatro y descripcion universal del mundo... Compuesto por Juan Paulo GALUCIO soloense, traduzido de latin en romance por Miguel PEREZ,... y añadido por el mismo muchas cosas al proposito desta ciencia, que saltavan en el latin. — *En Granada, por Sebastian Muñoz,* 1617, in-fol.

2504. — Utriusque cosmi, majoris scilicet et minoris, metaphysica, physica atque technica historia, in duo volumina secundum cosmi differentiam divisa. Authore Roberto FLUD, alias DE FLUCTIBUS,... — *Oppenhemii, ære Johan-Theodori de Bry, typis Hieronymi Galleri, anno* 1617, in-fol.

(T. I seulement. — Cet ouvrage est une espèce d'encyclopédie qui, outre l'astrologie, contient divers traités sur l'arithmétique, la musique, la géométrie, la géomancie, etc.)

* Roberti FLUDD, alias DE FLUCTIBUS, Philosophia sacra et vere christiana, seu Meteorologia cosmica. — *Francofurti,* 1626, in-fol. — (V. *n°* 1959.)

* Pensées diverses écrites à un docteur de Sorbonne à l'occasion de la comète qui parut au mois de décembre 1680. (Par BAYLE.) — (V. *n°* 1377.)

Prophéties.

* Sibyllina Oracvla de graeco in latinvm conversa, et in eadem annotationes. Sebastiano CASTALIONE interprete. — *Basileæ* (1546), in-12. — (V. BELLES-LETTRES, *n°* 858.)

2505. — Traité sur l'époque de la fin du monde et sur les circonstances qui l'accompagneront. Par un solitaire

(Augus. GOUAZÉ). — *Versailles, impr. de J.-A. Lebel,* 1814, in-8.

2506. — Prophéties. — La fin des temps. Avec une Notice par Eugène BARESTE. Quatrième édition. — *Paris, Lavigne,* 1840, in-18.

2507. — Pratique curieuse, ou Les oracles des sibylles sur chaque question proposée. Nouvelle édition, augmentée d'une seconde partie sur de nouvelles questions qui n'ont point encore paru; avec « La Fortune des humains », inventée par M. COMMIERS, et mise nouvellement dans ce beau jour par L. D. T. — *Paris, Nyon fils,* 1750, in-12.

Médecine spagyrique et chimique.

* (V. MÉDECINE, *passim.*)

IIIᴱ CLASSE.

ARTS.

Iʳᵉ SECTION.

ARTS ET MÉTIERS.

POLYGRAPHIE LIMITÉE AUX ARTS ET MÉTIERS.

CHAPITRE Iᵉʳ. — *Bibliographie.*

2508. — Le guide des artistes, ou Répertoire des arts

et manufactures. Par J.-R. ARMONVILLE. — *Paris, Chai-gnieau aîné* (et autres), 1818, in-12.

CHAPITRE II. — *Introduction.*

* De la toute-puissance de l'industrie. Par E. MONTÉGUT. — (V. BELLES-LETTRES, n° 107, *Rev. des Deux-Mondes,* 1er mars 1855.)

2509. — De l'industrie française. Par M. le comte CHAPTAL,... — *Paris, Antoine-Augustin Renouard,* 1819, 2 vol. in-8.

2510. — Mémoire sur cette question : « Quelle est, dans l'état actuel de la France et dans ses rapports avec les nations étrangères, l'extension que l'industrie, dirigée vers l'intérêt national, doit donner aux différents genres d'inventions qui suppléent le travail des hommes par le travail des machines? » Par Jn-Jph PARIS,... — *Paris, Mme Huzard,* et *Delaunay,* 1821, in-8.

* L'industrie française depuis la révolution de février. Par AUDIGANNE. — (V. BELLES-LETTRES, n° 107, *Rev. des Deux-Mondes,* 15 juin 1849.)

CHAPITRE III. — *Histoire des arts et métiers. — Statistique industrielle.*

* Polydorie VERGILII,... De rervm inventoribvs... — (V. n° 6.) — Les memoires et histoire De l'origine, invention & autheurs des choses... traduicte par François DE BELLEFOREST,... — (V. n° 7.)

* Règlements sur les arts et métiers de Paris, rédigés au XIIIe siècle, et connus sous le nom du « Livre des métiers » d'Étienne BOILEAU; publiés pour la première fois en entier... avec des notes et une Introduction, par G.-B.

DEPPING. — *Paris,* 1837, in-4. — (V. HISTOIRE, n° 565-*F*.)

2511. — Les grandes usines de France; tableau de l'industrie française aux XIXe siècle. Par TURGAN ,... — *Paris, librairie nouvelle* (et *Michel Lévy frères*), 1860-186..., 3 vol. in-8.

(Séries I-III. En publication.)

---

* Statistique de la France. — Industrie manufacturière. — (V. HISTOIRE, *n°* 498.)

* Statistique de l'industrie à Paris, résultant de l'enquête faite par la Chambre de commerce pour les années 1847 et 1848. — *Paris,* 1851, in-4. — (V. *ibid., n°* 1099.)

CHAPITRE IV. — *Dictionnaires et Encyclopédies technologiques, Traités généraux sur les arts et métiers.*

* Dictionnaire économique... Par M. CHOMEL... — Supplément au Dictionnaire économique... Par M. CHOMEL. — (V. *n*^{os} 1682, 1683.)

2512. — Dictionnaire portatif des arts et métiers, contenant en abrégé l'histoire, la description et la police des arts et métiers, des fabriques et manufactures de France et des pays étrangers. (Par Phil. MACQUER.) — *Paris, Lacombe,* 1766, 2 vol. petit in-8.

2513. — Dictionnaire raisonné universel des arts et métiers, contenant l'histoire, la description, la police des fabriques et manufactures de France et des pays étrangers... Nouvelle édition, corrigée et considérablement augmentée d'après les mémoires et les procédés des artistes; revue et mise en ordre par M. l'abbé JAUBERT,... — *Paris, chez les libraires associés,* 1793, 5 vol. in-8.

(Le T. V porte au frontispice : « Vocabulaire technique, ou Dictionnaire raisonné de tous les termes usités dans les arts et métiers. Par M. l'abbé JAUBERT,... ».)

2514. — Dictionnaire de l'industrie, ou Collection raisonnée des procédés utiles dans les sciences et dans les arts... Par une société de gens de lettres (par H.-G. Duchesne). — *Paris, Lacombe, 1776, 3 vol. in-8.*

* Encyclopédie méthodique. — Manufactures, arts et métiers, par M. Roland de La Platrière. — Arts et métiers mécaniques. — (V. Polygraphie, n° 12.)

2515. — Dictionnaire technologique, ou Nouveau dictionnaire universel des arts et métiers et de l'économie industrielle et commerciale. Par une société de savants et d'artistes (Francœur, Molard jeune, L.-S. Lenormand, Robiquet, Payen, etc.) — *Paris, Thomine et Fortic, 1822-35, 22 vol. in-8, avec atlas en 2 vol. in-4.*

2516. — Encyclopédie pratique, ou Etablissement de grand nombre de manufactures. Par M. le chevalier de W**. — *Liége, J.-F. Bassompierre, 1772, 2 vol. in-12.*

CHAPITRE V. — *Mélanges.*

§ 1er. — Recueils périodiques.

2517. — Bibliothèque physico-économique, instructive et amusante... contenant des mémoires et observations pratiques sur l'économie rustique, sur les nouvelles découvertes... la description de nouvelles machines et instruments inventés pour la perfection des arts utiles et agréables, etc., etc.... Avec des planches en taille-douce. (Par Parmentier et Deyeux.) — *Paris, rue et hôtel Serpente, 1783, in-12.*

(L'année 1782 seulement. — Cette première série, qui a paru jusqu'en 1796, a 24 vol.)

2518. — Annales de l'industrie nationale et étrangère, ou Mercure technologique; recueil de mémoires sur les arts et métiers, les manufactures, le commerce, l'industrie, l'agriculture, etc., renfermant la Description des

Musées des produits de l'industrie française... Par L.-Seb. LE NORMAND,... et J.-G.-V. DE MOLÉON,... — *Paris, Bachelier,* 1820-1826, 23 vol. in-8.

(Il manque quelques feuilles des tomes I, VI et VII, et la table générale des matières formant le tome XXIV.)

2519. — Annales de l'industrie (etc.)... Exposition de 1819. — 4 vol. in-8.

* Bulletin des sciences technologiques. (Rédacteurs principaux : BULOS, BILLY, CHEVILLOT, DUBRUNFAUT, GAULTIER DE CLAUBRY et Nestor URBAIN.) — *Paris,* 1824-31, 17 vol. in-8. — (V. BELLES-LETTRES, n° 239, *Bulletin* FÉRUSSAC.)

2520. — Annales mensuelles de l'industrie manufacturière, agricole et commerciale, de la salubrité publique et des beaux-arts... Par J.-G.-V. DE MOLÉON,... — *Paris, Bachelier,* 1827, n°s 2 à 6, in-8.

— Recueil industriel, manufacturier et commercial; de la salubrité publique et des beaux-arts; auquel est réuni le journal hebdomadaire des arts et métiers de l'Angleterre... Par J.-G.-V. DE MOLÉON,... — *Paris, Bachelier,* 1828, n°s 17 à 24, in-8.

2521. — L'art pour tous, encyclopédie de l'art industriel et décoratif. Par Emile REIBER, directeur-fondateur. — *Paris, A. Morel et C*^ie^, 1861-18..., vol. in-fol.

(Première, deuxième et troisième année. — Se continue.)

2522. — L'orfèvrerie française, les bronzes et la céramique, journal des artistes industriels. Par E. JULIENNE. — *Paris, A. Morel et C*^ie^, 1862-18..., vol. in-fol.

(En publication.)

§ 2. — RECUEILS ET DESCRIPTIONS DE MACHINES.

* (V. page 303.)

§ 3. — EXPOSITIONS DES PRODUITS DE L'INDUSTRIE.

* Annales de l'industrie... Exposition de 1819. — (V. n° 2519.)

2523. — Rapport sur les produits de l'industrie française, présenté, au nom du jury central à S. E. M. le comte Corbière,... approuvé par S. S. M. le duc de Doudeauville,... rédigé par M. le Vte HÉRICART DE THURY,... et par M. MIGNERON,... — *Paris, impr. roy.*, 1824, in-8.

(Le faux-titre porte : « Exposition de 1823. Rapport, etc. ».)

2524. — Rapport sur les produits de l'industrie française, présenté, au nom du jury central, à S. E. M. le comte de Saint-Cricq,... rédigé par M. le Vte HÉRICART DE THURY,... et par M. MIGNERON,... — *Paris, impr. roy.*, 1828, in-8.

(Le faux-titre porte : « Exposition de 1827. Rapport, etc. ».)

2525. — Rapport du jury départemental de la Seine sur les produits de l'industrie admis au concours de l'exposition publique de 1827. Par M. PAYEN,... — *Paris, impr. de Crapelet*, 1829, in-8.

(Il manque le T. II, paru en 1832.)

2526. — Rapport du jury central sur les produits de l'industrie française exposés en 1834. Par le baron Charles DUPIN,... — *Paris, impr. roy.*, 1836, 3 vol. in-8.

2527. — Exposition des produits de l'industrie française en 1839. Rapport du jury central. — *Paris, L. Bouchard-Huzard*, 1839, 3 vol. in-8.

2528. — Exposition des produits de l'industrie française en 1844. Rapport du jury central. — *Paris, impr. de Fain et Thunot*, 1844, 3 vol. in-8.

2529. — Exposition de l'industrie française. Année 1844. Description méthodique accompagnée d'un grand nombre de planches et de vignettes, et précédée du discours de Sa Majesté et de celui de M. le baron Thénard, de la Liste des récompenses accordées à l'industrie et d'un Historique sur les expositions de l'industrie depuis leur fondation. Texte par M. Jules BURAT,... Publiée par M. CHALLAMEL. — (*Paris, impr. de Ducessois*, 1844-45, 2 vol. in-4.

2530. — Rapport du jury central sur les produits de

l'agriculture et de l'industrie exposés en 1849. — *Paris,*
impr. nat., 1850, 3 vol. in-8.

2551. — Exposition universelle de 1851. Travaux de la
commission française sur l'industrie des nations, publiés
par ordre de l'empereur. — *Paris, impr. imp.,* 1854-186...,
vol. in-8.

(T. I. — Force productive des nations concurrentes depuis 1800
jusqu'à 1851. (Par Ch. DUPIN.) — 1re partie, Occident ; — 2e partie,
Orient, Océanie ; — 3e partie, Orient, extrême Asie.

T. II. — (Pas encore paru.)

T. III, 1re partie, 1re section : Machines motrices et moyens lo-
comoteurs, par M. le général MORIN. — Voitures, par M. ARNOUX.
— Machines et outils des arts divers, par M. le général PONCELET.
— 2e section : Machines et outils appropriés aux arts textiles, par
M. le général PONCELET. — Génie civil, architecture, combinaisons
et appareils relatifs aux constructions, par M. COMBES,... — T. III,
2e partie : Arts de la guerre et de la marine, par M. le baron
Charles DUPIN. — Arts agricoles, par M. MOLL. — Arts mathéma-
tiques, par M. MATHIEU. — Arts chirurgicaux, par M. ROUX. —
Hommage à la mémoire de M. Roux, par M. le baron Charles
DUPIN. — Horlogerie, par M. le baron SÉGUIER. — Musique, par
M. BERLIOZ. — Photographie, électro-télégraphie, par M. MOIGNO.

T. IV. — Hommage à l'empereur, par le baron Charles DUPIN. —
Industrie des cotons, par M. MIMEREL. — Les lainages. 1re partie :
Industrie des laines foulées, par M. RANDOING. 2e partie : Industrie
des laines peignées, par M. BERNOVILLE. — Soieries et rubans, par
M. ARLÈS-DUFOUR. — Tableau statistique, embrassant les progrès
comparés des industries françaises du coton, de la laine et de la
soie, par M. le baron Charles DUPIN. — Industrie du chanvre et
du lin, par M. LEGENTIL. — Industrie des châles et des tissus
mélangés, par M. Maxime GAUSSEN.

T. V. — Cuirs et peaux, fourrures, harnais et selleries, plumes,
crins et cheveux, par M. FAULER. — Imprimerie, librairie, pape-
terie et industries auxiliaires, par M. Ambroise FIRMIN DIDOT. —
Impressions et teintures, par M. PERSOZ. — Blondes, tulles et
broderies, par M. Félix AUBRY. — Les tapisseries et les tapis des
manufactures nationales, par M. CHEVREUL. — Les tissus appliqués
aux arts vestiaires, par M. BERNOVILLE.

T. VI. — Coutellerie et outils d'acier, par M. F. LE PLAY. —
Ouvrages en fer, en acier, en cuivre, en bronze, en zinc, etc., par
M. GOLDENBERG. — Industrie des métaux précieux, par M. le duc
DE LUYNES. — Verres et cristaux, par M. PÉLIGOT. — Arts céra-
miques, par feu M. ÉBELMEN et par M. SALVÉTAT. — Hommage à
la mémoire de M. Ebelmen, par M. le baron Charles DUPIN.

T. VII. — Papiers de tenture, par M. WOLOWSKI. — Meubles,
par M. WOLOWSKI. — Matériaux de construction, par M. GOUR-
LIER. — Matières appropriées à l'industrie, par M. BALARD. —
Objets de parure et de fantaisie, par M. Natalis RONDOT. — Savons,
bougies et parfumerie, par M. WOLOWSKI.

T. VIII. — Beaux-arts, par M. le comte DE LABORDE.)

2552. — Exposition des produits de l'industrie de toutes les nations. 1855. Catalogue officiel, publié par ordre de la commission impériale. — *Paris, E. Panis* (s. d.), in-8.

2553. — Exposition universelle de 1855. Rapports du jury mixte international, publiés sous la direction de S. A. I. le prince Napoléon, président de la commission impériale. = *Paris, impr. imp.*, 1856, grand in-8.

2554. — Rapport sur l'exposition universelle de 1855, présenté à l'Empereur par S. A. I. le prince Napoléon, président de la commission. — *Paris, impr. imp.*, 1857, grand in-8.

2555. — Album de l'exposition universelle (de 1855). Dédié à S. A. I. le prince Napoléon, par le baron L. Brisse,... Publié avec le concours de MM. Dumas, sénateur; Arlès-Dufour,... Le Play,... F. de Mercey,... Michel Chevalier,... = *Paris, bureaux de* l'Abeille impériale, 1856-59, 3 vol. in-4.

- * Aperçu statistique de l'exposition de Limoges en 1855. Par L.-W. Ravenez,... — *Limoges*, 1855, in-8. = (V. Histoire, *n*° 1234.)

* Exposition du centre de la France à Limoges. Agriculture, industrie, beaux-arts. Catalogue officiel, publié par les soins de la commission générale. Juin 1858, in-8. — (V. *ibid., Supplément.*)

2556. — Société d'encouragement pour l'industrie nationale, fondée en 1801. — Musées d'art et d'industrie. Rapport fait par M. Gaulthier de Rumilly, au nom du Comité de commerce... — Rapport fait par M. Natalis Rondot à la chambre de commerce de Lyon et délibération de cette chambre, 27 septembre 1858. = *Paris, madame veuve Bouchard-Huzard* (s. d.), in-4 de 32 pages.

2557. — Guide du visiteur à l'exposition permanente de l'Algérie et des colonies. Par Emile Cardon et A. Noirot. — *Paris, librairie internationale*, 1860, grand in-18.

Iʳᵉ PARTIE.

ÉCONOMIE DOMESTIQUE. — ARTS ALIMENTAIRES.

—

CHAPITRE Iᵉʳ. — *Généralités et Mélanges.*

* Des substances alimentaires... Par A. PAYEN. — (V. *n°* 2059.)

CHAPITRE II. — *Ouvrages particuliers.*

§ 1ᵉʳ. — ART CULINAIRE.

2558. — Les dons de Comus, ou L'art de la cuisine réduit en pratique (publiés par MARIN, avec les deux anciennes préfaces refondues par DE QUERLON). Nouvelle édition, revue, corrigée et augmentée par l'auteur. — *Paris, Pissot,* 1758, 3 vol. in-12.

* Physiologie du goût... (Par BRILLAT-SAVARIN.) — *Paris,* 1838, grand in-18. — (V. BELLES-LETTRES, *n*° 1620.)

2559. — Avis aux citoyens sur des vaisseaux propres à préparer leurs aliments avec sûreté, ou Réfutation de l'opinion conjecturale de deux commissaires de l'Académie des sciences de Paris sur l'usage de la batterie de cuisine dont le sieur DOUCET,... est l'inventeur... — *Amsterdam,* 1777, in-12 de 20 feuillets.

§ 2. — MEUNERIE ET BOULANGERIE.

2540. — Le parfait boulanger, ou Traité complet sur

la fabrication et le commerce du pain. Par M. PARMEN-
TIER,... — *Paris, impr. roy.,* 1778, in-8.

2541. — Economie rurale et domestique. Du pain et des
moyens d'obtenir une économie de 30 à 40 pour cent dans
sa fabrication, par l'emploi d'un nouveau farineux qui a
toutes les propriétés du froment... Précédés de considérations générales sur l'état de l'agriculture en France, sur
l'origine du blé, sur le système céréal, et sur l'introduction
dans nos cultures de quelques nouvelles plantes alimentaires. Par M. BEAUX,... Avec une Introduction et un
exposé sur divers moyens économiques de panification en
usage dans quelques pays, par M. Nap. FORTIER... Première édition. — *Paris, A. Goin,* et *Nap. Fortier,* 1855,
grand in-18.

§ 3. — BOISSONS, SUCRES, CONFISERIE, DISTILLERIE.

* Culture de la vigne et vinification. Par le Dr Jules
GUYOT. — (V. n° 1814.)

* Manuel du vigneron... Par le comte ODOART. —
(V. n° 1815.)

2542. — Mémoire couronné par la Société royale des
sciences et des arts de la ville de Metz, dans sa séance
publique du 25 août 1769, sur cette question : « Quelle
est la meilleure méthode de faire et de gouverner les vins
du Pays-Messin? » Par M. MATHIS,... — *Metz, impr. de
Joseph Antoine,* 1769, in-12 de 62 pages.

(A la suite :)

— Nouvelle manière de faire le vin pour toutes les
années et de le rendre meilleur que par toute autre
méthode... Avec le précis tant des expériences qui ont été
faites par ordre du gouvernement en 1771 et 1772 que de
celles qui, depuis plusieurs années, ont été répétées dans
la généralité de Paris, dans la Bourgogne... Et en
outre avec le rapport du corps des marchands de vin de
Paris, et l'approbation de la Faculté de médecine. Par
M. MAUPIN. — *Paris, Musier fils,* 1773, in-12 de 92 pages.

* Essai sur le vin. Par le C^{en} CHAPTAL. — (V. ci-après,
n° 2543.)

* Mémoire sur la question suivante, proposée par l'Académie des sciences de Montpellier, au nom des états généraux de la province de Languedoc, pour le sujet du prix de 1780 : « Déterminer par un moyen fixe, simple et à portée de tout cultivateur, le moment auquel le vin en fermentation dans la cuve aura acquis toute la force et toute la qualité dont il est susceptible ». — Observations par M. MOURGUE. — Mémoire de M. BERTHOLON. — Mémoire de dom LE GENTIL. — (V. n° 881.)

2543. — (In-8 contenant :)

1°. — Traité de la fabrication et du raffinage des sucres. Par M. PAYEN. [Extrait du Dictionnaire technologique, T. XX.] — *Paris, Thomine,* 1832, in-8 avec planches.

2°. — Essai sur le vin. Par le C. CHAPTAL. — In-8.

(Sans frontispice. Extrait du T. II du *Traité théorique et pratique sur la culture de la vigne.*)

3°. — Observations sur le sucre. Thèse de chimie présentée à la Faculté des sciences de Strasbourg... Par J.-P.-Napoléon LÉRAS,... — *Strasbourg, impr. de G. Silbermann,* 1846, in-8 de 38 pages et 5 planches.

2544. — Instruction sur les moyens de suppléer le sucre dans les principaux usages qu'on en fait pour la médecine et l'économie domestique. Par M. PARMENTIER,... — *Auch, F. Labat,* 1808, in-8 de 80 pages.

2545. — Instruction sur les sirops et les conserves de raisins, destinés à remplacer le sucre dans les principaux usages de l'économie domestique. Par A.-A. PARMENTIER,... Nouvelle édition, revue, corrigée et augmentée. — *Paris, Méquignon aîné,* 1809, in-8.

* Instruction sur la culture et la récolte des betteraves... Par C.-F. ACHARD,... traduit de l'allemand par M. COPIN,... — Mémoire sur l'extraction en grand du sucre des betteraves... Par MM. BARRUEL,... et Maximin ISNARD,... — Instructions sur la manière de cultiver la betterave. Par M. TESSIER,... et sur les procédés à suivre pour l'extraction du sucre contenu dans cette racine. Par

M. DEYEUX,... — Rapport sur la fabrication du sucre de betterave... Par M. le sénateur Cte DE CHANTELOUP,... — (V. *n*° 1800.)

2546. — La description des nouveaux fourneaux philosophiques, ou Art distillatoire, par le moyen duquel les esprits, huiles, fleurs et autres médicaments sont tirés des végétaux, animaux et minéraux, par une voie aisée et avec grand profit; avec leur usage, tant dans la chimie que dans la médecine. Mis en lumière... par Jean-Rudolphe GLAUBER, et traduit en notre langue par le sieur DU TEIL. — *Paris, Jean d'Houry*, 1674, in-8.

2547. — Chimie du goût et de l'odorat. (Par le P. PONCELET.) — *Paris, Le Mercier*, 1755, in-8.

(Le frontispice manque.)

2548. — Traité raisonné de la distillation, ou La distillation réduite en principes; avec un Traité des odeurs. Par M. DÉJEAN,... Seconde édition... — *Paris, Nyon, et Guillyn*, 1759, in-12.

2549. — Traité des odeurs, suite du Traité de la distillation. Par M. DEJEAN. — *Paris, Nyon, Guillyn, et Saugrain*, 1764, in-12.

2550. — L'art du distillateur des eaux-de-vie et des esprits, dans lequel on a donné la description des nouveaux appareils de distillation. Par L.-Séb. LE NORMAND,... — *Paris, Chaignieau aîné, impr.*, 1817, 2 vol. in-8.

2551. — Traité complet de l'art de la distillation, contenant, dans un ordre méthodique, les instructions théoriques et pratiques les plus exactes et les plus nouvelles sur la préparation des liqueurs alcooliques avec les raisins, les grains, les pommes de terre, les fécules et tous les végétaux sucrés ou farineux. Par M. DUBRUNFAUT,... — *Paris, Bachelier*, 1824, 2 vol. in-8.

2552. — Notice sur la fabrication des alcools dits alcools fins, fins fécule, fins betterave, ou autres; suivie de renseignements sur la direction à donner aux distilleries de betteraves. Par M. DUBRUNFAUT. — *Paris, impr. Guiraudet et Jouaust*, 1854, in-8 de 30 pages.

2553. — Traité complet de la distillation des principales substances qui peuvent fournir de l'alcool, vins, grains, betteraves, fécules, tiges, fruits, racines, tubercules, bulbes, etc., etc. Par A. PAYEN,... — *Paris, impr. de Mme Ve Bouchard-Huzard*, 1858, in-8.

2554. — De la fermentation des vins, et de la meilleure manière de faire l'eau-de-vie; Mémoires qui ont concouru pour le prix proposé, en 1766, par la Société royale d'agriculture de Limoges, pour l'année 1767; imprimés par ordre de la Société. (Par l'abbé ROZIER, DE VANNE et MUNIER.) — *Lyon, frères Périsse*, 1770, in-8.

2555. — N° 31, an 12. Bulletin des séances de la Société libre d'agriculture du département du Gers. — Notes sur la distillation des eaux-de-vie. Par un ex-élève de l'école Polytechnique, correspondant de la Société d'agriculture du département du Gers. — (A la fin :) *Auch, F. Labat,* (s. d.), in-8 de 40 pages et 2 planches.

(A la suite :)

— N° 35. An 1806. — Bulletin des séances de la Société libre d'agriculture du département du Gers. — Rapport lu à la séance de la Société du 10 fructidor an 13, au nom de la commission chargée des expériences sur la distillation des vins. (Par VIDAILLAN, MELLET-BONAS et LACLAVERIE.) — (A la fin :) *Auch, F. Labat,* (s. d.), in-8 de 10 pages et une planche.

2556. — Recherches sur l'état actuel de la distillation du vin en France, et sur les moyens d'améliorer la distillation des eaux-de-vie de tous les pays. Par M. A.-S. DUPORTAL,... Lues à la première classe de l'Institut de France. Avec cinq planches en taille-douce. — *Paris, et Saint-Pétersbourg, Klostermann père et fils*, 1811, in-8.

IIe PARTIE.

ART DES CONSTRUCTIONS (1).

CHAPITRE Ier. — *Généralités et Mélanges.*

2557. — L'architecture française des bâtiments particuliers; composée par Me Louis SAVOT; augmentée dans
cette seconde édition de plusieurs figures et des notes de
monsieur BLONDEL,... — *Paris, veuve et C. Clouzier* (et
autres), 1685, in-8.

2558. — Gazette du bâtiment; revue et annonces des
matières premières, des machines, des procédés et des
produits employés dans la construction. Adjudications,
etc. — *Paris, A. Morel et Cie,* 1860-62, 2 vol. in-8.

* Nouvelles expériences sur la poussée des terres. Par
M. AUDÉ,... — (V. n° 1311.)

CHAPITRE II. — *Ouvrages particuliers.*

§ 1er. — CHARPENTERIE.

2559. — Charpente de Philibert DELORME, architecte
vivant au milieu du XVIe siècle; ouvrage remis au jour
deux-cent-cinquante ans après son invention par le
C^{en} DÉTOURNELLE, architecte. — (*Paris,* 1800), 2 planches
in-fol.

§ 2. — COUPE DES PIERRES ET DES BOIS.

2560. — Traité de la coupe des pierres, où, par une

---

(1) Voyez, comme complément de celte partie, ci-après *division* ARCHITECTURE.

méthode facile et abrégée, l'on peut aisément se perfectionner en cette science. Par J.-B. DE LA RUE,... — *Paris, impr. roy., 1728, in-fol.*

§ 3. — MATÉRIAUX.

2561. — Mémoire sur une découverte dans l'art de bâtir, faite par le sieur LORIOT,... dans lequel l'on rend publique... la méthode de composer un ciment ou mortier propre à une infinité d'ouvrages, tant pour la construction que pour la décoration. — *Paris, impr. de Michel Lambert, 1774, in-8 de 56 pages.*

(A la suite :)

— Instruction sur la nouvelle méthode de préparer le mortier-Loriot. — *Paris, J. Barbou, 1775, in-8 de 15 pages et une planche.*

2562. — Expériences qui font connaître que, suivant la manière dont la même chaux vive a été éteinte, elle est plus ou moins propre à former des bétons ou mortiers solides; procédés pour obtenir un stuc ou marbre artificiel préférable aux autres, ainsi qu'un badigeon inaltérable, etc. Extrait des mémoires lus dans les séances de la première classe de l'Institut, dans l'année 1809. Par B.-G. SAGE.... — *Paris, impr. de Henri Agasse, 1809, in-8 de 29 pages.*

2563. — Recherches expérimentales sur les chaux de construction, les bétons et les mortiers ordinaires. Par L.-J. VICAT,... — *Paris, Goujon, 1818, in-4.*

2564. — Rapport fait à l'Académie royale des sciences (par M. GIRARD) sur un ouvrage de M. Vicat,... intitulé : « Recherches expérimentales sur les chaux de construction, etc. » Extrait des registres de l'Académie, et imprimé par son ordre. — *Paris, impr. de Firmin Didot, 1819, in-4 de 47 pages.*

2565. — Note de M. VICAT,... sur la fabrication et l'emploi du mortier à chaux hydraulique. — (A la fin :) *Paris, impr. roy., 1823, in-4 de 16 pages.*

2566. — Recherches sur les propriétés diverses que peuvent acquérir les pierres à ciments et à chaux hydrauliques par l'effet d'une incomplète cuisson; précédées d'observations sur les chaux anomales qui forment le passage des chaux éminemment hydrauliques aux ciments. Par L.-J. VICAT,... — *Paris, Carilian-Gœury et V^{or} Dalmont*, 1840, in-4 de 34 pages.

2567. — Nouvelles études sur les pouzzolanes artificielles comparées à la pouzzolane d'Italie dans leur emploi en eau douce et en eau de mer. Par L.-J. VICAT,... — *Paris, Carilian-Gœury et V^{or} Dalmont*, 1846, in-4.

2568. — Couvertures économiques. — Mémoire sur les avantages de l'emploi du mastic bitumineux ou goudron minéral. Par J.-B.-N.-R. TRÉBOUL,... — *Dijon, Noellat* (etc.), 1823, in-8 de 38 pages.

IIIe PARTIE.

ARTS ET INDUSTRIES
RELATIFS AUX VOIES DE COMMUNICATION
ET AUX MOYENS DE TRANSPORT.

CHAPITRE Ier. — *Communications matérielles.*

§ 1er. — ROUTES. — CANAUX. — CHEMINS DE FER (1).

A. — Ouvrages généraux. — Construction et entretien des routes.
— Voitures.

2569. — Ponts et chaussées. — Essais sur la construction des routes, des ponts suspendus, des barrages, etc., extraits de divers ouvrages anglais, traduits par M.-J.

---

(1) V. n°s 416 et suivants pour ce qui concerne les voies de communication envisagées au point de vue économique.

CORDIER ,... — *Lille , impr. de Reboux-Leroy,* 1823. — Essais sur la construction des routes, des canaux, et la législation des travaux publics. Par M.-J. CORDIER ,... — *Paris, Carilian-Gœury,* 1828 , en tout 2 vol. in-8 avec planches.

2570. — Notice sur un procédé mécanique pour la mesure des surfaces, et spécialement de celles des déblais et remblais des projets de routes, canaux, chemins de fer, etc., etc. Par J. DUPUIT,... — *Châlons-sur-Marne, impr. de Boniez-Lambert,* 1843 , in-8 de 18 pages et une planche.

2571. — Tables relatives au tracé des courbes de raccordement, composées par C. PRUS,... — *Angers, Cornilleau et Maige,* 1846 , in-8.

2572. — Mémoire sur le rouleau compresseur et sur son emploi pour affermir les empierrements neufs et de réparation des chaussées. Par Ch.-H. SCHATTENMANN,... Seconde édition, dédiée au Congrès scientifique de France. — *Strasbourg, impr. de G. Silbermann,* 1842 , in-8 de 40 pages et une planche.

2573. — Mémoire sur les expériences de cylindrage de chaussées en empierrements faites à Paris et dans le département de la Seine, et sur les procédés actuels de construction et d'entretien des chaussées. Par C.-H. SCHATTENMANN,... — *Paris, P. Bertrand* (et autres), in-8 de XXXVI et 63 pages.

2574. — (In-8 contenant :)

1°. — Eléments de l'art d'entretenir les routes, ou Exposé des faits et des principes sur lesquels repose l'exercice de cet art. Par BERTHAULT-DUCREUX,... — *Paris, Carilian-Gœury,* 1837.

2°. — Essai sur la construction des chaussées pavées et empierrées, de leur entretien pendant soixante-quinze ans, et des avantages des deux modes. Par D. L'HOMME,... — *Paris, Carilian-Gœury,* 1842 , 39 pages et une planche.

3°. — De l'entretien des routes d'empierrement à l'état normal, ou Du système du balayage. Par L. DUMAS,... — *Paris, Carilian-Gœury,* 1842 , 56 pages.

* Essai et expériences sur le tirage des voitures... Par J. DUPUIT,... — (V. n° 1319.)

* Expériences sur le tirage des voitures... Par Arthur MORIN... — (V. n° 1320.)

B. — Canaux, Ponts et Aquéducs.

2575. — Recherches sur le projet du canal de Languedoc, tel qu'il a été exécuté, avec une Carte faite dans les vues et pour l'intelligence de ce mémoire; et Observations sur le canal de Languedoc, au sujet d'un passage de l'Éloge de Vauban, couronné par l'Académie française. Par M. D'ANDRÉOSSY,... — *Carcassonne, impr. de P. Polère, J.-J. Téissié et J. Chartrand,* 1794, in-8 de 33 pages.

2576. — Note relative aux chemins de halage et aux berges des canaux d'Angleterre et d'Écosse. Par M. Émile VUIGNER,... [Extrait des Annales des ponts et chaussées.] — *Paris, Carilian-Gœury et V°ᵉ Dalmont,* 1840, in-8 de 31 pages et une planche.

* Description du plan incliné souterrain exécuté par Francis Égerton,... entre le bief supérieur et le bief inférieur de son canal souterrain dans ses mines de charbon de terre de Walkden-Moor dans la Lancashire. Par... Henri EGERTON,... — (V. n° 1317.)

---

* Mémoire sur l'établissement des arches de pont, envisagé au point de vue de la plus grande stabilité. Par M. Yvon VILLARCEAU. — (V. BELLES-LETTRES, n° 166-*Bb, Mém. présentés par div. sav. à l'Instit.,* T. XII, page 503.)

* Des ponts en fil de fer. Par SEGUIN aîné,... — (V. n° 419-4°.)

2577. — Notice sur le nouveau système de ponts en fonte suivi dans la construction du pont du Carrousel. Par A.-R. POLONCEAU,... — *Paris, Carilian-Gœury et Vᵉ Dalmont,* 1839, in-4 avec atlas in-fol. oblong.

2578. — Commentaire de S.-J. FRONTIN sur les aquéducs de Rome, traduit, avec le texte en regard ; précédé
d'une Notice sur Frontin ; de Notions préliminaires sur les
poids, les mesures, les monnaies et la manière de compter
des Romains ; suivi de la description des principaux
aquéducs construits jusqu'à nos jours ; des lois ou constitutions impériales sur les aquéducs, et d'un précis d'hydraulique. Avec trente planches. Par J. RONDELET,... —
Paris, l'auteur, 1820, in-4 avec atlas in-fol. oblong.

C. — Chemins de fer.

2579. — De l'influence des chemins de fer et de l'art de
les tracer et de les construire. Par SEGUIN aîné. — *Paris,
Carilian-Gœury et Vᵉ Dalmont*, 1839, in-8, planches.

* De la législation et du mode d'exécution des chemins
de fer. Par C. PECQUEUR... — (V. n° 433.)

2580. — Traité pratique sur les chemins en fer et sur
les voitures destinées à les parcourir... Orné de planches, et
contenant beaucoup de tables. Par Th. TREDGOLD,...
Traduit de l'anglais par T. DUVERNE,... — *Paris, Bachelier*,
1826, in-8, planches.

2581. — Rapport sur le chemin de fer établi suivant le
système athmosphérique de Kingstown à Dalkey, en
Irlande, et sur l'application de ce système aux chemins
de fer en général. Par M. MALLET,... — *Paris, Carilian-
Gœury et Vᵒʳ Dalmont*, 1844, in-8 de 71 pages et
2 planches.

* Système de voitures pour chemins de fer de toute
courbure. Par Claude ARNOUX,... — (V. n° 1328.)

§ 2. — MARINE.

A. — Généralités et Mélanges.

1°. — Histoire de la marine.

* Mémoire sur la marine des anciens. Par J.-M. HENRY.
— *Paris*, 1817, in-8. — (V. HISTOIRE, n° 1829.)

* Lazari BAŸFII de re navali. — (V. *ibid.*, n° 1830.)

* Histoire de la marine française. Par M. le comte DE LAPÉYROUSE–BONFILS,... — *Paris*, 1845 , 3 vol. in–8. — (V. *ibid.*, n° 1048.)

* Histoire maritime de la France. Par Léon GUÉRIN. — (V. *ibid.*, n° 1047.)

* Mémoires du comte DE FORBIN,... (rédigés par REBOULET et le P. LE COMTE). — *Amsterdam*, 1740, 2 vol. in–12. — (V. *ibid.*, n° 779.)

* Mémoires de M. DU GUÉ–TROUIN,... (publiés par P. VILLEPONTOUX). — *Amsterdam*, 1730, in–8. — (V. *ibid.*, n° 777.)

* Mémoires du colonel LAWRENCE... traduits de l'anglais... (par EIDOUS). — (V. *ibid.*, n° 1563.)

* Vie de l'amiral Duperré. Par F. CHASSÉRIAU,... — *Paris*, 1848, in–8. — (V. *ibid.*, *supplément.*)

* Notice sur M. Le Chanteur, commissaire principal de la marine, suivie d'actes inédits relatifs aux siéges de Flessingue et d'Anvers en 1809 et 1814. Par M. Edouard THIERRY. —*Cherbourg*, 1848, in–8. — (V. *ibid.*, n° 1751.)

* Ordonnance de Louis XIV,... touchant la marine. — (V. n° 582.)

* Ordonnances et règlements concernant la marine. — (V. n° 583.)

* Du commerce maritime... Par Xavier AUDOUIN. — (V. n° 450.)

2•. — **Dictionnaires et Vocabulaires.**

* Encyclopédie méthodique. Marine. (Par VIAL DE CLAIRBOIS. — (V. POLYGRAPHIE, n° 12.)

* Dictionnaire... du commerce et de la navigation. — (V. n° 440.)

2582. — Manuel des marins, ou Dictionnaire des termes de marine. Par monsieur Bourdé,... — L'Orient, Julien Le Jeune fils, 1773, 2 vol. in-8.

2583. — Glossaire nautique. Répertoire polyglotte de termes de marine anciens et modernes. Par A. Jal,... — Paris, F. Didot frères, 1848, in-4.

2584. — Le langage des marins ; recherches historiques et critiques sur le vocabulaire maritime. Expressions figurées en usage parmi les marins. Recueil de locutions techniques et pittoresques. Suivi d'un Index méthodique. Par G. de La Landelle,... — Paris, E. Dentu, 1859, in-8.

3°. — Traités généraux.

2585. — Théorie complète de la construction et de la manœuvre des vaisseaux... Par M. Léonard Euler. Nouvelle édition, corrigée et augmentée (et retouchée pour le style par Kéralio). — Paris, Claude-Antoine Jombert fils aîné, 1776, in-8.

2586. — L'art de la marine, ou préceptes généraux de l'art de construire, d'armer, de manœuvrer et de conduire des vaisseaux. Par M. Romme,... — Paris, Barrois l'aîné, 1787, in-4.

B. — Traités particuliers.

1°. — Constructions navales.

(Pas d'ouvrage spécial.)

2°. — Navigation.

* L'art de navigver de maistre Pierre de Medine... Traduict de castillan en françois... par Nicolas de Nicolai. — (V. ci-après, à la suite de Robert Valturin.)

2587. — Le manœuvrier, ou Essai sur la théorie et la pratique des mouvements du navire et des évolutions navales. Par M. BOURDÉ DE VILLEHUET,... avec figures en taille-douce. — *Paris, Desaint,* 1769, in-8.

* Le flambeau de la navigation, montrant la description et délinéation de toutes les côtes et havres de la mer occidentale, septentrionale et orientale... illustré de diverses cartes marines... A quoi est ajoutée une Instruction de l'art de marine avec tables de la déclination du soleil suivant les observations de Tycho-Brahe... ensemble nouvelles tables et représentation du droit usage de l'étoile du nord et autres étoiles fixes... Par Guillaume JANSZOON. — *Amsterdam,* 1620, in-4. — (V. HISTOIRE, *n*° 82.)

* Astronomie nautique... Par M. DE MAUPERTUIS. — (V. *n*° 1350.)

* Description et usage du cercle de réflexion avec différentes méthodes pour calculer les observations nautiques. Par le chevalier DE BORDA,... — (V. *n*° 1382.)

* Description abrégée d'une horloge d'une nouvelle invention pour la juste mesure du temps sur mer... Par Henry SULLY,... — (V. *n*° 1399.)

* Voyage fait... en 1768, pour éprouver les montres marines inventées par M. Le Roy, par M. CASSINI fils. Avec le Mémoire sur la meilleure manière de mesurer le temps en mer... Par M. LE ROY,... — (V. *n*° 1400.)

2588. — Mémoire sur un nouveau système d'éclairage des phares. Par M. A. FRESNEL,... lu à l'Académie des sciences, le 29 juillet 1822. — *Paris, impr. roy.,* 1822, in-4 de 42 pages et 2 planches.

2589. — Rapport contenant l'exposition du système adopté par la commission des phares pour éclairer les côtes de France. (Rapporteur M. le contre-amiral ROSSEL.) — *Paris, impr. roy.,* 1825, in-4 de 59 pages et une carte.

* Méthodes pour la levée et la construction des cartes et plans hydrographiques... Par C.-F. BEAUTEMPS-BEAUPRÉ,... — *Paris,* 1811, in-4. — (V. HISTOIRE , *n*° 85.)

* Voyage autour du monde... sur les corvettes de S. M. l'*Uranie* et la *Physicienne*... Par M. Louis DE FREYCINET,... Navigation et hydrographie. — *Paris,* 1826, 2 vol. in-4. — (V. *ibid., n*° 86.)

* Le pilote français... Par les ingénieurs hydrographes de la marine, sous les ordres de M. BEAUTEMPS-BEAUPRÉ. — (V. *ibid., n*° 493.)

CHAPITRE II. — *Communication de la pensée.*

§ 1er. — MNÉMOTECHNIE.

(Pas d'ouvrage spécial.)

§ 2. — ÉCRITURE.

2590. — Le trésor des calligraphes illustrateurs. Par D. RAIMBAULT. — *Paris, lith. mécanique de Guesnu* (1856), in-fol. oblong.

* De re diplomatica libri VI... opera et studio domni Johannis MABILLON,... — *Lutetiæ,* 1681, in-fol. — (V. HISTOIRE , *n*° 4859.)

* Eléments de paléographie. Par M. Natalis DE WAILLY,... — *Paris,* 1838, 2 vol. grand in-4. — (V. *ibid., n*° 566.)

* De veteribus regum francorum diplomatibus... Auctore P. Bartholomæo GERMON,... — *Parisiis,* 1707, in-12. — (V. *ibid., n*° 1860.)

§ 3. — STÉNOGRAPHIE.

* Alphabetum tironianum, seu notas Tironis explicandi methodus... Labore et studio D.-P. CARPENTIER,... — *Lutetiæ*, 1747, in-fol. — (V. HISTOIRE, n° 1861.)

* Mémoire sur les notes tironiennes. Par Jules TARDIF. = (V. BELLES-LETTRES, n° 166–*Aa*, *Mém. prés. par div. sav. à l'Acad. des Inscript.*, IIᵉ série, T. III, page 104.)

2591. — Sistema universale e completo di stenografia, o sia Maniera di scrivere in compendio applicabile a tutti gl'idiomi... inventato da Samuel TAYLOR,... adattato alla lingua italiana da Emilio AMANTI... — *Parigi*, 1809, in-8.

2592. — Sténographie, ou L'art d'écrire aussi vite que parle un orateur... Par M. CONEN DE PRÉPÉAN. Quatrième édition... — *Paris, l'auteur* (et autres), 1822, in-8.

§ 4. — STÉGANOGRAPHIE.

2593. — Polygraphie, et Vniuerselle escriture Cabalistique de M. I. TRITHEME Abbé, Traduicte par Gabriel DE COLLANGE, natif de Tours en Auuergne. — *A Paris, Pour Iaques Keruer*, 1561, in-4.

2594. — Traicté des chiffres, ov secretes manieres d'escrire : par Blaise DE VIGENERE, Bovrbonnois. — *A Paris, Chez Abel L'Angelier*, M. D. LXXXVII, in-4.

§ 5. — TYPOGRAPHIE.

* Pour l'histoire de l'imprimerie, V. BELLES-LETTRES, page 67.

2595. — Manuel typographique... Par FOURNIER le jeune. — *Paris, impr. par l'auteur, et chez Barbou*, 1764–66 (68), 2 vol. in-12.

2596. — 'typographie économique, ou l'art de l'imprimerie mis à la portée de tous, et applicable aux différens besoins sociaux. 'ouvrage composé et imprimé par 'le 'cᵉ 'c. 'p. de 'lasteyrie. — 'paris. 'chez l'auteur, rue de 'grenelle 's. 'g. n. 59, 1837, in-8 de 59 pages et 4 planches.

(Nous avons conservé le système typographique de l'auteur.)

§ 6. — TÉLÉGRAPHIE.

2597. — Traité de télégraphie électrique, comprenant son histoire, sa théorie, ses appareils, sa pratique, son avenir, sa législation. Précédé d'un exposé de la télégraphie en général et de la télégraphie ancienne de jour et de nuit. Par M. l'abbé MOIGNO,... Avec un Atlas de vingt-deux planches gravées en taille-douce. Seconde édition, entièrement refondue et complétée. — Paris, A. Franck, 1852, in-8, avec atlas in-4 oblong.

IVᵉ PARTIE.

ARTS PHYSICO-CHIMIQUES.

CHAPITRE Iᵉʳ. — Généralités et Mélanges.

* Traité élémentaire de physique... avec les applications à la météorologie et aux arts industriels... Par P.-A. DAGUIN. — (V. nᵒ 1079.)

* Eléments de chimie appliquée à la médecine et aux arts. Par M. ORFILA. — (V. nᵒ 1288.)

* Eléments de chimie pratique appliquée aux arts et aux manufactures. Par James MILLAR,... traduits par Ph.-J. COULIER,... — (V. nᵒ 1289.)

* Traité de chimie appliquée aux arts. Par M. DUMAS. — (V. nᵒ 1290.)

2598. — Leçons de chimie élémentaire appliquées aux arts industriels et faites le dimanche, à l'école municipale de Rouen, par M. J. GIRARDIN,... Troisième édition, revue, corrigée et augmentée, avec 200 figures et échantillons d'indienne intercalés dans le texte. — *Paris, Forlin, Masson et C*ie*, 1846, 2 vol. in-8.

* La chimie usuelle appliquée à l'agriculture et aux arts. Par le Dr STÖEKHARDT,... traduit de l'allemand par F. BRUSTLEIN. — (V. n° 1291.)

* Traité élémentaire de minéralogie, avec des applications aux arts... Par Alexandre BRONGNIART. — (V. n° 1526.)

* Minéralogie appliquée aux arts... Par C.-P. BRARD. — (V. n° 1531.)

CHAPITRE II. — *Traités particuliers.*

§ 1er. — ECLAIRAGE.

2599. — Rapport sur l'oléomètre, nouvel instrument pour essayer les huiles à brûler ; fait à l'Académie royale des sciences, belles-lettres et arts de Rouen dans la séance du 24 décembre 1841, par une commission composée de MM. J. GIRARDIN, PERSON et PREISSER. — (A la fin :) *Rouen, impr. de N. Periaux,* 1842, in-8 de 6 pages.

2600. — Mémoire sur l'application des acides gras à l'éclairage. Par Jules DE CAMBACÉRÈS. — *Strasbourg, impr. de V*e *Berger-Levrault,* 1855, in-4 de 18 pages et une planche.

2601. — Essai critique sur le gaz hydrogène et les divers modes d'éclairage artificiel. Par MM. Charles NODIER et Amédée PICHOT,... — *Paris, Charles Gosselin, Ladvocat, et Ponthieu,* 1823, in-8.

§ 2. — CHAUFFAGE.

* Traité de la chaleur considérée dans ses applications. Par E. PÉCLET. — (V. n° 1123.)

* (Sur les combustibles minéraux, V. ci-dessus n°s 1542-1547.)

* Mémoire sur les foyers économiques... Par M. DESAR-NOD. — (V. n° 1124.)

* Notice détaillée sur le caléfacteur-Lemare. — (V. n° 1125.)

2602. — Mémoire sur les fourneaux fumivores. Par M. LEFROY,... Extrait du Bulletin de la Société d'encouragement pour l'industrie nationale [juin 1833]. — *Paris, impr. de madame Huzard,* 1833, in-4 de 22 pages et 3 planches.

§ 3. — AÉRAGE.

2603. — Description du ventilateur, par le moyen duquel on peut renouveler facilement et en grande quantité l'air des mines, des prisons, des hôpitaux, des maisons de force et des vaisseaux... Comme aussi pour sécher le blé, la drèche, le houblon, la poudre à canon, etc. Ouvrage lu en présence de la Société Royale au mois de mai de l'année 1741. Par M. E. HALES,... et traduit de l'anglais par M. P. DEMOURS,... — *Paris, Charles-Nicolas Poirion,* 1744, in-12, planches.

2604. — Aérage des mines. Par H. COMBES,... Extrait du T. XV des *Annales des mines.* — *Paris, Carilian-Gœury et Vᵉ Dalmont,* 1839, in-8.

§ 4. — PEINTURE (1).

2605. — L'art du peintre, doreur, vernisseur, ouvrage

---

(1) Voyez, comme complément de ce paragraphe, ci-après, BEAUX-ARTS.

utile aux artistes et aux amateurs qui veulent entre-
prendre de peindre, dorer et vernir toutes sortes de sujets
en bâtiments, meubles, bijoux, équipages, etc... Par le
sieur WATIN,... Troisième édition. — *Paris, Durand neveu,
et l'auteur*, 1776, in-8.

* Chimie des couleurs pour la peinture à l'eau et à
l'huile... Par M. J. LEFORT. — (V. ci-après.)

* Mémoire sur la peinture au lait. Par Antoine-Alexis
CADET DE VAUX,... — (V. ci-après.)

§ 5. — BLANCHÎMENT, TEINTURE ET IMPRESSION.

2606. — Essai sur le blanchîment, avec la description
de la nouvelle méthode de blanchir par la vapeur, d'après
le procédé du citoyen Chaptal, et son application aux arts.
Par R. O'REILLY,... — *Paris, Deterville, an* IX [1801], in-8,
planches.

2607. — Mémoire sur le blanchîment du coton. Par
Achille PENOT,... [Extrait du Bulletin de la Société Industrielle de Mulhouse.] — *Strasbourg, impr. de F.-G. Levrault,*
1829, in-8 de 32 pages.

2608. — Cours élémentaire de teinture sur laine, soie,
lin, chanvre et coton, et sur l'art d'imprimer les toiles.
Par J.-B. VITALIS,... Seconde édition, revue et augmentée. — *Rouen, impr. d'Emile Periaux fils aîné,* 1827,
in-8.

2609. — Leçons de chimie appliquée à la teinture. Par
M. E. CHEVREUL,... — *Paris, Pichon et Didier,* 1829-30,
2 vol. in-8.

* Exposé d'un moyen de définir et de nommer les couleurs, d'après une méthode précise et expérimentale; avec
l'application de ce moyen à la définition et à la dénomina-
tion des couleurs d'un grand nombre de corps naturels et
de produits artificiels. Par M. E. CHEVREUL. — *Paris,* 1861,
in-4 avec atlas grand in-4. — (V. BELLES-LETTRES,
n° 166-B, Mém. de l'Acad. des Sciences, T. XXXIII.)

2610. — Dissertation sur l'origine et la nature des matières colorantes organiques, et étude spéciale de l'action de l'oxigène sur ces principes immédiats. — (A la fin :) *Rouen, impr. A. Péron,* 1843, in-8 de 78 pages.

2611. — Mémoire sur les couperoses du commerce, présenté à l'Académie royale des sciences, belles-lettres et arts de Rouen dans la séance du 26 avril 1839. Par M. F. PREISSER,... — *Rouen, impr. Nicétas Periaux,* 1839, in-8 de 22 pages.

2612. — Mémoire sur le chaya-ver, lu à la Société libre d'émulation, dans la séance du 15 juillet 1837. Par M. F. PREISSER,... — *Rouen, F. Baudry,* 1838, in-8 de 16 pages.

2613. — Essai chimique et technologique sur le polygonum tinctorium Par M. J. GIRARDIN,... et M. F. PREISSER,... — *Rouen, impr. Nicétas Periaux,* 1840, in-8 de 64 pages.

§ 6. — CÉRAMIQUE. — VERRERIE (1).

2614. — Traité des arts céramiques ou des poteries considérées dans leur histoire, leur pratique et leur théorie. Par Alexandre BRONGNIART,... — *Paris, Béchet jeune, et Mathias [Augustin],* 1844, 2 vol. in-8 avec atlas in-4 oblong.

2615. — Leçons de céramique professées à l'École centrale des arts et manufactures, ou Technologie céramique comprenant les notions de chimie, de technologie et de pyrotechnie applicables à la fabrication, à la synthèse, à l'analyse, à la décoration des poteries. Par M. A. SALVÉTAT,... — *Paris, Mallet-Bachelier, impr.,* 1857, 2 vol. grand in-18.

* Études sur les vases murrhins. Par M. F. ALLUAUD aîné. — (V. HISTOIRE, n° 1132, T. I.)

2616. — Histoire artistique, industrielle et commerciale de la porcelaine, accompagnée de recherches sur les

sujets et emblèmes qui la décorent, les marques et inscriptions qui font reconnaître les fabriques d'où elle sort, les
variations de prix qu'ont obtenus les principaux objets
connus, et les collections où ils sont conservés aujourd'hui.
Par Albert JACQUEMART et Edmond LE BLANT. Enrichie
de vingt-six planches gravées à l'eau-forte par Jules
JACQUEMART. — *Paris, J. Techener*, 1862, in-fol.

2617. — Histoire et fabrication de la porcelaine chi-
noise; ouvrage traduit du chinois par M. Stanislas
JULIEN,... Accompagné de notes et d'additions par
M. Alphonse SALVÉTAT,... et augmenté d'un Mémoire sur la
porcelaine du Japon, traduit du japonais par M. le docteur J. HOFFMANN,... — *Paris, Mallet-Bachelier, impr.*, 1856,
grand in-8, planches.

* Requête au roi sur le secret de la vraie et parfaite porcelaine de France (présenté au nom de la veuve et des
enfants Chicaneau, entrepreneurs de la manufacture de
Saint-Cloud, par AUBRY, avocat). — (V. *n°* 714, T. I-13°.)

* Idée générale des différentes manières dont on peut
faire la porcelaine, et quelles sont les véritables matières
de celle de la Chine. Par M. DE RÉAUMUR. — Second mémoire sur la porcelaine... Par le même. — (V. BELLES-
LETTRES, *n°* 155, *Mém. de l'Acad. des sciences*, années 1727
et 1729.)

* ... Mémoire qui renferme l'histoire de la découverte
faite en France de matières semblables à celles dont la
porcelaine de la Chine est composée, lu à l'assemblée
publique de l'Académie royale des sciences, le mercredi
13 novembre 1765, et disputes que ce mémoire a suscitées
à l'auteur. Par GUETTARD. — (V. *n°* 1443, T. I.)

2618. — Traité des couleurs pour la peinture en émail
et sur la porcelaine; précédé de l'art de peindre sur
l'émail, et suivi de plusieurs Mémoires sur différents sujets
tels que le travail de la porcelaine, l'art du stuccateur, la
manière d'exécuter les camées et les autres pierres figurées, le moyen de perfectionner la composition du verre
blanc et le travail des glaces, etc. Ouvrage posthume de
M. D'ARCLAIS DE MONTAMY,... — *Paris, G. Cavelier*, 1765,
in-12.

§ 7. — PHOTOGRAPHIE.

* Historique et description des procédés du daguerréotype et du diorama, rédigés par DAGUERRE... — (V. *n*° 1183.)

* Le daguérotype. Par Fr. ARAGO. — (V. *n*° 860, *OEuvres*, not. scient., T. IV.)

2619. — Traité de photographie. Cinquième édition, entièrement refondue, contenant tous les perfectionnements trouvés jusqu'à ce jour, appareil panoramique, différence des foyers, gravure Fizeau, etc. Par LEREBOURS et SECRETAN,... — *Paris, Lerebours et Secretan* (et autres), 1846, in-8, planches.

§ 8. — FABRICATION DE PRODUITS CHIMIQUES.

* Recueil de mémoires et d'observations sur la formation et sur la fabrication du salpêtre. — (V. *n*° 1549.)

* Mémoire sur la meilleure manière d'extraire et de raffiner le salpêtre. Par M. TRONSON DU COUDRAY. — (V. *n*° 1550.)

2620. — Mort aux tyrans ! — Programmes des cours révolutionnaires sur la fabrication des salpêtres, des poudres et des canons, faits à Paris, par ordre du Comité de salut public... les 1, 11 et 21 ventôse, deuxième année de la république française... par les citoyens GUYTON, FOURCROY, DUFOURNY, BERTHOLET, CARNY, PLUVINET, MONGE, HASSENFRATZ et PERRIER. — (*Paris, impr. du Comité de salut public, an* II), in-4 de 24 feuillets.

2621. — Instruction sur la fabrication du salpêtre, publiée par le Comité consultatif institué près de la Direction générale du service des poudres et salpêtres de France. — *Paris, impr. roy.*, 1820, in-4 de 76 pages et une planche.

2622. — Description de divers procédés pour extraire la soude du sel marin, faite en exécution d'un arrêté du Comité de salut public du 8 pluviôse an 2 de la république française, imprimée par ordre du Comité de salut public. — *Paris, impr. du Comité de salut public, an 3*, in-4 de 80 pages et 11 planches.

2623. — Rapport sur la fabrication des savons, sur leurs différentes espèces, suivant la nature des huiles et des alkalis qu'on emploie pour les fabriquer ; et sur les moyens d'en préparer partout, avec les diverses matières huileuses et alkalines que la nature présente suivant les localités. Par les Cᵃˢ DARCET, LELIÈVRE et PELLETIER. Imprimé par ordre du Comité de salut public. — (A la fin :) *Paris, impr. de R. Vatar et Ass.*, in-4 de 60 pages.

§ 9. — MÉTALLURGIE. — DORURE. — GALVANOPLASTIE.

A. — Généralités et Mélanges.

* Métallurgie des anciens. Par AMEILHON. — (V. BELLES-LETTRES, *n°* 163, *Mém. de l'Acad. des Inscript.*, T. XLVI.)

* De la richesse minérale... Par A.-M. HÉRON DE VILLE-FOSSE. — (V. *n°* 1538.)

2624. — Des métaux en France. Rapport fait au jury central de l'exposition des produits de l'industrie française de l'année 1827 sur les objets relatifs à la métallurgie. Par A.-M. HÉRON DE VILLEFOSSE,... — *Paris, impr. de Mᵐᵉ Huzard,* 1827, in-8.

(Extrait des *Annales des mines*, T. II, année 1827.)

* Mémoire sur les dépôts métallifères de la Suède et de la Norvége. Par M. A. DAUBRÉE. — (V. *n°* 1539.)

2625. — Mémoire sur l'exploitation des mines des comtés de Cornwall et de Devon. Par M. COMBES,... [Extrait des *Annales des mines*, IIIᵉ série, T. V.] — *Paris, Carilian-Gœury,* 1834, in-8.

* Mémoires géologiques et métallurgiques sur l'Allemagne... Par M. MANÈS,... — (V. n° 1505.)

* Minéralogie sicilienne docimastique et métallurgique... (Par le Cᵗᵉ DE BORCH.) — (V. n° 1516.)

2626. — Description de l'affinage par cristallisation. Nouveau procédé métallurgique ayant pour objet la séparation du plomb et de l'argent. Par M. F. LE PLAY,... Extrait du T. X des *Annales des mines*. — *Paris, Carilian-Gœury,* 1837, in-8 de 30 pages.

2627. — Mémoire sur la composition et l'emploi des gaz provenant des opérations métallurgiques, et des gaz produits au moyen de divers combustibles. [Suite.] Par M. EBELMEN,... [Extrait du T. III des *Annales des mines,* 1843.] — *Paris, Carilian-Gœury et Vᵒʳ Dalmont,* 1843, in-8.

2628. — Description d'un procédé pour l'épuration des eaux souillées par le lavage des minerais, précédée de quelques observations sur ce lavage. Par M. PARROT,... — (A la fin :) *Impr. de Mᵐᵉ Huzard,* in-8 de 36 pages et une planche.

(Extrait des *Annales des mines,* T. VIII, année 1830.)

B. — Traités particuliers.

Plomb. — Etain.

2629. — Modification de la théorie du traitement de la galène dans le fourneau à réverbère. Par M. FOURNET,... — (Sans frontispice), in-8 de 14 pages.

* Mémoire sur le gisement, la constitution et l'origine des amas de minerais d'étain. Par M. DAUBRÉE,... — (V. n° 1541.)

Cuivre.

2630. — Instruction sur l'art de séparer le cuivre du métal des cloches; publiée par ordre du Comité de salut public. (Par PELLETIER et DARCET.) — *De l'impr. du Comité de salut public, an* II, in-4, planches.

Fer. = Fonte. — Acier.

2651. — Analyse du fer. Par M. TORB. BERGMAN,... Traduite en français, avec des notes et un Appendice, et suivie de quatre mémoires sur la métallurgie, par M. GRIGNON,... — *Paris, Méquignon,* 1783, in-8.

* Recherches sur le gisement et le traitement direct des minerais de fer dans les Pyrénées... Par M. Jules FRANÇOIS. — (V. *n°* 1540.)

2652. — Manuel de la métallurgie du fer. Par C.-J.-B. KARSTEN,... Traduit de l'allemand par F.-J. CULMANN,... — *Metz, V*e *Thiel,* 1824, 2 vol. in-8.

2653. — De l'état de la fabrication du fer, et de l'avenir des forges en France et sur le continent de l'Europe. Par M. GUENYVEAU,... — *Paris, Carilian-Gœury,* 1838, in-8.

(Extrait du T. XII des *Annales des mines.* = La couverture imprimée sert de titre.)

2654. — Rapport à M. le directeur général des ponts et chaussées et des mines sur la conduite des fourneaux à l'air chaud. Par M. E. GUEYMARD,... — (A la fin :) *Paris, impr. de Fain* (1833), in-8 de 12 pages.

2655. — Rapport à M. le directeur général des ponts et chaussées et des mines sur l'emploi de l'air chaud dans les usines à fer de l'Ecosse et de l'Angleterre. Par M. DU-FRÉNOY,... — *Paris, Carilian-Gœury,* 1834, in-8, planches.

(Extrait des *Annales des mines,* T. IV.)

2656. — Notice sur l'appareil qui sert à chauffer le vent alimentant les hauts-fourneaux de la fonderie royale de Wasseralfingen [royaume de Wurtemberg]. Par M. VOLTZ,... — (A la fin :) *Paris, impr. de Fain* (s. d.), in-8 de 11 pages et une planche.

(Extrait des *Annales des mines,* T. IV.)

2637. — Notice sur des expériences relatives à l'emploi de l'air chaud dans les forges de serrurerie. Par M. LECOCQ. — (A la fin :) *Paris, impr. et fonderie de Fain* (s. d.), in-8 de 12 pages et une planche.

2638. — Rapport sur l'emploi de la tourbe pour le puddlage de la fonte et le travail du fer au four à réverbère dans les forges d'Ichoux [Landes]. Par M. BINEAU,... — *Paris, Carilian-Gœury*, 1835, in-8, planche.

(Extrait des *Annales des mines*, T. VII.)

2639. — Mémoire sur la substitution dans les hauts-fourneaux du bois en partie carbonisé au charbon préparé en meule dans les forêts. Par M. SAUVAGE,... Extrait du T. XI des *Annales des mines*. — *Paris, Carilian-Gœury*, 1837, in-8 de 48 pages et 2 planches.

2640. — Notice sur plusieurs explosions arrivées dans les hauts-fourneaux du département des Ardennes, et considérations sur les causes qui les ont produites. Par M. SAUVAGE,... — (A la fin :) *Paris, impr. de Fain et Thunot* (1841), in-8 de 16 pages.

(Extrait du T. XIX des *Annales des mines*.)

2641. — Avis aux ouvriers en fer sur la fabrication de l'acier; publié par ordre du Comité de salut public. — *Paris, impr. du département de la guerre* (s. d.), in-4 de 34 pages et 5 planches.

2642. — Mémoire sur la fabrication de l'acier en Yorkshire, et recherches sur l'état actuel et l'avenir probable de la fabrication de l'acier sur le continent européen et particulièrement en France. Par F. LE PLAY,... — *Paris, Carilian-Gœury et Vᵒʳ Dalmont,* 1843, in-8, planches.

(Extrait du T. III des *Annales des mines*, 1843.)

C. — *Argenture, Dorure, etc.* — *Galvanoplastie.*

2643. — Traité de galvanoplastie. Par J. L........ (LEREBOURS). — *Paris, N.-P. Lerebours,* et *Fortin, Masson et Cⁱᵉ,* 1843, in-8.

2644. — Manipulations hydroplastiques. Guide pratique du doreur, de l'argenteur et du galvanoplaste [avec 90 figures en galvanoplastie intercalées dans le texte]. Par Alfred Roseleur, chimiste, professeur d'hydroplastie, fabricant de produits chimiques, doreur et argenteur. — *Paris, l'auteur,* 1855 , in-8.

(M. Guillaume-Alfred Roseleur est né à Limoges le 21 mars 1820.)

§ 10. — Arts physico-chimiques divers.

2645. — Traité de la fabrication du papier... Avec des notes et des planches. Par L. Piette,... — *Paris, F.-G. Levrault,* 1834, in-8.

2646. — Manuel complet de lottinoplastique. L'art du moulage de la sculpture en bas-relief et en creux mis à la portée de tout le monde, sans notions élémentaires, sans apprentissage d'art ; précédé d'une histoire de cette découverte. Par M. Lottin de Laval,... — *Paris, Dusacq,* 1857, in-32.

—

Ve PARTIE.

ARTS MÉCANIQUES.

§ 1er. — Généralités et mélanges (1).

* Géométrie et mécanique des arts et métiers... Par le baron Charles Dupin. — (V. *n°* 1302.)

* Traité complet de mécanique appliquée aux arts... Par M. J.-A. Borgnis. — (V. *n°* 1301.)

* Introduction à la mécanique industrielle... Par J.-V. Poncelet. — (V. *n°* 1303.)

(1) Voyez, comme complément de ce paragraphe, page 305 et suiv.

§ 2. — TRAITÉS PARTICULIERS.

Filature et Tissage.

2647. — Essai sur l'industrie des matières textiles, comprenant le travail complet du coton, du lin, du chanvre, des laines, du cachemire, de la soie, du caoutchouc, etc. Par Michel ALCAN,... Second tirage, augmenté de la classification et de la notation caractéristique des tissus; de l'expérimentateur phroso-dynamique des fils; d'une notice sur de nouvelles matières filamenteuses; et d'un programme détaillé du cours de filature, de tissage, etc., professé au Conservatoire impérial des arts et métiers. — *Paris, E. Lacroix,* 1859, in-8, avec atlas in-4 oblong.

2648. — Du rouissage du lin, du chanvre, de l'ortie de Chine et autres textiles, rendu manufacturier et salubre; mode français; procédés brevetés de Louis TERWANGNE à Lille [Nord]. — (A la fin :) *Lille, typ. L. Lefort,* 1859, in-8 de 8 pages.

2649. — Le fibrilia, substitut pratique et économique du coton; traité comprenant la description complète du procédé de cotonisation du lin, du chanvre, du jute, de l'herbe de Chine, et des autres fibres de même nature; traduit de l'américain par M. Hippolyte VATTEMARE; précédé d'une Introduction et suivi d'un travail de M. l'abbé MOIGNO sur la cotonisation du lin. — *Paris, impr. de Paul Dupont,* 1861, grand in-8 de 88 pages.

2650. — Brevet d'invention de François DURAND. Nouvelle broche de filature. — *Paris, impr. Vᵉ Bouchard-Huzard,* 1859, in-8 de 8 pages et une planche.

(La couverture imprimée sert de titre.)

2651. — Recherches expérimentales sur l'application extérieure de la vapeur pour échauffer l'eau dans la filature de la soie. Par le chevalier ALDINI,... Traduit de l'italien sur la seconde édition et augmenté. — *Paris,* *impr. de madame Huzard*, 1819, in-8 de 42 pages et une planche.

Arts mécaniques divers.

2652. — L'art du tourneur mécanicien. Par M. HULOT père,... — (*Paris*), 1775, in-fol., planches.

(Première partie, seule parue.)

2653. — L'art d'empailler les oiseaux, contenant des principes nouveaux et sûrs pour leur conserver leurs formes et leurs attitudes naturelles, avec la méthode de les classer d'après le système de Linné. Par les citoyens HÉNON,... et MOUTON-FONTENILLE,... Seconde édition, ornée de cinq planches en taille-douce. — *Lyon, Bruyset aîné et comp., an* 10 [1802], in-8, planches.

VIᵉ PARTIE.

ARTS GYMNASTIQUES. — JEUX DIVERS.

CHAPITRE Iᵉʳ. — *Généralités et Mélanges.*

* Encyclopédie méthodique. — Equitation, escrime, danse et art de nager. — *Paris*, 1786, in-4. — (V. POLYGRAPHIE, *n*° 12.)

CHAPITRE II. — *Traités particuliers.*

Equitation (1).

* XENOPHONTIS de re equestri. — (V. *Opera*, HISTOIRE,

_____

(1) Voyez, comme complément de ce paragraphe, nᵒˢ 1854-1864 et nᵒˢ 2413-2420.

*n*ˢ 263, 271-273, et *OEuvres* de COURIER, BELLES-LETTRES, *n*° 360.)

* Les arts de l'homme d'épée... Première partie, contenant l'art de monter à cheval... Par le sieur GUILLET. — (V. ci-après : ART MILITAIRE, *n*° 2666.)

2654. — Le cavalerice français, composé par Salomon DE LA BROUE,... contenant les préceptes principaux qu'il faut observer exactement pour bien dresser les chevaux aux exercices de la carrière et de la campagne... Quatrième édition, revue et augmentée de beaucoup de leçons et figures par l'auteur. — *Paris, Charles du Mesnil,* 1646, 3 parties en un vol. in-fol.

2655. — Ecole de cavalerie, contenant la connaissance, l'instruction et la conservation du cheval. Par M. DE LA GUERINIÈRE,... — *Paris, Jacques Guérin,* 1736, in-8.

(Il manque le T. I.)

2656. — Pratique de l'équitation, ou L'art de l'équitation réduit en principes. Par M. DUPATY DE CLAM,... — *Paris, Lacombe,* 1769, in-8.

2657. — Traité d'équitation. Par feu M. DE MONTFAUCON DE ROGLES,... — *Paris, impr. roy.,* 1778, in-4, planches.

* Le nâcéri... Traduit de l'arabe d'ABOU BEKR IBN BEDR par M. PERRON. — (V. *n*° 1856.)

2658. — Principes généraux du cavalier arabe. Par le général E. DAUMAS. Troisième édition. — *Paris, L. Hachette et C*ⁱᵉ, 1855, in-32.

Chasses et Pêches.

* OPPIANI Anarzarbei De Piscatu libri V. De Venatione libri IIII. — *Parisiis,* M. D. LV, in-4. — (V. BELLES-LETTRES, *n*° 855.)

* ARRIANI de Venatione libellus. — (V. ARRIANI Anabasis et indica, HISTOIRE, *Supplément.*)

* De venatione libellus. — (V. Xenophontis *Opera*, Histoire, *n*ᵒˢ 271-273.)

2659. — In-4 contenant :

1ᵒ. — La vénerie de Jacques du Fouilloux.

(Le frontispice et le premier feuillet manquent.)

2ᵒ. — Le miroir de fauconnerie, où se verra l'instruction pour choisir, nourrir et traiter, dresser et faire voler toute sorte d'oiseaux, les muer et essimer, connaître les maladies et accidents qui leur arrivent, et les remèdes pour les guérir... Par Pierre Harmont dit Mercure,... — *Rouen, Clément Malasus, 1650*, 38 pages in-4.

* De la vénerie et de la fauconnerie. Par le P. François Pomey. — (V. Belles-Lettres, *n*ᵒ 577, *Dictionnaire royal*.)

2660. — Le parfait chasseur, pour l'instruction des personnes de qualité ou autres qui aiment la chasse... Par Mʳ de Selincourt. — *Paris, Gabriel Quinet, 1683*, in-12.

—————

2661. — Histoire des pêches, des découvertes et des établissements des Hollandais dans les mers du nord. Ouvrage traduit du hollandais (de Van der Plaats) par les soins du Gouvernement, enrichi de notes et orné de cartes et de figures, à l'usage des navigateurs et des amateurs de l'histoire naturelle. Par M. Bernard de Reste. — *Paris, Nyon l'aîné et fils, 1791-an* ix, 3 vol. in-8.

* (V. un autre exemplaire, Histoire, *n*ᵒ 99.)

2662. — Pisciceptologie, ou L'art de la pêche aux lignes volantes et flottantes, aux filets et autres instruments, contenant 1ᵒ un Traité sur les étangs, viviers, fossés, réservoirs, et les moyens d'en tirer avantage; 2ᵒ d'un Discours sur les poissons, et de la manière de les prendre et de les accommoder; 3ᵒ d'un Précis des lois et règlements sur la pêche. Par J. C***. Quatrième édition, ornée d'un grand nombre de figures en taille-douce, ou Description des piéges propres à ces différentes pêches. — *Paris, Corbet aîné, 1829*, in-12.

* (Voyez, comme complément de ce paragraphe, n°ˢ 1867-1868.)

Jeux.

2663. — Almanach des jeux, ou Académie portative, contenant les règles du reversis, du wisk, du piquet, du trictrac, du wisk bostonien et du tressette. Nouvelle édition, augmentée du jeu du trictrac à écrire et de celui des échecs. Par M. PHILIDOR (François-André DANICAN dit). — *Paris, Fournier* (s. d.), in-18.

* Théorie mathématique des effets du jeu de billard. Par G. CORIOLIS. — (V. n° 1309.)

VIIᵉ PARTIE.

ART MILITAIRE.

CHAPITRE Iᵉʳ. — *Préliminaires, Généralités et Mélanges.*

§ 1ᵉʳ. — BIBLIOGRAPHIE.

(Pas d'ouvrage spécial.)

§ 2. — HISTOIRE DE LA MILICE, ET HISTOIRE MILITAIRE.

A. — Histoire militaire générale.

* Commentaire sur les enseignes de guerre des principales nations du monde... Par Étienne-Claude BENETON,... — *Paris*, 1742, in-12. — (V. HISTOIRE, n° 1043.)

B. — Histoire militaire ancienne.

* POLYBII historiarum reliquiæ. — (V. HISTOIRE, n°ˢ 311, 342.)

* Histoire de Polybe; nouvellement traduit du grec par dom Vincent THUILLIER,... Avec un commentaire ou un corps de science militaire... Par M. DE FOLARD,... — (V. *ibid.*, *n*° 313.)

2664. — L'esprit du chevalier FOLARD, tiré de ses Commentaires sur l'histoire de Polybe, pour l'usage d'un officier. De main de maître. Avec les plans et les figures nécessaires pour l'intelligence de cet abrégé. — *A Leipsig*, 1761, in-8.

2665. — Observations historiques et critiques sur les Commentaires de Folard et sur la cavalerie. Par le comte DE BREZÉ,... — *Turin, frères Reycends*, 1772, 2 vol. in-8, figurés.

* C. Julii CÆSARIS Commentarii. — (V. HISTOIRE, *n*ᵒˢ 322-330.)

* Justi LIPSI de militia romana... — *Antuerpiæ,* M. D. XCVI, in-4. — (V. *ibid.*, *n*° 1800.) — Justi LIPSI poliorceticωn... — *Antuerpiæ...* M. D. XCVI, in-4. — (V. *ibid.*, *n*° 1828.)

C. — *Histoire militaire moderne* (1).

* Histoire de la milice française... Par le R. P. DANIEL,... — *Paris*, 1721, 2 vol. in-4. — (V. HISTOIRE, *n*° 1040.)

* Ecole militaire... (Par l'abbé RAYNAL.) — *Paris*, 1762. — (V. *ibid.*, *n*° 1041.)

* Résumé des victoires et conquêtes des Français... depuis 1792, jusques et y compris la dernière guerre d'Espagne en 1823... — *Paris*, 1826, 4 vol. in-8. — (V. *ibid.*, *n*° 916.)

* Etat militaire de la France... Par les sieurs DE MON-

____

(1) Pour ce qui concerne l'histoire militaire de la France à différentes époques, V. HISTOIRE, *passim*. Les ouvrages relatifs à l'organisation et à la législation militaires ont été déjà mentionnés ci-dessus, *n*ᵒˢ 576-581.

TANDRE—LONGCHAMPS,... le chevalier DE MONTANDRE,... (et DE ROUSSEL). — (V. *ibid., n*° 1042.)

* Les vies de plusieurs grand capitaines français... Par Mre F. DE PAVIE, baron DE FORQUEVAULS. — *Paris*, 1643, in-4. — (V. HISTOIRE, *n*° 1750.)

* États de service des officiers de tous grades des armées de la république française. — (V. *ibid., n*° 970.)

* Essais historiques sur les régiments d'infanterie, cavalerie et dragons. Par M. DE ROUSSEL. — *Paris*, 1767, in-12. — (V. *ibid., n*° 1045.)

* Histoire militaire des Suisses au service de la France... Par M. le baron DE ZUR-LAUBEN. — *Paris*, 1751. = (V. *ibid., n*° 1397.)

§ 3. — DICTIONNAIRES.

2666. — Les arts de l'homme d'épée, ou Le dictionnaire du gentilhomme. Première partie, contenant l'Art de monter à cheval expliqué avec une méthode exacte, par toutes les définitions et les phrases qui regardent le manége. On y trouve aussi le détail des maladies des chevaux... Par le sieur GUILLET (DE SAINT-GEORGE). — *Paris, veuve Gervais Clouzier*, 1682, in-12.

(Il manque le Dictionnaire de l'art militaire et le Dictionnaire de la navigation, chacun en 1 vol.)

2667. — Dictionnaire militaire, ou Recueil alphabétique de tous les termes propres à l'art de la guerre, sur ce qui regarde la tactique, le génie, l'artillerie, la subsistance des troupes et la marine. On y a joint l'explication des travaux qui servent à la construction, à l'attaque et à la défense des places, et des détails historiques sur l'origine et la nature des différentes espèces tant d'offices militaires anciens et modernes que des armes qui ont été en usage dans les différents temps de la monarchie... (Par DE LA CHENAYE DES BOIS.) Seconde édition... — *Paris, Gissey* (et autres), 1745, in-12.

(Le T. I manque.)

— Supplément au Dictionnaire militaire... Par M. A. D.

L. C. (DE LA CHENAYE). — *Paris, Gissey* (et autres), 1746, in-12.

* Encyclopédie méthodique. — Art militaire (par le comte LACUÉE DE CESSAC, le baron POMMEREUL, le général SERVAN et le chevalier DE KÉRALIO). — (V. POLYGRAPHIE, n° 12.)

§ 4. — POLYGRAPHIE ET TRAITÉS GÉNÉRAUX.

A. — Auteurs anciens.

* ARRIANI ars tactica (græce et latine). — (V. ARRIANI Anabasis et indica. — *Paris,* 1846, HISTOIRE, *Supplément.*)

2668. — Flavii VEGETII,... de re militari libri IV. — Sexti Julii FRONTINI,... stratagematicon libri IV. — ÆLIANI de instruendis aciebus. — MODESTI libellus de vocabulis rei militaris. — In-8 de 7 feuillets préliminaires et 135 feuillets chiffrés.

. (Sans frontispice.)

2669. — Les ruses de guerre de POLYEN, traduites du grec en français, avec des notes par D. G. A. L. R. B. D. L. C. D. S. M. (dom G.-A. LOBINEAU); contenant en abrégé les faits les plus mémorables de tous les grands capitaines de l'antiquité et de quelques femmes illustres. Avec les stratagèmes de FRONTIN (trad. par Nicolas PERROT D'A-BLANCOURT, avec un petit traité de la bataille des Romains). *Paris, Ganeau,* 1739, 2 vol. in-12.

2670. — L'art militaire d'ONOSENDER avthevr grec. Ou il traicte de l'office et deuoir d'un bon chef de guerre. Mis en Langue Françoise et Illustré d'Annotations par B. DE VIGENERE Bovrbonnois. — *A Paris Chez Abel Langellier,* M. DC. V, in-4.

B. — Auteurs modernes.

2671. — Les dovze livres de Robert VALTVRIN touchant la discipline Militaire translatez de langve latine en françoyse Par Loys MEIGRET Lyonnois... — *A Paris, Chez Charles Perier,* 1555, in-fol.

(A la suite :)

— L'art de naviguer de maistre Pierre DE MÉDINE, espaignol : contenant toutes les reigles, secrets & enseignemens necessaires à la bonne nauigation, traduict de castillan en françoys, auec augmentation & illustration de plusieurs figures & annotations, par Nicolas DE NICOLAI,... — *A Lyon, chez Gvillavme Roville,* 1554, in-fol.

2672. — Theoricqve et practiqve de gverre, escripte av prince don Philippe,... Par don Bernardin DE MENDOCE. Traduict d'Espagnol en François... (par Edouard DE RYNSANT, DE VIELZMAYZON). — *A Brvxelles, Chez Rutger Velpius,* cIɔ. Iɔ. XCVII (1597), in-8.

* Ouvrages relatifs à l'art militaire. Par N. MACCHIAVELLI. — (V. POLYGRAPHIE, *n°* 102, *OEuvres,* T. I.)

* L'art de la guerre de M*e* N. MACCHIAVEL,... (trad. par J. CHABRIER). — *Paris,* 1646, in-4. — (V. *n°* 325.)

* Discovrs politiqves et Militaires du Seigneur DE LA NOUE. — (V. *n°* 326.)

2673. — Les discours et questions militaires du Sr DU PRAISSAC. Dernière édition, revue et corrigée suivant le manuscrit de l'auteur, avec les figures. — *Paris, Nicolas et Jean de La Coste,* 1638, in-8.

* Mémoires DE MONTECUCULI,... divisés en trois livres : I. De l'art militaire en général. II. De la guerre contre le Turc. III. Relation de la campagne de 1664 (traduits d'italien en français par Jacques ADAM). Nouvelle édition... Avec des figures en taille-douce. — *Paris,* 1751, in-12. — (V. HISTOIRE, *n°* 1416.)

2674. — Réflexions militaires et politiques, traduites de l'espagnol de M. le marquis DE SANTA CRUZ DE MARZENADO, par M. DE VERGY. — *Paris, Hippolyte-Louis Guerin,* 1738, 11 vol. in-12.

2675. — L'art de la guerre, ou Maximes et instructions sur l'art militaire. Par M. le marquis DE QUINCY,... Auquel est joint un Traité des mines, et des Tables pour l'approvisionnement des places de guerre, par M. le maréchal DE VAUBAN. = *Paris, Pierre-Jean Mariette,* 1740, 2 vol. in-12.

* Mémoires de M. le marquis DE FEUQUIÈRES,... contenant ses maximes sur la guerre, et l'application des exemples aux maximes. Nouvelle édition... augmentée de plusieurs additions considérables, ensemble d'une Vie de l'auteur, donnée par M. le comte DE FEUQUIÈRES, son frère (ou plutôt écrite sur ses mémoires par GILLET DE MOYVRE) et enrichie de plans et de cartes. — *Londres,* 1750, 4 vol. in-12. — (V. HISTOIRE, *n*º 778.)

2676. — Essai sur la science de la guerre, ou Recueil des observations de différents auteurs sur les moyens de la perfectionner. (Par le baron D'ESPAGNAC.) — *La Haye, Pierre Gosse et Jean Neaulme,* 1751, 3 vol. in-8.

2677. — Essai sur l'art de la guerre. Par M. le comte TURPIN DE CRISSÉ,... — *Paris, Prault fils l'aîné, et Jombert,* 1754, in-4 avec planches.

(Le T. I manque.)

2678. — Pensées philosophiques sur la science de la guerre : analogies, combinaisons, portraits, tableaux. (Par le baron DE PRADES.) — *Berlin (Paris),* 1756, 2 vol. in-12.

2679. — Mes rêveries, ouvrage posthume de Maurice comte DE SAXE,... augmenté d'une Histoire abrégée de sa vie et de différentes pièces qui y ont rapport, par monsieur l'abbé PÉRAU. — *Amsterdam et Leipsig, et Paris, Desaint et Saillant, et Durand,* 1757, 2 vol. in-4, planches.

2680. — Mémoires sur l'art de la guerre de Maurice comte DE SAXE,... Nouvelle édition, conforme à l'original, et augmentée du traité des légions (par le comte D'HÉROUVILLE), ainsi que de quelques lettres de cet illustre capitaine sur ses opérations militaires. — *Dresde, George-Conrad Walther,* 1757, in-8, planches.

2681. — Eléments de la guerre. (Par Le Roy de Bos-roger.) — *Paris, Valade,* 1772, in-8.

2682. — Programme des cours révolutionnaires sur l'art militaire, l'administration militaire, la santé des troupes et les moyens de la conserver. Faits aux élèves de l'Ecole de Mars, depuis le 5 fructidor jusqu'au 13 vendémiaire an troisième de la république. Imprimés par ordre du Comité de salut public. — *Paris, impr. du Comité de salut public, an 3,* in-4.

2683. — Traité élémentaire d'art militaire et de fortification, à l'usage des élèves de l'école Polytechnique et des élèves des écoles militaires. Par M. Gay de Vernon, officier du génie, professeur de fortification à l'Ecole polytechnique. — *Bruxelles, Etablissement géographique,* 1832, 2 vol. in-8, planches.

(A la suite :)

— Appendice au Traité élémentaire d'art militaire de M. Gay de Vernon... (Par le général Evain.) — *Bruxelles, Etablissement géographique,* 1832, 11 pages in-8 et une planche.

(Simon-François Gay de Vernon, maréchal-de-camp, né à Saint-Léonard (Hte-Vienne), le 25 novembre 1760, mort, dans sa propriété de Vernon près la même ville, le 2 octobre 1822, a publié en 1805 le traité ci-dessus (*Paris, Allain,* 2 vol. in-4), qui contient le résumé ou le développement des leçons par lui données à l'école Polytechnique. Cet ouvrage justement estimé a été traduit dans la plupart des langues de l'Europe, et adopté pour l'instruction des écoles militaires. La traduction anglaise, ordonnée par le gouvernement des Etats-Unis d'Amérique, a été faite, en 1817, par M. Michel O'Connor, et imprimée à New-York (2 vol. in-8 avec atlas). L'édition belge de 1832 n'est donc qu'une seconde édition, augmentée toutefois d'un Appendice rédigé par le général Evain, qui a été ministre de la guerre en Belgique. Indépendamment du Traité d'art militaire, on doit encore à Simon-François Gay de Vernon l'*Exposition abrégée du cours de géométrie descriptive appliquée à la fortification, à l'usage des élèves de l'école Polytechnique* (*Paris, Magimel,* 1802, in-4), ouvrage également estimé et devenu très-rare. Pendant sa longue détention dans les prisons de Paris en 1793 et 1794, notre auteur avait rédigé deux mémoires pour sa défense devant le tribunal révolutionnaire. — Son fils, M. le baron Gay de Vernon (Jean-Louis-Camille), né à Saint-Léonard le 23 janvier 1796, mort dans la même ville le 25 avril 1863, ancien officier d'état-major, s'est servi de ces documents pour composer son *Mémoire sur les opérations militaires des généraux en chef Custine et Houchard.* (V. ce mémoire, Histoire, n° 969.) M. le baron Gay de Vernon a encore publié : *Considérations sur les chevaux limousins, sur les causes de la destruction presque totale de cette race et sur les moyens de la reproduire pour le service des remontes militaires. — Limoges, impr. d'Ardillier, 1840, in-8 de 40 pages et une carte. — Vie du maréchal Gouvion-Saint-Cyr. — Paris, F. Didot, 1856, in-8. — Ibrahim, roman, imprimé à Limoges par Albin, 2 vol. in-12. — Plusieurs notices et articles insérés au Bulletin de la Société Archéologique et Historique du Limousin. — Une notice sur Gay-Lussac, insérée au Recueil des mémoires du Congrès scientifique de 1859, T. I. — Enfin M. le baron Gay de Vernon a rédigé après 1844 le Bulletin Hippologique de la Société d'encouragement de Pompadour, imprimé chez Chapoulaud frères.)*

§ 5. — JOURNAUX, REVUES ET ANNUAIRES.

* Bulletin universel des sciences et de l'industrie... publié sous la direction de M. le baron DE FÉRUSSAC. — Huitième section : sciences militaires ; rédacteurs principaux : KOCH et JACQUINOT DE PRESLE. — *Paris, 1824-30,* 10 vol. in-8. — (V. BELLES-LETTRES, n° 239.)

* État militaire de la France... Par les sieurs DE MONTANDRE-LONGCHAMPS,... le chevalier de MONTANDRE (et DE ROUSSEL). — *Paris, 1761-87, 21 vol. in-12.* — (V. HISTOIRE, n° 1042.)

CHAPITRE II. — *Traités particuliers.*

§ 1er. — ORGANISATION. DISCIPLINE. MANŒUVRES. STRATÉGIE ET TACTIQUE.

* (V. sur la législation militaire n°s 576 et suivants.)

2684. — Dissertation sur la subordination, avec des réflexions sur l'exercice et sur l'art militaire. Par monsieur *** (DOUAZAC). Nouvelle édition, augmentée de Lettres critiques. — *Avignon, aux dépens de la Compagnie,* 1753, petit in-8.

2685. — Éléments de tactique, ouvrage dans lequel on traite de l'arrangement et de la formation des troupes; des évolutions de l'infanterie et de la cavalerie; des principaux ordres de bataille; de la marche des armées et de la castramétation... Par M. LE BLOND,... — *Paris, Charles-Antoine Jombert*, 1758, in-4, planches.

2686. — Essai général de tactique, précédé d'un Discours sur l'état actuel de la politique et de la science militaire en Europe; avec le plan d'un ouvrage intitulé : « La France politique et militaire ». (Par DE GUIBERT.) — *Liège, C. Plomteux*, 1773, 2 vol. in-8, planches.

2687. — Institutions militaires, ou Traité élémentaire de tactique; précédé d'un Discours sur la théorie de l'art militaire. (Par le baron DE SINCLAIR.) — *Deux-Ponts, imprimerie ducale*, 1773, 3 vol. in-8.

2688. — Pensées sur la tactique et la stratégique, ou Vrais principes de la science militaire. Par le marquis DE SILVA,... — *Turin*, 1778, *impr. roy.*, in-4, planches.

2689. — Planches relatives à l'exercice de l'infanterie suivant l'ordonnance du roi du premier juin 1776. — *Lille, N.-J.-B. Peterinck-Cramé, impr.* (s. d.), 17 planches et 17 feuillets de texte reliés en 1 vol. in-12.

2690. — Manuel pour le corps de l'infanterie; extrait des principales ordonnances relatives à l'infanterie française, et le plus journellement en usage; avec un détail historique sur son origine. Par un officier de dragons (THIROUX DE MONDÉSIR). — *Paris, impr. roy.*, 1781, in-12.

* Règlement provisoire sur le service de l'infanterie en campagne du 12 août 1788 ... — École du peloton, détachée des manœuvres de l'infanterie ... — (V. *n*° 581.)

2691. — Traité sur la constitution des troupes légères, et sur leur emploi à la guerre; auquel on a joint un supplément contenant la fortification de campagne. Avec un grand nombre de figures. (Par DE GUGY pour la partie systématique, et par le comte DE GRIMOARD pour la partie dogmatique.) — *Paris, Nyon l'aîné*, 1782, in-8, planches.

2692. — La petite guerre, ou Traité du service des troupes légères en campagne. Par M. DE GRANDMAISON,... — (*Paris*), 1756, 2 parties en 1 vol. petit in-8.

2693. — Essai sur la petite guerre, ou Méthode de diriger les différentes opérations d'un corps de deux mille cinq cents hommes de troupes légères, dont seize cents d'infanterie et neuf cents de cavalerie. Par M. le comte DE LA ROCHE,... — *Paris, Saillant et Nyon,* 1770, 2 vol. in-12, planches.

2694. — Le service ordinaire et journalier de la cavalerie en abrégé... Par M. LECOQ MADELEINE,... — *Paris, Pierre Simon* (1720), in-12.

(A la fin :)

— Le boute-selle et autres airs de trompettes de la cavalerie de France.

* Essai historique sur l'organisation de la cavalerie légère et principalement sur l'arme des chasseurs à cheval; suivi d'une Notice historique sur le 8e de chasseurs; publié par Jules GAY DE VERNON, capitaine au 8e de chasseurs à cheval. — *Paris,* 1853. — (V. HISTOIRE, n° 1046.)

(M. François-Simon-Marie-Jules GAY DE VERNON, actuellement chef d'escadrons au 2e de chasseurs, est né à Saint-Léonard (Hte-Vienne) le 2 août 1822.)

2695. — Instruction militaire du roi de Prusse pour ses généraux, traduite de l'allemand par monsieur FAESCH,... Avec XIII planches gravées en taille-douce. — (S. l. n. n.), 1761, in-12.

2696. — La tactique ou discipline selon les nouveaux règlements prussiens... Quatrième édition, augmentée, enrichie de plans et figures en taille-douce. Par M. D*** G*** (DE GISORS). — *Francfort et Leipzig, aux dépens de la Compagnie,* 1770, 2 tomes en 1 vol. in-8, planches.

* Observations sur la constitution militaire et politique des armées de S. M. prussienne, avec quelques anecdotes sur la vie privée de ce monarque. (Par DE GUIBERT.) — *Berlin*, 1777, et *en Suisse*, 1778, in-8. — (V. HISTOIRE, nᵒˢ 1438, 1439.)

2697. — Eléments de la tactique de l'infanterie, ou Instructions d'un lieutenant-général prussien (DE SALDERN) pour les troupes de son inspection. Traduit de l'allemand. Avec plans. — (S. l. n. n.), 1783, petit in-8.

§ 2. — GÉNIE ET FORTIFICATIONS. — ATTAQUE ET DÉFENSE DES PLACES. — CASTRAMÉTATION.

2698. — Introduction à la fortification... (Forces de l'Europe.) Par DE FER. — *Paris, l'auteur* (1695), in-fol. oblong.

(Titre gravé. — Ce volume contient les plans des différentes places de la France, des Pays-Bas, de l'Allemagne, de l'Italie, de l'Espagne.)

2699. — Delle fortificationi di M. GALASSO ALGHISI DA CARPI,... libri tre... — (S. l. n. n.), M. D. LXX, in-fol.

(Titre gravé.)

2700. — La fortification du sieur Antoine DE VILLE, ou L'ingénieur parfait... — *Amsterdam, jouxte la copie imprimée à Paris*, 1672 (*chez Abraham Wolfgang*, 1675), in-8, planches.

(Titre gravé.)

2701. — L'art universel des fortifications françaises, hollandaises, espagnoles, italiennes, et composées; avec l'art d'attaquer les places fortifiées par les surprises et par la force, et aussi de défendre les places fortifiées contre les surprises et contre la force. Par le sieur DE BITAINVIEU. Troisième édition... — *Paris, Jacques Du Brueil, et François Eschart*, 1674, in-4, planches.

2702. — Nouvelle manière de fortifier les places, tirée des méthodes du chevalier de Ville, du comte de Pagan et de monsieur de Vauban; avec des remarques sur l'ordre renforcé, sur les dessins du capitaine Marchi et sur ceux de monsieur Blondel, suivies de deux nouveaux dessins. (Par BERNARD, ingénieur.) — *Paris, Estienne Michallet,* 1689, in-8, planches.

2703. — Eléments de fortification... Troisième édition, augmentée de plus d'un tiers. Par M. LE BLOND,... — *Paris, Charles-Antoine Jombert,* 1752, in-12, planches.

2704. — Eléments de fortification, de l'attaque et de la défense des places, contenant... la fortification irrégulière et celle de campagne; les changements qui peuvent contribuer à la perfection des ouvrages extérieurs; le calcul des mines, la poussée des terres et des voûtes; l'art de camper et de retrancher une armée; deux nouvelles méthodes de conduire les travaux d'un siége; un Traité abrégé du lavis; un Dictionnaire des termes de fortification, de guerre et d'artillerie, etc. Par M. TRINCANO,... — *Paris, J.-B.-G. Musier fils,* et *Versailles, Lefèvre,* 1768, in-8, planches.

* Les fortifications. Par Fr. ARAGO. — (V. n" 860, *Not. scient.,* T. VI.)

---

* Ivsti Lipsi poliorceticωn... libri qvinqve... — *Antverpiæ,* M. D. XCVI, in-4. — (V. HISTOIRE, n° 1828.)

2705. — De l'attaque et de la défense des places. Par Mr DE VAUBAN,... — *La Haye, Pierre de Hondt,* 1737, in-4, planches.

(Il manque un second volume, publié en 1742.)

2706. — Traité de l'attaque des places. Par M. LE BLOND,... — Seconde édition... — *Paris, Charl.-Ant. Jombert,* 1762, in-8, planches.

2707. — Traité de la défense des places; avec un Précis des observations les plus utiles pour procéder à la visite ou à l'examen des villes fortifiées; un Abrégé des principes généraux qui peuvent servir à l'établissement des quartiers d'hiver; et un Dictionnaire des termes de l'artillerie, de la fortification, de l'attaque et de la défense des places. Par M. Le Blond,... Seconde édition... — *Paris, Charl.-Ant. Jombert,* 1762, in-8, planches.

2708. — Essai sur la castramétation, ou sur la mesure et le tracé des camps ; contenant les premiers principes pour l'arrangement des troupes ; la formation de l'ordre de bataille et la distribution ou construction du camp ; avec un précis des différentes gardes qui en font la sûreté. Par M. Le Blond,... — *Paris, Charles-Antoine Jombert,* 1748, in-8, planches.

(Le faux-titre porte : « Suite de l'arithmétique et la géométrie de l'officier ».)

2709. — Instruction adressée aux officiers d'infanterie, pour tracer et construire toutes sortes d'ouvrages de campagne, et pour mettre en état de défense différents petits postes, comme les cimetières, les églises, les châteaux, les villages, les villes et les bourgs. Avec des planches. Par F. de Gaudi,... — *La Haye, Pierre Gosse junior et Daniel Pinet,* 1768, in-8.

(A la suite :)

— Vie de Frédéric le Grand, traduite de l'allemand de M. Charles Hammerdorf, par M. Thynon. — *Berlin,* et *Paris, Royez,* 1787, in-8 de 64 pages.

— Vie de Robert-Scipion de Lentulus, lieutenant-général des armées prussiennes et des troupes bernoises. Par F.-Louis Haller,... traduit de l'allemand par M. Hedelhofer. — *Genève, François Dufart,* 1787, in-8 de 80 pages.

2710. — Même ouvrage que le n° 2709. (Édition) augmentée, tant dans le discours que dans les planches, des changements qui ont perfectionné l'art de la guerre depuis les premières éditions de cet ouvrage, par A.-P.-J. de Belair,... — *Paris, Firmin Didot,* 1792, in-8.

2711. — École de l'officier, contenant une méthode facile et abrégée de lever un plan sans l'usage de la géométrie ordinaire, un petit Traité de la fortification passagère et des réflexions sur l'art de la guerre. Traduit de l'allemand par Maurice comte DE BRÜHL. — *Paris, Claude-Antoine Jombert*, 1770, in-8, planches.

§ 3. — ARTILLERIE. — ARMES OFFENSIVES ET DÉFENSIVES.

*Du passé et de l'avenir de l'artillerie. Par NAPOLÉON III. — (V. *OEuvres*, HISTOIRE, *n*ᵒˢ 1036, 1037.)

2712. — Mémoires d'artillerie, recueillis par le Sʳ SU-RIREY DE SAINT REMY,... — *Paris, Jean Anisson*, 1697, in-4, planches.

(Il manque le T. II.)

2713. — Manuel de l'artilleur... Par Théodore D'UR-TUBIE,... Troisième édition... — *Paris, Magimel*, 1793, in-8, planches.

2714. — Théorie de l'art du mineur. Par M. J.-M. GEUSS,... traduite de l'allemand par M. A.-L. SMEETS,... — *Maestricht, Jean-Edme Dufour et Philippe Roux*, 1778, in-8.

2715. — Description de l'art de fabriquer les canons, faite en exécution de l'arrêté du Comité de salut public du 18 pluviôse de l'an 2... Par Gaspard MONGE... — *Paris, impr. du Comité de salut public, an 2*, in-4, planches.

* La armeria real, ou Collection des principales pièces de la galerie d'armes anciennes de Madrid. Dessins de Gaspard SENSI,... Texte de M. Achille JUBINAL,... — *Paris* (1839), in-fol. — (V. HISTOIRE, *n*ᵒ 1831.)

§ 4. — PYROTECHNIE.

2716. — Traité pratique des feux d'artifice pour le spectacle et pour la guerre; avec les petits feux de table, et l'artifice à l'usage des théâtres. Par A.-M.-Th. MOREL. — *Paris, Firmin Didot*, 1818, in-8, planches.

IIe SECTION.

BEAUX – ARTS.

POLYGRAPHIE LIMITÉE AUX BEAUX=ARTS.

CHAPITRE Ier. — *Bibliographie.*

2717. — Catalogue raisonné d'une collection de livres, pièces et documents, manuscrits et autographes, relatifs aux arts de peinture, sculpture, gravure et architecture. Traités théoriques et pratiques, histoire, biographies, ouvrages à figures, recueils d'estampes, costumes et ornements; réunie par M. Jules GODDÉ, peintre, avec des notes du collecteur... — *Paris, L. Potier,* 1850, in-8.

CHAPITRE II. — *Histoire des Beaux-Arts.*

§ Ier. — HISTOIRE DE L'ART.

* Histoire de l'art chez les anciens. Par WINKELMANN; traduite de l'allemand (par HUBER, et revue par JANSEN), avec des notes historiques et critiques de différents auteurs. — *Paris,* 1802-3, 3 vol. in-4. — (V. HISTOIRE, *n*° 1832.)

* Manuel de l'histoire de l'art chez les anciens... Par M. le Cte DE CLARAC,... — *Paris,* 1847-49, 3 vol. in-12. — (V. *ibid., n*° 1833.)

2718. — Etudes sur les beaux-arts depuis leur origine jusqu'à nos jours. Par F.-B. DE MERCEY. — *Paris, Arthus Bertrand,* 1855, 3 vol. in-8.

2719. — Archives de l'art français, recueil de documents inédits relatifs à l'histoire des arts en France, publié sous la direction de Ph. DE CHENNEVIÈRES (et Anatole DE MONTAIGLON). — *Paris, J.-B. Dumoulin*, 1851-60, 12 vol. in-8.

(Ces *Archives* se composent de deux parties, qui ont été publiées parallèlement :

1o. — Documents. — 6 vol.;

2o. — Abecedario de P.-J. Mariette et autres notes inédites de cet amateur sur les arts et les artistes; ouvrage publié d'après les manuscrits autographes conservés au Cabinet des estampes de la Bibliothèque impériale, et annoté par MM. Ph. DE CHENNEVIÈRES et A. DE MONTAIGLON. — 6 vol.)

2720. — Mémoires pour servir à l'histoire de l'Académie royale de peinture et de sculpture depuis 1648 jusqu'en 1664. (Par H. TESTELIN.) Publiés pour la première fois par M. Anatole DE MONTAIGLON,... — *Paris, P. Jannet*, 1853, 2 vol. in-16.

§ 2. — HISTOIRE ET DESCRIPTION DES MONUMENTS.

A. — Généralités et Mélanges.

2721. — Discours sur les monuments publics de tous les âges et de tous les peuples connus, suivi d'une Description de monument projeté à la gloire de Louis XVI et de la France ; terminé par quelques observations sur les principaux monuments modernes de la ville de Paris et plusieurs projets de décoration et d'utilité publique pour cette capitale... Par M. l'abbé DE LUBERSAC, vicaire général de Narbonne, abbé de Noirlac et prieur de Brive. — *Paris, impr. roy.*, 1775, in-fol.

(L'abbé de Lubersac naquit en 1730 au château de Palmanteau en Limousin, et mourut en 1804 à Londres, où il s'était réfugié au mois d'août 1792. On a de lui, outre l'ouvrage ci-dessus : 1o Oraison funèbre d'Adrien-Maurice duc de Noailles. — *Brives*, 1767, in-fol. — 2o Monuments érigés en France à la mémoire de Louis XV. — *Paris*, 1772, in-fol. — 3o Hommage littéraire d'un noble citoyen français aux souverains du nord. — *Paris*, 1782, in-4. — 4o Vues politiques et patriotiques sur l'administration des finances de France. — *Paris*, 1787, in-4. — 5o Hommages religieux, politiques et funèbres à la mémoire de Léopold II et de Gustave III. — (*Coblentz*), 1792, in-8. — 6o History of the clergy of

France. — *London*, 1800, in-8. — 7º Journal historique et religieux de l'émigration et déportation du clergé de France et de l'Angleterre. — *Londres*, 1802, in-8.)

* L'architecture du Vᵉ au XVIIᵉ siècle et les arts qui en dépendent, la sculpture, la peinture murale, la peinture sur verre, la mosaïque, la ferronnerie, etc., publiés, d'après les travaux inédits des principaux architectes français et étrangers, par Jules GAILHABAUD. — *Paris*, 1850-58, 4 vol. in-4 avec atlas in-fol. — (V. HISTOIRE, *n*º 1838.)

* Architecture civile et domestique au moyen âge et à la renaissance, dessinée et décrite par Aymar VERDIER,... et par le Dʳ F. CATTOIS. — *Paris*, 1855 (1852)-57, 2 vol. in-4. — (V. *ibid.*, *n*º 1839.)

* Résumé d'archéologie spécialement appliquée aux monuments religieux. Par J. FÉRIEL,... — *Langres*, 1846, in-18. — (V. *ibid.*, *n*º 1840.)

B. — Particularités.

1º. — Monuments de l'Orient.

* Instructions à l'usage des voyageurs en Orient... Monuments de l'ère chrétienne. Par M. Albert LENOIR. — *Paris*, 1856, in-8 de 76 pages. — (V. HISTOIRE, *n*º 114.)

* Voyage archéologique en Grèce et en Asie-Mineure... Par Ph. LE BAS,... — *Paris*, 1850-186..., vol. in-fol. et vol. in-4. — (V. *ibid.*, *n*º 112.)

* L'Orient. Par Eugène FLANDIN,... — *Paris*, 1855-186..., vol. in-fol. — (V. *ibid.*, *n*º 113.)

* Expédition archéologique de la Galatie et de la Bithynie, d'une partie de la Mysie, de la Phrygie, de la Cappadoce et du Pont, exécutée en 1861, et publiée... par George PERROT,... Edmond GUILLAUME,... et Jules DELBET,... — *Paris*, 1862-6..., vol. in-fol. — (V. *ibid.*, *Supplément.*)

* Monument de Ninive, découvert et décrit par M. P.-E. BOTTA, mesuré et dessiné par M. E. FLANDIN... — *Paris,* 1849-50, 5 vol. grand in-fol. — (V. *ibid., n°* 1843.)

2°. — Monuments de l'Afrique.

* Monuments de l'Egypte et de la Nubie, d'après les dessins exécutés sur les lieux sous la direction de CHAMPOLLION le jeune, et les descriptions autographes qu'il en a rédigées... — *Paris,* 1844-45, 4 vol. grand in-fol., avec un vol. in-fol. de Notices descriptives. — (V. HISTOIRE, *n°* 1841.)

* Description de l'Egypte, ou Recueil des observations et des recherches qui ont été faites en Egypte pendant l'expédition de l'armée française; publié sous les ordres de Sa Majesté l'empereur Napoléon le Grand (et sous la direction de M. JOMARD). — Antiquités. — (V. *ibid., n°* 1589.)

* Histoire de l'art égyptien d'après les monuments depuis les temps les plus reculés jusqu'à la domination romaine. Par PRISSE D'AVENNES... — *Paris,* 1858-6..., vol. in-fol. — (V. *ibid., Supplément.*)

* Le Sérapéum, découvert et décrit par Auguste MARIETTE,... — *Paris,* 1857-186..., in-4 avec atlas in-fol. — (V. *ibid., n°* 1842.)

* Antiquités de la Nubie, ou Monuments inédits des bords du Nil, situés entre la première et la seconde cataracte, dessinés et mesurés en 1819 par F.-C. GAU,... — *Stuttgart,* 1822-(1827), grand in-fol. — (V. *ibid., Supplément.*)

* Voyage en Ethiopie, au Soudan oriental et dans la Nigritie, publié... par P. TRÉMAUX,... — *Paris,* 1862-186..., vol. in-8, avec atlas in-fol. — (V. *ibid., n°* 142.)

3º. — Monuments de l'Europe.

Généralités.

* Le moyen âge et la renaissance, histoire et description des mœurs et usages, du commerce et de l'industrie, des sciences, des arts, des littératures et des beaux-arts en Europe. Direction littéraire de M. Paul LACROIX. Direction artistique de M. Ferdinand SÉRÉ. Dessins fac-simile par M. A. RIVAUD. — *Paris,* 1848-51, 5 vol. in-4. — (V. HISTOIRE, *Supplément.*)

Grèce.

* Voyage pittoresque de la Grèce. Par M. le comte DE CHOISEUL-GOUFFIER. — *Paris,* 1782-1822, 3 vol. in-fol. — (V. HISTOIRE, nº 1378.)

* Le mont Olympe et l'Acarnanie; exploration de ces deux régions, avec l'étude de leurs antiquités, de leurs populations anciennes et modernes, de leur géographie et de leur histoire... Par L. HEUZEY,... — *Paris,* 1860, in-8. — (V. *ibid., Supplément.*)

* Le Parthénon, documents pour servir à une restauration... Par L. DE LABORDE. — *Paris,* 1848, in-fol. — (V. *ibid., nº* 1844.)

* Restitution du temple d'Empédocle à Sélinonte, ou L'architecture polychrôme chez les Grecs. Par J.-J. HITTORFF,... — *Paris,* 1851, in-4, avec atlas in-fol.

Italie.

* Le guide des étrangers curieux de voir et de connaître les choses les plus mémorables de Poussol, Bayes, Cumes, Misène, Gaëte... Par Michel-Luys MUZIO... — *Naples,* 1709, in-12. — (V. HISTOIRE, nº 1352.)

* Œuvres complètes de J.-B.-Fr. et Ch.-Fr. Piranési. — *Paris*, 1804-1836, 29 vol. in-fol. — (V. *ibid.*, n° 1835.)

* Descrittione di Roma antica e moderna... — *In Roma*, 1643, in-8. — (V. *ibid.*, n° 1359.)

* Itinéraire instructif, divisé en huit journées, pour trouver avec facilité toutes les anciennes et modernes magnificences de Rome, du chevalier Vasi. Traduit de l'italien. — *Rome*, 1773, in-12. — (V. *ibid.*, n° 1360.)

* Catacombes de Rome. Architecture, peintures murales, lampes, vases, pierres précieuses gravées, instruments, objets divers, fragments de vases en verre doré, inscriptions, figures et symboles gravés sur pierre. Par Louis Péret,... — *Paris*, 1851-55, 6 vol. grand in-fol. — (V. *ibid.*, n° 1817.

* Recherches sur les ruines d'Herculanum et sur les lumières qui peuvent en résulter relativement à l'état présent des sciences et des arts; avec un Traité sur la fabrique des mosaïques. Par M. Fougeroux de Bondaroy,... — *Paris*, 1770, in-12. — (V. *ibid.*, *Supplément.*)

* L'Italie des gens du monde. — Venise, ou Coup-d'œil littéraire, artistique, historique, poétique et pittoresque sur les monuments et les curiosités de cette cité. Par Jules Lecomte. — *Paris*, 1844, in-8. — (V. *ibid.*, *Supplément.*)

France.

Généralités et Mélanges.

* Voyages pittoresques et romantiques dans l'ancienne France. Par MM. Ch. Nodier, J. Taylor et A. de Cailleux. — *Paris*, 1820-186..., vol. in-fol. — (V. Histoire, n° 485.)

* La renaissance monumentale en France; spécimens de composition et d'ornementation architectoniques empruntés aux édifices construits depuis le règne de

Charles VIII jusqu'à celui de Louis XIV. Par Adolphe
BERTY. — *Paris, 1858–18...,* in-4. — (V. *ibid., Supplément.*)

* Musée des monuments français, ou Description historique et chronologique des statues en marbre et en bronze,
bas-reliefs et tombeaux des hommes et des femmes célèbres, pour servir à l'histoire de France et à celle de
l'art; ornée de gravures, et augmentée d'une dissertation
sur les costumes de chaque siècle. Par Alexandre LENOIR,...
— *Paris, 1800,* T. I-III, in-8. — (V. *ibid., n° 1848.*)

2722. — Les monuments de l'histoire de France; catalogue des productions de la sculpture, de la peinture et de
la gravure relatives à l'histoire de la France et des
Français. Par M. HENNIN. — *Paris, J.-F. Delion,* 1856–
186.., T. I-VIII, in-8.

(En publication.)

Auvergne.

* Statistique monumentale du département du Puy-de-
Dôme. Par J.-B. BOUILLET,... Seconde édition. — *Clermont-
Ferrand, 1846,* in-8, avec atlas in-fol. oblong. — (V. HIS-
TOIRE, *Supplément.*)

Bourgogne.

* Monographie de Notre-Dame de Brou. Par Louis DU-
PASQUIER,... Texte historique et descriptif, par DIDRON,...
— *Lyon, 1842,* in-4, avec atlas in-fol. — (V. HISTOIRE,
Supplément.)

Bretagne.

* Le Morbihan, son histoire et ses monuments. Par
M. CAYOT-DÉLANDRE,... — *Vannes, 1847,* in-8 avec atlas
in-4. — (V. HISTOIRE, *n° 1075.*)

Comtat-Venaissin.

* Monuments antiques à Orange. Arc de triomphe et
théâtre... Par Auguste CARISTIE,... — *Paris, 1856,* in-fol.
— (V. *ibid., n° 1850.*)

Guienne et Gascogne.

* Choix de vues pittoresques, châteaux, monuments et lieux célèbres recueillis dans le département de la Gironde et dans les départements voisins. Par C. THIENON. Avec des notes explicatives. — *Paris,* 1820 et années suiv., in-4 oblong. — (V. HISTOIRE, *n°* 1085.)

Ile-de-France.

* Voyage pittoresque de Paris, ou Indication de tout ce qu'il y a de plus beau dans cette grande ville en peinture, sculpture et architecture. Par M. D*** (D'ARGENVILLE fils). Quatrième édition. — *Paris,* 1765, in-12. — (V. HISTOIRE, *Supplément.)*

* Description historique de Paris et de ses plus beaux monuments, gravés en taille-douce. Par F.-N. MARTINET,... Pour servir d'Introduction à l'histoire de Paris et de la France, par M. BEGUILLET,... — *Paris,* 1779, 2 vol. in-8. — (V. *ibid., n°* 1097.)

* Statistique monumentale de Paris. Atlas, cartes, plans et dessins par Albert LENOIR,... — *Paris* (1846-186...), in-fol. — (V. *ibid., n°* 565-*Mm.)*

* Histoire archéologique, descriptive et graphique de la Sainte-Chapelle du palais, rédigée, dessinée et publiée par DECLOUX et DOURY,... — *Paris,* 1857, in-fol. — (V. *ibid., Supplément.)*

* Vue perspective de la réunion des palais du Louvre et des Tuileries, et plan historique des deux monuments d'après les plans officiels de M. L. Visconti,... dessinés et gravés par Rodolphe PFNOR. — *Paris,* 1853, 2 planches in-fol., avec un feuillet de texte. — (V. *ibid., n°* 1109.)

* Le palais du Luxembourg, fondé par Marie de Médicis... Par Alphonse DE GISORS. — *Paris,* 1847, in-4. — (V. *ibid., n°* 1108.)

* Souvenirs historiques des résidences royales de France.

Par J. Vatout,... Palais-Royal. — *Paris,* 1838, in-8. — (V. *ibid., n°* 1107.)

* Monographie de l'église de Notre-Dame de Noyon. Par M. L. Vitet,... Plans, coupes, élévations et détails, par Daniel Ramée. — In-4, avec atlas in-fol. — (V. *ibid., n°* 565-*Nn.*)

* Châteaux de la renaissance. — Monographie du palais de Fontainebleau, dessinée et gravée par Rodolphe Pfnor; accompagnée d'un texte historique et descriptif par M. Champollion-Figeac,... — *Paris,* 1861-186..., in-fol. — (V. *ibid., Supplément.*)

Limousin.

* Historique monumental de l'ancienne province du Limousin... Par J.-B. Tripon,... — *Limoges,* 1837, 2 vol. in-4. — (V. Histoire, *n°* 1171.)

* Description des monuments des différents âges observés dans le département de la Haute-Vienne... Par C.-N. Allou,... — *Limoges,* 1821, in-4. — (V. *ibid., n°* 1215.)

Maine et Anjou.

* Le Maine et l'Anjou historiques, archéologiques et pittoresques. Par le baron de Wismes,... — *Nantes,* in-fol. — (V. Histoire, *Supplément.*)

Normandie.

* Comptes de dépenses de la construction du château de Gaillon... Plans et dessins exécutés sous la direction de A. Deville,... — *Paris,* 1851, in-4, avec atlas in-fol. — (V. Histoire, *n°* 565-*Pp.*)

Orléanais.

* Monographie de la cathédrale de Chartres; architecture, sculpture d'ornements et peinture sur verre, par

J.-A. LASSUS,... et peinture sur mur par Amaury DUVAL; texte descriptif par DIDRON. — In-fol. — (V. HISTOIRE, n° 565-Qq.)

Allemagne.

* Monuments d'architecture, de sculpture et de peinture de l'Allemagne depuis l'établissement du christianisme jusqu'aux temps modernes, publiés par Ernest FÖRSTER. Traduit de l'allemand (par Daniel RAMÉE). — *Paris,* 1859, 4 vol. in-4. — (V. HISTOIRE, *Supplément.*)

(Architecture, 2 vol.; sculpture, 1 vol.; peinture, 1 vol. — En publication.)

* Monographie du château de Heidelberg, dessinée et gravée par Rodolphe PFNOR, accompagnée d'un texte historique et descriptif, par Daniel RAMÉE. — *Paris,* 1859, in-fol. — (V. *ibid., Supplément.*)

* Les trésors sacrés de Cologne, objets d'art du moyen âge conservés dans les églises et dans les sacristies de cette ville; dessinés et décrits par Franz BOCK. Texte traduit de l'allemand par W. et E. DE SUCKAU. — *Paris,* 1862, grand in-8. — (V. *ibid., Supplément.*)

Dalmatie.

* Excursion artistique en Dalmatie et au Monténégro. Par M. Charles PELÉRIN. — *Paris,* 1860, in-fol. — (V. HISTOIRE, *Supplément.*)

§ 3. — GALERIES ET MUSÉES DE PEINTURE, SCULPTURE, GLYPTIQUE, CÉRAMIQUE, ÉMAILLERIE, ETC.

a. — Collections publiques et particulières.

2725. — Le museum de Florence, ou Collection des pierres gravées, statues, médailles et peintures, qui se trouvent à Florence, principalement dans le cabinet du grand-duc de Toscane; dessiné et gravé par F.-A. DAVID, avec des explications françaises par F. MULOT. — *Paris, l'auteur,* 1787 et an. suiv., T. I–III, in-4.

(T. I–II : Pierres antiques. — T. III : Statues.)

2724. — Le Musée royal, publié par Henri LAURENT,... ou Recueil de gravures d'après les plus beaux tableaux, statues et bas-reliefs de la collection royale, avec description des sujets, notices littéraires et discours sur les arts (par MM. VISCONTI, GUIZOT et le comte DE CLARAC)... — *Paris, impr. de P. Didot l'aîné,* 1816-22, 2 tomes en 3 vol. in-fol. max.

(Cette collection forme la seconde série du *Musée français,* publié par Robillard Péronville.)

2725. — Les musées de province. Par M. le Cte L. CLÉMENT DE RIS,... — *Paris, Ve Jules Renouard,* 1859-61, 2 vol. in-8.

2726. — Galeries historiques du palais de Versailles. (Texte explicatif.) — *Paris, impr. roy.,* 1839-46, 8 tomes en 9 vol. grand in-8.

2727. — Le château d'Eu. Notices historiques. Par M. J. VATOUT,... — *Paris, impr. de Félix Malteste et Cie,* 1836, 4 vol. in-8.

(Il manque le T. I. — Le faux-titre porte : « Galerie des portraits, tableaux et bustes du château d'Eu ».)

* Description des antiquités et objets d'art contenus dans les salles du Palais-des-Arts de la ville de Lyon. Par le Dr A. COMARMOND,... — *Lyon,* 1855-57, in-4. — (V. HISTOIRE, *Supplément.*)

b. — Salons.

* Salons de 1765 et de 1767. Par DIDEROT. — (V. POLYGRAPHIE, *n^o* 71, *OEuvres,* T. IV.) — Salon de 1761. Lettres sur le salon de 1769. — (V. *ibid.,* T. VII.)

2728. — Examen du salon de 1849. Par Auguste GALIMARD. — *Paris, Gide et J. Baudry* (s. d.), grand in-18.

2729. — Salon de 1850-51. Par Claude VIGNON. — *Paris, Garnier frères,* 1851, grand in-18.

2730. — Salon de 1852. Par Claude VIGNON. — *Paris, Dentu*, 1852, in-18.

2731. — Salon de 1853. Par Claude VIGNON. — *Paris, Dentu*, 1853, in-18.

2732. — Exposition universelle de 1855. Beaux-arts. Par Claude VIGNON. — *Paris, Auguste Fontaine*, 1855, in-18.

2733. — Maxime DU CAMP. — Les beaux-arts à l'exposition universelle de 1855. — Peinture. Sculpture. — France, Angleterre, Belgique, Danemarck, Suède et Norwége, Suisse, Hollande, Allemagne, Italie. — *Paris, Librairie nouvelle*, 1855, in-8.

2734. — Compte-rendu des œuvres de peinture, sculpture, dessin, gravure et des ouvrages d'art en porcelaine exposés; publié, sous la direction de la Société, par Édouard HERVÉ. 1re exposition. — Mai 1862. — *Limoges, impr. de Chapoulaud frères*, 1862, in-8.

(Le faux-titre porte : « Exposition de la Société des Amis des Arts du Limousin ».)

2735. — Le salon de 1862 à Limoges. Par E. LEMAS. — *Limoges, impr. H. Ducourtieux*, 1862, in-8.

(M. François-Elie Lemas, actuellement professeur de rhétorique au lycée de Limoges, est né à Brive (Corrèze) le 4 août 1837.)

c. — Catalogues d'objets d'art.

2736. — Le trésor de la curiosité, tiré des catalogues de vente de tableaux, dessins, estampes, livres, marbres, bronzes, ivoires, terres cuites, vitraux, médailles, armes, porcelaines, meubles, émaux, laques et autres objets d'art; avec diverses notes et notices historiques et biographiques. Par M. Charles BLANC,... et précédé d'une Lettre à l'auteur sur la curiosité et les curieux (par M. Adolphe THIBAUDEAU). — *Paris, Ve Jules Renouard*, 1857-58, 2 vol. in-8.

§ 4. — BIOGRAPHIE.

* Abecedario de P.-J. MARIETTE et autres notes inédites

de cet amateur sur les arts et les artistes... publié par MM. Ph. DE CHENNEVIÈRES et A. DE MONTAIGLON. — (V. n° 2719.)

* Portraits inédits d'artistes français; texte par Ph. DE CHENNEVIÈRES, lithographies et gravures par Frédéric LEGRIP. — *Paris* (1855-6), in-fol. — (V. HISTOIRE, n° 1768.)

CHAPITRE III. — *Philosophie et Critique artistiques.*

2737. — L'esprit des beaux-arts. (Par Pierre ESTÈVE.) — *Paris, C.-J.-Baptiste Bauche fils*, 1753, 2 vol. in-12.

2738. — Considérations morales sur la destination des ouvrages de l'art, ou De l'influence de leur emploi sur le génie et le goût de ceux qui les produisent ou qui les jugent, et sur le sentiment de ceux qui en jouissent et en reçoivent les impressions. Par M. QUATREMÈRE DE QUINCY. — *Paris, impr. de Crapelet*, 1815, in-8.

2739. — Etudes sur les beaux-arts en général. Par M. GUIZOT. — *Paris, Didier*, 1852, in-8.

(De l'état des beaux-arts en France et du salon de 1810. — Essai sur les limites qui séparent et les liens qui unissent les beaux-arts. — Description des tableaux d'histoire gravés dans le *Musée royal*, publié par Henri Laurent.)

2740. — L'artistaire. Livre des principales initiations aux beaux-arts, la peinture, la sculpture, l'architecture, la poésie, la musique, la mimique et la gymnastique. Par PAILLOT DE MONTABERT,... — *Paris, Alexandre Johanneau*, 1855, in-8.

(Portrait de l'auteur.)

2741. — Causeries artistiques. Par Ferdinand DE LAS-TEYRIE,... — *Paris, L. Hachette et C*ie, 1862, grand in-18.

CHAPITRE IV. — *Dictionnaires.*

2742. — Dictionnaire portatif des beaux-arts, ou

Abrégé de ce qui concerne l'architecture, la sculpture, la peinture, la gravure, la poésie et la musique. Avec la définition de ces arts, l'explication des termes et des choses qui leur appartiennent ; ensemble les noms, la date de la naissance et de la mort, les circonstances les plus remarquables de la vie et le genre particulier de talent des personnes qui se sont distinguées dans ces différents arts parmi les anciens et les modernes, en France et dans les pays étrangers. Par M. LACOMBE. Nouvelle édition. — *Paris, Jean-Th. Hérissant, et les frères Estienne*, 1755, in-8.

2743. — Dictionnaire portatif de peinture, sculpture et gravure, avec un Traité pratique des différentes manières de peindre, dont la théorie est développée dans les articles qui en sont susceptibles... Par dom Antoine-Joseph PERNETY,... — *Paris, Bauche*, 1757, in-8, planches.

* Encyclopédie méthodique. Beaux-arts. Par MM. WATELET et LÉVESQUE. — (V. POLYGRAPHIE, *n°* 12.)

2744. — Dictionnaire de l'Académie des Beaux-Arts. — *Paris, Firmin Didot frères, fils et Cie*, 1858-18..., vol. grand in-8, planches.

(En publication.)

CHAPITRE V. — *Traités sur diverses parties des beaux-arts.*

2745. — Œuvres complètes de Benvenuto CELLINI, orfèvre et sculpteur florentin, traduites par Léopold LECLANCHÉ,... Deuxième édition. — *Paris, Paulin*, 1847, 2 vol. grand in-18.

(T. I : Mémoires ; T. II : Suite des Mémoires, Traités de l'orfèvrerie et de la sculpture, Discours sur le dessin et l'architecture.)

2746. — Des principes de l'architecture, de la sculpture, de la peinture et des autres arts qui en dépendent ; avec un Dictionnaire des termes propres à chacun de ces arts. (Par FÉLIBIEN.) — *Paris, Jean-Baptiste Coignard*, 1676, in-4, planches.

2747. — Traité de la peinture et de la sculpture. Par Mrs RICHARDSON père et fils. (Traduit de l'anglais par UYTWERF, et revu par A. RUTGERS le jeune et TEN KATE.) — *Amsterdam, Herman Uytwerf,* 1728, 3 vol. in-8.

2748. — Traité de peinture, suivi d'un Essai sur la sculpture, pour servir d'introduction à une histoire universelle relative à ces beaux-arts. Par M. DANDRÉ BARDON,... — *Paris, Saillant,* 1765, 2 vol. in-12.

(Le frontispice du T. II porte : « Essai sur la sculpture, suivi d'un Catalogue des artistes les plus fameux de l'école française... ».)

—

Ire PARTIE.

CHAPITRE Ier. — *Arts du dessin.*

§ 1er. — DESSIN ARTISTIQUE.

a. — Généralités.

2749. — Collection de dessins originaux de grands maîtres, gravés en fac-similé par Alphonse LEROY, avec texte explicatif par MM. F. REISET et F. VILLOT,... Trente-deux dessins de Pérugien, Raphaël, J. Romain, fra Bartholomméo, Michel-Ange, Mantegna, Léonard de Vinci, Luini, André del Sarte, Corrége, Titien, P. Véronèse, Poussin, C. Lorrain, Rubens, Rembrandt. — *Paris, Alphonse Leroy* (1857-60), grand in-fol.

* Dessins du GUERCHIN. — (V. HISTOIRE, n° 1835, OEuvres des PIRANESI, T. XXI.)

2750. — Cours élémentaire de dessin appliqué à l'architecture, à la sculpture et à la peinture, ainsi qu'à tous les arts industriels, comprenant les éléments de la géométrie, de la perspective, du dessin, de la mécanique, de l'architecture, de la sculpture et de la peinture. Par Antoine ETEX,... avec texte par l'auteur; 40 planches dessinées, gravées et lithographiées d'après les plus grands maîtres, par Antoine ETEX, Celestin NANTEUIL,

FRANÇAIS, Eugène SIGNOL, Gérard SÉGUIN, MAILLY, FORESTIER, THOBOIS, SALLE JARDIN, LEMERCIER, etc. — *Paris, Gustave Sandré, 1851, 2 vol. in-4 oblong.*

2751. — Le dessin sans maître, méthode pour apprendre à dessiner de mémoire. Par Mme Marie-Élisabeth CAVÉ... 2e édition. — *Paris, Susse frères, 1851.* — Le dessin sans maître, méthode CAVÉ... Seconde partie : la couleur. — *Paris, Philipon fils* (s. d.), 2 vol. in-8.

2752. — Cours de dessin sans maître, d'après la méthode de madame CAVÉ... — *Paris, Susse frères, 1854,* in-fol.

2753. — Les règles du dessin et du lavis, pour les plans particuliers des ouvrages et des bâtiments, et pour leurs coupes, profils, élévations et façades, tant de l'architecture militaire que civile, comme aussi pour le plan en entier d'une place, pour sa carte particulière et pour celle des élections, des provinces et des royaumes. (Par BUCHOTTE.) Nouvelle édition, revue, corrigée et augmentée de la moitié par l'auteur. — *Paris, Ch.-Ant. Jombert, 1743, in-8, planches.*

2754. — Théorie du paysage, ou Considérations générales sur les beautés de la nature que l'art peut imiter et sur les moyens qu'il doit employer pour réussir dans cette imitation. Par J.-B. DÉPERTHES. — *Paris, Lenormant, 1818, in-8.*

2755. — Cours progressif de paysage, composé et dessiné par divers artistes et Eug. CICÉRI; lithographié par Eugène CICÉRI. — *Paris, Goupil,* in-fol.

b. — Particularités.

2756. — (Sans frontispice. En tête du premier feuillet :) De artifi^li pspec^va VIATOR. ter°. — (A la fin :) *Impressum Tulli Anno Catholice veritatis Quīgētesimo vicesimo primo ad Millesimū* (1521), in-fol. de 30 feuillets.

(VIATOR est la traduction latine de Jean PÉLÉGRIN. — A la suite :)

— Regolę generali di architettvra di Sabastiano SERLIO Bolognese sopra le cinqve maniere de gli edifici, cioè, thoscano, dorico, ionico, corinthio; e composito, con gli essempi de l'antiqvita, che per la maggior parte concordano con la dottrina di Vitrvvio. = M. D. XXX. *In Venetia Per Francesco Marcolini da Forli. Con nuove additioni*, in-fol. de 86 feuillets.

2757. — Traité de perspective, où sont contenus les fondements de la peinture. Par le R. P. Bernard LAMY,... — *Paris, Anisson, 1701*, in-8.

2758. — Même ouvrage. — *Amsterdam, Pierre Mortier, 1734*, in-12.

§ 2. — DESSIN INDUSTRIEL.

2759. — De l'enseignement du dessin sous le point de vue industriel. Par Alexandre DUPUIS,... — *Paris, Giroux* (et autres), 1836, in-8.

2760. — Cours de dessin industriel, à l'usage des écoles élémentaires et des ouvriers. Par NORMAND fils,... — *Paris, Normand fils* (et autres), 1833, atlas in-fol.

(Le texte manque.)

2761. — Portefeuille historique de l'ornement. Recueil complet des meilleurs motifs, dessinés et gravés d'après les anciens maîtres. Par METZMACHER. — *Paris, A. Hauser, 1843*, in-fol.

2762. — (Modèles d'ornement de serrurerie.) — In-4 oblong.

CHAPITRE II. — *Peinture.*

§ 1er. — INTRODUCTION.

* Laokoon, oder über die Gränzen der Malerei und Poesie. — (V. POLYGRAPHIE, *n*° 403. LESSING's *sammtliche Werke.*)

* Manière de bien juger des ouvrages de peinture. Par

feu M. l'abbé. LAUGIER. Mise au jour et augmentée de plusieurs notes intéressantes, par M*** (COCHIN). — *Paris, 1771, in-12.* — (V. HISTOIRE, *n° 792-2°.*)

§ 2. — HISTOIRE DE LA PEINTURE ; BIOGRAPHIE DES PEINTRES ; HISTOIRE, REPRODUCTION ET CRITIQUE DE LEURS ŒUVRES ; GALERIES ET MUSÉES.

a. — Généralités et Mélanges.

2763. — Réflexions critiques sur les différentes écoles de peinture. Par M. le marquis DARGENS. — *Paris, Rollin* (et autres), 1752, petit in-8.

* Abrégé de la vie des peintres, avec des réflexions sur leurs ouvrages, et un Traité du peintre parfait; de la connaissance des dessins; de l'utilité des estampes. Par M. DE PILES. Seconde édition... — *Paris, 1715, in-12.* — (V. HISTOIRE, *n° 1765.*)

2764. — Vies et œuvres des peintres les plus célèbres de toutes les écoles, recueil classique contenant l'œuvre complet des peintres du premier rang et leurs portraits; les principales productions des artistes de 2ᵉ et 3ᵃ classes ; un Abrégé de la vie des peintres grecs, et un choix des plus belles peintures antiques. Réduit et gravé au trait d'après les estampes de la Bibliothèque nationale et des plus riches collections particulières; publié par C.-P. LANDON,... — *Paris, Treuttel et Wurtz, 1803-24, 12 vol. in-4.*

(La bibliothèque ne possède de cette collection, dont il a paru 25 vol., que les parties suivantes :

— Œuvre complet de Raphaël SANZIO, 4 vol.

— Œuvre complet de MICHEL-ANGE BUONAROTTI, et pièces choisies de BACCIO BANDINELLI et de DANIEL DE VOLTERRE, 1 vol.

— Œuvre complet de Dominique Zampieri dit LE DOMINICAIN (avec un choix de L'ALBANE), 1 vol.

— Œuvre complet de Nicolas POUSSIN, 2 vol.

— Œuvre complet d'Eustache LE SUEUR et pièces choisies de Jean JOUVENET, 1 vol.

— Choix des plus célèbres peintures antiques, 1 vol.

— Vie et choix de l'œuvre de Léonard DE VINCI (du GUIDE, du TITIEN, de Paul VÉRONÈSE), 1 vol.

— Vie et œuvre du CORRÈGE (et du PARMESAN), 1 vol.)

* Histoire des peintres de toutes les écoles, depuis la
renaissance jusqu'à nos jours. Par M. Charles BLANC,...
accompagnée du portrait des peintres, de la reproduction
de leurs plus beaux tableaux et du fac-similé de leurs
signatures, marques et monogrammes, avec notes, recherches et indications, par M. ARMENGAUD. — *Paris,*
1849-18..., vol. in-4. — (V. HISTOIRE, *n°* 1766.)

2765. — Etudes comparées des maîtres des diverses
écoles, peintres italiens, français, hollandais, espagnols,
allemands et anglais; fragments choisis de leurs meilleurs
ouvrages, lithographiés par C^les-A. LEMERCIER,... Texte
par J. JANIN. — *Paris* (s. d.), in-fol.

(Incomplet.)

2766. — Galerie des peintres flamands, hollandais et
allemands; ouvrage enrichi de cent une planches gravées,
d'après les meilleurs tableaux de ces maîtres, par les plus
habiles artistes de France, de Hollande et d'Allemagne;
avec un texte explicatif pouvant servir à faire reconnaître
leur genre et leur manière, et faire prononcer sur le
mérite et la valeur de leurs productions; des notes instructives sur la vie de plusieurs peintres dont aucun
auteur n'avait parlé ; et une Table alphabétique des noms
des maîtres, la plus complète et la plus étendue qui ait
paru jusqu'à ce jour. Par M. LEBRUN,... — *Paris, l'auteur,*
et *Poignant,* 1792-96, 3 vol. in-fol.

2767. — Les trésors de l'art. Par M.-J.-G.-D. ARMEN-
GAUD,... — *Paris, typ. de Ch. Lahure,* 1859, in-fol.

b. — *Particularités.*

Peinture en Italie. Ecole italienne.

* Schola italica picturæ, sive selectæ quædam summorum e schola italica pictorum tabulæ, ære incisæ, cura et
impensis Gavini HAMILTON, pictoris. — *Romæ,* 1773. —
(V. HISTOIRE, *n°* 1835, *OEuvres* des PIRANESI, T. XXII.)

* Peintures de la sala Borgia, au Vatican, de l'invention

de RAPHAEL, et de la villa Lante à Rome, de l'invention de Jules ROMAIN, recueillies par les Piranesi et dessinées par Thomas PIROLI. — Peintures du cabinet de Jules II, de la Farnésine, par RAPHAEL, et des bacchantes d'Herculanum, recueillies par les Piranesi et dessinées par Thomas PIROLI. — Peintures de la ville Altoviti à Rome, inventées par MICHEL-ANGE, peintes par Georgio VASARI, et gravées par Thomas PIROLI. — (V. ibid., T. XXIV-XXVI.)

* Histoire de la vie et des ouvrages de Michel-Ange Buonarotti, ornée d'un portrait. Par M. QUATREMÈRE DE QUINCY. — Paris, 1835, in-8. — (V. HISTOIRE, n° 1770.)

* Histoire de la vie et des ouvrges de Raphaël, ornée d'un portrait. Par M. QUATREMÈRE DE QUINCY,... Troisième édition, revue et augmentée. — Paris, 1835, in-8. — (V. ibid., n° 1771.)

* Appendice à l'ouvrage intitulé : « Histoire de la vie et des ouvrages de Raphaël, par M. Quatremère de Quincy... », accompagné de renseignements sur divers artistes, dédié au Cte Ernest et à Marie de Maleville par leur grand-père Bon BOUCHER DESNOYERS,... — (S. l.), 1852, grand in-4. — (V. ibid., n° 1772.)

Peinture en Belgique et en Hollande. Ecoles flamande et hollandaise.

2768. — Rubens et l'école d'Anvers. Par Alfred MICHIELS. — Paris, Adolphe Delahays, 1854, in-8.

* L'œuvre de REMBRANDT. — (V. ci-après, n°s 2781-2782.)

Peinture en France. Ecole française.

* Notice sur les peintures de l'église de Saint-Savin. Par M. P. MÉRIMÉE. — Paris, 1845, in-fol. — (V. HISTOIRE, n° 565-Oo.)

* Explication de la Danse des morts de La Chaise-Dieu, fresque inédite du XVe siècle, précédée de quelques détails

sur les autres monuments de ce genre. Par Achille
JUBINAL. — *Paris,* 1844, in-4. — (V. *ibid., n°* 1849.)

* Recherches sur la vie et les ouvrages de quelques
peintres provinciaux de l'ancienne France. Par Ph. DE
(CHENNEVIÈRES) POINTEL. — *Paris,* 1847-54, 3 vol. in-8.
— (V. *ibid., n°* 1767.)

2769. — Galerie de la reine dite de Diane à Fontainebleau, peinte par Ambroise DUBOIS en MDC sous le règne
de Henri IV. Publiée par E. GATTEAUX et V. BALTARD,
d'après les dessins de L.-P. BALTARD et de C. PERCIER. —
Paris, 1858, in-fol. de 14 planches et 7 pages de texte.

2770. — Travaux d'Hercule, composés par N. POUSSIN
pour la décoration de la grande galerie du Louvre.
Seconde partie, publiée par E. GATTEAUX,... d'après les
dessins qui font partie de son cabinet, gravés par A.
GELÉE. — 1850, in-fol. oblong contenant 19 planches.

(Il manque la 1re partie contenant 19 sujets et gravée par
J. Pesne en 1678.)

2771. — Eustache LE SUEUR; sa vie et ses œuvres.
Texte par M. L. VITET,... Dessins par MM. GSELL et
CHALLAMEL. — *Paris, Challamel,* 1849, in-4.

* Eloge biographique de Maurice-Quentin DE LA TOUR,
peintre du roi Louis XV,... suivi de notes et documents
historiques par Ernest DRÉOLLE DE NODON,... — *Paris,*
1856, in-8. — (V. HISTOIRE, *n°* 1769.)

2772. — La Madeleine au désert, peinte par GREUZE,
gravée par PASCAL. — In-4 plano.

2773. — Œuvres de J.-A. INGRES,... gravées au trait
sur acier par A^le REVEIL. — 1800-1851. — *Paris, Firmin
Didot frères,* 1851, in-4.

c. — *Galeries et Musées de peinture.*

2774. — La peinture à l'exposition universelle, étude

sur l'art contemporain. Par Ferdinand DE LASTEYRIE,...
— *Paris, Castel*, 1863, grand in-18.

§ 3. — TRAITÉS SUR LA PEINTURE.

2775. — Traité de la peinture de Léonard DE VINCI, donné au public et traduit d'italien en français par R. F. S. D. C. (Roland FRÉARD, sieur DE CHAMBRAY). — *Paris, impr. de Jacques Langlois*, 1651, in-fol.

2776. — Cours de peinture par principes. Par Mr DE PILES.... — *Amsterdam et Leipsick, Arkstée et Merkus, et Paris, Charles-Antoine Jombert*, 1766, in-12.

2777. — Essai sur la peinture et sur l'Académie de France établie à Rome. Par M. ALGAROTTI,... Traduit de l'italien par M. PINGERON,... — *Paris, Merlin*, 1769, in-12.

* L'art du peintre, doreur, vernisseur... Par le sieur WATIN... — (V. n° 2605.)

* De la nature des couleurs. Par MARIOTTE. — (V. n° 1175.)

* Recherches expérimentales sur le nombre et les propriétés des couleurs primitives... Par Walter GRUM... — (V. n° 1176.)

2778. — Chimie des couleurs pour la peinture à l'eau et à l'huile, comprenant l'historique, la synonymie, les propriétés physiques et chimiques, la préparation, les variétés, les falsifications, l'action toxique et l'emploi des couleurs anciennes et nouvelles. Par M. J. LEFORT. — *Paris, Victor Masson*, 1855, grand in-18.

2779. — Mémoire sur la peinture au lait. Par Antoine-Alexis CADET DE VAUX,... — *Paris, au bureau de la Décade philosophique, littéraire et politique, an IX*, in-8 de 15 pages.

CHAPITRE III. — *Gravures et Estampes.*

2780. — Manuel de l'amateur d'estampes, contenant :
1° un Dictionnaire des graveurs de toutes les nations...;
2° un Répertoire des estampes dont les auteurs ne sont
connus que par des marques figurées; 3° un Dictionnaire
des monogrammes des graveurs; 4° une Table des
peintres, sculpteurs, architectes et dessinateurs d'après
lesquels ont été gravées les estampes mentionnées dans
l'ouvrage, avec renvoi aux artistes qui ont reproduit leurs
œuvres; 5° une Table méthodique des estampes décrites
dans le Dictionnaire des graveurs et dans le Répertoire;
et précédé de considérations sur l'histoire de la gravure,
ses divers procédés, le choix des estampes, et la manière
de les conserver. Par M. Ch. LE BLANC,... Ouvrage destiné à faire suite au Manuel du libraire et de l'amateur
de livres, par M. J.-Ch. Brunet. — *Paris, P. Jannet,*
1854 et années suiv., 3 vol. in-8.

(En publication.)

* Henri DELABORDE. — La gravure depuis son origine
jusqu'à nos jours. — (V. BELLES-LETTRES, *n°* 107, *Revue
des Deux-Mondes,* 1er et 15 décembre 1850 et 1er janvier
1851.)

2781. — L'œuvre de REMBRANDT reproduit par la photographie, décrit et commenté par M. Charles BLANC,...
— *Paris, Gide et J. Baudry,* 1853-58, 2 vol. in-fol.

2782. — L'œuvre complet de REMBRANDT décrit et commenté par M. Charles BLANC,... Catalogue raisonné de
toutes les eaux-fortes du maître et de ses peintures; orné
de bois gravés et de quarante eaux-fortes tirées à part et
rapportées dans le texte. — *Paris, Gide,* 1859-186...,
2 vol. in-8.

2783. — Catalogue raisonné de toutes les estampes qui
forment l'œuvre d'Israël SILVESTRE; précédé d'une Notice
sur sa vie. Par L.-E. FAUCHEUX,... — *Paris, Ve Jules
Renouard,* 1857, in-8.

* Auguste GALIMARD. — Les grands artistes contemporains. — Aubry-Lecomte, Hyacinthe-Louis-Victor-Jean-Baptiste, dessinateur-lithographe, 1797-1858. — *Paris, E. Dentu*, 1860, in-8 de 24 pages. — (V. Histoire, *Supplément*.)

* La Grèce tragique. Essai de compositions au trait gravées à l'eau-forte par Antoine Etex, sur la traduction de Léon Halevy. — *Paris,* 1856, in-4 oblong. — (V. Belles-Lettres, *n°* 1222.)

* Le socialisme, nouvelle danse des morts, composée et dessinée par Alfred Rethel, lithographiée par A. Collette. — *Paris* (s. d.), in-fol. oblong. — (V. Histoire, *n°* 1029.)

2784. — Souvenirs de voyages. — Eaux-fortes. Par G. Toudouze,... — *Paris, Gide et J. Baudry* (s. d.), in-fol. contenant 36 planches.

2785. — Etudes de paysages. Par Louis Marvy. In-fol. contenant 9 planches.

2786. — Compositions antiques, dessinées, gravées et publiées par Jules Bouchet,... — *Paris, l'auteur* (1851), in-4 oblong contenant 16 planches.

2787. — Portefeuille de l'Italie; vues dessinées d'après nature par divers artistes et lithographiées par Eugène Cicéri. — *Paris, Lemercier,* 1858 et an. suiv., in-fol.

(En publication.)

2788. — Portrait de Gutenberg, dessiné et lithographié par Alphonse Descaves. — *Publié par Alphonse Choisnet, imprimeur à Vaugirard*, in-fol. plano.

2789. — Cabinet de M. Paignon Dijonval. — Etat détaillé et raisonné des dessins et estampes dont il est composé; le tout gouverné par peintres classés par écoles et rangés à leurs dates; suivi de deux tables alphabétiques, l'une des peintres, l'autre des graveurs... Rédigé par

M. BÉNARD,... — *Paris, impr. de madame Huzard*, 1810, in-4.

CHAPITRE IV. — *Sculpture.*

2790. — Recherches sur l'art statuaire, considéré chez les anciens et chez les modernes, ou Mémoire sur cette question proposée par l'Institut national de France : « Quelles ont été les causes de la perfection de la sculpture antique, et quels seraient les moyens d'y atteindre? » (Par T.-B. EMERIC-DAVID.) Ouvrage couronné par l'Institut national le 15 vendémiaire an IX. — *Paris, veuve Nyon aîné, an* XIII=1805, in-8.

* Canova et ses ouvrages, ou Mémoires historiques sur la vie et les travaux de ce célèbre artiste. Par M. QUATRE-MÈRE DE QUINCY,... — *Paris*, 1834, in-8. — (V. HISTOIRE, *n°* 1773.)

* La vie et les œuvres de Jean-Baptiste PIGALLE, sculpteur. Par TARBÉ. — *Paris*, 1859, in-8. — (V. *ibid., Supplément.*)

2791. — L'œuvre de FOGELBERG, publié par Casimir LECONTE... — *Paris, A. Hauser*, 1856, in-fol.

2792. — Description historique et chronologique des monuments de sculpture réunis au Musée des monuments français. Par Alexandre LENOIR,... Augmentée d'une Dissertation sur la barbe et les costumes de chaque siècle et d'un Traité de la peinture sur verre par le même auteur. Septième édition. — *Paris, l'auteur* (et autres), *an* XI=1803, in-8.

* Pour les Traités de sculpture, V. ci-dessus, *n°* 2745-2748.)

CHAPITRE V. — *Glyptographie.*

* Trésor de numismatique et de glyptique, ou Recueil général de médailles, monnaies, pierres gravées, bas-reliefs, etc., tant anciens que modernes, les plus intéressants sous le rapport de l'art et de l'histoire, gravés par les procédés de M. Achille Collas, sous la direction de M. Paul DELAROCHE,... de M. HENRIQUEL DUPONT,... et de M. Charles LENORMANT,... — *Paris*, 1858 (1834-50), 20 vol. in-fol. — (V. HISTOIRE, *Supplément.*)

* Monuments de la vie privée des douze Césars, d'après une suite de pierres gravées sous leur règne. (Par Hugues D'HANCARVILLE.) — (*Nancy*), 1780. — Monuments du culte secret des dames romaines... (Par le même). — (*Nancy*), 1784, in-4. — (V. *ibid., n° 1871.*)

2793. — Catalogue général et raisonné des camées et pierres gravées de la Bibliothèque Impériale; suivi de la description des autres monuments exposés dans le cabinet des médailles et antiques; publié... par M. CHABOUILLET,... — *Paris, J. Claye*, et *Rollin* (1858), grand in-18.

CHAPITRE VI. — *Ciselure et Orfèvrerie.*

* Dictionnaire d'orfèvrerie, de gravure et de ciselure chrétiennes, ou de la mise en œuvre artistique des métaux, des émaux et des pierreries... Par M. l'abbé TEXIER, ancien curé d'Auriac, supérieur du petit-séminaire du Dorat, correspondant du ministère de l'instruction publique pour les travaux historiques... — *Paris*, 1857, grand in-8. — (V. HISTOIRE, *n° 1175.*)

* Œuvres complètes de Benvenuto CELLINI. — (V. *n° 2745.*)

* Les trésors sacrés de Cologne... dessinés et décrits par Franz BOCK... — (V. HISTOIRE, *Supplément.*)

* Description du trésor de GUARRAZAR, accompagnée de

recherches sur toutes les questions archéologiques qui s'y rattachent. Par Ferdinand DE LASTEYRIE,... — *Paris*, 1860, in-4. — (V. HISTOIRE, *Supplément.*)

* La armeria real, ou Collection des principales pièces de la galerie d'armes anciennes de Madrid. Dessins de Gaspard SENSI,... Texte de M. Achille JUBINAL,... — *Paris* (s. d.), 2 vol. in-fol. — (V. *ibid.*, *n°* 1831.)

CHAPITRE VII. — *Céramique* (1).

2794. — Etudes céramiques. Recherche des principes du beau dans l'architecture, l'art céramique et la forme en général; théorie de la coloration des reliefs. Par J. ZIEGLER. — *Paris, Mathias*, et *Paulin*, 1850, in-8, avec atlas in-fol.

2795. — Description méthodique du musée céramique de la manufacture royale de porcelaine de Sèvres. Par MM. A. BRONGNIART,... et D. RIOCREUX,... — *Paris, A. Leleux*, 1845, 2 vol. in-4, dont un de planches coloriées.

* Essai sur les poteries romaines et les nombreux objets d'antiquité qui ont été trouvés au Mans en 1809... Par M. DAUDIN,... Publié par M. DE CAUMONT,... — *Paris*, 1829, in-4 de 36 pages, avec planches. — (V. HISTOIRE, *Supplément.*)

* Œuvres complètes de Bernard PALISSY... — (V. *n°* 1464.)

CHAPITRE VIII. — *Peinture sur verre et Peinture en émail.*

* Origine de la peinture sur verre [système inconnu de vitraux romans]. Par l'abbé TEXIER, supérieur du

(1) Sur la céramique envisagée au point de vue industriel., V. *n°* 2614-2618.

séminaire du Dorat. — *Paris*, 1850, brochure in-4 de 12 pages et 2 planches. — (V. HISTOIRE, n° 1179.)

2796. — Quelques mots sur la théorie de la peinture sur verre. Par Ferdinand DE LASTEYRIE,... — *Paris*, V° *Didron*, 1852, grand in-18.

* Notice sur les vitraux de l'abbaye de Rathhausen [canton de Lucerne]. Par Ferdinand DE LASTEYRIE. Extrait du XXIII° volume des Mémoires de la Société impériale des antiquaires de France. — *Paris*, 1856, in-8 de 49 pages. — (V. HISTOIRE, *Supplément*.)

* Notice des émaux, bijoux et objets divers exposés dans les galeries du musée du Louvre. Par M. DE LABORDE,... — *Paris*, *Vinchon*, 1853, 2 vol. in-12. — (V. HISTOIRE, n° 1177.)

* Essai historique et descriptif sur les émailleurs et les argentiers de Limoges. Par M. l'abbé TEXIER, curé d'Auriat,... — *Poitiers*, 1843, in-8. — (V. *ibid.*, n° 1176.)

* Des origines de l'émaillerie limousine... Par Ferdinand DE LASTEYRIE. — (*Limoges*, 1862), in-8 de 16 pages. — (V. *ibid.*, *Supplément*.)

* L'*electrum* des anciens était-il de l'émail? Dissertation sous forme de réponse à M. Jules Labarte. Par Ferdinand DE LASTEYRIE,... — *Paris*, 1857, in-8 de 78 pages. — (V. *ibid*.)

CHAPITRE IX. — *Tapisseries*, *Toiles peintes*.

(Pas d'ouvrage spécial.)

CHAPITRE X. — *Architecture.*

§ 1er. — PRÉLIMINAIRES, GÉNÉRALITÉS ET MÉLANGES.

a. — Introduction.

2797. — Le génie de l'architecture, ou L'analogie de cet art avec nos sensations. Par M. LE CAMUS DE MÉZIÈRES,... — *Paris, l'auteur,* et *Benoît Morin,* 1780, in-8.

b. — Histoire de l'architecture. — Biographie des architectes (1).

* Manuel de l'histoire générale de l'architecture chez tous les peuples et particulièrement de l'architecture en France au moyen âge. Par Daniel RAMÉE,... — *Paris,* 1843, 2 vol. in-12. — (V. HISTOIRE ; nº 1837.)

* L'architecture du ve au xviie siècle et les arts qui en dépendent... Par Jules GAILHABAUD. — *Paris,* 1851-58, 4 vol. in-4, avec atlas in-fol. — (V. *ibid., nº* 1738.)

* Architecture civile et domestique au moyen âge et à la renaissance, dessinée et décrite par Aymar VERDIER,... et par le Dr F. CATTOIS. — *Paris,* 1852-57, 2 vol. in-4. — (V. *ibid., nº* 1839.)

* Parallèles des édifices anciens et modernes du continent africain, dessinés et relevés de 1847 à 1854... Atlas, avec notices. Par Pierre TRÉMAUX,... — *Paris* (s. d.), in-fol. oblong. — (V. HISTOIRE, *nº* 142. — *Voyage en Éthiopie,* etc.)

* Recueil historique de la vie et des ouvrages des plus célèbres architectes. (Par J. FÉLIBIEN.) — *Paris,* 1690, in-4. — (V. *ibid., nº* 1774.)

* Mémoires de Charles PERRAULT,... — *Avignon,* 1759, in-12. — (V. *ibid., nº* 792.)

(1) Pour l'histoire et la description des monuments, V. pages 665 et suiv.

c. — Dictionnaires d'architecture.

* Encyclopédie méthodique. — Architecture. Par M. QUATREMÈRE DE QUINCY. — (V. POLYGRAPHIE, n° 12.)

2798. — Dictionnaire raisonné de l'architecture française du XIe au XVIe siècle. Par M. VIOLLET-LE-DUC,... — *Paris, B. Bance*, 1858-6..., T. I-VI, in-8.

(En publication.)

d. — Traités d'architecture (1).

2799. — M. VITRVVII Pollionis de architectvra libri decem, ad Caes. Avgvstvm, omnibus omnium editionibus longè emendatiores, collatis veteribus exemplis. Accesserunt, Gulielmi Philandri CASTILIONIJ,... annotationes castigatiores, & plus tertia parte locupletiores. Adiecta est epitome in omnes Georgij-AGRICOLÆ de mensuris & ponderibus libros eodem auctore. Cum Græco pariter & Latino indice locupletissimo. — M. D. LXXXVI. *Apvd Ioan. Tornæsivm*, in-4.

2800. — Les dix livres d'architecture de VITRUVE, corrigés et traduits nouvellement en français, avec des notes et des figures. Seconde édition, revue, corrigée et augmentée. Par M. PERRAULT,... — *Paris, Jean-Baptiste Coignard*, 1684, in-fol.

2801. — Les dix livres d'architecture de VITRUVE, avec les notes de PERRAULT. Nouvelle édition, revue et corrigée, et augmentée d'un grand nombre de planches et de notes importantes. Par E. TARDIEU et A. COUSSIN fils,... — *Paris, A. Morel et Cie*, 1859, 2 vol. in-4, dont un de planches.

2802. — L'architectvre de Leon Baptiste ALBERTI Tradvicte en langue Françoise, par Iehan MARTIN. — *A Paris, Chez Jacques Kerver*, M. D. LIII, in-fol.

---

(1) V. n°s 2557-2568 pour ce qui concerne l'art des constructions envisagé au point de vue industriel.

* Regole generali di Architettvra di Sabastiano SERLIO...
— (V. n° 2736.)

2803. — Règles des cinq ordres d'architecture, par M' Jacques BAROZIO DE VIGNOLE; nouvellement revues, corrigées et réduites de grand en petit par monsieur BLONDEL,... Avec plusieurs augmentations de Michel-Ange Bonaroti, Vitruve, Scamoisi, d'Avilert, Mansart et d'autres architectes modernes. — *Paris, Charpentier* (s. d.), in-8.

(A la suite :)

— Nouveau traité du nivellement qui enseigne les précautions qu'il faut prendre pour se servir utilement du niveau-d'eau; rédigé par M. DE H. — *Berlin, A. Haude et J.-C. Spener,* 1750, in-8 de 40 pages et 2 planches.

2804. — Le Vignole moderne, ou Traité élémentaire d'architecture, première partie où sont expliqués les principes des cinq ordres de J.-B. DE VIGNOLE; composés et gravés par J.-R. LUCOTTE,... — *Paris, Quillau (et autres),* 1772, in-4.

(Il manque les deux dernières parties.)

2805. — Traité d'architecture contenant des notions générales sur les principes de la construction et sur l'histoire de l'art. Par Léonce REYNAUD,... — *Paris, Carilian-Gœury et V⁰ʳ Dalmont,* 1850-58, 2 vol. in-4 de texte et 2 vol. in-fol. de planches.

(1ʳᵉ partie : Eléments des édifices; 2ᵉ partie : Edifices.)

e. — Mélanges d'architecture.

2806. — Revue générale de l'architecture et des travaux publics; journal des architectes, des ingénieurs, des archéologues, des industriels et des propriétaires, sous la direction de M. César DALY,... — *Paris, Paulin et Hetzel,* 1859 et années suiv., vol. in-4.

(T. XVII et suivants.)

2807. — Encyclopédie d'architecture, journal mensuel publié sous la direction de M. Victor CALLIAT,... (avec un

texte descriptif et des notices par M. Adolphe LANCE,...)
— Paris, Bance, 1851 et années suiv., 11 vol. in-4.
(En publication.)

§ 2. — PARTICULARITÉS.

Architecture religieuse.

2808. — Etudes d'architecture chrétienne. Par M. A.
GARNAUD,... — Paris, Gide et J. Baudry, 1857-6...; in-fol.

* Architecture monastique. Par LENOIR. — Paris, 1852-
56, 2 vol. in-4. — (V. HISTOIRE, n° 565-Ll.)

Architecture monumentale, civile et domestique.

* Vue perspective de la réunion des palais du Louvre et
des Tuileries et plan historique des deux monuments,
d'après les plans officiels de M. L. VISCONTI,... dessinés et
gravés par Rodolphe PFNOR. — Paris, 1853, 2 planches
in-fol. — (V. HISTOIRE, n° 1109.)

* Description d'un projet de bibliothèque composé à
Rome, en 1833, pour la ville de Paris. Par F. MAUDUIT;
avec l'exposé des idées de l'auteur pour le meilleur parti
à tirer de l'emplacement compris entre les Tuileries et le
Louvre. — Paris, 1839, in-8. — (V. BELLES-LETTRES,
n° 194.)

2809. — Muséum d'histoire naturelle. — Serres chaudes, galerie de minéralogie, etc., etc. Par Ch. ROHAULT
DE FLEURY fils,... — Paris, l'auteur, typ. de Firmin Didot
frères, 1844, in-fol.

* Projet de prison cellulaire pour 585 condamnés, précédé d'observations sur le système pénitentiaire. Par
G.-Abel BLOUET,... — (V. n° 609.)

* Bains et lavoirs publics... — (V. n° 412.)

* Des habitations des classes ouvrières. Par Henry
ROBERTS,... — (V. n° 411.)

CHAPITRE XI. — *Musique.*

§ 1er. — PRÉLIMINAIRES, GÉNÉRALITÉS ET MÉLANGES.

α. — Bibliographie, Histoire et Critique musicales.

* Dissertation sur la symphonie et la musique des anciens. Par M. BURETTE. — (V. BELLES-LETTRES, n° 163, *Mém. de l'Acad. des Inscript.*, T. IV, V, VIII, X, XIII, XV, XVII.)

2810. — Biographie universelle des musiciens et Bibliographie générale de la musique. Deuxième édition, entièrement refondue et augmentée de plus de moitié. Par F.-J. FÉTIS,... — *Paris, Firmin Didot frères, fils et Cie,* 1860-186..., vol. in-8.

(T. I-V. — En publication.)

* Notice sur la vie et les ouvrages de Nicolas Piccini. Par P.-L. GUINGUENÉ. — *Paris, an* IX, in-8. — (V. HISTOIRE, n° 1775.)

* Œuvres de musique de J.-J. ROUSSEAU. — (V. POLYGRAPHIE, n° 84, *OEuvres.*)

2811. — Mémoires, ou Essais sur la musique. Par le Cen GRÉTRY,... — *Paris, impr. de la république, an* v, 3 vol. in-8.

2812. — Critique et littérature musicales. Par P. SCUDO. — *Paris, Amyot,* 1850, in-8.

(Palestrina, Scarlatti, Porpora, Piccini, Cimarosa, Paisiello, Rossini, Donizetti. — Bach, Handel, Haydn, Mozart, Beethoven, Weber. — Lulli, Rameau, Gluck, Spontini, Meyerbeer, Monsigni, Grétry, Méhul, Hérold.)

b. — Dictionnaires de musique.

2813. — Dictionnaire de musique. Par J.-J. ROUSSEAU. — *Paris, veuve Duchesne,* 1768, in-8, planches.

*(V. aussi Polygraphie, n° 84, OEuvres de J.-J. Rousseau, T. XVII et XVIII.)

2814. — Dictionnaire de musique, théorique et historique. Par les frères Escudier; avec une Préface de M. F. Halévy,... — *Paris, Michel Lévy frères,* 1854, 2 vol. grand in-48.

c. — *Traités de musique anciens et modernes.*

* Plutarchi de musica. — (V. Polygraphie, n° 25, Plutarchi *Opera,* T. IV, et, pour la traduction d'Amyot, *ibid., n° 26.*)

* Dialogue de Plutarque sur la musique, traduit en français par M. Burette. — (V. Belles-Lettres, n° 163, *Mém. de l'Acad. des Inscript.,* T. X.)

* Notice sur trois manuscrits grecs relatifs à la musique, avec une traduction française et des commentaires. Par M. H.-J.-H. Vincent. — (V. Belles-Lettres, n° 240, *Notices et extraits des manuscrits de la Biblioth. imp.,* T. XVI, 2e partie.)

(Comprenant : 1° Traité de musique, par un anonyme; 2° Manuel de l'art musical, par un second anonyme; 3° Introduction à l'art musical, par Bacchius l'ancien.)

* A. M. S. Boethi de musica libri V. — (V. Polygraphie, n° 46, Boethi *Opera.*)

2815. — Harmonie universelle, contenant la théorie et la pratique de la musique, où il est traité de la nature des sons, et des mouvements, des consonnances, des dissonnances, des genres, des modes, de la composition, de la voix, des chants et de toutes sortes d'instruments harmoniques. Par Marin Mersenne. — *Paris,* 1636-37, 2 tomes en un vol. in-fol.

(A défaut du frontispice, le titre ci-dessus a été copié dans le *Manuel du libraire,* cinquième édition.)

2816. — Génération harmonique, ou Traité de musique théorique et pratique. Par M. Rameau. — *Paris, Prault fils,* 1737, in-8.

2817. — Eléménts de musique théorique et pratique, suivant les principes de M. Rameau, éclaircis, développés et simplifiés par M. D'ALEMBERT,... Nouvelle édition, revue, corrigée et considérablement augmentée. — *Lyon, Jean-Marie Bruyset,* 1766, in-8.

2818. — Exposition de la théorie et de la pratique de la musique, suivant les nouvelles découvertes. Par M. DE BETHIZY. Seconde édition, corrigée et augmentée par l'auteur. — *Paris, F.-G. Deschamps,* 1764, in-8.

d. — Mélanges.

2819.. — 1856. Annuaire de l'association des artistes musiciens fondée en 1843 par M. le baron Taylor,... 13e année. — *Paris, impr. de Jules Juteau* (s. d.), in-8.

(La couverture imprimée sert de titre.)

§ 2. — PARTICULARITÉS.

Méthodes de musique et de chant.

2820. — Méthode de musique sur un nouveau plan. Par M. Jacob,... — *Paris, l'auteur* (et autres), 1769, in-8 de 64 pages.

2821. — Développement progressif de la voix. — Nouvelle méthode de chant à l'usage des jeunes personnes. Par Mme CINTI-DAMOREAU. Introduction à sa Méthode d'artiste. — *Paris, Heugel et Cie* (1857), grand in-8.

Méthodes et factures d'instruments.

2822. — L'orgue, sa connaissance, son administration et son jeu. Par M. Joseph RÉGNIER,... — *Nancy, Vagner,* 1850, in-8.

Musique d'église.

2825. — Dictionnaire liturgique, historique et théorique de plain-chant et de musique d'église au moyen âge et dans les temps modernes. Par M. J. D'ORTIGUE. — *Paris, L. Potier*, 1854, grand in-8.

2824. — Chants de la Sainte-Chapelle, tirés des manuscrits du XIIIᵉ siècle, traduits et mis en parties avec accompagnement d'orgue. Par Félix CLÉMENT,... Avec une Introduction par DIDRON aîné,... = *Paris, Victor Didron*, 1849, in-4.

2825. — Esthétique, théorie et pratique du chant grégorien, restauré d'après la doctrine des anciens et les sources primitives. Par le R. P. L. LAMBILLOTTE,... Ouvrage posthume, édité par les soins du P. J. DUFOUR,... — *Paris, Adrien Le Clère et Cⁱᵉ*, 1855, in-8.

(Portrait de l'auteur.)

2826. — Quelques observations sur le chant grégorien. Mémoire présenté à l'Institut en mars 1855 par C. J. PATU DE SAINT-VINCENT,... et couronné dans la séance du 10 août. — *Paris, Adrien Le Clère et Cⁱᵉ*, 1856, in-8 de 32 pages et un Tableau.

* Les psaumes de David mis en rime française par Clément MAROT et Théodore DE BÈZE... Avec la musique tout au long. (Par Antoine LARDEMOY.) — *Leyde*, 1669, in-8. — (V. BELLES-LETTRES, nº 1136.)

Musique de théâtre.

(Pas d'ouvrage.)

Cantates, Romances, Chansons, etc.

* Nouvelles poésies morales sur les plus beaux airs de la musique française et italienne, avec la basse. — Fables choisies dans le goût de M. de La Fontaine, sur des vaudevilles et petits airs aisés à chanter, avec leur basse et une basse en musette. — *Paris*, 1737, in-4 oblong. — (V. BELLES-LETTRES, nº 1138.)

* Anthologie française, ou chansons choisies, depuis le

13ᵉ siècle jusqu'à présent (recueillies par MONNET). —
(*Paris*), 1765, 3 vol. in-8. — (V. *ibid.*, nᵒ 1140.)

* Chansons joyeuses mises au jour par un ane-onyme,
onissime (COLLÉ)... — (*Paris*), 1765, in-8. — (V. *ibid.*,
nᵒ 1141.)

* Recueil de romances historiques, tendres et burlesques,
tant anciennes que modernes, avec les airs notés. Par
M. D. L. (DE LUSSE). — (*Paris*), 1767, in-8. — (V. *ibid.*,
nᵒ 1142.)

* Brunettes, ou Petits airs tendres, avec les doubles et
la basse continue; mêlées de chansons à danser; recueillies et mises en ordre par le sieur BALLARD... —
Paris, 1730, 3 vol. in-12. — (V. *ibid.*, nᵒ 1143.)

* Nouvelles parodies bacchiques, mêlées de vaudevilles
ou rondes de table... Par Christophe BALLARD,... — *Paris*,
1700, 2 vol. in-12. — (V. *ibid.*, nᵒ 1144.)

* Amusements des dames, ou Nouveau recueil de
chansons choisies. — *La Haye*, 1756, in-12. — (V. *ibid.*,
nᵒ 1146.)

* Tendresses bacchiques... recueillies et mises en ordre
par Christophe BALLARD,... — *Paris*, 1712. — (V. *ibid.*,
nᵒ 1145.)

* Les à-propos de société, ou Chansons de M. L***
(LAUJON). — (*Paris*), 1770, in-8. — (V. *ibid.*, nᵒ 1148.)

* Œuvres choisies de A. ROMAGNESI. 100 mélodies favo-
rites, avec accompagnement de piano. — *Paris* (s. d.),
in-4. — (V. *ibid.*, nᵒ 1150.)

* Cantiques religieux et moraux, ou La morale en
chansons... Ouvrage spécialement destiné aux élèves qui
suivent les exercices du cours d'éducation physique et
gymnastique dirigé par M. Amoros. — *Paris*, 1848, in-16.
— (V. *ibid.*, nᵒ 1139.)

TABLE ALPHABÉTIQUE

DES NOMS DES AUTEURS

ET DES TITRES DES OUVRAGES ANONYMES.

(Nous faisons précéder du signe ☞ les noms des auteurs limousins , auxquels nous avons autant que possible consacré une courte notice. Cette notice se trouve à la suite de l'ouvrage mentionné le premier dans cette table. — Les nombres précédés de la lettre *p* indiquent la page du Catalogue où sont rappelés certains ouvrages qui n'y figurent que pour mémoire. — On ne trouvera pas ici les noms des auteurs de thèses médicales. Ils ont été indiqués en note pages 528 et suivantes.)

A.

ABAT (B.). — Amus. philos., 870.

ABBADIE. — L'art de se conn., 203, 204.

ABEILARD. — Œuv. inéd., *p.* 20.

ABOU-BEKR-IBN-BEDR. — Le nâcerî, 1856.

ABOU-DJAFAR-AH'MAD. — Médec., 2109.

ABOUL-HHASSAN-ALI. — Instrum. astron., 1385.

ABRAHAMUS. — De creatione, etc., 2483.

☞ ABRIA (J.-J.-B.). — Form. de Gauss, 1144. — Sur la lum., 1174. — Observ. météor., 1207.

— Rapp. sur un mém. de M. Guitard., 1367.

ACHARD (C.-F.). Betteraves, 1800.

ACHARIUS (Er.). — Lichen. svevica, 1624.

Actes du congr. médic., 1904.

Action (de l') de Dieu s. les créat., 142.

Action du feu central bannie, 1473.

ADAM (J.). — Mém. de Montécuc., *p.* 654.

ADET (P.-A.). — Chimie, 1249. — Annal. de chimie, 1270.

B.

45*

C.

D.

E.

F.

FABER (Pet.). — Semestria, 513.

Fable (la) des abeilles, 227.

FABRE (J.-A.). — Théor. des torr., 1481.

FABRE D'OLIVET. — Not. sur le sens de l'ouïe, 2028.

FABRÉ-PALAPRAT (B.-R.). — Galvan. appl. à la méd., 2342.

FABRICIUS (J.-A.). — Théol. de l'eau, 1478.

FABROTUS (Ann.). — In Theophil., 489.

FABULET. — Chimie, 2380.

Factum contre le chap. de l'église de St-Jean de Lyon, 739.

FAESCH. — Instruct. milit. du roi de Prusse, 2695.

FAIGUET DE VILLENEUVE. — Mém. s. les finances, 388.

FARADAY. — Manip. chim., 1266.

☞ FARGEAUD (A.). — Physique, 1071. — Infl. du temps s. les act. chim., 888. — Pluie sans nuages, 1194. — Paraf. et paragr., 1198. — Eloge d'Herrenschneider, 1210. — Sur les anc. tempér., 1213. — Horl. de Strasb., 1401-3° et 4°. — Hist. nat., 1638.

FAUCHÉ. — Fl. de la Morée, p. 363.

☞ FAUCHER (L.). — Mél. d'écon. polit., 365. — Et. s. l'Anglet., p. 87.

FAUCHEUX (L.-E.). — Cat. des est. d'Israël Silvestre, 2783.

FAUJAS-DE-SAINT-FOND. — Expér. aérostat., 1112. — Minéral. des volc., 1477. — Voy. dans les deux Siciles, p. 345.

FAULER. — Cuirs et peaux, 2531.

FAULTÉ. — Notes sur Maur. Bernard, 751.

FAUVELET DU TOC. — Hist. dés secrét. d'Etat, p. 141.

FAYE (H.). — Cosmos, 19.

FÉDÉ (R.). — Edit. de Descartes, 79.

FÉE (A.-L.-A.). — Reprod. des végét., 882, T. VI-5°. — Théor. des rapp. botanico-chim., 882, T. VI-9°. — Disc. s. la botan., 1559. — Flore de Théocr., 1620. — Hist. nat. pharmac., 2332.

FÉLIBIEN (J.). — Vie des archit., p. 692. — Architecture, 2746.

FELLER (l'abbé). — Exam. des Epoq. de la nat., 1430.

FÉNELON. — Œuvr. philos., 84. — Lett. s. la relig. et la métaph., 133. — Princ. s. la souver., 329. — Direct. pour la consc. d'un roi, 348.

FER (DE). — V. DE FER.

FÉRAPIÉ-DUFIEU (J.). — Man. phys., 1046.

FÉRET. — Voy. en Abyss., p. 330.

FERNANDUS (Bereng.). — Lucubrat., 517.

FERNELIUS (J.). — Monalosphær., p. 317.

FÉROU. — Vues d'un solit., 389.

FERRAND (Jos.). — Propr. commun., p. 153.

FERRARI (J.). — Philos. de l'hist., 146.

FERRETTUS (Æm.). — De legatis, 501.

FERRIÈRE (Cl.-J.) — Trad. des Instit., 491. — Juris civil. tractatio, 508. — Instit. cum jure gallico collatæ, 527. — Introd. à la prat., 633. — Cout. de Paris, 670. — Edit. de J. Bacquet, 785. — Nouv. introd. à la prat., 807. — Le parf. notaire, 824.

G.

Ḥ.

I.

J.

K.

L.

M.

N.

O.

P.

Q.

R.

S.

T.

TILLET. — Hist. d'un insecte, 1791.

TIMÉE DE LOCRES. — Ame du monde, 124.

TIRAQUELLUS (Andr.). — Opera, 673, 788.

TISSERANT (Eug.). — Vaches laitières, 1851.

TISSOT. — Prix de vertu, p. 58.

TISSOT (C.-J.). — Crit. de la rais. pure, 167. — Trad. de Kant, 223.

TISSOT (S.-A.). — Tr. des nerfs, 2181. — L'onan., 2184. — Epilepsie, 2186. — Av. au peuple, 2246, 2247.

TITIUS (J.-D.). — Descript. thermom. metallici, 1129.

Titres (les) du dr. civil et du dr. canon., 488.

TOALDO (J.). — Mém. sur les conduct., 1197.

TOCCHI (Esprit). — Stat. électr., 1162.

TOCQUEVILLE (DE). — Prix de vertu, p. 58.

TODARO (Aug.) — Index seminum horti panormitani, 1596.

TORBERN-BERGMAN. — Opuscula, 884. — Man. du minéral., 1520. — Anal. du fer, 2631.

TOSCAN (G.). — Voy. en Sicile, p. 345.

TOUDOUZE (G.). — Souv. de voy., 2784.

TOULONGEON. — Infl. du régime diététique d'une nat. sur son état polit., p. 84. — Usage du numér., p. 110.

Tourbe (la) des philosophes, 1214.

TOURDES (G.). — Relat. des asphyxies causées à Strasb., 2179.

TOURDONNET (le Cte A. DE). — Amél. du bétail, p. 407.

TOURNEFORT (Jos. PITTON DE). — Instit. rei herbariæ, 1582.

TOURNIER (P.). — Art de découvr. les sources, 1484.

TOURTELLE (M.). — Hygiène publ., 2068.

TOUSSAINT (F.-V.). — Les mœurs, 209, 210.

TOUSSENEL (A.). — Monde des oiseaux, 178.

TRACY (Vor DE). — Lett. s. la vie rur., 1740.

Traité de galvanoplastie, 2643.

Traité (nouv.) de la civilité, 248.

Traité sur la constit. des troupes légères, 2691.

Traité de la culture des pêchers, 1890.

Traité de l'amitié, 252.

Traité de la paresse, 266.

Traité de l'apposition des scellés, 821.

Traité de la sphère, 1335.

Traité des délits et des peines, 469.

Traité des dispenses du carême, 2060.

Traité des minorités, 762.

Traité des tulipes, 1896.

Traité (nouveau) du nivellement, 2803.

Traité économique des oiseaux de basse-cour, 1865.

Traité général du gouvern. des biens des commun. d'habitants, 797.

Traité historique des droits du souverain, 786.

Traité sur le climat de l'Italie, 1202.

Traité sur l'époque de la fin du monde, 2505.

U.

V.

W.

X.

Y.

Z.

LIMOGES — IMPRIMERIE DE CHAPOULAUD FRÈRES, Rue Montmailler.